说陶论瓷

——权奎山陶瓷考古论文集

权奎山　著

北京大学中国考古学研究中心
景德镇市陶瓷考古研究所　编

文物出版社

封面设计：秦彧
责任印制：陆联
责任编辑：秦彧

图书在版编目（CIP）数据

说陶论瓷 : 权奎山陶瓷考古论文集 / 权奎山著 ; 北京大学中国考古学研究中心，景德镇市陶瓷考古研究所编. -- 北京 : 文物出版社, 2014.5
ISBN 978-7-5010-3992-0

Ⅰ. ①说… Ⅱ. ①权… ②北… ③景… Ⅲ. ①古代陶瓷－考古－中国－文集 Ⅳ. ①K876.34-53

中国版本图书馆CIP数据核字(2014)第069927号

说陶论瓷——权奎山陶瓷考古论文集

权奎山 著

北京大学中国考古学研究中心
景德镇市陶瓷考古研究所 编

*

文物出版社出版发行

北京市东直门内北小街2号楼

http: //www.wenwu.com

E-mail: web@wenwu.com

北京杰诚雅创文化传播有限公司印制

新华书店经销

889×1194 1/16 印张：26.5

2014年5月第1版 2014年5月第1次印刷

ISBN 978-7-5010-3992-0 定价：299.00元

本书由北京大学中国考古学研究中心
和景德镇市陶瓷考古研究所资助出版

作者像

1．1968 年与黑龙江九三农场局农机站同事（右一为作者）

2．1972 年 7 月

3．1973 年在天安门广场

4．1973 年在北大打篮球时与同学合影

5．1974 年参加北大田径运动会男子 100 米比赛

6．1974 年在江西清江筑卫城发掘现场

7．1982 年在湖北武昌与宿白先生（左二）等合影

8．1976 年与俞伟超先生（后排右二）等在陕西周原遗址发掘现场

9．1988 年

10．1981 年带研究生在新疆实习

11．1981 年带研究生在新疆实习

12．1993 年在江西丰城洪州窑发掘现场

13．1993 年在江西丰城洪州窑发掘现场

14．2008 年 5 月

15．1999 年国庆节在天安门广场全家合影

16．2007 年在北京家中

17．2001 年春节在黑龙江九三农场局直与父母合影

18．2001 年春节在黑龙江九三农场局直全家福

19．2008年8月在北京鸟巢观看奥运会比赛

20．2010年中秋北京大学1972级考古专业同学合影

21．1980 年与刘绪老师带学生在山西曲沃天马—曲村实习

22．1990 年在河北磁县调查

23．1995 年 10 月 25 日在北京大学赛克勒考古与艺术博物馆

24．2002 年在北大讲课

25．1996 年 3 月在台北鸿禧美术馆

26．1996 年 3 月在台北鸿禧美术馆演讲

27．1996 年 11 月 21 日在香港参加“中国钧窑艺术国际研讨会”

28．1998 年在浙江慈溪上林湖越窑遗址调查

29．1998 年 11 月在浙江慈溪寺龙口越窑遗址发掘现场与学生合影

30．1998 年 11 月在浙江慈溪寺龙口越窑遗址发掘现场全体工作人员合影

31．1998 年 11 月在浙江余姚河姆渡遗址博物馆与学生合影

32．1999 年 7 月 23 日在江西丰城洪州窑遗址与吴棠海先生合影

33．1993年在江西丰城洪州窑遗址

34．2005年7月在内蒙古赤峰缸瓦窑遗址

35. 1999年5月10日在江西景德镇

36. 1999年5月10日在江西景德镇

37．2003 年 1 月与江建新、刘新园先生（前排右一、三）等在江西景德镇御窑遗址第一次发掘现场

38．2003 年 11 月在江西景德镇御窑遗址第二次发掘现场

39．2004 年 12 月在江西景德镇御窑遗址第三次发掘现场

40．2007 年 11 月在江西景德镇观音阁窑址发掘现场

41．2009 年在江西景德镇整理研究御窑遗址出土瓷器

42．2009 年与刘新园先生在江西景德镇研究御窑遗址出土瓷器

43．2003 年 10 月在景德镇市陶瓷考古研究所与工作人员修复出土瓷器

44．2006 年 1 月与任相宏教授（右一）在山东新泰市博物馆考察文庙出土瓷器

45．2005 年 7 月在北京大学考古文博学院整理洪州窑遗址发掘报告

46．2006 年 11 月在深圳

47．2010 年在江西景德镇御窑厂

48．2006 年 8 月 26 日在北大赛克勒博物馆“鸣鹤清赏——景德镇出土明代御窑瓷器珍品展”演讲

49．2008 年在台北震旦艺术博物馆

50．2010 年 11 月在韩国木浦国立海洋文化财研究所

51．2010 年 3 月在日本

52．2005年4月与栗建安先生在福建德化甲杯山窑址

53．2002年5月4日与徐苹芳先生（左一）等在北京大学赛克勒考古与艺术博物馆合影

54．2000 年 6 月 17 日与李伯谦先生（右一）等在美国丹佛博物馆合影

55．2007 年 5 月在澳门与马锦强（右三）、耿宝昌（右四）、徐天进（右五）等先生合影

56．2005 年 7 月在北京大学与学生合影

57．2006 年 7 月在北京大学与学生合影

58．2007 年 1 月在浙江龙泉大窑枫洞岩龙泉窑址与学生合影

59．2007 年 1 月 20 日参加“龙泉窑考古发掘专家论证会”时答记者问

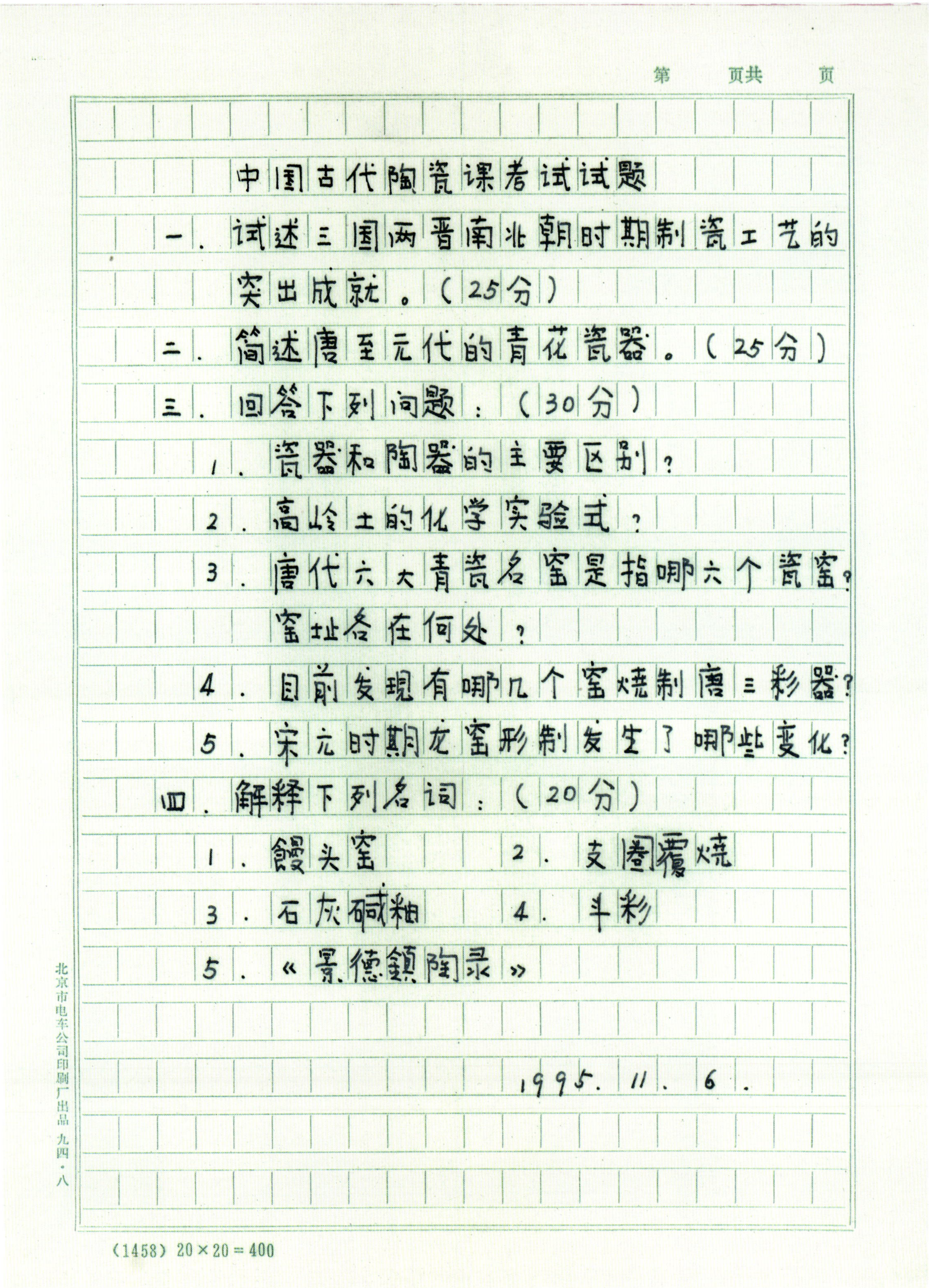
第　页共　页

中国古代陶瓷课考试试题

一．试述三国两晋南北朝时期制瓷工艺的突出成就。（25分）

二．简述唐至元代的青花瓷器。（25分）

三．回答下列问题：（30分）

1．瓷器和陶器的主要区别？

2．高岭土的化学实验式？

3．唐代六大青瓷名窑是指哪六个瓷窑？窑址各在何处？

4．目前发现有哪几个窑烧制唐三彩器？

5．宋元时期龙窑形制发生了哪些变化？

四．解释下列名词：（20分）

1．馒头窑　　2．支圈覆烧

3．石灰碱釉　　4．斗彩

5．《景德镇陶录》

1995．11．6．

北京市电车公司印刷厂出品 九四·八

（1458）20×20＝400

60．1995年为北大考古学系本科学生出的专业课试题（原大）

景德镇元代青花瓷器兴起原因初探

青花瓷器即是釉下以钴料绘画花纹的瓷器。出土、出水资料一再证明，青花瓷器出现于唐代晚期，河南巩县窑所烧造。青花瓷器在唐代晚期出现之后，到五代、北宋、南宋时期似乎没有延续下来，迄今尚未发现学术界公认的确切的宋代青花瓷器。然而，至元代在景德镇重新兴起，并批量生产。青花瓷器烧造中断这么多年之后为什么在元代景德镇再度兴起？这是一个值得认真思考的问题。本文试对这个问题做以初步的分析、探讨。敬请方家不吝指正。

从考古资料和相关文献记载来看，青花瓷器在景德镇约出现于元代中期后半，元代晚期尤其是至正前期批量生产。

青花瓷器在景德镇元代中期后半出现并很快发展起来，这与景德镇优良的制瓷技术和中亚、西亚地区市场的需要有直接的关系。

景德镇至迟在五代时期就建立了瓷窑，烧

20×20=400　（京05）　第 1 页

61．2006年手稿（原大）

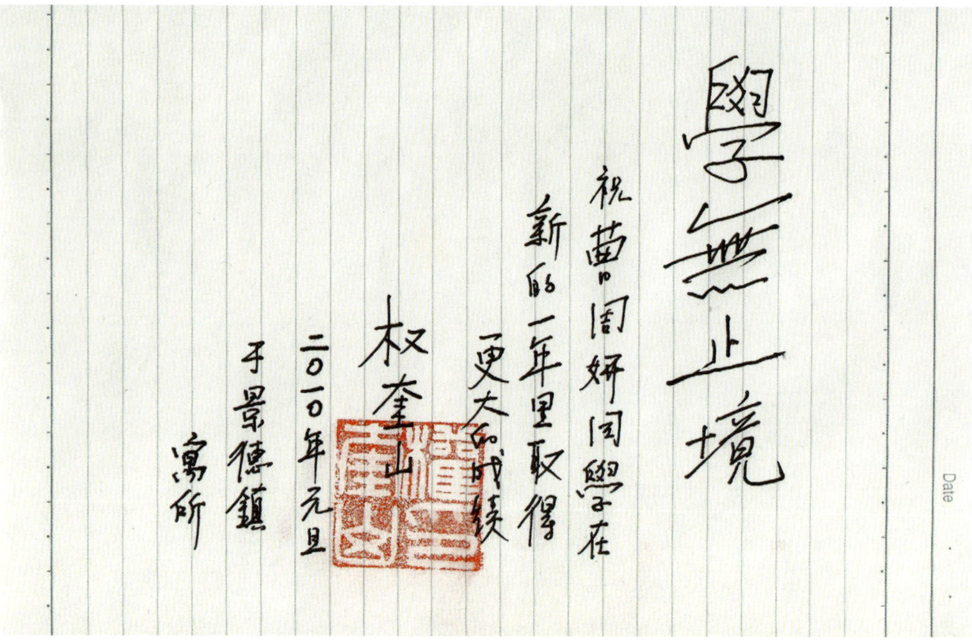

62．2010 年 1 月为学生题字

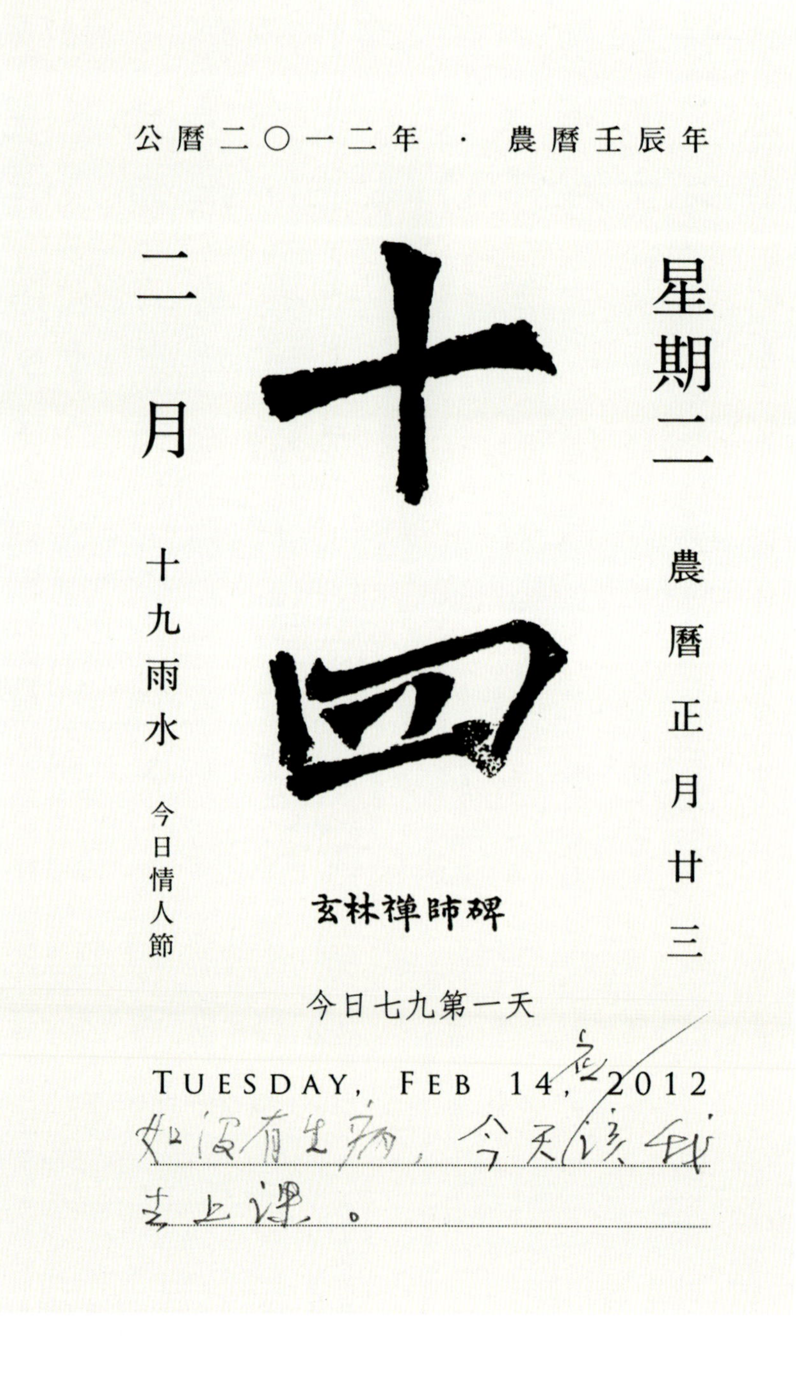

63．2012 年 2 月 14 日
写在台历上的话（原大）

序

李伯谦

为权奎山编辑出版一本论文集是我的提议，为论文集作序也是我主动要求的。可看着堆在案头的权奎山文稿，我却迟迟难以动笔。从1972年奎山入学到前年突然辞世，四十年间和奎山相处的件件往事，一件接着一件在我的脑海中闪现……我怎么也不相信这是真的，就在他离去半个多月前，我和高崇文、刘绪去通州结核病医院看他，一见我们走进病房，他便猛地坐起来和我们打招呼，还说"我就是一般感冒，可能肺部有点感染，吃点药输点液，很快会好起来的，惊动大家真不好意思"。当时尚未确诊，我们只是说些宽慰的话，盼他早点出院。临走时，他还坚持要下床送我们出门。谁成想，没过多少天，当年北大田径队的短跑队员、历史系篮球队主力，六十四岁就被病魔夺走了生命……

72级考古班是"文革"后期北大历史学系考古专业恢复招生之后招收的第一届工农兵学员，因为是各地推荐，年龄相差较大，文化水平也参差不齐，全班40个学生，权奎山是他们当中上过高中、文化水平较高的一员。他们入学时，"文革"尚未结束，校、系还是军工宣队掌权，老师大部分还被看作是未改进好的知识分子，经常被叫去参加各种运动。当时，我是考古教研室青年教师中的一员，上山下乡，大批判，开门办学……常常和他们班一起活动。权奎山给我的印象是，运动随大流，学习抓得紧，尊重老师，和同学关系好，干事很认真。那时候教师的"权威"还不怎么高，但老师们交他的任务都能够保证完成的。再加上他又是党员，毕业时就留下当了老师，直到因病去世，一直奋斗在教师岗位上。

权奎山主要是随宿白先生搞隋唐宋元考古，在宿先生的悉心指导下，业务上提高很快，不仅能上课堂讲课、带学生到野外实习，研究能力同样有很大提高。最能代表他这一阶段学术水平的是收入本书的发表在《考古学报》1992年第2期上的《中国南方隋唐墓的分区分期》一文，该文从墓葬形制、墓壁装饰和随葬器物分析入手，将墓葬分为长江上游、长江中游、赣江地区、长江下游、福建地区和岭南地区6个区，每个区又根据墓葬与器物形制的演变分为若干期，进而参考有关文献记载，探讨了墓葬分区与唐代行政建制的"道"的关系、各分区之间及与中原的关系，正确指出"六个区墓葬材料所反映出的与中原关系上的差异，实际上是从一个侧面说明了中原与各区的往来情况和中央对各区控制程度上的不同"，将考古学研究上升到了历史学研究。与这篇文章几乎同时发表的还有刊于《南方文物》1992年第4期上的《试析南方发现的唐代壁画墓》，在详细梳理材料基础上，结合有关文献记载深入探讨了墓葬埋葬时间与墓主人身份、墓葬形制的类型、壁画的布局与内容、随葬器物的种类与内容，做出了"南方发现的这九座唐代壁画墓，均是在特殊背景下产生的"，"它们是南方与中原北方文化结合的典型实例之一，为从考古学角度考察中国大统一时期各地文化交往，特别是考察中央与地方的文化关系，提供了有益的启示"的论断，我认为它和上一篇文章一样，都是如何撰写考古学论文的典型范例。后来，教研室对教课分工有所调整，权奎山转入陶瓷考古，我知道当时他有点不高兴，但后来证明这是为他打开了又一扇窗户，为他扩大了学术领域，使他成为将瓷器从单纯的鉴赏转变为研究社会的手工业考古有机组成部分的陶瓷考古实践队伍的重要一员。

由于权奎山有比较扎实的隋唐考古根底，很快便进入了新的角色，在陶瓷考古领域展现了他的杰出能力。短短十多年的时间内，他先后参加并参与主持了江西丰城洪州窑、河南汝州严和店窑、浙江慈溪寺龙口越窑、江西景德镇明清御窑等不同时代、不同窑系的著名窑址的发掘，撰写了几十篇有真知灼见的论文，参加并参与主持了《寺龙口越窑址》以及洪州窑址、景德镇明清御窑址考古发掘报告和《中国古陶瓷图典》、《中国陶瓷艺术》、《中国陶瓷史》、《中国出土瓷器全集》的编写，他作为北京大学考古文博学院陶瓷研究所负责人、中国古陶瓷学会理事，凡是与古代陶瓷有关的学术讨论会，几乎每次都会被邀请参加，并在会上发表自己的见解。我自已不研究陶瓷考古，难以对他的研究成果一一做出符合实际的忠恳评价，但作为一个读者，我特别推崇他在 1997 年出版的《考古学集刊》第 11 集上发表的《试论南方古代名窑中心区域移动》一文。这篇文章，从大的区域空间出发，从长时段的时间演进角度考察了窑址分布格局变化与当时社会政治形势、交通运输、资源状况的关系，揭示了其反映的特定社会的面貌，从单一的瓷窑址研究上升到了对社会发展状况的研究，这是一般孤立的瓷器或瓷窑研究难以达到的。

在北大做老师，不仅要上课，做研究，还要带实习，承担一定的社会工作。权奎山毕业不久就在 1976 年随俞伟超、严文明两位先生到陕西周原参加了考古进修班的实习辅导，负责宣传工作。1980 年我们带 77 级到山西曲沃县曲村实习，他也是辅导老师中的一员。曲村虽是一处两周时期的晋文化遗址，但也有一些汉和元明时期的墓葬，我对元明墓葬很不熟悉，多亏他在，才保证了对这批墓葬发掘和整理的质量。后来，他还当过班主任、辅导员、考古学系副系主任、陶瓷研究所所长，对学生的全面成长，对陶瓷考古学科的建设发展，做了大量工作，作出了重要贡献，直到他躺在病床上，还惦记着北大陶瓷考古怎么办。这里我还要特别提起的是，在他逝世前两天，院里的同事去看他，他还谈起景德镇的发掘和报告。就在他离开这个世界的前一天，护理人员问他有什么要紧事想说，已失去说话能力二十多天的他，躺在病床上，眼含热泪，用颤抖的手，断断续续地写下了他人生的最后一句话："没能完成任（务），很（遗）感（憾）！"凡是看到的人无不扼腕叹息！

权奎山离开我们已经快两年了，这本陶瓷考古论文集的出版，既是对他在隋唐考古尤其是陶瓷考古领域所做贡献的肯定，也是对他深深的怀念！

2014 年 3 月 13 日

目　录

传　略

一

权奎山先生，1948年6月6日生于黑龙江省讷河县。1968年以前在讷河县读小学、中学。1968年9月～1972年4月，入黑龙江生产建设兵团第五师农业科学研究所，历任职工、会计。

1972年5月，进北京大学历史学系考古专业学习，是考古专业第一批工农兵学员，学制三年。在当时特殊的历史环境下，较为系统地学习了考古学基础知识（以《中国考古学》系列试用讲义等为教材），由于考古专业突出田野实践的特点，在校期间，多次参加田野考古教学实践。这也是先生从事考古工作的开始。

1972年10～11月，在当时"以社会为工厂"、"开门办学"宗旨指导下，在邹衡、李仰松、李伯谦等先生的带领下到北京市房山县，与北京市文物管理处合作发掘了刘李店、董家林遗址。1973年秋，在吕遵谔、俞伟超、李伯谦等先生带领下，赴石家庄、安阳、郑州、洛阳进行开门教学及参观。

1974年秋冬，在李仰松、李伯谦、贾梅仙三位先生带领下，赴江西省清江县参加基础实习（清江实习队），与江西省博物馆合作，发掘了清江筑卫城新石器时代遗址和吴城商代遗址。在基础实习结束后，1975年1月4～26日，由贾梅仙、陈跃钧带队，宿白、张郑国讲课，采取开门办学的形式学习隋唐考古课，大部分为现场教学，参观了一系列汉唐时期重要遗址。同年2月，在原《中国考古学》各段试用教材基础上，参与编印考古训练班教材（铅印）。

1975年3～7月，在李伯谦先生带领下，赴甘肃省永登县连城实习地点（甘青队甘肃组），与甘肃省博物馆合作发掘，丰富了对马家窑类型和马厂类型的认识。

在完成规定学业课程和实践后，先生于1975年8月毕业。

二

1975年9月，先生毕业留在北京大学历史学系考古专业任教（1983年北京大学历史学系考古专业独立为考古学系，2002年改为考古文博学院），最初的教学与研究方向是隋唐考古，20世纪80年代后期开始主要从事陶瓷考古的教学与研究工作。

先生一生热爱考古事业，长期从事田野考古工作，多次带领学生进行田野考古实习。留校第二年，即1976年3～7月，和俞伟超、严文明先生一起带领74级学生到陕西扶风、岐山进行基础实习，与陕西省文管会、陕西省博物馆和西北大学历史系考古专业合作，对周原遗址进行了第一次大规模的勘探和考古发掘，此次发掘的两处西周时期的大型建筑遗迹，至今仍然是研究西周建筑最重要的材料。

1980年9月～1981年1月，文革后恢复高考的第一批本科生（77级）在山西曲沃天马—曲村遗址进行基础实习，先生是主要指导教师之一。此次实习发掘了大批西周时期的晋国墓葬和西周、春秋时期文化遗址，是探索晋国早期历史的重要资料。1989年8月，先生再次以指导教师的身份带领文博干部进修班的部分学员在天马—曲村遗址进行发掘和整理。同年，先生参加由邹衡先生主编的《天马—曲村》大型考古发掘报告的编写，负责金元明时期墓葬发掘资料的整理与撰写，此时，先生结合田野工作，将研究领域由隋唐时期扩展至金元明时期。

隋唐考古是先生最初的研究方向，这在留校之初已经显见。1978 年 5 ～ 7 月，和宿白先生一起指导 75 级部分学生，赴湖北省博物馆参加整理该馆馆藏的唐墓资料。1982 年 9 月～ 1983 年 1 月，先生带领研究生 2 人、进修教师 2 人，再次与湖北省博物馆合作，继续整理该馆的隋唐墓葬资料。这批隋唐墓葬特征鲜明、序列明晰，是长江中游地区隋唐考古研究的重要材料。两次系统的整理工作均由宿白先生指导，这对先生以后的学术研究有着很大的影响，同时，这也奠定了先生对南方地区隋唐墓葬考古研究的基础。

1981 年 9 月～ 1982 年 1 月，先生与研究生马世长带领 77 级、78 级部分本科生（新疆组）在新疆进行毕业实习，整理与研究了新疆考古研究所 1975 年发掘的吐鲁番哈拉和卓墓葬群的资料。

通过指导学生实习，先生不仅完成教学任务，同时，先生潜心钻研，日积月累，为其隋唐考古乃至陶瓷考古的教学和研究打下了坚实的基础。

三

20 世纪 80 年代中期，中国古陶瓷研究的热潮逐渐兴起，各地陶瓷考古工作也广泛展开。北京大学考古学系敏锐地认识到古代制瓷手工业研究是汉唐宋元时代考古的重要领域之一，这一点可以通过北京大学古陶瓷课程的开设、古代瓷窑址的调查与发掘和陶瓷研究所的设立来表明，尤其是 1991 年 11 月，陶瓷研究所正式成立，杨根任所长。该所主要从事瓷窑遗址考古发掘、陶瓷工艺实验与研究工作。

在这种情况下，从 20 世纪 80 年代后期，先生开始关注中国古代陶瓷的研究，并逐渐将教学与研究转向了以古代瓷窑遗址为重点的陶瓷考古这一专题考古领域。1992 年以来，先生先后主持或参与主持发掘了多处瓷窑遗址，取得了一系列重大学术成果，填补了多项陶瓷考古研究领域的空白。

1992 年秋冬，先生带领研究生 2 人，与江西省文物考古研究所、丰城市博物馆合作，对江西丰城洪州窑遗址进行了全面调查和重点发掘，发掘清理出保存较好的隋至唐代初期龙窑一座，采集和出土了一大批瓷器、窑具等遗物。1993 年秋冬，先生带领进修生 1 人，继续发掘洪州窑遗址。1994 年 9 ～ 12 月，先生带领研究生 2 人，开展了洪州窑遗址第三年度的考古发掘。洪州窑是东汉晚期至五代时期的著名青瓷窑之一，先生通过对洪州窑遗址的调查与发掘，不仅弄清了洪州窑制瓷手工业的基本面貌，还进一步研究了窑场的分布与变动等问题，并为窑址考古发掘树立了典范。丰城洪州窑遗址发掘之前，先对遗址进行了系统的考古调查和复查，进一步确认了各窑场址之间的关系，基本搞清楚了各窑场址生产的主要时代和产品的主要风格。在此基础上，选择了七处窑址做了正式考古发掘，即港塘清丰河窑址、龙凤乌龟山窑址、龙凤李子岗窑址、罗湖象山窑址、罗湖寺前山窑址、罗湖尚山窑址、曲江窑仔岗窑址。这批出土资料十分重要，对全面深入研究洪州窑、研究东汉晚期至五代时期的制瓷手工业乃至中国陶瓷史均有重要的学术价值。此项发掘被评为 1993 年度全国十大考古新发现之一。

1996 年 9 ～ 12 月，先生与李民举带领研究生 7 人，在河南汝州严和店窑址进行考古发掘，出土一大批刻花和印花青釉瓷器，是了解该地区宋金元时期制瓷手工业的重要实物资料。

1998 年 9 月～ 1999 年 1 月、1999 年 9 月～ 2000 年 1 月，先生两次带领研究生，与浙江省文物考古研究所合作，对浙江慈溪上林湖寺龙口越窑遗址进行了考古发掘，第二季度还对上林湖一带窑址做了考古调查。此次发掘清理出南宋时期龙窑窑炉一座、作坊遗迹一处，获得自唐末五代至南宋初期的各类瓷器 3 万余件和大量窑具标本，揭示了越窑从唐末五代到两宋时期发展演变的轨迹，并为解决相关学术问题提供了可靠的实物资料。此项发掘工作细致、科学、严谨，是先生瓷窑遗址考古发掘方法的重要体现。因此，1998 年寺龙口窑址发掘获国家文物局田野考古二等奖，并被评为 1998 年度全国十大考古新发现之一。

2000 年以后，先生开始关注古代外销瓷窑考古和明清时期窑址考古，这一方面体现在他不断地促进、指导研究生进行这方面的窑址调查、发掘和研究，如南方地区元明民窑青花瓷器研究、唐宋时期广东制瓷手工业遗存研究、宋代以来福建地区制瓷手工业遗存研究等；另一方面，最为关键的，为了全面深入研究明清御窑、探索景德镇民窑“克拉克瓷”生产面貌，先生先后主持了江西景德镇明清御窑遗址、景德镇观音阁明代窑址的发掘工作。

2002 年 10 月～ 2003 年 1 月、2003 年 10 ～ 12 月、2004 年 10 ～ 12 月，先生三次带领研究生，与江西省文物考古研究所、景德镇市陶瓷考古研究所合作，对江西景德镇明清御窑遗址进行了较大规模的主动考古发掘。三个季度的发掘分为珠山北麓、珠山南麓两个区，发掘出土了明代御窑的围墙、院墙、窑炉和掩埋落选御用瓷器的小坑、小堆、片状堆积等一大批遗迹，同时出土了洪武至万历时期的瓷器、窑具等大量遗物，获重大成果。这批遗迹、遗物的发现，为研究明清御窑的范围、布局、产品特征、制作工艺、管理制度等，提供了宝贵的第一手资料，具有重要的学术价值。景德镇明清御窑遗址的考古发掘，清晰揭露了各遗迹和堆积之间的层位关系，这便使明代御窑瓷器的研究正式纳入考古学研究的范畴。有鉴于此，先生主持的这项重要发掘工作得到学术界高度评价，被评为 2003 年度全国十大考古新发现之一、“中国社会科学院考古学论坛——2004 年中国考古新发现”六项重大考古新发现之一，还于 2006 年获得了国家文物局田野考古二等奖。

2007 年 9 ～ 12 月，先生带领数名研究生，与江西省文物考古研究所、景德镇市陶瓷考古研究所合作，对江西景德镇观音阁窑址进行了一次较大规模的主动性考古发掘，揭露了一批明代晚期制瓷手工业作坊遗迹，出土了大量的明代民窑瓷器，以青花瓷器为大宗，另有白釉、蓝釉、紫金釉、黄釉、青花红绿彩、红绿彩瓷器等，并发现了少量具“克拉克瓷”风格的青花瓷器，对于研究景德镇明代中晚期民营制瓷手工业具有重要的学术意义。

先生将毕生心血都奉献给了文物考古事业，就在患病前的 2011 年底，他还奋战在景德镇御窑遗址发掘报告整理的第一线，可谓呕心沥血。值得欣慰的是，先生的这些瓷窑遗址的发掘与研究工作，代表了当前古陶瓷研究的主流，引领了学术发展的方向，为中国古陶瓷的研究开辟了新的天地。

四

1975 年 9 月，先生毕业留校任教，先后任讲师、副教授和教授，博士研究生导师。

几十年来，先生一直工作在教学第一线，先后讲授汉唐考古文献、中国古代陶瓷、陶瓷考古研究、中国陶瓷史研究专题、陶瓷文献研读等本科生、研究生课程，培养了大批考古专业人才。

1988 ～ 1989 年度，新开设汉唐考古文献课程，由先生讲授。这是先生在北京大学考古学系独立开设第一门课程，结合历史时期考古研究需要，系统地介绍了汉唐考古所涉及的各类文献，这也是汉唐考古研究方向的基本课程之一。

1989 ～ 1990 年度第二学期，先生开始讲授古代陶瓷课程。该课程初设于 1986 ～ 1987 年度，当时外请中国历史博物馆李知宴先生讲授。1990 年春，改由先生讲授，后更名为中国古代陶瓷，因其为古代文物中一个十分重要的门类，本课程一直作为本科生限选课程，保留至今。中国古代陶瓷课程立足考古资料，结合传世品，全面讲授中国古代陶瓷的发展演变历史（陶器仅涉及釉陶器、三彩器、紫砂器、珐华器），尤为注重包括烧成技术在内的制瓷工艺特征，采用课堂讲授、幻灯放映与现场实物观摩相结合的方法，内容丰富，形象生动，深受学生们欢迎。

陶瓷研究所成立后，在考古学系主任李伯谦先生的支持下，陶瓷考古逐渐发展成为独立的研究方向，招收研究生。1992 年 8 月，先生晋升为副教授，除带研究生参加窑址考古实习外，还协助辅导研究生，后渐招收硕士研究生。随后，担任陶瓷研究所所长。2000 年 8 月，先生晋升为教授，2001 年 3 月，升任博士研究生导师，开始招收博士研究生。随着学生的增多，其课程也不断完善。为突出研究方向特点，培养研究生的综合研究水平，先生为该方向研究生分别开设了陶瓷考古研究、中国陶瓷史研究专题、陶瓷文献研读等课程。陶瓷考古研究是一门逐步完善、成熟的课程，从考古学角度出发，主要讲授瓷窑遗址发掘方法、窑场分布、烧成技术、陶瓷考古发展简史、陶瓷考古新发现等内容。中国陶瓷史研究专题，则是以专题的形式，讲授、探讨中国陶瓷发展史中的一些问题，如外销瓷、秘色瓷、宋代官窑、元青花、唐三彩、原始瓷等，注重利用实物资料探索陶瓷史问题，这是一门开放性课程，重在参与和讨论。陶瓷文献研读是一门颇具特色的研究生课程，先生钩沉文献典籍，深入浅出介绍和阅读古籍中涉及陶瓷的文献资料，并延伸讨论近现代的古陶瓷研究论著，着力培养学生们的文献功底。

更为可贵的是，先生对课程准备充分，常在课上板书瓷器、窑炉、窑具式样，一丝不苟，而且及时吸收最新的考古发掘和研究成果，更新讲义内容。

瓷窑遗址的考古发掘实习一直是陶瓷考古方向研究生培养的重要教学内容，先生在历次窑址发掘中，都要带数名研究生实习，从田野发掘到室内整理、报告编写，均耐心指导，经先生稍加提点，学生常常会有茅塞顿开之感。因此，1997 年 12 月，由先生主持的陶瓷研究所“陶瓷考古的教学实践与成果”获得北京市普通高等学校教学成果二等奖。

先生在教书育人方面具有高度的责任心，他认真负责、诲人不倦，曾被评为北京市高教系统教书育人先进工作者。凡学生参加瓷窑遗址田野发掘实习，先生都要亲自辅导。指导的硕士生、博士生学位论文，先生总是逐字逐句的修改，甚至一个标点符号都不马虎。作为学生，有幸聆听先生教诲，亲承先生恩泽，实乃一生之大幸。

五

先生自留校工作后，始终扎根于北京大学，在完成教学和科研任务外，还担负起一些行政职务和兼职职务，参加或主持了一系列学术会议和交流活动。

1988 年 4 月～ 1991 年 5 月，先生担任考古学系副系主任职务，后接替杨根先生任陶瓷研究所所长。2001 年 8 月，先生担任中国古陶瓷学会常务理事。2005 年 1 月，先生任《文物天地》专家委员会委员。先生还曾担任北京师范大学历史学院兼职教授、景德镇陶瓷学院兼职教授。

为促进国内外学术交流，不断拓展学术研究的视野，自1996年起，尤以2007～2010年间活动最为活跃，先生多次在国内参加中国古陶瓷学会年会、瓷窑遗址考古新发现论证会、古陶瓷专题研讨会等一系列学术会议，提交多篇会议论文，并考察全国各地瓷窑遗址。此外，还应美国、韩国、日本以及台湾、香港、澳门等地博物馆、研究所或大学邀请，进行了学术访问，并作专题演讲，得到国内外学术界的认可。这些学术活动主要涉及洪州窑、钧窑、唐三彩、"官"款瓷器、早期白瓷、金代瓷器、元青花、洪武瓷、官窑、汝窑、老虎洞窑、宜兴蜀山窑、龙泉窑、明清御窑、景德镇窑以及陶瓷考古与制瓷手工业等各个方面，既反映了先生陶瓷考古研究的关注点和学术素养，其观点也反映了先生的学术水准，不少文章已正式发表于会议论文集。

1999年10月12日，北京大学考古学系"古代陶瓷考古高级研讨班"开班，由先生主持，全国陶瓷考古学者集聚一堂，就陶瓷考古尤其是瓷窑遗址发掘与研究、窑址考古新发现等问题进行了充分的讨论。这是多年来北京大学陶瓷考古研究独树一帜的总结，也是先生主持下陶瓷研究所研究思路的重要体现。

先生十分重视考古发掘成果的展示，曾多次策划陶瓷考古展览。1996年4月，在先生策划下，北京大学赛克勒考古与艺术博物馆举办"洪州窑发掘成果展"，展出洪州窑历年考古发掘精品，展期达7个月。2000年9月，先生又策划在北京大学赛克勒考古与艺术博物馆举办"炽焰神工——古代瓷器制作工艺标本展"，展示古代制瓷工艺技术。2006年4月，在先生筹划下，北京大学赛克勒考古与艺术博物馆展出了120余件明清御窑遗址考古出土的瓷器珍品，随后出版了《景德镇出土明代御窑瓷器》，这是第一本系统地利用考古出土文物，展示、介绍明代御窑成就、管理制度和各时段御窑瓷器特征的图录。

2013年3月22日，经多方策划、合作，保利艺术博物馆成功举办了"新出土明代御窑瓷器精品展"，共展出124件展品，以2002～2004年发掘出土的明代早中期御窑瓷器为主，辅以少量以往发掘的具有代表性的典型器物，涵盖了洪武、永乐、宣德、正统、成化、弘治、正德几个时期。展品中一些是2011年秋冬先生在景德镇负责整理期间新修复完好的器物。2013年4月3日先生逝世一周年之际，本展览移师北京大学赛克勒考古与艺术博物馆，正是冥冥之中对先生在天之灵的祭奠，也是对先生终生献身陶瓷考古事业最好的纪念！

六

先生毕生从事隋唐考古、陶瓷考古研究，尤其擅长中国古代陶瓷器及制瓷手工业的研究。先生做为文物考古界的知名学者，先后承担或合作承担了中国北方古代瓷器烧成技术的考古学研究（1993～1996年）、多种核技术对比分析古陶瓷产地和年代特征的方法研究（2000～2003年，负责人文社会科学方面的研究）、洪州窑遗址考古发掘报告（2002～2005年）、核分析技术在定量表征典型黑釉古瓷内部特征中的应用研究（2007～2009年，负责人文社会科学方面的研究）、参加编写新编《中国陶瓷史》（2005年启动，承担该书"隋唐五代"部分的编写工作）等多项科研项目，取得了一系列成果。

先生长年潜心钻研，笔耕不辍，著述颇丰，发表了《寺龙口越窑址》（考古发掘报告，合著）、《古代陶瓷》等专著和多篇学术论文，论文主要有《中国南方隋唐墓的分区分期》、《试论南方古代名窑中心区域移动》、《论洪州窑的装烧工艺》、《试论越窑的衰落》、《江西景德镇明清御器（窑）

厂落选御用瓷器处理的考察》、《唐至清代宫廷用瓷的来源——从土贡到自置窑烧造》等，多项成果获奖。这些研究不仅仅限于瓷窑和陶瓷器本身，还涉及生产中心区域变动、窑场布局、工艺技术、生产模式与管理制度等深层次学术问题。

先生的著述大体可以归纳为以下七个方面。

第一，隋唐墓葬考古研究。

这是先生早期隋唐考古研究的成果，以1992年发表的《中国南方隋唐墓的分区分期》为代表，系统研究了南方地区隋唐墓葬的区域特点和分期特征。此外，还对南方地区唐代壁画墓作了研究（《试析南方发现的唐代壁画墓》）。近年，先生重拾旧笔，根据亲自参加整理的武昌郊区隋唐墓资料，撰成《武昌郊区隋唐墓出土陶俑的分期》一文，进一步明确了该地区隋唐墓随葬陶俑的类别、分期及特征。

第二，陶瓷考古综论与方法的思考。

首先，先生一生致力于瓷窑遗址的考古发掘，对窑址发掘方法有较深的思考与总结，《古代瓷窑遗址的发掘方法》（未刊稿）即是先生撰写的课程讲义。其次，他还对陶瓷考古教学实践进行了总结（《中国古代陶瓷考古的教学和研究》），综论了由古至今中国陶瓷史研究（《中国陶瓷史研究述评》），先生时刻把握陶瓷考古学术前沿，及时总结近年新发现与探索（《中国陶瓷考古的新进展》）。再次，先生对不同制瓷手工业成就和面貌作了综述，如《三国两晋南北朝制瓷工艺的突出成就》、《三国两晋南北朝时代青瓷的发展》、《隋唐五代时期窑址与瓷器》、《试析宋元时期的制瓷手工业》等论文。

第三，古代瓷窑的区域布局研究。

通过对古代瓷窑遗址的具体分析，由洪州窑、景德镇窑、吉州窑、寿州窑入手，讨论了南方地区古代名窑中心区域移动的问题（《试论南方古代名窑中心区域移动》），提出了中国古代名窑中心区域不是固定不变的，而是在具有一定规律移动的新观点，受到了学术界的广泛重视和赞同，有的研究者已将此观点运用到了研究之中。由此延伸、扩展，进一步探讨了《中国古代瓷窑遗址的分布和窑场的布局》（未刊稿），这是先生对古代瓷窑遗址生产与布局思考的重要成果。

第四，洪州窑研究。

这是结合洪州窑遗址发掘进行的，对洪州窑兴衰（《洪州窑的兴衰》）、匣钵起源（《从洪州窑遗址出土资料看匣钵的起源》）、装烧工艺（《论洪州窑的装烧工艺》）以及洪州窑瓷器的装饰工艺（《江西丰城洪州窑瓷器的装饰技法与内容》）、流布（《洪州窑瓷器流布初探》）、使用（《陆羽＜茶经＞与洪州窑瓷器》）等一系列问题进行了深入细致的研究，多有创见。

第五，越窑研究。

先生侧重于越窑的衰落（《试论越窑的衰落》）和秘色瓷问题（《唐代越窑秘色瓷的秘色涵义初探》）的探讨。

第六，官窑与御用瓷器研究。

多是结合明清御窑遗址考古发掘进行的。官窑考古概述（《中国古代制瓷官窑的考古发现与研究》）、汝窑和老虎洞窑瓷器（《汝窑和老虎洞窑瓷器的比较研究》）、宫廷用瓷来源的变化（《唐至清代宫廷用瓷的来源——从土贡到自置窑烧造》）、明初烧造官用瓷器窑厂的性质（《明代洪武时期龙泉、景德镇烧造官用瓷器窑厂性质的探索》）、景德镇明清御窑遗址的考古发现与研究（《2002～2004年景德镇出土明代御窑瓷器概说》、《江西景德镇明清御器（窑）厂落选御用瓷器处理的考察》、《明代宣德御窑址的考古发现与探索》、《从考古资料看景德镇明永乐、宣德时期御窑的烧成工艺》），以及由此延伸的专题研究，如景德镇制瓷手工业（《江西景德镇古代制瓷手工业概说》）、唐英督陶奏折（《唐英督陶奏折在御窑研究中的意义》）等。

第七，其他专题探讨。

如钧窑系的形成（《简论钧窑系形成的过程》）、唐五代定窑（《唐五代时期定窑初探》）、“官”字款瓷器（《关于唐宋瓷器上的“官”和“新官”字款问题》）等。

以上第四、五、六三项，大多是先生围绕亲自发掘的瓷窑遗址进行的专题研究。

此外，先生还十分注重陶瓷考古与现代科学技术的结合，参与多项陶瓷科学技术方面的合作研究课题，尤其是 X 荧光、中子活化和核分析技术的应用，洪州窑、越窑出土瓷片的分析即是例证。

先生参与撰写的专著，除考古报告、出土瓷器图录外，主要涉及陶瓷工艺技术、陶瓷考古综述方面的内容，此处不再赘述。

这些论著的观点受到了学术界的广泛好评，并多次被引用，有些论文还被全文译成英文、日文、韩文，得到国外学术界的关注。

先生在学术研究方面极具创新意识，不受传统的陶瓷古器物学的局限，将古代陶瓷器的研究纳入陶瓷考古学研究的范畴，并与古陶瓷科学技术研究相结合，走出了一条新的研究之路。

七

先生品格高尚，虚怀若谷；忠厚诚实，淡泊名利。先生严以律己，宽以待人；凡事谨慎，顾全大局。先生在自己的岗位上，勤恳敬业，殚精竭虑，无私忘我，默默奉献。

先生工作中认真细心，一丝不苟，又勇于开拓，不断创新，从隋唐考古华丽转身，投身陶瓷考古事业，另辟蹊径，卓然成家。先生治学严谨，坚持科学，还记得当年御窑遗址发掘时，新文物发现后，从对大家一拥而上猎奇围观时的一声大吼中，可见先生的那份科学精神。先生风尚，垂范后学。

先生恪守职业道德，正直坦诚。在当今物欲横流的大潮中，始终坚守着考古工作者的底线。这可从当年御窑遗址发掘工地上，先生对盗掘活动的担忧和愤慨中一览无余，也可从先生不对文物真伪说违心话上看到。

先生对学生尽心尽责，和蔼可亲又不失严谨。学业上严格要求，生活上关心照顾。先生宽厚的笑容，令人如沐春风。感念及此，涕泪不已。

先生热爱自己的事业，2011 年 7 月退休，计划退休后把未完成的工作做完。退休后两个月，先生便到了景德镇，开始了发掘资料的整理，一去就是四个月，直至来年元月初感到身体不适，但先生仍坚持先赴广州考察后方才回京。没想到，病魔已经向先生袭来，而这里会成为他事业的终结。2012 年 3 月，先生病重入院治疗。不幸的是，2012 年 4 月 3 日凌晨七时许，先生永远地离开了我们！在离开这个世界的前一天，护理人员问有什么要紧事想说，躺在病床上已失去说话能力 20 多天的他在纸上写了这样一句话：“没能完成任（务），很（遗）感（憾）！”带着不尽的遗憾和对事业的无限眷恋，先生离开了这个喧嚣繁杂的世界……

这，宛如一首渐入佳境的曼妙乐曲，却戛然而止，令人扼腕叹息！

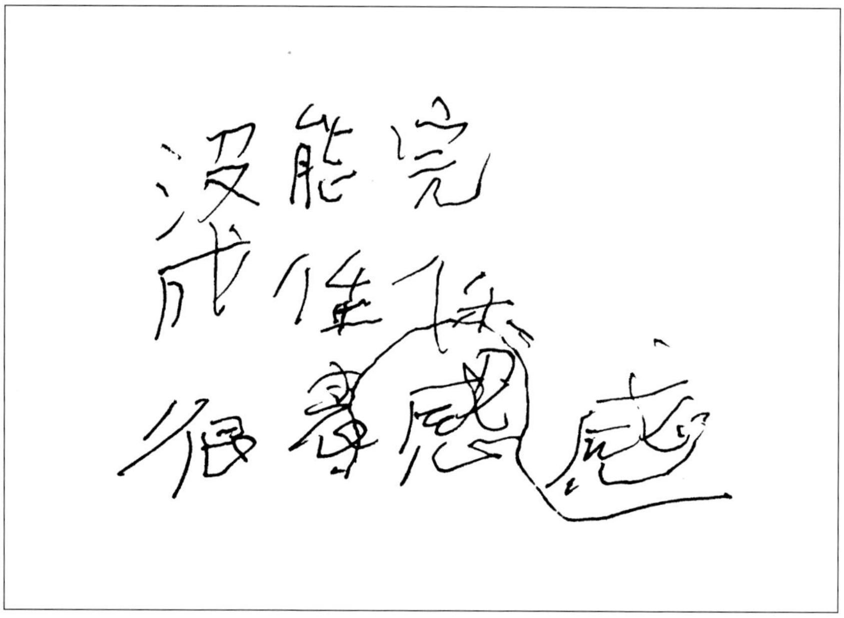

先生遗笔（写于 2012 年 4 月 2 日晚）

八

高山仰止，景行行止。
桃李不言，下自成蹊。

（2013 年 4 月 3 日，孟原召撰）

论著目录

一　专著（含参与撰写）

1．冯先铭主编，权奎山等：《中国古陶瓷图典》，七<工艺技术>，362 ～ 390 页，文物出版社，1998 年。

2．权奎山、孟原召著：《古代陶瓷》，前言、一、五、六、十部分（权奎山撰写），文物出版社，2008 年。

3．李知宴主编，李纪贤、权奎山、丁鹏勃等：《中国陶瓷艺术》（中文、英文版），第二章<夏至春秋时期陶器和原始青瓷的发明>（权奎山、丁鹏勃、李知宴）、第四章<三国两晋南北朝时期的陶瓷>（权奎山），《中国文化与文明》丛书，外文出版社，纽黑文－伦敦：耶鲁大学出版社，2010 年 12 月（Beijing：Foreign Languages Press；New Haven–London：Yale University Press）。

4．浙江省文物考古研究所、北京大学考古文博学院、慈溪市文物管理委员会编著：《寺龙口越窑址》，第六章<分期与年代>，334 ～ 352 页，文物出版社，2002 年。

5．张柏主编，权奎山、秦大树、孙新民、胡智勇、李宝平执行主编：《中国出土瓷器全集》（全 16 卷），科学出版社，2008 年。

6．北京大学考古文博学院、江西省文物考古研究所、景德镇市陶瓷考古研究所编著、权奎山等编撰：《景德镇出土明代御窑瓷器》，文物出版社，2009 年。

7．刘庆柱主编：《中国考古发现与研究（1949 ～ 2009）》，九<陶瓷考古>（权奎山执笔），520 ～ 579 页，人民出版社，2010 年。

二　论文

1．权奎山：《三国两晋南北朝的瓷器》，《自修大学》（文史哲经）1984 年第 5 期，40 ～ 41 页。

2．权奎山：《唐代乾陵》，《自修大学》（文史哲经）1984 年第 10 期，42 ～ 43 页。

3．权奎山：《中国南方隋唐墓的分区分期》，《考古学报》1992 年第 2 期，147 ～ 184 页。

4．权奎山：《试析南方发现的唐代壁画墓》，《南方文物》1992 年第 4 期，52 ～ 68 页。

5．权奎山：《陆羽<茶经>与洪州窑瓷器》，《文物》1995 年第 2 期，73 ～ 79 页。

6．权奎山：《中国古代陶瓷考古的教学和研究》（中文），《中国の考古学展——北京大学考古学系発掘成果》，152 ～ 154 页，东京：出光美术馆编集、発行，1995 年。

7．权奎山：《试论南方古代名窑中心区域移动》，《考古学集刊》第 11 集，276 ～ 288 页，中国大百科全书出版社，1997 年。

8．权奎山：《三国两晋南北朝制瓷工艺的突出成就》，于炳文主编《跋涉集——北京大学历史系考古专业七五届毕业生论文集》，228 ～ 233 页，北京图书馆出版社，1998 年。

9．权奎山：《简论钧窑系形成的过程》，《中原文物》1999 年第 3 期，59 ～ 65 页。

10．权奎山：《唐三彩》，袁行霈主编《中华文明之光》第二辑《唐宋元》，284 ～ 291 页，北京大学出版社，1999 年。

11．权奎山：《关于唐宋瓷器上的“官”和“新官”字款问题》，《中国古陶瓷研究》第五辑，222 ～ 229 页，紫禁城出版社，1999 年。

12．权奎山：《洪州窑的兴衰》，《文物天地》2000 年第 4 期，28 ～ 31 页。

13．权奎山：《从洪州窑遗址出土资料看匣钵的起源》，北京大学中国传统文化研究中心编《文化的馈赠——汉学研究国际会议论文集 · 考古学卷》，199 ～ 204 页，北京大学出版社，2000 年。

14．权奎山：《论洪州窑的装烧工艺》，北京大学考古学系编《考古学研究（四）》，300 ～ 320 页，科学出版社，2000 年。

15．权奎山：《三国两晋南北朝时代青瓷的发展》，《古代東亞細亞와 三韓 · 三國의 交涉》，福泉博物馆（Bokcheon Museum），2002 年 10 月 11 日，19 ～ 37 页（中文），39 ～ 51 页（韩文）。

16．权奎山：《试论越窑的衰落》，《故宫博物院院刊》2003 年第 5 期，49 ～ 57 页。

17．权奎山：《江西景德镇明清御器（窑）厂落选御用瓷器处理的考察》，《文物》2005 年第 5 期，54 ～ 63 页。

18．权奎山：《试析宋元时期的制瓷手工业》，《跋涉续集——北京大学历史系考古专业七五届毕业生论文集》，311 ～ 321 页，文物出版社，2006 年。

19．权奎山：《唐代越窑秘色瓷的秘色涵义初探》，沈琼华主编《2007’中国 · 越窑高峰论坛论文集》，123 ～ 127 页，文物出版社，2008 年。

20．权奎山：《唐五代时期定窑初探》，《故宫博物院院刊》2008 年第 4 期，40 ～ 55 页。

21．权奎山：《洪州窑瓷器流布初探》，《中国历史文物》2008 年第 3 期，4 ～ 10 页。

22．权奎山：《2002 ～ 2004 年景德镇出土明代御窑瓷器概说》，北京大学考古文博学院等编著《景德镇出土明代御窑瓷器》，10 ～ 25 页，文物出版社，2009 年；英文（An overview of the 2002-2004 excavations of Ming dynasty imperial kilns in Jingdezhen），26 ～ 32 页（李宝平译）。

23．权奎山：《中国古代宫廷用瓷来源——从土贡到自置窑烧造》（2009 年 7 月 18 日，澳门“鹤鸣濠江”——北京大学考古文博学院名家系列讲座），《嘉模讲谈录——鹤鸣濠江考古文博名家系列讲座二〇〇八至二〇〇九》，澳门特别行政区民政总署文化康体部，2009 年 12 月。

24．权奎山：《景德镇明清御窑落选御用瓷器的处理方式——从打碎掩埋到变价销售》（2009 年 7 月 19 日，澳门“鹤鸣濠江”——北京大学考古文博学院名家系列讲座），《嘉模讲谈录——鹤鸣濠江考古文博名家系列讲座二〇〇八至二〇〇九》，澳门特别行政区民政总署文化康体部，2009 年 12 月。

25．权奎山：《近年中国陶瓷考古发现与探索》，中国社会科学院考古研究所《考古学的过去、现在和未来——中国与世界》，136 ～ 138 页，2010 年 7 月。

26．权奎山：《中国江西景德镇古代制瓷手工业概说》，韩国“文化遗产中场开挖 100 年——回顾与展望”会议论文，2010 年 11 月 2 日，277 ～ 291 页（中文）；293 ～ 308 页（韩文）。

27．权奎山：《明代洪武时期龙泉、景德镇烧造官用瓷器窑厂性质的探索》，《文物天地》2011 年第 4 期，32 ～ 35 页。

28．权奎山：《明代宣德御窑址的考古发现与探索》，《御窑遗彩——景德镇出土宣德官窑珍品文集》，20 ～ 29 页，澳门特别行政区民政总署文化康体部，2011 年 2 月。

29．权奎山：《景德镇清代康熙时期瓷器概述》，《延薰秀色——康熙瓷器与宫廷艺术珍品特展》，10 ～ 13 页，保利艺术博物馆，2011 年。

30．权奎山：《江西丰城洪州窑瓷器的装饰技法与内容》，舒佩琪主编《陈昌蔚纪念论文集》第五辑，17 ～ 49 页，台北财团法人陈昌蔚文教基金会，2011 年。

31．权奎山：《唐英督陶奏折在御窑研究中的意义》，《督陶官文化与景德镇》，295 ～ 303 页，江西美术出版社，2011 年。

32．权奎山：《武昌郊区隋唐墓出土陶俑的分期》，中国考古学会、沈阳市文物考古研究所编《庆祝宿白先生九十华诞文集》，202 ～ 244 页，科学出版社，2012 年。

33．权奎山：《汝窑和老虎洞窑瓷器的比较研究》，《故宫博物院八十五华诞宋代官窑及官窑制度国际学术研讨会论文集》，217 ～ 234 页，故宫出版社，2012 年。

34．权奎山：《从考古资料看景德镇明代永乐、宣德时期御窑的烧成工艺》《永宣时代及其影响——两岸故宫第二届学术研讨会论文集》，231 ～ 242 页，故宫出版社，2012 年。

35．权奎山：《景德镇明清御窑遗址的考古发现和研究》，《故宫博物院院刊》2013 年第 3 期，6 ～ 19 页。

三　考古发现、发掘简报

1．北京大学考古系、江西省文物考古研究所：《江西丰城洪州窑遗址调查报告》（权奎山等执笔），《南方文物》1995 年第 2 期，1 ～ 29 页。

2．权奎山、沈岳明：《越窑的一朵奇葩——记越窑寺龙口窑址》，《文物天地》1999 年第 5 期，26 ～ 29 页。

3．刘新园、权奎山、樊昌生：《发掘景德镇明清御窑》，《文物天地》2004 年第 4 期，8 ～ 19 页。

4．刘新园、权奎山、樊昌生：《江西省景德镇市珠山明、清御窑遗址考古发掘获重大成果》，《中国古陶瓷研究》第 10 辑，240 ～ 248 页，紫禁城出版社，2004 年。

5．北京大学考古文博学院、江西省文物考古研究所、景德镇市陶瓷考古研究所：《江西景德镇市明清御窑遗址 2004 年的发掘》（执笔：刘新园、权奎山、李一平），《考古》2005 年第 7 期，35 ～ 41 页。

6．景德镇明清御窑遗址考古队：《景德镇明清御窑遗址考古又有新发现》（权奎山执笔），《文物天地》2005 年第 9 期，56 ～ 63 页。

7．权奎山、王光尧：《手铲解读明代御器厂的另一半——明清御窑遗址的新发现》，《紫禁城》2006 年第 9、10 期合刊（总第 142 期），156 ～ 169 页。

8．北京大学考古文博学院、江西省文物考古研究所、景德镇市陶瓷考古研究所：《江西景德镇明清御窑遗址发掘简报》（执笔：刘新园、权奎山、李一平、张文江、江建新、孟原召、江小民），《文物》2007 年第 5 期，4 ～ 47 页。

9．北京大学考古文博学院、江西省文物考古研究所、景德镇市陶瓷考古研究所：《江西景德镇观音阁明代窑址发掘简报》（执笔：刘新园、刘未、黄珊、江建新、权奎山），《文物》2009 年第 12 期，39 ～ 58 页。

四　科技分析（合作研究）

1．梁宝鎏、王建平、权奎山、陈铁梅：《慈溪越窑和洪州窑瓷片的 X 荧光分析研究》，《文物保护与考古科学》2001 年第 13 卷第 2 期，8 ～ 14 页。

2．范东宇、冯松林、徐清、张颖、沙因、权奎山、沈岳明：《浙江越窑古瓷中元素分布的 SRXRF 研究与统计分析》，浙江省文物考古研究所编《浙江省文物考古研究所学刊》第五辑《2002 越窑国际学术讨论会专辑》，277 ～ 279 页，杭州出版社，2002 年。

3．冯松林、权奎山、沈岳明：《浙江寺龙口越窑古瓷元素谱的核分析研究进展》，浙江省文物考古研究所编《浙江省文物考古研究所学刊》第五辑《2002 越窑国际学术讨论会专辑》，280 ～ 283 页，杭州出版社，2002 年。

4．范东宇、冯松林、冯向前、雷勇、徐清、张颖、黄宇营、何伟、权奎山、沈岳明：《寺龙口青瓷的 SRXRF 研究与统计分析》，《核技术》2002 年第 25 卷第 10 期，833 ～ 836 页。

5．冯松林、范东宇、冯向前、徐清、程琳、雷勇、权奎山、沈岳明、张文江、禚振西：《不同窑口古代青瓷产地的中子活化分析》，《原子核物理评论》2005 年第 22 卷第 1 期，138 ～ 141 页。

6．冯向前、冯松林、张文江、樊昌生、权奎山：《历代洪州窑古瓷的元素组成特征的中子活化分析研究》，《原子核物理评论》2005 年第 22 卷第 1 期，142 ～ 144 页。

五　外文（译文）

1．权奎山：《洪州窑 의 匣钵研究》（韩文），韩国《美术史论坛》12 号，2001 年。

2．权奎山：《中国陶磁考古の教育と研究》（日文），《中国の考古学展——北京大学考古学系発掘成果》，东京：出光美术馆编集、発行，1995 年，132 ～ 139 页。

3．Quan Kuishan（权奎山）:The Shift of the Central Firing Areas at Famous Southern KilnSites（《试论南方古代名窑中心区域移动》），China Archaeology and Art Digest（《中国考古与文物摘要》，英文），Vol.3 No.4，Hongkong：Art Text（HK）Ltd，June 2000.

4．The Phantom Official Kiln：“Guan” and “Xinguan” Marks on Tang and Song Porcelain by Quan Kuishan，China Archaeology and Art Digest（《中国考古与文物摘要》，英文），Vol.3 No.4，Hongkong：Art Text（HK）Ltd，June 2000.

六　序文

1．权奎山：《中国古代官窑制度 · 序》（撰于 2004 年 12 月），王光尧著《中国古代官窑制度》，紫禁城出版社，2004 年。

2．权奎山：《景德镇湖田窑址——1988 ～ 1999 年考古发掘报告 · 序》（撰于 2006 年 10 月 26 日），江西省文物考古研究所、景德镇民窑博物馆编著《景德镇湖田窑址——1988 ～ 1999 年考古发掘报告》，文物出版社，2007 年。

3．权奎山：《毛家湾——明代瓷器坑考古发掘报告 · 序》（撰于 2007 年 9 月 16 日），北京市文物研究所编著《毛家湾——明代瓷器坑考古发掘报告》，科学出版社，2007 年。

4．权奎山：《邢窑研究 · 序》（撰于 2006 年 10 月 28 日），张志忠、李恩玮、赵庆钢主编《邢窑研究》，文物出版社，2007 年。

5．权奎山：《镇江出土陶瓷器 · 序言》（撰于 2010 年 5 月 28 日），杨正宏、肖梦龙、刘丽文主编《镇江出土陶瓷器》，文物出版社，2010 年。

七 其他（含未刊及讲演稿提纲）

1．权奎山：《陶瓷田野考古的实践与体会》，1994 年 6 月 10 日。

2．权奎山：《中国古代瓷器简说》（手稿），1997 年 1 月。

3．权奎山：《中国陶瓷史研究述评》（手稿），2002 年 2 月初稿，2005 年 2 月修订，2009 年 1 月修订。

4．权奎山：《长沙窑与岳州窑的关系初探》，提要，2003 年 11 月 9 日于景德镇为 2003 年长沙窑古陶瓷年会而撰，未刊。

5．权奎山：《江西景德镇明代晚期至清代初期的制瓷手工业》（电子稿），提要，2004 年 11 月 22 日为 2004 年景德镇古陶瓷年会而撰，未刊。

6．权奎山：《古代瓷窑遗址的发掘方法》（电子稿），2005 年 9 月 16 日，未刊。

7．权奎山：《中国古代陶瓷研究中的若干问题的思考》（手稿），2007 年 3 月。

8．权奎山：《中国古代制瓷官窑的考古发现与研究》（电子稿），2007 年 4 月，未刊。

9．权奎山：《中国出土元代青花瓷器概说》，演讲提纲，2008 年 1 月 12 日，日本九州大学东北亚史研究第 3 回国际学术研讨。

10．权奎山：《唐代三彩器窑址的考古发掘与收获》，演讲提纲，2008 年 1 月 13 日，日本九州大学东北亚史研究第 3 回国际学术研讨会。

11．权奎山：《展示陶瓷考古成果，推进古瓷学术研究——写在＜中国出土瓷器全集＞出版之际》（手稿），2008 年 3 月。

12．权奎山：《中国陶瓷考古的新进展》，2010 年 3 月。

13．权奎山：《金代瓷器装饰理念的转变》（手稿）、《金代瓷器装饰方式的转变》（电子稿），两篇内容相同，2010 年 8 月吉林大学边疆考古研究中心“辽金元瓷器国际学术研讨会”论文。

14．权奎山：《陶瓷考古的发现和研究》。

15．权奎山：《古代丰城土宜陶，褐釉名瓷走四方——记江西丰城洪州窑》（手稿）。

16．权奎山：《简论越窑寺龙口窑场发展史》（手稿）。

17．权奎山：《景德镇元代青花瓷器兴起原因初探》（手稿）。

18．权奎山：《宋代官窑》（手稿）。

19．权奎山：《简论宋元窑址出土的钧釉瓷器》（手稿）。

20．权奎山：《宋代五大名窑瓷器鉴赏》（打印稿），讲稿。

21．权奎山：《试析三国两晋南北朝时期的鸡首壶》（打印稿），提要。

22．权奎山：《隋唐五代时期窑址与瓷器》。

23．权奎山：《中国古代瓷窑遗址的分布和窑场的布局》，未刊。

24．权奎山：《魏晋至明代制瓷手工业考古》。

25．权奎山：《隋唐墓葬出土的特异陶瓷动物》。

26．权奎山：《中国古代瓷窑遗址的调查与发掘》。

27．权奎山：《陶瓷考古与现代科学技术》。

中国南方隋唐墓的分区分期

本文的“中国南方”指长江流域及其以南地区的四川、湖北、湖南、江西、江苏、浙江、福建、广东等省和广西壮族自治区。这片南方地区的隋唐墓资料已积累不少，而且有同志做了一些综合性的整理和研究[1、2)]，也有同志对某一省墓葬中出土的陶瓷器做了专题整理和研究[3、4)]。本文拟在前人研究的基础上，以1989年年底之前公开发表的材料为依据，对南方隋唐墓的公区、分期问题试做初步的论述。

一 分区

从分析墓葬的平面构成、墓壁装饰和随葬器物入手。南方隋唐墓的平面主要有：长方形、梯形、刀形[1]、窄凸字形[2]、宽凸字形[3]、窄双凸字形[4]和中字形[5]。墓壁装饰有三种情况：一是墓砖侧面模印花纹；二是镶嵌画像砖；三是绘制彩色壁画。随葬器物依据质料和特征的不同，大体可分四类：一是陶瓷俑和动物雕塑；二是陶瓷模型器[6]；三是陶瓷器；四是金属器及其他。上述三项及其所含内容，在南方都有发现，但各省区不尽相同。湖南、湖北的隋唐墓比较一致。墓葬平面以长方形、梯形、窄凸字形为主，兼有少量宽凸字形。墓壁装饰三种皆备。壁砖和画像砖的纹饰主要有：忍冬纹、瓶花纹、羽人、奔兽、四神（青龙、白虎、朱雀、玄武）、侍女、兜鍪男像、平巾帻男像[7]等。壁画的主要内容是：侍女、男侍、天体，以人物为主。有些墓的棺床和摆放器物的砖台上面还平铺一层与壁砖大小略同的莲花纹砖为饰。随葬器物四类齐全，内容繁多。陶瓷俑和动物雕塑有：平巾帻男俑、小冠男俑、兜鍪男俑、天王、男俑、女俑、镇墓兽、人面鸟和双翼兽、双头兽、十二时、牛、马、骆驼、羊、狗、猪、鸡、鸭、鹅等。陶瓷模型器有：牛车、仓、井栏、灶、磨、碓和案、棋盘等。陶瓷器主要有：鸡首壶、盘口壶、注子、瓶、双唇罐、罐、碗、杯、钵、高足盘、盘、唾盂、香炉、灯盏、砚台等。金属器及其他主要有：铜钵、铜杯、铜镜、铜钱、铁剪、银杯和各种饰品。

江苏、浙江的隋唐墓比较接近。墓葬平面一般有长方形、梯形、窄凸字形和窄双凸字形四种，不见宽凸字形。有些墓墓室两侧壁外弧。墓壁装饰一般是在壁砖侧面模印花纹，内容较两湖地区简单，主要有钱纹、叶脉纹、水波纹、锐角纹、回纹、菱形纹、小花纹、鱼纹、鸟纹等。个别镶嵌男骑马纹砖，大小与壁砖相近。有的墓绘壁画，内容有花卉、云气和天体等，不见人物。随葬

[1] 指墓室为长方形，甬道在其一侧的单室墓。

[2] 指墓室为长方形，甬道在其中部的单室墓。

[3] 指墓室为方形或弧方形，甬道在其中部或偏左的单室墓。

[4] 指前后两室带甬道，两室之间设过道（甬道），后室（主室）为长方形的墓。

[5] 指前后两室带甬道，两室直接相连，后室为窄于前室的长方形的墓。

[6] 指仓、井栏、磨、碓、臼、灶、案、棋盘等。

[7]《隋书·礼仪志》七：“帻……承远游，进贤者，施以掌导，谓之介帻。承武弁者，施以笄导，谓之平巾。”《旧唐书·舆服志》：“平巾帻，簪箄导，冠支，五品以上紫褶，六品以下绯褶，加两裆縢蛇，并白袴，起梁带，靴，武官及卫官陪立大仗则服之。若文官乘马，亦通服之，去两裆縢蛇。”南方地区隋唐墓画像砖上有的男像首饰和服饰可与上述文献记录相对照。

器物以陶瓷器为主，不见或少见鸡首壶、双唇罐和高足盘等。其他各类虽有发现，但不及两湖地区丰富。陶瓷俑和动物雕塑中一般不见天王俑，少见平巾帻男俑、兜鍪男俑、镇墓兽，未见人面鸟和双翼兽、双头兽、羊、狗、鸡、鸭、鹅，流行小冠男俑。陶瓷模型器中仅有少量的灶和磨。

广东、广西的隋唐墓大体相同。墓葬平面一般为长方形、梯形、窄凸字形、窄双凸字形。个别为宽凸字形、中字形。墓葬装饰简单，多在壁砖侧面模印叶脉纹、半圆纹、小花纹和忍冬纹等，个别绘制以人物、四神为主要内容的彩色壁画，不见镶嵌画像砖。随葬器物主要是陶瓷器，其中少见两湖、江浙地区流行的盘口壶、注子，而盛行形制复杂的罐。一般不见陶瓷俑、动物雕塑和陶瓷模型器。

福建的隋唐墓材料与上述各省有所不同。墓葬平面有长方形、刀形、窄凸字形三种。装饰花纹均模印在壁砖侧面，个别两块砖拼成一个画面。内容有钱纹、叶脉纹、同心圆纹、云气纹、忍冬纹、小花纹、莲花纹，个别模印奔兽、骑射、立射、女乐、女舞人、飞天、四神等图象。随葬器物基本上是陶瓷器，常见有盘口壶、带耳罐、碗、托杯、耳杯、盏盘、三足盆、鐎斗、虎子、香熏、烛台和插器等。未发现陶瓷俑和动物雕塑[1]，陶瓷模型器仅少数墓有灶、甑。金属器很少，仅有铜杯和铜钱。

四川的隋唐墓材料不尽相同。成都平原的墓葬平面有长方形、梯形、窄双凸字形三种。壁砖侧面饰奔兽、忍冬纹、小花纹、菱形纹、鱼子纹等。随葬陶瓷器有罐、瓶、碗和灯盏等。未见陶瓷俑、动物雕塑及模型器。金属器也不多。四川东部万县发现的墓葬，平面呈窄凸字形。墓内绘制彩色壁画，保存下来的壁画有甬道两壁的青龙、白虎和室顶的天体残部。随葬器物四类齐全，内容颇多。其基本情况与成都一带差别显著，而与两湖地区相同。

江西的隋唐墓，以南昌、清江和赣州为中心的赣江流域，墓葬平面以长方形、窄双凸字形为主，另有少量的窄凸字形。装饰花纹有钱纹、叶脉纹、网纹、鱼纹、方框对角纹、菱纹和小花纹等，均模印在壁砖侧面。随葬器物以陶瓷器为主，不见或少见福建流行的耳杯、托杯、盏盘、虎子、香熏、烛台和插器等。一般不见陶瓷俑和动物雕塑。陶瓷模型器仅有少量的灶。金属器较福建丰富，常见的有铜镜、铜钵、铁剑和铜钱等。以九江为中心的长江沿岸，墓葬平面多为长方形，随葬器物四类皆有。其内涵与赣江流域差别甚大，与两湖地区相近。

上述六种情况，表明南方隋唐墓大致可划分为六个区，即长江上游（以成都为中心），长江中游（以湖南和湖北为主体，包括万县和九江一带），赣江地区（以南昌、清江、赣州为中心），长江下游（江苏、浙江），福建，岭南（广东、广西）地区。

二 分期

从分析墓葬形制和随葬器物入手，再据其类型增减和演变来推断。因随葬器物繁多，本文不打算分析所有的器类，只分析陶瓷俑、动物雕塑和陶瓷器中具有较显著分期意义的器物。

（一）长江上游地区

1．墓葬形制

全是砖构墓。分二型。

A型 前后两室，平面呈窄双凸字形。长3米以上。例墓新津隋M22[5]，长3.23米（图一，1）。

[1] 福建漳浦发现一座出陶俑的墓（《考古》1959年第11期）。简报作者定为唐墓。从墓制和随葬器物看，此墓与福州市郊发现的五代刘华墓（《文物》1975年第1期）基本相同。因此，我们认为此墓似应改定为五代墓，故本文未收。

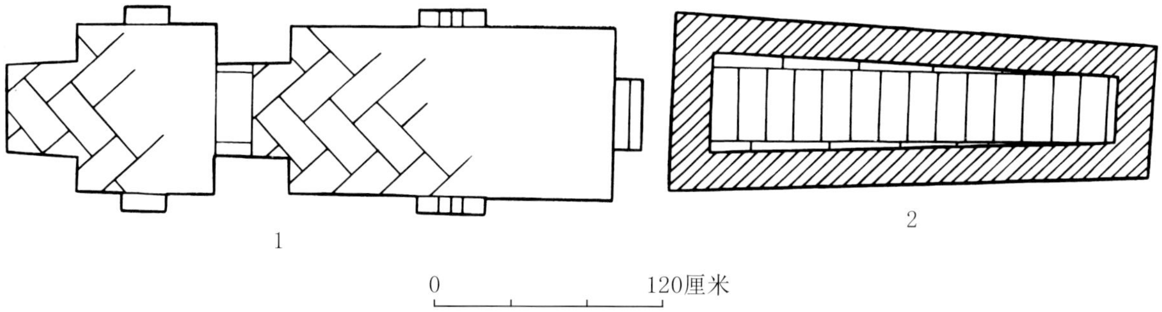

图一　长江上游地区隋唐墓类型图

1. A型（新津隋M22）　2. B型（彭县唐M9）

B型　单室，平面呈长方形或梯形。长一般在3米以下。例墓彭县唐M9[6]，长2.07米（图一，2）。

2. 随葬器物

常见的器类有罐和碗。

罐　带耳。分二型。

A型　两耳。分三式。Ⅰ式，罐身矮胖。标本新津M22：4，无釉，高16厘米（图二，1）。

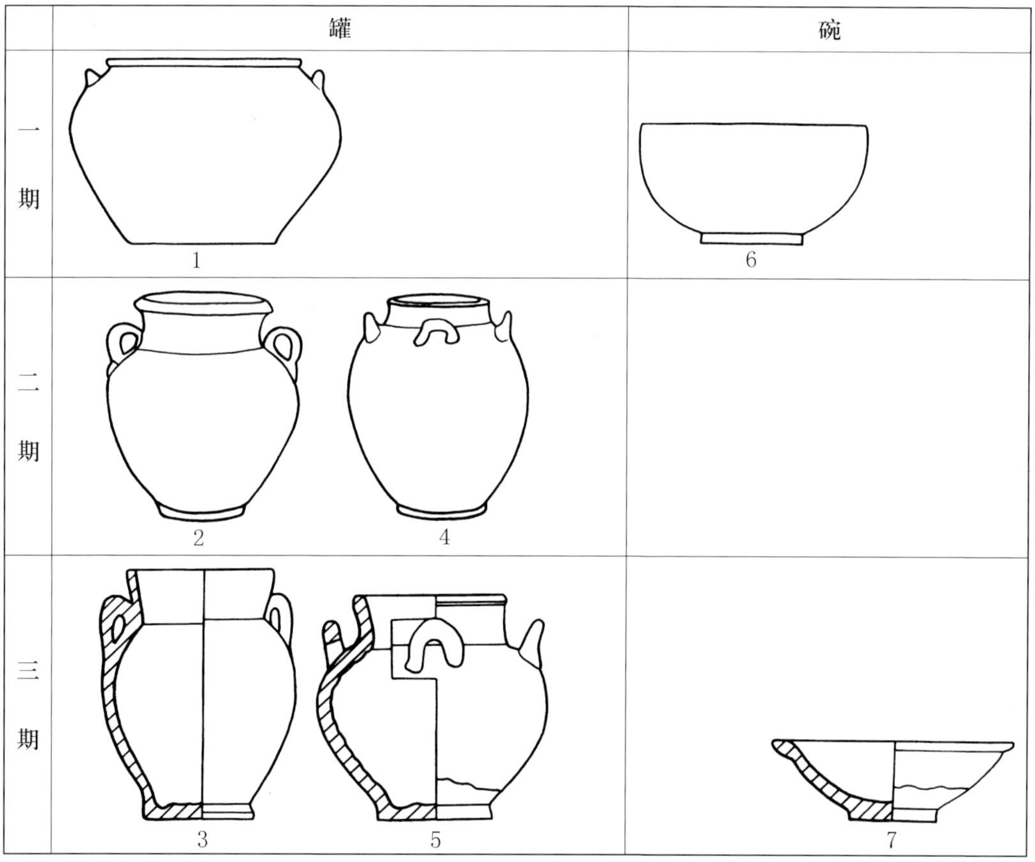

图二　长江上游地区器物分期图

1. A型Ⅰ式（新津M22：4）　2. A型Ⅱ式（彭县M1：1）　3. A型Ⅲ式（青神M1）　4. B型Ⅰ式（彭县M9：10）　5. B型Ⅱ式（青神M1）　6. A型（新津M22：1）　7. B型（青神M1）

Ⅱ式，罐身较高胖。标本彭县 M1∶1[6]，无釉，高 13 厘米（图二，2）。Ⅲ式，罐身较高瘦。标本青神 M1 一件[7]，釉已剥落，高 13 厘米（图二，3）。

B 型　四耳。分二式。Ⅰ式，罐身较高胖。标本彭县 M9∶10，无釉，高 18.5 厘米（图二，4）。Ⅱ式，罐身较矮胖。标本青神 M1 一件，青釉，高 11.1 厘米（图二，5）。

碗　假圈足，分二型。

A 型　敛口，深腹。标本新津 M22∶1，青釉，高 5、口径 9 厘米（图二，6）。

B 型　敞口，浅腹。标本青神 M1 一件，青黄釉、高 4.2、口径 12.5 厘米（图二，7）。

3. 分组与分期

我们选出七座墓做为分组与分期的典型墓。根据典型器物的共存关系，参考墓型，大体可分为三组，详见表一。

表一　长江上游地区典型墓分组统计表

组　别	墓　号	墓　型	罐	碗	纪年器和铜钱
一	新津 M22	A	AⅠ	A	开皇元年铭文砖
	新津 M23[5]	B		A	
二	彭县 M1	B	AⅡ		开元通宝
	彭县 M9	B	BⅠ		开元通宝
三	绵竹 M15[6]	B			乾元重宝
	青神 M1	B	AⅢ、BⅡ	B	乾元重宝、开元通宝（背铸“荆”字）
	成都唐墓[8]	B	AⅢ	B	开元通宝（背铸“益”字）

说明：拉丁字母表示型，罗马字母表示式，√表示有这种器物或型式不明。以下各表同。

第一组出隋开皇元年铭文砖，第二组出唐武德四年开始铸造的开元通宝钱，第三组出唐乾元元年开始铸造的乾元重宝钱和唐会昌年间铸造的背有“荆”、“益”字的开元通宝钱。可知三个组的先后顺序。

第一组 A 型墓为主。典型器物有 A 型罐，A 型碗。第二组，不见 A 型墓，未发现碗，出现 B 型罐。第三组，仅有 B 型墓，出现 B 型碗，不见 A 型碗。

综上所述，三个组的墓型和典型器物的增减，型式的演变，已形成较一致的序列，表明它们代表了三个发展阶段，即三期。

第一期　出隋开皇元年铭文砖，时间大体在隋代，即公元 581 ～ 618 年。

第三期　出乾元重宝和背铸地名的开元通宝，可知其时间在唐代后期，即公元 756 ～ 907 年。

第二期　介于第一、三期之间，时间应为唐代前期，即公元 618 ～ 756 年。

（二）长江中游地区

1. 墓葬形制

有砖构和土坑两种，皆单室。分三型。

A 型　平面呈长方形或梯形，有的设耳室和后龛室。长一般在 3 ～ 4 米。例墓长沙隋 M270[9]，砖构，长 3.94 米（图三，1）；长沙隋 M275[9]，土坑，长 3.40 米（图三，2）。

B 型　平面呈窄凸字形，有些在甬道和墓室左右砌耳室，后壁建龛室。长一般在 4 ～ 5 米以上。例墓长沙咸嘉湖唐墓[10]，砖构，长 5.71 米（图三，4）。

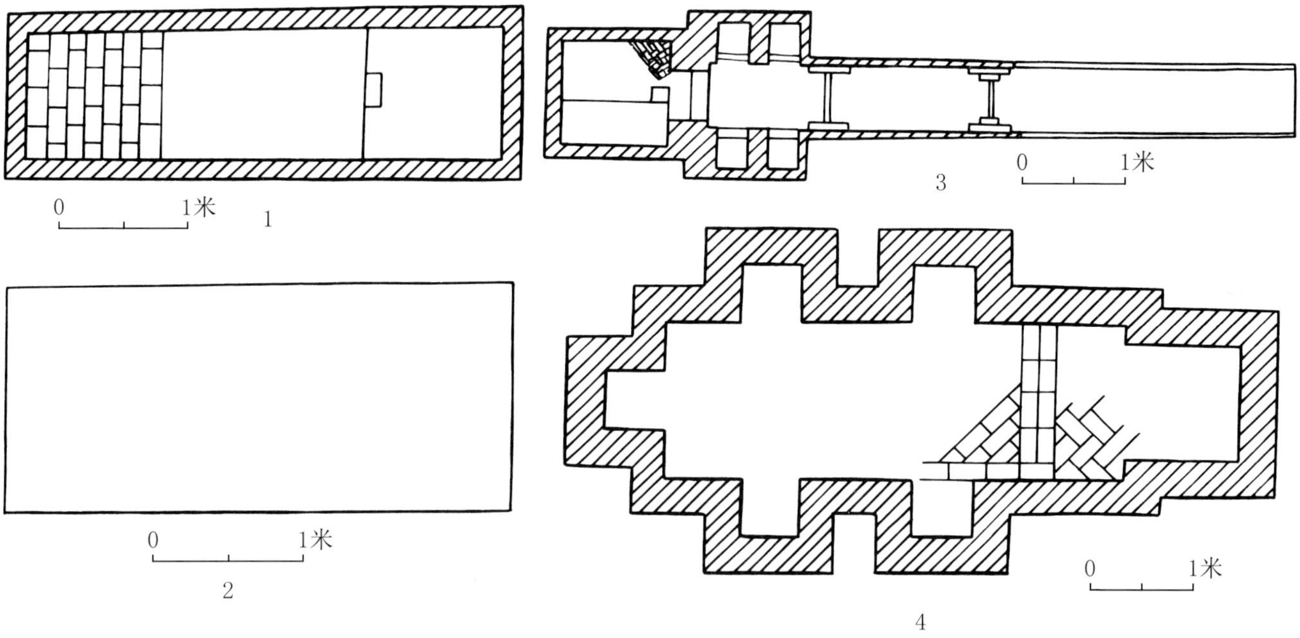

图三　长江中游地区隋唐墓类型图

1. A型（长沙隋M270） 2. A型（长沙隋M275） 3. C型（安陆唐杨氏墓） 4. B型（长沙咸嘉湖唐墓）

C型　平面呈宽凸字形，在甬道或墓室左右砌耳室。长7米以上。例墓安陆唐杨氏墓[11]，砖构，长21.15米（图三，3）。

2．随葬器物

较多。常见和演变规律比较清楚的器物有盘口壶、带耳罐、碗、灯盏、唾盂、平巾帻男俑、兜鍪男俑、幞头男俑、人面鸟和双翼兽、镇墓兽。

盘口壶　分三型。

A型　长颈，肩置六系或四系。分六式。Ⅰ式，盘口深小，身瘦长。标本湘阴隋墓一件[12]，肩和腹上部饰弦纹和覆莲、团花纹，青釉，高52厘米（图四，1）。Ⅱ式，盘口，身较Ⅰ式浅大，短胖。标本安陆杨氏墓265号，青釉，高39厘米（图四，2）。Ⅲ式，盘口，身较Ⅱ式大，圆胖。标本长沙咸嘉湖唐墓14号，青泛黄釉，高45.6厘米（图四，3）。Ⅳ式，盘口，身较Ⅲ式浅大，矮短。标本长沙丝茅冲唐墓一件[13]，青黄釉（?），高38.2厘米（图四，4）。Ⅴ式，盘口，身较Ⅳ式浅大，短胖。标本武昌M40：1[14]，青泛黄釉，高43厘米（图四，5）。Ⅵ式，盘口，身较Ⅴ式浅大，短胖。标本武昌M528：4[14]，黄釉，高25.5厘米（图四，6）。

B型　短颈，一般肩置四系。分二式。Ⅰ式，浅盘口，身下部瘦长。标本武昌M370：1[14]，褐釉，高38.5厘米（图四，7）。Ⅱ式，盘口，身较Ⅰ式浅，圆胖。标本黄石M1：1[15]，无釉，高35厘米（图四，8）。

C型　颈较短，无系，无釉。分二式。Ⅰ式，盘口较深，身高胖。标本长沙唐M5：1[9]，高31厘米（图四，9）。Ⅱ式，盘口，身较Ⅰ式浅，短胖。标本长沙上大垅M31：1[16]，肩部附加一周波浪状纹，高34.5厘米（图四，10）。

带耳罐　分三型。

A型　四耳，浅腹。分三式。Ⅰ式，罐身呈扁圆状。标本武昌M241一件[17]，带盖，青釉，

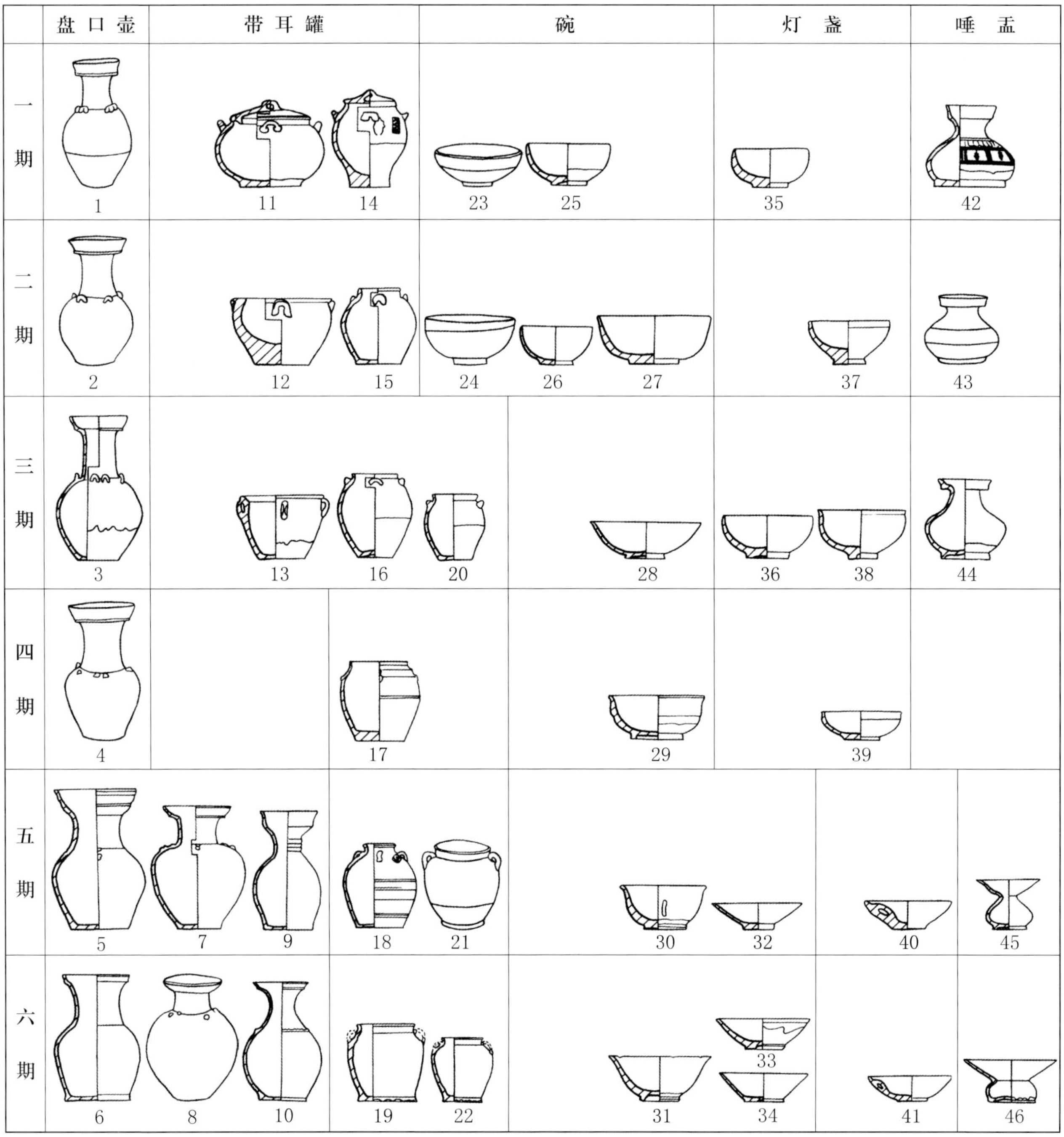

图四　长江中游地区器物分期图（一）

1. A型Ⅰ式（湘阴隋墓） 2. A型Ⅱ式（安陆杨氏墓：265） 3. A型Ⅲ式（长沙咸嘉湖唐墓：14） 4. A型Ⅳ式（长沙丝茅冲唐墓） 5. A型Ⅴ式（武昌M40：1） 6. A型Ⅵ式（武昌M528：4） 7. B型Ⅰ式（武昌M370：1） 8. B型Ⅱ式（黄石M1：1） 9. C型Ⅰ式（长沙唐M5：1） 10.C型Ⅱ式(长沙上大垅M31：1) 11.A型Ⅰ式(武昌M241) 12.A型Ⅱ式(武昌M359：25) 13.A型Ⅲ式(长沙咸嘉湖唐墓) 14. B型Ⅰ式（武昌M241） 15. B型Ⅱ式（安陆杨氏墓：64） 16. B型Ⅱ式（郧县李徽墓：66） 17. B型Ⅲ式（武昌M285：1） 18. B型Ⅳ式（益阳M30：2） 19. B型Ⅴ式（长沙王清墓） 20. C型Ⅰ式（郧县李徽墓：65） 21. C型Ⅱ式（武昌M290：5） 22. C型Ⅲ式（长沙王清墓） 23. A型Ⅰ式（长沙隋M7：2） 24. A型Ⅱ式（长沙赤峰山M3） 25. B型Ⅰ式（武汉隋M29：17） 26. B型Ⅱ式（安陆杨氏墓：108） 27. C型Ⅰ式（武昌M359：53） 28. C型Ⅱ式（长沙咸嘉湖唐墓） 29. C型Ⅲ式（武昌M270：6） 30. C型Ⅳ式（益阳M30：14） 31. C型Ⅴ式（武昌M528：2） 32. D型Ⅰ式（益阳M30：18） 33. D型Ⅱ式（长沙王清墓） 34. D型Ⅱ式（黄石M1） 35. A型Ⅰ式（武汉隋M29：36） 36. A型Ⅱ式（长沙咸嘉湖唐墓） 37. B型Ⅰ式（武昌M359：4） 38. B型Ⅱ式（长沙咸嘉湖唐墓） 39. B型Ⅲ式（武昌M270：32） 40. C型Ⅰ式（益阳M30：17） 41. C型Ⅱ式（黄石M1） 42. A型Ⅰ式（长沙隋M2：5） 43. A型Ⅱ式（长沙赤峰山M3） 44. A型Ⅲ式（武昌M9：3） 45. B型Ⅰ式（武昌M342：6） 46. B型Ⅱ式（长沙上大垅M31：2）

高 11 厘米（图四，11）。Ⅱ式，罐身较Ⅰ式瘦高。标本武昌 M359：25[14]，无釉，高 4.1 厘米（图四，12）。Ⅲ式，罐身较Ⅱ式瘦高。标本长沙咸嘉湖唐墓一件，青釉，高 4.1 厘米（图四，13）。

B 型　四耳，深腹。分五式。Ⅰ式，罐身下部瘦长。标本；武昌 M241 一件，带盖，腹上部饰忍冬、条状纹，青泛黄釉，高 12.4 厘米（图四，14）。Ⅱ式，罐身较Ⅰ式粗胖。标本安陆杨氏墓 64 号，青釉，高 19 厘米（图四，15）；郧县李徽墓 66 号[18]，青釉，高 20.4 厘米（图四，16）。Ⅲ式，罐身较Ⅱ式粗胖。标本武昌 285：1[14]，青泛黄釉，高 10.8 厘米（图四，17）。Ⅳ式，罐身较Ⅲ式胖。标本益阳 M30：2[19]，米黄釉，高 35.2 厘米（图四,18）。Ⅴ式，罐身较Ⅳ式矮瘦。标本长沙王清墓一件[20]，青釉，高 9.6 厘米（图四，19）。

C 型　两耳，深腹。分三式。Ⅰ式，罐身较瘦长。标本郧县李徽墓 65 号，青釉，高 13.6 厘米。Ⅱ式，罐身略圆胖。标本武昌 M290：5，褐釉，高 10.5 厘米。Ⅲ式，罐身较瘦。标本长沙王清墓一件，青釉，高 16 厘米（图四，20 － 22）。

碗　假圈足、圈足或璧形足。分四型。

A 型　直口。分二式。Ⅰ式，腹较浅。标本长沙隋 M7：2[21]，青釉，高 6、口径 14.5 厘米。Ⅱ式，腹较深。标本长沙赤峰山 M3 一件[22]，青釉，高 5、口径约 10 厘米（图四，23，24）。

B 型　敛口。分二式。Ⅰ式，腹较深。标本武汉隋 M29：17[23]，青泛黄釉，高 6.8、口径 12.7 厘米。Ⅱ式，深腹。标本安陆杨氏墓 108 号，青黄釉，高 10.2、口径 17.8 厘米（图四，25，26）。

C 型　侈口。分五式。Ⅰ式，腹较深。标本武昌 M359：53，青褐釉，高 6、口径 13.6 厘米（图四，27）。Ⅱ式，腹较浅。标本长沙咸嘉湖唐墓一件，青釉，高 5.5，口径 17 厘米（图四，28）。Ⅲ式，腹较Ⅱ式深。标本武昌 M270：6[14]，米黄釉，高 5.2、口径 11.6 厘米（图四，29）。Ⅳ式，腹较Ⅲ式略深。标本益阳 M30：14，青泛黄釉，高 6.4、口径 12.2 厘米（图四，30）。Ⅴ式，腹较Ⅳ式深。标本武昌 M528：2，灰色釉，高 5.4、口径 12.3 厘米（图四，31）。

D 型　敞口。分二式。Ⅰ式，浅腹。标本益阳 M30：18，青釉，高 3.2、口径 10.2 厘米（图四，32）。Ⅱ式，腹较Ⅰ式深。标本长沙王清墓一件，青黄釉，高 4.5、口径 14.4 厘米（图四，33）；黄石 M1 一件，青釉，高 5、口径 14.8 厘米（图四，34）。

灯盏　假圈足，口径一般在 10 厘米以下。分三型。

A 型　敛口。分二式。Ⅰ式，盏较高。标本武汉隋 M29：36，青黄釉，高 4、口径 7.5 厘米（图四，35），Ⅱ式，盏较Ⅰ式略矮。标本长沙咸嘉湖唐墓一件，青釉，高 4.1、口径 9 厘米（图四，36）。

B 型　直口。分三式。Ⅰ式，盏较高。标本武昌 M359：4，黑褐釉，高 5.3、口径 10 厘米（图四，37）。Ⅱ式，盏较Ⅰ式矮。标本长沙咸嘉湖唐墓一件，青釉，高 5.2、口径 9 厘米（图四，38）。Ⅲ式，盏矮扁。标本武昌 M270：32，褐釉，高 3.9、口径 9.8 厘米（图四，39）。

C 型　侈口，壁内侧置一耳。分二式。Ⅰ式，盏低矮。标本益阳 M30：17，青釉，高 4、口径 12.1 厘米（图四，40）。Ⅱ式，盏较Ⅰ式矮扁。标本黄石 M1 一件，褐釉，高 3.5、口径 11.6 厘米（图四，41）。

唾盂　假圈足或圈足。分二型。

A 型　盘口。分三式。Ⅰ式，口较深，身矮扁。标本；长沙隋 M2：5[21]，肩、腹上部饰覆莲、忍冬和条状纹，青釉，高 12.5 厘米（图四，42）。Ⅱ式，口较Ⅰ式浅，身较圆。标本长沙赤峰山 M3 一件，青釉，高 6 厘米（图四，43）。Ⅲ式，口较Ⅱ式浅，身较高圆。标本武昌 M9：3[4]，青釉，高 9.8 厘米（图四，44）。

B型　碗口。分二式。Ⅰ式，口较浅，身较高。标本武昌M342∶6[14]，青釉，高6厘米（图四，45）。Ⅱ式，口较Ⅰ式深，身矮胖。标本长沙上大垅M31∶2，青釉，高8厘米（图四，46）。

平巾帻男俑　头戴平巾帻，身着宽袖袍，有的握剑或杖。分四型。

A型　上身外套裲裆甲，下着长裙。标本武汉隋M29∶23，无釉，高50厘米（图五，1）。

B型　上身亦套裲裆甲，下着大口袴。标本武昌M241一件，无釉，高103厘米（图五，2）。

C型　无甲，下着大口袴。分二式。Ⅰ式，平巾帻低小。标本湘阴隋墓一件，无釉，高28厘米（图五，3）。Ⅱ式，平巾帻高大。标本长沙赤峰山M4一件[22]，无釉，高37.5厘米（图五，4）。

D型　无甲，身着长袍或长裙。分三式。Ⅰ式，平巾帻低矮。标本武昌M17∶72[14]，无釉，高79厘米（图五，5）。Ⅱ式，平巾帻高大。标本武昌M121一件[14]，无釉，高32厘米（图五，6）。Ⅲ式，平巾帻高窄。标本长沙咸嘉湖唐墓一件，青釉，高26厘米（图五，7）。

兜鍪男俑　头戴兜鍪，有的持盾牌。分三型。

A型　上身着紧袖衣，肩覆披膊，下着袴，腰系战裙。标本武昌M359∶24，盾牌残，无釉，高约29厘米（图五，8）。

B型　上身着半袖甲袍，前胸、后背各覆两块长方形护。分二式。Ⅰ式，身材粗壮，下着长裙。标本长沙咸嘉湖唐墓一件，青釉，高约54厘米（图五，9）。Ⅱ式，身材瘦长，下着袴。标本长沙黄土岭唐墓一件[24]，无釉，高46厘米（图五，10）。

C型　上身着紧袖衣，外覆圆形护，下着袴，腰系甲裙。标本九江唐墓一件[25]，足残，无釉，残高27.2厘米（图五，11）。

幞头男俑　头戴幞头，上身着圆领窄袖衣，下着袴，有的持物。分二型。

A型　幞头二脚，系结于脑后。标本武昌M241一件，无釉，高42厘米（图五，12）。

B型　幞头四脚，前两角系结于脑后，后两脚反结于头顶。分五式。Ⅰ式，幞头矮扁。标本湘阴隋墓一件，无釉，残破，头高4厘米（图五，13）。Ⅱ式，幞头高方。标本武昌M359∶10，无釉，左腿残，高20.4厘米（图五，14）。Ⅲ式，幞头高圆。标本万县冉仁才墓一件[26]，青釉，高24厘米（图五，15）。Ⅳ式，幞头较高窄。标本长沙北郊唐墓一件[27]，无釉，高29厘米（图五，16）。Ⅴ式，幞头高窄。标本武昌M270∶4，黄釉，高24.6厘米（图五，17）。

人面鸟和双翼兽　头发梳成圆锥状髻或束成长角状。两者一般成对出土，可统一分三式。Ⅰ式，身材圆胖。人面鸟作伏卧状，长颈。标本长沙赤峰山M4一件，无釉，高13厘米（图六，1）。双翼兽作站立状，颈、四肢粗壮。标本长沙赤峰山M3一件，无釉，高11厘米（图六，2）。Ⅱ式，身材较Ⅰ式略瘦。人面鸟作伏卧状，颈较短。标本万县冉仁才墓一件，青釉，高8厘米（图六，3）。双翼兽作站立状，颈、四肢较细。标本长沙咸嘉湖唐墓一件，青釉，高15厘米（图六，4）。Ⅲ式，身材较Ⅱ式瘦。人面鸟作伏卧状，短颈。标本长沙牛角塘唐墓一件[28]，无釉，高15厘米（图六，5）。双翼兽作伏卧或蹲坐状，颈、四肢细瘦。标本长沙牛角塘唐墓一件，无釉，高20厘米（图六，6）。

镇墓兽　有兽面和人面两种，多成对出土。可统一分五式。Ⅰ式，作蹲卧状，姿势较低。标本武昌M17∶10，兽面，无釉，高18.6厘米（图五，18）。Ⅱ式，作蹲踞状，姿势较Ⅰ式高。标本武昌M121出上二件，分别作兽面、人面，无釉，高30.3，22厘米（图五，19、20）。Ⅲ式，作蹲踞状，姿势较Ⅱ式高。标本长沙咸嘉湖唐墓出土二件，分别作兽面、人面，青釉，高均为34厘米（图五，21、22）。Ⅳ式，作蹲踞状，姿势较Ⅲ式高。标本长沙牛角塘唐墓二件，分别作兽面、

图五　长江中游地区器物分期图（二）

1. A型（武汉隋M29：23） 2. B型（武昌M241） 3. C型Ⅰ式（湘阴隋墓） 4. C型Ⅱ式（长沙赤峰山M4） 5. D型Ⅰ式（武昌M17：72） 6. D型Ⅱ式（武昌M121） 7. D型Ⅲ式（长沙咸嘉湖唐墓） 8. A型（武昌M359：24） 9. B型Ⅰ式（长沙咸嘉湖唐墓） 10. B型Ⅱ式（长沙黄土岭唐墓） 11. C型（九江唐墓） 12. A型（武昌M241） 13. B型Ⅰ式（湘阴隋墓） 14. B型Ⅱ式（武昌M359：10） 15. B型Ⅲ式（万县冉仁才墓） 16. B型Ⅳ式（长沙北郊唐墓） 17. B型Ⅴ式（武昌M270：4） 18. Ⅰ式（武昌M17：10） 19. Ⅱ式（武昌M121：2） 20. Ⅱ式（武昌M121：5） 21. Ⅲ式（长沙咸嘉湖唐墓：3） 22. Ⅲ式（长沙咸嘉湖唐墓：5） 23. Ⅳ式（长沙牛角塘唐墓） 24. Ⅳ式（长沙牛角塘唐墓） 25. Ⅴ式（武昌M270：23） 26. Ⅴ式（武昌M270：20）

人面，无釉，高 31.5、32.5 厘米（图五，23、24）。Ⅴ式，作坐状，身挺直。标本武昌 M270 出土二件，分别作兽面、人面，三彩釉，高约 36 厘米（图五，25、26）。

3．分组与分期

我们选出二十八座墓做为分组与分期的典型墓。依据墓型和典型器物的共存关系，可分为六组（见表二）。

从表二“纪年器和铜钱”栏中所列的隋五铢、唐开元通宝、乾元重宝以及买地券、墓志提供的年代，可知六个组的先后顺序。将表二和附图三、四、五、六结合起来考察，不难看出六个组的墓型、典型器物的增减和型式的演变已形成一个较清楚的发展序列，可代表此区墓葬的六个发展阶段，即六期。

第一期　出隋五株和隋大业六年买地券。此外，B 型Ⅰ式碗、A 型Ⅰ式唾盂的器形、纹饰与武昌隋仁寿元年墓（M1A）中出的同类器相似[4]。所以，本期时间应在隋代，即公元 581 ～ 618 年[1]。

第二期　出开元通宝。此外，据本期安陆杨氏墓志盖上刻写的“大唐吴国妃杨氏”，推测该墓约在唐贞观年间[2]。可见本期的时间约在唐高祖、太宗时期，即公元 618 ～ 649 年。

第三期　出唐永徽五年和嗣圣元年墓志。此外，本期的 B 型Ⅳ式幞头男俑的器形与山西长治唐长安四年王义墓[30]出的同类俑相似。所以，本期时间大约在唐高宗、武则天时期，即公元 650 ～ 704 年。

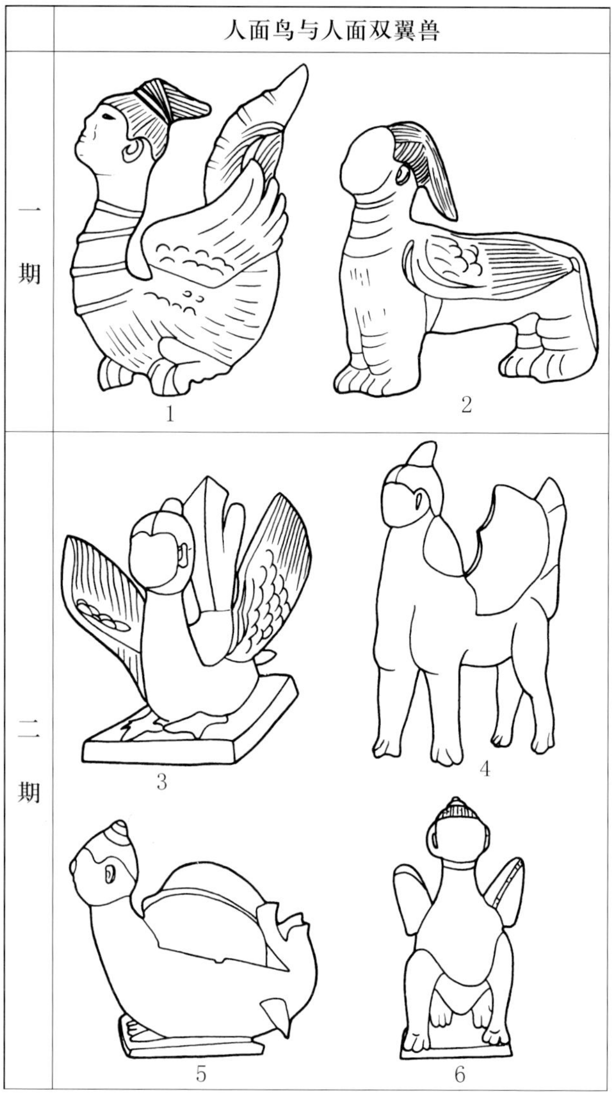

图六　长江中游地区器物分期图（三）

1．Ⅰ式（长沙赤峰山M4）　2．Ⅰ式（长沙赤峰山M3）　3．Ⅱ式（万县冉仁才墓）　4．Ⅱ式（长沙咸嘉湖唐墓）　5．Ⅲ式（长沙牛角塘唐墓）　6．Ⅲ式（长沙牛角塘唐墓）

第四期　出唐开元十二年墓志。此外，本期武昌 M270 出的Ⅴ式镇墓兽以及未列入典型器物的马、骆驼、部分女侍俑等的造型与洛阳唐景龙三年安菩墓[31]出的同类器较相近；九江唐墓出的三彩三足罐的造型与辽宁朝阳唐天宝三载韩贞墓[32]出的同类器相似。由此可知，本期时间约在唐

[1] 长江以南第一期开始的时间应从隋开皇九年（589 年）灭陈算起。以下各区同。

[2] 此墓墓志盖上刻“大唐吴国妃杨氏之志”。志石无字，表面凸凹不平，似未刻完。《大唐新语·酷忍》载：“吴王恪母曰杨妃，炀帝女也。”可知墓主人是吴王李恪的母亲。《旧唐书·太宗诸子传》：李恪为太宗第三子，贞观十年“徙封吴王”，十二年“授安州都督”。《资治通鉴》卷 194：贞观十一年正月李恪“为安州都督”。同书卷 195：李恪于本年十月因“数出畋猎，颇损居人”，被“免官，削户三百”。此墓规模宏大，发现地点安陆正是唐安州治所。由此观之，墓可能是吴王恪在安州任职期间修建的。从未刻完的墓志和陶俑、瓷器都是本地或南方烧制的情况看，似在李恪被免去安州都督之后不久匆忙入葬，最晚可能不会超过唐太宗贞观中期。

中宗、睿宗、玄宗时期，即公元 705 ～ 756 年。

第六期　出唐大和六年墓志。此外，本期长沙上大垅 M31 出的葵瓣形、莲花形白瓷盘与浙江临安唐光化三年钱宽墓[33]、天复元年水邱氏墓[34]出的相同。所以，本期时间约在唐文宗至哀帝时期，即公元 827 ～ 907 年。

第五期　出唐宝应二年和建中二年墓志。此期与第六期联系紧密，其间未有空缺。所以，本期时间应在唐肃宗至敬宗时期，即公元 756 ～ 827 年。

表二　长江中游地区典型墓分组统计表

组别	墓号	墓型	盘口壶	带耳罐	碗	灯盏	唾盂	平巾帻男俑	兜鍪男俑	幞头男俑	人面鸟双翼兽	镇墓兽	纪年器和铜钱
一	武汉隋 M29	B	AⅠ		BⅠ	AⅠ	AⅠ	A		BⅠ			
	武昌 M17	B	AⅠ			AⅠ	AⅠ	DⅠ				Ⅰ	
	武昌 M241	B	AⅠ	AⅠ、BⅠ	AⅠ、BⅠ	AⅠ		B		A			隋五铢
	湘阴隋墓	B	AⅠ				AⅠ	CⅠ		BⅠ			大业七年买地券
	长沙隋 M275	A	AⅠ										隋五铢
二	长沙赤峰山 M3	A	AⅡ		AⅡ		AⅡ				Ⅰ		
	长沙赤峰山 M4	B						CⅡ			Ⅰ		
	武昌 M359	B	AⅡ	AⅡ	CⅠ	BⅠ		DⅡ	A	BⅡ		Ⅱ	开元通宝
	安陆杨氏墓	C	AⅡ	BⅡ	BⅡ、CⅠ				√			√	墓志（志石无字）
三	万县冉仁才墓	B					AⅢ	DⅢ	BⅠ	BⅢ	Ⅱ		永徽五年墓志
	长沙咸嘉湖唐墓	B	AⅢ	AⅢ、BⅡ	CⅡ	AⅡ、BⅡ		DⅢ	BⅠ	BⅢ	Ⅱ	Ⅲ	开元通宝
	郧县李徽墓	C		C									嗣圣元年墓志
	长沙黄土岭唐墓	B	AⅢ			BⅡ			BⅡ	BⅣ	Ⅲ	Ⅳ	开元通宝
	长沙牛角塘唐墓	A	AⅢ	AⅢ	√					BⅣ	Ⅲ	Ⅳ	开元通宝
四	长沙丝茅冲唐墓	B	AⅣ			BⅢ							开元通宝
	九江唐墓	A							C	BⅤ		Ⅴ	
	武昌 M270	B	AⅣ		CⅢ	BⅢ				BⅤ		Ⅴ	
	郧县李欣墓[29]	C			√								开元十二年墓志
	武昌 M285	B	AⅣ	BⅢ									
五	益阳 M30	A		BⅣ、CⅡ	CⅣ、DⅠ								宝应二年墓志
	武昌 M290	A		CⅡ		CⅠ							
	武昌 M342	A	BⅠ	CⅡ	DⅡ		BⅠ						
	武昌 M40	A	AⅤ										建中二年墓志
	长沙唐 M5	A	CⅠ		DⅡ								
六	长沙王清墓	A		BⅤ、CⅢ	CⅣ、DⅡ								大和六年墓志
	黄石 M1	A	BⅡ		DⅡ	CⅡ							开元通宝，乾元重宝
	长沙上大垅 M31		CⅡ				BⅡ						开元通宝
	武昌 M528	A	AⅥ		CⅤ、DⅡ								

（三）赣江地区

1．墓葬形制

有砖砌和土坑两种。分三型。

A 型　前后两室，墓壁内边平面呈窄双凸字形，外边为规整的长方形。一般在后壁设两小龛。长 4 ～ 5 米。例墓清江树槐隋墓[35]，砖构，长 5.3 米（图七，1）。

B 型　单室，平面呈窄凸字形，多在后壁设两小龛。长 4 ～ 5 米以上。例墓黎川唐 M4[36]，砖构，长约 6 米左右（图七，2）。

C 型　单室，平面呈长方形，个别的后壁设两小龛。长 4 米以下。例墓赣县唐墓[37]，砖构，长 3 米（图七，3）。

2．随葬器物

常见的时代特征较明显、演变规律较清楚的器物有盘口壶、壶、带耳罐、碗、杯和唾盂。

盘口壶　分三型。

A 型　颈较长，六系。分二式。Ⅰ式，口深小，身瘦长。标本清江黄金坑 M1 一件[38]，颈有两周、腹有一周突棱，腹部突棱上下饰莲纹，青釉，高 32 厘米（图八，1）。Ⅱ式，口、身较Ⅰ式浅大、短胖。标本赣州 M1 一件[36]，青泛黄釉，高 38.5 厘米（图八，2）。

B 型　短颈，多六系或四系。分三式。Ⅰ式，口较大，身呈扁圆状。标本清江树槐隋墓一件，青釉，高 14 厘米（图八，3）。Ⅱ式，口、身较Ⅰ式小、高胖。标本黎川 M4 一件，青黄釉，高 13.5 厘米（图八，4）。Ⅲ式，口、身较Ⅱ式小、略圆。标本南昌 M2 一件[36]，褐釉，高 11 厘米（图八，5）。

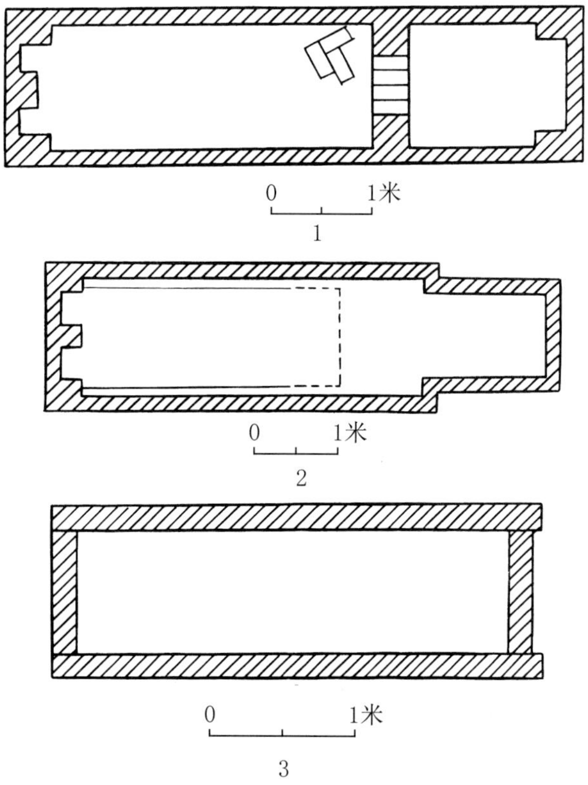

图七　赣江地区隋唐墓类型图

1．A 型（清江树槐隋墓）　2．B 型（黎川唐 M4）
3．C 型（赣县唐墓）

C 型　长颈，口沿外翻，四系或无系。分二式。Ⅰ式，口较大，身高胖。标本赣州唐墓一件[39]，青泛黄釉，高 37.5 厘米（图八，6）。Ⅱ式，口、身较Ⅰ式小、矮圆。标本赣州 M3 一件[36]，无釉，高约 40 厘米左右（图八，7）。

壶　分二型。

A 型　颈较短，身矮胖，两系。标本南昌 M1 一件[36]，褐釉，高 7.5 厘米（图八，8）。

B 型　长颈，身较胖，无系。标本南昌 M1 一件，无釉，高 25 厘米（图八，9）。

带耳罐　分二型。

A 型　四耳，身呈扁圆状。标本清江洋湖中学 M2 一件[35]，青釉，高 8.8 厘米（图八，10）。

B 型　两耳。分二式。Ⅰ式，身较矮胖。标本南昌 M1 一件，褐釉，高约 7 厘米（图八，11）。Ⅱ式，身瘦长。南昌碑迹山唐墓一件[40]，褐釉，高 14.1 厘米（图八，12）。

碗 假圈足或璧形足。分三型。

A 型 敛口。标本清江黄金坑 M9 一件[38]，壁外侧饰仰莲纹，青黄釉，高 8.5、口径 13 厘米（图八，13）。

B 型 侈口。标本黎川 M4 一件，外侧饰弦纹和重环纹，施釉，高 6、口径 6.5 厘米（图八，14）。

C 型 敞口。标本南昌 M1 一件，青釉，高 5.5、口径 14.5 厘米（图八，15）；南昌碑迹山唐墓一件，米黄釉，高 5.2、口径 14.1 厘米（图八，16）。

杯 假圈足或圈足。分三型。

A 型 直口。标本清江黄金坑 M11 一件[38]，青黄釉（?），高 5.8、口径 9.5 厘米（图八，17）。

B 型 口内收，唇外折。标本赣州唐墓一件，青黄釉，高 4.8、口径 6.6 厘米（图八，18）。

C 型 口微侈，折沿。标本南昌 M1 一件，腹部饰弦纹，褐釉，高 6、口径 8 厘米（图八，19）。

唾盂 盘口，身呈扁圆状，假圈足。标本清江黄金坑 M11 一件，带盖，青釉，高 10 厘米（图八，20）。

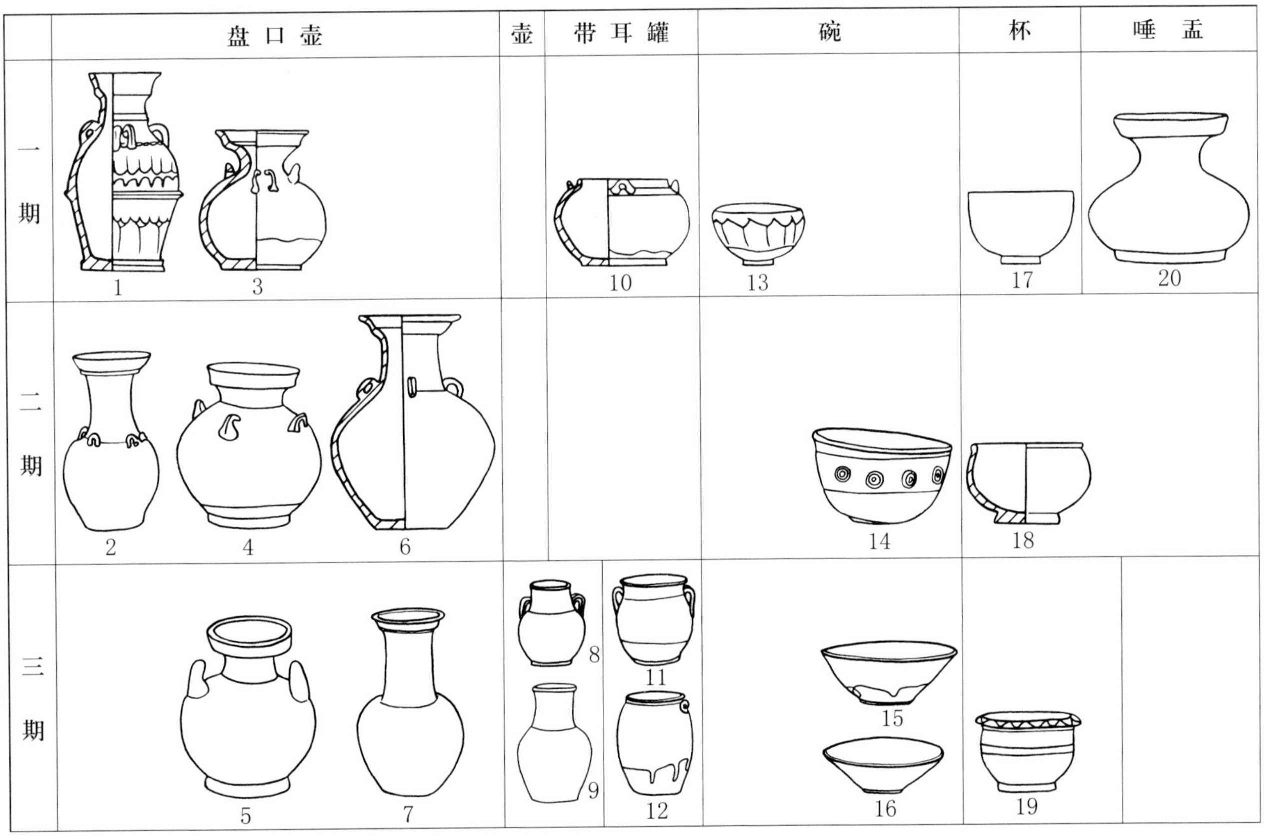

图八 赣江地区器物分期图

1. A 型 I 式（清江黄金坑 M1） 2. A 型 II 式（赣州 M1） 3. B 型 I 式（清江树槐隋墓） 4. B 型 II 式（黎川 M4） 5. B 型III式（南昌 M2） 6. C 型 I 式（赣州唐墓） 7. C 型 II 式（赣州 M3） 8. A 型（南昌 M1） 9. B 型（南昌 M1） 10. A 型（清江洋湖中学 M2） 11. B 型 I 式（南昌 M1） 12. B 型 II 式（南昌碑迹山唐墓） 13. A 型（清江黄金坑 M9） 14. B 型（黎川 M4） 15. C 型（南昌 M1） 16. C 型（南昌碑迹山唐墓） 17. A 型（清江黄金坑 M11） 18. B 型（赣州唐墓） 19. C 型（南昌 M1） 20.（清江黄金坑 M11）

3. 分组与分期

我们选出十四座墓做为分组与分期的典型墓。据墓型和典型器物的共存关系，可分为三组，即三期（见表三）。

表三 赣江地区典型墓分组统计表

组别	墓号	墓型	盘口壶	壶	带耳罐	碗	杯	唾盂	纪年器和铜钱
一	清江黄金坑 M1	A	AⅠ、BⅠ			A			开皇十年铭文砖
	清江黄金坑 M31[38]	A				A		√	开皇十八年铭文砖
	清江洋湖 M2	A	BⅠ		A			√	大业七年铭文砖
	清江黄金坑 M11	A				A	A	√	
	清江黄金坑 M12[38]	A					A	√	大业十一年铭文砖
二	黎川 M4	B	BⅡ			B			开元通宝
	赣州 M1	C				B	V		开元通宝
	赣州唐墓	C	CⅠ				B		开元通宝
	赣县唐墓	C					B		开元通宝
三	南昌 M2	C	BⅢ						开元通宝
	赣州 M3	C	CⅡ			C			开元通宝
	南昌 M1	C		AB	BⅠ	C	C		开元通宝
	南昌碑迹山唐墓	C			BⅡ	C			乾元重宝、开元通宝（背铸“润”字）
	南昌熊氏墓[41]	C				C			大顺元年买地券

第一期 出隋开皇十年、十八年和大业七年、十一年铭文砖。因此，本期时间应在隋代，即公元 589 ～ 618 年。

第二期 出开元通宝。此外，赣县唐墓出圆形禽兽葡萄纹铜镜。据研究，这种铜镜“上限在高宗时期，以武则天时期最为盛行”[44]。本期与第三期之间无明显缺环。所以，此期时间大体在唐高祖至玄宗开元时期，即公元前 618 ～ 742 年。

第三期 出背铸“润”字的开元通宝和唐大顺元年买地券。其次，此期南昌 M1 出的 C 型碗与南京钱家渡唐贞元元年或三年墓[42]所出的一件相似。此外，南昌 M2 出一件葵花形“神骑禽兽”纹铜镜（似应称“仙骑纹镜”——引者），这种铜镜，主要流行于唐天宝年间及其以后[43]。所以，本期上限可能到唐天宝，下限到唐哀帝时，即公元 742 ～ 907 年。

（四）长江下游地区

1. 墓葬形制

有砖砌和土坑两种。分三型。

A 型 单室，平面呈长方形或梯形。一般长 4 米以下。分二式。Ⅰ式，墓左右壁作直线。例墓扬州隋 M8[45]，土坑，长 3.1 米（图九，1）。Ⅱ式，墓左右壁外弧。例墓苏州唐 M31[46]，砖构，长 3.3 米（图九，2）。

B 型 单室，平面呈窄凸字形，有的后壁设两大龛。一般长 4 米以上。分二式。Ⅰ式，墓室左右壁作直线。例墓江山隋大业三年墓[47]，砖构，长 6.9 米（图九，3）。Ⅱ式，墓室左右壁外弧。例墓无锡唐皇甫云卿墓[48]，砖构，长 4.61 米（图九，4）。

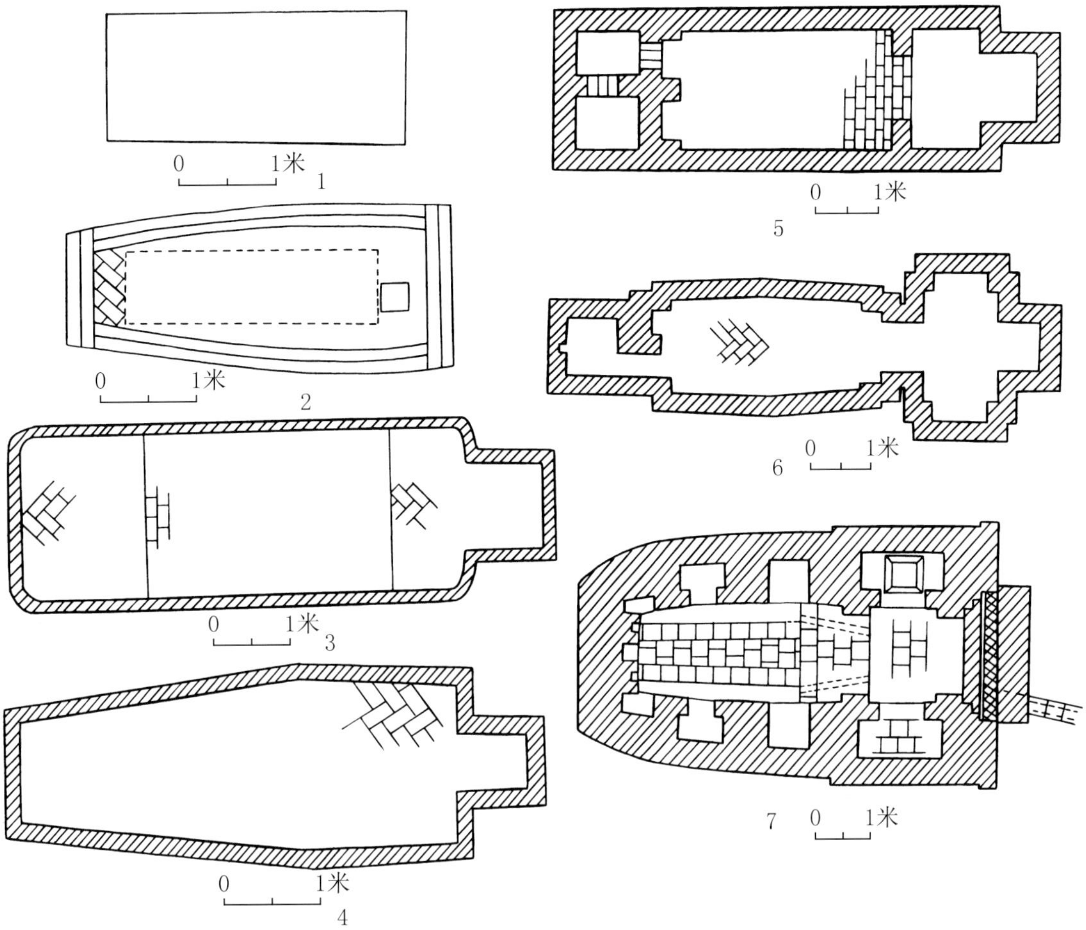

图九　长江下游地区隋唐墓类型图

1. A型Ⅰ式（扬州隋M8）　2. A型Ⅱ式（苏州唐M31）　3. B型Ⅰ式（江山隋大业三年墓）　4. B型Ⅱ式（无锡唐皇甫云卿墓）　5. C型Ⅰ式（衢州隋M21）　6. C型Ⅱ式（江山唐上元三年墓）　7. C型Ⅲ式（临安唐钱宽墓）

C型　前后两室，平面呈窄双凸字形，有的两室左右设耳室，后壁设龛。一般长5米以上。分三式。Ⅰ式，后室左右壁作直线。例墓衢州隋M21[49]，砖构，长5.58米（图九，5）。Ⅱ式，后室左右壁中部微外弧。例墓；江山唐上元三年墓[47]，砖构，长5.8米（图九，6）。Ⅲ式，后室左右壁外弧。例墓临安唐钱宽墓，砖构，长6.16米（图九，7）。

2．随葬器物

典型器物有盘口壶、壶、带耳罐、碗、钵和幞头男俑、双髻女俑、小髻女俑。

盘口壶　分六型。

A型　长颈外有两周突棱，口浅小，四系。标本江山隋大业三年墓6号，腹及其上部饰弦纹和覆莲纹，青釉，高36.3厘米（图一〇，1）。

B型　长颈，口较深，六系。标本扬州隋墓一件[45]，青釉，高45.5厘米（图一〇，2）。

C型　颈较短，口较浅大，双复系或四系。分四式。Ⅰ式，颈较细，身较瘦。标本江山隋开皇十八年墓7号[47]，青釉，高38厘米（图一〇，3），Ⅱ式，颈较Ⅰ式粗，身瘦长。标本衢州M6一件[49]，青黄釉，高35厘米（图一〇，4）。Ⅲ式，颈较Ⅱ式粗，身瘦长。标本江山唐上元三年墓14号，青釉，高32.9厘米（图一〇，5）。Ⅳ式，颈较Ⅲ式粗，身高胖。标本扬州双桥唐墓一

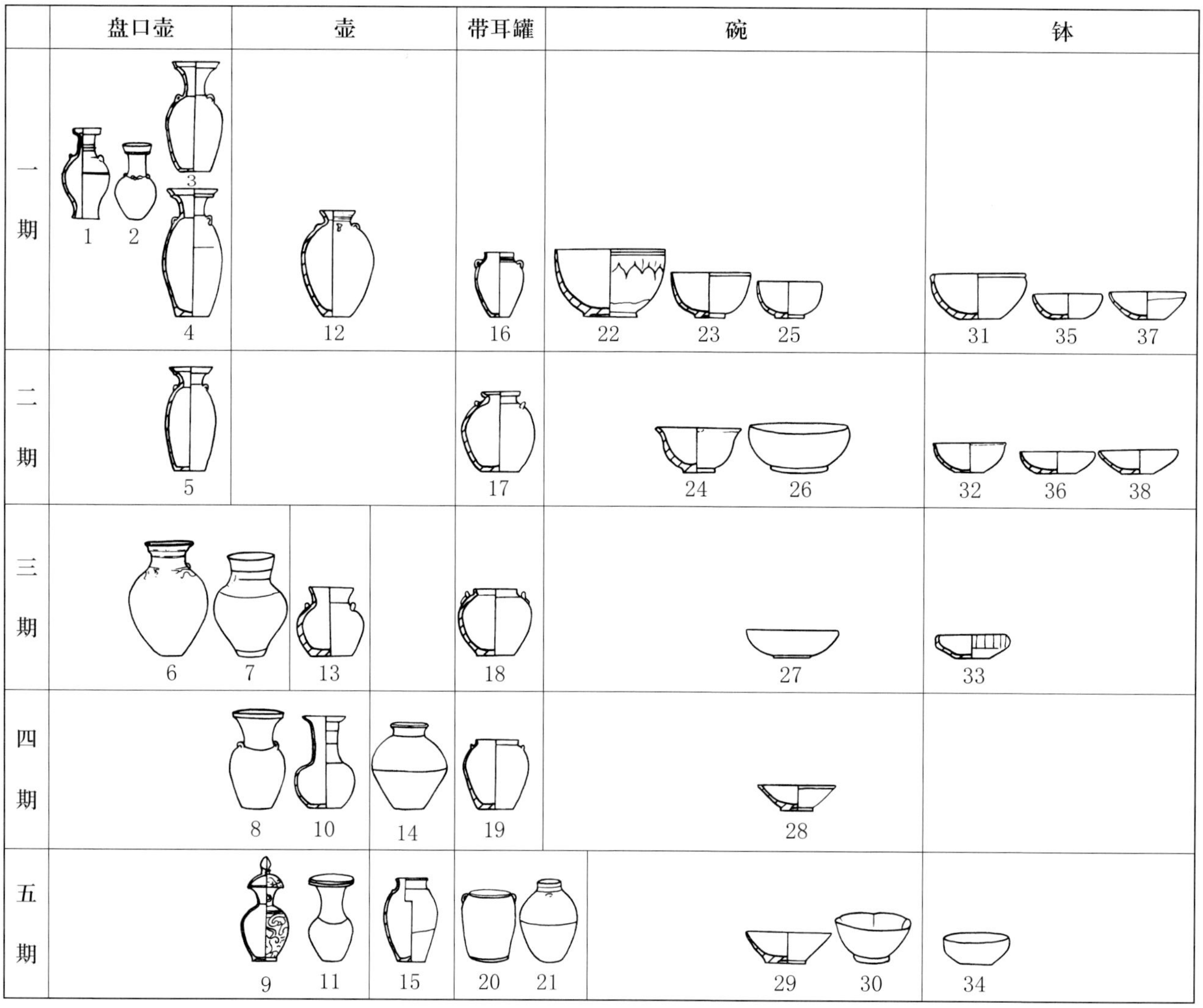

图一〇　长江下游地区器物分期图（一）

1. A 型（江山隋大业三年墓：6） 2. B 型（扬州隋墓） 3. C 型Ⅰ式（江山隋开皇十八年墓：7） 4. C 型Ⅱ式（衢州 M6） 5. C 型Ⅲ式（江山唐上元三年墓：14） 6. C 型Ⅳ式（扬州双桥唐墓） 7. D 型（衢州 M39） 8. E 型Ⅰ式（绍兴 M214） 9. E 型Ⅱ式（临安水邱氏墓：37） 10. F 型Ⅰ式（南京钱家渡唐墓：1） 11. F 型Ⅱ式（扬州五台山 M10：1） 12. A 型Ⅰ式（衢州 M20：3） 13. A 型Ⅱ式（衢州 M39） 14. B 型Ⅰ式（苏州 M31：2） 15. B 型Ⅱ式（临安钱宽墓：6） 16. A 型Ⅰ式（江山隋开皇十八年墓：6） 17. A 型Ⅱ式（江山唐上元三年墓：8） 18. A 型Ⅲ式（江山 M4） 19. A 型Ⅳ式（南京钱家渡唐墓） 20. A 型Ⅴ式（扬州卫氏墓） 21. B 型（扬州五台山 M2：6） 22. A 型（衢州 M6） 23. B 型Ⅰ式（江山隋开皇十八年墓） 24. B 型Ⅱ式（衢州 M5） 25. C 型Ⅰ式（江山隋开皇十八年墓） 26. C 型Ⅱ式（扬州城东唐墓） 27. C 型Ⅲ式（江山 M1） 28. D 型Ⅰ式（南京钱家渡唐墓） 29. D 型Ⅱ式（丽水唐墓） 30. E 型（临安水邱氏墓：47） 31. A 型Ⅰ式（衢州 M21） 32. A 型Ⅱ式（江山唐上元三年墓） 33. A 型Ⅲ式（衢州 M39） 34. A 型Ⅳ式（扬州卫氏墓） 35. B 型Ⅰ式（江山隋大业三年墓：5） 36. B 型Ⅱ式（江山唐上元三年墓） 37. C 型Ⅰ式（衢州 M6） 38. C 型Ⅱ式（江山唐上元三年墓）

件[50)]，颈饰弦纹，青釉，高 29 厘米（图一〇，6）。

D 型　短颈，口深小，四系。标本衢州 M39 一件[49)]，肩饰弦纹，褐釉，高 25.5 厘米（图一〇，7）。

E 型　颈较长，口浅大，两系或无系。分二式。Ⅰ式，颈较粗，身较矮。标本绍兴 M214 一件[51)]，青黄釉，高 26.7 厘米（图一〇，8）。Ⅱ式，颈较细，身较高。标本临安水邱氏墓 37 号，带盖，青釉，釉下以褐彩绘出云气纹，肩饰弦纹，高66.5厘米（图一〇，9）。

F型　颈特长，口浅大，无系。分二式。Ⅰ式，颈较粗，身呈球状。标本南京钱家渡唐墓1号，颈饰弦纹、水波纹，青釉，高33.5厘米（图一〇，10）。Ⅱ式，颈、身较Ⅰ式细瘦。标本扬州五台山M10：1[52]，无釉，高30.6厘米（图一〇，11）。

壶　分二型。

A型　敞口，四系或两系。分二式。Ⅰ式，身高胖。标本衢州M20：3[49]，口饰弦纹，灰黄釉，高35厘米（图一〇，12）。Ⅱ式，身矮胖。标本衢州M39一件，褐釉，高8厘米（图一〇，13）。

B型　侈口，翻沿，四系。分二式。Ⅰ式，身高胖。标本苏州M31：2，褐釉，高29厘米（图一〇，14）。Ⅱ式，身瘦长。标本临安钱宽墓6号，青黄釉，高29.6厘米（图一〇，15）。

带耳罐　分二型。

A型　两耳。分五式。Ⅰ式，身高瘦。标本江山隋开皇十八年墓6号，肩饰弦纹，施釉，高20.6厘米（图一〇，16）。Ⅱ式，身较Ⅰ式矮胖。标本江山唐上元三年墓8号，褐釉，高13.8厘米（图一〇，17）。Ⅲ式，身较Ⅱ式矮胖。标本江山M4一件[47]，青釉，高16.2厘米（图一〇，18）。Ⅳ式，身较Ⅲ式高瘦。标本南京钱家渡唐墓一件，黄釉，高16.5厘米（图一〇，19）。Ⅴ式，身较Ⅳ式瘦。标本扬州卫氏墓一件[53]，青釉，高20.5厘米（图一〇，20）。

B型　四耳。标本扬州五台山M2：6[52]。青釉，高28厘米（图一〇，21）。

碗　假圈足、圈足或璧形足，分五型。

A型　直口。标本衢州M6一件，外饰弦纹和仰莲纹，灰黄釉，高12.3、口径20厘米（图一〇，22）。

B型　侈口。分二式。Ⅰ式，深腹。标本江山隋开皇十八年墓一件，口饰弦纹，青釉，高7、口径13厘米（图一〇，23），Ⅱ式，腹较Ⅰ式浅。标本衢州 M5一件[49]，口饰弦纹，褐釉，高5.3、口径10.5厘米（图一〇，24）。

C型　敛口。分三式。Ⅰ式，腹较深。标本江山隋开皇十八年墓一件，施釉，高5.4、口径10.6厘米（图一〇，25）。Ⅱ式，腹较Ⅰ式浅。标本扬州城东唐墓一件[54]，青釉（图一〇，26）。Ⅲ式，腹较Ⅱ式浅。标本江山M1一件[47]，褐釉（图一〇，27）。

D型　敞口。分二式。Ⅰ式，腹较浅。标本南京钱家渡唐墓一件，青釉，高4.3、口径14.5厘米（图一〇，28），Ⅱ式，腹较Ⅰ式略深。标本丽水唐墓一件[55]，青釉，高 4.6、口径13.9厘米（图一〇，29）。

E型　五曲葵花形口。标本临安水邱氏墓47号，青釉，高8.5、口径16.7厘米（图一〇，30）。

钵　敛口或口微敛，平底，有的内凹。分三型。

A型　曲壁，腹明显。分四式。Ⅰ式，深腹。标本衢州M21一件，褐釉，高17、口径36厘米（图一〇，31）。Ⅱ式，腹较Ⅰ式浅。标本江山唐上元三年墓一件，褐釉，高9.6、口径23.4厘米（图一〇，32）。Ⅲ式，腹较Ⅱ式浅。标本衢州M39一件，青灰釉，外饰直条状褐彩，高5.2、口径14.6厘米（图一〇，33）。Ⅳ式，腹较Ⅲ式略深。标本扬州卫氏墓一件，青釉，高5、口径14厘米（图一〇，34）。

B型　壁微曲，腹不明显。分二式。Ⅰ式，腹较浅。标本江山隋大业三年墓5号，青釉。内侧饰四朵小花纹，高4.6、口径12.3厘米（图一〇，35）。Ⅱ式，腹较Ⅰ式浅。标本江山唐上元三年墓一件，青釉，高 3.3、口径 12 厘米（图一〇，36）。

C 型　壁外斜。分二式。Ⅰ式，腹较浅。标本衢州 M6 一件，青黄釉，高 5、口径 14.8 厘米（图一〇，37），Ⅱ式，腹较Ⅰ式浅。标本江山唐上元三年墓一件，青釉，高 4.8、口径 15.6 厘米（图一〇，38）。

幞头男俑　头戴四脚幞头，上身着圆领窄袖衣，下着袴，腰系带。分二式。Ⅰ式，幞头较直，身材较胖。标本扬州城东唐墓一件，无釉，高 36 厘米（图一一，1）。Ⅱ式，幞头前倾，身材瘦长。标本扬州杨庙唐墓一件[56]，无釉，高约 33 厘米（图一一，2）。

双髻女俑　头梳双髻，上身着窄袖衣，下系长裙。分二式。Ⅰ式，上衣为交领，身材较胖。标本扬州城东唐墓一件，无釉，高 34.5 厘米（图一一，3）。Ⅱ式，上衣为圆领，身材较瘦长。标本吴县姚桥头唐墓一件[57]，无釉，双髻和足部残，高约 30 厘米左右（图一一，4）。

小髻女俑　头梳小髻。分二型。

A 型　着装同幞头男俑。标本扬州城东唐墓二件，无釉，高约 35 厘米左右（图一一，5、6）。

图一一　长江下游地区器物分期图（二）

1. Ⅰ式（扬州城东唐墓）　2. Ⅱ式（扬州杨庙唐墓）　3. Ⅰ式（扬州城东唐墓）　4. Ⅱ式（吴县姚桥头唐墓）　5. A 型（扬州城东唐墓）　6. A 型（扬州城东唐墓）　7. B 型Ⅰ式（扬州城东唐墓）　8. B 型Ⅱ式（扬州杨庙唐墓）

B型　上身着交领窄衣，下系长裙。分二式。Ⅰ式，身材较胖。扬州城东唐墓一件，无釉，高约35厘米左右（图一一，7）。Ⅱ式，身材瘦长。标本扬州杨庙唐墓一件，外套半袖衣，无釉，高约32厘米（图一一，8）。

3．分组与分期

依据墓制、典型器物的共存关系，将选出的二十五座典型墓分为五组（见表四）。

表四　长江下游地区典型墓分组统计表

组别	墓号	墓型	盘口壶	壶	带耳罐	碗	钵	幞头男俑	双髻女俑	小髻女俑	纪年器和铜钱
一	江山隋开皇十八年墓	BⅠ	CⅠ		AⅠ	AⅠ、BⅠ、CⅠ					开皇十八年铭文砖
	江山隋大业三年墓	BⅠ	A、CⅡ			CⅠ	BⅠ				大业三年铭文砖
	扬州隋墓	AⅠ	B			CⅠ					隋五铢
	衢州M21	CⅠ				CⅠ	AⅠ				
	衢州M20	CⅠ		AⅠ		CⅠ	BⅠ、CⅠ				武德八年铭文砖
二	衢州M5	BⅠ	CⅢ			BⅡ	AⅡ、CⅠ				
	江山唐上元三年墓	CⅡ	CⅢ		AⅡ	CⅡ	BⅡ、CⅡ				上元三年铭文砖
	扬州城东唐墓	C				CⅡ		Ⅰ	Ⅰ	ABⅠ	开元通宝
三	江山M4	C			AⅢ		AⅡ				
	扬州杨庙唐墓	BⅠ	√				A	Ⅱ	Ⅱ	BⅡ	开元通宝
	扬州双桥唐墓	B	CⅣ				A	Ⅱ		BⅡ	开元通宝
	衢州M39	AⅠ	D	AⅡ			AⅢ				
	吴县姚桥头唐墓	AⅠ						Ⅱ	Ⅱ		天宝二年墓志
	江山M1	CⅠ	D			CⅢ					天宝三年铭文砖
	苏州M32[46]	AⅡ									天宝七载墓志
四	苏州M31	AⅡ		BⅠ							大历八年墓志
	南京钱家渡唐墓	AⅠ	FⅠ		AⅣ	DⅠ					贞元元年（或三年）墓志
	绍兴M214	AⅠ	EⅠ			DⅠ					开元通宝、乾元重宝
五	扬州解少卿夫妇墓[50]	AⅠ			AⅤ						大和九年、大中四年墓志
	无锡皇甫云卿墓	BⅡ	F		AⅤ						咸通八年墓志
	扬州五台山M10	AⅠ	FⅡ								开元通宝
	扬州五台山M2	AⅠ		B	B	DⅡ					开元通宝
	扬州卫氏墓	AⅠ	√		AⅤ、B		AⅣ				光启二年墓志
	临安钱宽墓	CⅢ		BⅡ		DⅡ					光化三年墓志
	临安水邱氏墓	CⅢ	EⅡ	A、B	A、B	DⅡ					天复元年墓志

从表四的“纪年器和铜钱”栏所提供的年代，可知第一组最早，其他各组依次稍晚。

将表四和图九、一〇、一一结合起来观察，可看出五个组的墓制、典型器物的增减和型式演变已形成了一个较清晰的发展序列。可划分为五期。

第一期　出隋五铢和隋开皇十八年、大业三年、唐武德八年铭文砖。此外，本期衢州M20壁砖上的“宝相花”纹在浙江淳安唐贞观十年墓砖花纹中仍有发现[58]。所以，本期时间约在隋文帝至唐太宗时期，即公元581～649年。

第二期　出唐高宗上元三年铭文砖。此外，本期扬州城东唐墓出的Ⅰ式幞头男俑、双髻女俑和男骑马俑等的形象与西安唐武则天神功二年独孤思贞墓[59]所出的同类俑相似。因此，本期时间约在唐高宗、武则天时期，即公元650～704年。

第三期　出唐天宝三年铭文砖和天宝二年、七载墓志。此外，本期扬州双桥唐墓出的陶马与洛阳唐安菩墓、陕西唐开元六年李贞墓[60]出的基本相似。可知本期时间约在唐中宗至玄宗时期，即公元705～756年。

第四期　出唐乾元重宝钱和唐大历八年、贞元元年（或三年）墓志，可知本期时间应在唐肃宗至顺宗时期，即公元756～805年。

第五期　出唐大和九年、咸通八年、光启二年、天复元年墓志，其时间应在唐宪宗至哀帝时期，即公元806～907年。

（五）福建地区

1．墓葬形制

有砖砌和土坑两种，皆单室。分三型。

A型　平面呈刀形，长5米左右。例墓南安丰州隋M9[61]，砖构，长5.72米（图一二，1）。

B型　平面呈窄凸字形，个别在墓室左右各设一耳室。长5米左右。例墓泉州唐M1[62]，砖构，长5.1米（图一二，2）。

C型　平面呈长方形，长3～4米。例墓南安丰州唐M3[61]，土坑，长3.13米（图一二，3）。

2．随葬器物

演变规律清楚的典型器物有盘口壶、带耳罐、钵、碗、托杯、盏盘、三足盆、鐎斗、烛台和插器。

盘口壶　两系或双复系。分四式。Ⅰ式，身圆胖，略呈球状。标本闽侯杜武古墓一件[63]，灰青釉，高30.7厘米（图一三，1）。Ⅱ式，身较Ⅰ式高。标本福安唐墓一件[64]，青釉，高28厘米（图一三，2）。Ⅲ式，身较Ⅱ式高瘦。标本莆田唐墓一件[65]，青釉，高36厘米（图一三，3）。Ⅳ式，身较Ⅲ式瘦长。标本南安丰州M3一件，青釉，高27厘米（图一三，4）。

带耳罐　分二型。

A型　四耳，小口。分四式。Ⅰ式，身圆胖，略呈球状。标本闽侯杜武古墓一件，灰青釉，高24.7厘米（图一三，5）。Ⅱ式，身较Ⅰ式高。标本福安唐墓一件，肩饰弦纹，青黄釉，高19.2厘米（图

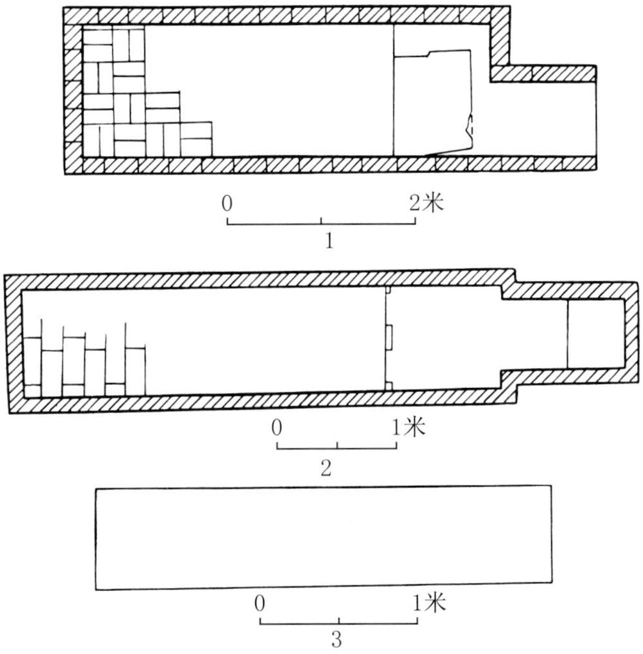

图一二　福建地区隋唐墓类型图

1．A型（南安丰州隋M9）　2．B型（泉州唐M1）　3．C型（南安丰州唐M3）

一三，6)。Ⅲ式，身较Ⅱ式高瘦。标本莆田唐墓一件，肩饰弦纹，青釉，高19.5厘米（图一三，7)。Ⅳ式，身较Ⅲ式瘦长。标本南安丰州M4一件[61]，青釉，高23厘米（图一三，8)。

B型　两耳，大口。分三式。Ⅰ式，身粗胖。标本南安丰州M10一件[61]，青釉，高20厘米（图一三，9)。Ⅱ式，身较Ⅰ式瘦高。标本福州唐墓一件[64]，青灰釉，高7.4厘米（图一三，10)。Ⅲ式，身较Ⅱ式低矮。标本莆田唐墓一件，青釉，高7厘米（图一三，11)。

钵　平底，无足。分三型。

A型　口微敛，折沿。分三式。Ⅰ式，深腹。标本南安丰州M9一件，青釉（图一三，12)。Ⅱ式，腹较Ⅰ式浅。标本福州唐墓一件，青灰釉，高3.4、口径7.8厘米（图一三，13)。Ⅲ式，

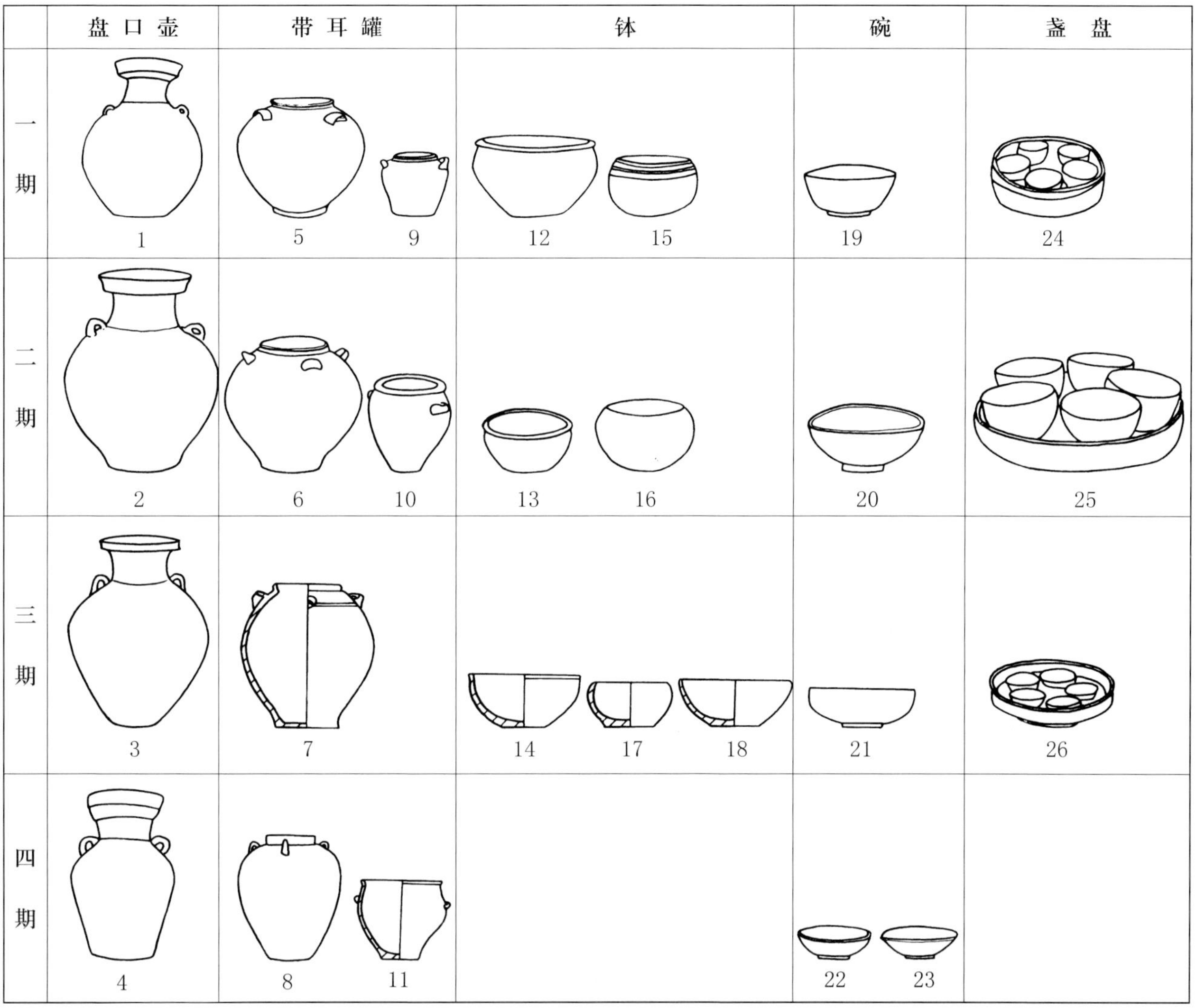

图一三　福建地区器物分期图（一）

1. Ⅰ式（闽侯杜武古墓） 2. Ⅱ式（福安唐墓） 3. Ⅲ式（莆田唐墓） 4. Ⅳ式（南安丰州M3） 5. A型Ⅰ式（闽侯杜武古墓） 6. A型Ⅱ式（福安唐墓） 7. A型Ⅲ式（莆田唐墓） 8. A型Ⅳ式（南安丰州M4） 9. B型Ⅰ式（南安丰州M10） 10. B型Ⅱ式（福州唐墓） 11. B型Ⅲ式（莆田唐墓） 12. A型Ⅰ式（南安丰州M9） 13. A型Ⅱ式（福州唐墓） 14. A型Ⅲ式(莆田唐墓） 15. B型Ⅰ式(闽侯杜武古墓） 16. B型Ⅱ式(福州唐墓） 17. B型Ⅲ式(莆田唐墓） 18. C型(莆田唐墓） 19. A型Ⅰ式(南安丰州M10） 20. A型Ⅱ式(福州唐墓） 21. A型Ⅲ式(泉州M1） 22. A型Ⅳ式(南安丰州M6） 23. B型(南安丰州M3） 24. Ⅰ式（闽侯杜武古墓） 25. Ⅱ式（福州唐墓） 26. Ⅲ式（莆田唐墓）(注：Ⅱ应属三期)

腹较Ⅱ式浅。标本莆田唐墓一件，青黄釉，高 7.2、口径 14.5 厘米（图一三，14）。

B 型　敛口。分三式。Ⅰ式，深腹。标本闽侯杜武古墓一件，口饰弦纹，灰青釉，高 9、口径 12.5 厘米（图一三，15）。Ⅱ式，腹较Ⅰ式浅。标本福州唐墓一件，青黄釉，高 4.5、口径 6.8 厘米（图一三，16）。Ⅲ式，腹较Ⅱ式浅。标本莆田唐墓一件，青釉，高 4、口径 6.4 厘米（图一三，17）。

C 型　直口。标本莆田唐墓一件，青釉，高 6、口径 15.5 厘米（图一三，18）。

碗　假圈足或璧形足，分二型。

A 型　口较直或微侈。分四式。Ⅰ式，深腹。标本南安丰州 M10 一件，青釉，高 7.8、口径约 16.2 厘米（图一三，19）。Ⅱ式，腹较Ⅰ式浅。标本福州唐墓一件，青黄釉，高 4.6、口径 10.3 厘米（图一三，20）。Ⅲ式，腹较Ⅱ式浅。标本泉州 M1 一件，青釉，高约 3、口径约 9 厘米（图一三，21），Ⅳ式，腹较Ⅲ式略浅。标本南安丰州 M6 一件[61]，青釉，高 4.5，口径 14.5 厘米（图一三，22）。

B 型　敞口。标本南安丰州 M3 一件，青釉，高 4、口径 14 厘米（图一三，23）。

托杯　分三型。

A 型　直口。分三式。Ⅰ式，托子浅大，呈盘形。标本闽侯杜武古墓一件。灰青釉，高 8.7、杯口径 6.5 厘米（图一四，1）。Ⅱ式，托子较Ⅰ式小，呈碗形。标本福州唐墓一件，青黄釉，高 7.4、杯口径 8 厘米（图一四，2）。Ⅲ式，托子较Ⅱ式小，呈钵形。标本泉州 M4 一件[62]，青黄

图一四　福建地区器物分期图（二）

1. A 型Ⅰ式（闽侯杜武古墓）　2. A 型Ⅱ式（福州唐墓）　3. A 型Ⅲ式（泉州 M4）　4. B 型Ⅰ式（闽侯杜武古墓）　5. B 型Ⅱ式（福州唐墓）　6. B 型Ⅲ式（莆田唐墓）　7. C 型Ⅰ式（福州唐墓）　8. C 型Ⅱ式（福安唐墓）　9. A 型Ⅰ式（南安丰州 M12）　10. A 型Ⅱ式(福州唐墓)　11. B 型(莆田唐墓)　12. A 型(南安丰州 M12)　13. B 型Ⅰ式(福安唐墓)　14. B 型Ⅱ式（莆田唐墓）　15. Ⅰ式（闽侯杜武古墓）　16. Ⅱ式（福安唐墓）　17. Ⅲ式（泉州 M1）　18. A 型（闽侯杜武古墓）　19. B 型Ⅰ式（福州唐墓）　20. B 型Ⅱ式（莆田唐墓）

釉，高约10、杯口径约7厘米（图一四，3）。

B型 口微敛。分三式。Ⅰ式，托子浅大，呈盘形。标本闽侯杜武古墓一件，灰青釉，高10、杯口径12厘米（图一四，4）。Ⅱ式，托子较Ⅰ式小，呈碗形。标本福州唐墓一件，青黄釉，高5.8、杯口径9.3厘米（图一四，5）。Ⅲ式，托子较Ⅱ式小，呈钵形。标本莆田唐墓一件，青釉，高7、杯口径9.8厘米（图一四，6）。

C型 侈口。分二式。Ⅰ式，托子浅大，呈盘形。标本福州唐墓一件，青黄釉，高7、杯口径6.7厘米（图一四，7）。Ⅱ式，托子较Ⅰ式小，呈碗形。标本福安唐墓一件，青釉，高6.2、杯口径5.8厘米（图一四，8）。

盏盘 盘圆形，内置五个器形相同的盏。分三式。Ⅰ式，盘较深，盏口一般与盘口平。标本闽侯杜武古墓一件，灰青釉，高6、盘口径17.7厘米（图一三，24）。Ⅱ式，盘较Ⅰ式浅，底隆起，盏口高出盘口。标本福州唐墓一件，淡黄釉，高5.2、盘口径约20厘米（图一三，25）。Ⅲ式，盘较Ⅱ式略浅，盏口一般低于盘口。标本莆田唐墓一件，青釉，高4、盘口径16.5厘米（图一三，26）。

三足盆 分二型。

A型 弧腹。分二式。Ⅰ式，腹较深。标本南安丰州M12一件[61]，无釉，高9.8、口径约24厘米（图一四，9）。Ⅱ式，腹较Ⅰ式浅。标本福州唐墓一件，无釉，高3、口径12厘米（图一四，10）。

B型 折腹。标本莆田唐墓一件，青釉，高3、口径9.3匣米（图一四，11）。

镳斗 分二型。

A型 龙首柄，三兽足。标本南安丰州M12一件，青釉，高9.5、口径约8厘米（图一四，12）。

B型 似鸡首状柄，三锥形足。分二式。Ⅰ式，深腹，足较高。标本福安唐墓一件，青黄釉，高8、口径8厘米（图一四，13）。Ⅱ式，腹、足较Ⅰ式浅矮。标本莆田唐墓一件，青釉，高4、口径7.8厘米（图一四，14）。

烛台 由台柱和底托组成，柱上附插耳。分三式。Ⅰ式，台柱细长，底托盘形。标本闽侯杜武古墓一件，灰青釉，高16.3厘米（图一四，15）。Ⅱ式，台柱较矮粗，底托碗形。标本福安唐墓一件，青釉，高10.8厘米（图一四，16）。Ⅲ式，台柱较Ⅱ式矮粗，底托钵形。标本泉州M1一件，无釉（?），高12厘米（图一四，17）。

插器 分二型。

A型 四个插管，座为须弥座状。标本闽侯杜武古墓一件，青釉，高12.5厘米（图一四，18）。

B型 单插管。分二式。Ⅰ式，插管细长，座为圆饼状。标本福州唐墓一件，青黄釉，高6.8厘米（图一四，19）。Ⅱ式，插管粗短，座为钵形。标本莆田唐墓一件，青釉，高3.8厘米（图一四，20）。

3. 分组与分期

依据墓型和典型器物的共存关系，将十四座典型墓分为四组（见表五）。

第一组的盘口壶、碗等与本区南朝墓出土的同类器物有明显的发展演变关系[66, 67]，说明此组在四个组中最早。第三组出有唐高宗上元三年铭文砖，应晚于第一组。第二、四组介于第一、三组之间和第三组之后，时间也应如此。

表五 福建地区典型墓分组统计表

组别	墓号	墓型	盘口壶	带耳罐	钵	碗	托杯	盏盘	三足盆	镳斗	烛台	插器	纪年器和铜钱
一	南安丰州 M9	A	Ⅰ	AⅠ	AⅠ	A	AI、B			A	Ⅰ	A	
	南安丰州 M10	C	Ⅰ	BⅠ	AI、BI	AⅠ							
	南安丰州 M12	A	Ⅰ	AI、B	AI、BI	AⅠ			AⅠ	A			
	闽侯杜武古墓	B	Ⅰ	AI、B	BⅠ	A	AI、BI	Ⅰ		A	Ⅰ	A	
二	福州阳歧山 M2[68]	A	Ⅱ	BⅡ		AⅡ	AⅡ	Ⅱ	AⅡ		√	BⅠ	
	福州唐墓	B	Ⅱ	AⅡ、BⅡ	AⅡ、BⅡ	AⅡ	AⅡ、BⅡ	Ⅱ	AⅡ			BⅠ	
	福安唐墓	A	Ⅱ	AⅡ、BⅡ	AⅡ	AⅡ	BⅡ、CⅡ		AⅡ	BⅠ	Ⅱ		
三	莆田唐墓	B	Ⅲ	AⅢ、BⅢ	AⅢ、BⅢ	A	BⅢ	Ⅲ	B	BⅡ	Ⅲ	BⅡ	上元三年铭文砖
	福清渔溪唐墓[69]	B	Ⅲ	BⅢ							Ⅲ		开元通宝
	泉州 M1	B	√	AⅢ	√	AⅢ	AⅢ	Ⅲ	√	BⅡ	Ⅲ	BⅡ	
	泉州 M4	B	Ⅲ			AⅢ	AⅢ	Ⅲ	√	BⅡ	Ⅲ		
四	南安丰州 M3	C	Ⅳ			AⅣ、B							
	南安丰州 M4	C	Ⅳ	AⅣ		B							开元通宝
	南安丰州 M6	C	Ⅳ	AⅣ		AⅣ							开元通宝

根据表五和附图一二、一三、一四结合起来观察，发现四个组的墓型和典型器物的增减演变已形成一致的序列，可各为一期。

第一期 此期A型Ⅰ式钵、碗的器形与浙江衢州隋墓（M21）、江山隋开皇十八年墓所出的钵、碗相似。此外，盘口壶壶身的基本特征与江西清江树槐隋大业七年墓所出的盘口壶较相似。所以，本期时间估计在隋代，即公元589～618年。但从本期保留了较多的此区南朝墓葬的特点来看，其上限很有可能到南朝末期。

第三期 出唐高宗上元三年铭文砖。其次，此期盘口壶，A型Ⅲ式带耳罐的器身与江山唐天宝三载墓（M1）出的盘口壶相近。所以，本期时间约在唐高宗至玄宗时期，即公元650～756年。

第二期 此期处于第一、三期之间，应在唐高祖、太宗时期，即公元618～649年。

第四期 此期B型碗的器形与南京钱家渡唐墓所出相似。A型Ⅳ式带耳罐与江苏扬州五台山晚唐墓（M2）、浙江临安水邱氏墓出的四耳罐、盘口壶相近。因此，本期时间大约在唐肃宗至哀帝时期，即公元756～907年。

（六）岭南地区

1．墓葬形制

有砖砌和土坑两种。分五型。

A型 单室，平面呈长方形，有的左右各设一耳室。一般长3～4米。例墓韶关隋M33[70]，砖构，长3.04米（图一五，1）。

B型 单室，平面呈窄凸字形。长4～5米。例墓钦州隋M1[71]，砖构，长4.9米（图一五,2）。

C型 前后两室，平面呈中字形，有的在前室左右各砌一耳室，后壁建龛室。长5米以上。例墓钦州隋M3[71]，砖构，长5.04米（图一五，4）。

D型 前后两室，平面呈窄双凸字形，有的在墓室左右砌耳室，后壁建龛室。长5米以上。例墓钦州隋M2[71]，砖构，长7.5米（图一五，3）。

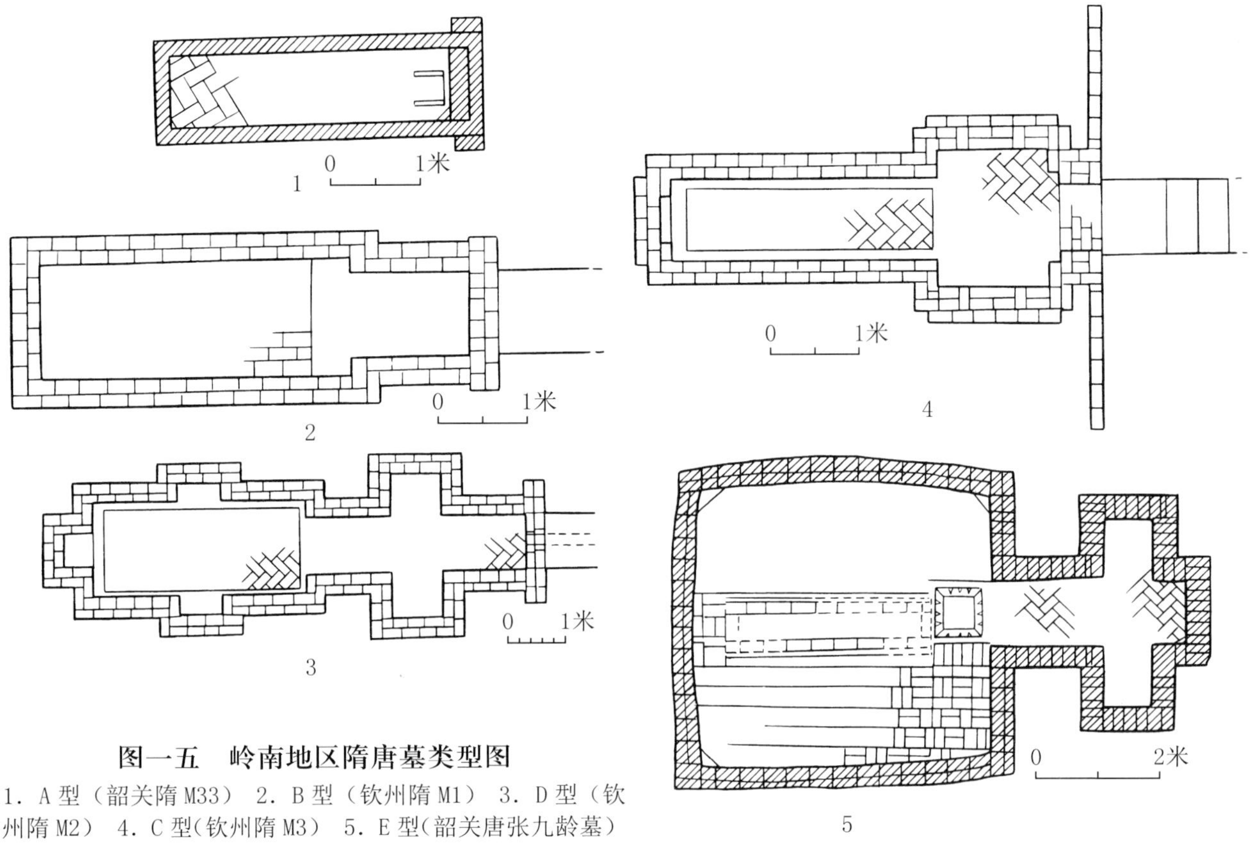

图一五　岭南地区隋唐墓类型图

1. A 型（韶关隋 M33） 2. B 型（钦州隋 M1） 3. D 型（钦州隋 M2） 4. C 型（钦州隋 M3） 5. E 型（韶关唐张九龄墓）

E 型　单室，平面呈宽凸字形，甬道左右各砌一耳室。长 7 米以上。例墓韶关唐张九龄墓[72]，砖构，长 8 米（图一五，5）。

2．随葬器物

常见和演变规律较清楚的器物有带耳罐、钵形器盖、碗、杯。

带耳罐　分六型。

A 型　罐高胖，腹以下斜直内收，四耳。标本钦州 M5：11[71]，肩饰弦纹和水波状纹，无釉，高 52.5 厘米（图一六，1）。

B 型　罐高，腹以下急收之后外展，六耳或四耳。分二式。Ⅰ式，身较胖。标本韶关 M33：1，青黄釉，高 19.5 厘米（图一六，2）。Ⅱ式，身较瘦。标本英德 M 15：2[73]，青釉，高 19.8 厘米（图一六，3）。

C 型　罐较高，腹圆鼓，四耳或六耳。分四式。Ⅰ式，身较圆胖。标本钦州 M2：11，带盖，肩饰弦纹和水波状纹，无釉，高 38 厘米（图一六，4）。Ⅱ式，身较Ⅰ式高胖。标本始兴赤西 M3：2[74]，青釉，高 19 厘米（图一六，5）。Ⅲ式，身较Ⅱ式高胖。标本始兴赤南 M13：6[74]，青釉，高 21 厘米（图一六，6）。Ⅳ式，身较Ⅲ式高，显瘦。标本始兴赤南 M23：4[74]，青釉，高 24.8 厘米（图一六，7）。

D 型　罐较高，鼓腹，四耳或两耳。分四式。Ⅰ式，身较粗胖。标本钦州 M4：11[71]，肩饰弦纹和水波状纹，无釉，高 23.2 厘米（图一六，8）。Ⅱ式，身较Ⅰ式高瘦。标本英德 M14：1[73]，无釉，高 24 厘米（图一六，9）。Ⅲ式，身较Ⅱ式瘦。标本韶关张九龄墓一件，青釉，高 20 厘米（图一六，10）。Ⅳ式，身较Ⅲ式瘦。标本广州姚潭墓一件[75]，无釉，高 21 厘米（图一六，11）。

E型　罐较矮，四耳。分二式。Ⅰ式，身较粗胖。标本英德M37：1[73)]，青釉，高21厘米（图一六，12）。Ⅱ式，身较圆胖。标本广州姚潭墓一件，无釉，高16厘米（图一六，13）。

F型　罐矮小，略呈袋状，两耳。标本广州姚潭墓一件，无釉，高9.2厘米（图一六，14）。

钵形器盖　分二型。

A型　盖面平大。分二式。Ⅰ式，四耳。标本钦州M6：17[71)]，无釉，高5.2厘米（图一六，15），Ⅱ式，无耳，盖面微内凹。标本钦州M7：2[71)]，无釉，高5.2厘米（图一六，16）。

B型　盖面较小。分二式。Ⅰ式，盖面平整。标本韶关张九龄墓一件，青釉，高3厘米（图一六，17）。Ⅱ式，盖面隆起。标本广州姚潭墓一件，无釉，高3.4厘米（图一六，18）。

碗　假圈足或璧形足。分四型。

A型　直口。标本钦州M4：5，青釉，高7、口径13厘米（图一七，1）。

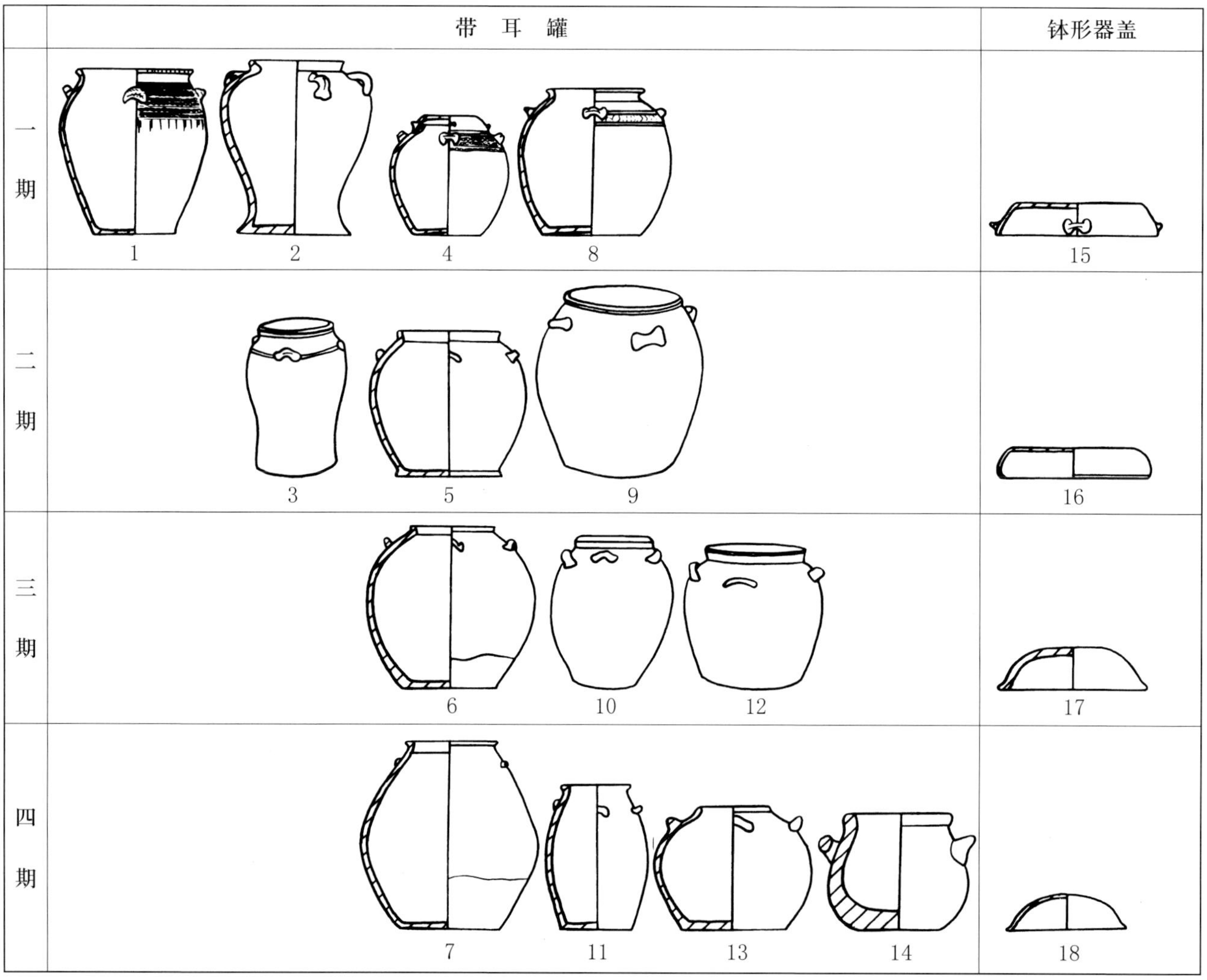

图一六　岭南地区器物分期图（一）

1. A型（钦州M5：11）2. B型Ⅰ式（韶关M33：1）3. B型Ⅱ式（英德M15：2）4. C型Ⅰ式（钦州M2：11）5. C型Ⅱ式（始兴赤西M3：2）6. C型Ⅲ式（始兴赤南M13：6）7. C型Ⅳ式（始兴赤南M23：4）8. D型Ⅰ式（钦州M4：11）9. D型Ⅱ式（英德M14：1）10. D型Ⅲ式（韶关张九龄墓）11. D型Ⅳ式（广州姚潭墓）12. E型Ⅰ式（英德M37：1）13. E型Ⅱ式（广州姚潭墓）14. F型式（广州姚潭墓）15. A型Ⅰ式（钦州M6：17）16. A型Ⅱ式（钦州M7：2）17. B型Ⅰ式（韶关张九龄墓）18. B型Ⅱ式（广州姚潭墓）

B型　敛口。分三式。Ⅰ式，深腹。标本钦州M1一件，青釉，高9.6、口径15.6厘米（图一七，2）。Ⅱ式，腹较Ⅰ式浅。标本英德M15：1，青釉，高6.8、口径12.3厘米（图一七，3）。Ⅲ式，腹较Ⅱ式浅。标本电白唐墓一件[76]，青釉，高3.8、口径9.2厘米（图一七，4）。

C型　侈口。分四式。Ⅰ式，深腹。标本钦州M1：11，口饰弦纹，青釉，高7.7、口径12厘米（图一七，5）。Ⅱ式，腹较Ⅰ式浅。标本英德M36：3[73]，口饰弦纹，青釉，高6.3、口径12.5厘米（图一七，6）。Ⅲ式，腹较Ⅱ式浅。标本英德M37：2，青釉，高5.6、口径16厘米（图一七，7）。Ⅳ式，腹较Ⅲ式浅。标本韶关张九龄墓一件，青釉，高4.5、口径18厘米（图一七，8）。

D型　敞口。分二式。Ⅰ式，浅腹。标本始兴赤南M25：1、2[74]，青釉，高4.2、4.5厘米，口径14.4、13厘米（图一七，9、10）。Ⅱ式，腹较Ⅰ式略深。标本广州姚潭墓一件，白釉，高4.8、口径15.1厘米（图一七，11）。

杯　假圈足，分三型。

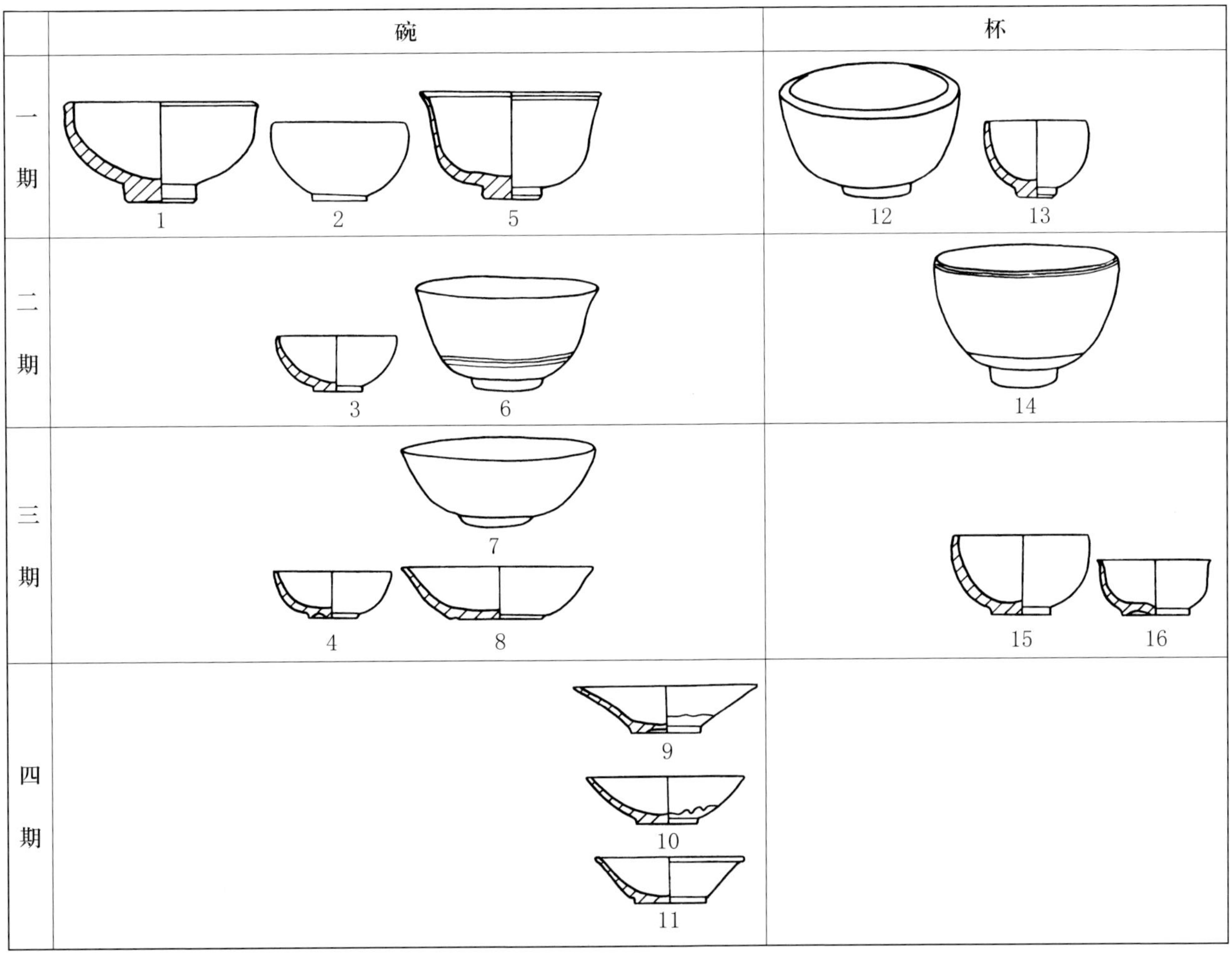

图一七　岭南地区器物分期图（二）

1. A型（钦州M4：5）　2. B型Ⅰ式（钦州M1）　3. B型Ⅱ式（英德M15：1）　4. B型Ⅲ式（电白唐墓）　5. C型Ⅰ式（钦州M1：11）　6. C型Ⅱ式（英德M36：3）　7. C型Ⅲ式（英德M37：2）　8. C型Ⅳ式（韶关张九龄墓）　9. D型Ⅰ式（始兴赤南M25：1）　10. D型Ⅰ式（始兴赤南M25：2）　11. D型Ⅱ式（广州姚潭墓）　12. A型（封开封川隋墓）　13. B型Ⅰ式（钦州M1：1）　14. B型Ⅱ式（英德 M22：3）　15. B型Ⅲ式（英德M34：5）　16. C型（电白唐墓）

A 型　直口。标本封开封川隋墓一件[77]，青釉，(图一七，12)。

B 型　敛口。分三式。Ⅰ式，深腹。标本钦州 M1：1，青泛黄釉，高 5.8、口径 6.8 厘米（图一七，13）。Ⅱ式，腹较Ⅰ式浅。标本英德 M22：3[73]，口饰弦纹，青釉，高 7.7、口径 10.4 厘米（图一七，14）。Ⅲ式，腹较Ⅱ式浅。标本英德 M34：5[73]，青釉，高 5、口径 9 厘米（图一七，15）。

C 型　侈口。标本电白唐墓一件，青釉，高 4.5、口径 9 厘米（图一七，16）。

3．分组与分期

依据墓型和典型器物的共存关系，将十九座典型墓分为四组（见表六）。

表六　岭南地区典型墓分组统计表

组别	墓号	墓型	带耳罐	钵形盖	碗	杯	纪年器和铜钱
一	钦州 M5	A	A、CⅠ、DⅠ		A	A	隋五铢
	钦州 M1	B	CⅠ		BⅠ、CⅠ	BⅠ	
	钦州 M6	C	A、CⅠ	AⅠ	A		
	封开封川隋墓	C	BⅠ			A	
	韶关 M33	A	BⅠ		√	A、CⅠ	大业六年铭文砖
	钦州 M2	D	CⅠ	AⅠ	A		
二	钦州 M7	D		AⅡ			开元通宝
	英德 M14	A	BⅡ、DⅡ			BⅡ	
	英德 M15	A	BⅡ、DⅡ		BⅡ		
	始兴赤西 M3	A	CⅡ				贞观三年铭文砖
	英德 M36	A	CⅡ		CⅡ、CⅢ		
三	始兴赤南 M13	A	CⅢ	BⅠ	√		开元通宝
	电白唐墓	A	DⅢ		BⅢ	C	神功二年墓志
	梅县唐墓[78]	A		BⅠ	CⅢ		神龙元年铭文砖
	英德 M34	A	EⅠ		CⅢ	BⅢ	
	韶关张九龄墓	E	DⅢ、EⅠ	BⅠ	CⅢ、CⅣ		开元二十九年墓志
四	始兴赤南 M25	A			DⅠ		
	始兴赤南 M23	A	CⅣ		DⅡ		
	广州姚潭墓	A	DⅣ、EⅡ	BⅡ	DⅡ		大中十二年墓志

据表六“纪年器”栏所提供的年代，结合图一五、一六、一七进行考察，可看出四个组的墓型和典型器物的增减演变很有规律，代表了本区墓葬的四个发展阶段，即四期。

第一期　出隋五铢和隋大业六年铭文砖。可见其时间应在隋代，即公元 589 ～ 618 年。

第二期　出开元通宝和唐贞观三年铭文砖。可知其时间在唐高祖、太宗时期，即公元 618 ～ 649 年。

第三期　出唐神功二年、神龙元年、开元二十九年墓志、铭文砖。因此，本期时间约在唐高宗至玄宗时期，即公元 650 ～ 756 年。

第四期　出唐大中十二年墓志。此外，本期 D 型Ⅰ式碗与湖南益阳唐宝应二年墓（M30）所出相似。所以，此期时间大约在唐肃宗至哀帝时期，即公元 756 ～ 907 年。

三 结语

南方隋唐墓共分六区，每区又分出若干期（见表七）。我们认为，分区是自然环境和经济、文化习俗等多方面的因素交相影响形成的；分期则是与当地当时的历史背景密切相关。南方隋唐墓的分区分期实际上是反映了南方当时的历史情况。关于这个问题，容另文详述。这里仅就形式排比上出现的几种现象做一简要说明。

表七 各区墓葬分期对照表

<table>
<tr><th rowspan="2">期别 时间
区别</th><th colspan="2">隋</th><th colspan="7">唐</th></tr>
<tr><th colspan="2">文帝、炀帝
(581 ～ 618)</th><th>高祖、太宗
(618 ～ 649)</th><th>高宗、武则天
(650 ～ 704)</th><th colspan="2">中宗至玄宗
(705 ～ 756)</th><th>肃宗至顺宗
(756 ～ 805)</th><th>宪宗至敬宗
(806 ～ 827)</th><th>文宗至哀帝
(827 ～ 907)</th></tr>
<tr><td>长江上游</td><td colspan="2">一</td><td colspan="4">二</td><td colspan="3">三</td></tr>
<tr><td>长江中游</td><td colspan="2">一</td><td>二</td><td>三</td><td colspan="2">四</td><td colspan="2">五</td><td>六</td></tr>
<tr><td>赣江地区</td><td>陈</td><td>一</td><td colspan="3">二</td><td colspan="4">三</td></tr>
<tr><td>长江下游</td><td colspan="3">一</td><td>二</td><td colspan="2">三</td><td>四</td><td colspan="2">五</td></tr>
<tr><td>福　建</td><td>陈</td><td>二</td><td>二</td><td colspan="3">三</td><td colspan="3">四</td></tr>
<tr><td>岭　南</td><td>陈</td><td>一</td><td>二</td><td colspan="3">三</td><td colspan="3">四</td></tr>
</table>

（一）分区与唐代“道”的关系

唐贞观元年，将全国划分为十大区域，即关内、河南、河东、河北、山南、陇右、淮南、江南、剑南、岭南十道。开元二十一年在十道的基础上，将山南、江南道各分为东、西两道，增置京畿、都畿、黔中三道，共十五道（《新唐书 · 地理志》）。我们将各区墓葬发现的主要地点稍加排列不难看出，长江上游地区正在剑南道的中心区域；长江中游地区含江南西道大部和山南东道以及淮南道西部；赣江流域地区属江南西道的东南部；长江下游地区含江南东道大部和淮南道东部；福建地区属江南东道的东南部；岭南地区恰在岭南道的范围（图一八）。这里面有道、区一致的，但有些区并非完全受道的局限，有的一道内可划分两区，有的一区跨两道或三道。凡是周绕以山脉或背山面海构成较独立地形区的道，皆可自成一区，象剑南和岭南道；凡是道之间无大山脉阻隔，平原连成一片，又有河流纵横贯通的道，各自不便独立成区，往往同邻道或邻道的相邻部分构成一区，长江中、下游两区就是属于这种情况；凡是一道内因有山脉阻隔，构成独立地形区的部分，可单独成区，赣江流域、福建两区即属于此类。由此可见，我们划分的六区同唐代的道所表示的区域有较密切的关系，但并不完全一致。大体说来，以山脉为界线划出的道与我们所划分的区相吻合；以河流为界限划出的道，则不宜分开。这表明，墓葬的分区不完全受人为划分的区域的制约。

（二）各区之间的关系

南方隋唐墓六个区之间尽管有着明显的差异，但它们之间并不是截然分开的，而是存在着千丝万缕的联系，有着这样或那样的共同因素和特征。这主要表现在以下几方面。

第一，墓地的选择基本相同。从目前发表的比较详细的资料看，一般选在当时的城市或居民点周围的山岗和坡地上。武昌发现的隋唐墓都分布在当时武昌城东的几条山岗上[14]。墓地安排有一定的规律。福建泉州发掘的四座窄凸字墓（M1 ～ 4）[62]，其中 M1、M2、M4 排列成品字形，M3 在其东侧，估计他们可能是一个大家族的成员。

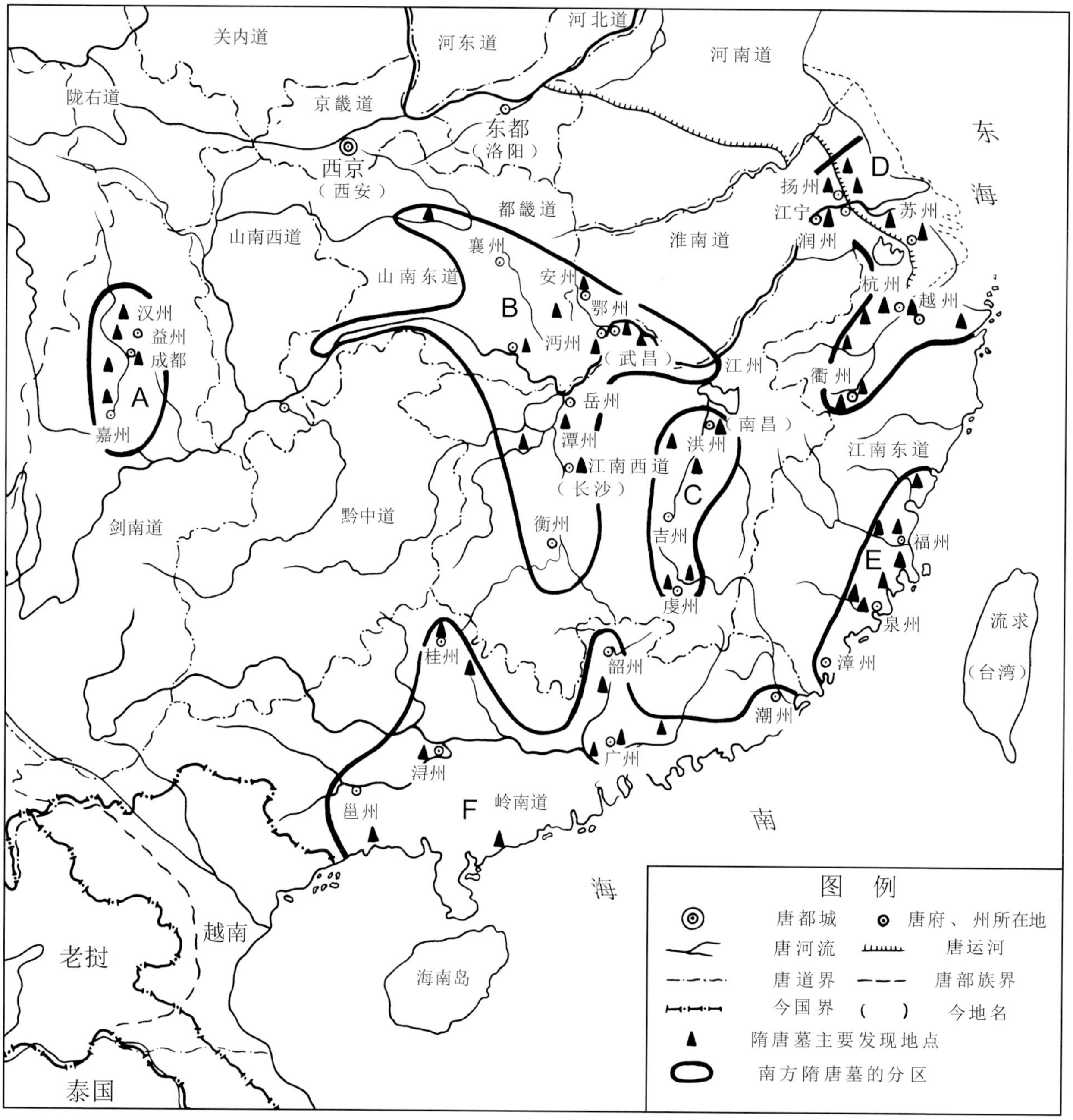

图一八　南方隋唐墓分区与唐代“道”的关系示意图

A、B、C、D、E、F分别表示长江上游、长江中游、赣江地区、长江下游、福建、岭南地区的隋唐墓中心地域

第二，墓葬结构流行砖砌。砌筑方法大致相同，即先按设计的平面形状下挖若干尺寸，然后在挖出的坑底砌造墓室、甬道。墓壁或错缝平砌，或横竖迭砌。墓室、甬道为长方形者，皆券顶。墓内多以砖铺地，规模较大者多设棺床。有的墓还砌建排水沟、壁龛等设施，其中以长江中游地区最复杂，使用也最普遍。

第三，墓葬平面大多作长方形或窄凸字形。长江上游、赣江流域、长江下游、岭南的第一期墓使用窄双凸字形；宽凸字形墓发现于长江中游、岭南两区；中字形墓仅见于岭南地区。此外，在多数区，有些墓于甬道和墓室两侧设置耳室，后壁建龛室，放置随葬器物。

第四，盛行在墓壁砖上模印花纹。叶脉纹、花草纹、小花纹和忍冬纹是六个区常见的纹样；钱纹、几何纹在长江下游、福建、赣江流域三区的第一期墓比较多见。在墓壁上镶嵌画像砖的作法流行于长江中游地区，长江中下游地区也有少量发现。无论是在壁砖上模印花纹，还是在墓壁上镶嵌画像砖的装饰技法，一般盛行于隋，入唐后逐渐简化、减少，唐玄宗以后基本不见。以彩画装饰壁面的墓发现于长江中游地区的第二期至第四期墓，岭南地区的第三期，长江下游地区的第五期，数量不多，时间接近者，壁画内容大致相同。

第五，长江中、下游两区的随葬器物基本相同，皆有陶瓷俑、动物雕塑、陶瓷模型器、陶瓷器和金属器等。其余四区一般不见陶瓷俑和动物雕塑。除赣江流域、福建两区发现有少量的陶灶及与其相关的明器外，不见其他模型器。六个区皆以青瓷器为主，盘口壶、罐、碗、杯、灯盏、唾盂等是共有或多数区共有的器物，其中罐、碗、灯盏等的演变，六个区亦大体一致。

第六，分期方面，福建、岭南各分四期，每期的起止时间一致；长江中、下游两区的分期均可在武则天末划开。引人注目的是，除长江下游地区外，其余五区均可在隋亡时划线。除赣江流域地区外，其余皆可在唐玄宗统治结束时分期。

南方六个区具有较多的共同因素，主要原因有以下三点：一是六个区的自然地理条件基本相同；二是生产力发展水平虽不尽一致，但相差不大；三是南方地区长期处于政治上统一，人们生活较为安定。

（三）各区与中原地区的关系

隋唐是政治统一、经济发达、文化繁荣的时代。中原地区是当时政治、经济、文化的中心。表现在墓葬方面，南方与中原也呈现出程度不同的关系。下面试从三个方面加以说明。

第一，长江中游、岭南都有平面呈宽凸字形的墓葬，如湖北安陆发现的唐太宗贞观中期埋葬的吴王妃杨氏墓和郧县唐高宗永徽四年濮王李泰墓[1]、中宗嗣圣元年新安郡王李徽墓以及广东韶关玄宗开元二十九年张九龄墓等。它们形制的基本特点与中原地区发现的同时期墓葬相同[79,80]，墓室大小与西安地区的同时期、同品级的墓极为接近[79]。这些墓墓壁多以彩画为饰。李徽墓墓室壁画保存较好，内容有影作木结构、鞍马、男侍和侍女；张九龄墓壁画有侍女、青龙。这些都是西安地区同时期壁画墓中常见的题材。李泰墓出土的器物繁多，据其墓志记录，他死后，诏“赐东园秘器，葬事官给，务从优厚”。可见不但随葬器物来自都城，而且是按中央规定的制度埋葬的。属于长江中游地区的四川万县唐高宗永徽五年天水郡公永州刺史冉仁才墓，出土瓷俑、动物俑共八十一件[26]。这个数字同唐中央三品以上“九十事”的规定（《唐会要》卷38）基本符合。这显然是中央政令在南方有效施行的反映。

第二，平面呈窄凸字形和窄双凸字形墓是南方富有特色的墓葬形制，它的装饰一般都是使用花纹砖和画像砖。但到唐代有的一反常规，采用中原墓葬流行的彩绘壁画的作法。冉仁才墓平面呈窄凸字形，甬道绘制青龙、白虎，墓室顶部残存星辰；长江下游地区的浙江临安唐昭宗光化二年钱宽墓和天复元年水邱氏墓，平面皆为窄双凸字形，墓内绘制色彩鲜艳的云气、盆花和花卉等壁画，后室顶部绘星辰。这类以彩画为饰的墓，壁画布局和内容并非照搬中原。中原地区初唐时期目前还没有发现将青龙、白虎绘在甬道两壁的情况；以花卉为主要内容的实例，在中原地区的晚唐壁画墓中亦未见到。这说明南方将中原装饰技法同本地墓葬形制的特点和人们喜好结合起来

[1] 湖北省博物馆发掘资料，未刊稿。

了。这一点在随葬器物中表现也较为明显。长江中游地区的武昌、长沙一带，入隋后，在中原地区影响下，随葬器物中陶瓷俑、动物雕塑的数量急剧增多，主要器物的造型同中原接近，但具体装饰又有较大不同。中原陶俑的装饰以着彩为主，眉毛、胡须、服饰等常用彩绘，而武昌、长沙一带发现的这些部位常常是以利器刻划出来的。这大约是针对南方地下水位高、气候湿润多雨，彩绘极易脱落的自然条件而采取的措施。此外，按中原流行的形制和中央制度规定建造的宽凸字形墓，也一改中原多在墓道和天井两侧建筑小龛的作法，而是在甬道或墓室两侧筑造与小龛作用相同的耳室，有的也筑排水设施。

第三，南方隋唐墓的随葬器物以本地烧制的陶瓷俑、动物俑和青瓷器为主，但在不少墓中出现了三彩器和白瓷器。长江中游地区第三期李徽墓、武昌 M434[14)]、第四期武昌 M270、武昌 M189[14)]、九江唐墓和长江下游地区第三期扬州杨庙唐墓、扬州双桥唐墓出土的镇墓兽、男俑、女俑、水盂、灯等三彩器，除武昌墓中出土的动物俑形体较大外，其余一般较小。它们的形制和胎釉颜色与河南巩县等中原北方三彩窑址中出土的器物相似[82～84)]，可能是中原北方所烧造。白瓷器在南方隋唐墓发现不多，所见以碗、盘为主。长江中游地区第五期湖南益阳 M30、第六期武昌 M510[14)]，赣江第三期南昌羊子港唐墓[85)]，以及岭南第四期广州姚潭墓出土的白瓷碗，斜壁敞口，璧形足，白色胎，白釉多晶莹润泽。其特征与河北邢窑窑址中出土的同类器[83)]极为近似。它们可能也是中原北方所烧制。又如长沙上大垅 M31、临安钱宽墓、水邱氏墓出土的白瓷盘、高足盘、碗、杯和注子等，制作精湛，造型美观，通体施白釉，胎质洁白细腻，绝大多数器底外侧阴刻“官”或“新官”字款。这是当时白瓷器中的精品。目前学术界对这批瓷器的烧造地点意见不一，但据胎质、釉色等方面推测，产于中原北方应是不会有问题的[86)]。

综合上述，不难看出，南方隋唐墓与中原的关系并不是简单的中原影响南方，或是南方使用了中原一些器物的一般交往问题，而是另有一些别的原因：一是有些墓，特别是官吏和贵族的墓是按中原普遍使用的制度，即中央的规定来埋葬的；二是在发展过程中不断吸收中原墓葬的一些作法和内容，并结合本地实际加以调整、改进；三是在随葬器物中较多地使用了中原北方烧制的做为商品传到南方的陶瓷器。这不但丰富了南方隋唐墓葬的内容，促进南方文化的进一步发展，同时也逐渐缩小南方和中原的文化差异。这种情况的出现，显然是同隋唐大统一的政治局面密切相关的。需要指出的是，南方地域辽阔，各区所处地理位置不同和文化传统的差异等原因，与中原关系的疏密程度并不尽相同。长江中、下游与中原接壤，又有水路和陆路直接与两京相通，往来便利，这里又是南方经济、文化的中心地带，所以，它们与中原的关系最密切。岭南虽然距离中原遥远，但此区的中心区域广州是南海各国进入中国的门户，是与海外通商的重要港口之一。因此，它与中原特别是两京地区往来较多。这里发现北方烧制的白瓷器，应是与中原交往的实物例证。长江上游地区虽与中原相连，但“其地山重复，四塞险固”（《隋书·地理志》），阻碍了人们之间的交往。所以，本区墓葬中直接接受中央制度和中原作法的材料不甚明显。安史之乱后，“关中比饥，士人流入蜀者道路相系”（《新唐书·高适传》）。他们来蜀后，在“村坊市肆，与蜀人杂居”（《全唐文》卷 357）。反映在墓葬方面，本区第三期后期墓葬规模有所增大，随葬器物亦较前丰富，估计同入蜀的关中衣冠士庶的影响有关。赣江地区偏居长江中游的东南方，福建地区“遐阻僻在一隅，凭山负海”（《通典》卷 182），皆远离中原，交通不便。所以，在这里发现的与中原有直接关系的材料不多。六个区墓葬材料所反映出的与中原关系上的差异，实际上是从一个侧面说明了中原与各区的往来情况和中央对各区控制程度上的不同。

参考书目（引用先后为序）

1）秦浩：《南方唐墓的形制与随葬品》，《南京大学学报》（社会科学版）1982 年第 1 期。
2）中国社会科学院考古研究所：《新中国的考古发现和研究》，文物出版社，1984 年。
3）周世荣：《长沙唐墓出土瓷器研究》，《考古学报》1982 年第 4 期。
4）全锦云：《武昌隋唐墓葬出土瓷器初析》，《景德镇陶瓷》第二辑，1984 年。
5）四川省博物馆：《四川牧马山灌溉渠古墓清理简报》，《考古》1959 年第 8 期。
6）四川省文管会：《四川官垴唐、宋、明墓清理简报》，《考古通讯》1956 年第 5 期。
7）李水城：《四川青神县唐墓清理记》，《考古与文物》1986 年第 1 期。
8）冯汉骥：《记唐印本陀罗尼经咒的发现》，《文物参考资料》1957 年第 5 期。
9）湖南省博物馆：《湖南长沙近郊隋唐墓清理》，《考古》1966 年第 4 期。
10）湖南省博物馆：《湖南长沙咸嘉湖唐墓发掘简报》，《考古》1980 年第 6 期。
11）孝感地区博物馆等：《安陆王子山唐吴王妃杨氏墓》，《文物》1985 年第 2 期。
12）熊传新：《湖南湘阴县隋大业六年墓》，《文物》1981 年第 4 期。
13）湖南省文管会：《长沙北郊丝茅冲清理的唐代砖室墓》，《文物参考资料》1956 年第 2 期。
14）《武昌郊区隋唐墓》，待刊稿。
15）黄石市博物馆：《黄石市新下陆一号唐墓》，《江汉考古》1984 年第 1 期。
16）长沙市文物工作队：《长沙唐墓出土"官"字款白瓷器》，《湖南考古辑刊》第 2 集，1984 年。
17）湖北省文管会：《武汉市郊周家大湾 241 号隋墓清理简报》，《考古通讯》1957 年第 6 期。
18）湖北省博物馆等：《湖北郧县唐李徽、阎婉墓发掘简报》，《文物》1987 年第 8 期。
19）益阳县文化馆：《湖南益阳县赫山庙唐墓》，《考古》1981 年第 4 期。
20）周世荣：《略谈长沙王清墓与出土瓷器的窑口问题》，《考古》1985 年第 7 期。
21）湖南省博物馆：《长沙两晋南朝隋墓发掘报告》，《考古学报》1959 年第 3 期。
22）周世荣：《长沙赤峰山 3、4 号墓》，《文物》1960 年第 2 期。
23）武汉市文管处：《武汉市东湖岳家嘴隋墓发掘简报》，《考古》1983 年第 9 期。
24）湖南省文管会：《长沙黄土岭唐墓清理记》，《考古通讯》，1958 年第 3 期。
25）九江市博物馆：《九江市郊发现唐墓》，《江西历史文物》1981 年第 1 期。
26）四川省博物馆：《四川万县唐墓》，《考古学报》1980 年第 4 期。
27）湖南省文管会：《湖南长沙唐墓清理记》，《考古通讯》1956 年第 6 期。
28）何介钧等：《湖南长沙牛角塘唐墓》，《考古》1964 年第 12 期。
29）高仲达：《唐嗣濮王李欣墓发掘简报》，《江汉考古》1980 年第 2 期。
30）山西省文管会等：《山西长治石槽唐墓》，《考古》1962 年第 2 期。
31）洛阳市文物工作队：《洛阳龙门唐安菩夫妇墓》，《中原文物》1982 年第 3 期。
32）朝阳地区博物馆：《辽宁朝阳唐韩贞墓》，《考古》1973 年第 6 期。
33）浙江省博物馆等：《浙江临安晚唐钱宽墓出土天文图及"官"字款白瓷》，《文物》1979 年第 12 期。
34）明堂山考古队：《临安县水邱氏墓发掘报告》，《浙江省文物考古所学刊》，文物出版社，1981 年。
35）清江博物馆：《江西清江隋墓》，《考古》1977 年第 2 期。
36）薛尧：《江西南昌、赣州、黎川的唐墓》，《考古》1964 年第 5 期。
37）韩振飞等：《赣县梅林发现唐墓》，《江西历史文物》1984 年第 2 期。
38）江西省文管会：《江西清江隋墓发掘简报》，《考古》1960 年第 1 期。
39）张嗣介：《赣州市郊发现一座唐墓》，《江西历史文物》1984 年第 2 期。
40）郭远谓：《江西南昌碑迹山唐代木椁墓清理》，《考古》1966 年第 5 期。
41）江西省博物馆：《江西南昌唐墓》，《考古》1977 年第 6 期。
42）南京市文保会：《南京钱家渡丁山发现唐墓》，《考古》1966 年第 4 期。
43）孔祥星：《隋唐铜镜的类型与分期》，《中国考古学会第一次年会论文集》，文物出版社，1980 年。
44）孔祥星等：《中国古代铜镜》，文物出版社，1984 年。
45）屠思华：《江苏凤凰河汉、隋、宋、明墓的清理》，《考古通讯》，1958 年第 2 期。
46）朱薇君：《苏州平门城墙唐墓的清理》，《文物资料丛刊》第 6 期，1982 年。
47）江山县文管会：《浙江江山隋唐墓清理简报》，《考古学集刊》第 3 集，1983 年。
48）无锡市博物馆：《江苏无锡发现唐墓》，《文物资料丛刊》第 6 期，1982 年。
49）衢州市文化馆：《浙江衢州市隋唐墓清理简报》，《考古》1985 年第 5 期。
50）扬州市博物馆：《扬州发现两座唐墓》，《文物》1973 年第 5 期。
51）浙江省文管会：《浙江绍兴漓渚古墓葬发掘简报》，《考古通讯》1958 年第 12 期。
52）江苏省文管会等：《江苏扬州五台山唐、五代、宋墓发掘简报》，《考古》1964 年第 10 期。
53）吴炜：《江苏扬州五台山唐墓》，《考古》1964 年第 6 期。
54）李万等：《扬州出土一批唐代彩绘俑》，《文物》1979 年第 4 期。
55）丽水县文管会：《浙江丽水唐代土坑墓》，《考古》1964 年第 5 期。
56）扬州市博物馆：《扬州邗江县杨庙唐墓》，《考古》1983 年第 9 期。
57）江苏省吴县文管会：《江苏吴县姚桥头唐墓》，《文物》1987 年第 8 期。
58）新安江水库考古发掘队：《浙江淳安古墓发掘》，《考古》1959 年第 9 期。
59）中国社会科学院考古研究所：《唐长安城郊隋唐墓》，文物出版社，1980 年。

60）昭陵文管所：《唐越王李贞墓发掘简报》，《文物》1977年第10期。
61）福建省文管会：《福建南安丰州东晋、南朝、唐墓清理简报》，《考古通讯》1958年第6期。
62）泉州海外交通史博物馆等：《福建泉州市西南郊唐墓清理简报》，《考古》1961年第12期。
63）黄汉杰：《福建闽侯荆山、杜武南朝、唐墓清理记》，《考古》1959年第4期。
64）福建省博物馆：《福建福安、福州郊区的唐墓》，《考古》1983年第7期。
65）福建省博物馆：《福建莆田唐墓》，《考古》1984年第4期。
66）卢茂村：《福建建瓯水西山南朝墓》，《考古》1965年第4期。
67）曾凡：《福州西门外六朝墓清理简报》，《考古通讯》1957年第5期。
68）福建省博物馆：《福建福州郊区南朝墓》，《考古》1974年第4期。
69）福建省文管会：《福清渔溪发现唐画像砖墓》，《文物》1966年第2期。
70）广东省文管会：《广东韶关六朝隋唐墓葬清理简报》，《考古》1965年第5期。
71）广西壮族自治区文物工作队：《广西壮族自治区钦州隋唐墓》，《考古》1984年第3期。
72）广东省文管会等：《唐代张九龄墓发掘简报》，《文物》1961年第6期。
73）徐恒彬：《广东英德浛洸镇南朝隋唐墓发倔》，《考古》1963年第9期。
74）广东省博物馆：《广东始兴晋—唐墓发掘报告》，《考古学集刊》第2集，1982年。
75）广州市文管会：《三年来广州市古墓葬的清理和发现》，《文物参考资料》1956年第5期。
76）广东省博物馆等：《广东电白县霞洞墟唐墓简报》，《考古》1986年第1期。
77）广东省文管会：《广东封开县江口汉墓及封川隋墓发掘简报》，《文物资料丛刊》第1期，1977年。
78）广东省文物工作队：《广东梅县大墓岌晋、唐墓清理》，《考古通讯》1956年第5期。
79）孙秉根：《西安隋唐墓葬的形制》，《中国考古学研究——夏鼐先生考古五十年纪念论文集》二，科学出版社，1986年。
80）徐殿魁：《洛阳地区隋唐墓的分期》，《考古学报》1989年第3期。
81）宿白：《西安地区唐墓壁画的布局和内容》，《考古学报》1982年第2期。
82）刘建州：《巩县唐三彩窑址调查》，《中原文物》1981年第3期。
83）内丘县文物保管所：《河北省内丘县邢窑调查简报》，《文物》1987年第9期。
84）陕西省考古研究所铜川工作站：《铜川黄堡窑发现唐三彩作坊和窑炉》，《文物》1987年第3期。
85）唐昌朴：《南昌地区唐墓器物简介》，《考古与文物》1982年第6期。
86）李辉柄：《关于“官”“新官”款白瓷产地问题的探讨》，《文物》1984年第12期。

（原载《考古学报》1992年第2期）

试析南方发现的唐代壁画墓

新中国成立以来，在南方先后发现了九座唐代壁画墓。它们是：湖北安陆杨氏墓[1]；湖北郧县李泰墓[2]、李徽墓[3]、阎婉墓[4]、李欣墓[5]；四川万县冉仁才夫妇合葬墓[6]；广东韶关张九龄墓[7]；浙江临安钱宽墓[8]、水邱氏墓[9]。

这九座墓早已引起人们的注意。各墓的简报或报告多对所报道墓的有关问题进行了简要的考证和论述；有的还就某一地点发现的资料中的某个问题展开了讨论[10]。

本文在前人研究基础上，试从以下四个方面对南方发现的唐代壁画墓进行初步分析。

一　埋葬时间与墓主人身份

南方发现的九座唐代壁画墓均有墓志。杨氏墓志石无字，据有关文献和考古资料推测，约埋葬于唐太宗贞观（627 ～ 649 年）中期[11]；冉仁才夫妇墓和水邱氏墓墓志字迹漫患严重，埋葬时间已无法辨认，据文献记载，冉仁才葬于唐高宗永徽五年（654 年）[12]，水邱氏卒于唐昭宗天复元年（901 年）[13]；其余六座墓志文清晰，埋葬时间明确（见表一）。

从表一中可看出，最早的一座是唐太宗时期，最晚的为唐昭宗时期，从早到晚都有，可以说是贯穿整个唐代，说明南方发现唐代壁画墓并不是偶然、个别的现象。但应特别指出的是，在时间上有严重的缺环，从玄宗天宝元年（742 年）到昭宗光化二年（899 年）的一百五十多年间未发现一座；初、盛唐时期，虽然各个主要阶段都有发现，但数量少。

墓主人的身份大致有四种情况：一是杨氏、李泰、李徽、阎婉、李欣，均是皇室成员；二是冉仁才，其妻为县主，亲王之女[14]，是皇亲；三是张九龄，其生前虽因事被贬[15]，但死后却以重臣身份安葬；四是钱宽、水邱氏，他们是夫妻，是镇海、镇东两军节度使、吴王钱鏐的父母亲，生前或死后虽曾被唐所封[16]，品级也很高，但他们是以子显贵，与张九龄有所不同。这样将上述和表一结合起来观察就不难看出，唐代南方使用壁画墓的主人是一批身份特殊、地位显要、三品

[1] 孝感地区博物馆等：《安陆王子山唐吴王妃杨氏墓》，《文物》1985 年第 2 期。
[2] 李泰墓资料尚未公开发表。本文所引用的此墓资料曾得到有关先生的同意，谨此致谢。
[3] 湖北省博物馆等：《湖北郧县唐李徽、阎婉墓发掘简报》，《文物》1987 年第 8 期。
[4] 湖北省博物馆等：《湖北郧县唐李徽、阎婉墓发掘简报》，《文物》1987 年第 8 期。
[5] 高仲达：《唐嗣濮王李欣墓发掘简报》，《江汉考古》1980 年第 2 期。
[6] 四川省博物馆：《四川万县唐墓》，《考古学报》1980 年第 4 期。
[7] 广东省文管会等：《唐张九龄墓发掘简报》，《文物》1961 年第 6 期。
[8] 浙江省博物馆等：《浙江临安晚唐钱宽墓出土天文图及"官"字款白瓷》，《文物》1979 年第 12 期。
[9] 明堂山考古队：《临安县唐水邱氏墓发掘报告》，《浙江省文物考古所学刊》，文物出版社，1981 年。
[10] 全锦云：《试论郧县唐李泰家族墓地》，《江汉考古》1986 年第 3 期。
[11] 权奎山：《中国南方隋唐墓的分区分期》，《考古学报》1992 年第 2 期。
[12]（清）《夔州府志》卷 32《陵墓》。
[13]（宋）范埛、林禹：《吴越备史》卷 1《武肃王》。
[14]《新唐书・百官志》。
[15]《新唐书・张九龄传》。
[16] 诸葛计、银玉珍：《吴越史事编年》，浙江古籍出版社，1989 年。

表一 埋葬时间与墓主人身份综表

发现地点	墓 主 人	埋葬时间	官职与官品
湖北安陆	杨氏	约贞观中期	吴国妃（正一品）
湖北郧县	李泰	永徽四年（653 年）	濮恭王（正一品）赠太尉（正一品）雍州牧（从二品）
四川万县	冉仁才夫妇	永徽五年（654 年）	天水郡公（正二品）永州刺史（正四品）其妻：汉南县主（视正二品）
湖北郧县	李徽	嗣圣元年（684 年）	新安郡王（从一品）
湖北郧县	阎婉	开元十二年（724 年）	濮王妃（正一品）
湖北郧县	李欣	开元十二年（724 年）	嗣濮王（从一品）颍州刺史（正四品）赠夔州都督（从三品）
广东韶关	张九龄	开元二十九年（741 年）	尚书右丞相（从二品）赠荆州大都督（从二品）始兴公（正二品）
浙江临安	钱宽	光化三年（900 年）	太府少卿（从四品）朝散大夫（从五品）赠尚书左濮射（从二品）
浙江临安	水邱氏	约天复元年（901 年）	秦国太夫人（视正一品）

以上的统治阶级上层人物。这一点与中原北方有明显区别，西安地区目前所知使用壁画墓墓主人最低身份是官封为朝议郎（正六品）行河南府士曹参军（正七品）的张仲晖[1]；太原郊区新董茹村和金胜村发现的壁画墓均是中小型砖室墓[2～5]，从墓室尺寸和出土器物数量推测，其墓主人身份应较张仲晖为低。这说明唐代壁画墓南方使用的范围较中原北方小。

在唐代，许多皇室贵族死后都埋葬在都城长安（今西安）附近，重要的将相更以陪葬帝陵为荣。那么杨氏等九人为何葬在了远离都城的南方？这个问题较为复杂，且每个人的情况也不尽相同。

杨氏，其墓志仅志盖上面篆刻“大唐吴国妃杨氏之志”九字。按《旧唐书·职官志》载：“王母妻，为妃”；《旧唐书·太宗诸子传》说：“杨妃生吴王恪”。由上述记载可知，杨氏乃是太宗之妃，吴王李恪的生母。此墓发现地安陆，唐代是安州治所，并是安州中都督府所在地[6]。《资治通鉴》卷 194《唐纪》10 载：李恪于贞观十年（636 年）由蜀王改封吴王，十一年（637 年）正月授“安州都督”。李恪任此职时间不长，据《资治通鉴》卷 195《唐纪》11 记载：贞观十一年十月因他“数出畋猎，颇损居人”，被“免官”。杨氏墓埋葬时间与李恪任安州都督的时间基本相符，说明杨氏葬在安州是同其子李恪在安州任职有直接的关系。

李泰是唐太宗第四子[7]，为长孙皇后所生。他自幼天性聪慧，“少善属文”，长成后“好士爱文学”[8]，颇有才华，深受太宗宠爱。贞观十七年（643 年）皇太子承乾被废为庶人[9]后，李泰

[1] 陕西省考古研究所等：《唐张仲晖墓发掘简报》，《考古与文物》1992 年第 1 期。
[2] 山西省文管会：《山西文物介绍》，山西人民出版社，1955 年。
[3] 山西省文管会：《太原南郊金胜村唐墓》，《考古》1959 年第 9 期。
[4] 山西省文管会：《太原市金胜村第六号唐代壁画墓》，《文物》1959 年第 8 期。
[5] 山西省考古研究所：《太原市南郊唐代壁画墓清理简报》，《文物》1988 年第 12 期。
[6]《旧唐书·地理志》。
[7] 李泰墓志记载他是太宗第三子，可能是未将后宫所生的太宗第二子楚王宽排进去。详可参见《湖北郧县唐李徽、阎婉墓发掘简报》。
[8]《旧唐书·太宗诸子·濮王泰传》。
[9]《旧唐书·太宗诸子·恒山王承乾传》。

“日入侍奉，上面许立为太子”[1]。但此事遭到长孙无忌、褚遂良等重臣的强烈反对。唐太宗权衡利弊，决定对承乾和李泰皆弃之不用[2]、[3]，“立晋王治为皇太子”[4]随后降封李泰为东莱郡王，不久改封为“顺阳王，徙居均州之郧乡县”[5]。贞观二十一年（647 年）进封濮王[6]。这时他的处境有所改观，但对其防范有增无减。贞观二十三年（649 年）太宗崩，当时明确规定：“诸王为都督、刺史者，并听奔丧，濮王泰不在来限”[7]。可见“规定”的制定者当时对李泰的心态。事后仅三年，即高宗永徽三年（652 年），李泰死于居地郧乡。在这种情况下，他显然不能葬到京畿或陪葬太宗的昭陵，只有就地安葬。高宗即位后待李泰不薄，曾诏他可“开府置僚属，车服羞膳，特加优异”[8]；死后诏“式被哀荣之典，赠太尉、雍州牧，班剑四十人、羽葆鼓吹，赙物三千段、米粟三千石，赐东园秘器，葬事官给，务从优厚”[9]，以礼入葬。当时之所以让其葬于郧乡，无疑是从政治上来考虑的。至于后来客列他乡的皇室成员，有不少都获准迁回京畿陪葬帝陵，李泰为何还长眠异乡？这里不排除历史因素，但我们认为它似不应是主要的。迁回改葬于帝陵的已经发掘的永泰公主李仙蕙[10]、懿德太子李重润[11]、章怀太子李贤[12]、越王李贞[13]等人情况的共同点都是在武则天时期遇害或被迫自杀而死。《资治通鉴》卷 208《唐纪》24 记载：“武后所诛唐诸王、妃、主、驸马等皆无人葬埋”。武则天死，李氏重新执政后，给他们追复官爵，以礼改葬，完全可以理解。李泰与他们不同，他死于高宗初年，死前已进封濮王，死后还予以褒赠，厚礼安葬，不存在昭雪和重新以礼改葬问题。这可能是李泰继续留在郧乡的主要原因。这个问题也可从李承乾的迁葬事中得到证实。承乾被废后徙居黔州，贞观十九年（645 年）卒于徙所，“葬以国公之礼”[14]。开元二十七年（739 年），在其孙李适之请求下迁回京师陪葬昭陵。他改葬的直接原因是原“葬礼有阙”[15]。这一点同永泰公主李仙蕙等人的情况是一致的。

李徽是李泰次子，据其墓志记载，他于贞观二十一年（647 年）封为顺阳县开国侯，永徽四年（653 年）改封新安郡王；他“清贞寡欲”，闲居在家，永淳二年（683 年）卒于“均州郧乡县之第”。此时其父李泰已葬于郧乡多年，他已不可能再另择葬地，于是在嗣圣元年（684 年）安葬于李泰墓北。

李欣是李泰长子，据其和其母阎婉墓志记录，李泰死后他被封为嗣濮王，垂拱时期（684 ～ 688 年）拜使持节颍州诸军事颍州刺史，“往寻，陷酷吏谪居环州，中途遇祸薨于桂州旅舍”，之后“迁厝权殡旧域”。阎婉，史无记载。据其墓志可知，她是濮王李泰之妃，垂拱之际随嗣濮王李欣往环州，途中李欣遇祸身亡后，她因“羁旅艰虞，沉忧成疾”，于天授元年（689 年）突然卒于“邵州官舍”。随之以证圣元年（695 年）“权窆于洛州龙门之北原”。李欣、阎婉，后经

[1]《资治通鉴》卷 197《唐纪》13。
[2]《旧唐书·太宗诸子·濮王泰传》。
[3]《资治通鉴》卷 197《唐纪》13。
[4]《资治通鉴》卷 197《唐纪》13。
[5]《旧唐书·太宗诸子·濮王泰传》。
[6]《旧唐书·太宗诸子·濮王泰传》。
[7]《资治通鉴》卷 199《唐纪》15。
[8]《旧唐书·太宗诸子·濮王泰传》。
[9] 李泰墓志。
[10] 陕西省文管会：《唐永泰公主墓发掘简报》，《文物》1964 年第 1 期。
[11] 陕西省博物馆等：《唐懿德太子墓发掘简报》，《文物》1972 年第 7 期。
[12] 陕西省博物馆等：《唐章怀太子墓发掘简报》，《文物》1972 年第 7 期。
[13] 昭陵文管所：《唐越王李贞墓发掘简报》，《文物》1977 年第 10 期。
[14]《旧唐书·太宗诸子·恒山王承乾传》。
[15]《旧唐书·李适之传》。

李欣之子李峤的多方努力，于开元十二年（724 年）迁于郧乡。李欣葬于李泰墓北，阎婉祔葬于李泰墓西北隅。他们所以迁葬此地，显然是其后人已将这里视为李泰家族茔地的缘故。

张九龄“其先范阳方城人”[1]，“晋末以永嘉南渡迁于江表”[2]，曾祖唐时任“韶州别驾，因家于始兴，今为曲江人”[3]。他是唐玄宗时期的名臣，官至“尚书右丞相、中书令”[4]，后因事被贬为荆州长史。开元二十八年（740 年）卒，“皇上震悼，赠荆州大都督”[5]，可见玄宗对他仍很器重。但他于次年葬于曲江“洪义里武临原”其先茔附近[6]，而未葬在别处。这无疑是遵循了当时人死后归葬故里、先茔的社会习俗。

冉仁才，正史无传。从其墓志上残存的文字可知，他为天水郡公，曾任过澧州、永州刺史，夫人为汉南县主。《全唐文》卷 228 张说《河州刺史冉府君神道碑》记载：冉仁才为天水郡果公，“婚皇室汉南县主，泾、浦、澧、袁、江、永凡六州刺史”。永州刺史是他最后一职，为永徽二年（651 年）改授，次年“卒于任”[7]。据清《夔州府志》卷 32《陵墓》引明高公韶铭曰：因他“恤典有功”于永徽五年（654 年）“赐葬”万州南浦。

钱宽、水邱氏夫妇原本乡间平民，以田渔为业，唐末其子钱镠称雄浙江一带后，方授官加封[8]。在这种背景下，他们死后自然就葬在了既是故里又是发迹之地的临安。

综上所述，这九人特别是除钱宽、水邱氏外的其余七人，死后葬于南方皆事出有因：有的是统治阶级内部争斗所致；有的是顺应了社会风俗习惯；有的是同亲生子有关；有的则是朝廷所赐。

二　墓葬形制的类型

南方发现的唐代壁画墓皆为砖砌，形制较为复杂（见表二）。依据单、双室和墓室平面形状的差异，可分为三型。

A 型　六座，即杨氏、李泰、李徽、李欣、阎婉、张九龄墓。单室。墓室平面呈方形或弧方形，穹窿顶或四角攒尖顶。甬道平面为长方形，券顶，多数设二或四个耳室。墓道已发掘的，皆为斜坡式，少数有一或二个过洞、一个天井。均砖封门，少数置一木门。砖棺床，木棺。个别的设排水道。

例一：杨氏墓，墓室平面为方形，顶塌毁，甬道左右各二耳室，置一木门，棺床设在墓室西部。排水道起于墓室门口，贯通四耳室，沿甬道两壁下侧延伸（图一，1）。

例二：阎婉墓，墓室平面呈方形，穹窿顶，一过洞，一天井，棺床设在墓室西部（图一，2）。

例三：张九龄墓，墓室平面为弧方形，四角攒尖顶，甬道左右各一耳室，棺床设在墓室中部对着墓门（图一，3）。

B 型　一座，即冉仁才夫妇墓。单室。墓室、甬道平面皆长方形，均券顶。墓室左右各二耳室、三壁龛，甬道左右各一耳室、三壁龛。墓道为斜坡式。石板封门，木棺（图二，1）。

---

[1]《全唐文》卷 440 徐浩《唐尚书右丞相中书令张公神道碑》。
[2]《全唐文》卷 355 肖昕《唐银青光禄大夫岭南五府节度经略采访处置等使摄御史中丞赐紫金鱼袋殿中监南康县开国伯赠扬州大都督府长史张公神道碑》。
[3]《旧唐书・张九龄传》。
[4]《旧唐书・张九龄传》。
[5]《全唐文》卷 440 徐浩《唐尚书右丞相中书令张公神道碑》。
[6]《全唐文》卷 440 徐浩《唐尚书右丞相中书令张公神道碑》。
[7]（清）《夔州府志》卷 32《陵墓》。
[8] 诸葛计、银玉珍：《吴越史事编年》，浙江古籍出版社，1989 年。

表二　墓葬形制统计表

墓主人	墓全长	墓道		过洞数	天井数	甬道			墓室			耳室			壁龛			封门材料	墓门	葬具	排水设施	型
		形式	长			平面形状	顶形式	尺寸（长×宽+高）	平面形状	顶形式	尺寸（长×宽+高）	数量	位置		数量	位置						
													甬道	墓室		甬道	墓室					
杨氏	34.4	斜坡	13.3			长方	?	14.65×3.1＋?	方	?	5×5＋?	4	4					砖	木1	木棺	√	A
李泰	36.3	斜坡	25			长方	券	5.22×1.9＋2.4	弧方	穹窿	4.9×4.9＋5	4	4					砖		木棺		A
李徽	?	斜坡	?			长方	券	2.96×1.34＋1.64	方	穹窿	4.2(4.06)×3.8(3.7)＋?	2	2					砖	木1	木棺		A
李欣	?	斜坡	?	2	1	长方	券	2.85×1.47＋2.5	方	穹窿	5×5＋6	7	2	5				砖		木棺		A
阎婉	?	斜坡	?	1	1	长方	券	2.40×1.55＋1.85	方	穹窿	4.36（4.24）×4.2（4.24）＋4.77							砖		木棺		A
张九龄	?	?	?			长方	券	3.18×1.09＋1.70	弧方	四角攒尖	4.82×4.8＋5.35	2	2					砖		木棺		A
冉仁才夫妇	18.05	斜坡	9.7			长方	券	4.15×2.4（1.6）＋3.4（2.5）	长方	券	4.2×3.2＋4.5	6	2	4	12	6	6	石板		木棺		B
钱宽	?	?	?			横长方	券	0.52×1.5＋1.72 过道0.5×1.44＋1.72	横长方 弧长方	穹窿 券	1.3×1.86＋2.26（前室） 3.84×1.9＋2.22（后室）	6		6	8		8	砖 石板	木2	木棺	√	C
水邱氏	?	斜坡	?			横长方	券	0.62×1.9＋1.96 过道0.62×1.86＋1.83	横长方 弧长方	穹窿 券	1.75×2.27＋2.54（前室） 4.58×2.30＋2.14（后室）	6		6	18		18	砖	木2 石1	木棺	√	C

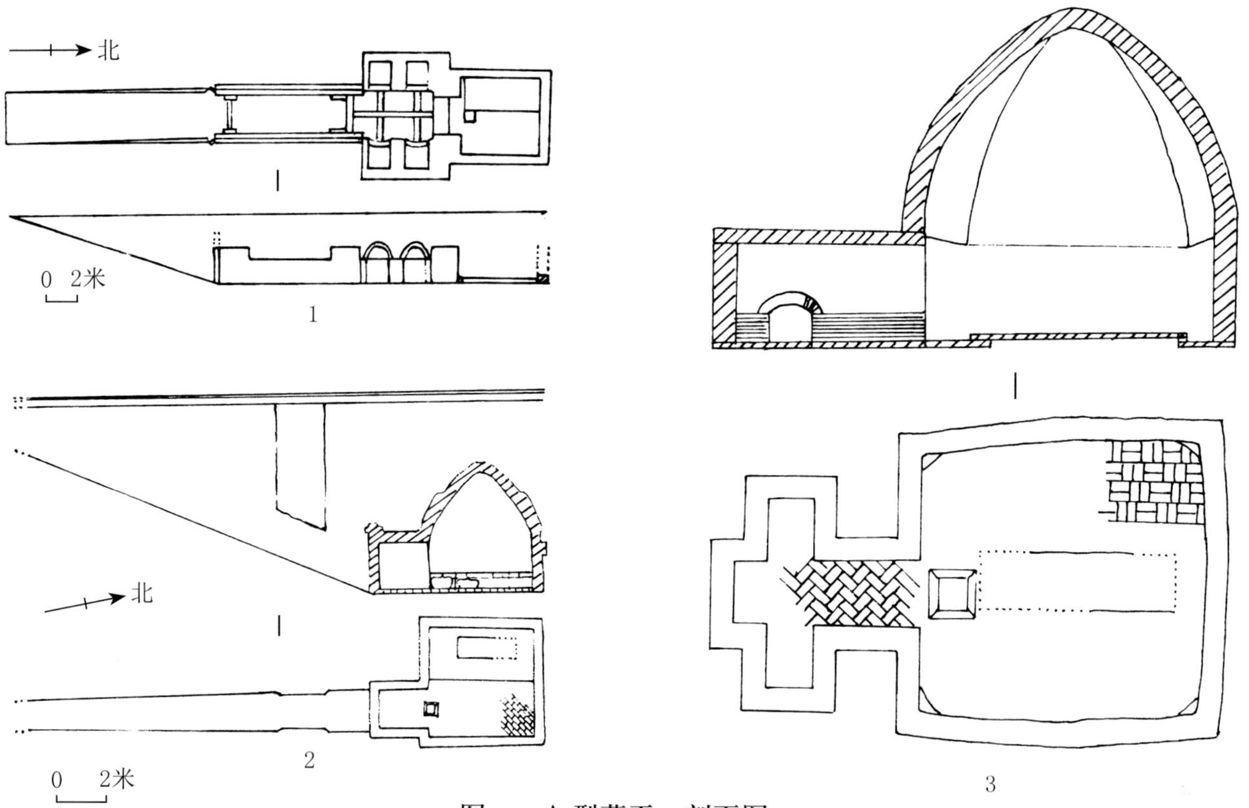

图一　A 型墓平、剖面图

1. 杨氏墓　2. 阎婉墓　3. 张九龄墓

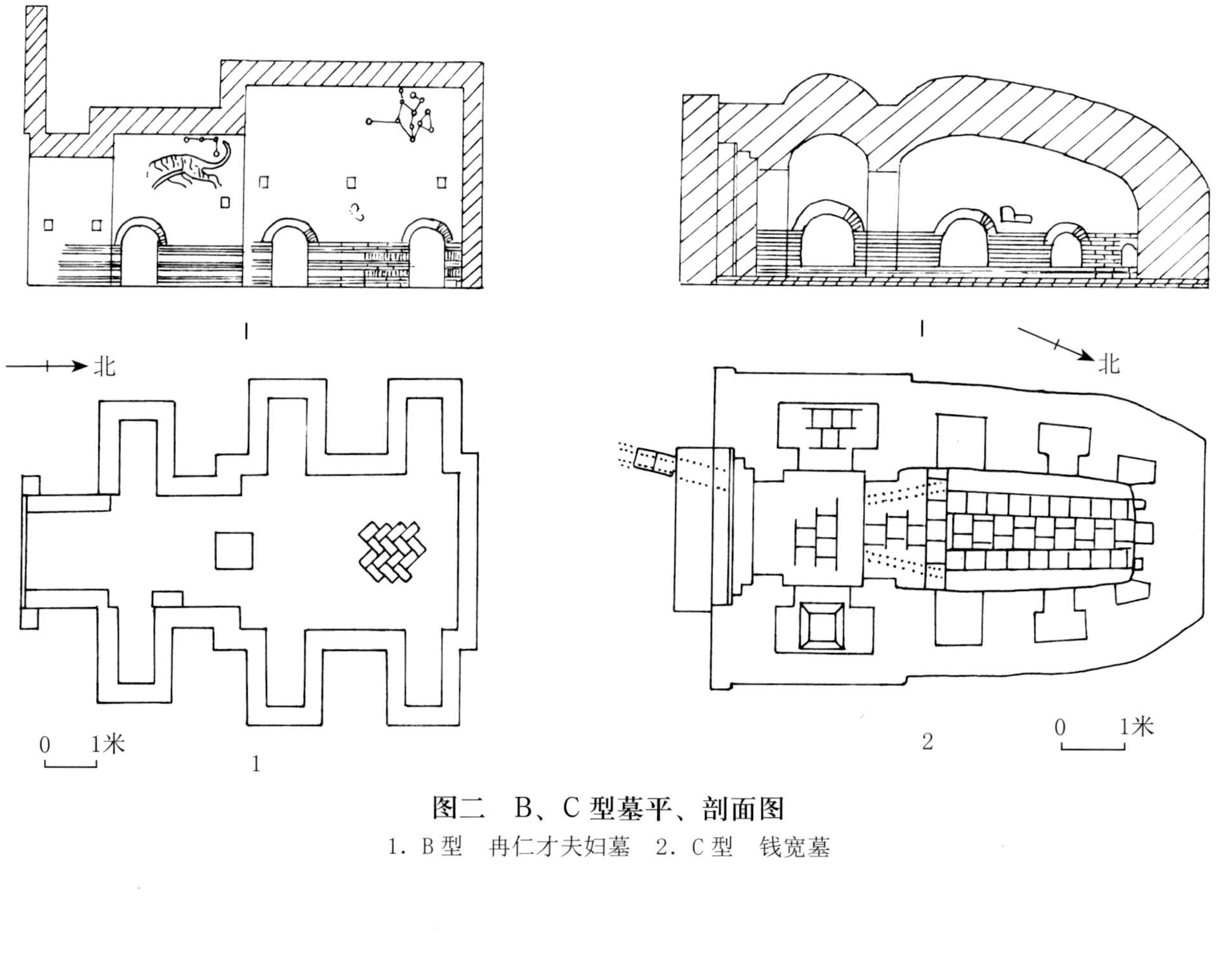

图二　B、C 型墓平、剖面图

1. B 型　冉仁才夫妇墓　2. C 型　钱宽墓

C 型　二座，即钱宽、水邱氏墓。双室，中间设过道。前室平面为横长方形，穹窿顶，左右各一耳室；后室平面为弧长方形，券顶，左右各二耳室，左右后壁有八或十八个龛。甬道前端，钱宽墓以砖、石板封砌；水邱氏墓先置一石门，其外以砖封砌；甬道和过道各装一木门。墓道为斜坡式。砖棺床，设在后室中部对着墓门。木棺。有排水道。

例：钱宽墓，后室设八个壁龛（图二，2）。

A 型墓的形制特点与西安地区唐代皇室成员、贵戚、将相墓的形制相同或相近，说明它们是按西安地区的形制设计建筑的。但不是原样照搬，局部做了一些改动：一是墓道部分较短，多数墓不见过洞、天井；二是相当于西安地区小龛作用的耳室一律设在甬道或墓室左右，绝大多数为砖砌；三是有的墓设排水道；四是有的墓棺床建在墓室中部，对着墓门。前三点显然是针对南方降雨量多、地下水位高、墓内常积水、土壁易坍塌而采取的改进措施。值得注意的是，这四点中除了有的墓有过洞、天井之外，其余都是南方唐代流行的墓葬形制所具有或常见的特征。表明 A 型墓设计建筑时吸收了南方流行的墓葬形制中的一些作法。

因此，A 型墓执行中央制度的情况，应主要表现在墓室及其相关的设施上。西安地区是唐代都城所在地，执行制度比较严格[1]、[2]。下面以该地区发现的与 A 型墓同时期、同等级的墓葬为标准，以墓室尺寸、墓门、棺床、葬具资料为依据，来分析它是否按照当时较普遍的作法办理的。

按文献记载，唐代品官丧葬分“三品以上”、“五品以上”、“九品以上”三个等级[3]、[4]。西安地区“三品以上”这个等级的墓发现较多[5]，现比照 A 型墓的情况从中选出太宗、高宗、玄宗时期的单室墓十五座。作为与 A 型墓比较的典型墓（见表三）。

杨氏墓，可与其比较的有李寿、独孤开远墓（表三序列号 1、2）。两墓资料表明，太宗时期西安地区“三品以上”等级墓的墓室长、宽一般约在 4 米左右。杨氏墓室长、宽竟达 5 米，远远超过了这个数字。其原因可能同她是当朝皇帝太宗之妃、墓又建在远离都城其子吴王李恪的任职之地有关。

李泰、李徽墓，与其比较的有张士贵等五座墓（表三序列号 3 ～ 7）。其墓室尺寸除阿史那忠墓较低外，其余各墓比较接近，可归纳为长 4 ～ 4.5 米、宽 4 米左右。李徽墓室在这个尺寸范围内。李泰墓室长、宽均 4.9 米，超出较多，这显系因其生前经历与众不同、死后给予追封赙赠的缘故。在高宗时期三品以上官员、贵族墓超出同等级墓普遍使用的规模、尺寸的情况不止李泰墓，如陕西礼泉发现的显庆三年（658 年）尉迟敬德墓[6]，麟德元年（664 年）郑仁泰墓[7]，由于他们功勋卓著，死后丧事优厚，墓葬均为双室砖砌，主室尺寸分别为 5.1×5.1、5×5 米。这种高于同等级一般品官墓的墓，有研究者认为属于特殊埋葬[8]。

李欣、阎婉、张九龄墓，与其比较的八座墓（表三序列号 8 ～ 15）墓室平面基本都是弧

[1] 孙秉根：《西安隋唐墓葬的形制》，《中国考古学研究（二）》，科学出版社，1986 年。
[2] 齐东方：《试论西安地区唐代墓葬的等级制度），《纪念北京大学考古专业三十周年论文集》，文物出版社，1990 年。
[3]《唐六典》卷 23《甄官署》。
[4]《唐会要》卷 38《葬》。
[5] 孙秉根：《西安隋唐墓葬的形制》，《中国考古学研究（二）》，科学出版社，1986 年。
[6] 昭陵文管所：《唐尉迟敬德墓发掘简报》，《文物》1978 年第 5 期。
[7] 陕西省博物馆等：《唐郑仁泰墓发掘简报》，《文物》1972 年第 7 期。
[8] 齐东方：《试论西安地区唐代墓葬的等级制度），《纪念北京大学考古专业三十周年论文集》，文物出版社，1990 年。

表三　与A型墓比较的西安地区典型墓统计表

序列号	墓主人	埋葬时间	官职与官品	墓室尺寸（米）（长×宽+高）	墓门	棺床	葬具	资料出处
1	李寿	贞观四年（630年）	司空（正一品）上柱国（正二品）淮安靖王（正一品）	3.95×3.8+？	石		石椁木棺	陕西省博物馆等：《唐李寿墓发掘简报》，《文物》1974年第9期
2	独孤开远*	贞观十六年（642年）	右卫将军（从三品）考城县开国公（从二品）	4.05×3.7+？				北京大学考古专业实习资料
3	张士贵	显庆二年（657年）	辅国大将军（正二品）荆州都督（从二品）虢国公（从一品）	4.3×4.05+4.7	石	石		陕西省文管会等：《陕西礼泉唐张士贵墓》，《考古》1978年第3期
4	李爽	总章元年（668年）	银青光禄大夫（从三品）守司刑太常伯（正三品）	4.3×3.9+？		砖		陕西省文管会等：《西安羊头镇唐李爽墓的发掘》，《文物》1959年第3期
5	阿史那忠	上元二年（675年）	右骁卫大将军（正三品）赠荆州大都督（从二品）薛国公（从一品）	3.7×3.7+？		砖	木棺	陕西省文管会等：《唐阿史那忠墓发掘简报》，《考古》1977年第2期
6	李凤	上元二年（675年）	青州刺史（从三品）上柱国（正二品）赠司徒（正一品）扬州大都督（从二品）虢庄王（正一品）	4.36×4+5.35	石	石	木棺	富平县文化馆等：《唐李凤墓发掘简报》，《考古》1977年第5期
7	李孟姜	永淳元年（682年）	临川郡长公主（视一品）	4×3.4+?	石木			陕西省文管会等：《唐临川公主墓出土的墓志和诏书》，《文物》1977年第10期
8	李贞	开元六年（718年）	太子少保（从二品）豫州刺史（从三品）越王（正一品）	4.5×4.5+5.5	石	石		昭陵文管所：《唐越王李贞墓发掘简报》，《文物》1977年第10期
9	鲜于庭诲	开元十一年（723年）	云麾将军（从三品）右领军卫将军（正三品）上柱国（正二品）北平县开国公（从二品）	4.9×4.9+？	石楣			中国社会科学院考古研究所：《唐长安城郊隋唐墓》，文物出版社，1980年
10	薛莫	开元十六年（728年）	左骁卫大将军（正三品）雁门县开国公（从二品）上柱国（正二品）	3.98×3.95+4.89	石	石		陕西省文管会：《西安东郊唐墓清理记》，《考古通讯》1956年第6期
11	杨思勖	开元二十八年（740年）	骠骑大将军（从一品）兼左骁卫大将军（正三品）上柱国（正二品）虢国公（从一品）	5.7×5.7+9.6	石		石椁木棺	中国社会科学院考古研究所：《唐长安城郊隋唐墓》，文物出版社，1980年
12	豆卢建	天宝三年（744年）	银青光禄大夫（从三品）太濮卿（从三品）中山郡开国公（正二品）	4.7×4.9+4.5	石	砖		北京大学考古专业实习资料
13	苏思勖	天宝四年（745年）	银青光禄大夫（从三品）内侍员外（从四品）上柱国（正二品）常山县开国公（从二品）	4.1×4.1+5.8	石	砖		陕西考古所唐墓工作组：《西安东郊唐苏思勖墓清理简报》，《考古》1960年第1期
14	张去奢	天宝六年（747年）	银青光禄大夫（从三品）少府监（从三品）范阳县伯（正四品）	4.55×4.55+6.5	石	石		北京大学考古专业实习资料
15	张去逸	天宝七年（748年）	银青光禄大夫（从三品）太濮卿（从三品）上柱国（正二品）	4.5×4.45+？	石	砖		北京大学考古专业实习资料

（标*者为土洞墓，余皆为砖室墓）

方形，边长大多数在4～4.5米左右。阎婉墓与这个尺寸吻合。李欣、张九龄墓室尺寸分别为5×5、4.82×4.8米，大于此数目，这大约也是因他们生前的地位和死后受追赠、赙赗的关系。李欣生前已进封嗣濮王，改葬时“赠夔州都督，赙物四百段、米四百石”[1]；张九龄是玄宗开元时期参与朝廷中枢决策的重要人物之一，死后也曾予以赠官加爵。其情况与表三所列墓室尺寸高于4～4.5米的鲜于庭诲、杨思勗（序列号9、11）大致相同。据两人墓志载，鲜于庭诲生前“久在禁中，颇著勤劳”，死后“赠右领军卫大将军，赗襚器物，每优恒典”；杨思勗长期“待奉紫禁”，“屡总兵权，制胜运筹，所向无敌”，死后“两宫轸悼”，诏使“赙绢三百匹、布三百端，就宅临吊”。上述事实说明玄宗时期高于同等级一般品官的“特殊埋葬”，仍是墓葬等级制度中的一个重要组成部分。

A型墓，墓门皆为砖封，少数置木门；均为砖棺床、木棺。这些作法与西安地区多置石门、部分设石棺床、个别用石椁的情况明显不同。唐代埋葬“不得以石为棺椁”[2]已有明文规定。石门、石棺床是否允许使用，不见记载。A型墓石门、石棺床均无，似乎不能理解为低于了制度规定，有可能正是按照一般规定作的，也有可能受当地习惯作法的影响而为之。

B型墓不见于中原北方，是南方特别是长江中游地区隋到盛唐时期流行的墓型[3]。冉仁才用B型墓，大约同他长期在长江中游地区做官有关。值得注意的是，其墓室面积为13.44平方米，与西安地区高宗时期修建的阿史那忠与其妻定襄县主合葬墓（13.69平方米）、临川郡长公主李孟姜墓（13.60平方米）非常接近。这似不是一个偶然的现象，据冉仁才之妻、阿史那忠之妻、李孟姜三人的具体身份相同或相似这一点推测，它们可能是出自同一种考虑或也可能是按照同一规定来安排的。

C型墓也不见于中原北方。资料表明：墓室（双室墓的后室）呈长条状、左右两壁外弧的墓，在唐代主要流行于长江下游地区[4]。钱宽、水邱氏长期生活在临安一带，死后采用本地区常用的墓型安葬，不足为奇。需指出的是，C型墓是目前长江下游地区乃至南方发现的晚唐墓中规模最大的两座，墓内设施不但较为复杂，而且水邱氏墓还仿照西安地区的作法设置了石门。这充分反映了墓主人的特殊地位。

综上所述，A型墓是依据西安地区唐墓建筑的，B、C型墓则是按照当时本地区流行的墓型修建的。使用的界线十分分明，前者为皇室成员和地位较高的京官，后者则是地方官和地方官的亲属。

三　壁画的布局与内容

南方唐代壁画墓的壁画保存较差，有的仅残留痕迹。现以墓型为序，将各墓壁画残存内容按所在的位置列成表四。

A型墓　墓道部分除李徽墓简报中提到此墓墓道“原绘有图案”外，其余各墓简报中均未加说明，现存壁画皆发现于甬道和墓室。

杨氏墓壁画全部剥落，内容无从查考。

[1] 李欣墓志。
[2]《通典》卷85《礼》、45《凶》、7《棺椁制》。
[3] 权奎山：《中国南方隋唐墓的分区分期》，《考古学报》1992年第2期。
[4] 权奎山：《中国南方隋唐墓的分区分期》，《考古学报》1992年第2期。

表四　壁画统计

墓型	墓主人	壁画内容		
		墓道	甬道	墓室
A	杨氏		“两壁均有少量壁画痕迹”。	“西壁上有壁画痕迹”。
A	李泰		门外侧上方：楼阁。	四壁：残存人物头、脚部。顶：天象。
A	李徽	全部剥落	耳室门“以红彩勾勒边线”。券门上残存缠枝蔓草。	四壁中间各砌一加彩立柱、斗，其上砌一层菱角牙子。南壁：残存一男侍。东壁：立柱南一男侍、一女侍，北存一女侍。北壁：立柱东鞍马与控者，西三扇花卉屏风。西壁：立柱北三扇花卉屏风，南花卉。顶：天象。
A	李欣		西壁：残存一男侍吏。	全部剥落。
A	阎婉		东、西壁：各二男侍吏。顶：天象。	东壁：残存二半身侍女。
A	张九龄		东壁：残存二侍女、蟠桃。	南壁：右侧残存侍女身部。东壁：残存一青龙。
B	冉仁才夫妇	无	东壁：一青龙。西壁：一白虎。顶：天象。	顶：天象。
C	钱宽	无	顶：云气。	前室：东、西壁各一盆花；顶绘由圆、点、八角形组成的图案。后室：耳室、壁龛周围施“宽带状彩绘”；顶绘天象。
C	水邱氏	无	顶：云气。过道顶：缠枝花卉。	前室：顶“暗窗周围饰有飘拂状的大红幡形彩绘”。后室：东西壁各绘五枝花卉；后壁一龛以彩饰边，内绘一枝花卉；顶绘天象。

李泰墓壁画残存的内容是西安地区高宗时期墓葬壁画中常见的题材[1]。这表明它是按照西安地区唐墓的作法绘制的，同其墓葬形制的情况相吻合。

李徽墓壁画是A型墓中保存最好的。它的内容和内容安排有四点值得注意。

第一，墓室影作木结构的立柱、斗均以砖砌，凸出壁面约5厘米，上面加以彩绘，效果良好。影作木结构是中原北方高宗至玄宗开元时期墓葬壁画中常见的内容，不过均是彩绘。以砖砌，李徽墓尚属首例。

第二，墓室北壁立柱西、西壁立柱北各三扇花卉屏风在西北角衔接，成一折绘的六扇屏风画。屏风画在中原北方唐墓壁画中多有发现。太原郊区新董茹村万岁登封元年（696年）赵澄墓[2]和与其时间接近的金胜村M4[3]、M5[4]、M6[5]及金胜村唐墓[6]等均在棺床左、右、后面的壁面折绘出八或六扇树下人物屏风；西安时间最早的是天宝四年（745年）苏思勖墓墓室西壁绘的六扇树下人物屏风。李徽墓比太原郊区新董茹村、金胜村墓略早或接近，两者较西安苏思勖墓早近半个世纪以上，说明屏风画是武则天时期（684～704年）前后地方墓葬流行的装饰形式[7]。

第三，墓室北壁立柱东绘鞍马与控者。将鞍马、控者绘在墓室，唐代中原北方以太原郊区金

[1] 宿白：《西安地区唐墓壁画的布局和内容》，《考古学报》1982年第2期。
[2] 山西省文管会：《山西文物介绍》，山西人民出版社，1955年。
[3] 山西省文管会：《太原南郊金胜村唐墓》，《考古》1959年第9期。
[4] 山西省文管会：《太原南郊金胜村唐墓》，《考古》1959年第9期。
[5] 山西省文管会：《太原市金胜村第六号唐代壁画墓》，《文物》1959年第8期。
[6] 山西省考古研究所：《太原市南郊唐代壁画墓清理简报》，《文物》1988年第12期。
[7] 宿白：《西安地区唐墓壁画的布局和内容》，《考古学报》1982年第2期。

胜村 M5 绘制的为最早，时间与李徽墓相近。西安地区开元十七年（729 年）才出现类似的情况[1]。由此可见，这种安排也可能是地方墓葬先流行起来的。

第四，墓室西壁立柱南绘花卉，加上六扇花卉屏风，全室壁面三分之一多绘的是花卉。这是同时期其他壁画墓中所不见的新情况。西安地区唐墓墓室成片绘制花卉的作法，以天宝十五年（756 年）明威将军（从四品）高元珪墓[2]为最早。因此，李徽墓出现的这种情况似与其他地区关系不大，怀疑可能同他生前“恬淡自居，清贞寡欲”[3]的生活有关。

李徽身为郡王，墓葬形制又是按照西安地区唐墓设计修建，但壁画情况实出人意料，主要内容和布局与西安地区同时期同等级墓相去甚远，而与太原郊区等地方墓主人身份较其低的唐墓的作法如出一辙。李徽墓的一些作法虽然在后来的西安地区唐墓中出现，但至少是最初采用者的身份都较他为低，甚至低一个等级。由此可见，李徽墓壁画可能是按地方流行的作法，以低于他的等级安排的。

李欣、阎婉墓甬道绘男侍吏，阎墓靠近甬道门者持仗。这种作法目前在其他唐壁画墓中还未见到。张九龄墓甬道绘侍女，墓室东壁绘青龙，可推知西壁与其对应的部位原可能绘白虎。将青龙、白虎绘在墓室，唐代中原北方见于金胜村 M6 和金胜村唐墓，但位置与张不同，它们是在方锥形或覆斗形顶的下部按方位绘出青龙、白虎、朱雀、玄武四神。可见李欣等三墓的壁画布局较为特殊。这样的布局，显然不像是从它们以前的唐壁画墓演进而来的，我们推测可能是受南方隋唐画像砖墓画像镶嵌位置的影响而出现的。湖北武昌郊区发现的隋至盛唐时期画像砖墓的画像砖，持仗男侍吏像均镶嵌在甬道左右两壁；侍女像有的镶嵌在甬道男侍吏后，有的镶嵌在墓室壁上；青龙、白虎无一例外的按方位镶嵌在墓室左右两壁中部或中部偏下[4]、[5]。由此观之，李欣等三墓壁画的布局很有可能渊源于此。

B 型墓，青龙、白虎绘在甬道左右两壁，是冉仁才夫妇墓壁画布局的突出特点，在唐代其他壁画墓中不见这样的安排。

C 型墓，钱宽、水邱氏墓壁画内容均以花卉为主。在安排上两墓略有差异，钱宽墓绘在前室左右耳室之上，水邱氏墓绘于后室左右壁和后壁一龛内。其内容与西安地区晚唐墓葬壁画流行以云鹤、翎毛为内容的屏风画[6]的情况截然不同。其原因除了可能同本地当时习俗和墓主人生前喜好有关外，还可能同墓葬形制有关。两墓数量较多的耳室、壁龛口不但占据了很大一部分壁面，而且还破坏了壁面的平整和连续性（图二，2），不宜绘制高矮适度的人物，更不便绘六扇屏风画。

综上所述，南方唐墓壁画，内容多为中原北方所常见，体现了时代的共同特征；布局除杨氏墓、李泰墓外，其余各墓与西安地区同时期壁画墓差别显著，具有浓厚的地方特点。

四 随葬器物的种类与内容

唐代墓葬的随葬器物一般可分为四类：陶瓷俑和陶瓷动物、陶瓷模型器、陶瓷器、金属器及其他。现依年代顺序，将各墓随葬器物的内容按所在的类列成表五。

[1] 贺梓城：《唐墓壁画》，《文物》1959 年第 8 期。
[2] 李徽墓志。
[3] 李徽墓志。
[4] 武汉市文管处：《武汉市东湖岳家嘴隋墓发掘简报》，《考古》1983 年第 9 期。
[5] 湖北省文管会：《武汉市郊周家大湾 241 号隋墓清理简报》，《考古通讯》1957 年第 6 期。
[6] 宿白：《西安地区唐墓壁画的布局和内容》，《考古学报》1982 年第 2 期。

表五 随葬器物统计

墓主人	墓型	随葬器物				备注
		陶瓷俑和陶瓷动物	陶瓷模型器	陶瓷器	金属器及其他	
杨氏	A	陶：武士俑5、笼冠男俑13、帷帽男俑11、男立俑8、女立俑8、镇墓兽2、马1、猪1、鸡1。	陶磨1。	青瓷：盘口壶11、四系罐1、碗3。	√	被盗
李泰	A	陶：武士俑、小冠男俑、笼冠男俑、帷帽男俑、幞头男俑、男骑马俑、男骑马乐俑、镇墓兽、骆驼、羊、狗、猪、鸡，共87件。	陶：仓、磨，共2件。	青瓷：五系罐、四系罐、罐；白瓷四系罐；罐、钵。共18件。	√	被盗
冉仁才夫妇	B	青瓷：武士俑2、男侍吏俑27、笼冠男俑5、帷帽男俑5、幞头男俑8、武士男骑马俑6、男骑乐俑5、女立俑5、女乐俑2、十二时3、人面鸟身俑1、马6、骆驼2、牛2、鸡1、鸭1。	青瓷：屋1、案3、棋盘1、榻形器1、碓1、磨1、灶1、车轮2；陶靴14（双）。	青瓷：瓶1、盘2、杯2、唾盂1、烛台1、砚台1、勺1、器座1、底部有孔器1。	√	被盗
李徽	A			青瓷：盘口带流罐1、双唇罐6、四系罐11，双系罐1；褐釉瓷：双唇罐5、灯盏1；黄釉瓷灯盏1；白瓷砚台1；三彩：瓶1、龙首杯1、角杯1、方口钵1，陶：四系罐2、罐2、盆3、钵2、甑1。	√	
李欣	A			青瓷碗1；陶钵1。	√	被盗
阎婉	A			陶：罐1、钵1。	√	被盗
张九龄	A			青瓷：四系罐4、碗3、器盖1；黑瓷六系罐1；陶砚台1。	√	被盗
钱宽	C			青瓷：壶1、碗2；白瓷：注子1、碗6、盘11、海棠杯1。	√	被盗
水邱氏	C			青瓷：盘口壶1、四系罐2、双系罐15、碗1、香炉1、灯盏1、盒3、器盖1；白瓷：注子3、碗2、盘9、海棠杯1、托杯1。	√	

（“金属器及其他”栏中的“√”表示有这类器物）

从表五中可以清楚看到，这九座墓依随葬器物种类的差异可以分为两组。

第一组，前三座墓，即杨氏、李泰、冉仁才夫妇墓，随葬器物四类皆有。

杨氏墓的陶俑和陶动物、陶模型器的内容组合与西安地区同时期同等级墓相近[1]。但其陶俑

[1] 王仁波：《西安地区北周隋唐墓葬陶俑的组合与分期》，《中国考古学研究论集》，三秦出版社，1987年。

1　　2　　3

图三　杨氏墓出土器物

1. 陶笼冠男俑　2. 陶帷帽男俑　3. 青瓷盘口壶

的制作方法为头、身分模后以铁或竹签拼插而成（图三，1、2），与西安地区一次模成[1]的作法不同。两地同类俑的具体形象和服饰也略有差异。可见杨氏墓的这二类器物约是参照西安地区的内容组合在本地或其附近烧制的。此墓陶瓷器类均为青瓷器，其胎质坚硬，呈灰白色；釉为青绿色，开细纹片；盘口壶口较大而深，长颈，身呈椭圆形（图三，3）。

这些特征与湖南湘阴唐岳州窑遗址中出土的瓷器和同类器物相同或相似[2]，表明它们可能是岳州窑或岳州窑系的窑所烧制。

李泰墓器物的种类、造型与西安地区同时期墓葬器物一致[3]，陶俑和陶动物、陶模型器的内容组合与西安地区同时期的张士贵、李凤等墓接近。这一情况同其墓志中“赐东园秘器，葬事官给”的记录相吻合。

冉仁才夫妇墓的前三类器物中，除模型器类的靴是陶质的之外，其余全部为瓷质。其胎呈灰白色，质地致密坚硬；釉为青或青泛黄色，开细纹片；造型规整、美观；制作工艺水平较高。其产地，有研究者认为是湖南湘阴窑（岳州窑）所生产[4]，此说极是。从表五显示的情况看，冉墓的器物毫无疑问是按照当时同等级墓来安排的。但在具体内容上，俑和动物类中的人面鸟身俑（图四，1）和十二时（图四，2），模型器类中的案（图四，6）、围棋盘（图四，4）和榻形器（图四，5），陶瓷器类中的底部有孔器（图四，3），目前均不见于西安地区同时期同等级墓[5]。与之相反，这五样器物在武昌、长沙唐太宗至武则天时期墓主人身份较其低的墓中颇为流行[6]、[7]。可见冉墓器物的内容组合吸取了长江中游地区墓葬中部分习惯作法。

第一组墓饶有兴趣的是，李泰、冉仁才夫妇墓的陶瓷俑和陶瓷动物的数量。李泰墓 87 件，冉

[1] 中国科学院考古研究所：《西安郊区隋唐墓》，科学出版社，1966 年。
[2] 周世荣：《从湘阴古窑址的发掘看岳州窑的发展变化》，《文物》1978 年第 1 期。
[3] 中国科学院考古研究所：《西安郊区隋唐墓》，科学出版社，1966 年。
[4] 高至喜：《略论湖南出土的青瓷》，《中国考古学会第三次年会论文集》，文物出版社，1984 年。
[5] 湖北省文管会：《武汉市郊周家大湾 241 号隋墓清理简报》，《考古通讯》1957 年第 6 期。
[6] 湖南省博物馆：《湖南长沙咸嘉湖唐墓发掘简报》，《考古》1980 年第 6 期。
[7] 湖南省博物馆：《湖南湘阴唐墓清理简报》，《文物》1972 年第 11 期。

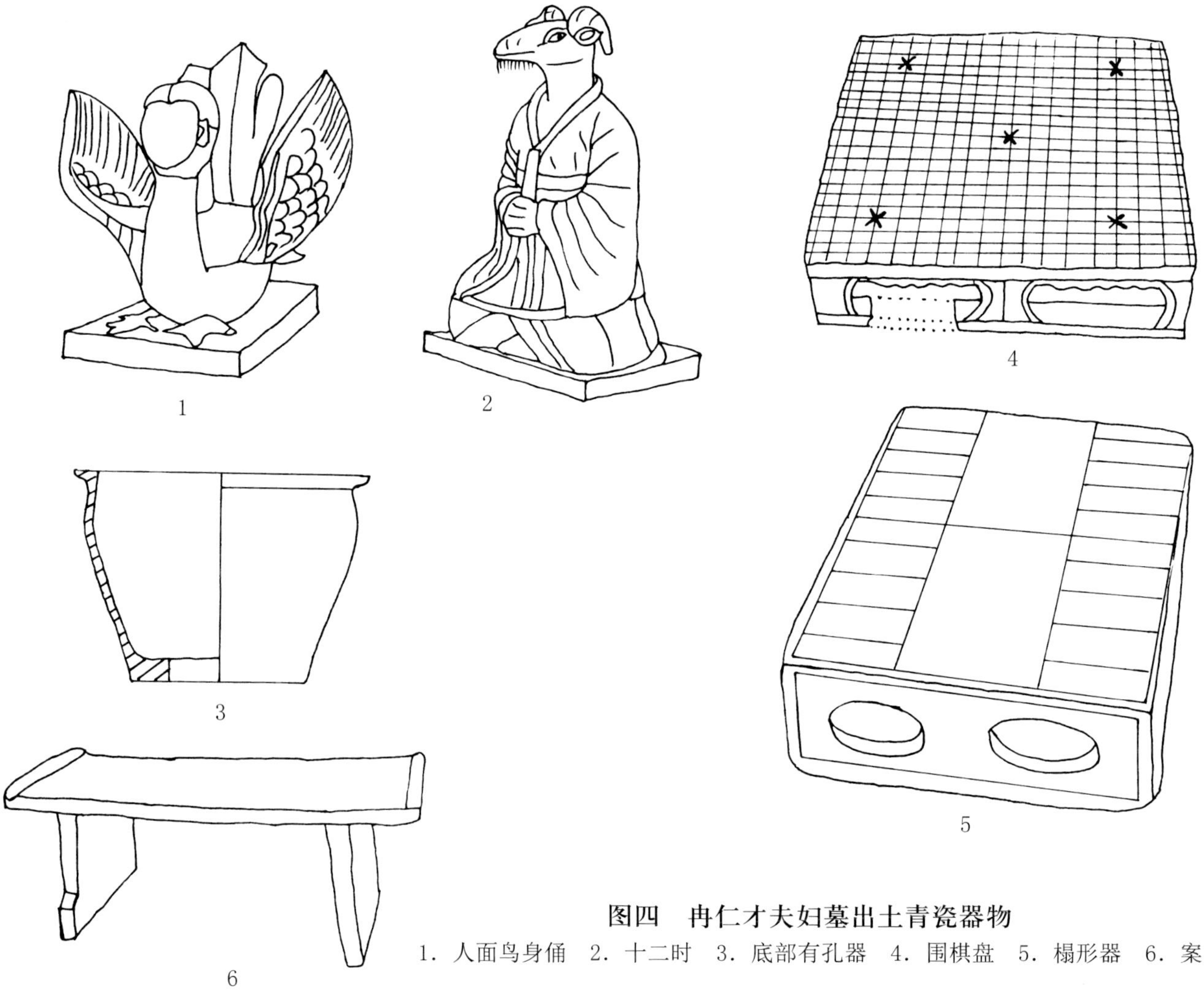

图四　冉仁才夫妇墓出土青瓷器物

1. 人面鸟身俑　2. 十二时　3. 底部有孔器　4. 围棋盘　5. 榻形器　6. 案

仁才夫妇墓81件。按武昌、长沙唐墓情况，十二时每墓应为十二件。冉墓左右壁的十二个龛（图二，1），从位置和尺寸看，有可能是放置十二时的。说明冉墓当初十二时也是十二件，现存三件，另九件可能被盗。如果这个推测无误的话，冉墓加上被盗的九件，刚好为九十件。这两墓的数字同文献记载的开元二十九年以前“三品以上”随葬明器“九十事”的规定[1]相符或基本相符。这种例子在西安地区同时期的“三品以上”官员墓中极为罕见。除去郑仁泰（492件）等按特殊待遇埋葬的暂且不论，就是按正常情况埋葬的张士贵（324件）、李爽（344件）、李凤（225件）等都远远超出了中央规定的数字。说明这一制度在南方得到了较好的施行。

第二组，后六座墓，即李徽、李欣、阎婉、张九龄、钱宽、水邱氏墓，随葬器物未有陶瓷俑和陶瓷动物、陶瓷模型器。

在唐代，特别是初、盛唐时期，陶瓷俑和陶瓷动物、陶瓷模型器是上至皇室、贵族成员下到庶人墓葬中的主要随葬器物之一。李徽等六座墓未用，显然不是制度上的问题，也肯定不会是一时的疏忽，当另有原因。这六座墓分别发现于郧县、韶关、临安。郧县发现的四座唐墓，除李泰墓因特殊原因有这二类器物外，李徽、李欣、阎婉墓皆无；韶关、临安及其附近目前发现的唐五

[1]《唐会要》卷38《葬》。

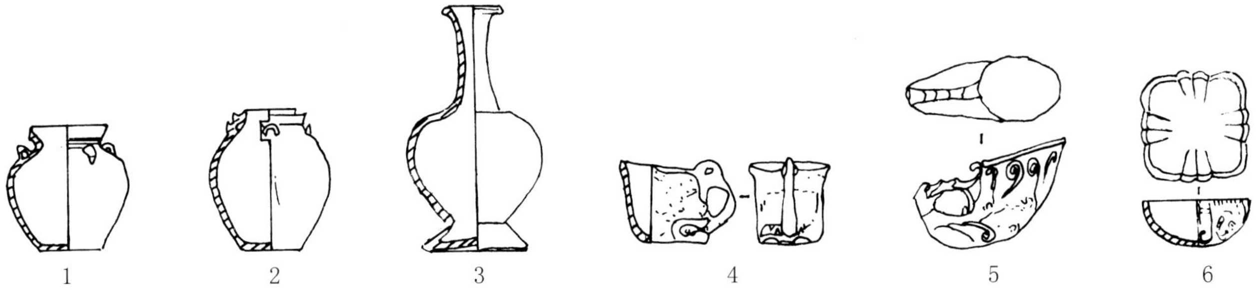

图五　李徽墓出土器物

1. 青瓷盘口带流罐　2. 褐釉双唇罐　3. 三彩瓶　4. 三彩龙首杯　5. 三彩角杯　6. 三彩方口钵

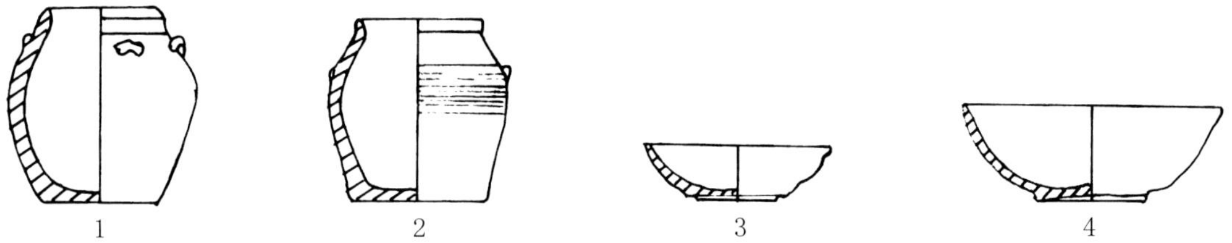

图六　张九龄墓出土器物

1. 黑瓷六系罐　2. 青瓷四系罐　3. 青瓷碗　4. 青瓷碗

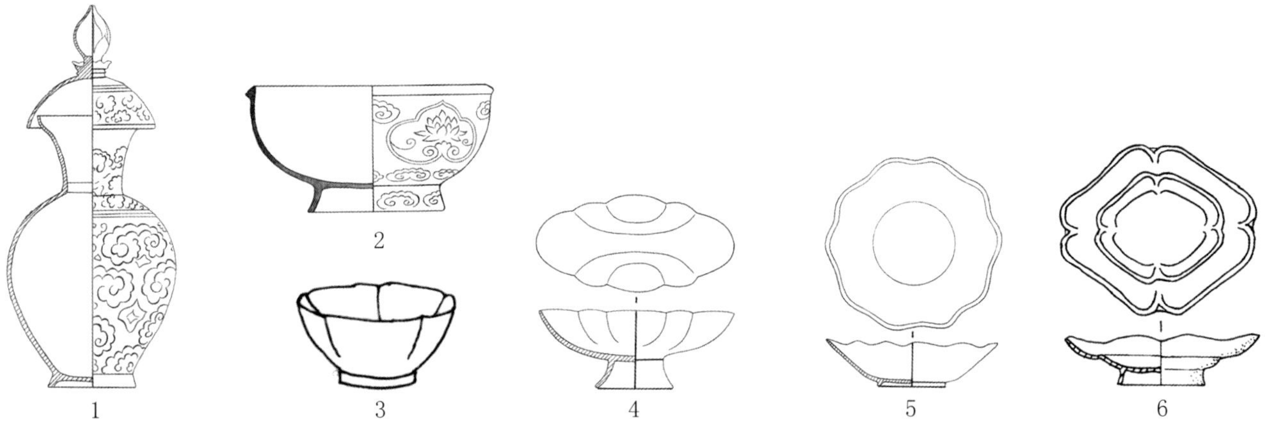

图七　水邱氏、钱宽墓出土器物

水邱氏墓：1. 青瓷褐彩盘口壶　2. 青瓷褐彩灯盏　3. 青瓷碗　钱宽墓：4. 白瓷海棠杯　5. 白瓷碗　6. 白瓷盘

代墓[1～6]，也未见随葬这二类器物的情况。我们认为这不是偶然的现象，似乎说明这三地没有用这二类器物的习惯。由此推测李徽等六座墓未用陶瓷俑和陶瓷动物、陶瓷模型器可能与当地的埋葬习俗有关。

李徽墓的青瓷盘口带流罐（图五，1）、青瓷或褐釉瓷双唇罐（图五，2）是武昌一带隋唐墓中常见的具有地方特色的器物，并且在岳州窑遗址中发现了同样器形[7]，表明它们可能是岳州窑

[1] 徐恒彬：《广东韶关罗源洞唐墓》，《考古》1964 年第 7 期。
[2] 杨豪：《韶关西河唐墓发掘记》，《文物资料丛刊》第 6 集，文物出版社，1982 年。
[3] 广东省博物馆：《广东始兴晋——唐墓发掘报告》，《考古学集刊》第 2 集，中国社会科学出版社，1982 年。
[4] 牟永抗：《浙江余杭闲林唐墓的发掘》，《考古通讯》1958 年第 6 期。
[5] 浙江省文管会：《浙江临安板桥的五代墓》，《文物》1975 年第 8 期。
[6] 浙江省文管会：《杭州、临安五代墓中的天文图和秘色瓷》，《考古》1975 年第 3 期。
[7] 周世荣：《从湘阴古窑址的发掘看岳州窑的发展变化》，《文物》1978 年第 1 期。

图八　钱宽墓白瓷上的“官”“新官”字款

或岳州窑系的窑所烧制。此墓引人注目的是，四件三彩器（图五，3 ～ 6），其中龙首杯、角杯、方口钵比较少见，角杯的造型乃是模仿西亚一带流行的角形器[1]。从胎、釉和形制上分析，它们均来自于中原北方。

李欣、阎婉墓出土的陶瓷器较少，并以陶器为多，质量不高。

张九龄墓的陶瓷器主要是罐（图六，1、2）和碗（图六，3、4），胎质较粗，制作不甚规整，工艺欠佳。这种器物在广东初、盛唐墓中多有发现，无疑为广东的瓷窑所烧制。

钱宽、水邱氏墓的陶瓷器类较为丰富。青瓷器中绝大多数是越窑的精品（图七，3），特别是水邱氏墓的盘口壶（图七，1），香炉、灯盏（图七，2），在釉下胎上以褐彩绘云气纹和卷云纹，在越窑唐代产品中实属罕见。精美的白瓷器更是两墓器物中的一大特色。器形有注子、托杯、海棠杯（图七，4）、碗、盘（图七，5、6）。造型轻巧；胎质细腻、致密、洁白，有的呈半透明状；釉层均匀，色泽润莹，“白中略闪青黄”；有些器物的口和圈足等部位镶有金或银扣，特别是有些器物底外侧还阴刻行书或楷书的“官”或“新官”字款（图八）。关于这批白瓷器的产地，看法不一。有的认为“有可能是浙江本地所产的”[2]；有的推测钱宽墓的“似有较大可能来自湖南地区”[3]；有的则认为“应是定窑的早期产品”[4]。我们认为后一种意见较符合唐代瓷器手工业的实际情况。据现有的资料看，唐代南方还不大可能烧制出如此精良的白瓷器。

综上所述，南方唐代壁画墓随葬器物的种类，一部分墓是按照唐代较普遍流行的作法，四类皆用；一部分墓约是受当地埋葬习俗的影响，不用前二类。前三类器物的来源和内容，李泰墓器物为朝廷赐的“东园秘器”，内容组合与西安地区同时期同等级墓基本相同；杨氏等八座墓器物以本地区和当地制作的为主，其中有的墓使用了来自中原北方的三彩器和白瓷器，内容组合有的墓部分、有的墓则全部采用了同时期本地区或当地的作法。

南方发现的这九座唐代壁画墓，均是在特殊背景下产生的。各墓不但按照或仿借中原北方以彩画为墓壁装饰的办法绘制了壁画，而且在墓葬形制、壁画的布局与内容、随葬器物的种类与内容上，或多或少甚至有的墓绝大部分采用了中原北方特别是西安地区唐墓流行的作法。同时又或多或少甚至有的墓大部分选择或使用本地区或当地唐墓流行的作法。它们是南方与中原北方文化结合的典型实例之一，为从考古学角度考察中国大统一时期各地文化交往，特别是考察中央与地方的文化关系，提供了有益的启示。

（原载《南方文物》1992 年第 4 期）

[1] 孙机：《论西安何家村出土的玛瑙兽首杯》，《文物》1991 年第 6 期。
[2] 明堂山考古队：《临安县唐水邱氏墓发掘报告》，《浙江省文物考古所学刊》，文物出版社，1981 年。
[3] 冯先铭：《有关临安钱宽墓出土“官”、“新官”款白瓷问题》，《文物》1979 年第 12 期。
[4] 李辉柄：《关于“官”“新官”款白瓷产地问题的探讨》，《文物》1984 年第 12 期。

武昌郊区隋唐墓出土陶俑的分期

前　言

20世纪50年代，湖北省的文物考古工作者，在武昌郊区配合基本建设工程，发掘了一大批古代墓葬，其中隋唐时期的墓葬166座。

这批隋唐墓葬，数量较多，内容丰富，在随葬器物中不但有数量众多的陶瓷器皿，而且还有大量的陶俑，早已引起学术界的重视。1978年4～7月，宿白先生率领北京大学历史学系考古专业75级学生7名、青年教师1名、进修教师2名来武昌实习，对这批墓葬进行了整理，编写出了实习报告。根据北京大学历史学系和湖北省博物馆的协议，1980年在宿白先生的主持下，开始编写正式的考古发掘报告。参加编写工作的人员有北京大学历史学系考古专业教师权奎山、湖北省博物馆全锦云和宿白先生的硕士研究生陈英英、安家瑶。后来，参加编写者均完成了各自负责的整理工作，分别写出了初稿。在报告的编写期间，宿白先生住在湖北省博物馆，亲临现场，对资料整理、撰写初稿等工作进行具体安排和悉心指导，并严格审阅了初稿，提出了修改方案。宿先生为这部考古发掘报告的编写用了大量的时间和投入了很多精力。

这批隋唐墓葬，除M241[1]、M188[2]于1957年发表了发掘简报之外，其余均未发表。近年来，多有国内外研究者询问这批墓葬出土的陶俑情况。因此，本文在上述工作的基础上，拟对这批墓葬出土陶俑的分期问题试作初步探讨，希望方家不吝指正。

一　类型与年代

首先需要说明的是，本文的“陶俑”，除指人物形象的之外，还包括镇墓兽、双头兽、十二时、家畜家禽等动物形象的明器；以陶质的为大宗，另有少量青瓷质的。

这166座隋唐墓葬中，有59座墓出土了陶俑，其中3座墓因陶俑出土时破碎不堪未收集。其余56座墓每墓出土少者1件，多者67件，总计1225件。一般可分为镇墓守卫、出行、僮仆、家畜家禽四类。值得注意的是，这批陶俑的胎质、胎色有明显的差别，整体风格不尽相同。据此，我们将其分为甲、乙、丙、丁四群。每座墓只出四群中的某一群，不交叉、混出。为如实、客观地反映这批陶俑的面貌和特点，下面以群为单位进行分析。

（一）甲群

631件，出土于30座墓葬中。造型多较端庄，有的略显呆板，尤其是人物表情缺少变化。胎质较细，少数含有细砂，胎色以灰、铁灰为主，另有少量的黄褐、紫红色等。烧成温度较低，质地疏松，易碎。四类俑皆有，镇墓守卫类有镇墓兽、小镇墓兽、双头兽、十二时俑、平巾帻男俑、兜鍪男俑等；出行类有牛车（或牛）、马、骆驼；僮仆类有幞头男俑、圆帽男俑、宽沿帽男俑、虬发男俑、波发男俑、披发男俑、双髻女俑、双髻双环女俑、矮髻女俑、高髻女俑、小髻女俑；家

［1］湖北省文物管理委员会:《武汉市郊周家大湾隋241号墓清理简报》,《考古通讯》1957年第6期，30～34页。
［2］湖北省文管会：《武昌东郊何家垅188号唐墓清理简报》，《文物参考资料》1957年第12期，51页。

畜家禽类有狗、猪、鸡。

1. 类型分析

这群俑种类较多，现选择常见、时代特征明显、演变规律较为清楚的镇墓兽、小镇墓兽、十二时、平巾帻男俑、兜鍪男俑、幞头男俑、双髻双环女俑、矮髻女俑、高髻女俑、小髻女俑、马分析如下。

（1）镇墓兽　出者，每墓1件或2件。出1件者皆为兽身兽面；出2件者绝大多数为一兽身兽面、一兽身人面，少数皆为兽身兽面。可分二型。

A型　兽身兽面。长脸，嘴较尖，类似马头。作伏卧状。标本M52：1，高27.3厘米（图一，1）。

B型　兽身兽面或兽身人面。兽面者，短脸，方嘴，类似辟邪头。分五式。

Ⅰ式　兽面。作侧卧状，身材肥壮。标本M1A：16，高25.3厘米（图一，4）。

Ⅱ式　兽面。作蹲卧状，姿势较低，身材粗短。标本M17：10，高18.6厘米（图一，7）。

Ⅲ式　兽面和人面。作蹲坐状，姿势较Ⅱ式略高，身材较其瘦长。标本a.M121：2，兽面，高30.3厘米（图一，2）；b.M121：5，人面，高22厘米（图一，3）。

Ⅳ式　兽面和人面。作蹲坐状，姿势较Ⅲ式高，身材较其瘦长。标本a.M161：46，兽面，高36.6厘米（图一，5）；b.M216：30，人面，高36厘米（图一，6）。

Ⅴ式　兽面和人面。作蹲坐状，姿势较Ⅳ式略高，身材较其瘦。标本a.M457：19，兽面，高27厘米（图一，8）；b.M457：20，人面，高25.5厘米（图一，9）。

（2）小镇墓兽　出者，每墓2件或1件。出2件者多数为一兽身人面、一鸟身人面，少数为一兽身兽面、一兽身人面；出1件者皆为鸟身人面。可分二型。

A型　兽身兽面和兽身人面。作蹲坐状，身材较瘦。标本a.M382：17，兽面，残高20.7厘米（图二，2）；b.M382：18，人面，高22.2厘米（图二，1）。

B型　兽身人面和鸟身人面。分二式。

Ⅰ式　兽身者作蹲踞状，姿势较高，身材瘦长。标本M161：47，高23.3厘米（图二，5）。鸟身者作站立状，身材较瘦。标本M161：61，高19.5厘米（图二，4）。

Ⅱ式　仅有鸟身者，作蹲伏状，姿势较Ⅰ式低，身材较其胖。标本M13：33，高12.5厘米（图二，7）。

（3）双头兽　出者，每墓1件。其造型是一长长的类似蛇身的身子，两端各一形象完全相同的人头。面部相背。头梳髻。可分二型。

A型　头梳双髻，身子中部微弓，颈较粗。标本M457：29，长28.8厘米（图二，3）。

B型　头梳单小髻，身子贴地，背部微隆，颈较细。标本M13：31，长18厘米（图二，6）。

（4）十二时俑　按常规，出者，每墓应为12件。出土时多数墓已残缺不全。可分二型。

A型　属相头、人身。身着交领宽袖长袍，腰系带。双手合拢，隐于袖内，拱于胸前或贴于上腹部。分三式。

Ⅰ式　作跪状，身材粗壮，头显大。标本M1A：6，猴相，高25.2厘米（图二，9）。

Ⅱ式　作跪坐或坐状，身材较Ⅰ式瘦。标本M31：38，狗相，残高19.4厘米（图二，8）。

Ⅲ式　似作坐状，身材较Ⅱ式瘦小。标本M8：17，狗相，高16.2厘米（图三，8）。

B型　人头、人身，作盘坐状。怀抱或手托、扶、拿一属相。头戴笼冠，身着交领宽袖长袍，

图一 甲群 镇墓兽

1. A型（M52：1） 2、3. B型Ⅲ式（M121：2、5） 4. B型Ⅰ式（M1A：16） 5、6. B型Ⅳ式（M161：46、M216：30） 7. B型Ⅱ式（M17：10） 8、9. B型Ⅴ式（M457：19、20）

图二　甲群　小镇墓兽、双头兽、十二时俑

小镇墓兽：1、2. A型（M382：18、17）　4、5. B型Ⅰ式（M161：61、47）　7. B型Ⅱ式（M13：33）；双头兽：3. A型（M457：29）　6. B型（M13：31）；十二时俑：8. A型Ⅱ式（M31：38）　9. A型Ⅰ式（M1A：6）

腰系带。分三式。

Ⅰ式 笼冠高大，呈长方形，边微外弧。标本 a.M52：41，身前偎依一猴，右手摸猴背，高 34.2 厘米（图三，1）；b.M241：99，双手于胸前托一虎，高 29.4 厘米（图三，4）；c.M241：98，双手于身前握一蛇，高 37.4 厘米（图三，7）。

Ⅱ式 笼冠高、窄，上窄下宽，左右两边呈弧形。标本 M359：20，冠的金铛上面附一蝉，双手于胸前握一蛇，高 28.8 厘米（图三，2）。

Ⅲ式 笼冠矮小，呈长方形，边较直。标本 M161：12，双手于胸前托一虎，高 21.2 厘米（图三，5）。

（5）平巾帻男俑 出者，每墓一般 2 件或 4 件。头戴平巾帻，手执一长剑。可分三型。

A 型 上身着宽袖短袍，下身穿大口袴，膝下用带扎缚。外套裲裆甲。腰系带。足穿尖头鞋或草鞋。体形高壮，平巾帻高大或较高。标本 M241：36，高 95.5 厘米（图三，3）。

B 型 上身着宽袖短袍，下着长裙。外套裲裆甲。腰系带。足穿云头履或尖头鞋。分二式。

Ⅰ式 体形粗壮，平巾帻较矮小。标本 a.M494：10，高 69.5 厘米（图三，6）；b.M142：4，高 46.8 厘米（图三，9）。

Ⅱ式 体形较瘦长，平巾帻两耳多高耸。标本 M161：38，高 43.2 厘米（图四，1）。

C 型 身着交领宽袖长袍，腰系带，足穿云头履或尖头鞋。分二式。

Ⅰ式 体形粗壮，平巾帻较矮小。标本 a.M17：72，高 79 厘米（图四，5）。

Ⅱ式 体形瘦长，平巾帻较高大。标本 M382：20，高 78.4 厘米（图四，9）。

（6）兜鍪男俑 出者，每墓一般 2 件或 4 件。头戴兜鍪，上身着紧袖衣，下穿袴，足穿尖头鞋。手执盾牌或拿兵器。兵器可能是有机材料制作的，已腐朽无存。可分二型。

A 型 着甲。分二式。

Ⅰ式 兜鍪下缘仅至颈，上下身均着甲，肩覆披膊。标本 a.M359：24，手执盾牌，高约 29 厘米（图四，2）；b.M359：12，手拿兵器，高约 28.3 厘米（图四，3）。

Ⅱ式 兜鍪下缘至背部，上身无甲，下着甲裙，肩覆披膊。标本 a.M216：8，手执盾牌，高 37 厘米（图四，6）；b.M161：45，手拿兵器，高 34.8 厘米（图四，7）。

B 型 无甲。兜鍪下部至背覆肩，后面开两叉，前面于颔处闭合。手拿兵器。标本 M457：28，高 27 厘米（图四，10）。

（7）幞头男俑 有侍立、操作、乐俑等。头着幞头，身着圆领紧袖长衣，下身多着袴，足多穿尖头鞋或靴。腰系带。可分二型。

A 型 二脚幅巾幞头。幞头低宽。体形较高瘦。标本 M52：20，高 24.6 厘米（图四，11）。

B 型 四脚幞头。分三式。

Ⅰ式 幞头低平，体形较胖。标本 M480：18，高 27.8 厘米（图四，4）。

Ⅱ式 幞头较Ⅰ式窄高，体形较其瘦。标本 M359：10，高 20.4 厘米（图四，8）。

Ⅲ式 幞头较Ⅱ式圆厚，略前倾。体形较高瘦。标本 M216：45，高 38 厘米（图四，12）。

（8）双髻双环女俑 有侍立、操作、乐俑等。头梳双髻双环形发髻。可分三型。

A 型 身着交领或方领宽袖长袍，腰系带，足穿云头履。双髻并拢。分二式。

Ⅰ式 体形较瘦高，长圆脸。双髻较低，直挺。标本 M1A：5，高 31.8 厘米（图五，1）。

Ⅱ式 体形瘦矮，长瘦脸。双髻较高，前倾。标本 M121：10，高 29.8 厘米（图五，5）。

图三　甲群　十二时俑、平巾帻男俑

十二时俑：1、4、7. B型Ⅰ式（M52：41、M241：99、98）　2. B型Ⅱ式（M359：20）　5. B型Ⅲ式（M161：12）　8. A型Ⅲ式（M8：17）；平巾帻男俑：3. A型（M241：36）　6、9. B型Ⅰ式（M494：10、M142：4）

图四　甲群　平巾帻男俑、兜鍪男俑、幞头男俑

平巾帻男俑：1. B型Ⅱ式（M161：38）　5. C型Ⅰ式（M17：72）　9. C型Ⅱ式（M382：20）；兜鍪男俑：2、3. A型Ⅰ式（M359：24、12）　6、7. A型Ⅱ式（M216：8、M161：45）　10. B型（M457：28）；幞头男俑：4. B型Ⅰ式（M480：18）　8. B型Ⅱ式（M359：10）　11. A型（M52：20）　12. B型Ⅲ式（M216：45）

1

2

3

4

5

6

7

8

9

10

11

12

图五 甲群 双髻双环女俑、矮髻女俑、高髻女俑

双髻双环女俑：1. A型Ⅰ式（M1A：5） 2、6. B型（M241：29、M52：17） 3、4、7. C型Ⅰ式（M241：？正面、背面，M494：43） 5. A型Ⅱ式（M121：10） 8. C型Ⅱ式（M359：29） 9. C型Ⅲ式（M216：28）；矮髻女俑：10、11.（M52：11、M494：35）；高髻女俑：12. A型Ⅰ式（M359：37）

B型 上身着交领宽袖衣，下身着长裙，足穿云头履。体形较高瘦，长圆或长方脸。双髻较低，多立于头顶两侧。标本a.M241：29，高52.5厘米（图五，2）；b.M52：17，高35.7厘米（图五，6）。

C型 上身着交领、方领或圆领窄袖衣，下身着长裙，足多穿尖头鞋。分三式。

Ⅰ式 体形较高瘦，长圆或长方脸，头显大。双髻较低。标本a.M241：?，高40厘米（图五，3、4）；b.M494：43，高24.3厘米（图五，7）。

Ⅱ式 体形较瘦，长瘦脸。双髻较高，前倾。标本M359：29，高26厘米（图五，8）。

Ⅲ式 体形较瘦小，椭圆脸。双髻较Ⅱ式略低，前倾。标本a.M216：28，作蹲坐状，高19厘米（图五，9）。

(9) 矮髻女俑 有侍立、操作俑等，以操作俑为主。发髻低矮，上身着窄袖衣，下身着长裙，足穿尖头鞋。体形较瘦高，多长方脸，头显大。标本a.M52：11，高26.9厘米（图五，10）；b.M494：35，高24.8厘米（图五，11）。

(10) 高髻女俑 有侍立、坐、舞、乐俑等。上身着交领、方领或圆领窄袖衣，下身着长裙，足穿尖头鞋。可分二型。

A型 发髻高耸，侧视呈刀形。可能是文献中记载的“半翻髻”[1]。分二式。

Ⅰ式 体形较高瘦，长瘦脸。标本M359：37，高26.6厘米（图五，12）。

Ⅱ式 体形瘦而苗条，长圆脸。有的外套圆领半袖衣。标本a.M161：23，高28.2厘米（图六，1）；b.M161：3，高28厘米（图六，2）。

B型 发髻较高大，外形略呈椭圆形。分二式。

Ⅰ式 体形高瘦，长瘦或扁圆脸。有的肩披帔子。标本M382：11，高31厘米（图六，4）。

Ⅱ式 体形瘦而苗条，长圆脸。有的外套交领或圆领半袖衣。标本M161：48，高26.8厘米（图六，7）。

(11) 小髻女俑 均为侍立俑。头梳小髻。可分二型。

A型 女装。上身着交领或方领窄袖衣，下身着长裙，肩披帔子。体形瘦而苗条，长圆脸。标本M161：24，残高19.5厘米（图六，5）。

B型 男装。上身着圆领窄袖长衣，下身着袴，足穿尖头鞋。体形较矮小，圆脸。标本M216：36，手拿一钵，高22.2厘米（图六，8）。

(12) 马 出者，每墓一般1件或2件。背上有鞍、鞯。分三式。

Ⅰ式 扬头。体形圆胖，四肢短粗，蹄扁大。标本M52：8，高33.7厘米（图六，3）。

Ⅱ式 垂头。体形瘦小，四肢粗壮，蹄较大。标本M359：36，残高20.5厘米（图六，6）。

Ⅲ式 勾头。体形较Ⅱ式长胖，四肢较细长，蹄较小。标本M216：40，高29厘米（图六，9）。

2．分组与年代

(1) 分组

以上分析的甲群陶俑中的典型俑，在每座墓中少者2种、多者11种同出。现选出14座典型墓作为分组的基本资料（表一）。

[1] 孙机：《唐代妇女的服装与化妆》，《中国古舆服论丛》，192～196页，文物出版社，1993年。

图六　甲群　高髻女俑、小髻女俑、马

高髻女俑：1、2. A型Ⅱ式（M161：23、3）　4. B型Ⅰ式（M382：11）　7. B型Ⅱ式（M161：48）；小髻女俑：5. A型（M161：24）　8. B型（M216：36）；马：3. Ⅰ式（M52：8）　6. Ⅱ式（M359：36）　9. Ⅲ式（M216：40）

表一 甲群陶俑分组表

顺序号	典型墓	镇墓兽	小镇墓兽	双头兽	十二时俑	平巾帻男俑	兜鍪男俑	幞头男俑	双髻双环女俑	矮髻女俑	高髻女俑	小髻女俑	马	其他陶俑	买地券和铜钱	分组
1	M1A	B Ⅰ			A Ⅰ			B Ⅰ	A Ⅰ C Ⅰ	√				虬发男俑、牛、鸡	隋仁寿元年买地券	第一组
2	M17	B Ⅱ			A Ⅰ	C Ⅰ								残男俑、残女俑		
3	M31				A Ⅱ				B					牛		
4	M52	A			B Ⅰ	B Ⅰ		A	B C Ⅰ	√			Ⅰ	介帻男俑、圆帽男俑、波发男俑、牛	隋买地券	
5	M241				B Ⅰ	A		A	B C Ⅰ	√			Ⅰ	笼冠男俑、圆帽男俑、波发男俑、牛、狗、鸡、小兽	隋五铢	
6	M494				B Ⅰ	B Ⅰ			B C Ⅰ	√			Ⅰ	波发男俑、头缠巾男俑、环髻女俑、牛、狗、鸡		
7	M8				A Ⅲ						A Ⅰ			介帻男俑、环髻女俑、牛	唐开元通宝	第二组
8	M359	B Ⅲ			B Ⅱ	C Ⅱ	A Ⅰ	B Ⅱ	A Ⅱ C Ⅱ		A Ⅰ B Ⅰ		Ⅱ	披发男俑、牛、骆驼	唐开元通宝	
9	M382	B Ⅲ	A		B Ⅱ	C Ⅱ			A Ⅱ		B Ⅰ			猪	唐开元通宝	
10	M121	B Ⅲ			B Ⅲ	C Ⅱ			A Ⅱ C Ⅱ		A Ⅰ			牛	唐开元通宝	
11	M161	B Ⅳ	B Ⅰ		B Ⅲ	B Ⅱ	A Ⅱ	B Ⅲ	C Ⅲ		A Ⅱ B Ⅱ	A	Ⅲ	双柱形冠男俑、披发男俑、双髻女俑、牛车、骆驼	唐开元通宝	第三组
12	M216	B Ⅳ	B Ⅰ		B Ⅲ	B Ⅱ	A Ⅱ	B Ⅲ			A Ⅱ B Ⅱ	B	Ⅲ	双柱形冠男俑、披发男俑、双髻女俑、牛车、骆驼	唐开元通宝	
13	M457	B Ⅴ		A			B					A	?	宽沿帽男俑、牛	唐开元通宝	
14	M13	B Ⅴ	B Ⅱ	B	B Ⅲ	B Ⅱ	A Ⅱ	B Ⅲ				A	Ⅲ	介帻男俑、双柱形冠男俑、狗	唐开元通宝	

说明：拉丁字母表示型，罗马字母表示式，“√”表示就有一个型，“？”表示因残碎不能分型式。

从表一中可看到，顺序号 1 ～ 6、7 ～ 10、11 ～ 14 各自在俑的种类和型、式上较为一致，型、式基本无交错现象，可各分为一组，即 1 ～ 6 号为第一组、7 ～ 10 号为第二组、11 ～ 14 号为第三组。

（2）年代

第一组，本组的典型墓 M1A 出隋仁寿元年（601 年）买地券，M241 出隋五铢。此外，A 型Ⅱ式十二时俑、B 型Ⅰ式幞头男俑与湖南湘阴隋大业六年（610 年）墓出土的同类俑相似[1]。可见，本组的年代应是隋代，即公元 589 ～ 618 年。

第二组，本组的典型墓均出唐开元通宝。Ⅱ式马与陕西三原唐贞观四年（630 年）李寿墓出土的陶马形制相似[2]。此外，本组典型墓 M121、M359 出土的青瓷盘口壶与湖北安陆约葬于唐贞观年间（627 ～ 649 年）的吴国妃杨氏墓出土的同类器物相同[3]。所以，本组的年代应在唐高祖、太宗时期，即公元 618 ～ 649 年。

第三组，本组的典型墓均出唐开元通宝。B 型Ⅲ式幞头男俑、Ⅲ式马与陕西礼泉唐显庆二年（657 年）张士贵墓出土的同类俑相似[4]，Ⅲ式马与河南新乡唐麟德元年（664 年）张枚墓出土的陶马形制相同[5]，A 型Ⅱ式高髻女俑与西安郊区唐麟德二年（665 年）刘宝墓（M568）出土的同类俑相似[6]，B 型双头兽与山西长治唐永昌元年（688 年）崔拏墓出土的一件相似[7]。可知，本组的年代应为唐高宗、武则天时期，即公元 650 ～ 704 年。

（二）乙群

438 件，出土于 17 座墓中。造型优美，姿态多样，表情生动，栩栩如生。胎质细腻，多为瓷土制作。胎色有浅黄白、灰白、红色等。烧成温度较高，质地较甲群硬密。灰白胎者，有的施高温青釉。四类俑皆有，镇墓守卫类有镇墓兽、小镇墓兽、双头兽、十二时俑、平巾帻男俑、兜鍪男俑；出行类有牛车、马、骆驼、骑马男俑、骑马女俑；僮仆类有幞头男俑、宽沿帽男俑、虬发男俑、双髻双环女俑、单髻单环女俑、双髻垂发女俑、双髻女俑、高髻女俑、小髻女俑、后垂发女俑、梳发女俑；家畜家禽类有羊、狗、猪、鸭、鹅、鸡、鸽等。

1．类型分析

这群俑种类颇多，现选择常见、时代特征明显、演变规律较为清楚的镇墓兽、小镇墓兽、双头兽、十二时俑、平巾帻男俑、兜鍪男俑、幞头男俑、双髻双环女俑、单髻单环女俑、高髻女俑、马、骑马女俑分析如下。

（1）镇墓兽　出者，一般每墓 2 件，一兽身兽面、一兽身人面。兽面者，短脸，嘴较方，为狮子头。分二式。

Ⅰ式　作蹲坐状，身体前倾，身材较粗壮。标本 a.M439：22，兽面，高 29.8 厘米（图七，1）；b.M439：36，人面，高 31 厘米（图七，2）。

Ⅱ式　作坐状或基本作坐状，身体略前倾，姿势较Ⅰ式高，身材也较其瘦。标本 a.M334：31，兽面，高 32.6 厘米（图七，3）；b.M434：48，兽面，高 26.5 厘米（图七，4）；c.M434：40，人面，高 29.5 厘米（图七，5）。

[1] 熊传新：《湖南湘阴县隋大业六年墓》，《文物》1981 年第 4 期，39 ～ 43 页。
[2] 陕西省博物馆等：《唐李寿墓发掘简报》，《文物》1974 年第 9 期，71 ～ 88 页转 61 页。
[3] 孝感地区博物馆等：《安陆王子山唐吴王妃杨氏墓》，《文物》1985 年第 2 期，83 ～ 93 页。
[4] 陕西省文管会等：《陕西礼泉唐张士贵墓》，《考古》1978 年第 3 期，168 ～ 178 页。
[5] 新乡市博物馆：《新乡市唐墓简报》，《文物资料丛刊》6，117 ～ 121 页，文物出版社，1982 年。
[6] 中国科学院考古研究所：《西安郊区隋唐墓》，科学出版社，1966 年。
[7] 长治市博物馆王进先：《山西长治市北郊唐崔拏墓》，《文物》1987 年第 8 期，43 ～ 48 页转 62 页。

1

2

3

4

5

6

7

8

图七　乙群　镇墓兽、十二时俑

镇墓兽：1、2. Ⅰ式(M439：22、36)　3、4、5. Ⅱ式(M334：31、M434：48、40)；十二时俑：6、8. Ⅰ式(M138：17、M188：21)　7. Ⅱ式（M434：5、6、13、14、20、21、25、29、32、35、50、56）

（2）小镇墓兽　出者，多数墓每墓2件，一兽身双翼人面、一鸟身人面；少数的出1件，为鸟身人面。分三式。

Ⅰ式　兽身双翼者，作站状；鸟身者，作伏卧状。身材较粗胖。标本a.M439：8，兽身双翼，高16.5厘米（图八，1）；b.M439：9，鸟身，高12厘米（图八，2）。

Ⅱ式　兽身双翼者，作坐状；鸟身者，作伏卧状。身材较Ⅰ式长瘦。标本a.M401：22，兽身双翼，高20.1厘米（图八，4）；b.M401：77，鸟身，高18.5厘米（图八，5）。

Ⅲ式　均作伏卧状。身材较Ⅱ式长瘦。标本a.M434：38，兽身双翼，高16.8厘米（图八，7）；b.M434：60，鸟身，高17.4厘米（图八，8）。

（3）双头兽　其造型是一长长的类似蛇身的身子，两端各一形象完全相同的头和两肢。作伏卧状。出者，一般每墓2件，一件为双龙头，一件为双人头。分三式。

Ⅰ式　身子弓起过头，形呈圆或近圆形。面部相对或相背。标本a.M439：13，龙头，高10.2厘米（图九，1）；b.M439：17，人头，高13.2厘米（图九，2）。

Ⅱ式　身子弓起过头，形呈长圆形。面部相背。标本a.M401：46，龙头，高14.2厘米（图九，3）；b.M401：70，人头，高13.3厘米（图九，4）。

Ⅲ式　身子弓起略低或略高于头，形近三角形。面部相背。标本a.M434：57，龙头，高12.4厘米（图九，5）；b.M434：31，人头，高10.2厘米（图九，6）。

（4）十二时俑　按常规，出者，每墓应为12件。出土时多数墓已残缺不全。其均为属相头、人身。上身着交领宽袖衣，下身着长裙，腰系带。作盘坐状。双手执笏板，拱于胸前。分二式。

Ⅰ式　身材较瘦，下置底板。标本a.M188：21，鸡相，高16.5厘米（图七，8）；b.M138：17，猴相，青瓷质，高16.7厘米（图七，6）。

Ⅱ式　身材宽扁，下部制作简化。笏板佚或朽。标本M434：5、6、13、14、20、21、25、29、32、35、50、56，十二属相俱全，高19.5～22.1厘米（图七，7）。

（5）平巾帻男俑　出者，每墓一般2件或4件。头戴平巾帻，上身着交领宽袖短袍，下身着长裙，腰系带，足穿尖头靴。双手合拢置于胸前，大多执一长剑。分二式。

Ⅰ式　体形较矮粗，平巾帻较小。标本a.M320：22，执剑，高38.9厘米（图八，6）；b.M188：9，高26.5厘米（图八，3）。

Ⅱ式　体形较瘦长，平巾帻较高大。标本M401：38，执剑，高36.8厘米（图八，9）。

（6）兜鍪男俑　出者，每墓一般2件，造型相同；个别的出4件，造型两两相同。头戴兜鍪，足穿尖头靴。双手于身前执盾牌或拿兵器，兵器佚或朽，手中仅存孔。可分二型。

A型　小臂裸露，下身着长裙或短裙。身穿半袖甲袍，外套明光甲。腰系带。分二式。

Ⅰ式　体形粗壮，多执盾牌。裙、甲袍均较长。标本M439：21，执盾牌，高48.6厘米（图一○，1）。

Ⅱ式　体形较瘦长，拿兵器。裙、甲袍较短，均不过膝。靴筒前面系结于腰带上。标本M334：22，高50.7厘米（图一○，5）。

B型　上身着紧袖衣，外套明光甲，肩覆披膊。下身着袴，外穿过膝甲裙。体形颇瘦。手拿兵器。标本a.M320：24，高30厘米（图一○，9）；b.M320：10，高31厘米（图一○，2）。

（7）幞头男俑　一般为侍立俑，极个别的为坐姿作书写状。头着四脚幞头，身着圆领紧袖长衣，下身着袴，足穿尖头鞋或靴，腰系带。手拿帽、靴、斧等物品。分二式。

图八　乙群　小镇墓兽、平巾帻男俑

小镇墓兽：1、2．Ⅰ式（M439：8、9）　4、5．Ⅱ式（M401：22、77）　7、8．Ⅲ式（M434：38、60）；平巾帻男俑：3、6．Ⅰ式（M188：9、M320：22）　9．Ⅱ式（M401：38）

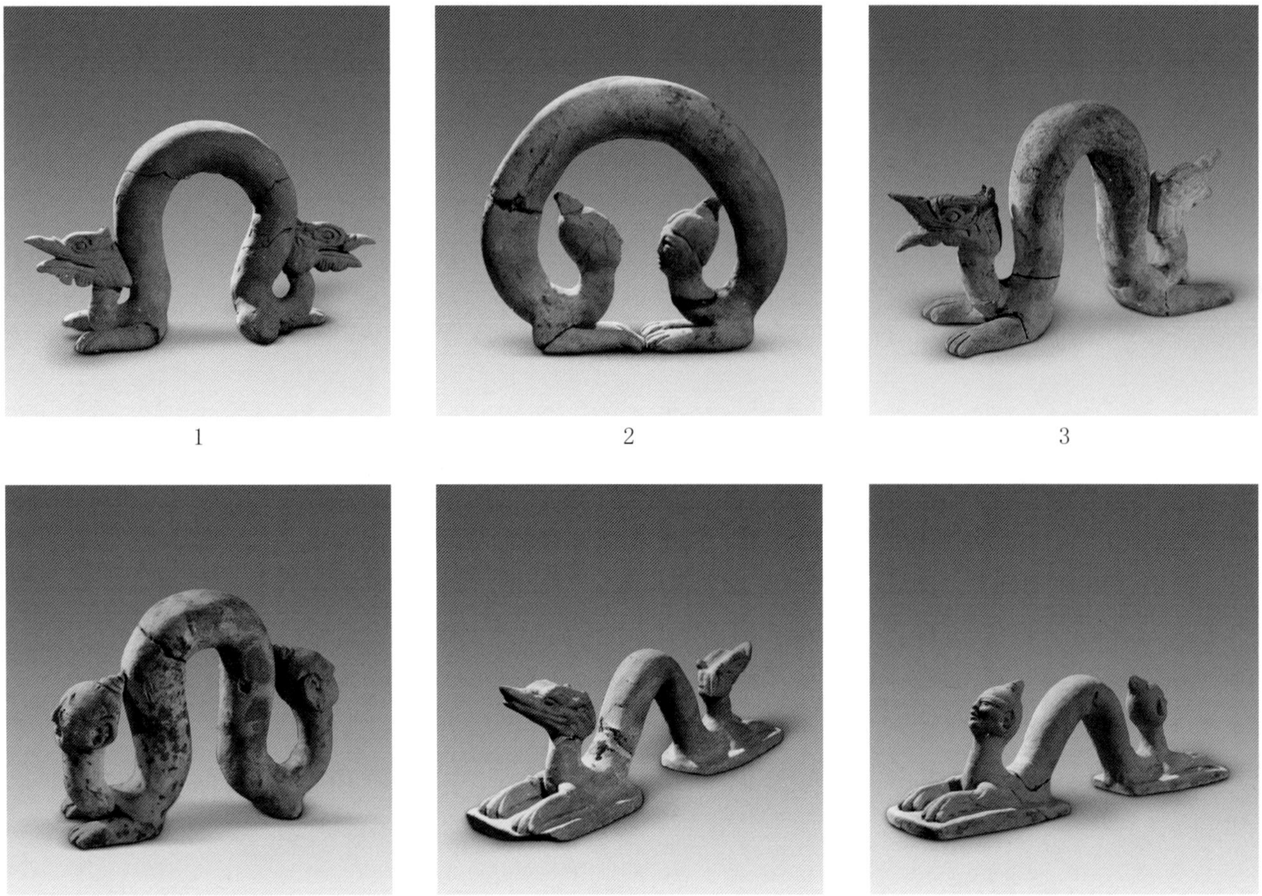

1 2 3 4 5 6

图九 乙群 双头兽

1、2. Ⅰ式（M439：13、17） 3、4. Ⅱ式（M401：46、70） 5、6. Ⅲ式（M434：57、31）

Ⅰ式 幞头较圆高，体形较矮壮。标本 a.M188：20，手拿一圆柱形物品，高 29 厘米（图一〇，6）；b.M188：11，呈坐姿，作书写状，高 16.8 厘米（图一〇，7）。

Ⅱ式 幞头较窄高，体形较瘦长或宽扁。标本 a.M401：12，双手于胸前抱一宽沿、高顶帽，高 31.4 厘米（图一〇，10）；b.M334：25，高 38.3 厘米（图一〇，3）。

（8）双髻双环女俑 有侍立、乐俑。头梳双髻双环形发髻，双髻立于头顶两侧。可分二型。

A 型 上身着交领宽袖袍，下身着长裙，足穿云头履，腰系带。体形较矮略胖。双髻较小，环较大。标本 M188：3，高 24.3 厘米（图一〇，11）。

B 型 上身着圆领窄袖衣，下身着长裙，颈部围一巾子。手持乐器。作跪状，体形较瘦。双髻较大，环较小。标本 M434：45，乐器残佚，高 20.2 厘米（图一〇，4）。

（9）单髻单环女俑 均为侍立俑。头顶正中梳单髻单环形发髻。髻较高，环较小。体形较瘦。可分二型。

A 型 女装。上身着圆领窄袖衣，下身着长裙，足穿尖头鞋，颈围长巾。标本 M401：40，高 30.6 厘米（图一〇，8）。

B 型 男装。上身着圆领紧袖长衣，下身着袴，足穿圆口尖头鞋，腰系带。标本 M401：99，高 33.2 厘米（图一〇，12）。

图一〇　乙群　兜鍪男俑、幞头男俑、双髻双环女俑、单髻单环女俑

兜鍪男俑：1. A型Ⅰ式（M439：21）　2、9. B型（M320：10、24）　5. A型Ⅱ式（M334：22）；幞头男俑：3、10. Ⅱ式（M334：25、M401：12）　6、7. Ⅰ式（M188：20、11）；双髻双环女俑：4. B型（M434：45）　11. A型（M188：3）；单髻单环女俑：8. A型（M401：40）　12. B型（M401：99）

（10）高髻女俑　有侍立、乐俑。上身着圆领或交领窄袖衣，下身着长裙。可分三型。

A 型　均为侍立俑。发髻高耸，侧视呈刀形。有的肩披帔子，手持钵等物品。分二式。

Ⅰ式　体形较矮略瘦，足穿尖头鞋。标本 M138：1，肩披帔子，双手捧一钵，青瓷质，高 26 厘米（图一一，1）。

Ⅱ式　体形较高瘦，足穿云头履。标本 M320：23，肩披帔子，右手拿一小包袱，高 31.6 厘米（图一一，5）。

B 型　均为侍立俑。头梳外形呈螺旋柱状的高髻。足穿尖头鞋，颈围或肩披长巾。有的手持物品。体形较高略显瘦。标本 M401：73，颈围长巾，手持的物品残佚，高 40.8 厘米（图一一，8）。

C 型　均为乐俑，头梳丫形高髻。作跪状，上身挺直，手持乐器。标本 M401：36，双手于胸前拿一排箫，高 20.8 厘米（图一一，2）。

（11）小髻女俑　一般为侍立俑，个别为坐俑。头梳小髻，足穿尖头鞋。可分二型。

A 型　女装。上身着交领窄袖衣，下身着长裙，有的上身外套坎肩。有的手持物品。体形多较瘦。标本 a.M439：6，右手拿一条状物，高 26.1 厘米（图一一，7）；b.M188：1，前面贴身站一男童，高 28.7 厘米（图一一，3）；c.M162：5，外套坎肩，手拿一枝花蕾，高 29.2 厘米（图一一，10）。

B 型　男装。身着圆领紧袖长衣，下身着袴，腰系带。体形较宽扁。标本 M444：11，高 23.5 厘米（图一一，4）。

（12）马　出者，一般每墓 1 件或 2 件，个别的出 4 件或 5 件。背上有鞍、鞯，均小蹄。有一些造型比例不太协调。可分二型。

A 型　勾头。分二式。

Ⅰ式　体形较胖，四肢较细短。标本 M320：41，高 29.1 厘米（图一二，2）。

Ⅱ式　体形较瘦，四肢较细长。标本 M444：22，高 31.7 厘米（图一二，4）。

B 型　扬头。分二式。

Ⅰ式　体形较粗壮，四肢较粗短。标本 M188：60，头残，高约 28.2 厘米（图一二，1）。

Ⅱ式　体形较肥胖，四肢较细。标本 M401：93，高 37.7 厘米（图一二，3）。

（13）骑马女俑　出者，每墓 1 件或 2 件。可分四型。

A 型　头戴宽沿帽，女装。衣服同 A 型小髻女俑，马同 B 型Ⅰ式马。标本 M162：27，高 37.5 厘米（图一二，6）。

B 型　小髻，女装。衣服同 A 型小髻女俑，马基本同 B 型Ⅰ式马。标本 M439：18，高 34.1 厘米（图一二，5）。

C 型　小髻，男装。衣服同幞头男俑，马同 B 型Ⅰ式马。标本 M188：45，高 33.6 厘米（图一一，6）。

D 型　双髻，男装。衣服同幞头男俑，马同 A 型Ⅰ式马。标本 M320：25，高 38.1 厘米（图一一，9）。

2. 分组与年代

（1）分组

以上分析的乙群陶俑中的典型俑，在每座墓中少者 2 种、多者 11 种同出。先选出 10 座典型

图一一　乙群　高髻女俑、小髻女俑、骑马女俑

高髻女俑：1. A型Ⅰ式(M138：1)　5. A型Ⅱ式(M320：23)　8. B型(M401：73)　2. C型(M401：36)；小髻女俑：3、7、10. A型(M188：1、M439：6、M162：5)　4. B型(M444：11)；骑马女俑：6. C型(M188：45)　9. D型(M320：25)

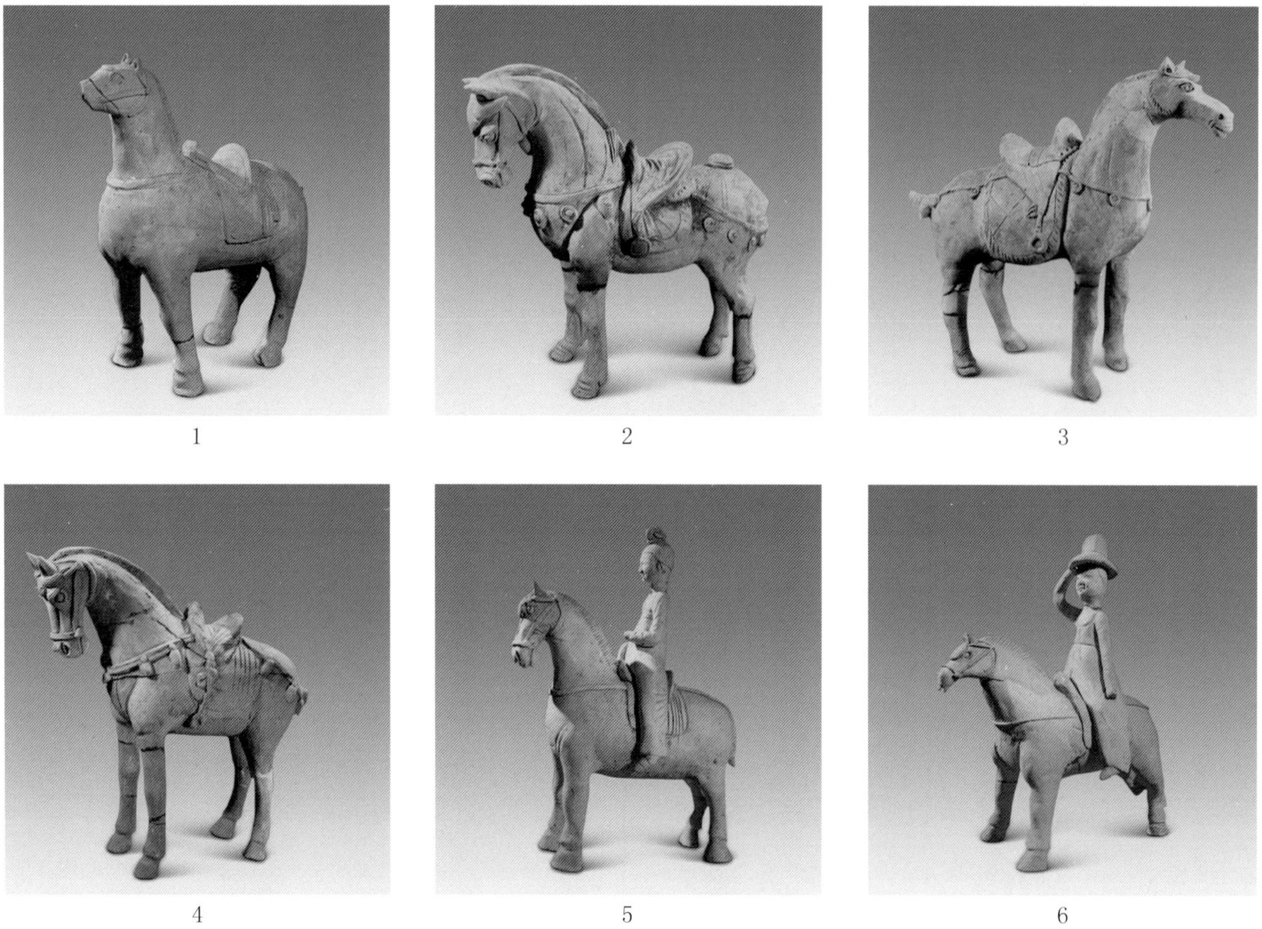

图一二　乙群　马、骑马女俑

马：1. B 型Ⅰ式(M188：60)　2. A 型Ⅰ式(M320：41)　3. B 型Ⅱ式(M401：93)　4. A 型Ⅱ式(M444：22)；骑马女俑：5. B 型（M439：18）　6. A 型（M162：27）

墓作为分组的基本资料（表二）。

从表二中可看到，顺序号 1 ～ 5、6 ～ 10 各自在俑的种类和型、式上较为一致，型、式少有交错现象，可各分为一组，即 1 ～ 5 号为第一组，6 ～ 10 号为第二组。

（2）年代

第一组，本组的Ⅰ式十二时、平巾帻男俑、幞头男俑，A 型Ⅰ式兜鍪男俑，B 型Ⅰ式马等，与四川万县唐永徽五年（654 年）冉仁才夫妇墓出土的同类俑形制相同[1]，尤其是青瓷质的Ⅰ式十二时的胎、釉都完全一致。此外，A 型骑马女俑与陕西礼泉唐显庆二年（657 年）张士贵墓[2]、麟德元年（664 年）郑仁泰墓[3]出土的同类俑相似。所以，本组的年代应是唐高宗时期，即公元 650 ～ 684 年。

第二组，本组的Ⅱ式幞头男俑与山西长治唐长安二年（702 年）王义墓出土的同类俑相似[4]。此外，本组典型墓 M334 出土了一件典型的瑞兽葡萄纹铜镜，考古发掘出土的这种典型瑞兽葡萄镜，

[1] 四川省博物馆：《四川万县唐墓》，《考古学报》1980 年第 4 期，503 ～ 514 页。
[2] 陕西省文管会等：《陕西礼泉唐张士贵墓》，《考古》1978 年第 3 期，168 ～ 178 页。
[3] 陕西省博物馆、礼泉县文教局唐墓发掘组：《唐郑仁泰墓发掘简报》，《文物》1972 年第 7 期，33 ～ 44 页。
[4] 山西省文物管理委员会等：《山西长治北石槽唐墓》，《考古》1962 年第 2 期，63 ～ 68 页。

表二　乙群陶俑分组表

顺序号	典型墓	镇墓兽	小镇墓兽	双头兽	十二时俑	平巾帻男俑	兜鍪男俑	幞头男俑	双髻双环女俑	单髻单环女俑	高髻女俑	小髻女俑	马	骑马女俑	其他陶俑	铜钱	分组
1	M138				Ⅰ						AⅠ						第一组
2	M162	Ⅰ	Ⅰ		Ⅰ		AⅠ	Ⅰ				A		A	双髻女俑、骑马男俑、牛、羊、狗、猪、鹅		
3	M188	Ⅰ			Ⅰ	Ⅰ	AⅠ	Ⅰ	A			A	BⅠ	B C	虬发男俑、双髻女俑、骑马男俑、牛、骆驼、羊、狗、猪	唐开元通宝	
4	M439	Ⅰ	Ⅰ	Ⅰ	Ⅰ	Ⅰ	AⅠ	Ⅰ				A	?	B	双髻女俑、梳发女俑、骑马男俑、牛车、骆驼、狗、鸡		
5	M320	Ⅰ	Ⅱ	Ⅱ	Ⅰ	Ⅰ	AⅠ B	Ⅰ			AⅡ	A	AⅠ	D	双髻垂发女俑、双髻女俑、后垂发女俑、牛、骆驼、鹅		
6	M401	Ⅱ	Ⅱ	Ⅱ	Ⅱ	Ⅱ	AⅡ	Ⅱ		A B	B C		AⅡ BⅡ		双髻女俑、牛车、骆驼、羊、狗、猪、鸡、鸭、鹅	唐开元通宝	第二组
7	M444	Ⅱ	Ⅲ	Ⅱ	Ⅱ		AⅡ	Ⅱ				B	AⅡ		双髻垂发女俑、牛车、骆驼		
8	M334	Ⅱ	Ⅲ	Ⅲ	Ⅱ		AⅡ	Ⅱ			B C		AⅡ		牛车		
9	M379	Ⅱ	Ⅲ	Ⅲ	Ⅱ		AⅡ	Ⅱ		A B			BⅡ		骆驼、羊		
10	M434	Ⅱ	Ⅲ	Ⅲ	Ⅱ		AⅡ	Ⅱ	B	A B			AⅡ		牛、骆驼	唐开元通宝	

说明：拉丁字母表示型，罗马字母表示式，“√”表示就有一个型，“？”表示因残碎不能分型式。

“几乎都出自武则天时期墓中”[1]。可见，本组的年代约在唐武则天时期，即公元684～704年。

（三）丙群

92件，出土于6座墓中。造型规整，姿态单调，表情平和、自然。胎质细腻。胎色以黑灰色为主，另有少量的灰色或灰黄色。烧成温度较低，易破碎。四类俑皆有，镇墓守卫类有小镇墓兽、双头兽、四神（？）、十二时俑、小冠男俑、兜鍪男俑；出行类有牛车、马、骆驼；僮仆类有幞头男俑、双髻双环女俑、环髻女俑、高髻女俑、螺形髻女俑、小髻女俑；家畜家禽类仅有鸭。

1．类型分析

这群俑种类不多，现选择小镇墓兽、双头兽、十二时、小冠男俑、兜鍪男俑、幞头男俑、双髻双环女俑、环髻女俑、高髻女俑、螺形髻女俑、小髻女俑、马分析如下。

（1）小镇墓兽　出者，每墓2件。一鸟身兽面、一鸟身人面，作伏卧状。身材较短胖，尾较长大。标本a.M76：37，兽面，高约11.5厘米（图一三，1）；b.M76：31，人面，高15.6厘米（图一三，4）。

（2）双头兽　出者，每墓1件。双人头，各有两肢。作伏卧状，头部高昂，身子贴地，弯曲成半圆形，面向基本一致。标本M76：3，高13.2厘米（图一三，7）。

（3）十二时俑　出者，每墓已残缺不全。属相头，人身。身着交领宽袖长袍，腰系带。作站立状，双手合拢，置于胸前。身材较瘦长。标本M253：40，鸡相，高约23厘米（图一四，2）。

（4）小冠男俑　出者，每墓4件。头戴小冠，上身外着交领宽袖短袍，下身着长裙，腰系带。双手拱于胸前，隐于内衣袖内。可分二型。

A型　外套裲裆甲，足穿尖头鞋。分二式。

Ⅰ式　体形较粗壮，冠较高大。标本M76：19，高44.2厘米（图一三，2）。

Ⅱ式　体形瘦长，冠较矮小。标本M253：23，冠上部残，高约44.5厘米（图一三，5）。

B型　无甲，足穿云头履。双手合拢处上面有一长方形孔。分二式。

Ⅰ式　体形较粗壮，冠较高大。标本M76：17，高45.6厘米（图一三，3）。

Ⅱ式　体形瘦长，冠较矮小。标本M253：25，高44.2厘米（图一三，6）。

（5）兜鍪男俑　出者，每墓2件。头戴兜鍪，上身着紧袖长衣，腰系带，下身着袴，足穿尖头靴。肩覆披膊，无身甲。分二式。

Ⅰ式　体形较修长，双手紧握，中有孔，置于前胸两侧。标本M76：13，高41.7厘米（图一三，8）。

Ⅱ式　体形高瘦，双手于胸前执一盾牌。标本M253：39，高43厘米（图一三，9）。

（6）幞头男俑　均为侍立俑。头着幞头，足穿尖头长筒靴。可分二型。

A型　上身着圆领紧袖长衣，腰系带，下身着袴。体形修长，幞头较矮小。标本M76：20，高36厘米（图一四，1）。

B型　上身内着紧袖衣，外套交领半臂衣，其外又着圆领窄袖长衣，腰系带，下身着袴。分二式。

Ⅰ式　体形修长，幞头较矮小。标本M76：64，高31.2厘米（图一四，5）。

Ⅱ式　体形高瘦，幞头较高大。标本M253：4，下身残，残高23.2厘米（图一四，9）。

---

［1］孔祥星、刘一曼：《中国古代铜镜》，145～152页，文物出版社，1984年。

1

2

3

4

5

6

7

8

9

图一三　丙群　小镇墓兽、双头兽、小冠男俑、兜鍪男俑

小镇墓兽：1、4.（M76：37、31）；双头兽：7.（M76：3）；小冠男俑：2. A型Ⅰ式（M76：19）　3. B型Ⅰ式（M76：17）　5. A型Ⅱ式（M253：23）　6. B型Ⅱ式（M253：25）；兜鍪男俑：8. Ⅰ式（M76：13）　9. Ⅱ式（M253：39）

（7）双髻双环女俑　均作跪坐状。上身着窄袖衣，外套交领半袖衣，下身着长裙，肩披帔子。双手合拢隐于袖内，两袖闭合处有一长方形孔。体形较瘦。两髻并拢，环较小。标本 M76：5，高 23.4 厘米（图一四，6）。

（8）环髻女俑　作侍立状。头梳环形髻，男装。上身着圆领窄袖长衣，领口敞开，腰系带，下身着袴，足穿尖头鞋。体形较修长。标本 M76：62，双手合拢于胸前托一方形物品，高 29.8 厘米（图一四，10）。

（9）高髻女俑　均为侍立俑。上身着交领窄袖衣，外套交领半袖衣，下身着长裙，足穿云头履。可分二型。

A 型　头梳刀形高髻，肩披帔子。体形较修长。标本 M76：63，髻上部残，残高 36.2 厘米（图一四，3）。

B 型　头发盘于头顶，于上部左右各斜出一角形髻。其即是文献中记载的“反绾髻”[1]。有的肩披帔子。双手合拢，有的托物品。体形瘦长。标本 M253：8，手上搭一长巾，高 34.9 厘米（图一四，12）。

（10）螺形髻女俑　有侍立、跪坐、乐俑。头梳螺形髻。可分二型。

A 型　上身着交领窄袖衣，下身着长裙，有的肩披帔子。均作跪坐状，有的手持乐器。体形瘦小。标本 M253：28，高 15.6 厘米（图一四，8）。

B 型　男装。上身着圆领窄袖衣，腰系带，下身着袴，足穿方口尖头鞋。作站立状。体形瘦长。标本 M253：12，手上托一方盒，高 37.2 厘米（图一四，4）。

（11）小髻女俑　作侍立状。头梳小髻，着男装。上身着圆领窄袖长衣，腰系带，下身着袴，足穿尖头鞋。体形较修长。标本 M76：65，高 33.8 厘米（图一四，7）。

（12）马　出者，每墓 1 件或 2 件。扬头，体形肥壮，四肢细长，背上有鞍、鞯。标本 M76：7，四肢残，残高 27.7 厘米（图一四，11）。

2．分组与年代

（1）分组

出土丙群陶俑墓的数量不多，现将保存较好的 3 座墓出土的陶俑列成表三。

表三　丙群陶俑分组表

顺序号	典型墓	小镇墓兽	双头兽	十二时俑	小冠男俑	兜鍪男俑	幞头男俑	双髻双环女俑	环髻女俑	高髻女俑	螺形髻女俑	小髻女俑	马	其他陶俑	铜钱	分组
1	M76	√	√		AⅠ　BⅠ	Ⅰ	A　BⅠ	√	√	A		√	√	四神（？）、牛、骆驼	唐开元通宝	一组
2	M217			√	AⅡ　BⅡ	Ⅱ							√	骆驼	唐开元通宝	
3	M253			√	AⅡ　BⅡ	Ⅱ	BⅡ			B	A　B		√	骆驼、鸭		

说明：拉丁字母表示型，罗马字母表示式，“√”表示就有一个型，“？”表示因残碎不能分型式。

［1］孙机：《唐代妇女的服装与化妆》，《中国古舆服论丛》，192 ～ 196 页，文物出版社，1993 年。

图一四　丙群　十二时俑、幞头男俑、双髻双环女俑、环髻女俑、高髻女俑、螺形髻女俑、小髻女俑、马

十二时俑：2.（M253：40）；幞头男俑：1. A型（M76：20）　5. B型Ⅰ式（M76：64）　9. B型Ⅱ式（M253：4）；双髻双环女俑：6.（M76：5）；环髻女俑：10.（M76：62）；高髻女俑：3.A型（M76：63）　12.B型（M253：8）；螺形髻女俑：4. B型（M253：12）　8. A型（M253：28）；小髻女俑：7.（M76：65）；马：11.（M76：7）

从表三中可看到，这3座墓出土的陶俑可分为二组，即顺序号1为第一组，2、3为第二组。但是，这二组马的形制相同，人物形象俑的体形特征接近，说明这两组俑的年代接近。再有，第一组仅有一座墓，也不宜单独为一组。所以，这两组可暂合并为一组。也就是说，丙群陶俑只有一组。

（2）年代

丙群的A型高髻女俑的形制与河南洛阳唐景龙三年（709年）安菩墓出土的同类俑相似[1]，典型墓M76出土骆驼的造型（图一八，8）与西安唐景龙三年（709年）独孤思敬墓出土的骆驼基本相同[2]。

再有，十二时与江苏吴县唐天宝二年（743年）张子文墓出土的十二时相似[3]，并典型墓M217、M253出土的人物形象俑的瘦长体形与张子文墓出土的俑较为一致。所以，本群陶俑的年代约在唐中宗至玄宗开元时期，即公元705～741年。下可延及唐玄宗天宝初年。

（四）丁群

64件，出土于3座墓中。造型较精美，姿态各异，表情自然、生动。胎是瓷土制作，质地细腻，均呈白色，有的微泛红色。施三彩釉或低温单色铅釉。烧成温度不高，易破碎。四类俑皆有，镇墓守卫类有镇墓兽、天王俑、高冠男俑、鹖冠男俑；出行类有帷帽男俑、马、骆驼；僮仆类有幞头男俑、盘发男俑、双髻女俑、高髻女俑；家畜家禽类有羊、狗、猪、鸭等。

1．类型分析

这群俑数量和种类均不多，出土时破损较为严重。现选择镇墓兽、天王俑、高冠男俑、鹖冠男俑、幞头男俑、盘发男俑、高髻女俑、螺形髻女俑、马、骆驼分析如下。

（1）镇墓兽　每墓出2件，一兽身兽面、一兽身人面。兽面者，短脸，方嘴，类似狮子头。均作坐状。皆施三彩釉。分二式。

Ⅰ式　身材短粗，颈微缩。标本a.M270：23，兽面，高36厘米（图一五，1）；b.M270：20，人面，高35.9厘米（图一五，2）。

Ⅱ式　身材长瘦，颈挺起。标本a.M196：1，兽面，高72厘米（图一五，4）；b.M196：10，人面，高66.5厘米（图一五，5）。

（2）天王俑　每墓出2件。作站立状，一手叉腰，一手握拳高举，脚踏卧牛。头梳长圆形发髻或戴盔帽，上身内着紧袖衣，外着长衣，再套半袖至膝甲袍，下身着袴，足穿尖头长筒靴。均施三彩釉。梳髻者保存较好，可分二式。

Ⅰ式　体形较矮壮。标本M270：19，高43厘米（图一五，3）。

Ⅱ式　体形较高大。发髻前部左右各作出一翅膀，脑门上作出一长角，头顶整体似一大鸟。标本M189：15，高77厘米（图一五，6）。

（3）高冠男俑　出者，每墓出1件。高冠上部圆耸、直竖不斜，前面、冠卷的上方作出起伏的山峦。上身内着紧袖衣，外着交领宽袖短袍，下身着长裙，足穿云头履，腰系带。作站立状，双手拱于胸前隐于袖内。施三彩釉。标本M270：39，高43.4厘米（图一六，1）。

（4）鹖冠男俑　出者，每墓1件。鹖冠高圆，前面、冠卷的上方作出山峰，峰上方作出一鹖。

[1] 洛阳市文物工作队：《洛阳龙门唐安菩夫妇墓》，《中原文物》1982年第3期，21～26页转14页。
[2] 中国社会科学院考古研究所：《唐长安城郊隋唐墓》，43～56页，文物出版社，1980年。
[3] 江苏省吴县文管会：《江苏吴县姚桥头唐墓》，《文物》1987年第8期，49～51页。

1　　2　　3

4　　5　　6

图一五　丁群　镇墓兽、天王俑

镇墓兽：1、2．Ⅰ式（M270：23、20）　4、5．Ⅱ式（M196：1、10）；天王俑：3．Ⅰ式（M270：19）　6．Ⅱ式（M189：15）

上身内着紧袖衣，外着交领宽袖短袍，再套裲裆甲，胸下系甲带。下身着长裙，足穿云头履。站立于近圆墩形的底座上。双手拱于胸前隐于袖内，双手合拢处上面有一长方形孔。施三彩釉。标本 M196：11，高 73.3 厘米（图一六，4）。

（5）幞头男俑　头戴四脚幞头。分二式。

Ⅰ式　上身着圆领紧袖长衣，腰系带，下身着裤，足穿尖头鞋。作站立状，体形瘦长。幞头较高窄而直。标本 M270：2，施黄釉，高 24.6 厘米（图一六，7）。

Ⅱ式　仅存头部。幞头较高宽而前倾。标本 M189：26，残高 7.6 厘米（图一六，9）。

（6）盘发男俑　均为侍立俑。头发两边分梳，盘于脑后。上身着窄袖长衣，领口敞开，腰系带，下身着裤，足穿尖头鞋。体形较健壮。施黄褐釉。标本 M196：11，高 28.6 厘米（图一六，2）。

1

2

3

4

5

6

7

8

9

图一六　丁群　高冠男俑、鹖冠男俑、幞头男俑、盘发男俑、高髻女俑、螺形髻女俑

高冠男俑：1.（M270：39）；鹖冠男俑：4.（M196：11）；幞头男俑：7. Ⅰ式（M270：2）　9. Ⅱ式（M189：26，正面、侧面）；盘发男俑：2.（M196：11）；高髻女俑：5. A型(M270：3)　8. B型(M189：1)；螺形髻女俑：3. A型(M270：7)　6. B型（M270：1）

（7）高髻女俑　可分二型。

A型　作侍立状，发髻呈粗螺旋柱形。上身着窄袖衣，外套交领半袖衣，下身着长裙，足穿云头履，肩披帔子。体形较瘦长。施深黄釉。标本M270：3，高24.2厘米（图一六，5）。

B型　发髻盘于头顶，左右各斜出一角形髻。仅头部保存完整。标本M189：1，残高10.2厘米（图一六，8）。

（8）螺形髻女俑　作侍立状，发髻呈螺形。体形较瘦长。施黑褐釉。可分二型。

A型　女装。上身着窄袖衣，外套交领半袖衣，下身着长裙，足穿云头履，肩披帔子。标本M270：7，高24厘米（图一六，3）。

B型　男装。上身着圆领窄袖长衣，领口敞开，腰系带，下身着袴，足穿尖头鞋。标本M270：1，高24.2厘米（图一六，6）。

（9）马　每墓出2件。扬头，膘肥体壮，细肢，大蹄，彪键有力。背上有鞍、鞯。标本a.M270：44，高约34厘米（图一七，1）；b.M196：2，高约40厘米左右（图一七，2）。

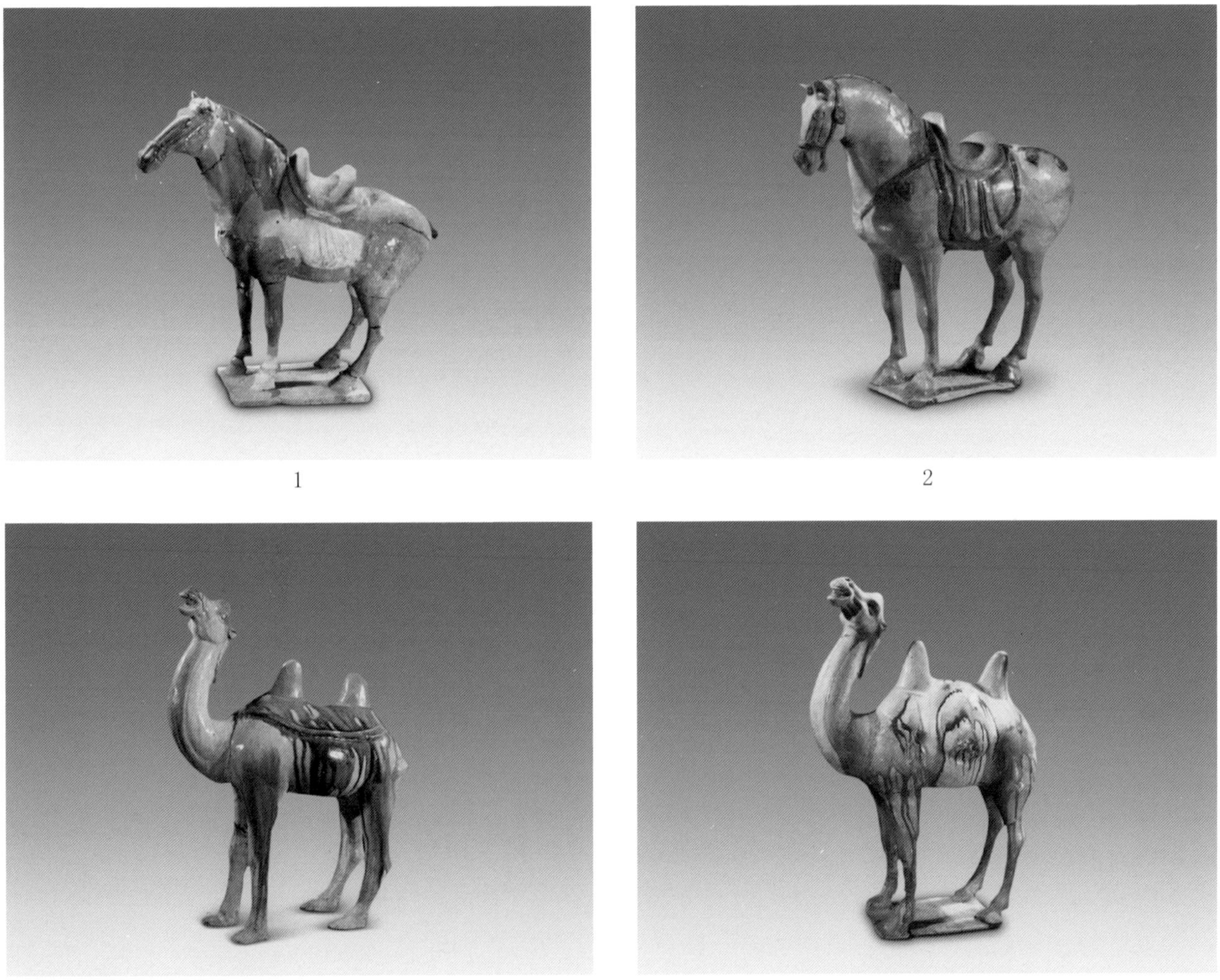

1　2　3　4

图一七　丁群　马、骆驼

马：1、2.（M270：44、M196：2）；骆驼：3、4.（M270：47、24）

（10）骆驼　每墓出 2 件或 3 件。昂头过峰。双峰，细长颈，身腰较圆壮，四肢细长，蹄较大，健壮有力。背覆垫子。标本 a.M270 : 47，高 40 厘米（图一七，3）；b.M270 : 24，身上搭一货袋，高 39.7 厘米（图一七，4）。

2．分组与年代

（1）分组

出土于丁群陶俑的墓仅有 3 座，现将这 3 座墓出土的陶俑列成表四。

表四　丁群陶俑分组表

顺序号	典型墓	镇墓兽	天王俑	高冠男俑	鹖冠男俑	幞头男俑	盘发男俑	高髻女俑	螺形髻女俑	马	骆驼	其他陶俑	铜钱	分组
1	M270	Ⅰ	Ⅰ	√		Ⅰ		A　B	A　B	√	√	羊、狗、猪、鸭		一组
2	M189	Ⅱ	Ⅱ		√	Ⅰ　Ⅱ	√	A　B		√	√	帷帽男俑、猪		
3	M196	Ⅱ	Ⅱ		√		√			√	√	双髻女俑、羊	唐开元通宝	

说明：拉丁字母表示型，罗马字母表示式，“√”表示就有一个型，“？”表示因残碎不能分型式。

从表四中可看到，这 3 座墓马、骆驼的形制相同，其他多有交错现象。说明它们的年代关系密切，很难分开。所以，这三座墓可划为一组。也就是说，丁群陶俑只能分一组。

（2）年代

丁群的Ⅰ式镇墓兽、Ⅱ式天王俑、Ⅰ式幞头男俑、双角形高髻女俑、螺形高髻女俑、马、骆驼的形制与洛阳唐景龙三年（709 年）安菩墓出土的同类俑相似或相同[1]，Ⅱ式镇墓兽的形制与陕西礼泉唐开元六年（718 年）李贞墓出土的同类俑相似[2]，马、盘发男俑与西安唐开元十一年（723 年）鲜于庭诲墓出土的同类俑相同或相似[3]。可见，丁群陶俑的年代应在唐中宗至玄宗开元时期，即公元 705 ～ 741 年。

二　分期与特征

1．分期

以上推断的各群各组陶俑的年代表明，武昌郊区隋唐墓出土陶俑的年代在隋代至唐代开元时期（589 ～ 741 年）；全部陶俑分属于隋、唐高祖太宗、唐高宗武则天、唐中宗至玄宗开元四个时间段。现以这四个时间段为纲，将各群各组所在的时间段列成表五。

从表五中可看出，甲群第一组属于隋时间段，甲群第二组属于唐高祖、太宗时间段，甲群第三组、乙群第一、二组属于唐高宗、武则天时间段，丙、丁群属于唐中宗至玄宗开元时间段。各群的增减有序。此外，可分组的甲群三组俑类型的增减和演变，在本群已形成一个较清楚的发展序列（见表一）。

综合上述，可将武昌郊区隋唐墓陶俑分为四期，即甲群第一组为第一期，甲群第二组为第二期，甲群第三组和乙群第一、二组为第三期，丙、丁群为第四期。

[1] 洛阳市文物工作队：《洛阳龙门唐安菩夫妇墓》，《中原文物》1982 年第 3 期，21 ～ 26 页转 14 页。
[2] 昭陵文物管理所：《唐越王李贞墓发掘简报》，《文物》1977 年第 10 期，41 ～ 49 页。
[3] 中国社会科学院考古研究所：《唐长安城郊隋唐墓》，56 ～ 65 页，文物出版社，1980 年。

表五　武昌郊区隋唐墓陶俑分期表

时间段　　群	甲群	乙群	丙群	丁群	分期
隋代（589 ～ 618 年）	一组				一期
唐高祖、太宗时期（618 ～ 649 年）	二组				二期
唐高宗、武则天时期（650 ～ 704 年）	三组	一组 二组			三期
唐中宗至玄宗开元时期（705 ～ 741 年）			√	√	四期

2．年代

各期的年代就是各期所含各群各组所在的时间段，即第一期为隋代（589 ～ 618 年），第二期为唐高祖、太宗时期（618 ～ 649 年），第三期为唐高宗、武则天时期（650 ～ 704 年），第四期为唐中宗至玄宗开元时期（705 ～ 741 年）。

3．各期主要特征

（1）第一期

这一期仅有甲群，即甲群的第一组。四类陶俑皆有，数量不多，主要有：A 型、B 型Ⅰ、Ⅱ式镇墓兽，A 型Ⅰ、Ⅱ式、B 型Ⅰ式十二时俑，A 型、B 型Ⅰ式、C 型Ⅰ式平巾帻男俑，A 型、B 型Ⅰ式幞头男俑，A 型、B 型、C 型Ⅰ式双髻双环女俑，矮髻女俑，Ⅰ式马。此外，还有笼冠男俑（图一八,1）、介帻男俑、圆帽男俑、波发男俑（图一八,4）、虬发男俑、环髻女俑、牛、狗、鸡等。镇墓兽每墓一般出 1 件，为兽身兽面。女侍俑中常见操作俑，有的还带灶或案台（图一八,2）。造型多较高大，较武昌及其附近六朝时期墓葬出土的陶俑制作细致、质量好[1]。

（2）第二期

这一期也仅有甲群，即甲群的第二组。四类陶俑皆有，数量较多，主要有：B 型Ⅲ式镇墓兽，A 型小镇墓兽，A 型Ⅲ式、B 型Ⅱ、Ⅲ式十二时俑，C 型Ⅱ式平巾帻男俑，A 型Ⅰ式兜鍪男俑，B 型Ⅱ式幞头男俑，A 型Ⅱ式、C 型Ⅱ式双髻双环女俑，A 型、B 型高髻女俑，Ⅱ式马。此外，还有介帻男俑、披发男俑、环髻女俑、牛、骆驼、猪等。新增了小镇墓兽、兜鍪男俑、披发男俑、高髻女俑、骆驼等。同时前一期常见的笼冠男俑、圆帽男俑、虬发男俑、波发男俑、矮髻女俑不见或极少见了。镇墓兽每墓一般出 2 件，均兽身，一兽面、一人面。女侍俑中出现了乐俑。造型除个别平巾帻男俑外，其余均较前一期矮瘦。姿态和形象较生动。

（3）第三期

这一期有甲群和乙群，即甲群的第三组、乙群的第一、二组，四类陶俑皆有，数量多，内容丰富。

甲群主要有：B 型Ⅳ、Ⅴ式镇墓兽，B 型Ⅰ、Ⅱ式小镇墓兽，A 型、B 型双头兽，B 型Ⅲ式十二时俑，B 型Ⅱ式平巾帻男俑，A 型Ⅱ式、B 型兜鍪男俑，B 型Ⅲ式幞头男俑，C 型Ⅲ式双髻双环女俑，A 型Ⅱ式、B 型Ⅱ式高髻女俑，A 型、B 型小髻女俑，Ⅲ式马。此外，还有介帻男俑、双柱形冠男俑（图一八，3）、宽沿帽男俑、披发男俑、双髻女俑、牛车、牛、骆驼、狗等。较第二期增加了双头兽、双柱形冠男俑、小髻女俑、宽沿帽男俑，少见了双髻双环女俑。男俑中出现

[1] 南京大学历史系考古专业等：《鄂城六朝墓》，科学出版社，2007 年。

图一八　类型分析部分未介绍的部分陶俑

1. 笼冠男俑（甲群，M241：22） 2. 双髻双环女操作俑（甲群，M22：54） 3. 双柱形冠男俑（甲群，M161：13） 4. 波发男俑（甲群，M241：19） 5. 幞头男乐俑（甲群，M216：4） 6、9. 双髻女乐俑（乙群，M188：15、12） 7. 虬发男俑（乙群，M188：64） 8. 骆驼（丙群，M76：1）

了乐俑（图一八，5）。造型除镇墓兽之外，均变小，人物形象的俑身材较瘦长，姿态较生动。

乙群主要有：Ⅰ、Ⅱ式镇墓兽，Ⅰ、Ⅱ、Ⅲ式小镇墓兽，Ⅰ、Ⅱ、Ⅲ式双头兽，Ⅰ、Ⅱ式十二时俑，Ⅰ、Ⅱ式平巾帻男俑，A型Ⅰ、Ⅱ式、B型兜鍪男俑，Ⅰ、Ⅱ式幞头男俑，A型、B型双髻双环女俑，A型、B型单髻单环女俑，A型Ⅰ、Ⅱ式、B型、C型高髻女俑，A型、B型小髻女俑，A型Ⅰ、Ⅱ式、B型Ⅰ、Ⅱ式马，A型、B型、C型骑马女俑。此外，还有虬发男俑（图一八，7）、骑马男俑、双髻女俑、双髻垂发女俑、后垂发女俑、梳发女俑、牛车、牛、骆驼、羊、狗、猪、鸡、鸭、鹅等。女俑中多见乐俑（图一八，6、9）。这群俑的造型，A型兜鍪男俑形体较高大，其他人物形象的俑身材较瘦高。其姿态、形象生动逼真，栩栩如生。

这一期的甲、乙两群陶俑除在胎质、胎色和风格上有明显的差别之外，制作技术、俑的形象、品类也有较大的不同。总的看来，乙群制作技术较精细，姿态多样，表情丰富，形象逼真、种类多，尤其是女俑和家蓄家禽种类多样，为甲群所不及。尽管这两群俑差别显著，但在内容上有许多共同之处，两群四类陶俑皆有，都有镇墓兽、小镇墓兽、双头兽、十二时俑、平巾帻男俑、兜鍪男俑、幞头男俑、双髻双环女俑、刀形高髻女俑、小髻女俑、牛车、马、骆驼等，这充分体现了共同时代特征。

（4）第四期

这一期有丙群和丁群，不见甲群和乙群。四类陶俑皆有，数量不多。

丙群主要有：小镇墓兽，双头兽，十二时俑，A型Ⅰ、Ⅱ式、B型Ⅰ、Ⅱ式小冠男俑，Ⅰ、Ⅱ兜鍪男俑，A型、B型Ⅰ、Ⅱ式幞头男俑，双髻双环女俑，环髻女俑，A型、B型高髻女俑，A型、B型螺形髻女俑，小髻女俑，马。此外，还有四神（？）、牛、骆驼（图一八，8）、鸭。俑的品类不多，尤其是家畜家禽类仅见鸭。在女俑中也有乐俑。人物形象的俑造型较高，身材修长。

丁群主要有：Ⅰ、Ⅱ式镇墓兽，Ⅰ、Ⅱ式天王俑，高冠男俑，鹖冠男俑，Ⅰ、Ⅱ式幞头男俑，盘发男俑，A型、B型高髻女俑，A型、B型螺形髻女俑，马，骆驼。此外，还有帷帽男俑、双髻女俑、羊、狗、猪、鸭等。高冠男俑、鹖冠男俑身材较高瘦，幞头男俑、高髻女俑、螺形髻女俑身材瘦，马、骆驼造型矫健。

丙、丁群陶俑不但在胎质、胎色和风格上有显著差别，而且在组合上也有明显不同，丙群的组合接近于第三期甲群，丁群则与第三期甲、乙两群皆相去甚远，而与西安、洛阳地区的同时期墓葬出土的相同或相近[1]。此外，形制、神态和制作工艺也有较大的差异。但也有一些相同之处，如人物形象的俑身材均较瘦长，姿势端正，形象平和、大方；马、骆驼的造型相同或相近。这不难看出，两群俑也有着共同的时代特征。

三　相关问题探讨

这批陶俑内涵丰富，涉及到的问题很多。在这里仅就三个相关的问题做初步的探讨。

1．墓主人身份

出土这批陶俑的墓没有出墓志，墓主人的身份只能依据有关资料来推断。

第一期，即隋代。属于这一期的M1A、M52出土买地券，可知其墓主人是无官品的庶人。这两座墓均为砖砌，平面呈凸字形，甬道和墓室的全长分别为6.22、7.90米，出土陶俑分别为27、

[1] 王仁波：《西安地区北周隋唐墓葬陶俑的组合与分期》，《中国考古学研究论集——纪念夏鼐先生考古五十周年》，428～456页，三秦出版社，1987年；洛阳博物馆：《洛阳唐三彩》，文物出版社，1980年。

34件。其规模和出土陶俑的数量，在这一期陶俑墓中名列前茅。由此可以推断，其他出土陶俑墓墓主人的身份也应是庶人。

第二、三、四期，即唐高祖至玄宗开元时期。众所周知，在唐代，记录墓主人家世和功绩的铭刻物墓志在品官中极为盛行，是品官埋葬中的必备之物。可是，这批出土陶俑的墓竟无一发现。这显然不是一时的疏忽，说明其墓人可能均是无官品的庶人，列祖列宗及本人都没有值得炫耀之处。这个结论还可以从出土的陶俑数量上加以证实。这批出土陶俑的墓葬，每墓出土的数量不等，大部分墓在20～30件，少数在40～60件之间，个别的60余件。这个数字大体在其他地区发现的唐高祖至玄宗开元时期出土墓志、庶人身份明确的墓出土陶俑数量范围内，例如，河南新乡唐麟德元年（664年）无官品的张枚墓出土26件[1]、河南安阳唐上元二年（675年）文人隐士杨偘墓出土52件[2]、河南偃师唐景龙三年（709年）处士李延祯墓出土51件[3]、山西长治唐显庆五年（660年）处士范澄墓出土28件[4]、山西长治唐天授二年（691年）处士冯廓墓出土32件[5]、西安唐神龙三年（707年）无官品的任氏墓出土22件[6]等。可见，武昌唐高祖至玄宗开元时期墓出土陶俑的数量与当时的庶人墓也是基本吻合的。

此外，武昌隋唐庶人墓陶俑，每墓出土的数量从20件左右一直到60余件，数量的范围较宽，相差也较大。这可能是由于墓主人的社会地位和经济实力的不同所造成的。同时，我们还认为可能与唐开元二十九年以前中央对庶人埋葬使用明器的数量没有明文规定有关。据《唐会要》卷三十八《葬》记载：开元二十九年以前关于随葬明器的规定是，三品以上九十事，五品以上七十事，九品以上四十事，庶人“无文”[7]。既然无规定，墓主人就可以根据自己的实际情况来安排。可是这种安排似乎也不是没有限制的，武昌这批出土陶俑的庶人墓和其他地区出土陶俑的庶人墓，每墓出土陶俑的数量大多数在20～30件左右，恰好低于“九品以上四十事”的规定。这不应是巧合，说明隋、唐高祖至玄宗开元时期尤其唐高祖至玄宗开元时期庶人埋葬使用明器的数量可能就在这个范围内。

2．产地

武昌郊区隋唐墓出土的四群陶俑，胎质、胎色和风格各不相同，这显然不是偶然的现象，应是产自于不同的地区。

（1）甲群

甲群在四群中，出土的数量最多，使用的时间也最长，是这批陶俑的主体。迄今在武昌以外的地区还没有发现胎质、胎色和风格相同的陶俑。因此，我们推测甲群陶俑应是武昌地区烧造的。

（2）乙群

乙群在四群陶俑中，出土的数量、使用的时间仅次于甲群，质量好于甲群。这群陶俑在湖南长沙、湘阴一带的唐墓中多有发现，如长沙咸嘉湖[8]、黄土岭[9]、牛角塘[10]唐墓和湘阴城

[1] 新乡市博物馆：《新乡市唐墓简报》，《文物资料丛刊》6，117～121页，文物出版社，1982年。
[2] 安阳市博物馆：《唐杨偘墓清理简报》，《文物资料丛刊》6，130～133页，文物出版社，1982年。
[3] 中国社会科学院考古研究所河南第二工作队：《河南偃师杏园村的两座唐墓》，《考古》1984年第10期，904～914页。
[4] 长治市博物馆：《长治县宋家庄唐代范澄夫妇墓》，《文物》1989年第6期，58～65页转72页。
[5] 长治市博物馆：《山西长治市唐代冯廓墓》，《文物》1989年第6期，51～57页。
[6] 陕西省文物管理委员会：《西安郭家滩唐墓清理简报》，《考古通讯》1956年第6期，51～53页。
[7]《唐会要》卷三十八《葬》，811页，上海古籍出版社，1991年。
[8] 湖南省博物馆：《湖南长沙咸嘉湖唐墓发掘简报》，《考古》1980年第6期，506～511页。
[9] 湖南省文物管理委员会：《长沙黄土岭唐墓清理记》：《考古通讯》1958年第3期，22～26页。
[10] 何介钧等：《湖南长沙牛角塘唐墓》，《考古》1964年第12期，633～634页。

关唐墓[1]等出土的陶俑与乙群完全相同。咸嘉湖唐墓出土的均为青瓷质，是湘阴唐代岳州窑烧造[2]，黄土岭等唐墓出土的虽未发现烧造窑址，但其风格与咸嘉湖唐墓出土的一致，也应是湘阴或长沙地区烧造。可见，乙群陶俑无疑产自湖南。

（3）丙群

丙群出土的数量不多，使用的时间也较短。通观各地唐代墓葬出土的陶俑，唯有江苏扬州地区出土的与丙群相同。扬州郊区城东[3]、西门外杨庙[4]唐墓出土的具有代表性，前者的年代约在唐高宗、武则天时期，后者大体在唐中宗至玄宗开元时期[5]。丙群与扬州唐墓陶俑，不但风格和胎质、胎色相同，而且俑的组合、种类也基本一致，并且同时期同类俑的形制也基本相同。可以肯定它们是一个地区烧造的。据前文有关章节的叙述可知，它们不可能是武昌地区烧造的，很有可能是扬州及其附近地区所烧造。

（4）丁群

丁群出土数量少，使用时间不长。均属于三彩俑。这群俑的胎、釉特征与河南巩义黄冶唐三彩窑址出土的器物相同[6]。此外，这群俑与河南洛阳龙门唐景龙三年（709 年）安菩墓[7]、洛阳关林 M59[8]、偃师杏园 M1902[9]、偃师北窑 M5[10]等墓出土的三彩俑相同。洛阳、偃师一带出土的三彩俑的胎、釉特征也与黄冶唐三彩窑址出土的器物相同。由上述可见，丁群俑应来自于中原地区，黄冶唐三彩窑烧造的可能性较大。

以上分析表明，第一、二期陶俑产自武昌本地，第三期甲群产自武昌、乙群产自湖南地区，第四期则可能产自江苏扬州及其附近地区和河南巩义一带。第三、四期大量采用外地烧造的陶俑来随葬，如实反映了这时期武昌地区对外交往的增多和商品经济的发展。这无疑与武昌处于南北、东西交通要道这个得天独厚的地理位置有重大关系。

3．地方特点

隋唐是大统一时期。武昌郊区与隋唐两京地区（今西安、洛阳地区）出土的陶俑相比，具有许多共同的时代特征，特别是第四期还使用了可能是河南巩义窑烧造的三彩俑，表现出较强烈的一致性。但由于其文化传统和社会习俗的不同，往往存在着一定的差异，具有浓厚的地方特点。与西安、洛阳地区同时期同等级墓出土的陶俑相比[11]，武昌郊区陶俑的地方特点主要表现在以下几点。

其一，武昌郊区隋唐墓出土的陶俑可分为四群，分别来自于武昌本地区、湖南地区、江苏扬州地区、河南巩义一带。地方上的一个地区出土如此多产地的陶俑，在西安、洛阳地区甚至在其他地区都是罕见的。

---

[1] 湖南省博物馆：《湖南湘阴唐墓清理简报》，《文物》1972 年第 11 期，48 ～ 49 页。

[2] 高至喜：《略论湖南出土的青瓷》，《中国考古学会第三次年会论文集》（1981），155 ～ 164 页，文物出版社，1984 年。

[3] 李万、张亚：《扬州出土一批唐代彩绘俑》，《文物》1979 年第 4 期，1 ～ 5 页。

[4] 扬州市博物馆：《扬州邗江县杨庙唐墓》，《考古》1983 年第 9 期，799 ～ 802 页。

[5] 权奎山：《中国南方隋唐墓的分区分期》，《考古学报》1992 年第 2 期，147 ～ 184 页。

[6] 河南省巩义市文物保护管理所：《黄冶唐三彩窑》，科学出版社，2000 年；河南省文物考古研究所等：《黄冶窑考古新发现》，大象出版社，2005 年。

[7] 洛阳市文物工作队：《洛阳龙门唐安菩夫妇墓》，《中原文物》1982 年第 3 期，21 ～ 26 页转 14 页。

[8] 洛阳博物馆：《洛阳关林 59 号唐墓》，《考古》1972 年第 3 期，32 ～ 34 页。

[9] 中国社会科学院考古研究所河南二队：《河南偃师市杏园唐墓的发掘》，《考古》1996 年第 12 期，1 ～ 24 页。

[10] 偃师商城博物馆：《河南偃师县四座唐墓发掘简报》，《考古》1992 年第 11 期，1004 ～ 1017 页。

[11] 西安地区的资料可参见：中国科学院考古研究所《西安郊区隋唐墓》，科学出版社，1966 年；王仁波：《西安地区北周隋唐墓葬陶俑的组合与分期》，《中国考古学研究论集——纪念夏鼐先生考古五十周年》，428 ～ 456 页，三秦出版社，1987 年；洛阳博物馆：《洛阳唐三彩》，文物出版社，1980 年；徐殿魁：《洛阳地区隋唐墓的分期》，《考古学报》1989 年第 3 期，275 ～ 304 页。

其二，武昌郊区隋唐墓出土的陶俑虽然四类皆有，但在每类的组合上与西安、洛阳地区有一定的差别，其中镇墓守卫类比较明显。第一期（隋代），武昌地区的组合是镇墓兽、十二时俑、平巾帻男俑，镇墓兽使用不普遍，一般每墓出土 1 件，个别墓出土 2 件，皆兽身兽面。而西安、洛阳地区的组合是镇墓兽、兜鍪男俑，镇墓兽使用比较普遍，一般每墓 2 件，一兽面、一人面，皆兽身。第二、三、四期（唐高祖至玄宗开元时期），武昌地区甲、乙二群的组合相近，有镇墓兽、小镇墓兽、十二时俑、平巾帻男俑、兜鍪男俑，镇墓兽使用普遍，每墓出土 2 件，一兽面、一人面，皆兽身；丙群的组合是小镇墓兽、十二时俑、平巾帻男俑、兜鍪男俑，不见镇墓兽。丁群的组合是镇墓兽、天王俑、高冠男俑、鹖冠男俑。而西安、洛阳地区的镇墓守卫俑有镇墓兽、平巾帻男俑、高冠男俑、鹖冠男俑、兜鍪男俑、天王俑，在一个墓中不一定同出，同出的常常是镇墓兽、兜鍪男俑或天王俑。可见，武昌地区甲、乙、丙三群的组合与西安、洛阳地区的差别较大，丁群则与其相同。

其三，武昌郊区隋唐墓出土的四群陶俑的原料（黏土）均各取自于本地区，也是在本地区烧造的，胎质、胎色特点各不相同（见本文《类型与年代》一节），具有鲜明的区域特征。并且在细部刻画上与西安、洛阳地区相比，甲、乙两群的特点比较明显，其姿势多样，人物神态富有变化，特别是乙群，模制成形之后，还做了加工、修饰，所以其头饰、头发、五官、衣纹，包括手里拿的物品都非常清晰，栩栩如生；丙群的姿势、表情与西安、洛阳地区比较接近；丁群则与洛阳地区相同。

由上述可见，武昌隋唐墓出土的陶俑除了丁群之外，其他三群具有鲜明的地方特色。

结　语

隋代随葬陶俑风气颇为流行。至唐代，愈演愈烈，以致“王公百官竟为厚葬，偶人象马雕饰如生”，并且这种“风俗流行，下兼士庶”[1]。武昌隋唐墓出土的陶俑就是上述情景的真实写照。

唐玄宗开元二十九年以前，对庶人随葬陶俑的数量没有明文规定，但按一般道理推测，绝不能高于下级官吏。可是，武昌 M401、M216、M161 竟分别出土 62、65、67 件，远远超出了唐六至九品官吏“四十事”的规定。武昌这批陶俑装饰华丽，除了赋彩之外，乙群有的还施青釉，丁群均施三彩釉。为了增强“如生”的效果，乙群陶俑的五官、头发和服饰都经过精刻细雕。值得注意的是，武昌不但使用本地烧造的，而且在唐高宗至玄宗开元年间（第三、四期）还大量使用了湖南、扬州、河南地区烧造的陶俑。在武昌 56 座出土陶俑的墓中，有 26 座使用的是湖南等三个地区烧造的，占 46%；在总计出土的 1225 件陶俑中，有 594 件来自于湖南等三个地区，占 48%。这种情况在隋唐时期其他地区的墓葬中绝无仅有。由上述可见，武昌隋唐时期尤其是唐代，不但厚葬之风盛行，而且较其他地区更为突出。

此外，还要说及的是，武昌地区在唐玄宗开元以后的唐代墓葬中，已不见陶俑。昔日栩栩如生的陶俑群，在武昌地区，已随着埋葬风俗的改变，退出了随葬器物之行列。

摄影：潘炳元

（原载《庆祝宿白先生九十华诞文集》，科学出版社，2012 年）

[1]《唐会要》卷三十八《葬》，810 页，上海古籍出版社，1991 年。

古代瓷窑遗址的发掘方法

古代瓷窑遗址是古代遗址的一个组成部分。古代遗址的发掘方法和原则，完全适用于古代瓷窑遗址，但是古代瓷窑遗址与其他遗址相比，又有一定的特殊性。

一　文化堆积的成因及其特点

古代瓷窑遗址的文化堆积主要是由作坊遗迹、窑炉遗迹和残损的瓷器、窑具、制瓷工具及碎窑砖、炉渣等构成。宋代官窑、明代御窑遗址除此之外，还有有意打碎掩埋的落选御用瓷器。

1. 文化堆积的成因

古代瓷器的生产，首先选定窑场的位置，然后在窑场内建筑作坊和砌筑窑炉。开始生产后，窑工在作坊内做成瓷器的坯件，装置在窑炉中焙烧，瓷器烧成后，将完好的成品取走，把残破、变形的瓷器和损坏、不能再用的窑具及断碎的窑砖、炉渣等清理出来，倾倒在窑炉的两侧或附近。烧造的次数多了、时间久了，就会形成很厚的文化堆积。当窑炉不能再使用时，窑场有的就废弃了，另辟窑场；而有一些往往是将不能再用的窑炉推平，然后在原地重建或在旁边建筑新的窑炉。那么在原地重建的窑炉或在其旁新建的窑炉所产生的残次瓷器、破损的窑具、断碎的窑砖及炉渣等，常常会倾倒在原来的堆积上面，将其覆盖，逐渐形成新的堆积层。上述这样形成的堆积，如果没有被后人翻动或搬动，那么应属于原生堆积。可是在瓷窑遗址堆积中，有的曾明显被翻动或搬动过。大体有两种情况：一是在窑场在生产中，在原来倾倒残次瓷器、破损窑具、断碎窑砖及炉渣等的地方建筑作坊或砌筑窑炉等，就要将这里的堆积移动到窑场内的别处去；二是窑场扩建或改建时，往往从本窑场或其他窑场搬运来窑业堆积以垫洼、垫低、填坑。这样移走的、搬运来的窑业堆积，在新的地方就形成了一种新的堆积，即二次堆积。二次堆积在瓷窑遗址考古中是一个很值得注意的现象。二次堆积一般是比较容易辨认的，但有的由于形成年代久远、内涵比较纯等原因，又往往容易被忽视。

2. 文化堆积的特点

瓷窑遗址文化堆积的特点因窑炉种类的不同而略有差异。龙窑是建筑在山坡或岗阜地带，瓷器在烧成过程中产生的废品、残损的窑具和炉渣等均倾倒在窑炉的两侧，堆积自然形成坡状，有研究者将这种堆积称之为“坡状堆积”。馒头窑一般建筑在高处、局部平整地带，其产生的废品、残损的窑具、炉渣等一般倾倒在窑炉旁边或附近的低凹处，地层堆积相对来说比较平缓，有的则倾倒在坑或沟内，地层有的也作坡状。

二　文化堆积的发掘

文化堆积的发掘是指对一个瓷窑遗址内的某一处文化堆积的发掘。这处文化堆积，可能只有瓷器在烧成过程中产生的废品、残破的窑具和碎窑砖、炉渣等，也可能各种遗物和遗迹均有。在发掘前，文化堆积的内涵不能完全确定。

1．发掘地点和布方

对一个瓷窑遗址进行考古发掘，首先要选定发掘地点，确定布方的位置。这个工作是在对遗址全貌有了基本了解的情况下进行的。对遗址全貌的掌握、了解，一是靠发掘前的考古调查；二是据以往的考古调查和发掘资料；三是据相关的文献记载。发掘地点、探方位置的确定，一是要考虑考古发掘的总体规划；二是要考虑本次发掘要解决或重点解决的问题；三是尽可能选择典型的具有代表性的地点，但要与总体规划相符。

发掘地点、探方位置选定后就要布方。探方的面积多大合适？看法和作法不尽相同。我们的体会是，开5米×5米的探方比较适合于瓷窑遗址堆积的实际情况，甚至有时还可以开5米×2米的探沟。这是因为瓷窑遗址的堆积层形成时间相对较短，土质、土色复杂，有的地层面积较小，再加上有不少都是坡状堆积，所以地层不易掌握，探方面积大了，地层很难控制。当然了，如堆积的地层简单，内涵单纯，或者有特殊情况，也可以开10米×10米的大探方进行发掘。

2．发掘和地层的划分

发掘方法同发掘其他古代遗址一样，从上向下依层次发掘。需要指出的是，如果对该瓷窑遗址第一次进行发掘，对其堆积和地层情况还不十分了解，那么对5米×5米的探方可以先发掘二分之一，当发掘进行到一定程度时，再发掘另外二分之一。这样做更便于掌握、控制地层，有利于提高发掘质量。此外，考虑到瓷窑遗址堆积有些是坡状堆积的特点，发掘时务必时刻注意地层的走向。

瓷窑遗址文化堆积的地层划分主要还是依据土质、土色的差异来进行。以往都觉得瓷窑遗址发掘，划分地层较难。我们通过多次瓷窑遗址考古发掘的实践体会到，在发掘进程中，适时、准确把握土质、土色的变化，地层的划分并不是十分困难的。客观地说，瓷窑遗址堆积的地层，有的不是很明显。凡遇到这种情况时，需要发掘者在发掘过程中特别留神出土遗物的变化，可将出土遗物和土质、土色结合起来判断。一般说来，凡是出土遗物发生了变化，仔细观察探方四壁，会发现土质、土色多少也有些变化。

三　窑炉遗迹的发掘

窑炉遗迹在瓷窑遗址中是最为常见的遗迹。凡是有瓷器烧成过程中产生的废品、窑具、窑砖和炉渣堆积之处，必定有窑炉遗迹存在。

1．窑炉遗迹的发现和确认

发掘窑炉遗迹就要确定准备发掘的对象是窑炉遗迹。窑炉遗迹的发现和确认主要有五种途径：一是在发掘文化堆积时发现、确认的；二是根据窑址的地形、地貌判断、确认的；三是在窑址的断崖上暴露出来的；四是在窑址内挖土、修路、建筑房屋等碰到的；五是雨水、山洪冲刷出来的。窑炉遗迹的确认是发掘窑炉遗迹的前提。

2．发掘步骤

窑炉遗迹的发掘，首先要搞清窑炉的方向，然后确定布方的方案。发掘窑炉遗迹也应采用布方发掘的方法，以便于控制地层。尤其是龙窑遗迹，窑身长，头、尾水平高度差大，各个部位的地层又不尽相同，如不布方发掘，地层很难掌握得清楚。发掘窑炉遗迹的探方面积，以5米×5米为宜。发掘馒头窑遗迹一定要正方向布方；龙窑遗迹也应采用正方向的布方方法，特殊情况下也可以顺着窑炉方向布方。

布完方之后开始发掘。发掘方法、地层的划分标准与发掘文化堆积相同。当发掘到窑炉遗迹处时，就要将窑炉遗迹（包括残存的窑壁上缘、窑外的地面等）尽可能全部让其显露出来。接下来就要发掘窑炉遗迹。发掘窑炉遗迹仍按原来的探方发掘，留下隔梁。古代窑炉顶塌毁后，壁往往残存一定的高度。发掘时，一般是先清理窑炉内的堆积，后清理窑炉外。窑炉内的堆积往往可以分层，层位的编号要以窑炉遗迹为单位。假如，第一号窑炉遗迹窑内堆积可分三层，可分别编为：Y1 ①、Y1 ②、Y1 ③。当清理到此窑炉烧最后一窑时遗留下来的原位未动的匣钵等遗物时(其一般是此窑炉遗迹窑内堆积的最下一层)，不要取出，要保持原状。

窑炉遗迹清理完了，如果还需要了解此窑炉遗迹下面的情况，但这座窑炉遗迹又准备长期保存下来，不能清理掉。在这种情况下，可在窑内选择一个适当的位置，开一个小小的探沟，获取所需要的资料。

此外，窑炉在使用期间，一般都经过多次修补，有的还进行过扩建，更有的全部推倒在原地或原地错位重建。在清理中，一定要十分注意这些迹象，搞清它们之间的关系。

四 作坊遗迹的发掘

作坊遗迹是瓷窑遗址的重要组成部分。由于其多建筑在较平坦之处，更有的是建筑在居住址旁，被后世破坏十分严重，在有些瓷窑遗址中已很难找到一处较完整的作坊遗迹了。

作坊遗迹的发现和确认以及发掘步骤与发掘窑炉遗迹相同。所不同的是，作坊遗迹内的遗迹现象比较复杂，发掘的难度更大一些。

在发掘过程中要十分注意以下问题：首先，作坊内各类遗迹中的最下层发现的制瓷工具、坯件、瓷泥等遗物，不要移动，要作详细记录（文字、实测图、照相、录相），以便推断各遗迹的用途，进而以此来考察制瓷工艺过程和窑场内的分工情况。其次，是要注意作坊遗迹内的布局，搞清遗迹与遗迹之间的关系，同时也要注意作坊遗迹与附近的窑炉遗迹的关系。其三，有些作坊使用的时间较长，经过多次修补或改建，这就需要在发掘过程中注意不同时期的建筑遗迹，以此来判断作坊遗迹的建筑和使用时间以及其间的变动情况。

在瓷窑遗址中，作坊遗迹比窑炉遗迹残破得多，但其是探讨、研究制瓷工艺过程、窑场内的分工乃至生产组织的重要依据，发掘清理好作坊遗迹至关重要。

五 出土遗物的收集

瓷窑遗址的遗物有在瓷器生产过程产生的废品（生烧、过烧、变形、碰碎者等）、破损不能再用和一次性使用的窑具和制瓷工具（陶车部件、铁制刻刀、印模等）等，数量颇多，并相同式样的重复品又特别多，尤其前两种。对如此数量众多的遗物，如何收集？目前发掘者的作法不尽相同。我们是将瓷器生产过程中产生的废品、制瓷工具，一件（片）不落的全部收集入库。窑具由于数量过大，暂时可考虑在发掘现场分类进行统计，取得相关资料后，选择不同类型和一定数量的完整、可复原、有特点的残片作为标本收集入库。

六 地层和遗迹年代的推断

发掘工作结束后，就要写探方和出土遗物记录。记录必然要涉及到探方各层和各个遗迹的年代问题，要对它们的年代作出判断或初步判断。

1．探方各层年代的推断

探方各层年代的推断，首先要用该层位中出土的有纪年器物和铜钱资料。如果该层位中没有出土纪年器物、铜钱，或者是虽然出土了，但资料不够，不足以用来判断该层位的年代，那就要将该层位中出土的典型器物与其他同类纪年器物和纪年墓葬等考古遗迹中出土的同类器物进行比对，推断出它的年代。出土的铜钱对判断地层的年代有重要的价值，但只能用来推断该层位的上限，不能说明下限，有较大的局限性。这是在推断地层年代时应注意的问题。

2．遗迹年代的推断

在瓷窑遗址中，遗迹主要是窑炉遗迹和作坊遗迹。窑炉遗迹、作坊遗迹年代推断的一般作法是，以该遗迹废弃时遗留下来的器物或遗迹内堆积最下层出土的器物来推断其下限，即废弃年代；以该遗迹下面出土的器物或遗迹建筑材料及墙中裹夹的瓷片等来推断其上限，即建筑年代。这些出土器物和建筑材料上一般没有纪年，所以首先就要对出土器物进行断代。断代的方法也是将出土器物与其他同类纪年器物和纪年墓葬等考古遗迹中出土的同类器物进行比对，得出器物的年代，然后再分析遗迹的年代。使用这种办法推断遗迹的年代，可以将遗迹的年代限定的在一定的较小的范围内，可克服遗迹断代年代范围过宽、过于笼统的现象。

七　绘图、照（录）相和发掘记录

瓷窑遗址发掘的绘图、照相、录相和探方记录、遗迹记录的方法、要求同其他考古遗址发掘的同类工作，不再赘述。

古代瓷窑遗址有它的特殊性，但对它的特殊性真正引起重视，并针对它的特殊性对它的考古发掘方法进行探索、总结，是近二十年的事。现在，虽然各发掘单位、各发掘者在作法上还存在差异，但是，古代瓷窑遗址的考古发掘越来越规范化、科学化了。

参考书目

1）严文明：《考古遗址的发掘方法》，《考古学研究（二）》，北京大学出版社，1994 年。
2）任世龙：《瓷窑遗址发掘中的地层学研究》，《考古学文化论集（三）》，文物出版社，1993 年。
3）北京大学考古学系等：《观台磁州窑址》，文物出版社，1997 年。
4）浙江省文物考古研究所等：《寺龙口越窑址》，文物出版社，2002 年。

（未刊稿，撰成于 2005 年 9 月 16 日）

中国陶瓷史研究述评

在讲这个问题之前，先讲一讲陶瓷考古研究与陶瓷史研究的关系问题。

考古学属于人文学科的领域，是历史科学的重要组成部分。陶瓷考古是考古学的一个分支学科，陶瓷史是历史学研究的内容之一，所以陶瓷考古研究应是陶瓷史研究的组成部分。但问题远没有这么简单，考古学研究的对象是实物资料，即是通过田野考古调查、发掘所获得的古代的遗迹、遗物，属于物质的遗存，具体说，出土的古代遗迹、遗物进行描述和分类，推断遗迹、遗物的年代，判明它们的用途和制作方法等，可是考古学作为一门历史科学，研究的内容不仅仅限于这些，它的最终目标在于阐明存在于历史发展过程中的规律。这一目标与历史科学研究的目标是“发现和说明人类发展的规律，阐述历史发展的过程”是一致的。

但是，考古学研究的基础是田野考古调查、发掘工作，考古学作为一门科学，有它自己的内容，周密的方法，系统的理论和明确的目标。具体到陶瓷考古来讲，它研究的对象也是遗迹（作坊、窑炉）、遗物（陶瓷器、窑具、工具等），最终目标是说明陶瓷手工业的发展规律，复原陶瓷手工业的面貌。陶瓷史研究是通过文献资料、实物资料来研究陶瓷手工业的发展规律，探讨陶瓷手工业的发展过程。两者的最终目标是一致的。这是两者的共同点。但它们的研究的对象、方法、过程是有明显区别的。陶瓷考古研究的对象是通过田野考古调查、发掘获得的古代陶瓷方面的遗迹、遗物，即实物资料，采用的是地层学、类型学或类型学的方法，对实物资料做的整理、排比，进行分期、断代，总结特征，并探讨说明其原因，阐述发展规律。陶瓷史研究是以古人用黏土烧制的陶瓷制品的发展的具体过程及其规律作为研究对象的，以文献资料、实物资料为基本资料，运用的应是历史学的研究方法。陶瓷史研究所用的实物资料有考古调查、发掘获得的，也有传世品，它可以直接运用陶瓷考古研究的成果。

按上面所讲的意见，现今的有关陶瓷研究的文章，有的属于陶瓷考古研究，有的属于陶瓷史研究，有相当一部分既不是陶瓷考古研究，也不是陶瓷史研究，那属于什么？属于中国古代陶瓷研究。

明确了这个问题，下面就简要讲讲中国陶瓷史研究的情况。

大约在距今12000年或稍早，中国就开始烧制和使用陶器了，在距今3500年左右的商代早期发明了瓷器。中国的陶瓷手工业具有悠久的历史。可是长期以来无人去总结，无人去研究，中国陶瓷手工业的发展，在古代基本是靠口授师傅教徒弟的方式一代一代往下传。到了近现代这种情况才逐渐有了较大的改变。通观从古至今中国陶瓷史的研究，大体可以分为五个阶段来叙述。第一阶段：明代以前；第二阶段：明清时期（1368～1911年）；第三阶段：1911年至20世纪40年代；第四阶段：20世纪50～70年代；第五阶段：20世纪80年代至今。

第一阶段（明代以前）

明代以前的研究基本上仅见于文献中的零星记载，数量很少。属于专篇的只有南宋蒋祈的《陶记》（是《浮梁县志》中的一篇），其他均散见于各种文献中。这些文献记载，大多都记的是当代的事，而且还是往往在记录别的事情时提到的。例如唐陆羽《茶经》中的记载，唐诗中的部分记载，还有正史的《地理志》和地理书上记载的贡瓷情况等，但也有少量后代记述前代的事的，例如南宋陆游《老学庵笔记》卷二："故都时，定器不入禁中，惟用汝器，以定器有芒也"（中华书局，1979年），这是南宋人记北宋的事。南宋蒋祈《陶记》中虽大多记述的是当代的事，但其中个别段落也涉及到了前代，比如该文一开头就说："陶，昔三百余座"。

总的来看，这阶段的文献记载，还谈不上对中国陶瓷史的研究，仅仅是文献记录而已，但是这些文献资料对后人特别对近现代人对中国陶瓷史的研究起到了重要的作用。

第二阶段（明清时期）

明清时期情况有了较大的改观，文献中有关陶瓷的记载增多。值得注意的有两点，（1）有的专著和地方志中常见陶瓷的专章或专篇，例如明曹昭《格古要论·古窑器论》（《四库全书》本），明宋应星《天工开物·陶埏》（潘吉星译注本，上海古籍出版社，1992年），明王宗沐《江西省大志·陶书》（北京大学图书馆藏的燕京大学抄本，北京图书馆藏本，明万历二十五年刻本），清康熙《浮梁县志·陶政》等；（2）出现了陶瓷方面的专著，例如清朱琰《陶说》、清蓝浦《景德镇陶录》、清佚名《南窑笔记》等。这个时期的文献记载有的仍然是记当代的事，如《天工开物·陶埏》等，但较多的记录了明以前的事，有的全篇都是记明以前的事，如《格古要论·古窑器论》，记的都是宋元时期的瓷窑。并且有的专著已具备了陶瓷史的性质，例如清朱琰《陶说》、蓝浦《景德镇陶录》等。《陶说》第一次刻印是在乾隆三十九年（1774年），被称作中国第一部陶瓷史著作。《景德镇陶录》撰写于乾隆末年，嘉庆二十年（1815年）刻版流行，该书是记录景德镇清代及清以前陶瓷生产的专著，也可以说是一部景德镇的陶瓷史著作，同时该书对景德镇以外的历代名窑也做了简单的考述。这时期的陶瓷史著作，无论是全国性的还是地方性的，都是重点讲当朝，然后往前返溯，依据的资料，明以前基本都是文献资料，明清时期除了文献资料外，还有作者的所见所闻或亲身经历。书中有很多非常好的总结性见解。当然，由于社会环境和资料的缺乏，这些著作还有很大的局限性。

总的来看，这阶段有关陶瓷方面的文献记载增多，并出现了专著，人们注意了对陶瓷发展史的探讨和总结。

第三阶段（1911年至20世纪40年代）

随着清王朝的覆灭，原来藏于宫禁中的大批珍稀瓷器呈现于世间，激发了人们对中国陶瓷研究的兴趣，有关中国古代陶瓷方面的研究文章、专著不断问世，具有代表性的有许之衡《饮流斋说瓷》（民国间铅印本），邵蛰民著、余启昌增补《增补古今瓷器源流考》（1938年铅印本）。与此同时，有关陶瓷史的文章、专著多了起来，有的专著的书名就称"中国陶瓷史"，代表性的有董昱《古陶瓷述略》（《西湖博物馆馆刊》1933年第1期）、朱杰勤《陶瓷小史》（《史学专刊》1936年1卷3期）、泽人《中国陶瓷总说》（《学林》1941年第7辑）、黄裔《瓷史》二卷（民国间刊本）、吴仁敬、辛安潮《中国陶瓷史》（商务印书馆，1936年12月初版）、江思清《景德镇瓷业史》（中华书局，1936年12月）等。这些陶瓷方面的研究著作、文章，所依据的资料基本上都是文献资料和传世品，对明清时期写的比较详细，明以前比较简单，这大约是因为明清时期文献资料比较多，传世品比较丰富的缘故。在陶瓷史研究的著作中颇受重视的是吴仁敬、辛安潮的《中国陶瓷史》，1936 年 12 月出了第一版，1937 年 3 月出了第三版，1954 年还出了一版，1998 年又再版。

通观这阶段中国陶瓷史研究的情况，文章、专著的数量增加了，依据的资料没有太大的改变，内容简单、概括，甚至有的地方现在看来还有错误之处。还不能反映丰富多彩的中国陶瓷发展史。但毕竟是前进了，中国陶瓷发展史的研究已引起了知识界的重视，并取得了一定的成果。

在讲这阶段中国陶瓷史研究时，不能不提到的是著名学者陈万里先生的贡献。陈万里先生针对长期以来依靠少量的文献资料研究中国古代陶瓷史的状况指出："照过去的老路——只靠点滴的文献史料进行研究，是无法取得显著成效的。"于是，20 世纪 20 ～ 40 年代，陈万里等走出书斋，对古代生产瓷器的窑址进行考古调查，开拓了一条中国陶瓷史研究的新路。从 1928 年起，他先后调查了浙江龙泉窑、越窑、婺州窑、瓯窑遗址等，其中对龙泉窑、越窑遗址调查地点多，考察尤详，"他曾到过八次龙泉、七次绍兴"。在调查中搜集了大量的瓷片标本。陈万里先生对在浙江调查古代窑址所获资料做了排比研究，于 1946 年出版了《瓷器与浙江》一书。这是第一部以田野考古资料为基本资料，结合墓葬出土器物和古代文献资料进行研究的著作，乃是陶瓷考古研究的开创之作，同时也为中国陶瓷史的研究开辟新的研究途径指明了出路。他在这部著作中对浙江青瓷的若干问题做了较为深入、细致的研究，发表了一些真知灼见，有的方面纠正了传统看法，有的则为多年以来不能解决的疑难问题找到了答案或解决线索。此书的意义正如李辉柄所言："堪称是从传统'书斋考古'迈向窑址考古的一座丰碑。"

第四阶段（20 世纪 50 ～ 70 年代）

前一阶段陈万里先生等开始的陶瓷田野考古，在这一阶段得到了迅速的发展。1949 年新中国建立之后，文物考古事业蓬勃发展，陶瓷考古也呈现出日益兴旺的局面。在这一阶段文物考古工作者对古代瓷窑遗址做了普遍调查，并配合基本建设展开了考古发掘工作，同时，城址、墓葬、窖藏、塔基、沉船等又出土了一大批陶瓷器，为中国陶瓷史的研究提供了丰富的实物资料。在这阶段，研究者依据考古资料，对中国陶瓷史的一些基础问题展开了研究，例如古代制瓷手工业的分布，各地区各瓷窑产品及其特征，文献记录的瓷窑的具体地点，部分传世品的产地问题等。这些陶瓷史上的最基本的问题，仅依据文献资料是无法解决的。与此同时，对中国陶瓷史中的有关问题展开了研究，例如新石器时代的彩陶、中国瓷器的起源、瓷器的烧成工艺等问题。在这些研究广泛开展同时，对中国陶瓷发展史进行了总结，陆续出版了一些专著。这些著作大体可分为四类：第一类对中国瓷器发展史的总结，代表性的著作有傅振伦著《中国伟大的发明——瓷器》（三联书店，1955 年），江西省轻工业厅景德镇陶瓷研究所著《中国的瓷器》（中国财政经济出版社，1963 年）；第二类是对中国瓷器中的某一个品种发展史的总结，代表性的著作是陈万里著《中国青瓷史略》（上海人民出版社，1956 年）；第三类是对某一个地区陶瓷发展史进行总结的，例如江西省轻工业厅陶瓷研究所著《景德镇陶瓷史稿》（三联书店，1959 年）；第四类是对某一个瓷窑的发展史进行总结，例如蒋玄佁著《吉州窑》（文物出版社，1958 年）。在陶瓷史研究方面出现了可喜的成果。这些陶瓷史著作与前一阶段陶瓷史著作相比，最突出的特点是，大量采用了陶瓷田野考古调查、发掘资料，内容丰富、充实多了。但由于成书较早（20 世纪 50 年代和 60 年代初）和资料的局限，大多还仅仅是介绍资料，有许多重要的问题尚未涉及，而且重点总结的是瓷器，陶器很少论及。本阶段还没有一部完整的中国陶瓷史著作。

第五阶段（20 世纪 80 年代至今）

这一阶段是中国陶瓷史研究的黄金时期。前一阶段的陶瓷田野考古为这个阶段的陶瓷史研究积累了资料并奠定了基础。个案和综合研究全面展开，并向纵深发展。研究讨论的问题主要有陶器出现的时间、彩陶问题、汉代釉陶问题、唐三彩问题等，瓷器方面主要有瓷器的起源、原始瓷器的产地、青花瓷器的起源发展及相关问题、宋代官窑问题、明清御窑厂问题、瓷器的烧成工艺、陶瓷器的制作工艺、瓷器的外销问题等等都取得了显著的成果，解决了陶瓷史中的一些重要问题。在个案和综合研究广泛开展的同时，学术界开始对中国陶瓷发展史和地方陶瓷发展史进行了总结。1982 年由中国硅酸盐学会组织各方面专家编著的《中国陶瓷史》正式出版，此书是自古以来第一部完整的中国陶瓷史，具有划时代的意义，是中国陶瓷史研究中的一件大事，是学习、研究古代陶瓷的一部重要的参考书。但应特别指出的是，此书出版于 1982 年，至今已有 20 年了，这 20 年是中国陶瓷研究突飞猛进时期，资料大量增加，研究成果累累，所以这部书的资料需要补充了，有些观点也需要修正了，但目前还没有一本书能完全替代它，所以至今仍是我们的一部重要的参考书。叶喆民著《中国陶瓷史纲要》（轻工业出版社，1989 年）、李知宴等著《中国陶瓷简史》（外文出版社，1996 年），叶喆民著《中国陶瓷史》（生活 · 读书 · 新知三联书店，2006 年）也是这时期具有代表性的中国陶瓷史方面的著作。以省为单位的地方陶瓷著作陆续出版，有周世荣著《湖南陶瓷》（紫禁城出版社，1988 年），赵青云著《河南陶瓷史》（紫禁城出版社，1993 年）、叶文程等著《福建陶瓷》（福建人民出版社，1993 年）、余家栋著《江西陶瓷史》（河南大学出版社，1997 年），对各地区的陶瓷发展史作了梳理。此外还有了断代史，例如叶喆民著《隋唐宋元陶瓷通论》（紫禁城出版社，2003 年）。中国陶瓷史和部分以省为单位的地方陶瓷史的出版，应该说是集中反映了这阶段中国陶瓷史研究的成果，对进一步深入研究中国陶瓷史和地方陶瓷史有重要的意义。但是我们也应看到，这些陶瓷史著作还很不完善，尤其是由于缺乏文献记载和考古资料，对中国陶瓷手工业的生产组织、管理等生产关系方面的总结还很不够。

在中国陶瓷史研究中还有一点值得注意，那就是陶瓷科学技术的研究。陶瓷科学技术的研究起步较早，在第三阶段即 20 世纪 30 年代初就开始了，到第四阶段有了很大的发展，到第五阶段已取得了显著的成果，并开始从科学技术的角度总结中国陶瓷发展史。代表著作有李家治等著的《中国古代陶瓷科学技术成就》（上海科学技术出版社，1985 年）、李国桢等著《中国名瓷工艺基础》（上海科学技术出版社，1988 年）、李家治等著《中国科学技术史 · 陶瓷卷》（科学出版社，1998 年）。陶瓷科学技术研究和研究成果，毫无疑问对中国陶瓷史的研究会有促进作用。

从古至今，经过一代代人的不懈努力，尤其是新中国建立后，中国陶瓷史的研究取得了令人瞩目的成果，大体搞清了各时期、各地区陶瓷手工业的面貌及其产品的特征，中国陶瓷手工业发展的过程基本搞清楚了，中国陶瓷发展史的框架建立起来了。但也应看到，还有许多问题需要去探讨、去解决，还有许多问题需要去深入、系统地进一步研究。

（未刊稿，2002年2月25日初稿，2005年2月20日修订，2009年1月30日修订）

中国陶瓷考古的新进展

中国古代陶瓷手工业非常发达。考古资料和研究成果表明，中国至迟在距今12000年时就开始烧造和使用陶器了，在距今3500年左右发明了瓷器。此后，陶瓷手工业生产一直没有间断。迄今保留下来了数量巨大的古代陶瓷手工业的遗迹和遗物，为现代的陶瓷考古提供了广阔的空间。

一　回顾

中国的陶瓷考古出现于20世纪20年代，代表学者为陈万里先生。从1928年起，他先后调查了浙江龙泉窑、越窑、婺州窑、瓯窑等窑址，其中对龙泉窑、越窑遗址调查尤为详细，“他曾到过八次龙泉、七次绍兴”。在调查中搜集了大量的瓷片标本，并对所获瓷片资料作了整理、研究，于1937年出版了《越器图录》、1946年出版了专著《瓷器与浙江》。《瓷器与浙江》是第一部以瓷窑址调查资料为基本资料、结合墓葬出土瓷器和古代文献记载进行研究的著作。他在这部著作中，对浙江青瓷的年代、秘色瓷、吴越贡瓷、哥窑等诸多问题做了较为深入、细致的探讨，发表了自己的真知灼见。此书是20世纪40年代陶瓷考古研究的代表作。

20世纪50年代及其以后，文物考古事业蓬勃发展，陶瓷考古也进入了前所未有的发展时期，文物考古工作者对古代陶瓷手工业遗址展开了考古调查，配合基本建设工程进行了考古发掘，并还带着学术问题做了一些主动发掘工作，出土了大量的遗迹和遗物。与此同时，在发掘的古代墓葬、城址、窖藏、塔基地宫、沉船等考古遗迹中陆续出土或出水了大量的陶瓷器。发掘者对所获资料做了整理、研究，出版了一批考古发掘报告，例如《广州西村古窑遗址》、《陕西铜川耀州窑》、《潮州笔架山宋代窑址发掘报告》、《观台磁州窑址》等。研究工作逐渐展开、稳步进行，发表了一大批研究成果，专著有李文杰著《中国古代制陶工艺研究》、李国桢等著《中国名瓷工艺基础》、熊海堂著《东亚窑业技术发展与交流史研究》、彭善国著《辽代陶瓷的考古学研究》、佐久間重男著《景德镇窑业史研究》等。到20世纪末，陶瓷考古取得了令人瞩目的进展，首先是积累了数量巨大、颇成系统、内涵丰富的陶瓷手工业遗迹、遗物资料；第二，大体搞清楚了瓷窑址的数量、分布情况和制瓷手工业的基本面貌；第三，基本了解、掌握了各时期、各地区、各瓷窑瓷器的特点、制作工艺、使用对象等；第四，出版了以考古资料为基本资料编撰的地方陶瓷史和中国陶瓷史方面的著作，例如周世荣《湖南陶瓷》、赵青云《河南陶瓷史》、中国硅酸盐学会编《中国陶瓷史》等；第五，在进行考古学研究的同时，大力开展了对古代陶瓷的科学技术研究，出版了《中国古代陶瓷科学技术成就》、《中国科学技术史·陶瓷卷》等著作。

二　新进展

20世纪末以来，也就是最近10余年，中国的陶瓷考古有了许多新的进展。进入21世纪后，带着学术问题，对一些古代陶瓷窑遗址做了考古发掘，出土了数量众多的遗迹、遗物，获取很多新资料、新信息，有许多新突破。现选择巩县窑址、汝窑址、越窑址、杭州老虎洞窑址、龙泉窑址、景德镇御窑址的考古发掘的重要成果简述于下。

1．巩县窑址

巩县窑址位于河南省巩义市站街镇大、小黄冶村和北山口镇白河村一带，分布在黄冶河、西泗河两岸。2002 ～ 2003 年对黄冶窑址、2005 ～ 2008 年对白河窑址做了考古发掘工作，出土遗迹、遗物非常丰富。重要的发现主要有二项：

第一，白河窑址出土了北朝晚期的白釉瓷器，器形有碗、杯等，造型规整，修坯较细，胎细釉莹，制作工艺比较精良。说明白河窑北朝晚期已开始烧造白釉瓷器，这是迄今经考古发掘证实的最早的烧造白釉瓷器的窑址。以往仅在河北邢窑遗址考古调查中采集到少许推断为北朝晚期的白釉瓷器，胎粗釉糙，质量无法同白河窑白釉瓷器相比。白河窑址出土的北朝晚期白釉瓷器是探索白瓷与青瓷的关系、白瓷起源的重要资料。

第二，在黄冶窑址、白河窑址均出土了唐代晚期的青花瓷器，器型有执壶、碗、枕残片，以确凿的实物资料证明巩县窑是唐青花瓷器的产地。以往认定江苏扬州唐城遗址、印度尼西亚黑石号沉船出土、出水的唐代青花瓷器是巩县窑烧造的，是根据胎、釉等工艺特征推断的，尚没有窑址出土资料。巩县窑之所以在唐代晚期成功烧造出青花瓷器，恐怕同其自唐高宗以来长期烧造三彩器有一定的关系。在黄冶、白河窑址中出土了大量的唐代三彩器，这些三彩器的釉色搭配是黄褐蓝、黄褐绿、白褐绿或白褐蓝等，还有白绿、褐绿等二彩的。值得注意的是，有一些是白釉为底釉，其上点绘蓝釉，即通常说的白釉蓝彩。这种白釉蓝彩器与三彩器的制作工艺是完全一致的，应属于三彩器的范畴。唐青花瓷器是器物成型后在胎表以钴料绘画花纹，然后施透明釉，置放在窑炉中以高温一次烧成，与唐三彩器的制作工艺完全不同。所以，唐青花瓷器与唐三彩器没有发展、演变关系。但唐青花瓷器的出现，有可能是受到了唐三彩器尤其是白釉蓝彩器的启示，或许是从白釉蓝彩器中得到的灵感。

2．汝窑址

这里所说的汝窑址是指北宋烧造御用瓷器的窑址，即通常所说的汝官窑址。南宋叶寘《坦斋笔衡》记载："本朝以定州白磁器有芒，不堪用，遂命汝州造青窑器。故河北唐、邓、耀州悉有之，汝窑为魁。"但长期以来，没有发现汝窑窑址，直到 1999 年通过考古发掘确认其窑址位于河南省宝丰县大营镇清凉寺村内。汝窑窑址具体位置的确认是陶瓷考古的一件大事，使几代学人的苦心探索，终于有了圆满的结果。之后，2000 ～ 2002 年先后进行了三次考古发掘，出土了一批窑炉、作坊遗迹和大量的瓷器、窑具等遗物，使学术界比较全面、真实了解了当年汝窑的面貌；同时，昭示了仅依据少量传世品和零散的文献资料研究汝窑的时代的终结。

汝窑窑址考古发掘为全面认识、深入研究汝窑提供了科学的第一手资料，收获是多方面的，其中对汝窑年代的确定是其重要的成果之一。关于汝窑的年代，以往的权威说法是，"从徽宗的崇宁五年（1106 年）往上推到哲宗的元祐元年（1086 年），在此二十年间"。通过对出土资料的整理、研究，《宝丰清凉寺汝窑》作者认为，汝窑"创烧不晚于宋神宗元丰年间"，"成熟阶段为宋哲宗和宋徽宗时期"。这一结论对深入研究汝窑、复原汝窑的生产面貌是十分重要的。

3．越窑址

越窑址位于浙江上虞、慈溪一带，唐宋时期烧造中心区域基本转移到了慈溪市，窑场分布在慈溪市的上林湖、古银锭湖、白洋湖、里杜湖岸畔，其中以上林湖周围数量最多、最为密集。1998 ～ 1999 年对古银锭湖寺龙口窑址做了考古发掘工作，除出土了五代、北宋早期的秘色瓷、瓷质匣钵等珍贵资料之外，还有两类资料尤为重要：

第一，在发掘中发现了未经扰动的南宋早期的地层堆积，出土有龙窑等遗迹和瓷器、窑具等遗物。这说明寺龙口窑址的年代下限在南宋早期，进而可知，越窑在南宋早期仍在生产。值得注意的是，稍后，有研究者依据这批资料提供的信息，结合在古银锭湖开刀山窑址采集的资料，对越窑的年代下限做了探讨，提出了“越窑的下限约为13世纪早期”的意见。以往的研究往往是讨论其衰落的时间，有的认为“衰于北宋中后期”，有的则认为“大约是在北宋中期衰落的”等，很少有人讨论它的下限。寺龙口窑址发掘出土资料及后来的研究，明确了越窑的年代下限，是越窑考古的一个突破。同时，也使杭州等地出土的一些南宋时期产地不明的刻花青瓷找到了窑口。

第二，南宋地层出土的瓷器。该层出土的瓷器有粗、细两种，这里要说的是细者。精细者有青釉、天青釉瓷器两类，青釉瓷器的器型有梅瓶、瓶、碗、盘、碟、杯和钟、香炉、觚、器座等，造型端庄古朴，釉面光润，多有装饰花纹，纹样多为兰草纹；天青釉瓷器的器型有罐、瓶、碗、盘、洗、花盆、鸟食罐、觚等，造型古朴大方，釉面莹润，色调浅淡，无花纹装饰。这批瓷器精细、美观，制作工艺讲究，尤其还有大量的祭祀用器，显然不是一般的瓷器。据《中兴礼书》记载，南宋高宗绍兴元年（1131年）、绍兴四年（1134年）朝廷曾分别命越州和绍兴府余姚县烧造明堂祭器。而慈溪寺龙口村一带在南宋时期正属越州和绍兴府余姚县。由此可见，这批瓷器应是给宫廷烧造的。这样就确定了南宋初期越窑给宫廷烧造瓷器的具体窑址（当然不止这一处），并知道了瓷器的种类、器类、器型和特征，这是越窑考古的新成果。

此外，关于唐代越窑秘色瓷的秘色涵义问题的研究也有了新观点。以往的研究，多在探讨“秘色”之“秘”是什么颜色。由于迄今确认的秘色瓷绝大多数为青绿色，所以有不少研究者认为秘色是“青绿色”，有的竟认为“‘秘色’应为‘碧色’之误”。近年笔者对这个问题作了探讨。笔者的研究是从探索“秘”字的涵义入手。现存的唐代字书，有些没有收录“秘”字，有的虽收录了，但仅是注读音，没有解释字义。可是唐代文献中使用“秘”字的情况屡见不鲜，通过文献中“秘”字的组词和所在句子，知道在唐代“秘”字有“珍稀”、“罕见”、“奇特”的意思，并且“秘”、“珍”、“奇”三字往往通用，唐代人在记录珍稀、罕见或奇特的物品尤其与宫廷有关的物品时，在物品名称前面常常不用“珍”、“奇”等字，而用“秘”字，这也是“秘”字在唐代的习惯用法。因此，笔者认为，“唐代越窑秘色瓷的秘色是指瓷器釉的颜色，但不是某一种具体颜色，而是表示这类釉是一种珍稀、罕见、奇特的颜色”。

4. 杭州老虎洞窑址

老虎洞窑址位于杭州市上城区凤凰山与九华山之间的一个山岙中。1996年发现，1998～2001年进行了考古发掘。发现了北宋、南宋、元代三个时期的地层堆积。南宋时期地层堆积中出土遗迹、遗物最为丰富。遗迹主要有烧造瓷器的龙窑、素烧坯件的馒头形窑和作坊，规模较大，建筑规整、讲究。遗物主要是瓷器和窑具。瓷器的器型有兽首环耳壶、梅瓶、长颈瓶、折肩瓶、镂孔套瓶、碗、盘、盏托、盆、洗、供碗、花盆、觚、樽式炉、鼎式炉、鬲式炉等，祭祀用器占相当大的比例，造型端庄、古朴、大方；胎呈深灰、灰褐或黑褐色，质地细密或较细密；釉色有青灰、粉青、米黄色等，有厚胎薄釉、薄胎厚釉，釉面多较莹润，开大小不同的纹片；一般无花纹装饰。窑具有漏斗形匣钵、桶形匣钵和置设五或六枚支钉的饼形支烧具。南宋层出土的遗迹、遗物与同时期的民窑显著不同。关于它的性质，2001年6月在杭州召开的“杭州老虎洞窑址考古发现专家论证会”上，与会专家20余人，绝大多数专家认为老虎洞窑址南宋层“就是文献记载的修内司官窑”。据文献记载，宋代官窑有北宋官窑、南宋修内司官窑、南宋郊坛下官窑三座。郊坛下官窑遗址于 20 世纪 20 年代发现并确认，1956 年做过小规模发掘，1985 ～ 1988 年做了较大规模的发掘。北宋官窑遗址迄今还没有发现。修内司官窑遗址的发现及出土资料是宋代官窑考古的一个亮点，同时引发了对其迄止年代、与相关瓷窑关系等问题的讨论。

5．龙泉窑址

龙泉窑址位于浙江省龙泉市一带，分布在瓯江上游的龙泉溪、秦溪及其支流两岸，金村、溪口、大窑是三处具有代表性的窑址。2006 年对大窑枫洞岩窑址进行了考古发掘，出土了一批元明时期的资料。明代资料比较丰富，遗迹有龙窑、房基、院落等；出土的遗物有瓷器和窑具等。瓷器中除了大量的民用瓷器外，还有数量可观的官用瓷器。官器器型有大碗、碗、菱口折沿盘、折沿盘、盘、洗、高足杯、玉壶春瓶、梅瓶、罐、器座等，造型端庄大方，胎细釉润，装饰技法娴熟，工艺精湛，年代为洪武、永乐时期。枫洞岩窑场虽然烧造官用瓷器，但是从窑场规制尤其是从民间用瓷和官用瓷器在同一地层中共出的情况来看，应属于民窑性质，即官用瓷器是下派到民窑来烧造的。龙泉窑明代早期烧造官用瓷器一事，明代文献中有记录，北京故宫博物院、台北故宫博物院也有实物资料。因此，有研究者认为明代中央政府在龙泉设置了官窑，甚至有的认为枫洞岩窑址就是官窑址。事实证明，不是给宫廷烧造过瓷器的窑都是官窑，官窑是有一定条件的。我们认为，官窑应具备以下四个条件：一是要有独立的窑厂；二是中央政府派员或委派地方官员管理；三是经费由中央政府负责；四是产品由宫廷和中央政府有关部门使用，不作为商品出售。这四条中，第一条最为重要，没有独立的窑厂，就谈不上是官窑。

6．景德镇明清御窑址

景德镇明清御窑窑址位于景德镇市市中心的珠山地区，以珠山上的龙珠阁为中心，呈南宽向北渐窄的长梯形分布，总面积约为 54300 平方米。2002 ～ 2004 年对该窑址进行了较大规模的考古发掘，出土了明代御窑的围墙、院墙、窑炉和掩埋落选御用瓷器的小坑、小堆、片状堆积等一大批遗迹及瓷器、窑具等大量遗物。这批出土资料非常珍贵，对进一步认识御窑的面貌有重要的学术价值。选择五项述于下。

第一，明清御窑厂皆有围墙，现地面上已无迹可寻，准确的位置已无从查考。这次发掘出土了部分明代早期的北墙和西墙遗迹。院墙遗迹的发现，复原了御窑厂内部分区域的布局。

第二，出土的窑炉遗迹有葫芦形窑和馒头形窑两种，前者年代为明代洪武至永乐时期，后者为明代宣德至万历时期。成书于明代嘉靖晚期的《江西省大志》对御窑的窑制虽有记载，但没有记录窑炉的形制、结构。出土资料不但展现了窑炉形制、结构，而且还表明了御窑洪武至永乐时期使用的是葫芦形窑，宣德至万历时期使用的是馒头形窑。明代王宗沐《江西省大志》卷七《陶书》陆万垓增补“廨宇”条引陈学乾《陶政录》载：御器厂“为窑（六），曰风火窑，曰色窑，曰大小㸑熿窑（连色窑共二十座），曰大龙缸窑（十六座），曰匣窑，曰青窑（四十四座）”。这六种窑，与出土的窑炉资料对比，皆应是馒头形窑。有意思的是，出土的馒头形窑与文献记载的六种窑有的还能对应起来：有的窑壁烧得很严重，壁内侧挂满了厚厚的“窑汗”，这类窑炉可能就是专烧高温小件器物的“青窑”；有的窑壁烧得很轻，壁内侧没有“窑汗”生成，这类窑炉可能是烘彩或烧低温颜色釉的“色窑”、“㸑熿窑”。

第三，出土窑具有匣钵、套钵、垫饼。值得注意的是，套钵。套钵大约出现于明代永乐时期，宣德时期流行，明代中期仍在使用。其是以瓷土制作，质地细密，呈白色，做钵形，有盖面隆起的盖。使用时，将其放在深腹桶形匣钵内，内底铺一层细砂，细砂上置一瓷土制作的垫饼，垫饼上放一器物，然后盖上盖。套钵及这种装烧方法，为景德镇明代御窑所独有，对提高烧成质量和成品率应有重要作用。

第四，出土的明代掩埋落选御用瓷器的小坑、小堆、小型片状堆积、片状堆积遗迹，进一步印证了明代御器厂落选御用瓷器打碎掩埋的管理制度。将这次出土资料和以前发现的资料综合起来看，这种管理制度至迟在永乐时期就已确立，洪武、永乐时期是打碎后倾倒在平地或低凹处，堆积比较厚，面积比较大，一次处理的数量比较多，可能是隔时集中处理的；宣德时期打碎后放在事先挖好或做好的小坑里，或堆成小堆，或倒成一小片，操作细致、认真、严格，每个小坑、小堆、小型片状堆积的瓷器数量都不多，且分布比较分散，可能是随时处理；正统时期不再单独挖坑或堆堆，而是打碎后堆放在已有的坑或沟槽里；成化至嘉靖时期是打碎后顺着由窑业堆积构成的小山的坡面倾倒，堆积层较薄，面积较大，最大者竟达70余平方米，应是隔时集中处理，处理得比较草率；隆庆、万历时期打碎掩埋的管理制度基本被废止，而是将落选御用瓷器存贮于库房，至于如何处理，没有明确的制度规定。

第五，瓷器大多出自于小坑、小堆、小型片状堆积、片状堆积，绝大多数可以复原，其中有很大一部分可以修复起来。瓷器品种多，器类多，器型丰富，特别是有一些不见于传世品和以往的出土资料中，例如，永乐青花釉里红云龙纹梅瓶、釉里红云龙纹梅瓶、釉里红赶珠龙纹碗、红釉僧帽壶、红釉印花盖盒、黑釉划花鼎式炉，宣德洒蓝釉刻花云龙纹大罐、洒蓝釉刻花赶珠龙纹碗、洒蓝釉赶珠龙纹盘、孔雀绿釉鱼藻纹梅瓶、孔雀绿釉鱼藻纹梨形壶、青花花卉纹果盘、仿哥釉小罐，正德青花大盘、青花方盘等，弥足珍贵。

以上叙述、总结了六座窑址的考古成果，将这些成果做一归纳，可以看出陶瓷考古的新进展涉及六个方面：一是文献记载的瓷窑窑址的发现；二是早期白瓷窑址的发现；三是瓷窑窑址年代；四是瓷窑窑址性质；五是窑厂管理制度；六是烧造工艺。尚需强调的是，取得的这六个方面的进展，新资料的发现是前提。

三　展望

陶瓷考古如从陈万里开始调查浙江古代瓷窑遗址算起，至今已有80多年的历史了。80多年来，经过几代学人的不懈努力，取得了丰硕的成果，尤其是近10余年更有许多新进展。这些成绩已载入史册。今后，应需要继续努力：第一，加强综合研究，包括对一座瓷窑、一个地区、一个时期、一类陶器或瓷器的研究。综合研究，长期以来都比较薄弱，尽可能改变这种状况。第二，加强重点问题尤其是学界乃至社会关注问题的研究，例如，柴窑、北宋官窑、哥窑窑址地点，官窑概念，传世钧窑瓷器的年代，元代青花瓷器，景德镇明清民窑青花瓷器，瓷器的外销与制瓷技术交流，历代建筑陶瓷，陶瓷手工业的生产组织形式，等等问题。第三，研究思路要有创新，提高研究水平。

展望未来，陶瓷考古必将掀开新的一页，定会取得更大的成绩！

（此文撰成于2010年3月6日，并于2010年7月29日在中国社会科学院考古研究所创立60周年纪念国际学术研讨会上以《近年中国陶瓷考古发现与探索》为题发表演讲，其摘要收入中国社会科学院考古研究所《考古学的过去、现在和未来——中国与世界》）

中国古代陶瓷考古的教学和研究

中国具有悠久的陶瓷手工业历史。瓷器是中国人的伟大发明，是中华民族优秀文化的一个重要组成部分。瓷器制作在考虑到实用和使用方便的同时，还特别追求艺术效果。瓷器的造型、釉色、图案花纹富有浓郁的生活气息，具有鲜明的民族特色，不但深得国人的喜爱，而且也受到世界各国人民的欢迎，对世界文明做出了重要的贡献。

然而，对中国古代陶瓷的研究长期以来仅依赖于为数很少又较为简略的文献记录和数量不多的传世品，成果也多限于文献资料的考证和传世瓷器的断代上，显然无法了解中国古代陶瓷的全部面貌。20 世纪二、三十年代，有的学者开始将注意力放在对古代瓷窑遗址实地调查上。叶麟趾先生对河北曲阳定窑及其他窑址进行了实地勘查，于 1934 年出版了《古今中外陶瓷汇编》（北平文奎堂书庄）；陈万里先生对浙江越窑遗址等进行考察，于 1946 年出版了《瓷器与浙江》（中华书局）。

新中国建立后，中国文物考古事业得到了全面、迅速发展。陶瓷考古工作呈现出一派欣欣向荣的局面，不但在新石器时代至清代的居住遗址、墓葬中出土了大量的陶瓷器，而且更重要的是对古代瓷窑遗址逐渐展开了全面调查，并进行了重点发掘工作。迄今在全国二十余个省、市、自治区的一百七十多个县（市）内发现了数以千计的古代瓷窑遗址[1]。与此同时，对其中一些遗址进行了有计划的重点发掘或进行了一些抢救性的发掘工作，使我们掌握了中国历代瓷窑的分布、规模，并了解了各个瓷窑遗址的制瓷年代、产品特色和工艺水平，大大丰富了研究资料。这样随之而来的是，对资料的整理和研究工作也逐步展开，先后出版了一批考古发掘报告和研究论著。值得一提的是，在文物考古学界、陶瓷工艺学界诸多学者的共同努力下，1982 年出版了《中国陶瓷史》（文物出版社）。之后，又相继出版了《河南陶瓷史》（赵青云著，紫禁城出版社，1993 年）等地方陶瓷史专著。在杂志和书籍上发表的发掘简报、报告和论文数以千计。学术界还对中国瓷器的起源、青花瓷器的起源、黑釉瓷器、宋代官窑、外销瓷器、陶瓷科学技术等问题进行了深入的研究和讨论，促进了中国陶瓷史的研究，对恢复中国古代陶瓷手工业的面貌具有重要意义。

中国古代陶瓷历来是北京大学考古学系教学和研究的重要内容之一。

中国考古学基础教学中以相当的篇幅或时间讲述陶瓷手工业的遗址和遗物。为了适应教学发展的需要，1986 ～ 1987 学年度增设了“中国古代陶瓷”课程。20 世纪七十年代末八十年代初，宿白教授带领青年教员和研究生先后对湖南长沙窑、江西丰城洪州窑遗址等进行了调查。之后，为了配合教学，教师对山东淄博窑、陕西耀州窑、江西吉州窑、景德镇窑遗址等做过实地勘查，丰富了教学内容。八十年代初以来，宿白教授、杨根教授分别指导培养陶瓷考古、古代陶瓷研究方面的硕士研究生多名。

根据古代陶瓷研究的新形势和北大考古学系的实际情况，1989 年成立了陶瓷研究所，下设实验室，开始有计划的对中国古代陶瓷进行研究。为研究和恢复古代陶瓷的生产工艺，陶瓷研究所于 1993 年在陶瓷之乡——河南省禹州市神垕镇之东，创建了古陶瓷研究基地，旨在对古代陶瓷生

[1] 冯先铭：《三十年来我国陶瓷考古的收获》，《故宫博物院院刊》1980 年第 1 期。

产工艺进行模拟性实验研究。迄今对宋元时期的钧瓷、汝瓷、官窑瓷器和黑釉瓷器等名瓷进行系列实验，取得了一大批科学数据资料，为今后进一步研究奠定了良好的基础，所试制仿烧的样品，受到了各方面人士的喜爱。

在杨根教授主持下完成了自然科学国家“七五”（1986～1990年）期间重点课题——磁州窑、建窑、吉州窑的比较研究。“八五”（1991～1995年）期间承担了国家教委人文社会科学研究规划项目——中国北方古代瓷器烧成技术的考古学研究（负责人：权奎山）和国家中华社会科学基金研究课题——磁州窑研究（负责人：秦大树）。此外，近年来在刊物上发表古代瓷窑遗址调查、发掘简报和论文以及实验报告多篇，引起了学术界的注意。

在古代陶瓷研究上值得特书一笔的是近年来对古代瓷窑遗址的调查与发掘。为了安排本科生、研究生实习，在宿白教授筹划和指导下，配合研究课题，1987年与河北省文物研究所联合对磁州窑观台窑址进行了发掘（图一、二），1992年与四川省文物考古研究所等单位联合对江油青莲窑遗址进行了发掘（图三），1992～1994年与江西省文物考古研究所联合对丰城洪州窑遗址进行全面调查和重点发掘（图四），获得了十分丰富的资料，取得了令人瞩目的成果。现以遗址的年代为序，将获取的成果简述如下。

洪州窑是唐代青瓷名窑之一，首见录于唐代陆羽《茶经》[1]。20世纪七十年末确定其遗址在江西省丰城市曲江镇罗湖村一带[2]（图五）。之后，对该地区又进行了多次考古调查，在罗湖以外的一些村庄又陆续发现了一批窑场遗址[3]。在此基础上，1992～1994年对其进行了全面、细致的调查和有目的的发掘，调查采集和发掘出遗物10000余件，清理隋唐时期龙窑3座，收获颇丰。

首先基本搞清了遗址的分布范围，迄今在罗湖及其附近共发现窑场遗址31处，分布在丰城市所属的曲江镇等5个镇（乡）的罗湖等10个村，皆坐落于赣江或与赣江相通的清丰山溪、药湖岸边的山坡和丘陵岗阜地带，南北绵延20余公里（图六）。它们是否都是当年洪州窑的窑址？过去一直都很不明确。我们通过对所获资料的整理，完全可以认定它们是一个整体，即均是当年洪州窑的窑场遗址。这是因为：第一，它们虽然相距较远，但以赣江为纽带基本连成一体；第二，产

图一　宿白教授在观台窑址指导发掘(1987年)

图二　进行测量的磁州窑考古队员

[1]（唐）陆羽《茶经》卷中《器》：“盌”越州上，鼎州次，婺州次，岳州次，寿州、洪州次。……越州瓷、岳州瓷皆青，青则宜茶，茶作白红之色。邢州瓷白，茶色红；寿州瓷黄，茶色紫；洪州瓷褐，茶色黑，悉不宜茶（《百川学海》本）。

[2] a. 陈柏泉：《洪州窑驳议》，《江西历史文物》1981年第1期；b. 余家栋：《试析洪州窑》，《中国古代窑址调查发掘报告集》，文物出版社，1984年。

[3] a. 万良田：《从丰城东汉青瓷窑址谈洪州窑的创烧时代和承启关系》，《江西历史文物》1986年第1期；b. 万良田等：《江西丰城东晋、南朝窑址及匣钵装烧工艺》，《江西文物》1989年第3期；c. 万良田：《丰城县考古简讯·调查晚唐古窑址》，《江西历史文物》1980年第1期。

图三　青莲窑瓦子梁3号窑址发掘情况(1992年)

图四　洪州窑龙凤乌龟山窑址发掘情况（1994 年）

图五　洪州窑罗湖寺前山窑址全景

品和制作工艺，同时期的特征相同，不同时期的具有明显的继承和发展演变关系；第三，它们皆在丰城县（市）境内，丰城县唐代属洪州管辖[1]，符合唐代以州名名窑的惯例。

二是明确了洪州窑的创烧、兴盛和衰落的年代，以往由于对洪州窑的分布范围没有全部搞清楚和对各窑场遗址之间的关系认识不一致，加上资料的局限，对洪州窑烧造瓷器的年代的说法不尽相同。这次我们在搞清了各窑址之间关系的基础上，以发掘的地层叠压关系为依据，对所获资料进行全面分析，特别是同江西六朝隋唐墓出的洪州窑瓷器比较，推断洪州窑最迟在东汉晚期就能烧制出比较成熟的瓷器了，东晋南朝时逐渐进入了兴盛时期，盛烧期大约一直延续到中唐时期，晚唐五代时期衰落。这个结论，不但明确了洪州窑的年代，而且确定了它在东汉晚期就能烧制比较成熟的瓷器了，说明洪州窑成熟瓷器出现的时间与越窑基本相同。

三是通过对所获资料的初步整理，基本解决了洪州窑的发展阶段问题，即将其暂分为六期。第一期为东汉晚期东吴西晋时期（约公元二世纪后半叶至316年），是洪州窑烧制成熟瓷器的初期。器类比较少，胎多较细，质地坚硬，多呈灰色和黑灰色，釉色有青、青黑、黄黑、黑褐、青深黄色等多种，纹饰常见的有麻布纹和水波纹等。大约在西晋晚期出现了点绘褐色彩的装饰技法。第二期为东晋南朝时期（317 ～ 589年），逐步进入了兴盛时期。器类急剧增多，造型美观、实用。胎质较细腻，呈灰色或浅灰色。施青或青泛黄色釉，青釉色泽较淡。装饰以褐色点彩和刻划的莲花纹、莲瓣纹为主。第三期为隋代（589 ～ 618年），器物造型简洁，注重实用。胎有浅灰和深灰色两种，较多的器物在施釉前先施一层浅灰色的化妆土。青、青泛灰白或青泛黄色釉。装饰技法有刻划和模印等，花

[1]《旧唐书·地理志》三。

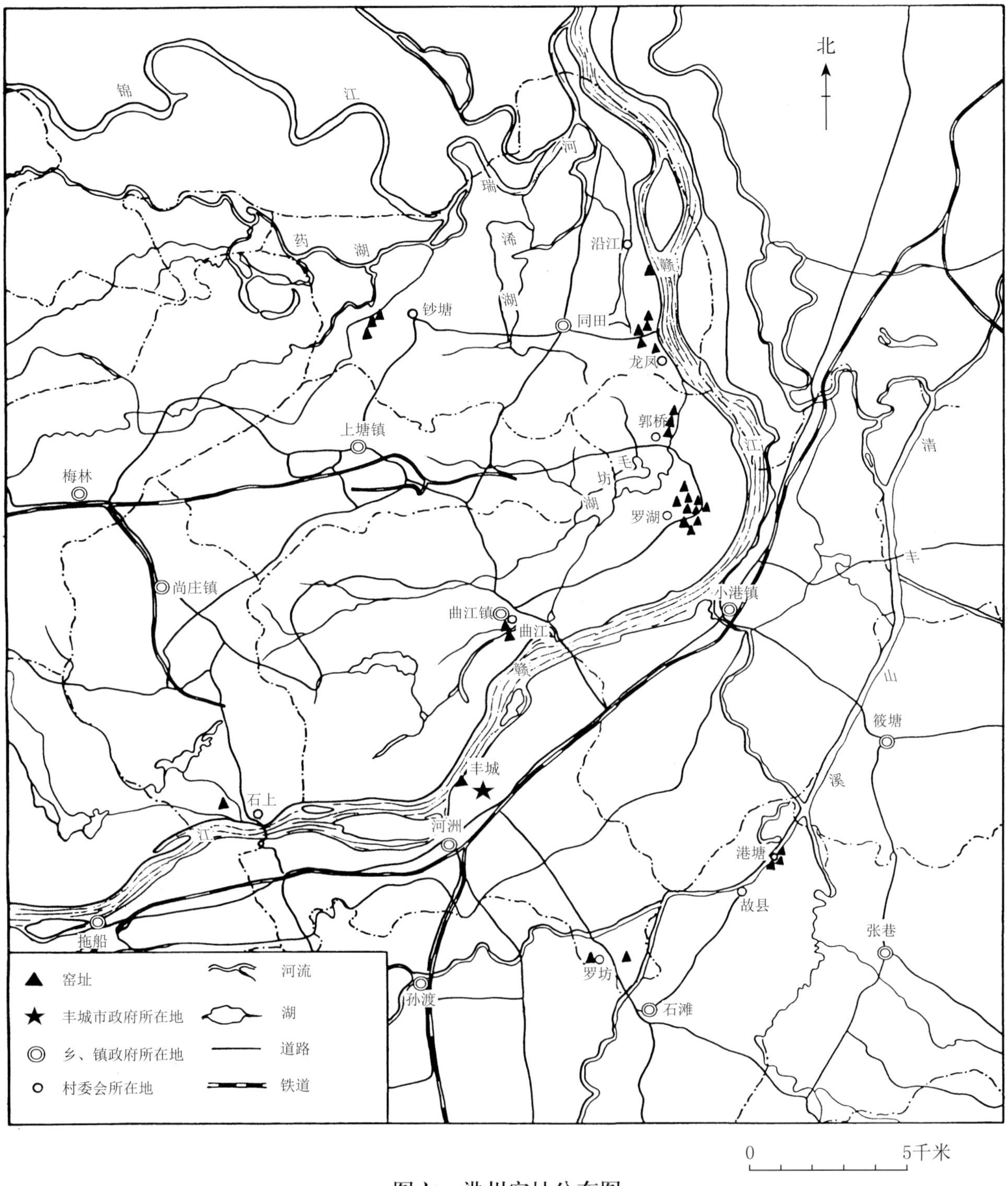

图六　洪州窑址分布图

纹内容主要有莲瓣纹、朵花纹和各种植物枝叶纹等。第四期为初唐时期（618 ～ 704 年），器物制作益加精细，杯子流行。胎多呈深灰色，使用化妆土的作法盛行。釉多呈青泛深黄色和青泛褐色。装饰简化，以重环纹（图七）和小花纹最为常见。第五期为盛、中唐时期（705 年至九世纪初），是洪州窑制瓷业的高峰期。杯子式样多，质量好。胎色更深，多呈铁灰色，皆施化妆土。釉多为褐色（图八）和褐泛青色，与陆羽《茶经》描述的洪州窑碗的釉色吻合。这时期主要追求釉

图七　青褐釉重环纹杯（唐代初年）

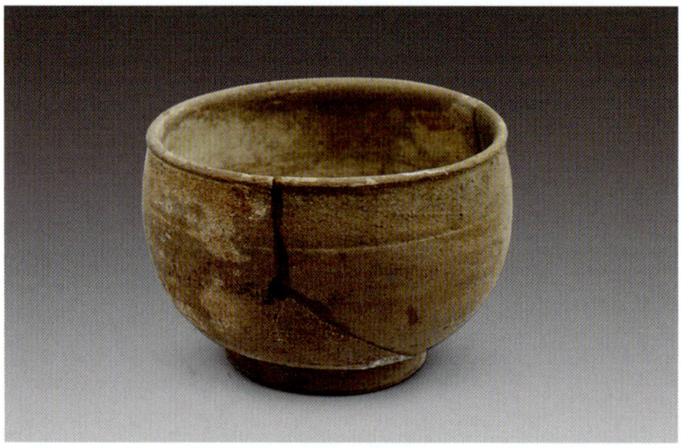

图八　褐釉杯（盛唐）

图九　匣钵中烧熔的青瓷莲瓣纹碗（南朝）

色本身的装饰效果，所以一般无纹饰。第六期为晚唐五代时期（九世纪中叶至960年），洪州窑的制瓷业逐渐衰落，器物的种类减少，胎多呈灰色，釉一般为褐色和黑褐色，少量的为黑色。一般不施化妆土，也少见花纹装饰。

四是将中国使用匣钵装烧瓷器的工艺的时间大大提前。匣钵装烧，对于提高和保证瓷器的质量至关重要。过去一般认为我国的匣钵装烧工艺始于隋代。在这次洪州窑遗址的调查、发掘资料中，有不少南朝时期的莲瓣纹青瓷碗和莲花纹青瓷盘粘连在匣钵上的资料（图九），而且在东晋南朝早期的层位中发现了大量废弃的匣钵，表明洪州窑最迟在南朝早期就使用了匣钵装烧瓷器。这是中国制瓷工艺上的一大进步。

五是隋代和唐代初年龙窑遗迹的发现，填补了龙窑窑炉资料的空白。1992年在罗湖寺前山窑址发掘的第一号窑炉遗迹保存较好（图一〇），时代约为唐代初年。其以砖或砖坯依山坡而砌建，由火膛、窑室、窑门及火膛前的工作面等部分组成。整体斜长21.62米。倾斜度，火膛11度，窑室前部18度、后部24度，窑尾17度。火膛前窄后宽，略呈等腰梯形，斜长1.90、宽1.64～1.90、高1.28～1.56米。火膛前壁和券顶基本保存完好，前壁中间设一长27、宽24厘米的凸字形的投柴或观火孔。窑室呈长条状，斜长16.02、宽1.90～1.95米，顶和大部分壁塌毁，壁残存最高达1.18米。窑床为当地红土和碎匣钵片、碎窑砖等铺成，烧结面边部平均厚约4厘米。窑室左壁设五个、右壁设一个窑门。窑内侧挂满“窑汗”。如此规模和保存这样好的唐代初年的龙窑遗迹在江西乃至使用龙窑烧瓷的南方地区尚属首次发现，为研究、探讨唐代初年龙窑的结构和烧成技术提供了重要的资料。

此外，对洪州窑的历史地位等问题也有了新的认识。

青莲窑遗址位于四川省江油市青莲区的九岭乡和方水乡。1987年发现[1]。1992年清理唐代龙窑窑炉遗迹五座（图一一），出土可复原器物1000余件，获得了一大批资料。据出土的开元通宝

[1] 黄石林：《四川江油市青莲古瓷窑址调查》，《考古》1990年第12期。

钱和瓷片上的"大中"、"会昌"等题铭、刻辞，参照同时期墓葬出土资料，知道青莲窑的烧瓷年代主要为唐代，上可溯到隋代，下可延及五代乃至北宋初年。其产品皆为青釉瓷器，釉色一般为淡青色，极少发现深青或青泛黄色，釉层较薄。往往有绿色彩绘装饰。胎质较粗，有气孔，多呈灰黑或黑色。由于青莲窑烧瓷时间较长，产品的具体特点前后也不尽相同，可暂分为前后两期。

图一〇　寺前山1号窑址（1992年）

图一一　瓦子梁1号窑址（1992年）

前期为隋至唐肃宗、代宗时期（581～779年），窑址集中分布在九岭乡境内，主要地点有拱桥梁子、化工厂、瓦渣子坡、西流院等。器物有瓮、盘口壶、碗、钵、杯、高足杯、盘等。胎骨较薄，质地坚硬，以灰黑色最为常见，也有少量的呈白色或灰白色。釉色淡青，色泽光亮、滋润。装饰图案花纹的器物很少，纹样有圈点纹、莲花纹等。

图一二　瓦子梁窑址遗物

后期为唐德宗至五代时期（780～960年），窑址分布在九岭乡以西的方水乡境内，主要地点有瓦子梁（图一二）、石缸里口等。器物有双系罐，盘口壶、碗、碟、茶托等，以茶碗最为常见。胎骨较厚，质地坚硬，多气孔，呈灰黑色。釉色仍以淡青为主，略泛黄。绿色彩绘的装饰技法大为流行，花纹内容主要有云朵纹、兰草纹等，常见有书写的"大吉利"字样，字迹流畅，颇得行草韵致。这一期创制并流行了敞口、小底茶碗，与当地产茶、饮茶之风兴盛有关。这种茶碗名为"斗笠碗"，其形制被宋元沿用。这是青莲窑对中国茶文化的一个重要贡献。

青莲窑遗址的发掘，为研究四川地区的瓷器手工业增添了新资料，为断定四川西北部隋唐墓葬出瓷器的窑口提供了可靠的依据。

磁州窑遗址位于河北省磁县观台镇和彭城镇一带（图一三），是宋元时期北方地区的一处规模较大、重要的民间窑场（图一四）。五十年代初发现[1]，1958年对观台窑址进行了小规模发掘[2]；

[1] 陈万里：《调查平原、河北二省古代窑址报告》，《文物参考资料》1952年第1期。
[2] 河北省文化局文物工作队：《观台窑址发掘报告》，《文物》1959年第6期。

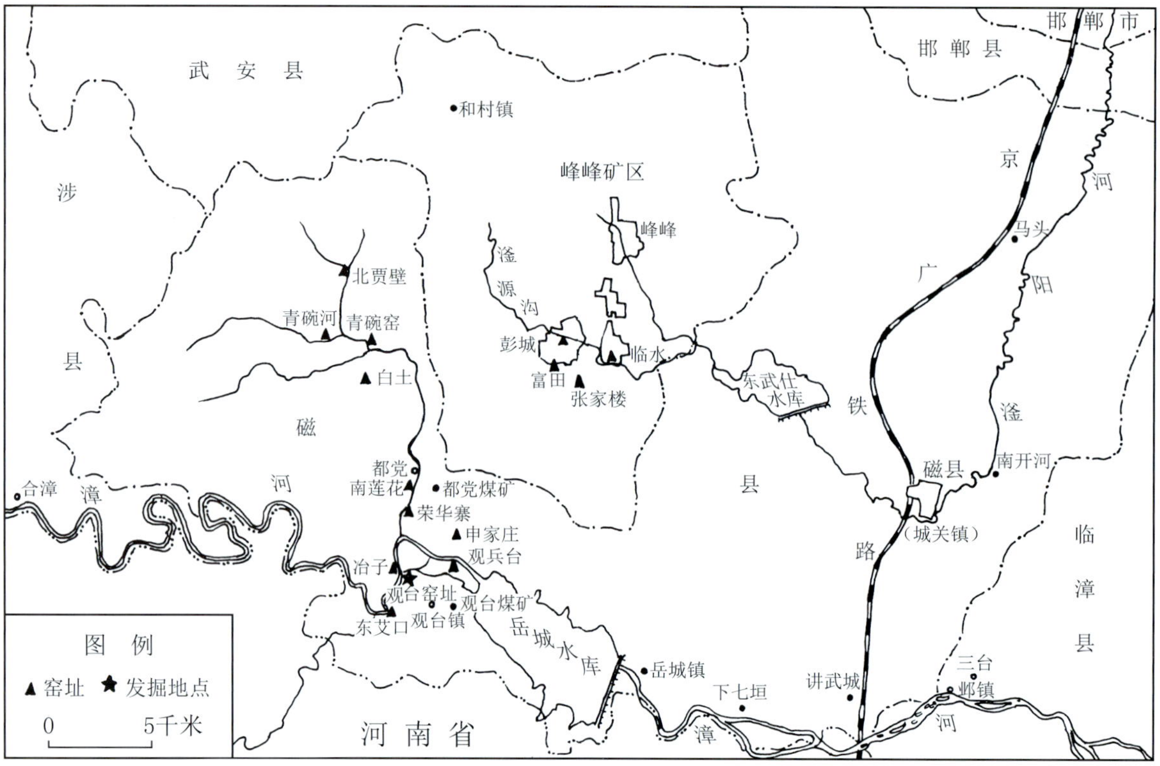

图一三　磁州窑址分布图

图一四　观台窑址全景

1960 ~ 1961 年进行了一次大规模的发掘，发掘面积达 2100 平方米，发现了一些窑炉和作坊遗迹，出土了一大批遗物[1]。1987 年的发掘历时四个月，发掘面积 480 平方米，发掘窑炉遗迹 9 座（图一五），加工原料的大型石碾槽 1 座，出土各类完整的或可复原的瓷器 9800 余件，瓷片数十万片[2]。这次发

[1] 此次发掘 1962 年 12 月 8 日的《光明日报》作了报道，至今未见发掘简报或报告发表。
[2] 北京大学考古系等：《河北省磁县观台磁州窑遗址发掘简报》，《文物》1990 年第 4 期。

图一五　观台 8 号窑址（1987 年）

图一六　划花叶形枕（第二期后段）

掘的收获是多方面的，重要的是，经过全面的整理和深入研究，根据地层叠压关系、出土器物类型的演变和烧制工艺、釉色、胎质、装饰技法的变化，参照出土的纪年器物和钱币等材料，将这次发掘所获的遗迹和遗物分为四期七段，建立起了磁州窑的发展序列。

第一期，是磁州窑的初创时期，器形简单，装饰单调，主要着力于模仿先于烧造瓷器的其他名窑的工艺，如定窑、耀州窑等。也有模仿金银器装饰的创新产品。尚未形成能对周围地区的瓷窑产生强烈影响的独特艺术风格。此期分为前后两段，前段的时代是公元 10 世纪后半叶，即五代末期到北宋初年的太祖、太宗两朝；后段的时代为 11 世纪前半叶，即宋真宗朝和仁宗皇祐以前（998 ～ 1048 年）。由于早期的地层发现较少，因此第一期与第二期之间有一段缺环，大约是北宋仁宗皇祐年间到英宗时期（1049 ～ 1067 年）。

第二期，是磁州窑的发展期。开始出现深腹钵、梅瓶、筒形盒等特有的器物，名传遐迩的磁州窑瓷枕在数量和种类上也大大增加了（图一六）。磁州窑最富特色的黑剔花和白地黑花装饰也在此期始创，标志着磁州窑独特风格的形成和成熟。也分前后两段，前段的时代是公元 11 世纪后半叶，即北宋神宗、哲宗两朝（1068 ～ 1100 年）；后段的时代为公元 12 世纪前半叶，即北宋末年的徽宗朝到金海陵王朝以前（1101 ～ 1149 年）。

第三期，是磁州窑的繁荣期。这时期不仅生产日常生活用品（图一七、一八），还生产众多的艺术陈设瓷、宗教用瓷、瓷塑人物动物（图一九）和建筑琉璃构件（图二〇）。在釉色、装饰技法和纹饰图案等方面都是最丰富多彩的。本期的时代为金代中后期，约从海陵王朝（1149 ～ 1160 年）到蒙古军队攻占磁州的 1219 年。

第四期，蒙古军队攻占磁州以后，观台窑进入衰落时期。器物品种和装饰手法重新变得单调，器物胎体变得厚重笨拙，花纹草率简单。本期又分为前后两段，前段的时代基本覆盖了公元 13 世纪，即从公元 1219 年到元成宗（1294 ～ 1307 年）时期；后段的时代为元后期到明初，即元武宗至大年间（1308 ～ 1311 年）至 14 世纪末以前。观台窑至明初停烧，距观台镇不远的彭城镇入明以后仍有窑火，也曾一度繁荣过。但磁州窑在全国制瓷业的地位已大大下降。景德镇日渐成熟的青花瓷器成为更受人们欢迎的产品。

图一七　白地黑花梅瓶（第三期）

1　2　3　4

图一九　素烧人物、动物像（第三期）

图一八　白地划花黑彩三龙纹盆（第三期）

图二〇　黄绿釉陶建筑构件（第三期）

这个发展序列是充分利用考古地层学和类型学排比产生的，对于深入研究磁州窑具有重要的意义。

综上所述，北京大学考古学系的中国陶瓷考古教学和研究工作获得了较大的成绩。现今，我们除继续有计划地开展古代瓷窑遗址的调查、发掘之外，还要努力加强课程建设，增开有关古代陶瓷研究方面的课程，加强实验室和实验基地建设，加强与国外有关博物馆、艺术馆和陶瓷研究机构的联系，将中国陶瓷考古的教学和研究提高到一个新水平。

（原载《中国の考古学展——北京大学考古学系発掘成果》（中文），东京：出光美术馆编集、発行，1995 年）

三国两晋南北朝时期制瓷工艺的突出成就

三国两晋南北朝时期是中国瓷器手工业，尤其是制瓷工艺发展的一个重要时期，不少对瓷器的产量、质量有直接影响的工艺出现于这个时期。本文拟从考古学角度，对三国两晋南北朝时期制瓷工艺所取得的突出成就及其意义进行初步的分析和探讨。

一

众所周知，瓷器的产生在工艺技术上要有三点突破：①要用瓷土作胎；②要有高温窑炉；③要会配制以氧化钙为助熔剂的釉，即石灰釉。商代掌握了这三项工艺技术，烧制出了较粗糙的瓷器，即原始瓷器。原始瓷器出现后，发展比较缓慢，至东汉晚期才在质量上有了突破，烧制出了较好的瓷器，即成熟瓷器。从原始瓷器到成熟瓷器，大约经历了1500年左右。成熟瓷器一出现，就普遍受到了人们的喜爱，到三国两晋南北朝时期，逐渐取代了铜器、漆器、陶器，成为人们日常生活的必备用品。随之而来的是对瓷器的需求量增加，对其质量的要求也越来越高。面临着提高产量和如何保证质量的问题。为尽快解决这一问题，适应新的需求形势，三国两晋南北朝时期的制瓷工匠们，在改进、创新工艺技术方面动了不少脑筋，下了很大功夫，取得了显著成果。从目前所知考古资料观察，这时期制瓷工艺技术的进步是多方面的，突出的成就有以下六项。

（一）化妆土的使用

早在西晋时期，浙江金华婺州窑出现了在器物施釉前，先在胎体外表施一层化妆土的工艺[1]。化妆土的制作和使用方法是，将质量较好的瓷土经过淘洗加工之后，以水调和成泥浆，施于器物胎体表面，然后再施釉。其烧成后的颜色有灰、灰白和白色。使用化妆土的优点主要有两点：①可以使比较粗糙的器物坯体表面变得光滑、整洁，增强釉的效果，使釉层在外观上显得饱满，釉面光莹、柔和；②可以将器物坯体较深的颜色覆盖，为利用质量较低的原料创造了条件，扩大了原料的使用范围，并使原料较差地区的瓷器手工业也能健康发展。可见，化妆土的使用对于提高瓷器的质量和原料质量较低地区的瓷器手工业的发展具有重要意义。因此，东晋时期浙江德清窑也开始使用[2]，到了南北朝时期使用区域扩大，四川有的瓷窑采用了这项工艺，河北内丘邢窑北朝晚期也用化妆土来增强白釉瓷器釉的效果[3]。

（二）彩绘、点彩装饰技法的应用

东吴末和西晋时期长江中下游地区的一些瓷窑，开始应用了釉下彩绘和点彩装饰技法来美化瓷器。南京发现的一座东吴末西晋初年墓葬（M5）出土的一件青瓷釉下彩绘盘口壶，是彩绘装饰技法的典型实例[4]。此壶通高32.1厘米，灰白色胎，胎表以褐黑色彩通体绘画花纹，外施青黄色釉。花纹内容主要有柿蒂纹、连弧纹、云气纹、仙草纹、朵花纹、人面鸟身动物纹、异兽纹、动

[1] 中国硅酸盐学会：《中国陶瓷史》，文物出版社，1982年。
[2] 中国硅酸盐学会：《中国陶瓷史》，文物出版社，1982年。
[3] 内丘县文物保管所：《河北省内丘县邢窑调查简报》，《文物》1987年第9期。
[4] 易家胜：《南京出土的六朝早期青瓷釉下彩盘口壶》，《文物》1988年第6期。

物纹、持节人物纹等，内容丰富。南昌南郊发掘的二座西晋墓出土的青瓷器中，有4件饰褐色点彩，其中1件鸡首壶的口沿、肩部、上腹部和鸡首上面满饰点彩，彩点分布颇有规律[1]。东晋南朝时期点彩被较广泛应用。无论是釉下彩绘，还是点彩，都有良好的装饰效果。它的出现和应用，突破了以往瓷器以拍印、刻、划等为主的传统装饰技法，开辟了瓷器装饰的新思路，对美化瓷器和提高瓷器的艺术效果具有重要作用。

（三）龙窑的分段烧成

龙窑发展到了三国时期，长度已经超过10米。浙江上虞鞍山出土的一座东吴时期的龙窑遗迹，全长竟达13.32米[2]。龙窑加长的目的就是为增加装烧量，提高产量。起初龙窑较短，靠设在其前端的火膛烧柴就可以达到瓷器烧成的目的。但当龙窑增长或增长到一定程度之后，因受火力的限制，放在后段的坯件往往达不到烧成温度的要求，成为次品或废品。为了避免这种情况的发生，有的窑炉，如前面提到的那座东吴龙窑，后段很少装坯件，这样又严重浪费了窑内空间。如果这个问题不解决，龙窑增加到一定长度之后，就不能再增长了。工匠们在长期的瓷器烧成实践中不断探索，大约到了两晋时期，这个问题得到了初步解决，发明了龙窑分段烧成的技术，即从前往后一段一段地烧成[3]。上虞帐子山出土的一座两晋时期的龙窑遗迹[4]可以为证。此窑遗迹仅存窑的后部，据迹象推测，全长较鞍山东吴龙窑略长或相当。在此窑现存部分内遗有排列较规则的支座，说明当时这里装了坯件，并在窑内和窑外的文化堆积层中，极少有生烧的瓷器或瓷片。由此推测，此窑已采用了分段烧成技术，不然窑的后段不会装置这么多的坯件，即使装了坯件也会有大量的生烧瓷器或瓷片遗留下来。发明了分段烧成技术后，各窑场就可根据需要增加龙窑的长度。浙江丽水吕步坑发现的一座南朝时期的龙窑遗迹，仅发掘中间一段就长10.5米[5]。

至于分段烧成的方法，即从窑的何处设孔投柴，在前面提到两晋龙窑遗迹反映不出来。有研究者说是"在窑顶或窑室上部两侧设投柴孔，一段段地从投柴孔投柴把制品烧成"[6]。此说可能是据后来以投柴孔分段烧成的实例推测出来的。1992和1993年在江西丰城洪州窑遗址发掘了隋代和唐代初年的龙窑遗迹各一座[7]，全长分别为18.55米和21.62米，在左壁分别设四五个窑门。唐初那座龙窑遗迹保存较好，火膛的券顶基本完整，窑室前段仅券顶塌毁，壁大部分保存较好。但没有发现投柴孔设在窑顶、窑室上部的任何迹象。值得注意的是，两窑左壁的窑门处。两窑各门内底部窑汗均较厚，有的还结成一大圪塔，入门处往往高于窑床面，有的呈缓坡状。据此，我们推测窑门处可能是分段烧成时填柴的地方，即装完窑之后，封门时在下部或中下部留一孔，以供填柴之用。从这个实例来分析，两晋时期还不可能像后来那样将投柴孔开在窑顶或窑室上部两侧。

（四）试火具的出现

试火具即是南宋蒋祈《陶记》中所录的"火照"[8]，是陶瓷器焙烧时测验生熟的窑具。用

[1] 江西省博物馆：《江西南昌市郊的两座晋墓》，《考古》1981年第6期。
[2] 朱伯谦：《试论我国古代的龙窑》，《文物》1984年第3期。
[3] 中国硅酸盐学会：《中国陶瓷史》，文物出版社，1982年。
[4] 朱伯谦：《试论我国古代的龙窑》，《文物》1984年第3期。
[5] 朱伯谦：《试论我国古代的龙窑》，《文物》1984年第3期。
[6] 朱伯谦：《试论我国古代的龙窑》，《文物》1984年第3期。
[7]《洪州窑址调查发掘获重大成果》，《中国文物报》1993年5月2日；《1993年全国十大考古新发现》，《中国文物报》1994年2月6日。
[8]（南宋）蒋祈《陶记》载："火事将毕，器不可度，探坯窑眼，以验生熟，则有火照。"（白焜《<陶记>校注》，《景德镇陶瓷》总第10期，《<陶记>研究专刊》，1981年。）

瓷土制作，有些则是以碗、盏等器物的坯体加工而成。其形制有碗形、条形、锥形、三角形、不规则四边形等。试火具的作用和使用方法，清代蓝浦《景德镇陶录》卷四《陶务方略》记载颇为具体："本烧户，亦有自试火照之法，盖坯器入窑，火候生熟究不可定。因取破坯一大片，中挖一圆孔，置窑眼内，用钩探验生熟。若坯片孔内皆熟，则窑渐陶成，然后可歇火。"[1]由此可见，火照在掌握火候、保证烧成质量方面的重要作用。以往发现最早的实物资料是唐代中晚朝的，为江苏宜兴涧潹窑出土，呈"弧形泥条"状[2]，显然是用碗等器物的坯体做成。引人注目的是，1994年在江西丰城洪州窑遗址考古发掘的东晋地层和南朝地层中出土了火照[3]，将使用火照的历史大大提前。东晋时的火照呈小碗形，即将施釉后的小碗坯体壁上挖一较大的圆孔（图一）；南朝时形制亦呈小碗形（图二），所不同的是，腹较浅，有的圆孔较大，把底足部也挖去一部分。这种小碗形火照在东晋南朝以后极少发现。可是在日本江户时代以后的一些窑场常见小碗形火照[4]。

图一　东晋碗形试火具（洪州窑遗址出土）

图二　南朝碗形试火具（洪州窑遗址出土）

（五）匣钵的发明

匣钵是以耐火土制成、装烧瓷器的窑具。其基本形制有桶形、M形、漏斗形等。匣钵的作用，清代唐英《陶冶图编次》（《陶冶图说》）中记载："瓷坯入窑最宜洁净，一沾泥渣便成斑驳，因窑风火气冲突，易于伤坯，此坯胎之所以必用匣钵套装也。"[5]瓷器放在匣钵内装烧，可避免窑顶落砂对釉面的污染和烟火直接接触坯体，使釉面光洁，可保证和提高产品的质量。再有，匣钵耐高温，胎体厚实，承重能力强，叠摞不易倒塌，可充分利用窑内空间或适当增加窑室高度，能增加装烧量，提高产量。匣钵对古代瓷器手工业的发展具有重要作用。匣钵出现的时间一直是古陶瓷研究者所关注的问题之一。它在文献中最早见于南宋蒋祈《陶记》。该书有三处提到匣钵，明确记录了景德镇窑所用匣钵的原料、在窑内的放置方法，尤其是指出了匣钵已有专人制作，成为陶瓷生产中一个独立的工种[6]。可见，匣钵出现的时间应大大早于蒋祈所生活的时代。据窑址调查、

[1]《中国陶瓷名著汇编》，中国书店，1991年。

[2] 南京博物院：《江苏宜兴涧潹窑》，《中国古代窑址调查发掘报告集》，文物出版社，1984年。

[3]《江西丰城洪州窑遗址发掘报告》，待刊。

[4] 熊海堂：《东亚窑业技术发展与交流史研究》，南京大学出版社，1995年。

[5]（清）唐英《唐英集》，辽沈书社，1991年。

[6]（南宋）蒋祈《陶记》："比壬坑、高砂、马鞍山、磁石堂厥土、赤石，仅可为匣、模，工而杂之以成器，则皆败恶不良，无取焉。……土坯既匣，垛而别之，审厥窑位，以布置。……陶工、匣工、土工之有其局；利坯、车坯、釉坯之有其法；印花、画花、雕花之有其技，秩然规制，各不相紊。"

发掘资料，20 世纪 70 年代以前，一般认为始于唐代。70 年代后期，对湖南湘阴岳州窑遗址进行了考古发掘，与晋南朝隋唐时期的瓷片伴出了一批匣钵[1]，有研究者认为，最早的匣钵可到南朝晚期，即“其时代相当南朝梁陈之际”[2]。1992 年，对江西丰城洪州窑遗址进行了全面、细致调查和重点发掘，在调查中采集到多件南朝时期的莲瓣纹碗等青瓷器粘连在匣钵上的标本[3]，并在发掘的东晋南朝早期地层中出土了大量废弃的匣钵，以确凿的证据说明，洪州窑至迟在南朝早期就使用了匣钵装烧瓷器[4]，将匣钵出现的时间又向前提了一大截。

（六）白釉瓷器的创烧

20 世纪 70 年代以前，一般认为白瓷出现于隋代。70 年代及其以后的考古资料一再证明，北朝晚期北方已创烧了白釉瓷器。考古资料主要有两批：① 1971 年河南安阳北齐武平六年（575 年）范粹出土者[5]；80 年代中期河北内丘邢窑遗址调查采集者[6]。范粹墓出土白瓷器 10 件，均为日常生活用器，器形有长颈瓶、壶、三系罐、四系罐和杯等，造型与北方同时期同类青瓷器相同。原料经过认真淘洗加工，质地较细腻，颜色较白。釉层薄而透明，呈乳白色，普遍泛青。罐腹至肩部塑刻覆莲纹，颇有立体感。长颈瓶身部施条状翠绿彩，极为醒目、自然。邢窑遗址采集的白瓷器的器形有钵、盘、杯等，胎质较粗糙，作白灰色，施白色化妆土。釉白度不高，多泛灰色。釉面较细润，透明度较强。不见装饰花纹。这两批资料说明，北朝晚期不但出现了白釉瓷器，而且还有了一定的发展。

其实，白釉瓷器和青釉瓷器的制作工序是完全相同的。所不同的仅在于胎、釉中起主要呈色作用的三氧化二铁（Fe_2O_3）的含量，据对历代白釉瓷器胎、釉化学成分分析所得的数据观察[7]，一般将胎（不施化妆土）、釉中三氧化二铁的含量控制在 1% 以下，就可烧制出白釉瓷器。北朝晚期的白釉瓷器与隋唐时期白釉瓷器相比，尽管还不够成熟，但是它的出现是制瓷工艺的一个创举，打破了青釉、黑釉瓷器“一统天下”的局面，为瓷器手工业的发展拓宽了道路，尤其是为后来各种彩绘瓷器的发展提供了有利条件。

二

化妆土等六项制瓷工艺的意义，简言之是利在当代，功在千秋。其在三国两晋南北朝时期就已经产生了很好的效益，瓷器手工业地域的扩大、产量的增加和质量的提高，无疑与这六项工艺的发明和使用有直接的关系。更值得大书一笔的是，这六项工艺在三国两晋南北朝时期以后瓷器手工业的贡献。

化妆土　在隋唐时期被普遍使用。宋元时期，一些烧制白瓷的窑由于胎中含铁量较高，色泽较深，往往施以白色化妆土，以增加白度，促进了白瓷的发展。磁州窑等窑出现了在坯体化妆土上刻剔花纹，然后施透明釉的装饰技法[8]，扩大了化妆土的作用。

[1] 周世荣：《从湘阴古窑址的发掘看岳州容的发展变化》，《文物》1978 年第 1 期。
[2] 周世荣：《湖南陶瓷》，紫禁城出版社，1990 年。
[3] 江西省文物考古研究所等：《江西丰城洪州窑遗址调查报告》，《南方文物》1995 年第 2 期。
[4]《洪州窑址调查发掘获重大成果》，《中国文物报》1993 年 5 月 2 日；《1993 年全国十大考古新发现》，《中国文物报》1994 年 2 月 6 日。
[5] 河南省博物馆：《河南安阳北齐范粹墓发掘简报》，《文物》1972 年第 1 期。
[6] 内丘县文物保管所：《河北省内丘县邢窑调查简报》，《文物》1987 年第 9 期。
[7] 李国桢等：《中国名瓷工艺基础》，上海科学技术出版社，1988 年。
[8] 北京大学考古学系等：《观台磁州窑址》，文物出版社，1997 年。

彩绘、点彩装饰技法　三国两晋南北朝时期流行的是点彩，釉下彩绘极为少见。之后，中晚唐时期湖南长沙窑[1]、浙江越窑[2]等相继采用了釉下褐绿彩和釉下褐绿彩绘装饰技法。唐代还出现了釉下蓝彩，即青花[3]。长沙窑、越窑的釉下彩、釉下彩绘和唐代的青花，虽然还看不出与三国两晋南北朝时期釉下彩绘、点彩的直接联系，但事实是，当它们开始使用时，这种技法早在三国两晋南北朝时期就已被应用了。宋元时期，彩绘装饰技法被大量采用，有釉下青花、白地黑花、釉上红绿彩等[4]。明清时期，彩绘装饰技法空前兴盛，彩类繁多，有青花、斗彩、五彩、粉彩、珐琅彩、素三彩等[5]。用于绘画的彩料也很多，据清代蓝浦《景德镇陶录》卷三《陶务条目》载，有"铅粉、焰硝、青矾、黑铅、松香、黛、白炭、金箔、古铜、赭石、乳金银、石子青、紫金石、五色石英"。彩绘的分工也很细，有"乳颜料工、画样工、绘事工、配色工、填彩工、烧炉工"[6]。对绘画人的要求也比较高，尤其是御窑厂。清代唐英《陶冶图编次》记载："圆琢白器，五彩绘画，摹仿西洋，故曰洋彩。须选素习绘事高手，将各种颜料研细调合，以白瓷片画染烧试，必熟谙颜料火候之性，始可由粗及细，熟中生巧，总以眼明心细手准为佳。"由上述可见，明清时期彩绘装饰达到了炉火纯青的地步。

龙窑的分段烧成　隋唐时期龙窑短者一般在 20 米左右[7]，长者 30 余米[8]。宋时龙窑又普遍增长，福建建窑遗址发现的斜长竟达 135.6 米[9]。这么长的窑不采用分段烧成技术，是达不到烧成效果的。反之，正因为有了分段烧成技术，才能出现如此长的窑。元明时期除了龙窑继续使用分段烧成技术之外，阶级窑[10]和葫芦形窑[11]也采用了分段烧成办法，应用的范围扩大了。

试火具　唐代发现的数量较少，但这时的形制已不是呈小碗状了，而是呈"弧形泥条"状，较小碗状灵巧多了。宋代及其以后普遍使用，形制有了许多改进，有三角形、不规则四边形和锥形等[12]，已成了瓷器烧成中不可缺少的窑具。

匣钵　南朝时期均为桶形。隋唐五代时期除了桶形外，唐代增加了盆形、钵形等[13]，晚唐五代时期出现了漏斗形[14]和 M 形[15]。漏斗形较桶形等形制更为合理，节省窑内空间，叠置稳固。M 形叠摞平稳，装取器物方便。宋元时期，漏斗形在大部分地区流行[16]，M 形主要使用于浙江地

[1] 长沙市文化局文物组：《唐代长沙铜官窑址调查》，《考古学报》1980 年第 1 期。
[2] 明堂山考古队：《临安县水邱氏墓发掘报告》，《浙江省考古所学刊》，文物出版社，1981 年。
[3] 南京博物院等：《扬州唐城遗址 1975 年考古工作简报》，《文物》1977 年第 9 期；文化部文物局扬州培训中心：《扬州新发现的唐代青花瓷片概述》，《文物》1985 年第 10 期。
[4] 中国硅酸盐学会：《中国陶瓷史》，文物出版社，1982 年。
[5] 中国硅酸盐学会：《中国陶瓷史》，文物出版社，1982 年。
[6]（清）蓝浦：《景德镇陶录》卷三《陶务条目》。
[7]《洪州窑址调查发掘获重大成果》，《中国文物报》1993 年 5 月 2 日；《1993 年全国十大考古新发现》，《中国文物报》1994 年 2 月 6 日。
[8] 南京博物院：《江苏宜兴涧濠窑》，《中国古代窑址调查发掘报告集》，文物出版社，1984 年。
[9] 中国社会科学院考古研究所、福建省博物馆建窑考古队：《福建建阳县水吉北宋建窑遗址发掘简报》，《考古》1990 年第 12 期。
[10] 刘振群：《窑炉的改进和我国古陶瓷发展的关系》，《中国古陶瓷论文集》，文物出版社，1982 年。
[11] 刘新园等：《景德镇湖田窑考察纪要》，《文物》1980 年第 11 期；钟起煌等：《唐窑及其工艺技术成就研究》，《古陶瓷研究专辑》，《中国陶瓷》1982 年第 7 期增刊。
[12] 熊海堂：《东亚窑业技术发展与交流史研究》，南京大学出版社，1995 年；水既生：《山西古代窑具及装烧方法的初探》，《中国古陶瓷研究》，科学出版社，1987 年。
[13] 陕西省考古研究所：《唐代黄堡窑址》，文物出版社，1992 年。
[14] 河北省文化局文物工作队：《河北曲阳县涧滋村定窑遗址调查与试掘》，《考古》1965 年第 8 期；陕西省考古研究所：《唐代黄堡窑址》，文物出版社，1992 年；湖北省博物馆等：《湖北鄂城、武昌的两处古瓷窑址调查》，《考古学集刊》第 1 集，中国社会科学出版社，1981 年。
[15] 熊海堂：《东亚窑业技术发展与交流史研究》，南京大学出版社，1995 年。
[16] 熊海堂：《东亚窑业技术发展与交流史研究》，南京大学出版社，1995 年。

区[1]。同时，如枕等一些形制特殊的器物，有了专用匣钵。南宋时，景德镇窑的匣钵制作已成了一个独立的工种[2]。明清时期对匣钵更加重视。清乾隆八年（1743年）“由内廷交出陶冶图二十张”，命唐英“按每张图上所画系做何技业，详细写来”[3]。这20张图中就有“制造匣钵”一图。唐英在给这张图写的说明中曰：匣钵“造法用轮车，与拉坯之车相似。泥不用过细，俟匣钵微干略旋，入窑空烧一次，方堪应用”[4]。这是匣钵制法第一次见于文献著录。

白釉瓷器　隋代工艺成熟，其细白瓷达到了较好的水平。唐代北方大量生产白釉瓷器，质量普遍提高，河北邢窑、河南巩县窑的产品尤好，曾作为贡品运往唐代首都长安[5]。至迟在中唐时期，邢窑烧制的白瓷瓯已是“天下无贵贱通用之”[6]了。在唐代，形成了南方以烧青瓷为主、北方以烧白瓷为主的所谓“南青北白”的瓷器生产格局。唐代晚期位于河北曲阳的定窑兴起。到宋代，定窑生产的白釉瓷器以胎薄、釉白、质细、纹美等特点，领导了白瓷生产的新潮流[7]，北方的一些瓷窑相继仿烧，推动了白瓷的发展。明清时期白釉瓷器的生产进入了一个新的发展阶段，最有特点的是江西景德镇窑明代烧制的薄胎白瓷和福建德化窑烧制的白瓷。景德镇窑薄胎白瓷，胎质非常细腻，薄到半脱胎或几乎脱胎的程度，釉纯净，有的还刻或印制秀丽清美的花纹，十分精致[8]。德化窑明代烧出了被称之为“猪油白”或“象牙白”、具有独特风格的白瓷，胎质细腻，透明度高，釉色滋润光莹，釉面如凝脂[9]。可见，明清时期白瓷制作工艺更加精细。

综上所述不难看出，化妆土等六项工艺技术在三国两晋南北朝时期以后，仍然受到高度重视。不但被全部继承下来，而且逐渐完善，有了发展和创新，在各个时期的瓷器手工业中，均发挥了重要作用。

还应指出的是，三国两晋南北朝时期化妆土等六项制瓷工艺技术的发明固然重要，但在其后的各个时代，能对这六项发明加以完善、发展，使之达到新的水平，也很不容易，也是一种创造，也是一种本事。

（原载《跋涉集——北京大学历史系考古专业七五届毕业生论文集》，北京图书馆出版社，1998年）

---

[1] 中国社会科学院考古研究所浙江工作队：《浙江龙泉县安福龙泉窑址发掘简报》，《考古》1981年第6期；中国社会科学院考古研究所等：《南宋官窑》，中国大百科全书出版社，1996年。

[2]（南宋）蒋祈《陶记》：“比壬坑、高砂、马鞍山、磁石堂厥土、赤石，仅可为匣、模，工而杂之以成器，则皆败恶不良，无取焉。……土坯既匣，垛而别之，审厥窑位，以布置。……陶工、匣工、土工之有其局；利坯、车坯、釉坯之有其法；印花、画花、雕花之有其技，秩然规制，名不相紊。”

[3]《管理九江关务唐英奏遵旨编明陶冶图呈览折》（乾隆八年五月二十二日），《清代档案史料丛编》第12辑，中华书局，1987年。

[4]（清）唐英：《陶冶图编次》，《唐英集》，辽沈书社，1991年。

[5]《新唐书·地理志》三；（唐）李吉甫《元和郡县图志》卷五《河南道》一，中华书局，1983年。

[6]（唐）李肇：《唐国史补》卷下，上海古籍出版社，1983年。

[7]《中国陶瓷》编辑委员会《中国陶瓷·定窑》，上海人民美术出版社，1983年。

[8] 中国硅酸盐学会：《中国陶瓷史》，文物出版社，1982年。

[9] 中国硅酸盐学会：《中国陶瓷史》，文物出版社，1982年。

三国两晋南北朝时代青瓷的发展

瓷器是中国的伟大发明。中国早在商代（约公元前16～11世纪）就已经能烧造瓷器了。因商代的瓷器处于首创和初级阶段，还比较粗糙，故称之为“原始瓷器”。又因施的是青釉，也称之为“原始青瓷”。原始瓷器历经西周（约公元前11世纪～公元前771年）、春秋（公元前770～ 476年）、战国（公元前475～221年）、秦（公元前221～ 207年）、西汉（公元前206～公元8年）时代的缓慢发展，到东汉（25～220年）时代晚期（约公元2世纪中叶～220年）制瓷工艺水平有了显著提高，烧造出了质量较好、较精细的瓷器，即通常所说的“成熟瓷器”，从此开始了中国制瓷手工业的新纪元。此后，中国制瓷手工业经三国两晋南北朝时代（220～589年）的普及、创新、提高和隋唐五代（581～960年）的全面发展，到宋元时代（960～1368年）进入了繁荣兴盛时期。明清时代（1368～1911年）又有许多创新，跨入了崭新的时期。

在中国制瓷手工业发展的进程中，三国两晋南北朝时代承前启后，是一个重要的时期。青瓷是其主流产品，生产量大，内容丰富，影响较大。所以，本文拟以这个时代的窑址、墓葬出土的青瓷资料为依据，分三国、两晋、南北朝三个大时代对其特点和发展情况做初步探讨。

一　三国时代的青瓷

三国是指魏国、蜀国和吴国。三国时代（220～265年）烧造青瓷的窑址基本沿袭了东汉晚期，主要发现于浙江上虞[1]、慈溪[2]、温州[3]、金华[4]和江西丰城[5]、湖南湘阴[6]（图一），分布在长江中下游地区，这个地区在三国时代是吴国辖区。三国时代是成熟瓷器发展的初期，各地青瓷窑场的发展很不平衡。一般说来，浙江上虞、慈溪一带烧造的质量较好，浙江温州、金华和湖南湘阴次之，江西丰城较差。

青瓷的器类较东汉晚期增多，可以分为二大类。第一类是日常生活用器，主要有双唇罐、罐、盘口壶、盆、洗、钵、碗、盘、耳杯、杯、水盂和虎子等，制作规整。浙江绍兴出土的一件三足洗[7]，口径23.6厘米，平沿，曲壁，浅腹，三个虎头状足（图二），造型端庄、稳重，是这个时代的代表作之一。江苏南京赵士岗出土的一件虎子[8]，长20.9厘米，体形似一跪伏的动物（图三），造型新颖、生动。其腹下侧刻划铭文一行：“赤乌十四年会稽上虞师袁宜作”。可知这件虎子的烧造年代（251年）、产地（上虞）和制作者，是研究三国时代青瓷的珍贵资料。此外，还有

[1] 中国硅酸盐学会：《中国陶瓷史》，文物出版社，1982年。
[2] 浙江省慈溪市文物管理委员会：《上林湖越窑》，科学出版社，2002年。
[3] 中国硅酸盐学会：《中国陶瓷史》，文物出版社，1982年。
[4] 贡昌：《婺州古瓷》，紫禁城出版社，1988年。
[5] 江西省文物考古研究所等：《江西丰城洪州窑遗址调查报告》，《南方文物》1995年第2期。
[6] 周世荣：《湖南陶瓷》，紫禁城出版社，1988年。
[7]《中国陶瓷》编辑委员会：《中国陶瓷・越窑》图版三三，上海人民美术出版，1983年。
[8] 倪振逵等：《南京赵士岗发现三国时代孙吴有铭瓷器》，《文物参考资料》1955年第8期。

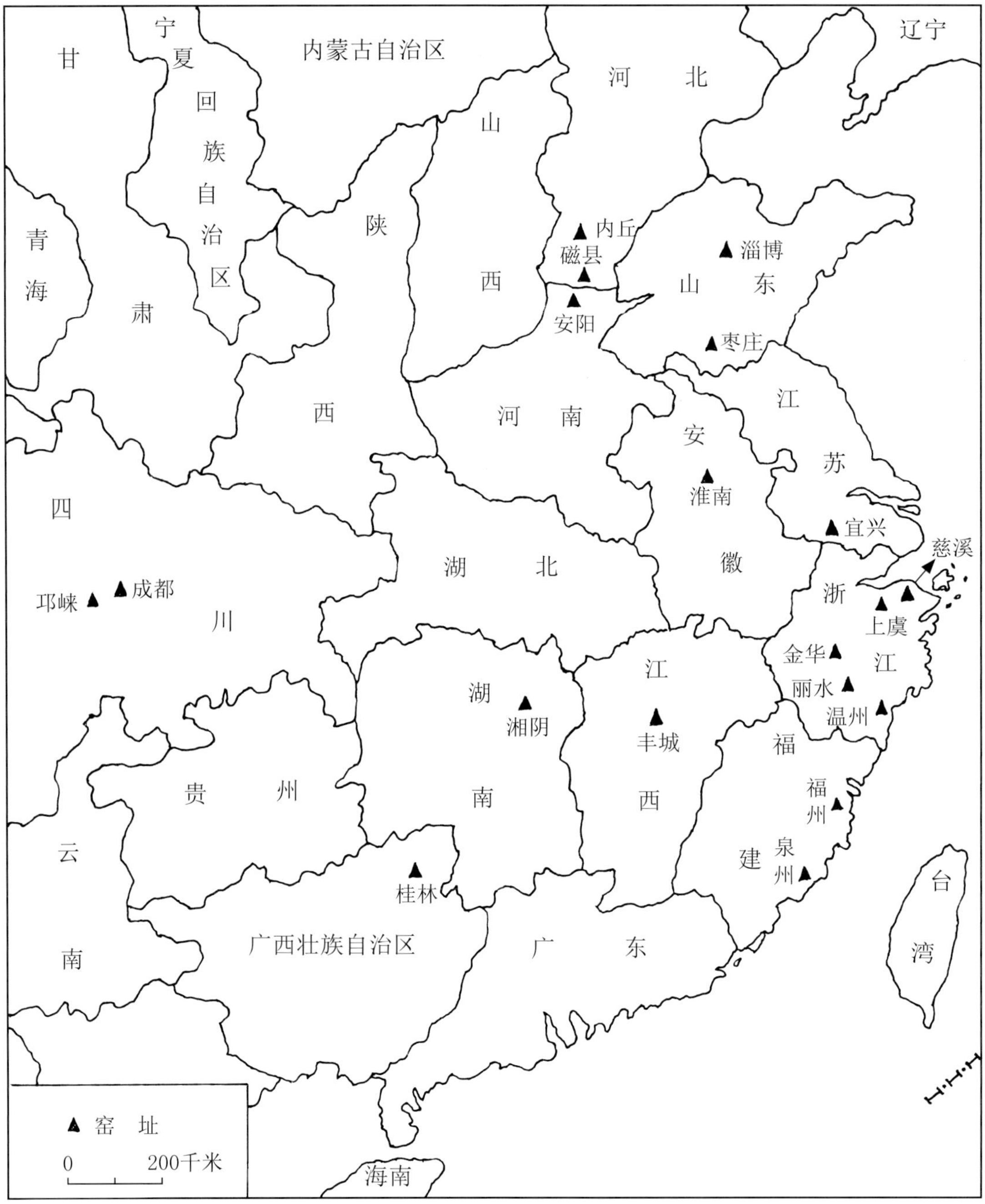

图一　三国两晋南北朝时代主要瓷窑址分布示意图

的将水盂的外形作成蛙形（图四）、杯作成鸟形（图五），既实用又美观。第二类是随葬明器，这类器物在东汉时代大部分是陶质的，三国时代大部分改用青瓷质料的。器类主要有谷仓罐、鸡笼、猪圈、犬栏、井、碓、灶等，多是模仿现实生活中实物而作的，形象逼真，生动表现了祥和、殷实的家居生活的情景。在明器中值得注意的是谷仓罐（图六），制作工艺极为复杂，它是先作成一个大罐，颈比较长细，口较小，然后在颈上部、口周围贴上四个小罐，最后在罐上、长颈周围塑出或贴上楼阁、阙、人物、动物等。这类罐是由东汉晚期的五联罐发展演变而来的，但远比五联罐造型复杂、精美。它是三国时代青瓷中较为特殊的一种，多为浙江上虞烧造。

图二　三足洗（三国·吴）
口径 23.6 厘米　浙江绍兴出土

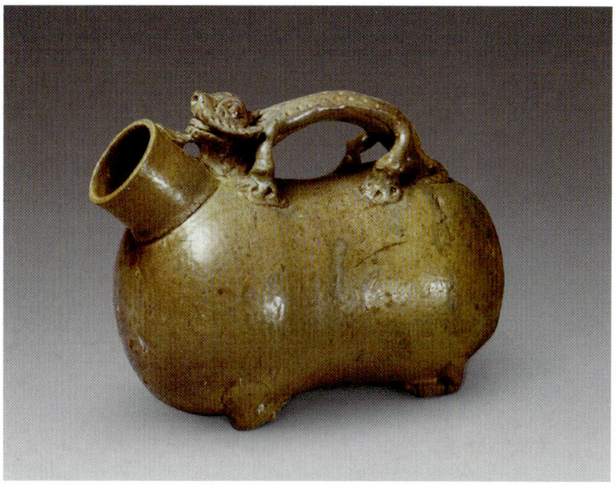

图三　虎子（三国·吴）
长 20.9 厘米　江苏南京赵士岗出土

图四　蛙形水盂（三国·吴）
高 5.1 厘米　浙江嵊县吴太平二年（257 年）墓出土

图五　鸟形杯（三国·吴）
口径 10 厘米　浙江上虞吴墓出土

图六　谷仓罐（三国·吴）
高 47.5 厘米　江苏金坛吴墓出土

图七　四系罐（三国·吴）
高 13 厘米　浙江上虞出土

图八　谷仓罐（三国·吴）
高 47 厘米　北京故宫博物院藏

胎、釉的状况较东汉晚期多有改进。由于各地制瓷原料的不同，胎的呈色较为复杂，有浅灰、灰、深灰、灰黑色等。釉有青、深青、青褐色等，色调普遍较深。

花纹装饰是美化瓷器的重要手段。三国时代青瓷饰有花纹的不多。装饰技法有划花、压印花和贴花。日常生活用器上的花纹很简单，习见的仅有水波纹、斜方格纹、铺首纹。斜方格纹是压印而成，呈宽带形，饰于洗、盆、罐等器物的上腹部或肩部（图七），改变了东汉晚期罐等器物通体饰斜方格纹（麻布纹）的作法。铺首纹呈兽头状，嘴衔杯，以模制成后贴于盆、洗等器物的上腹部或腹部（见图二）。斜方格纹和铺首纹往往配合使用，具有古朴庄重的效果。谷仓罐除了罐上面复杂、繁褥的堆塑之外，有很多在罐的上腹部和肩部贴饰模制的佛像（图六）、人物、各种动物等。北京故宫博物院藏三国吴永安三年（260 年）谷仓罐[1]，贴饰狗、鹿、龟、鱼、走兽以及持矛刺猪的人，正面肩上贴一驮碑伏龟，碑面刻："永安三年时，富且洋，宜公卿，多子孙，寿命长，千亿万岁未见央"（图八）。

烧成是瓷器生产中的一道非常重要的工序。三国时代烧造青瓷使用的是龙窑。所谓龙窑，是指依山坡倾斜建筑的一种隧道式窑炉。其优点是装烧量大，产量高，节省燃料，结构简单，营造方便。三国时代的龙窑遗迹发现很少，在浙江上虞联江鞍山发现的一座[2]，大体可以反映这时代龙窑的情况。这座龙窑遗迹保仔较完整（图九），全长 13.32 米，宽 2.1 ~ 2.4 米，由火膛、窑室、挡火墙和烟道组成。火膛、呈半圆形，窑室呈窄长方形，由前往后逐渐变窄，倾斜度前段为 13 度，后段为 23 度。窑壁以粘土筑成，窑顶以砖坯砌制。在窑室和烟道交界处设一堵高 10 厘米的挡火矮墙，挡火墙后有五个高 15 厘米、排列不甚整

[1]《中国美术全集》编辑委员会：《中国美术全集·工艺美术编·陶瓷（上）》，上海人民美术出版社，1988 年。
[2] 朱伯谦：《试论我国古代的龙窑》，《文物》1984 年第 3 期。

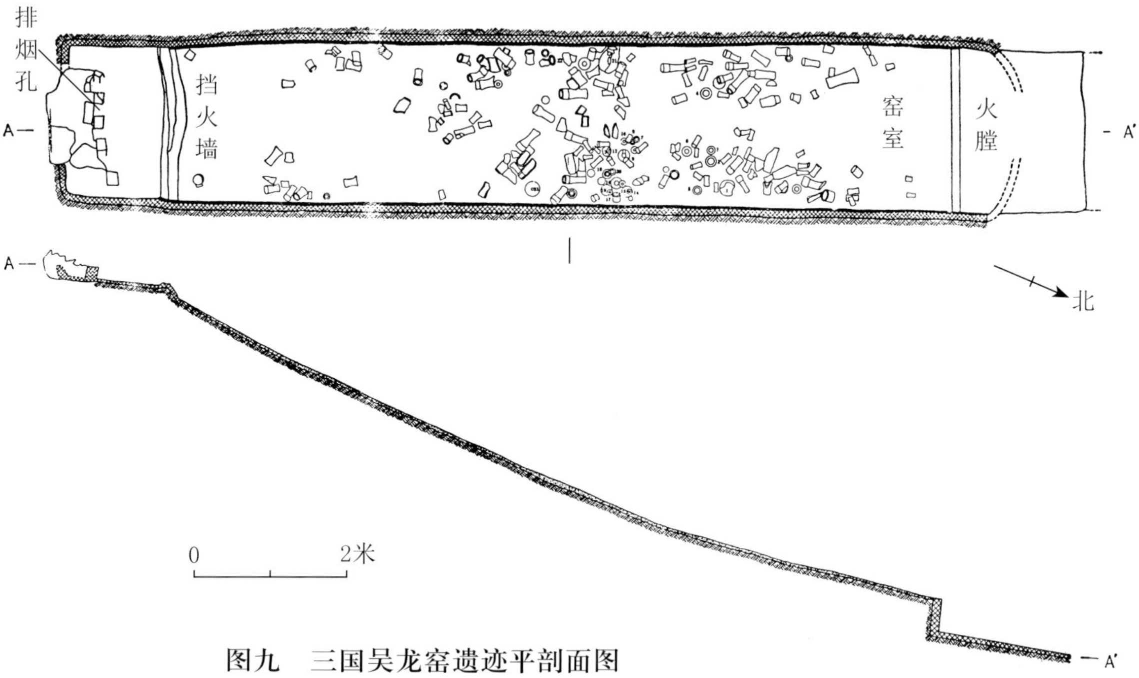

图九　三国吴龙窑遗迹平剖面图

齐的粘土柱，柱间形成六个排烟孔，柱后有临时搭堵的粘土堆。以柴为燃料。这座龙窑较东汉晚期的不但长了，而且结构复杂。据考古资料，这个时代青瓷坯件在窑炉内均是裸烧，一般都放在支具上面。钵、碗等器物均是叠装，为了防止粘连，二件坯件之间放一形制简单的间隔具。

二　两晋时代的青瓷

两晋是指西晋（265 ～ 316 年）和东晋（317 ～ 420 年）。两晋时代（265 ～ 420 年）青瓷生产发展迅猛。三国时代的青瓷窑场到这时代仍在继续生产，而且规模扩大，如浙江慈溪三国时代的窑址目前发现三处，而两晋时代竟多达七处[1]；江西丰城增加更为明显，三国时代的仅有三处，两晋时代竟有十二处之多[2]。与此同时，与浙江相邻的江苏宜兴在西晋时也开始设窑烧造青瓷[3]，生产区域有所扩展，但这时代的青瓷生产尚未能超出长江中下游地区。浙江上虞、慈溪一带的窑场在产量和质量上继续保持领先地位，江西丰城、湖南湘阴的窑场发展很快，质量大幅度提高，有些产品完全可与上虞、慈溪的媲美。

两晋时代的青瓷器类十分丰富。在日常生活用器中，原有的器类，如罐、盘口壶、水盂、虎子等，式样剧增。鸡首罐成功演变成鸡首壶。同时新增了兽形尊、槅、插器等器类。造型美观、大方。浙江余姚出土的一件西晋时代的鸡首壶[4]，造型奇特，此壶通高 24 厘米，盘口，短粗颈，鼓腹，平底，肩部有一制作精细、羽毛丰满、形象逼真、正在啼鸣的鸡首。有趣的是，在盘口上有一呈黄鼬形象的提梁，黄鼬前肢伏卧，伸头竖耳，对准鸡冠作欲噬状，后二肢则夹住长尾足蹬在口沿上，身部弓起，十分生动，是稀世珍品（图一〇）。浙江上虞出土的一件东晋时

[1] 浙江省慈溪市文物管理委员会：《上林湖越窑》，科学出版社，2002 年。
[2] 江西省文物考古研究所等：《江西丰城洪州窑遗址调查报告》，《南方文物》1995 年第 2 期。
[3] 肖梦龙：《宜兴小窑墩晋、唐窑址的调查报告》，《中国陶瓷》1982 年第 7 期（增刊）。
[4] 董贻安主编：《宁波文物集粹》图版三三，华夏出版社，1996 年。

代的鸡首壶[1]，形制完全成熟，高 14 厘米，盘口，细颈，圆鼓腹，平底，鸡首立于肩部，与鸡首对应的有一柄，其余二侧肩部各有一桥形系（图一一）。此后，鸡首壶的演变都是在这个基本形制的基础上进行的。香薰比较多见，制作非常讲究。浙江嵊县西晋元康八年（298 年）墓出土的一件[2]，由两部分组成，通高 18.1 厘米，熏身呈球形，上部镂三层三角形锯齿边的孔，小口上塑一鸟，下置三兽足。托呈浅腹盘形，平底，三兽头足（图一二）。整体造型端庄、稳重。引人注目的是，这时代还盛行将青瓷器的外形塑刻成动物的形象，如鹰形盘口壶（图一三）、神兽形尊（图一四）、熊形器（图一五）、羊形器（图一六）、狮子形插器（图一七）等，造型协调，式样优美、生动，既实用，又有很好的艺术效果，是这时代青瓷工艺、艺术水平的标志性作品。专门供随葬用的明器，还继续烧造，但只流行于西晋时代，东晋时代就很少见了。器类除延续三国时代的之

图一〇　鸡首壶（西晋）
通高 24 厘米　浙江余姚出土

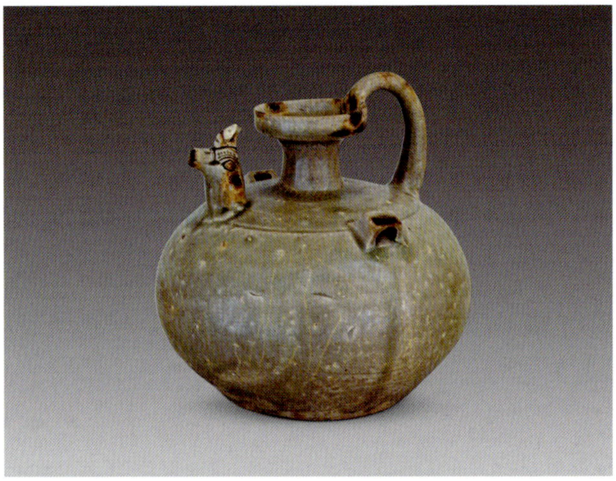

图一一　鸡首壶（西晋）
高 14 厘米　浙江上虞出土

图一二　香薰（西晋）
通高 18.1 厘米　浙江嵊县西晋元康八年（298 年）墓出土

图一三　鹰形盘口壶（西晋）
高 17.5 厘米　江苏南京石闸湖西晋墓出土

[1]《中国陶瓷》编辑委员会：《中国陶瓷·越窑》图版九八，上海人民美术出版社，1983 年。
[2] 浙江省博物馆：《浙江纪年瓷》图版五二，文物出版社，2000 年。

外，还常见各种俑和家畜、家禽。谷仓罐仍是随葬明器中的重要器物，罐上的堆塑内容较三国时代有所简化，排列也较为疏朗，并重点突出楼阁等建筑形象。浙江余姚西晋元康四年（294 年）墓出土的一件[1]，通高 50.5 厘米，罐身修长，平底，罐上、颈周围塑或贴人物、佛像、龙凤、瑞兽、群鸟、楼阁、龟趺碑、四个小罐等，口部置一组建筑以为盖（图一八）。俑的种类较多，湖南长沙西晋永宁二年（302 年）墓出土的一件对坐俑[2]，颇有情趣，通高 16.5 厘米，青釉几乎全部脱落，俑头戴高冠，身穿长服。两俑相向而坐，中间置一书案，案上放有笔、砚和简册，作书写状，又若有所语（图一九）。造型设计比较新颖。

两晋时代对制作青瓷的原料加工较细，质地多较致密，胎多呈灰色，少数颜色较深，呈深灰色等。胎色深，对青釉的呈色有明显的不良影响。为了覆盖较深的胎色，浙江金华一带的窑场，在西晋时代发明了化妆土工艺，即在器物成形、晾干之后，先在胎土的表面施一层颜色较浅（灰

图一四　神兽形尊（西晋）

高 27.9 厘米　江苏宜兴周墓墩西晋永宁二年（302 年）墓出土

图一五　熊形器（西晋）

高 8.5 厘米　江苏江宁出土

图一六　羊形器（西晋）

长 26 厘米　江苏南京西岗果木场西晋墓出土

图一七　狮子形插器（西晋）

长 19.9 厘米　上海博物馆藏

[1] 浙江省博物馆：《浙江纪年瓷》图版四七，文物出版社，2000 年。
[2] 湖南省博物馆：《长沙两晋南朝隋墓发掘报告》，《考古学报》1959 年第 3 期。

或浅灰色）的化妆土，然后再施青釉。化妆土是用含铁量少、较精细的瓷土加水调和而成。它不但可以覆盖胎土较深的颜色，增强青釉的呈色效果，还可以将比较粗糙的胎土表面变得光净，使釉层均匀、饱满，釉面莹润。化妆土工艺的发明，对提高青瓷的质量有重要的作用。同时，它为利用质量较低的原料创造了条件，使那些原料中含铁量较高、烧造不成青瓷的地区，不但能烧造青瓷，而且还能烧造出较好的青瓷。促进了制瓷手工业的普及和发展。这时代对青釉的配制和施釉方法均有较明显的进步。釉质多较细，透明度较高。施釉多采用蘸釉（浸釉）法，釉层薄厚多较均匀，釉面多较光洁、晶莹，开细纹片。瓷器开纹片，是因在焙烧过程中，胎、釉的膨胀系数不一致而自然形成的，是瓷器上的一种缺陷。可是到宋元时代工匠们掌握了它的形成原理和规律，人为地变成了一种装饰。由于釉中含铁量不同和烧成方面的原因，青釉的色调不一，多呈青色，少部分呈青泛黄色，还有少量的呈淡青色，均有良好的效果，特别是淡青色釉，淡雅、清澈，效果尤好。

两晋时代花纹装饰复杂化，以花纹装饰青瓷的作法流行。装饰技法有划花、刻花、压印花、贴花和彩绘、点彩等多种。用前四种方法做出的花纹内容比较丰富，常见的纹样有菱形纹、斜方格纹、联珠纹、忍冬纹、菊瓣纹、莲瓣纹等。斜方格纹和联珠纹经常配合使用，组成一较宽的装饰纹带（图二〇）。莲瓣纹是这时代在佛教艺术影响下出现的一种新的装饰纹样，一般饰于碗（图

图一八　谷仓罐（西晋）

通高 50.5 厘米　浙江余姚西晋元康四年（294 年）墓出土

图一九　对坐俑（西晋）

高 16.5 厘米　湖南长沙西晋永宁二年（302 年）墓出土

图二〇　四系盘口罐（西晋）

高 22.2 厘米　上海博物馆藏

二一）、杯的外侧，线条简练，装饰面大，效果颇佳。贴花的纹样见于日常生活用器上的有铺首、佛像等。铺首纹流行，用于罐、盘口壶、壶、盆、洗、唾盂等多种器物之上，仍多与斜方格纹组合起来使用。贴花仍是谷仓罐的主要装饰技法，纹样颇多，有铺首、乐人、舞人、骑士、佛像、龙、凤、狮子、麒麟、龟、朱雀等，贴饰于罐的腹部或上腹部，布局稀疏有序。浙江绍兴西晋永嘉七年（313 年）墓出土的一件[1]，上腹部等距离贴饰六个奏乐或舞蹈人物（图二二）。可见，谷仓罐的贴花装饰也趋于简化。彩绘和点彩技法，是西晋时代创用的。以彩绘技法装饰的青瓷发现极少，江苏南京长岗村三国吴末至西晋初年墓出土的釉下彩绘盘口壶，是目前所见唯一的一件[2]，此壶通高 32.1 厘米，通体以褐彩绘画花纹，内容十分丰富，主要有柿蒂、连孤、云气、仙草、朵花、异兽、人面鸟、动物、持节人物等，表现的是“魂神升天”的场面（图二三）。彩绘线条繁密、流畅，约是借鉴了漆器花纹图案的绘画技法。点彩技法约出现于西晋前期，西晋后期、东晋盛行。它的作法是，以毛笔将褐色彩点饰在器物的盖面、口部、肩部等部位（图一一），彩点较大，多不甚规则，极为醒目，为素雅的青瓷增添了光彩。上述各装饰技法往往结合使用，常见二种甚至三种技法同时运用在一件器物上，增强了艺术感染力。

图二一　莲瓣纹碗（东晋）
口径 13 厘米　江西丰城洪州窑遗址出土

图二三　釉下彩绘盘口壶（三国吴末西晋初）
通高 32.1 厘米　江苏南京长岗村吴末至西晋初墓出土

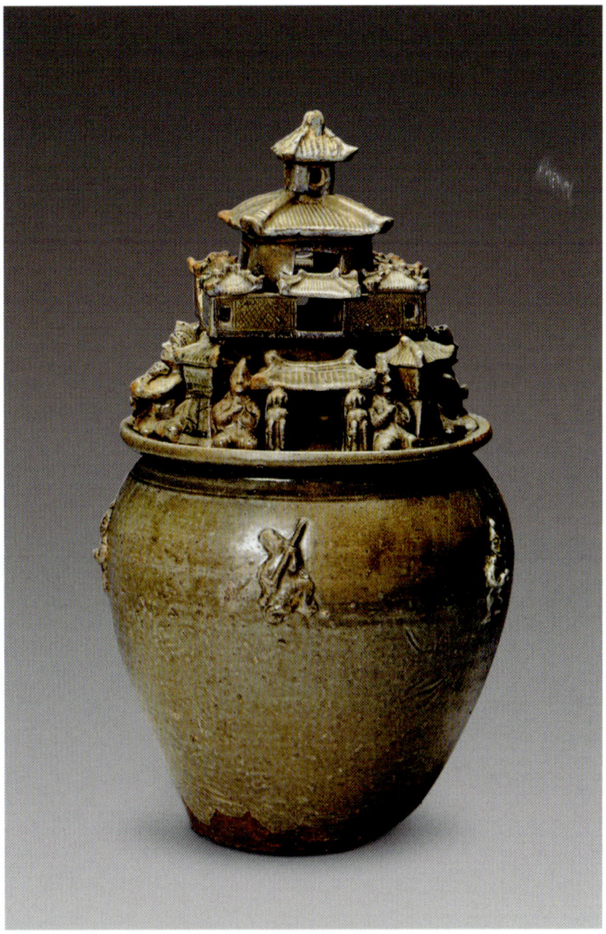

图二二　谷仓罐（西晋）
通高 50 厘米　浙江绍兴西晋永嘉七年（313 年）墓出土

[1] 浙江省博物馆：《浙江纪年瓷》图版七三，文物出版社，2000 年。
[2] 易家胜：《南京出土的六朝早期青瓷釉下彩盘口壶》，《文物》1988 年第 6 期。

两晋时代烧成技术有了重大的改进。烧造青瓷仍然使用龙窑，长度逐渐增加。龙窑加长可以增加装烧量，提高产量，但同时也出现了一个技术难题，那就是仅靠设在窑炉前端的火膛烧柴，放在窑室后部的坯件往往达不到瓷器烧成所需要的温度，成为次品或废品。针对这个技术问题，两晋时代的工匠们经过长期实践，发明了龙窑分段烧成技术，即是在龙窑窑顶两侧隔一定距离开设一个投柴孔，每个投柴孔下实际上就是一个火膛。焙烧时，自前往后从投柴口投柴，一段一段地烧成。浙江上虞帐子山清理的一座两晋时代的龙窑遗迹[1]，根据迹象推测，全长10米以上，在窑炉遗迹内、外的堆积中，极少发现生烧的器物。由此可见，它有可能采用了分段烧成技术。分段烧成技术出现后，龙窑可以由窑场的需要和生产能力来决定长度，再也不受设在窑炉前端的那个火膛制约了。于是，两晋以后龙窑逐渐向长发展，到宋代（960～1279年）有的竟达135.6米[2]。考古资料表明，在烧成中普遍使用了窑具。支具和间隔具日趋复杂。值得注意的是，江西丰城一带的窑场在东晋后期发明了匣钵。匣钵是瓷器焙烧时置放坯件并对坯件起保护作用的窑具，以耐火黏土制成。瓷器坯件装在匣钵里焙烧，可使坯件受热均匀，避免窑顶落砂的侵扰和烟火与坯件直接接触，使釉面保持光洁，可保证和提高产品质量。匣钵耐高温，胎土结实，承重能力强，层层叠摞不易倒塌，可充分利用窑内空间或适当增加窑室的高度，能增加装烧量，提高产量。匣钵的发明是制瓷工艺的一大进步，为制瓷手工业的发展提供了技术保证。这时的匣钵均为桶形（图二四）。装烧方法多样化。绝大多数窑场仍采用传统的裸烧法。江西丰城一带的窑场开始使用匣钵装烧，每钵装1或2件（图二五）。同时还出现了罐套烧法，即将碗、盘、杯、灯等一些小件器物放在大口罐内焙烧（图二六），既节省了空间，罐又对装在罐内的坯件或多或少有保护作用。此外，江西丰城一带的窑场，在东晋时代开始使用试火具。试火具即是南宋蒋祈《陶记》中记录的“火照”，是瓷器坯件焙烧时验火和测试生熟的窑具，用瓷土制作。其形制一般为片状，呈三角形或不规则四边形等。但这时是用小碗的坯件加工而成的，即在小碗的壁上挖一大圆孔（图二七），装窑时将这个小碗（试火具）放在窑内靠近观火孔处，在焙烧过程中需要验火或观察生熟时，将其用铁钩钩出。试火具在掌握火候、保证烧成质量方面有重要作用。

图二四　匣钵（东晋）

高12.5厘米　江西丰城洪州窑遗址出土

图二五　匣钵单件装烧（东晋）

高7.4厘米　江西丰城洪州窑遗址出土

[1] 朱伯谦：《试论我国古代的龙窑》，《文物》1984年第3期。

[2] 中国社会科学院考古研究所、福建省博物馆建窑考古队：《福建建阳县水吉北宋建窑遗址发掘简报》，《考古》1990年第12期。

三 南北朝时代的青瓷

南北朝指南朝和北朝，分别在南方、北方地区。南北朝时代（420 ~ 589 年）青瓷手工业进入了新的发展时期。两晋时代烧造青瓷的各地区各窑场不但仍在继续烧造，而且都有不同程度的发展。与此同时，安徽淮南[1]、四川成都青羊宫[2]、邛崃[3]，福建福州怀安[4]、泉州晋江[5]，广西桂林[6]等地都逐渐开始建立瓷窑，烧造青瓷器。广东地区虽然未发现南朝时代的瓷窑遗址，但这里南朝时代墓葬出土的青瓷与周围诸窑的产品有明显的区别，可能是广东本地烧造的。不仅如此，北方地区的北朝时代在南方地区南朝时代制瓷手工业的影响下，也开始建窑烧造青瓷器。迄今发现的窑址有山东枣庄中陈郝[7]、淄博寨里[8]和河北内丘[9]三处。此外，据有关考古资料推测，河北磁县贾壁村[10]和河南安阳[11]发现的隋代瓷窑遗址，均可上溯到北朝晚期。这些新创建的窑场，制瓷技术进步较快，产品质量逐渐提高，不久就形成了各自的特色。

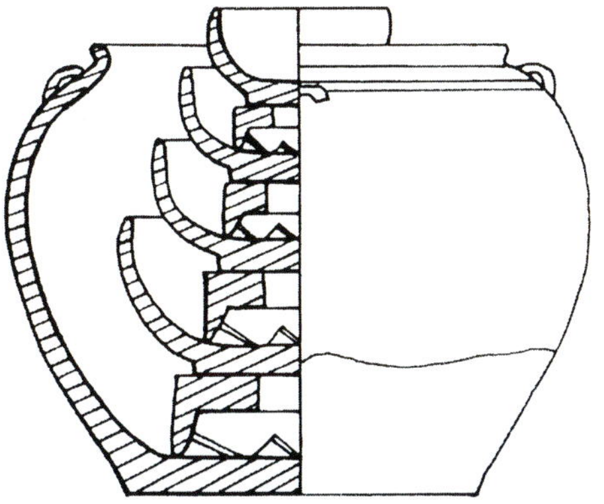

图二六 罐套烧（东晋）
通高 19.2 厘米 江西丰城洪州窑遗址出土

图二七 试火具（东晋）
口径 8 厘米 江西丰城洪州窑遗址出土

1．南朝时代

南朝时代的青瓷手工业承袭了两晋时代。但它的区域大大扩展，基本遍布南方地区。这时代，长江下游地区的浙江上虞、慈溪、金华等地青瓷的发展速度放慢；长江中游地区的江西丰城、湖南湘阴发展较快，质量提高也较明显；四川等地新建窑场的青瓷产品虽各有特点，但质量大不如长江中下游地区。

---

[1] 胡悦谦：《谈寿州瓷窑》，《考古》1988 年第 8 期。
[2] 四川省文管会等：《成都青羊宫窑址发掘简报》，《四川古陶瓷研究》（二），四川省社会科学院出版社，1984 年。
[3] 四川省文物管理委员会等：《四川省邛崃县固驿瓦窑山古瓷窑遗址发掘简报》，《南方民族考古》第三辑，四川科学技术出版社，1990 年。
[4] 曾凡：《福建南朝窑址发现的意义》，《考古》1989 年第 4 期。
[5] 陈鹏等：《福建晋江磁灶古窑址》，《考古》1982 年第 5 期。
[6] 桂林博物馆：《广西桂州窑遗址》，《考古学报》1994 年第 4 期。
[7] 山东大学历史系考古专业等：《山东枣庄中陈郝瓷窑址》，《考古学报》1989 年第 3 期。
[8] 山东淄博陶瓷史编写组等：《山东淄博寨里北朝青瓷窑址调查纪要》，《中国古代窑址调查发掘报告集》，文物出版社，1984 年。
[9] 王会民等：《邢窑调查试掘主要收获》，《文物春秋》1997 年增刊，总第 38 期。
[10] 冯先铭：《河北磁县贾壁村隋青瓷窑址初探》，《考古》1959 年第 10 期。
[11] 河南省博物馆等：《河南安阳隋代瓷窑址的试掘》，《文物》1977 年第 2 期。

南朝时代的青瓷器类与两晋时代相比，发生了显著的变化。随葬明器基本不见了，日常生活用器中新增了莲花纹尊、盏盘、托碗等，造型简朴、实用，除了少数虎子外，已不见将器物的外形作成动物形象的作法了。罐、盘口壶、鸡首壶体形日趋瘦长，浙江慈溪出土的一件鸡首壶[1]，高 39.1 厘米，是这时代的典型作品（图二八）。莲花纹尊、托碗作工精细，造型优美、大方，湖北武昌南朝齐永明三年（485 年）墓出土的一件莲瓣纹尊[2]，通高 35.8 厘米，侈口，长粗颈，椭圆形腹，高圈足外撇，有盖，颈、身部均饰仰、覆莲瓣纹（图二九）；江西吉安南朝齐永明十一年（493 年）墓出土的一件托碗[3]，通高 10.9 厘米，由碗和托二部分组成，碗口部微侈，曲壁，深腹，假圈足，托呈浅腹盘形，内底中部有一高出底面的托口，碗足置于其内（图三〇）。均是难得之佳作。

南朝时代青瓷烧造地域广阔，各地就地取料，烧造技术又有差别，所以胎、釉的情况也不尽相同。一般说来，长江中下游地区胎质比较细，以灰色为主，釉的呈色效果也较好；四川、福建、广西地区胎质较粗或略粗，釉的呈色还不够稳定。

南朝时代青瓷的装饰简化。装饰技法有划花、刻花和点彩，压印花、贴花、彩绘的技法不见了。划、刻花的花纹内容大为减少，常见的纹样仅有莲瓣纹和莲花纹，另有少量菊瓣纹和缠枝忍冬纹等。莲瓣纹使用较为普遍，饰于碗的内侧或外侧（图三一）和罐、盘口壶、鸡首壶、尊、杯的外侧（图二八、二九），莲花纹饰于盘（图三二）和托盘（图三〇）的内侧。线条简练，制作精细，

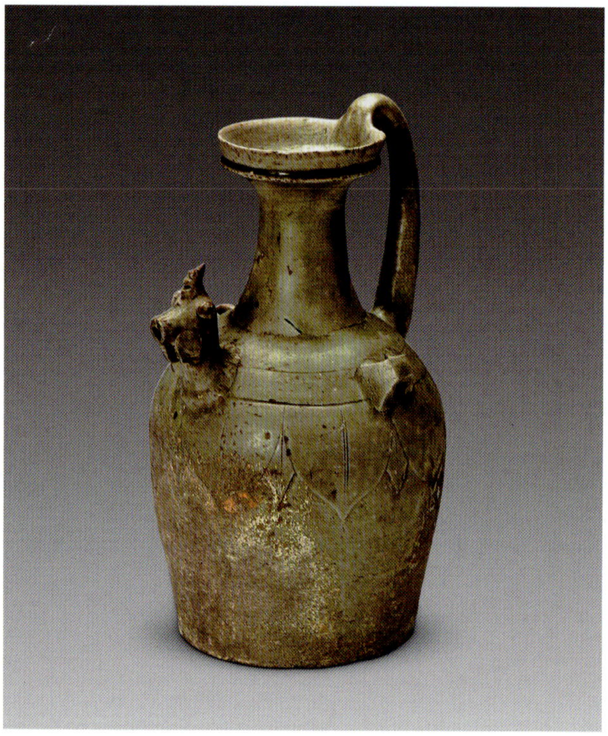

图二八　鸡首壶（南朝）

高 39.1 厘米　浙江慈溪出土

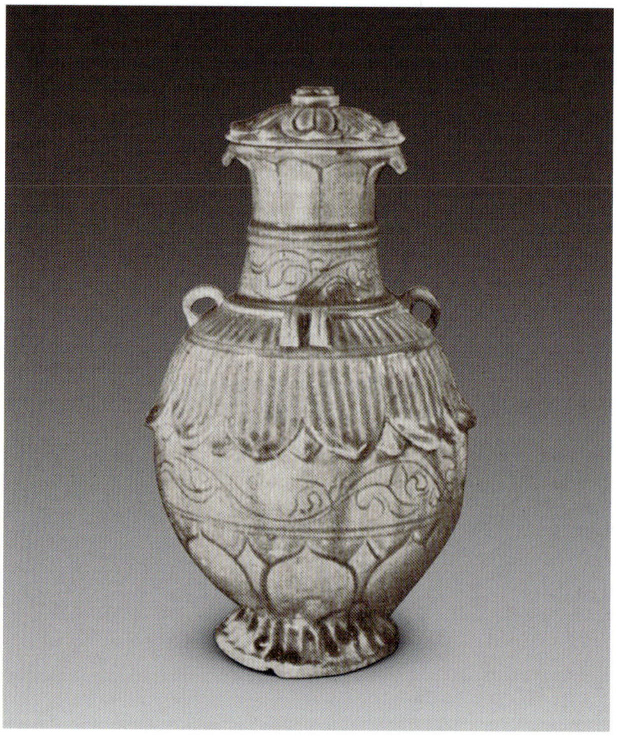

图二九　莲花纹尊（南朝）

通高 35.8 厘米　湖北武昌南朝齐永明三年（485 年）墓出土

[1]《中国陶瓷》编辑委员会：《中国陶瓷・越窑》图版一二〇，上海人民美术出版社，1983 年。
[2] 湖北省博物馆：《武汉地区四座南朝纪年墓》，《考古》1965 年第 4 期。
[3] 平江等：《江西吉安县南朝齐墓》，《文物》1980 年第 2 期。

图三〇 托碗（南朝）

通高 10.9 厘米 江西吉安南朝齐永明十一年（493 年）墓出土

图三一 莲瓣纹碗（南朝）

口径 16.1 厘米　江苏南京赵士岗出土

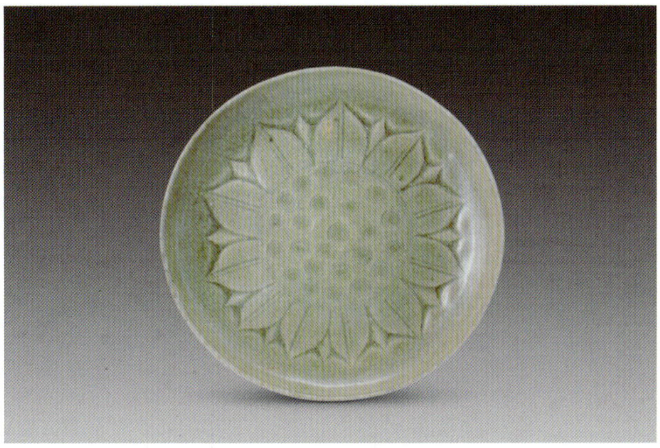

图三二 莲花纹盘（南朝）

口径 23.5 厘米　福建建瓯南朝墓出土

艺术效果颇佳。点彩技法使用不多，而且只见于南朝早期，仍多饰于器物的口沿、肩部和器盖上。彩点较两晋时代小，排列颇密。

南朝时代烧造青瓷仍使用龙窑，由于分段烧成技术的运用，龙窑大幅度加长。浙江丽水吕步坑发现的一座南朝时代的龙窑遗迹[1]，仅发掘的中间一段，长就有 10.5 米。装烧工艺有所发展。江西丰城一带的窑场流行匣钵装烧法，碗、杯、盘等一般都装在匣钵内烧造，一钵装一件或多件，装一件者，器物多是刻划莲瓣纹或菊瓣纹的碗，成品质量很好。装多件者，一般都是叠装 5 或 6 件同类器物（图三三、三四）。大约在南朝晚期，湖南湘阴窑场也开始使用匣钵装烧青瓷。其余地区的窑场仍沿用裸烧法。

2．北朝时代

三国两晋南北朝时代，北方地区战争频繁，延续时间长，社会动荡不安，社会经济发展相对滞后，制瓷手工业兴起的时间比南方晚得多。考古资料表明，北方地区制瓷手工业的出现于北魏晚期（6 世纪初），到东魏、北齐时代（534 ～ 577 年）达到了较好的水平，发展较快。这时代的窑址发现于山东和河北南部、河南北部地区。河北南部、河南北部一带窑场烧造的质量较好，是中心区域。北方地区烧造的瓷器品种较南方地区多，有青瓷、黑瓷、白瓷、黄瓷，其中青瓷是主要产品。

北朝时代青瓷的器类较丰富，主要有盘口壶、鸡首壶、罐、尊、碗、盘、杯、灯、唾盂等，基本均属日常生活用器，很少见专供随葬用的明器。造型粗犷、朴实、端庄，胎土厚重。尊和有些罐的造型还与富有装饰性的莲瓣纹巧妙结合在一起，使莲瓣纹既有装饰作用又是造型不可分割的部分。河北景县北朝北齐河清四年（565 年）封子绘墓出土的一件莲瓣纹尊[2]是这时代的代表作，通高 63.6 厘米，带盖，撇口，长颈，长圆腹，喇叭形高足，颈

[1] 朱伯谦：《试论我国古代的龙窑》，《文物》1984 年第 3 期。

[2] 张季：《河北景县封氏墓群调查记》，《考古通讯》1957 年第 3 期。

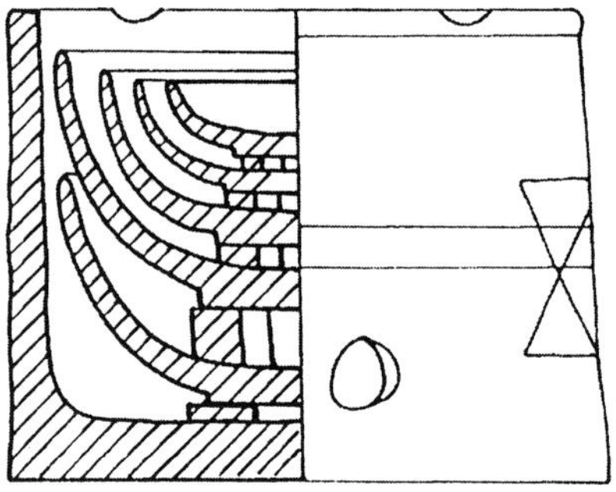

图三三　匣钵多件装烧（南朝）

高 15.3 厘米　江西丰城洪州窑遗址出土

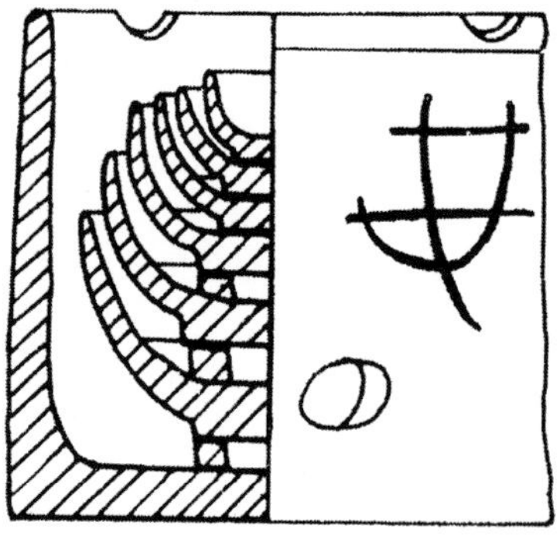

图三四　匣钵多件装烧（南朝）

高 18.2 厘米　江西丰城洪州窑遗址出土

部贴饰团花纹和蟠龙纹，身、足部饰仰、覆莲瓣纹，造型雄伟、大方，装饰华丽（图三五）。山西太原王郭村北朝北齐武平元年（570 年）娄睿墓出土的一件鸡首壶[1]，高 48.2 厘米，盘口，长细颈，鼓腹，下腹骤收又略外撇，平底，龙形把手，制作精细，造型优美，是北朝时代鸡首壶的典型之作（图三六）。娄睿墓出土的灯，造型高大，由灯碗、柄、座三部分组成，通高 50.2 厘米，作工颇精（图三七）。

原料都经过较好地加工，质地多较细，有些尤其是山东地区的产品比较粗糙。胎色有浅灰、灰、深灰色，烧成温度不高，有些可以明显看出尚未完全烧结。釉层较南方厚，玻璃质感较强，釉面晶莹。釉的色调比较复杂，有青、青灰、青泛黄、青黄、青褐色等。值得注意的是，青黄色釉占的比例较大，说明在烧成过程中还原技术掌握得不太好。此外，器物上泪痕状的流釉现象也比较多见。

花纹装饰较南朝时代复杂。装饰技法有划花、刻花、雕刻花和贴花等，贴花在南朝时代已不再使用，在这里却很常见。花纹内容中与佛教艺术有关的纹样颇为盛行，主要有莲瓣纹、莲花纹、联珠纹、忍冬纹等，这显然与北朝时代佛教的流行有直接的关系。其他纹样有贴饰的铺首纹、团龙纹、鸟纹、刻划的朵花纹、三角纹等。上面提到的封子绘墓出土的莲花纹尊、娄睿墓出土的鸡首壶、灯是这时代花纹装饰的杰出作品。莲花纹尊运用划花、刻花、雕刻花和贴花的技法，作出以仰、覆莲瓣纹为主体的装饰花纹，层次分明，纹样多而有序，独具匠心（图三五）。鸡首壶以贴花的技法，在肩和上腹部饰二朵莲花纹和四朵宝相花纹、四枚忍冬纹，下腹部饰四只鸟纹，布局合理（图三六）。灯采用划花、刻花、贴花的技法，座饰覆莲纹和联珠纹，柄下部饰四朵宝相花纹，上部为四瓣仰莲纹，灯碗饰宝相花和忍冬纹，口部饰一周联珠纹，纹样与造型结合自然、得体（图三七）。

迄今还未发现北朝时代烧造瓷器的窑炉，但从较其早的烧造陶器的窑炉和隋唐时代发现的烧造瓷器的窑炉均为馒头窑（亦称马蹄形窑）这一情况推测，这时代烧造青瓷的窑炉也应是馒头窑。馒头窑是因其外形类似馒头而得名。它的特点是升温慢，降温也慢，保温时间长，适于烧造体形较大、胎土较厚重的器物。考古发现的窑具有支具和间隔具，没有发现使用匣钵的迹象。

北朝时代的青瓷手工业是在南朝时代青瓷手工业的影响下创立和发展起来的，历史较短。虽然能烧造出莲花纹尊那样的精品，但就总体而言还不如南朝时代。可是它发展很快，在短短的半

[1] 山西省考古研究所等：《太原市北齐娄睿墓发掘简报》，《文物》1983 年第 10 期。

图三五　莲花纹尊（北朝）
通高 63.6 厘米　河北景县北朝北齐河清四年（565 年）封子绘墓出土

图三六　鸡首壶（北朝）
高 48.2 厘米　山西太原王郭村北朝北齐武平元年（570 年）娄睿墓出土

图三七　灯（北朝）
通高 50.2 厘米　山西太原王郭村北朝北齐武平元年（570 年）娄睿墓出土

个多世纪里就达到了较好的水平，并还形成了自己的风格，为后来北方青瓷的发展开辟了道路。

综上所述，可以清楚看出三国两晋南北朝时代青瓷的发展、变化情况：烧造区域不断扩大，窑场（烧造地点）日益增多；器类，日常生活用器逐渐增加，造型逐渐简练，罐、盘口壶、鸡首壶逐渐变瘦长；随葬明器由少到多，又逐渐减少，乃至少见；装饰技法由简单变复杂，又逐渐简化；装饰花纹由少变多，又逐渐减少，并与佛教艺术有关的纹样逐渐盛行；烧成技术不断改进，日趋完善。同时，还可以看出，三国两晋南北朝时代是制瓷工艺技术发展、创新的时代，先后发明了化妆土工艺、彩绘和点彩装饰技法、龙窑的分段烧成技术、匣钵装烧法、试火技术，这几项工艺技术对提高瓷器的产量和质量有十分重要的价值。它们不但在三国两晋南北朝时代产生了很好的效益，而且在三国两晋南北朝时代以后仍然受到高度重视，被全部继承下来，并逐渐改进、完善，在各个时代制瓷手工业中都发挥了重要作用。

（原载《古代東亞細亞와 三韓・三國의交涉》（中文、韩文），福泉博物馆（Bokcheon Museum），2002 年 10 月 11 日）

试析宋元时期的制瓷手工业

宋元时期是中国制瓷手工业发展史上的一个重要阶段。这时期以农业为主体的社会经济有了进一步发展，商品市场活跃，对外贸易活动广泛展开，拉动了各类手工业的发展。瓷器这时期已经是普通百姓必备的生活用具，并大量被社会上层和宫廷所使用，同时也是对外贸易的重要物品之一。需求量急剧增加，质量要求也越来越高。所以，宋元时期全国各地制瓷手工业迅速发展。为了满足社会的需要，原有的有发展前途的瓷窑扩大了规模；同时又新开办了一批窑场，尤其是在原来没有制瓷历史的辽宁、内蒙古、宁夏、甘肃、云南这些边远地区相继建立瓷窑烧造瓷器；为了适应对外贸易的需要，还在交通方便的沿海地区大量开辟新的窑场。值得注意的是，为了满足宫廷的需要，专门设立了官窑。宋元时期窑场遍布于二十多个省、市、自治区，其中以浙江、福建、河南省分布最为密集，逐渐形成了不同于隋唐五代时期的新的制瓷手工业格局。与此同时，由于制瓷手工业技术的进步、文化艺术的发展和人们审美观念的变化，其产品也逐渐形成了不同于以往的新的风格。总之，宋元时期制瓷手工业进入了新的发展时期。

一　宋代制瓷手工业的繁荣

入宋后，唐代的一些名窑，如岳州窑、长沙窑、洪州窑、寿州窑、巩县窑等，渐渐湮没无闻，成为了历史的陈迹；越窑、邢窑等虽然入宋后还生产了一阵子，但也没能逃脱衰败乃至停烧的命运。与此同时，逐渐产生了具有宋代自己特色的名窑。宋代名窑遍布各地，风格迥然不同，主要有汝窑、北宋官窑、钧窑、定窑、耀州窑、南宋官窑、龙泉窑、建窑、吉州窑和景德镇窑等。烧造的瓷器品种非常丰富，主要有青釉瓷器、白釉瓷器、黑釉瓷器、青白釉瓷器和白地黑花瓷器等。

（一）青釉瓷器

青釉瓷器是宋代的大宗产品，烧造量相当大。烧造青釉瓷器的窑主要有河南汝窑、北宋官窑、钧窑，陕西耀州窑，浙江龙泉窑、南宋修内司官窑、郊坛下官窑等。烧造的器类繁多，有罐、壶等贮藏器，碗、盘、杯、碟等饮食器，唾盂、盒、灯、枕等生活用器，砚台、水盂等文房用器，腰鼓等乐器，人物、动物形玩具，谷仓罐等随葬明器等。在器类中，值得注意的是，还有专门用于陈设和祭祀的瓷器，陈设瓷主要有瓶、尊、花盆、盆托等，祭祀瓷主要有炉、觚、钟等。瓷器的用途扩大，已进入生活的各个方面。青釉瓷器的制作工艺纯熟，造型端庄大方，有的仿金银器、有的仿玻璃器、有的则仿商周时期的青铜礼器，可谓是兼收并蓄。更引人注目的是，一种器物的式样不拘一格，如瓶、炉类器物，据初步统计各有 20 余种式样，这是隋唐五代时期无法比拟的新情况。

胎料选择比较严格，淘洗加工也较为精细，质地一般比较细腻、坚硬，尤其是名窑的产品。胎的主体颜色仍为灰色，由于各地原料和各窑烧成技术的不同，在具体色调上也有深浅之差别，如汝官窑的产品胎呈香灰色，龙泉窑的青瓷胎一部分呈浅灰色，一部分呈黑色，南宋官窑青瓷的胎有一部分也呈黑色等。釉的配制技术较前代也有了显著的提高，北宋晚期钧窑创造了乳浊釉（二液相分相釉）；约从南宋中期开始，龙泉窑使用了石灰碱釉。乳浊釉的特点是 Al_2O_3 含量低，SiO_2 含量较高，另外还有少量的 P_2O_5，烧成后不透明。石灰碱釉的特点是，CaO 的含量降低，K_2O 的含量增加，高温下黏度比度、熔融范围增大，不易流动，釉可以施得厚一些，使釉面饱满、柔和。乳浊釉和石灰碱釉的发明，打破了瓷器出现以来石灰釉“一统天下”的局面，为制瓷手工业的持续发展拓宽了道路。釉色也突破了以青绿和青黄色为主的传统单一色调，经过精心配制，烧出了多种色调，越窑虽仍以青绿、青泛黄色最为常见，但出现了数量较多的青泛灰色；耀州窑青釉多呈深绿色，色调深沉；汝窑青瓷中最有影响的是汝官窑烧造的御用瓷器，釉色呈淡淡的天青色，略有深浅的差别，据宋代周辉《清波杂志》卷第五“定器”载，其是在釉料中掺入了玛瑙末[1]；钧窑青瓷（钧釉瓷器）的色调多近于天蓝色，浓淡不一，具有莹光斑优雅的蓝色光泽，是一种蓝色乳光釉，其有的还在釉料中掺入少量的铜料，烧出来的色调是蓝中带红，十分高雅、美丽；官窑，北宋官窑窑址尚未发现，青釉的色调不详，南宋修内司官窑、郊坛下官窑青釉的色调多为灰青、粉青、米黄色；龙泉窑青瓷的色调，北宋、南宋早期多为青绿、青灰色，同越窑大体相同，南宋中期成功烧制出了淡粉青和梅子青色，精美如玉，令人惊叹。宋代青瓷的釉层均匀，厚度有明显的差别，越窑、耀州窑及普通瓷窑烧造的青瓷，釉层较薄，透明度较高；汝官窑青瓷的釉层比越窑要厚些，透明度较差；钧窑的钧釉瓷器的釉层较一般的青瓷要厚一些，呈失透状；官窑的釉层有薄、厚之别，薄釉也较普通青瓷要厚，透明，厚釉有的竟厚于胎壁，不透明；龙泉窑的淡粉青色和梅子青色均属于厚釉，不透明。这时期青釉的釉面光净莹润，厚釉更为柔和、玉质感更强一些。还要说及的是，钧釉瓷器、官窑青瓷和龙泉窑的淡粉青、梅子青色瓷器的胎都经过低温素烧，素烧之后再施釉，其中官窑的厚釉瓷器、龙泉窑的淡粉青釉瓷器等都是多次施釉，有的可达五、六次之多。

花纹装饰仍是宋代美化青釉瓷器的重要手段。越窑、耀州窑、龙泉窑的非厚釉青瓷和普通瓷窑烧造的青瓷，普遍采用装饰花纹。汝官窑、钧窑、官窑和龙泉窑的厚釉青瓷，因主要是追求釉的效果，以达到美感，所以一般无花纹装饰。宋代青瓷的装饰技法有刻花、划花、印花、贴花、镂花等多种，刻花、印花以耀州窑最佳，细线划花则以越窑最为精细。花纹题材非常丰富，有植物花卉、禽鸟游鱼、瑞兽龙凤、水波云气、婴戏等，花纹内容都是人们喜闻乐见的，具有浓郁的生活气息。花纹制作技法娴熟，线条流畅自然，布局合理，结构严谨，与秀美的造型、漂亮的青釉相搭配，构成了美丽而和谐的艺术品，充分体现了青釉瓷器的艺术价值和深厚的文化内涵。

（二）白釉瓷器

宋代白釉瓷器的生产有了较大的发展，窑场增加，中原北方的瓷窑基本都烧造白釉瓷器，已经很普及了。在众多烧造白釉瓷器的瓷窑中，以定窑的产品最好，代表了当时白瓷生产的最好水平。

定窑在唐代晚期、五代时期烧造的白釉瓷器就已达到一定的水准，入宋后有了进一步的发展，种类很丰富，器类也很多。在器类中引人注目的是净瓶，净瓶是宗教用器，在宋代其他品种瓷器中极为少见，是定窑白瓷的代表作之一。定窑白瓷胎体轻薄，胎白质细。釉色，北宋早期一般是白中闪青，北宋中期及其以后大约是因以煤为燃料的缘故，釉色是白中泛黄。釉面光润亮泽。花纹装饰讲究，装饰技法以刻花、印花为主，花纹题材以植物花卉、禽鸟云龙最为常见，花纹内容丰富多彩。花纹的制作较精细，纹样清晰，艺术效果颇佳。

定窑白釉瓷器在宋代颇有影响，曾是定州地方的著名土产[2]，据《宋会要辑稿》食货（五二之

[1]（宋）周辉：《清波杂志》卷五《定器》载：“汝窑，宫中禁烧，内有玛瑙为油，唯供御拣退方许出卖，近尤难得”。刘永祥校注本，中华书局，1994年。

[2]（北宋）乐史：《太平寰宇记》卷六二《河北道》定州条载：定州“土产……瓷器”。清光绪八年（1882年）金陵书局刻本。

三七）记载，北宋早期在京城的瓷器库中就贮存有定窑白瓷器[1]。至少在北宋前期，宫廷用瓷主要是定窑烧造的白釉瓷器，后来嫌其“有芒，不堪用”[2]，才被弃之不用了。与此同时，北宋中央官府有关机构也向定窑订烧白瓷，现今在定窑白釉瓷器上发现的“官”、“新官”、“尚食局”、“尚药局”等字款，即是这种情况的真实反映。定窑白瓷深受人们的喜爱，大约从北宋中期开始，其周围的河北磁州窑、山西平定窑乃至地处四川的彭县磁峰窑等都仿烧定窑白瓷，于是就逐渐形成了一个以定窑为主体的白瓷窑系。定窑为中国制瓷手工业尤其是为白瓷手工业的发展做出了重大贡献。

（三）黑釉瓷器

黑釉瓷器的历史悠久，早在东汉晚期就能烧造出质量较好的黑釉瓷器了。唐代有了较大发展，质量大幅度提高。宋代进入了兴盛期，烧造的地域扩展，产量剧增，工艺水平大幅度提高，几乎获得了与青瓷、白瓷相同的地位。在诸多瓷窑烧造的黑瓷中，以建窑、吉州窑、磁州窑的产品最受欢迎。

黑釉瓷器的种类以贮藏品和饮食器为主，另有少量的炉和人物、动物形玩具。其中饮食器中的茶盏备受青睐，数量多，质量好，制作较为精细。这与宋代饮茶尤其是斗茶喜用黑釉瓷盏的习惯有关。北宋蔡襄《茶录》“茶盏”条记载：“茶色白，宜黑盏。……其青白盏，斗试家自不用”[3]。宋徽宗《大观茶录》“盏”条也载：“盏色贵青黑”[4]。在众多的黑釉茶盏中，最受推崇的是建窑烧造的。北宋蔡襄《茶录》“茶盏”条记载：“建安所造者，绀黑，纹如兔毫。其柸微厚，熁之久热难冷，最为要也。出他处者，或薄或色紫，皆不及也。”[5] 值得注意的是，在建窑遗址出土的黑釉茶盏中，有的底外侧刻有“进琖”、“供御”字款，表明它还曾作为贡品进奉给皇帝，深受皇室贵戚和社会上层人士的喜爱。

黑釉瓷器的造型朴素大方、实用。胎料一般较细，质地坚硬或比较坚硬。胎的颜色各窑却有较大的不同，建窑为黑色；吉州窑一般为灰色、灰黄色；磁州窑比较复杂，有浅灰、灰、灰褐、棕褐色等；定窑则为白色。黑瓷的釉色，以往多追求黑度和光泽，缺少变化。宋代除继续保持黑度和光泽这一基本要求外，有些釉料经过精细配置和改进烧成技术之后，烧出了变幻莫测、别具特色、富有装饰意义的结晶纹样，有的釉面上散布着银灰色的圆形结晶斑，类似水面上洒满油珠的油滴釉；有的釉色中透显出美丽的褐黄、蓝灰、铁锈色的细长细长的流纹状结晶，酷似兔毛的兔毫釉；有的则在不规则的油滴结晶斑周围出现蓝色，这就是通常所说的窑变釉。还有的在黑釉上点涂块状或条状黄褐色釉，烧成后，有的呈现出龟背色调，即玳瑁釉；有的则像菊瓣状；有的则没有任何规律可循。均具有良好的装饰效果。黑釉瓷器除了釉装饰之外，其他方面的装饰也颇有特色。吉州窑流行白色彩绘、剪纸贴花和剔花等技法，花纹内容比较丰富，主要有梅花、折枝花、鸾凤、飞鸟等，还有“长命富贵”等吉祥语。令人瞩目的是，还有将树叶经过工艺处理后贴于碗或盏的内壁，施黑釉后入窑以高温焙烧，树叶的形状及脉络便清晰地留存在器壁上，具有独特的装饰效果。磁州窑等北方的一些瓷窑的黑瓷也流行剔花的技法，不过由于其花纹较密集，制作时是把花纹区域的花纹以外的部分剔掉，与吉州窑将花纹部分剔掉是有明显区别的。黑釉瓷器是诸瓷器品种中最难进行装饰的，宋代的制瓷艺匠们发挥了他们的聪明才智，创造了许多适合于

[1]《宋会要辑稿》食货五二之三七载：“瓷器库在建隆坊，掌受明、越、饶州、定州、青州白瓷器及漆器，以给用”。中华书局影印本，1957年。

[2]（宋）叶寘：《坦斋笔衡》载：“本朝以定州白瓷器有芒不堪用，遂命汝州造青窑器”，（元）陶宗仪：《辍耕录》卷二九“窑器”条引，见1959年中华书局重印本。

[3]（宋）左圭：《百川学海》本，1927年武进陶氏景刊本。

[4]（元）陶宗仪：《说郛》本，1927年上海商务印书馆排印本。

[5]（宋）左圭：《百川学海》本，1927年武进陶氏景刊本。

黑釉瓷器的装饰技术，将黑釉瓷的装饰艺术提高到了一个新水平。

（四）青白釉瓷器

青白釉瓷器是南方宋代兴起并迅速发展起来的一个瓷器新品种。所谓青白釉瓷器，是因其釉色介于青、白两色之间，青中有白或白中显青，故得名。其也称之为“影青瓷”。据现有的资料看，青白釉瓷器出现于北宋早期的景德镇窑。青白釉瓷器的问世，给长期使用青釉瓷器、白釉瓷器的人们一个新鲜感，深受人们的喜爱，因此发展很快，南方各地窑场纷纷烧造，遂在北宋中晚期，在江南地区形成了以景德镇窑为中心的颇具规模的青白瓷窑系。在数量众多的青白瓷窑中，以景德镇窑和繁昌窑的产品为最好。

青白釉瓷器的品种较多，器类也十分丰富，应有尽有，其中贮藏器中的梅瓶、饮食器中的带温碗的执壶和盏托、生活用器中的动物形座的枕、祭祀用器中的香炉、随葬明器中的长颈堆塑瓶等都颇具特色。器物的造型多较清秀，器皿的胎体多较轻薄，景德镇窑的产品有“南定”之美誉。胎、釉以景德镇窑和繁昌窑为佳，胎质细腻，呈白色；釉的色调适中，恰到好处，釉层均匀，釉面晶莹、润泽、明快、和谐。湖北武昌窑、广东潮州窑、福建德化窑等，胎质多较粗，多呈灰白、灰色；釉的色调多偏青，有些甚至与青瓷很难区分。青白釉瓷器也很注重花纹装饰，常以刻花、划花、印花等技法做出各种花纹，花纹题材多为植物花卉、禽鸟、莲荷游鱼、水波流云、婴戏纹等。纹样清晰，布局严谨，具有良好的艺术效果。

（五）白地黑花瓷器

白地黑花瓷器是指在白地上、釉下以黑彩绘制花纹的瓷器。约创烧于北宋晚期的磁州窑[1]。北宋末年“靖康之变”，金兵大举南下，迫使磁州窑等北方的窑工南迁，将烧造白地黑花瓷器的技术带到了南方。大约在南宋早期江西吉州窑开始烧造白地黑花瓷器。由于地域、文化传统的差异，南北方烧造的白地黑花瓷器的特征也有所不同。磁州窑、吉州窑烧造的白地黑花瓷器分别代表了宋代南北方的水平。磁州窑北宋晚期白地黑花瓷器的器类仅发现有瓶、钵、盆、枕等，数量也少；胎呈黄灰或灰褐色，施白色化妆土；釉呈直白或乳白色；花纹很简单，仅有草叶、牡丹、折枝牡丹纹等；花纹的色泽较深，一般均呈漆黑色。吉州窑南宋时期白地黑花瓷器的器类有罐、瓶、炉、枕等，数量也不是很多，造型秀丽；胎的白度不高，质地较细，不施化妆土，直接在胎表绘画花纹；釉一般呈乳白色；花纹内容较磁州窑丰富，主要有缠枝、蔓草、草叶、兰花、荷花、奔鹿、花鸟、鸳鸯戏水纹等，有的采用开光布局法，主体花纹格外醒目、突出；花纹的色泽一般都呈褐色或褐黑色，不像磁州窑那样黑。在瓷器胎表彩绘的装饰技法至迟在西晋时期就出现了，南京雨花台长岗村东吴末西晋初期墓葬出土的一件褐彩绘盘口壶即是一个确凿的实例[2]。但这种装饰技法此后长期未被采用，直至唐代四川邛崃窑、湖南长沙窑才充分重视和利用这种技法，并取得了引人注目的成就，尤其是长沙窑彩绘瓷器还大量销往国外。宋代白地黑花瓷器的兴起和发展，再一次显示了彩绘技法在瓷器的诸多装饰技法中的优势和良好的发展前景。此后尤其是明清时期彩绘技法被广泛应用，逐渐成为瓷器装饰技法的主流。

（六）烧成技术

宋代的窑炉、窑具和装烧方法有了重大的改进，控制烧成温度和烧成气氛的能力提高，烧成技术较唐代有了明显进步。

---

［1］秦大树：《磁州窑白地黑花装饰的产生与发展》，《文物》1994 年第 10 期。

［2］易家胜：《南京出土的六朝早期青瓷釉下彩盘口壶》，《文物》1988 年第 6 期。

宋代烧造瓷器的窑炉有龙窑和馒头窑二种。长江流域及其以南广大地区一般均使用龙窑，以柴为燃料。龙窑普遍加长，福建建窑遗址出土的斜长竟达135.6米[1]。龙窑越长自然抽力就越大，为了减少抽力，有效控制烧成温度和烧成气氛，同时也可能是为了建筑方便，有的将窑床砌成台阶状，有的则将窑身砌成弯曲状。这样就较好地克服了由于窑炉增长而带来的各类问题。黄河流域及其以北广大地区均使用馒头窑，北宋早中期仍以柴为燃料，北宋晚期磁州窑、定窑、耀州窑等开始以煤为燃料。以煤为燃料的窑炉，在形制结构方面发生了变化，首先是加强了通风设施，在火膛内增设了炉栅，炉栅下设落灰坑；其次是由于煤的火焰没有柴的火焰长，窑身相对缩短。

窑具和装烧方法更加合理。窑具制作多较讲究、实用，匣钵形制多样化，较普遍流行一个匣钵装烧一件器物的作法，形制特殊的器物，如枕等，还有了专门的匣钵来装烧。北宋后期汝官窑瓷器通体内外均施釉，使用圆环三足或五足支钉支烧，支钉的端部相当尖小，烧成后在瓷器的釉面上仅留下很小的支点痕迹。在宋代影响比较大，使用较为普遍的是定窑北宋中期发明创造的支圈覆烧工艺。定窑及北方的支圈覆烧工艺大体是这样的，首先以瓷土做一壁较薄的圈，圈壁中部以下内折，内侧略呈角状，使用时先将一个支圈平放在筒形或钵形匣钵内，在其上扣置一个碗或盘等器物，然后在这个支圈上再叠放一支圈，再在这个支圈上扣置一件相同形制的器物，依次而作，最上置一也由瓷土制作的盖。支圈覆烧方法，可以增加装烧密度，充分利用窑炉内的空间，提高产量。据有人推算，如以同样的窑内空间和燃料，用支圈覆烧方法比用其他方法的产量多4～5倍，大大降低了成本。所以，这种装烧方法很快被定窑周围的一些窑，如磁州窑等所采用。大约在南宋早期以后影响到了长江流域，南宋中期景德镇窑普遍使用了支圈覆烧方法。景德镇窑的支圈形制和器物的扣置方法与定窑相同，所不同的是它有一个由瓷土制成、与支圈直径相同的底，使用时把底放平，将支圈放在其上，装完器物后盖上盖；之后在这个由底、支圈、盖组成的柱形体的外侧抹一层瓷泥，以密封支圈之间的缝隙，同时也起到了加固柱形体的作用；最后，将这个抹了泥的柱形体直接放在窑炉里进行焙烧，外面不用再套匣钵了[2]。支圈覆烧方法对于保证成品率、提高产量、降低成本无疑具有重要的作用，但它也有无法避免的缺点，首先是使用这种方法烧出来的瓷器口沿无釉，即“芒口”，影响美观，使用起来很不方便；其次是支圈对原料要求高，一般都应与所烧的瓷器胎的原料相近或相同，以求收缩和膨胀系数一致或基本一致，并都是一次性使用，用量又大，对原料耗损严重。所以到元代这种发法就很少用了，元代以后就不见了。此外，为了更好地掌握烧造时窑炉内的温度和气氛，宋代普遍使用了“火照”。“火照”多由碗坯作成，呈三角形、梯形、不规则四边形等，上部或中部穿一圆孔。“火照”的普遍使用，对提高瓷器烧成质量起到了一定的作用。

宋代制瓷手工业的繁荣得益于制瓷技术的创新。从上面的叙述可看出，在器物造型、胎、釉、装饰、烧成等方面都有重大的改革或是创新，这是前代所无法比拟的。

二　辽代、西夏制瓷手工业的兴起与特色

辽、西夏分别是中国契丹族在北方、党项族在西北地区建立的地方政权。辽与北宋，西夏与金、南宋，长期并存。辽、西夏的制瓷手工业均是在中原、华北地区制瓷手工业的影响下出现、

[1] 中国社会科学院考古研究所、福建省博物馆建窑考古队：《福建建阳县水吉北宋建窑遗址发掘简报》，《考古》1990年第12期。
[2] 刘新园：《景德镇宋元芒口瓷器与覆烧工艺初步研究》，《考古》1974年第6期。

发展起来的，在工艺技术上与中原、华北地区一脉相承，在产品上既有中原、华北地区流行的器形，又有本民族特色的器形。

辽代陶瓷手工业兴起的时间没见直接的文献记载，据辽代墓葬出土的陶瓷器资料分析，辽设窑烧造陶瓷器约在辽建国后不久的辽代初期，此后逐渐发展，遂成为辽代手工业中的一个重要门类。辽代的瓷窑集中分布在辽境中部的南部、多与北宋邻近的一些地区。已发现的有：辽宁辽阳江官屯窑、抚顺大官屯窑，内蒙古巴林左旗林东窑、赤峰缸瓦窑等，北京门头沟龙泉务窑等，其中已知缸瓦窑和龙泉务窑产品质量较好。

辽代陶瓷手工业工匠多来自于中原、华北的北宋境内，基本上是靠战争掠夺来的。所以，辽代陶瓷手工业的产品，一部分是按中原、华北的样式烧造的，即所谓的“中原形式”，器形主要有瓶、壶、罐、盆、碗、盘、杯、盂、香炉等，这类形式的器物受定窑的影响较大，特别是龙泉务窑尤为突出；一部分是仿照契丹族传统使用的皮制、木制等容器烧造的，即通常所说的“契丹形式”，器形主要有鸡冠壶、穿带壶、凤首瓶、长颈瓶、鸡腿瓶等，这类形式的器物具有鲜明的契丹民族的独特风格，如长颈瓶等直接脱胎于契丹族传统陶器的形制，鸡冠壶是摹仿各种皮囊容器烧造的，是辽代陶瓷中最具特色的器物。辽代陶瓷器的装饰纹样也与众不同，最喜欢用牡丹、芍药花。

西夏制瓷手工业在 20 世纪 80 年代中期以前鲜为人知。80 年代中期对原西夏境内的宁夏灵武窑遗址进行了考古调查和发掘，获得了一大批西夏时期的窑业遗迹和遗物，才使湮没已久的西夏制瓷手工业重现于世。据现知的考古资料分析，西夏制瓷手工业大约出现并兴盛于西夏崇宗、仁宗时期（1087 ~ 1193 年）。从这个时期的产品“多与南宋、金代的相同”的情况来看，其出现的具体时间约在“靖康之变”后的金代初年。这有可能是宋金战争，宋代窑工为避难逃到了西夏后重操旧业，开创了西夏制瓷手工业的先河。

西夏制瓷品种较复杂，有白釉瓷器、黑釉瓷器、青釉瓷器、茶叶釉瓷器等，种类丰富，器类器形大多是中原、华北地区常见的，也有少量的具有本民族特色的器物，如扁壶、铃、钩等，尤其是扁壶造型端庄大方，制作较精细，是其他瓷窑所不见的。胎色一般较深，白釉瓷器普遍施白色化妆土。装饰技法以刻花、剔花为主，纹样以牡丹纹最为常见，另有少量的鹿衔花、鱼纹等。花纹布局多采用腹部开光的方法，主体花纹突出，装饰效果颇佳。从总体上看，西夏瓷器风格粗犷、实用。其制作工艺主要是受河北磁州窑和山西个别瓷窑的影响。

辽代、西夏制瓷手工业是中国古代制瓷手工业的重要组成部分，其产品具有本民族传统文化的特色，在中国陶瓷史上占有一定的地位。

三 金代制瓷手工业的恢复和发展

金代是北宋徽宗政和五年（1115 年）中国女真族在东北建立的地方政权。北宋徽宗宣和七年（1125 年）灭辽，之后大举南下，于宋钦宗靖康二年（1127 年）颠覆了北宋政权，迫使宋王朝迁都临安（杭州），控制了淮河以北的北方和东北地区。南宋理宗端平元年（1234 年）在蒙古和南宋夹击下灭亡。与南宋对峙，并存了 107 年。金兵南下，一度使北方地区的社会生产力遭到严重破坏，迫使从事制瓷手工业的工匠、窑工大量逃亡，给北方制瓷手工业带来了不可估量的的损失。但北方、东北地区制瓷手工业有良好的基础，瓷器又是人们生活中不可须臾离开的日用品，这样随着战争的平息、社会的逐步稳定、社会经济的恢复和发展，制瓷手工业开始复苏。各瓷窑相继恢复生产，逐渐进入正常状态，其中有的窑，如磁州窑的状况还超过了北宋，进入了兴盛繁荣时期。值得注意的是，也有一些北宋时期的名窑，如汝窑、定窑、耀州窑等，尽管也不乏精品问世，但工艺缺乏创新，产品平平，多无昔日的光彩，一直没有恢复到北宋时期的水平。

金代烧造的瓷器品种十分复杂，基本沿袭了北宋，原辽管辖的地区也延续了辽的部分品种。其中钧釉瓷器、白地黑花瓷器、红绿彩瓷器发展较大、较快，代表了金代制瓷手工业水平。

钧釉瓷器入金后发展较快，烧造地点逐渐扩展到整个豫西地区，金代晚期黄河以北的河南鹤壁集窑等也开始烧造。器类以碗、盘为主，另有少量的炉等。器壁较北宋略厚一些，胎呈灰或深灰色，质地细密。碗、盘等饮食器内满施釉，外侧施至圈足部或近足部，釉一般均呈天蓝色，少数的可能是由于温度过高天蓝色调变弱，呈深青泛蓝色。在天蓝釉上往往涂点铜红釉斑块或斑点，在高温还原气氛下烧成后，其呈紫红色，极为醒目，具有良好的艺术效果。

白地黑花瓷器入金后逐渐发展到鼎盛，烧造地点遍及中原、华北地区，仍以河北磁州窑为中心，其产品的质量也最好，深受人们的欢迎。白地黑花瓷器的器类器形较多，主要有梅瓶、瓶、壶、罐、钵、碗、盘、盆、盒、枕等，造型大方。胎质一般较细，呈灰、深灰色，色调普遍较深，多施一层白色化妆土。釉呈直白色或白泛黄色，有较好的光泽。这类瓷器引人注目的是花纹装饰，花纹内容相当丰富，主要有缠枝花卉、牡丹花、莲花、团花、花草、芦雁、鱼藻、山水、禽鸟、婴戏、人物等，有的还提写诗句，花纹色调多呈漆黑色，构图简洁，绘画笔法流畅、自然，点到为止，具有浓郁的民间生活气息。尤其是瓷枕，因其是多面体，给绘画创作提供了方便，所以枕的花纹的笔法更是挥洒自如，缠枝花卉、山水、花鸟、人物、诗句等尽绘其上，是白地黑花瓷器中花纹内容最为丰富者。

红绿彩瓷器是金代较普遍烧造的一种釉上彩绘瓷器。它是在以高温烧成的白釉瓷器的釉上，用红彩、绿彩绘画或填涂纹样，然后再入窑以低温烘烧一次，使彩贴固在釉面上。器类以碗、盘、罐最为常见。胎质较细，呈深灰或灰色，施白色化妆土。白釉的光泽较好。花纹内容有折枝花卉、莲花、牡丹、朵花、草叶、鱼藻、芦雁、禽鸟、彩道等，彩色多较鲜艳，笔绘线条自然不呆板，具有独特的艺术风格。红绿彩瓷器的装饰技法对后来釉上彩绘瓷器的发展应有一定的影响。

此外，黑釉瓷器在金代也有一定的发展，尤其是在花纹装饰上还是有所成就的，如剔刻花装饰效果就非常好，白线纹装饰就很有特点，增强了黑釉瓷器的艺术价值。

金代制瓷手工业尽管没有宋代繁荣，产品也不如宋代精细，但在长期的生产中，还是逐渐形成了自己的一些风格，例如，器物的造型简洁实用；装饰花纹结构简练，不拘谨，自如奔放，特别是注重追求颜色的反差、对比效果，像天蓝色釉面上涂点红斑、白地上绘黑花、白釉上加红绿彩、黑釉剔刻出白色化妆土、黑釉上作出白线纹等，都是这种追求的具体反映。所以，金代制瓷手工业仍然或多或少、或快或慢地向前发展，是中国陶瓷艺苑中的重要一员。

四　元代制瓷手工业的发展与创新

蒙古铁木真于南宋开禧二年（1206年）统一了蒙古草原及周围的各部落，建立了蒙古政权。之后，蒙古于南宋宝庆三年（1227年）、端平元年（1234年）先后灭掉了西夏、金，在南宋咸淳七年（1271年）定国号为元，建立元朝。南宋祥兴二年（1279年）攻占南宋都城临安（杭州），灭南宋，统一了全国，使南北方长期对峙的局面结束。元代的统一，对稳定社会和经济发展有积极作用，使各地区的农业、手工业生产逐步恢复和发展起来了。制瓷手工业在前代的基础上，也有了不同程度的发展和创新。

元代各地区制瓷手工业的发展很不平衡。

北方地区基本是承袭了金代，代表性的产品仍然是钧釉瓷器和白地黑花瓷器。钧釉瓷器的生产进一步发展，烧造地点已扩展到山西、河北和内蒙古地区，形成了一个以钧窑为主体的庞大的钧釉瓷系。与此同时，也影响到了南方，浙江金华铁店窑元代也仿烧钧釉瓷器[1]。北方元代钧釉瓷器以碗、盘为主，另有少量的瓶、炉等。饶有兴趣的是，各窑烧造的碗的形制与钧窑的非常相似，表明各窑不但仿烧钧窑的釉，对形制也认真仿制，可见钧窑的钧釉瓷器在当时影响之大。瓶、炉造型较高大，胎体厚重。北京元大都遗址出土的花口、长颈、双耳、长圆腹带座瓶，通体施天蓝色釉，釉上洒涂紫红斑，雄伟、艳丽，是元代钧釉瓷器的代表作[2]。内蒙古呼和浩特白塔村元代瓷器窖藏中出土的一件侈口、高领、双附耳、鼓腹、三足钧釉香炉也是难得之珍品[3]，尤其是其上刻有“己酉年九月十五小宋自造香炉一个”铭文，考己酉年为元至大二年（1309年），这是目前所知元代钧釉瓷器中唯一刻有烧造年款的器物，为元代钧釉瓷器的断代提供了可靠的依据。白地黑花瓷器入元后又有较大的发展，陕西耀州窑、山西的有关窑场在元代也开始烧造白地黑花瓷器。白地黑花瓷器的发源地磁州窑元代的烧造中心区域已由磁县观台镇转移到了彭城镇，继续烧造白地黑花瓷器，产量和质量仍名列前茅。元代白地黑花瓷器的器类颇多，主要有碗、高足杯、罐、玉壶春瓶、瓶、盆、枕等，胎体厚重，罐、瓶、盆等造型多较高大。花纹装饰仍是元代白地黑花瓷器的令人瞩目之处，花纹内容丰富，其中以龙、凤、鱼、人物纹最为显眼。枕是最能体现白地黑花装饰水平的器物之一，元代枕为六面长方体，作画的面积较大，条件相对较好，花纹内容较为广泛，常常采用开光的布局方式，开光内的主体花纹多是山水、花卉、人物和戏曲故事，并有的以黑彩书写长篇诗文，充分反映了元代深厚的文化底蕴。

元代南方制瓷手工业是承袭了南宋发展而来的，基础好，起点高，所以要比北方发达得多，创新之处也主要是在南方。入元后，宋代的一些名窑——龙泉窑、建窑、德化窑、吉州窑等继续烧造传统的品种。龙泉窑烧造的青瓷在国内外市场上备受欢迎，需要量剧增，为了适应这一需求形势，龙泉窑窑场规模扩大，同时仿烧龙泉窑青瓷的窑场急剧增多，进而逐渐在南方地区形成了一个规模颇大的以龙泉窑为中心的龙泉窑系。值得注意的是景德镇窑，元代它在胎原料配制方面发明了瓷石加高岭土的所谓“二元配方”法[4]。此法增高了胎料内 Al_2O_3 的含量，提高了烧成温度，减少了器物在烧成时变形率，对提高瓷器的质量和成品率有显著的效果。景德镇窑在继续烧造青白釉瓷器的同时，批量生产成熟的青花瓷器，发展了高温铜红釉瓷器；创烧了洁净润泽的卵白釉瓷器、高温钴蓝釉瓷器和釉里红瓷器。为明清时期景德镇制瓷手工业的高度发展，成为全国制瓷手工业的中心，赢得“瓷都”的桂冠，奠定了坚实的基础。

元代南方仍以烧造青釉瓷器、青白釉瓷器和黑釉瓷器为多，龙泉窑、景德镇窑、建窑的产品分别是它们的代表。同时富有时代风格的作品频频出现。吉州窑的白地黑花瓷器仍有较大的影响，器类以瓶、罐、炉为主，常见的纹样有缠枝、奔鹿、鸳鸯、海涛纹等，很有本地特色。青花瓷器是以钴料在未经素烧的坯体表面绘画花纹，之后施一层透明釉，放入窑炉中以高温一次烧成，釉

[1] 贡昌：《浙江金华铁店村瓷窑的调查》，《文物》1984年第12期。
[2] 首都博物馆：《首都博物馆藏瓷选》图版82，文物出版社，1991年。
[3] 李作智：《呼和浩特市东郊出土的几件元代瓷器》，《文物》1977年第5期。
[4] 刘新园、白焜：《高岭土史考——兼论瓷石、高岭与景德镇十至十九世纪的制瓷业》，《中国陶瓷》（《古陶瓷研究专辑》）1982年第7期（增刊）。

下便呈现出蓝色花纹的瓷器。青花瓷器出现于唐代[1]，宋代有零星发现，元代尤其元代晚期批量生产，制作工艺成熟。景德镇窑是元代青花瓷器的重要产地，器类颇丰，胎细质密，呈白色。釉白中泛青，光莹透明。青花所用钴料有进口料和国产料两种，进口料的特点是含锰量较低，含铁量较高，青花色泽浓艳，且有铁黑色斑点；国产料则相反，含锰量较高，含铁量低，青花色泽较淡，也未有铁黑色斑点。青花瓷器的青花是用毛笔蘸钴料直接在器物胎体表面绘画，不受像刻花、划花、印花那样制约，可以尽情充分发挥。所以，题材更加广泛，花纹内容更多，主要有缠枝花卉、植物花卉、禽鸟游鱼、瑞兽龙凤、人物故事等，用笔自如，线条流畅，布局设计合理，主次分明，幽雅脱俗，具有鲜明的时代特征。高温铜红釉瓷器是元代景德镇窑初步发展起来的一个瓷器品种。它是将铜料掺入釉中作呈色剂，在高温下烧成的瓷器。高温铜红釉瓷器早在唐代晚期长沙窑就有极少量的烧造[2]。大约是由于铜在高温下容易挥发，烧成技术难度大等原因，唐以后在宋代、金代均不见这种瓷器，仅仅是在钧釉瓷器的天蓝釉中加入少许铜料或在釉面上洒涂上铜红釉斑块、点。元代景德镇窑的工匠们较好掌握了铜红的呈色机理和烧成技术，将铜红釉瓷器的生产推向了一个新阶段。元代景德镇窑高温铜红釉瓷器的烧造量还不大，发现的数量和器类很少，所见的有碗、盘、壶等，胎白质细；釉多呈暗红色，看来烧造技术还有待于进一步的提高；装饰也很简单，常以刻花或印花的技法做出云龙纹等。

元代南方各类瓷器在继承前代的基础上有所发展、提高，特别是青花瓷器和高温铜红釉瓷器的兴起具有划时代的意义。更值得一提的是，元代景德镇窑创烧的卵白釉瓷器、高温钴蓝釉瓷器、釉里红瓷器三个新品种。卵白釉瓷器因其釉色颇似鹅蛋皮的色调而得名。器类以高足碗、碗、盘为多，胎白质细密；釉面莹润不透明，这是元代以前白釉瓷器不曾有过的新情况，为明代白釉瓷器的提高和创新准备了条件。卵白釉瓷器的装饰技法以印花为主，花纹内容有缠枝花卉、双龙纹等，在花纹间往往印有对称的“枢府”两字，故也将这类瓷器称之为“枢府瓷器”。有的还印有“太禧”等字款。卵白釉瓷器是元代枢密院等官府机构在景德镇窑订烧的瓷器，胎釉俱佳，制作工艺精良，是元代瓷器中的佼佼者之一。高温钴蓝釉瓷器独树一帜，它是将钴料掺入釉中作呈色剂，在高温下烧成的瓷器。以钴料入釉作呈色剂，在唐三彩器上就已出现，但那是低温釉[3]。高温钴蓝釉乃是元代景德镇窑的首创，其烧成技术比较容易掌握，发现的数量和器类也较多一些，器形有梅瓶、高足碗、碗、盘、匜等，胎质白细，釉光润。其装饰技法颇有特点，一是蓝釉上施金彩，即是在烧成的蓝釉瓷器上以金彩描绘花纹，尚需入窑进行烘烤；二是蓝釉白花，即是在制作时将花纹部分施上透明釉，花纹以外部分施上蓝釉，入窑高温一次烧成。花纹内容主要有龙纹、梅花纹等，装饰效果颇佳。釉里红瓷器是继白地黑花、青花瓷器之后出现的又一颇有影响的釉下彩瓷器。它是以铜料在未经素烧的坯体表面绘画花纹，然后施上透明釉，入窑经高温一次烧成，釉下便呈现出红色花纹，故称“釉里红瓷器”。釉里红瓷器烧成时花纹对窑内气氛、温度要求严格，烧成技术难度大，在元代产量不高，传世品和出土的数量、器类都不多，见到的器类有罐、玉壶春瓶、高足杯、匜、谷仓等。胎呈白色，质地细腻。釉层均匀、釉面莹润，呈白泛青或青白色。花纹题材、内容不及青花瓷器那样丰富多彩，主要有植物花卉、山石灵芝、松竹仙鹤、芦雁双凤等。

[1] 南京博物院、扬州博物馆、扬州师范学院发掘工作组：《扬州唐城遗址 1975 年考古工作简报》，《文物》1977 年第 9 期。

[2] 长沙窑课题组：《长沙窑》，紫禁城出版社，1996 年。

[3] 洛阳博物馆：《洛阳唐三彩》，文物出版社，1980 年。

色调普遍偏暗，花纹边缘多模糊不齐，表明元代尚未完全掌握它的烧成技术和呈色规律。此外，釉里红还往往与刻花、划花技法配合使用，增强了艺术效果。

元代南方制瓷手工业的发展和进步，也得益于烧成技术的提高。此时期在继续使用龙窑的同时，福建德化窑出现了分室龙窑，景德镇窑发明了葫芦形窑。这二种窑炉都是在龙窑的基础上改进、发展而来的，吸收了馒头窑的一些优点，比普通的龙窑要进步，更容易掌握、控制窑内的烧成温度和气氛，适合于烧造胎、釉尤其是釉中 K_2O 含量较高的瓷器。在装烧方面，流行了一个匣钵装置一件的作法，大凡精品均是使用这种装烧方法烧造出来的。

元代制瓷手工业从总体上观察，北方地区发展平平，趋于衰落；南方地区发展势头仍较为强劲，尤其是景德镇窑更为突出，它着力发展的青花瓷器、高温铜红釉瓷器和创烧的卵白釉瓷器、高温钴蓝釉瓷器、釉里红瓷器，对明清时期制瓷手工业的进一步发展起到了重要的作用。

宋元时期制瓷手工业空前发展，瓷器品种繁多，器类丰富，总体质量好，深受广大使用者的青睐。不但深得国内人们的喜爱，也颇受世界人们的欢迎，外销的市场较唐代扩大，行销的国家和地区更加广泛，数量、品种大幅度增长。据南宋赵汝适《诸蕃志》[1]、元代汪大渊《岛夷志略》[2]记载和世界各地古遗址出土的宋元瓷器（片）表明，宋元时期外销瓷器的品种有：越窑、龙泉窑、耀州窑的青釉瓷器，定窑的白釉瓷器，景德镇窑的青白釉瓷器、卵白釉瓷器、青花瓷器，磁州窑、吉州窑的白地黑花瓷器，建窑、吉州窑的黑釉瓷器等。除上述之外，还有沿海一些瓷窑烧造或仿烧以上有关瓷窑的青瓷、白瓷、青白瓷等。当时除官窑外颇有名气或较有名气甚至还没有名气的小窑产品或记录在册或在国外古遗址内有发现。外销的国家和地区遍及亚、非两大洲。此外，有的国家不但大量购买中国宋元时期的瓷器，而且还仿烧，对有关国家的陶瓷手工业发展也产生了积极的作用。为世界文明的发展做出了贡献。

（原载《跋涉续集——北京大学历史系考古专业七五届毕业生论文集》，文物出版社，2006 年）

[1]（南宋）赵汝适：《诸蕃志》，杨博文校释本，中华书局，1996 年。
[2]（元）汪大渊：《岛夷志略》，苏继庼校释本，中华书局，1981 年。

金代瓷器装饰方式的转变

瓷器既是生活用具，又是工艺美术品。中国古代瓷器制作在重视实用和使用方便的同时，还特别注重艺术效果。瓷器上的装饰花纹是艺术效果的重要体现。

中国古代瓷器装饰长期以来依靠拍印、划花、刻花、印花、贴花装饰瓷器，即依靠这些方法在瓷胎上做出的痕迹（花纹）来达到装饰的目的。这种方法做出的装饰花纹，花纹的颜色与釉的颜色完全相同，只是有的因痕迹内积釉，花纹略深一些。制瓷工匠们可能早就想改变这种靠深浅、粗细不同的痕迹显现花纹和花纹、釉的颜色高度一致的状况。早在三国东吴时期，在长江下游地区出现了釉下彩绘的装饰技法[1]，即在施釉前以含有一定量铁的矿物做颜料，在器物胎体表面绘出花纹，之后再施以青釉，然后入窑以高温焙烧，烧成后青釉下便显现褐色花纹。但这种装饰技法可能没有接着发展下去，迄今都没有发现西晋至隋代用这种技法装饰的瓷器。此外，西晋时期出现并流行的褐色点彩的装饰技法，到南朝后期也基本不见了[2]。到了中唐时期，釉下彩绘的装饰技法在长沙瓷再次出现，并在长沙窑很快就兴盛起来了，至五代以后随着长沙瓷的停烧，这种装饰技法也不见了踪影[3]。大约在唐末至五代早期，越窑也烧造过釉下彩绘瓷器[4]，但纹样比较简单，远不如长沙窑丰富。在唐代，河南鲁山段店窑[5]、陕西铜川黄堡窑[6]等还烧造一种花釉瓷器，即在一件施了黑釉、青釉等颜色较深的釉的器物上，再涂上斑块状的白釉、淡黄釉等，以达到装饰效果。这种装饰技法也只流行于北方地区的唐代中晚期。值得注意的是，在北方地区唐代晚期河南巩县窑出现了蓝色彩绘（青花）装饰技法[7]，其也是随着巩县窑的衰落、停烧不露形迹了，直至元代景德镇窑才再度出现。

由上述可见，在划花、刻花、印花、贴花等传统装饰技法流行期间，工匠们也创造了一些新的装饰技法，但均未能直接延续下去，在制瓷手工业的历史长河中基本属于“昙花一现”。反而，到北宋时期划花、刻花、印花装饰技法占据了突出地位。究其原因，传统装饰技法，工匠们比较熟悉，使用者也比较喜欢，占有市场优势。东吴至唐代创新技法，装饰效果不明显，比如说，釉下彩绘的装饰技法，褐彩、灰胎、大部分为青黄色釉，彩和釉颜色反差较小，彩纹缺乏清澈感；也可能制作难度比较大，技术不过关；也可能人们不太喜欢，没有市场。

这种传统的瓷器装饰方式，大约到了金代有了转变。这就是从花纹与花纹以外部分颜色相同逐渐向花纹与花纹以外部分颜色不同乃至有强烈反差的装饰方式转变。

金代瓷器仍继续使用划花、刻花、印花等传统的装饰技法，但出现或流行了黑色彩绘（白地黑花）、红绿彩绘、黑釉剔划、白釉剔花、黑釉白凸线、天蓝釉紫红斑等花纹与花纹以外部分颜色

[1] 王志高、贾维勇：《南京发现的孙吴釉下彩绘瓷器及相关问题》，《文物》2005 年第 5 期，39 ～ 53 页。
[2] 权奎山、孟原召：《古代陶瓷》，108 ～ 133 页，文物出版社，2008 年。
[3] 长沙窑课题组：《长沙窑》，紫禁城出版社，1996 年。
[4] 明堂山考古队：《临安县唐水邱氏墓发掘报告》，《浙江省文物考古所学刊》，94 ～ 104 页，文物出版社，1981 年；浙江省文物管理委员会：《浙江临安板桥的五代墓》，《文物》1975 年第 8 期，66 ～ 72 页。
[5] 王忠民：《鲁山段店窑址》，《河南古瓷窑址资料汇编》，59 ～ 62 页，河南省文物研究所编，1985 年。
[6] 陕西省考古研究所：《唐代黄堡窑址》，文物出版社，1992 年。
[7] 河南省文物考古研究所等：《黄冶窑考古新发现》，大象出版社，2005 年；河南省文物考古研究所等：《巩义白河窑考古新发现》，大象出版社，2009 年。

具有较强反差的装饰技法。

黑色彩绘装饰技法，即是在器物白胎或涂有白色化妆土的胎体表面，以铁矿物为颜料，绘画花纹。烧成后，花纹为黑或黑褐色，其他部分为白色，花纹特别醒目。黑色彩绘装饰技法大约出现于北宋末年，金代流行[1]。烧造的瓷窑较多，其中以河北磁州窑最具代表性[2]。

红绿彩绘装饰技法，即是在烧好的白瓷的釉上，以红、绿彩料绘画花纹，然后入窑以低温烘烧。烧成后，红、绿彩色花纹衬以白釉，十分艳丽。红绿彩绘装饰技法出现于金代，并很快盛行[3]。在金代，有不少瓷窑都烧造红绿彩瓷器，如河北磁州窑[4]、河南鹤壁窑[5]、山东淄博磁村窑[6]、山西长治八义窑[7]等。

黑釉剔花装饰技法，即是在施上黑釉瓷胎的釉面上，先划出花纹，然后把装饰区的花纹以外部分的釉剔掉，使其露出胎表，入窑以高温一次烧成。烧成后，黑釉花纹在灰或浅灰胎色的衬托下，不但醒目，而且还有半浮雕之感。黑釉剔花装饰技法约出现于北宋晚期，金代流行[8]。烧造黑釉剔花瓷器的瓷窑有河北磁州窑[9]和山西北部一些窑场[10]。

白釉剔花装饰技法，即是在施上白色化妆土的器物上，划出花纹，然后将装饰区花纹以外的化妆土刮去，使其露出胎体表面，烧成后，白色化妆土构成的花纹部分与胎色（灰、褐或褐黑色）相映成趣。白釉剔花装饰技法虽出现于北宋时期，但繁荣则在金代[11]。这种装饰技法在北方地区使用比较普遍，其中河北磁州窑最为突出，影响最大[12]。

黑釉白凸线装饰技法，即在双系罐、花口瓶等器物上，从肩部至下腹部做出排列较密的凸起的竖线纹，凸线纹有的呈白色，有的作浅褐色，十分鲜明。这种装饰技法出现、盛行于金代。黑釉白凸线纹装饰技法在河北磁州窑[13]、山东淄博磁村窑[14]、坡地窑[15]等均有使用。

天蓝釉（钧釉）紫红斑装饰技法，即是在施上天蓝釉器物的釉面上，点或涂上铜红釉，入窑高温一次烧成。烧成后，便在天蓝釉上呈现出紫红色的斑点或斑块，十分显眼。天蓝釉约创于北宋末金代初年[16]，天蓝釉紫红斑装饰技法出现于金代。烧造瓷窑应以河南钧窑为代表[17]。

此外，金代还流行在黑釉上点绘褐釉的装饰技法，也很有自身的特色。

上述金代出现或流行的瓷器装饰技法，与划花、刻花、印花等传统装饰技法有显著不同，其

[1] 秦大树：《磁州窑白地黑花装饰的产生与发掘》，《文物》1994年第10期，48～55页。
[2] 北京大学考古学系等：《观台磁州窑址》，文物出版社，1997年。
[3] 秦大树、马忠理：《论红绿彩瓷器》，《文物》1997年第10期，48～63页。
[4] 北京大学考古学系等：《观台磁州窑址》，文物出版社，1997年。
[5] 鹤壁市博物馆：《河南省鹤壁集瓷窑遗址1978年发掘简报》，《中国古代窑址调查发掘报告集》，326～338页，文物出版社，1984年。
[6] 山东淄博陶瓷史编写组：《山东淄博市淄川区磁村古窑址试掘简报》，《文物》1978年第6期，46～58页。
[7] 山西省考古研究所：《山西长治八义窑试掘报告》，《文物季刊》1998年第3期，3～24页。
[8] 北京大学考古学系等：《观台磁州窑址》，文物出版社，1997年。
[9] 北京大学考古学系等：《观台磁州窑址》，文物出版社，1997年。
[10] 张柏主编：《中国出土瓷器全集》第5册《山西·山西地区出土瓷器概述》，科学出版社，2008年。
[11] 秦大树：《白釉剔花装饰的产生、发展及相关问题》，《文物》2001年第11期，67～84页。
[12] 北京大学考古学系等：《观台磁州窑址》，文物出版社，1997年。
[13] 北京大学考古学系等：《观台磁州窑址》，文物出版社，1997年。
[14] 山东淄博陶瓷史编写组：《山东淄博市淄川区磁村古窑址试掘简报》，《文物》1978年第6期，46～58页。
[15] 淄博市博物馆：《山东淄博坡地窑址的调查与试掘》，《中国古代窑址调查发掘报告集》，360～373页，文物出版社，1984年。
[16] 北京大学中国考古学研究中心等：《河南省禹州市神垕镇刘家门钧窑遗址发掘简报》，《文物》2003年第11期，26～52页。
[17] 张柏主编：《中国出土瓷器全集》第12册《河南》，图版159～174，科学出版社，2008年。这16件钧釉瓷器，均是金代钧釉瓷器中的精品，基本都钧窑烧造的。

是通过花纹与釉、胎的颜色形成强烈反差来达到突出花纹的装饰效果。虽然，看上去只是装饰技法、方式的改变，但是，反映的却是瓷器装饰理念的重大转变。

这种转变不仅仅是在金代，与金代同时期的南宋、西夏也有相同的情况发生。江西南宋吉州窑，也采用了黑色彩绘、黑釉剔花、黑釉上点撒黄褐釉等装饰技法；同时还创造了黑釉上白彩绘、剪纸贴花、黑釉贴木叶纹等具有特色的装饰技法[1]。宁夏西夏灵武窑，采用了黑釉剔花、白釉剔花的装饰技法[2]。这些事实说明，突出花纹、追求颜色的反差是较普遍的作法，是瓷器装饰发展的大趋势。

到了元代，北方地区除不见黑釉白凸线装饰技法和白釉剔花技法急剧衰落之外，黑色彩绘、红绿彩绘、黑釉剔花、天蓝釉红斑和黑釉点绘褐釉斑的装饰技法都被继续使用，而且成为了瓷器装饰的主流技法。南方地区，吉州窑黑色彩绘技法还在较多地使用，黑釉剔花等技法很少见了。值得注意的是，在元代景德镇窑发展了这种方式，其也使用了红绿彩的装饰技法[3]，开始大量采用蓝色彩绘（青花）技法，发明了釉里红技法和高温蓝釉填白釉、蓝釉贴金装饰技法[4]等。总的看来，元代主要发展彩绘的装饰技法，黑釉剔花技法逐渐减少乃至弃之不用。

到了明代，景德镇成了全国的制瓷手工业中心。在景德镇窑，彩绘成为了瓷器装饰技法的主流。计有青花、釉里红、红绿彩、青花红彩、斗彩、五彩等[5]。至此时，长期以来追求的以花纹与釉面颜色反差来达到瓷器装饰效果的目的才真正实现。

由上述可见，金代及其同时期的南宋、西夏正是从划花、刻花、印花等传统的装饰技法向以彩绘为主的装饰技法转变的重要时期，即是从花纹与釉的颜色一致的传统装饰方式向花纹与釉的颜色具有强烈反差的装饰方式转变的重要时期。

（未刊稿）

[1] 彭明瀚：《雅俗之间·吉州窑》，文物出版社，2007年。
[2] 中国社会科学院考古研究所：《宁夏灵武窑发掘报告》，中国大百科全书出版社，1995年。
[3] 香港大学冯平山博物馆、景德镇市陶瓷考古博物所：《景德镇出土陶瓷》图版177、178，香港大学冯平山博物馆，1992年。
[4] 中国硅酸盐学会：《中国陶瓷史》第八章第二节，338～346页，文物出版社，1982年。
[5] 中国硅酸盐学会：《中国陶瓷史》第九章《明代的陶瓷》，文物出版社，1982年。

中国古代瓷窑遗址的分布和窑场的布局

一 瓷窑地址的选择

建置一座瓷窑或在一个地方烧造瓷器，首先要进行选址。瓷窑地址的选择是有一定条件的，不是任何一个地方都可以建窑烧造瓷器的。通过近些年来对中国古代瓷窑遗址的调查、发掘和研究，特别是文献中记载的一些名窑窑址的陆续发现，可知中国古代瓷窑地址的选择有三个特点。

第一，一般都选择在河流两岸及其附近。

迄今发现的瓷窑遗址基本没有例外，不同的是，有的选择在一条河流的主流两岸，有的则选择在支流的岸畔。应指出的是，由于历史的变迁，有的河流已经改道了，有的已经干涸了，仅存河道痕迹了，有的可能连河道痕迹都看不见了。

将窑址选在河流两岸，一方面是生产时使用水方便；另一方面，也是更重要的，是为了运输、瓷器销售提供方便。运输包括运进来制瓷原料、燃料；瓷器的销售更需要河流了，从考古资料和文献记载来看，中国古代一些瓷窑烧造的商品瓷瓷器、贡瓷甚至御窑给宫廷烧制的御用瓷器，基本都是用水路运出去的。如，《陶记》载：景德镇窑瓷器外运时，“窑火既歇，商争取售，……运器入河”。这个河就是指昌江。再如，长沙窑瓷器的外运也是以船，从湘江出发，通过洞庭湖，然后进入长江。这在长沙窑遗址中出土瓷器上的题诗中有明确的反映，其中一首诗是这样写的：“千里人归去，心画一盃中。莫虑前途远，开坑（航）逐便风。”

第二，一般都选择在有原料或原料比较丰富的地点。

迄今发现的瓷窑遗址所在地均有瓷土或瓷石。有的产地就在窑址范围内，如磁州窑、景德镇窑等，至今还存有当年开采瓷土、瓷石的坑穴遗迹。

原料是瓷器生产的最基本的条件，需求量大，当时的生产力水平还没有达到到窑址所在地以外的区域去运取原料的程度，均是就地取材，这也是为了节省成本。各地原料不同，所以烧造出来瓷器的胎、釉也不尽相同。

第三，一般都选择在燃料比较丰富的地点。

烧造瓷器离不开燃料，而且需要量也比较大。所以，建窑往往都选择在燃料资源丰富的区域。这样可以就地取柴，减少运输上的麻烦，减少运输成本。

燃料的使用大体是这样的：南方地区基本上是使用柴；北方地区在北宋中期及其以前也是使用柴，大约从北宋晚期开始，有的窑开始以煤为燃料，如耀州窑、磁州窑等。

古代用煤做为烧瓷的燃料并不是偶然的，它是燃料发展的结果。同时，也具备了客观条件。现今在北方地区的一些窑址区域内及其附近发现有露出来的煤层，即通常所说的“煤系露头”，古代也是如此。这样就给煤的利用创造了条件。但是，这里有个问题，即是不是古代人在这里建置瓷窑时就考虑了使用煤来做燃料呢？不是的。北宋中期及其以前在“煤系露头”区域建置的瓷窑，不可能想到要用这里的煤做燃料才在此地设窑。从目前发现的资料看，北宋中期及其以前在“煤系露头”区域建置的瓷窑都是以柴为燃料，还没有发现烧煤的实例，例如耀州窑，唐代置窑，当就是以柴为燃料，北宋晚期才开始以煤为燃料。在北宋晚期使用煤做燃料后，在“煤系露头”区域新建置的窑，不能排出有这种考虑。

那么，北宋中期及其以前还没有使用煤做为燃料时，为什么有不少瓷窑都设置在“煤系露头”区域了呢？分析、研究结果表明，煤系地层中所夹的泥岩，大部分是高岭石质的，这部分泥岩可以用做制瓷原料；另有一部分被称作“高岭石泥岩夹矸”或“高岭岩”的矿物质，这部分矿物是以高岭石为主要成分，是夹在煤层中的一部分特殊的黏土岩，是一种优质的制瓷原料。这样我们就明白了，古代人最初在“煤系露头”处建置瓷窑，是冲着煤层中的可以做为制瓷原料的高岭石泥岩或高岭岩来的。这样在长期的生产实践中逐渐发现了煤可以做为烧瓷的原料，并且与柴相比还有许多优点。

以上简要讲了中国古代瓷窑地址选择的一般特点。这就是说，在一个地方建置瓷窑，此地要具备相应的条件，即交通方便、原料丰富、燃料充足，应该说是偏重自然条件的。

这样，在对古代瓷窑遗址进行考古调查、发掘和研究时，不但要考察、研究遗物、遗迹，而且还要注意遗址的地理环境和原料、燃料的情况。

二　瓷窑遗址的分布

从古代瓷窑遗址的分布略图上可以看出，除了上海、黑龙江、吉林、新疆、青海、西藏、贵州、台湾之外，其余各省、市、自治区迄今都发现了古代的瓷窑遗址，分布很广泛。进而可知，我国制瓷手工业在古代手工业的地位，中国古代确实是一个瓷器生产大国。

（一）分布就总体而言（不考虑时代因素）

以浙江省、福建省的瓷窑遗址最多，最为密集，这一片主要分布在东南沿海一带；其次是河南省西部、北部，河北省南部，山西省，这一片集中分布在豫西山区和太行山东西麓。此外，以广州为中心的南部沿海地区、赣江流域、四川盆地也是瓷窑遗址比较多、分布比较集中的地区。

沿海地区的瓷窑主要开创或增设于南宋、元时期，应是为了适应对外贸易的需要。河南、河北、山西的制瓷手工业的兴盛，与当地原料丰富很可能有重要的关系。

（二）分布就时代而言

就时代而言，情况就不同了，也复杂得多了。这些瓷窑遗址的年代，最早的是商代烧造原始瓷器的窑址，最晚的是清代的。从商代到清代的3600余年间，中国的制瓷手工业一步步发展，从来没有间断过。就某一个瓷窑来说，并不是从商代一直生产到清代。各个历史时代都有新创建的瓷窑，也都有衰落或停烧的瓷窑，也就是说，每座瓷窑兴起、停烧时代不尽相同。将每座瓷窑尤其是名窑生产的时间加以排比，就可以看出各个时期瓷窑遗址的分布情况，也是古代制瓷手工业的分布情况。

（三）就中心区域而言

从窑址的分布和瓷窑的创建、兴盛、衰落、停烧的年代及产品的质量上，大体可出各时代全国和各地区制瓷手工业的中心及其变化。

1. 全国制瓷手工业中心及其变化

考古资料和研究结果表明，中国制瓷手工业出现于商代，起源于南方地区的浙江、江西一带，浙江湖州、德清是重要的发源地。由于这时的制瓷工艺处于初级阶段，产品比较粗糙，所以将其称为“原始瓷器”。原始瓷器发展缓慢，其生产一直到东汉中期。目前发现的烧造原始瓷器的窑址主要在浙江地区，分布在湖州、德清、萧山、绍兴、上虞一带。另外，在福建、广东地区也发现西周到战国时期的烧制原始瓷器的窑址。这样看来，商代至东汉中期制瓷手工业中心在南方地区。

东汉晚期成功烧制出了成熟瓷器。其窑址有浙江上虞、江西丰城、湖南湘阴等。由此看来，东汉晚期制瓷手工业中心仍在南方地区，并在长江中下游地区。

进入三国两晋时代之后制瓷手工业发展较快，窑址增多，除了原有的浙江上虞、江西丰城、湖南湘阴窑址之外，还有浙江慈溪、温州、金华窑址等。这时北方地区还没有窑址。所以，这时期的制瓷手工业中心区域仍为长江中下游地区。

南北朝时期情况发生了变化，南方地区除了上述瓷窑继续生产之外，在其他地区也开始建窑烧造瓷器，例如四川的邛崃窑、成都青羊宫窑，福建怀安窑，安徽寿州窑等，烧造地点由长江中下游的江南地区扩展到了长江上游地区、福建沿海地区和江北的安徽淮南地区。北方地区则有所不同，据现有的资料观察，北方地区制瓷手工业约兴起于公元6世纪初（北魏晚期），到6世纪中期的东魏北齐时期有了较大的发展。其瓷窑遗址有山东枣庄中陈郝窑址、淄博寨里窑址，河北内丘窑址，河南巩县窑址。河南安阳隋代窑址、河北磁县贾壁村隋代窑址均可以上溯到北朝晚期。可见，北方地区北朝晚期瓷窑分布在河南北部、河北南部和山东中南部地区。从总的情况看，南北朝时期南方地区烧造地域广、瓷窑较多、产量较高、质量也好，仍占有绝对的优势，这时期的制瓷手工业中心仍在南方地区。北方地区制瓷手工业虽然创建的时间晚，但起点高、发展快，特别是创烧了白釉瓷器，为北方地区隋唐时期制瓷手工业的发展打下了基础。

隋唐五代时期，南方地区继续烧造和发展青瓷。其瓷窑基本上是沿袭南朝时期的瓷窑，质量大幅度提高，并形成了以浙江越窑为首的各具特色的名窑，名窑主要有越窑、婺州窑、岳州窑、洪州窑、寿州窑。与此同时，也新增了一些瓷窑，如福建的建窑，湖南的长沙窑，江西的景德镇窑、吉州窑、七里镇窑等。这些新创立的瓷窑，只有长沙窑创立的时间较早，约创烧于盛、中唐之际，并在晚唐五代时达到了兴盛时期，取得了辉煌的成绩。其余各窑一般建立于晚唐五代或唐末五代时期，入宋后才得以发展，逐渐进入盛烧时期。由此可以看出，晚唐五代时期是南方地区制瓷手工业的一个转折时期，进入晚唐时期唐代的一部分名窑开始衰落，如洪州窑、寿州窑等，新的瓷窑在不断地建立。这些新建立的瓷窑，在晚唐五代时期绝大部分烧造青瓷、褐釉瓷器，有的烧白瓷，入宋后情况有所改变，以烧青白瓷、黑瓷为主了。北方地区则与南方地区不同，北朝晚期创建的瓷窑，入隋后发展很快，到唐代时基本都进入了盛烧期，如巩县窑、邢窑等。进入唐代后，又创建了一批瓷窑，主要有河南鲁山窑、禹县窑，河北曲阳窑、井陉窑，陕西铜川黄堡窑等。此外，山东、山西地区也建立有新的瓷窑。北方地区的产品，隋代仍以青瓷为主。值得注意的是，北朝晚期创烧的白瓷，入隋后发展很快，到唐代逐渐成为主流产品。这样，在唐五代时期就形成了南方以烧青瓷为主、北方以烧白瓷为主的所谓“南青北白”的制瓷手工业生产格局。出现了南北方平行发展、平分秋色的局面。

宋元时期，制瓷手工业进入了繁荣时期。这时期制瓷区域进一步扩展，一是在原来没有制瓷手工业的省、区：云南、辽宁、内蒙、宁夏、甘肃，也开始建窑烧造瓷器；二是为了适应对外贸易的需要，在对外交通方便的沿海地区开辟了许多新的窑场；三是为了满足宫廷用瓷的需求，宋代北方、杭州设立了官窑。

进入北宋后，一方面唐五代时期的名窑除越窑外，其余都逐渐衰落乃至停烧；另一方面晚唐五代时期创建的瓷窑发展迅速，逐渐进入盛烧期。这样就形成了具有新时代风格的名窑，其主要有陕西耀州窑，河北定窑、磁州窑，河南汝窑、北宋官窑、钧窑，浙江南宋修内司官窑、南宋郊坛下官窑、龙泉窑、哥窑，江西景德镇窑，福建德化窑等。

关于宋元时期制瓷手工业的中心区域问题比较复杂。北宋时期，北方地区在唐五代的基础上，发展势头强劲，白瓷、青瓷并重，均达到了新的水平，产生了定窑、耀州窑、汝窑、北宋官窑、磁州窑等名窑。南方地区则有所不同，越窑在北宋早期还保持了较好的水平，龙泉窑刚刚起步，比较突出的是景德镇窑，它烧造的青白瓷质量好，影响很大。至于其他一些瓷窑，都在忙于仿烧景德镇的青白瓷，基本没有建树。这样看来，北宋时期，北方制瓷手工业水平已超过了南方地区。显然北方地区是北宋时期制瓷手工业的中心区。

无奈，北宋末年的宋金战争，北方地区的制瓷手工业遭到了严重破坏，制瓷工匠纷纷南逃躲避战乱，大大削弱了技术力量。尽管战争平息之后有所恢复，并且有的瓷窑还进入了盛烧期，如磁州窑，但整体水平一直没能恢复到北宋时期的水平，并大约从金代晚期开始逐渐衰落。相反，南方地区制瓷手工业在南宋时期得到了较大、较快的发展，景德镇窑、龙泉窑、吉州窑、德化窑等相继进入了兴盛时期，同时还创办了官窑。创烧了许多创新品种，如龙泉窑的粉青、梅子青釉就创烧于南宋后期，出现了繁荣兴旺的局面。元代南方地区沿袭了南宋的繁荣局面，特别是景德镇窑得到了空前发展，创烧了卵白釉瓷器、高温钴蓝釉瓷器、釉里红瓷器等。这样制瓷手工业中心在南宋元代又回到了南方地区。

明清时期，北方地区制瓷手工业已经衰落了，仍在生产的窑场有河北彭城窑、陕西铜川陈炉窑、宁夏灵武窑等，产品也仅是供当地及其附近地区人们使用。南方地区的江西景德镇窑有了新的更大发展，成为了全国制瓷手工业中心，被誉为“瓷都”，此外比较重要的窑有龙泉窑、德化窑、漳州窑。

2. 区域制瓷手工业中心及其变化

前面讲了全国制瓷手工业中心及其变化，其实每个地区特别是瓷窑比较多、生产时间比较长的地区，各个时期制瓷手工业也会形成中心，这个中心也会有变化。现以浙江地区为例，讲讲这个问题。

浙江地区是瓷窑比较多、生产时间比较长的地区，从商代早期开始烧造原始瓷器，一直生产到清代。商代、西周时期中心区域在湖州、德清一带，春秋、战国时期在萧山、绍兴一带，东汉、六朝时期在上虞一带，唐、北宋时期在慈溪上林湖一带，南宋、元代、明代、清代在龙泉一带。

以上从不同角度简要讲了古代瓷窑遗址的分布情况，可以从一个侧面看出，中国制瓷手工业三千多年发展的脉络。

三　瓷窑遗址内各窑场的分布

中国制瓷手工业历史悠久，瓷窑遗址数量多，分布广泛；每座瓷窑尤其是名窑生产时间长，占地面积大。各窑遗址内，窑场址星罗棋布，颇为壮观。问题是，每座瓷窑内的每一处窑场，是否都是从该窑创烧时开始一直生产到该窑停烧呢？也就是说，每一座瓷窑内的每一处窑场，是否都是同时开始烧瓷又同时废弃呢？如不是，那有没有规律可循？这是陶瓷考古研究中的一个重要的问题。对其探讨，有助于客观分析每座瓷窑在各个时期的生产规模、准确复原其生产面貌，也有助于提高陶瓷田野考古工作的水平和主动性。研究结果表明，每座瓷窑内的每处窑场的始烧、兴盛、衰落、停烧的时间不尽相同。将这个现象做以归纳、排比，进而发现其每个时期烧造的中心区域不同。也就是说，一个瓷窑从创烧到停烧的全部生产时间内，中心区域不是固定不变的，而是在有一定规律的移动。

通过以上资料和分析，足以说明古代瓷窑中心区域移动是客观事实。

古代瓷窑中心区域移动的原因是什么？上述分析表明，其与交通运输、地理环境、原料、劳力来源、产品销售等有直接的关系。

古代瓷窑中心区域移动的研究首先要搞清楚三个问题，一是瓷窑范围的划定；二是瓷窑内各窑场的界定；三是瓷窑内各个窑场址的年代。

瓷窑范围的划定，可考虑依据以下三条：(1) 地形连成或基本连成一体；(2) 产品、工艺在同时期的特征相同，不同时期的具有明显的发展继承关系；(3) 瓷窑窑场所在地行政隶属关系，符合唐宋时期以州名名窑的惯例。如果在一个区域内的各窑场均符合或基本符合这三条，就可以这些窑场划归为一个瓷窑。

瓷窑内各窑场的界定，主要依据此窑遗址内现存窑址所在的地理位置，如果现存窑址处于相对独立的地理单位，就可以将其视为一个窑场。

瓷窑内各个窑场址的年代，依据考古调查、发掘资料，推断出各窑场址的年代。

（未刊稿）

试论南方古代名窑中心区域移动*

一

中国瓷器手工业历史悠久，瓷窑数量多，名窑林立，分布广泛。每座名窑均生产时间长、占地面积大[1]。名窑内窑场遗址星罗棋布[2]，颇为壮观。那么，每座名窑内的每一处窑场是否均是从该窑创烧时开始一直生产到该窑终烧呢？也就是说，每座名窑内的各窑场是否皆是同时开始烧瓷又同时废弃呢？有没有一定的规律可循？这是中国古代陶瓷研究中颇为现实的一个问题。对于这个问题的探讨，有助于客观分析每座瓷窑在各个时期的规模，准确复原其生产面貌。同时也有助于提高陶瓷田野考古工作的水平和主动性。

笔者曾带着这个问题，对南方古代有关名窑遗址进行了调查，并翻阅了一些资料。通过综合分析发现，每座名窑内的每处窑场的始烧、兴盛、衰落、废弃的时间不尽相同。我们将这个考古学现象进行归纳、排比，进而发现其每个时期烧造瓷器的中心区域不同，也就是说，一个瓷窑从创烧到终烧的全部生产期间内，烧瓷的中心区域不是固定不变的，而是似乎在具有一定规律的移动。现以洪州窑、寿州窑、吉州窑、景德镇窑为例来讨论这个问题。

洪州窑 洪州窑是唐代青瓷名窑之一，首见录于唐代陆羽《茶经》[3]。70年代末确定其窑址在江西省丰城市曲江镇罗湖村[4]。之后，对该地区又进行了多次考古调查，结果在罗湖以外的曲江镇曲江村、郭桥村，同田乡的龙凤村（龙雾洲）、沿江村、钞塘村，尚庄镇的石上村，河洲乡的罗坊村，石滩乡的港塘村，陆续发现一些窑场遗址[5]。每个村发现的数量不等，多者达10处，少者仅1处，总计31处，即罗湖村的象山、狮子山、寺前山、外宋、管家、南坪、对门山、上坊、尚山、乌龟山，郭桥村的罗湖闸、落水坳、缺口城，龙凤村的李子岗、松树山、乌龟山、白鹭山、牛岗山，沿江村的麦园，钞塘村的蛇头山、蛇尾山、交椅山，曲江村的孟家山、窑仔岗，丰城市区的公安大楼建筑工地，石上村的黄金城，罗坊村的罗坊、窑里，港塘村的清丰河、新村、小学前窑址址[6]，皆坐落于赣江或与赣江相通的清丰山溪、药湖岸畔的山坡和丘陵岗阜地带（图一）。

---

* 本文“名窑中心区域移动”是指一个名窑各个时期烧制瓷器中心区域的变化，即由一个区域移动到另一个区域。

[1] 关于瓷窑范围的划定，迄今学术界还没有统一、明确、严格的标准，划法也不甚一致。本文每一座瓷窑范围的确定，依据以下三条：（1）地形连成或基本连成一体；（2）产品、工艺同时期的特征相同，不同时期的具有明显的发展继承关系；（3）瓷窑窑场所在地行政隶属关系符合唐宋时期以州名名窑的惯例。如果在一个地区内的各窑场均符合或基本符合上述三条，那么我们就将这些窑场划归为一个瓷窑。

[2] 关于瓷窑内各窑场的确定，本文主要据瓷窑遗址内现存窑址所在的地理位置，如果现存窑址处于相对独立的地理单位，那么就将其视为一个窑场。

[3]（唐）陆羽：《茶经》卷中《器》：“盌，越州上，鼎州次，婺州次，岳州次，寿州、洪州次。……越州瓷，岳州瓷皆青，青则益茶，茶作白红之色。邢州瓷白，茶色红，寿州瓷黄，茶色紫；洪州瓷褐，茶色黑，悉不宜茶。”（（宋）左圭：《百川学海》本）。

[4] a. 陈柏泉：《洪州窑驳议》，《江西历史文物》1981年第1期；b. 余家栋：《试析洪州窑》，《中国古代窑址调查发掘报告集》，文物出版社，1984年。

[5]《洪州窑址调查发掘获重大成果》，《中国文物报》1993年5月2日第1版。

[6] a. 江西省文物考古研究所等：《江西丰城洪州窑遗址调查报告》，《南方文物》1995年第2期；b. 洪州窑31处窑场遗址中的龙凤村松树山窑址为1994年9月笔者和江西省文物考古研究所余家栋先生、丰城市博物馆万德强先生在龙凤村调查时确认；丰城市区公安大楼建筑工地窑址资料是1994年9月万德强先生提供的。

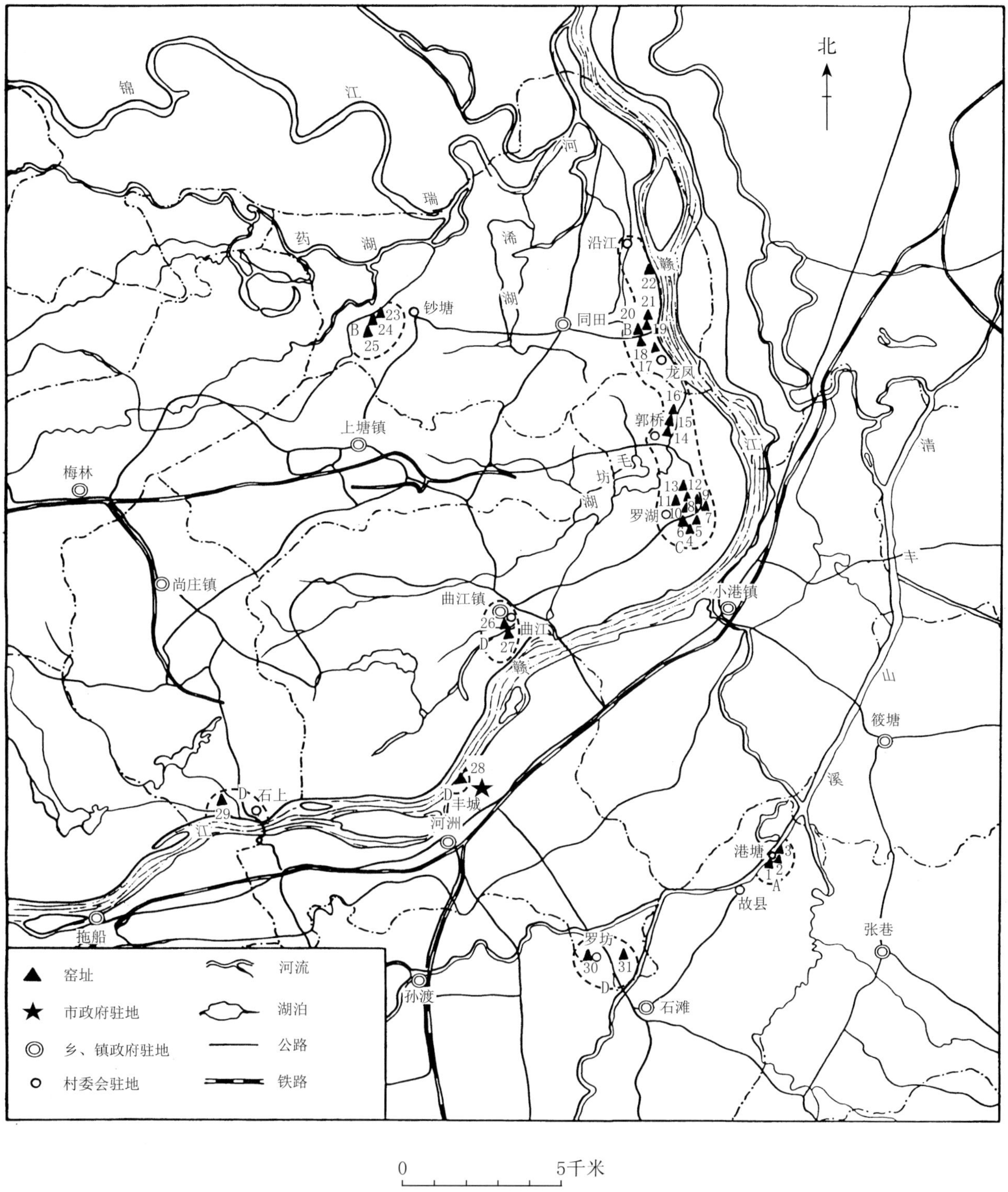

图一 洪州窑遗址分布图

1. 港塘小学前 2. 港塘新村 3. 港塘清丰河 4. 罗湖象山 5. 罗湖狮子山 6. 罗湖寺前山 7. 罗湖外宋 8. 罗湖管家 9. 罗湖南坪 10. 罗湖对门山 11. 罗湖上坊 12. 罗湖尚山 13. 罗湖乌龟山 14. 郭桥罗湖闸 15. 郭桥落水坳 16. 郭桥缺口城 17. 龙凤李子岗 18. 龙凤松树山 19. 龙凤乌龟山 20. 龙凤白鹭山 21. 龙凤牛岗山 22. 沿江麦园 23. 钞塘蛇头山 24. 钞塘蛇尾山 25. 钞塘交椅山 26. 曲江孟家山 27. 曲江窑仔岗 28. 丰城市区公安大楼建筑工地 29. 石上黄金城 30. 罗坊罗坊村 31. 罗坊窑里

A. 东汉晚、东吴、西晋时期的中心区域 B. 东晋、南朝时期的中心区域 C. 隋至中唐时期的中心区域 D. 晚唐、五代时期的中心区域从最南边的河洲乡罗坊窑址到最北边的同田乡麦园窑址的距离约 20 公里，最宽处的曲江镇罗湖窑址群宽约 1 公里。

这 31 处窑场遗址中，罗湖发现的 10 处已被公认为是洪州窑窑址，其他 21 处在罗湖以外，有的距罗湖较远，但通过对历年来考古调查、发掘所获资料和文献记载的分析，也完全可以确定它们是当年洪州窑的组成部分，即也是洪州窑的窑场遗址。这是因为：第一，它们虽然相距较远，但在地形上以赣江为组带基本连成一体；第二，在产品、工艺上，同时期的特征相同，不同时期的具有明显的继承、发展和演变关系[1]；第三，在行政隶属关系上，皆在丰城县（市）内，丰城县唐代属洪州管辖[2]，符合唐宋时期以州名名窑的惯例。

大量确凿资料证明，洪州窑最迟在东汉晚期就能烧制出比较成熟的瓷器；东晋南朝时逐渐进入兴盛时期，盛烧期大约一直延续到中唐时期；晚唐五代时期衰落[3]。前后生产长达 800 余年。这是就总体而言，具体到每个窑场，情况就有所不同了。港塘村的清丰河、新村、小学前 3 处窑址出土的遗物基本全是东汉晚期至西晋时期的，说明它们的盛烧期在东汉晚期东吴西晋时期；龙凤村的李子岗，松树山、乌龟山、白鹭山、牛岗山，沿江村的麦园，钞塘村的蛇头山、蛇尾山、交椅山，郭桥村的罗湖闸、落水坳、缺口城 12 处窑址出土的遗物绝大部分属于东晋南朝时期，可见它们的兴盛期应在东晋南朝时期；罗湖村的象山、狮子山、寺前山、外宋、管家、南坪 6 处窑址出土的遗物、遗迹一般均是东晋至中唐时期的，看来它们的盛烧时期也应如此；罗湖村的对门山、上坊、尚山、乌龟山 4 处窑址出上的器物全是隋至中唐时期的，可知它们的兴盛期也应在这个阶段；曲江村的孟家山、窑仔岗，丰城市区的公安大楼建筑工地，石上村的黄金城，罗坊村的罗坊、窑里 6 处窑址发现的遗物基本是晚唐五代时期的，无疑它们的兴旺时间在晚唐五代时期[4]。

从图一和以上叙述中可看出，盛烧期相同的窑址基本集中在一起或相距较近连成一片。将各窑址的盛烧期按时间先后的顺序排列，可清楚地看到洪州窑各时期的中心区域及其转移情况：东汉晚期至西晋时期在港塘村；东晋南朝时期逐渐移到了龙凤村、钞塘村、沿江村、郭桥村和罗湖村；隋至中唐时期集中到了罗湖村；晚唐五代时期罗湖村急剧衰落，移到了距罗湖较远的曲江村、丰城市城区、石上村和罗坊村。

寿州窑　寿州窑也是唐代青瓷名窑之一，见于唐代陆羽《茶经》[5]。60 年代初发现其窑址位于安徽省淮南市上窑镇一带[6]。目前在其遗址范围内发现窑场遗址 10 处，即临泉寺、上刘庄、大刘庄、管家嘴、马家岗、上窑镇、余家沟、外窑、三座窑、泉山窑址[7]，分布于淮河南岸或与淮河相通的天河、高塘湖、窑河岸畔（图二），东西绵延约 80 余公里[8]。

[1] 江西省文物考古研究所等：《江西丰城洪州窑遗址调查报告》，《南方文物》1995 年第 2 期。
[2]《旧唐书 • 地理志（三）》。
[3]《洪州窑址调查发掘获重大成果》，《中国文物报》1993 年 5 月 2 日第 1 版；江西省文物考古研究所等：《江西丰城洪州窑遗址调查报告》，《南方文物》1995 年第 2 期。
[4] a. 江西省文物考古研究所等：《江西丰城洪州窑遗址调查报告》，《南方文物》1995 年第 2 期；b. 万良田：《从丰城东汉青瓷窑址谈洪州窑的创烧年代和承启关系》，《江西历史文物》1986 年第 1 期；c. 万良田等：《江西丰城龙雾洲瓷窑调查》，《考古》1993 年第 10 期；d. 江西省历史博物馆等：《江西丰城罗湖窑发崛简报》，《中国古代窑址调查发掘报告集》，文物出版杜，1984 年；e. 万良田：《丰城县考古简讯》，《江西历史文物》1980 年第 1 期。
[5]（唐）陆羽：《茶经》卷中《器》：“盌，越州上，鼎州次，婺州次，岳州次，寿州、洪州次。……越州瓷，岳州瓷皆青，青则益茶，茶作白红之色。邢州瓷白，茶色红，寿洲瓷黄，茶色紫；洪州瓷褐，茶色黑，悉不宜茶。”（(宋）左圭：《百川学海》本）。
[6] 胡悦谦：《寿州瓷窑址调查记略》，《文物》1961 年第 12 期。
[7] 胡悦谦：《谈寿州瓷窑》，《考古》1988 年第 8 期。
[8] 胡悦谦：《谈寿州瓷窑》，《考古》1988 年第 8 期。

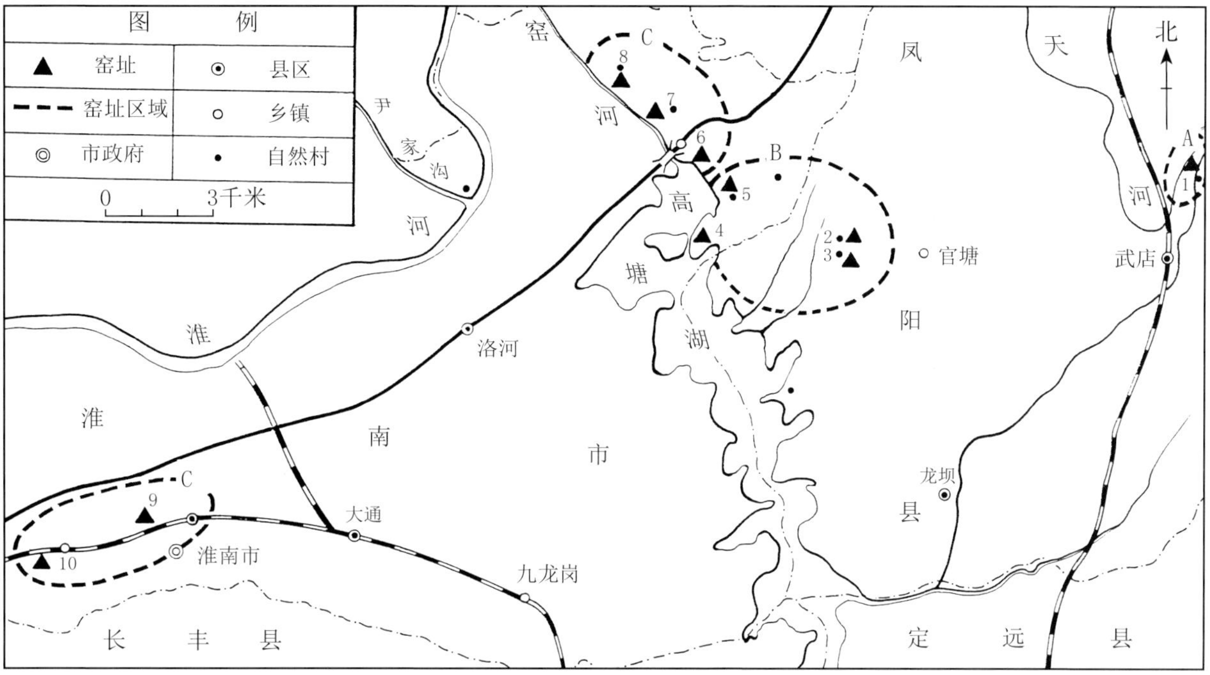

图二　寿州窑遗址分布图

1．临泉寺　2．上刘庄　3．大刘庄　4．管家嘴　5．马家岗　6．上窑镇　7．余家沟　8．外窑　9．三座窑　10．泉山
A．南北朝晚期的中心区域　B．隋至盛唐时期的中心区域　C．中晚唐时期的中心区域

资料表明，寿州窑创烧于南北朝晚期，兴盛于隋至唐代中期，衰落于唐代晚期[1]，前后生产长达350年左右。其内10个窑址的烧瓷时间，据胡悦谦先生的研究[2]和有关资料来看，以临泉寺窑址为最早，约在南北朝晚期至隋代；上刘庄窑址的时间主要在隋代；管家嘴窑址约在隋至初唐时期；大刘庄窑址大体在隋晚期至盛唐时期；余家沟窑址约在盛唐至晚唐时期；上窑镇址为中晚唐时期；外窑、泉山2处窑址约在晚唐时期；马家岗、三座窑2处窑址被破坏殆尽，时间不详。

从图二和上述8个时间较为明确的窑址，可以看出寿州窑烧瓷中心区域的变化情况：最早（南北朝晚期）在天河流域的临泉寺一带；隋至盛唐时期则集中于高塘湖东岸上刘庄、大刘庄、管家嘴一带；中晚唐时期向北移到了窑河东岸的上窑镇、余家沟、外窑一带，并且晚唐时期还往西移到了距离窑河较远的今淮南市附近。

吉州窑　吉州窑是宋元时期名窑之一。它位于江西省吉安县永和镇西侧，坐落于赣江西岸。其遗址南北长约2公里，东西宽约1.5公里。

资料和研究结果表明，吉州窑创烧于唐末五代，兴盛于南宋至元代前期，元代后期逐渐衰落[3]。前后生产近500年。现遗址内分布瓷窑堆积24处（图三），位于遗址中部的窑岭堆积最大，高21米，面积9000余平方米。据调查和发掘资料得知，窑岭堆积以南的下瓦窑岭、猪婆石岭、七眼塘岭、松村岭、屋后岭、官家塘岭、上蒋岭、天脚岭、本觉寺岭、曾家岭、曹门岭11处堆积，遗物以乳白釉瓷器为多，次为黑釉瓷器，时代主要为唐末至北宋时期；窑岭堆积及其以北的讲经台岭、

［1］胡悦谦：《谈寿州瓷窑》，《考古》1988年第8期。
［2］胡悦谦：《谈寿州瓷窑》，《考古》1988年第8期。
［3］a. 陈柏泉：《吉州窑烧瓷历史初探》，《中国陶瓷》1982年第7期（增刊）；b. 余家栋：《试论吉州窑》，《景德镇陶瓷》总第21期，1983年。

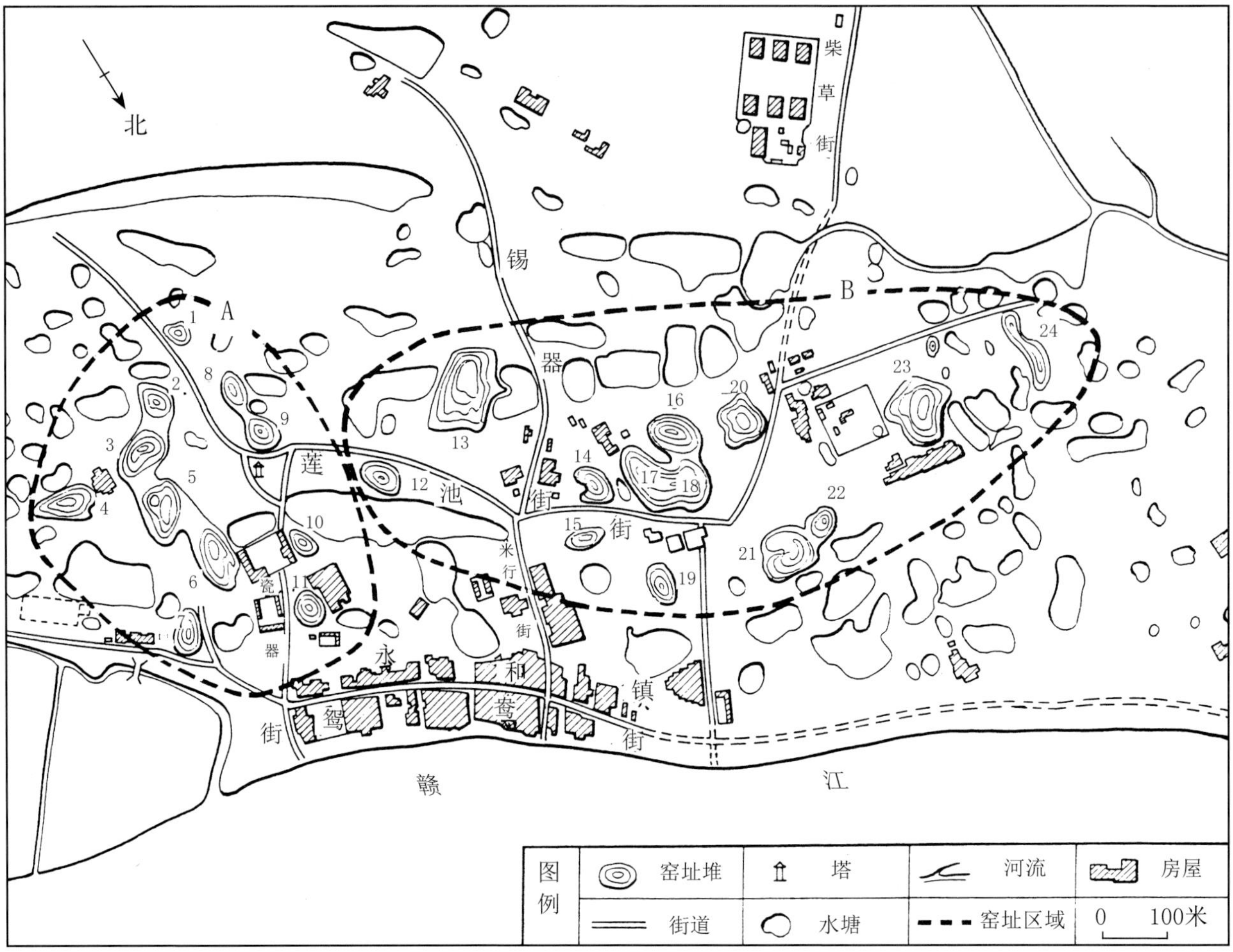

图三 吉州窑遗址分布图

1. 下瓦窑岭 2. 猪婆石岭 3. 土眼塘岭 4. 松树岭 5. 屋后岭 6. 官家塘岭 7. 上蒋岭 8. 天脚岭 9. 本觉寺岭 10. 曾家岭 11. 曹门岭 12. 讲经台岭 13. 窑岭 14. 枫树岭 15. 斜家岭 16. 蒋家岭 17. 后背岭 18. 茅庵岭 19. 肖家岭 20. 尹家山岭 21. 牛牯岭 22. 乱葬戈岭 23. 窑门岭 24. 柘树岭
A. 唐末、五代、北宋时期的中心区域 B. 南宋、元代时期的中心区域

枫树岭、斜家岭、蒋家岭、后背岭、茅庵岭、肖家岭、尹家山岭、牛牯岭、乱葬戈岭、窑门岭、柘树岭13处堆积，遗物以黑釉瓷器为主，次为白地黑花瓷器，时代主要为南宋和元代[1]。

将图三和以上叙述结合起来分析，不难看出，吉州窑唐末五代北宋时期烧瓷的中心区域在窑岭以南，南宋元代则移到了窑岭及其以北。

景德镇窑 景德镇窑是宋元明清时期的著名瓷窑。它位于江西省景德镇市区和郊区。保存尚好的窑场遗址有150余处，分布在湖田等31个村或地点。每个村或地点，少者1处，多者达16处；面积小者400平方米，大者竟有40万平方米[2]。其均坐落在昌江东岸和昌江的支流南河、东河流域（图四）。

[1] 江西省文物工作队等：《江西吉州窑遗址发掘简报》，《考古》1982年第5期。

[2] a. 江建新：《景德镇窑业遗存考察述要》，《江西文物》1991年第3期；b. 景德镇窑的窑场遗址分布在湖田等31个村或地点，其中市内新华南路这个地点是1978年景兴瓷厂兴建厂房时发现的，刘新园先生等曾进行调查、清理。遗存有影青印花覆烧和划花仰烧碗、盏，属于南宋中、后期的遗物（详见刘新园：《蒋祈〈陶记〉著作时代考辨》，《景德镇陶瓷》1981年第10期）。

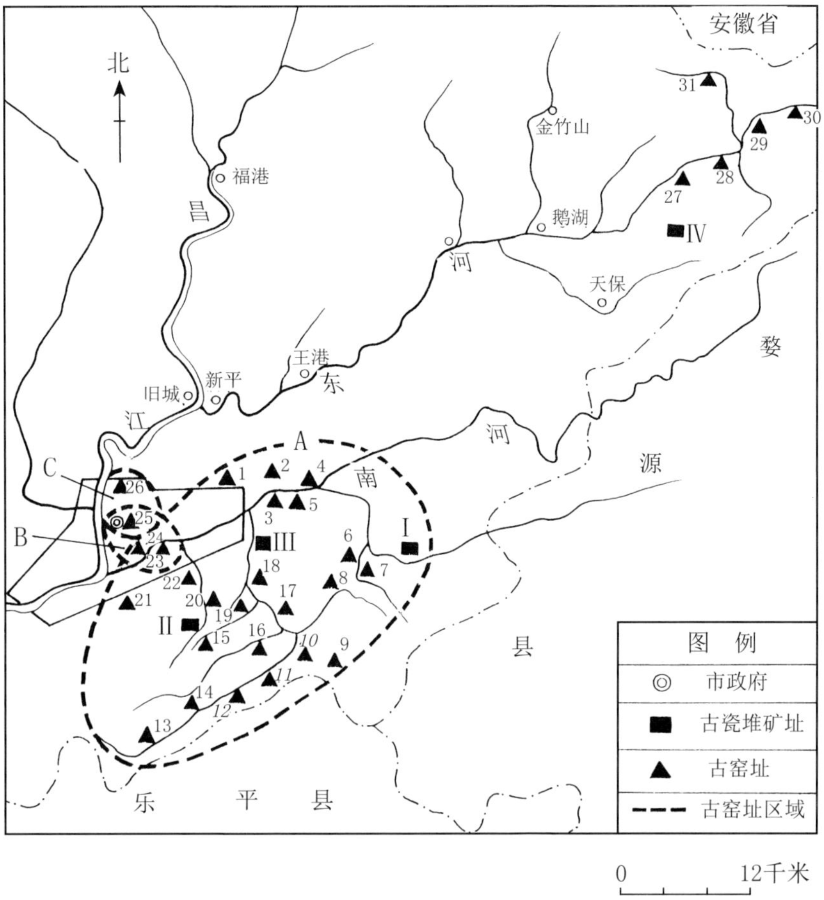

图四 景德镇窑遗址分布示意图

1. 黄泥头 2. 白虎湾 3. 塘下 4. 湘湖 5. 盈田 6. 灵安 7. 凤凰嘴 8. 灵珠 9. 柳家湾 10. 寿安 11. 南市街 12. 朱溪 13. 丰旺 14. 宁村 15. 大屋下 16. 西溪 17. 凉伞树下 18. 月山下 19. 富坑 20. 外小里 21. 银坑坞 22. 杨梅亭 23. 湖田 24. 中华南路 25. 珠山 26. 董家坞 27. 南泊 28. 瑶南 29. 瑶里 30. 内瑶 31. 长明

A. 五代、两宋时期的中心区域 B. 元代的中心区域 C. 明清时期的中心区域

景德镇窑的烧瓷年代，一般认为始于五代，宋代进入大发展时期。明清时期该窑已成为全国的瓷业中心[1]。在古代生产长达1000余年。每个村或地点的窑场遗址烧瓷时间大体是：杨梅亭、外小里、黄泥头、白虎湾、盈田、凉伞树下、柳家湾为五代北宋时期；湘湖、灵珠为五代宋时期；塘下为五代至元初；南市街为五代至元代；湖田为五代至明代中叶；银坑坞、月山下、富坑、大屋下、灵安、宁村为北宋时期；市内中华南路为南宋中、后期；朱溪、西溪、丰旺为宋代；瑶南为元代至明代中期；市中心珠山南侧（明清御窑厂）为元代至清代；瑶里、长明为明代早、中期；内瑶、南泊为明代中期；董家坞为明代中叶至清代；凤凰嘴、寿安时代不详[2]。

---

[1] 中国硅酸盐学会：《中国陶瓷史》，文物出版社，1982年。

[2] a. 江建新：《景德镇窑业遗存考察述要》，《江西文物》1991年第3期；b. 景德镇窑的窑场遗址分布在湖田等31个村或地点，其中市内新华南路这个地点是1978年景兴瓷厂兴建厂房时发现的，刘新园先生等曾进行调查、清理。遗存有影青印花覆烧和划花仰烧碗、盏，属于南宋中、后期的遗物（详见刘新园：《蒋祈〈陶记〉著作时代考辨》，《景德镇陶瓷》1981年第10期）；c. 刘新园等：《景德镇湖田窑考察纪要》，《文物》1980年第11期。

将图四和以上叙述的各窑场遗址的年代相对照，可看出，景德镇窑五代宋代的窑址大多在景德镇市郊区，即古景德镇旁侧；元代位于郊区的五代宋代的窑场绝大多数废弃，仅有湖田、塘下、南市街等地的少数窑场继续烧造，其中位于近郊的湖田窑场产量大、质量提高快。与此同时，镇内窑场迅速发展；明清时期窑场几乎均集中在镇内，重要的有镇中心珠山南侧的御窑厂和珠山西北的董家坞窑场等，镇外除湖田和瑶里一带窑场在明代早、中期仍继续烧造外，其他窑场已成废墟[1]。从以上分析中，不难看出景德镇窑各个时期的中心区域及其变化情况：五代宋代在郊区；元代在近郊发展，并逐渐向镇内收缩，明清时期转移到镇内。

此外，据现有资料观察，浙江越窑[2]、福建建窑[3]等名窑均有相同或类似的情况，不一一举述。值得一提的是，北方古代一些名窑也存在相同或类似的现象，如河北内丘、临城的邢窑[4]，曲阳的定窑[5]等名窑各个时期的烧瓷中心区域亦非固定不变。

以上对洪州窑等 4 座南方名窑资料和越窑、邢窑等名窑资料的分析，足以说明南方乃至全国古代名窑中心区域移动是客观事实，至少是从成熟瓷器烧制成功的东汉晚期开始到明清时期均存在的现象。至于是否全部古代名窑皆如此？还有待于陶瓷田野考古工作和研究工作来回答[6]。应当提及的是，这种现象在名窑以外的普通瓷窑中也存在。从目前掌握的资料看，烧瓷时间长、规模较大的普通瓷窑的烧瓷中心区域，随着时间的推移也在发生变化，如广东的潮州窑[7]、江西赣州的七里镇窑[8]等。

二

南方古代名窑乃至全国古代名窑和一些普通瓷窑的中心区域为何要移动？即移动的原因是什么？现仍以洪州窑等 4 座名窑为例来探讨这个问题。

洪州窑　石滩乡港塘村是目前所知洪州窑最早烧造成熟瓷器的地点，它在南朝梁至隋代丰城县治所（现名故县村）东北约 1.5 公里处。窑场坐落于清丰山溪东岸。清丰山溪在赣江东，是一条较赣江小得多的河流，其港塘段基本与赣江平行，并通过赣江的一支流与赣江相通。1983 年从赣江丰城段汉代沉船里打捞出东汉晚期青瓷器 20 余件[9]，造型、胎、釉、纹饰和制作工艺与港塘窑址中出土的同类同时期的瓷器相同，无疑是港塘窑场所烧制。说明港塘窑场生产的瓷器主要通过赣江销往各地，即由清丰山溪进入赣江支流，再驶入赣江。从窑场到赣江的路途比较远，运输不甚方便。此外，港塘一带地势较平缓，适合于农业生产，不宜大规模地修建龙窑。西晋以后正是洪州窑的大发展时期，这里的交通运输和地理环境显然已不适应其迅速发展了，于是东晋南朝时期烧瓷重心逐渐

[1] a. 江建新：《景德镇窑业遗存考察述要》，《江西文物》1991 年第 3 期；b. 刘新园等：《景德镇湖田窑考察纪要》，《文物》1980 年第 11 期。

[2] a. 章金焕：《略谈上虞越窑的发展》，《越窑论集》，浙江人民出版社，1988 年；b. 马志坚：《越窑中心论》，《东南文化》1991 年第 3、4 合期。

[3] a. 福建省博物馆等：《福建建阳芦花坪窑址发掘简报》，《中国古代窑址调查发掘报告集》，文物出版社，1984 年；b. 中国社会科学院考古研究所等：《福建建阳县水吉北宋建窑遗址发掘简报》，《考古》1990 年第 12 期。

[4] a. 内丘县文物保管所：《河北省内丘县邢窑调查简报》，《文物》1987 年第 9 期；b. 河北临城邢瓷研制小组：《唐代邢窑遗址调查报告》，《文物》1981 年第 9 期。

[5] 河北省文化局文物工作队：《河北曲阳县涧磁村定窑遗址调查与试掘》，《考古》1965 年第 8 期。

[6] 在已经发现的名窑中，有的因田野考古工作和研究工作做得不多，目前据公布的资料还很难断定它们的中心区域是否移动。

[7] 广东省博物馆：《潮州笔架山宋代窑址发掘报告》，文物出版社，1981 年。

[8] 江西省文物考古研究所等：《江西赣州七里镇窑址发掘简报》，《江西文物》1990 年第 4 期。

[9] 万良田：《江西丰城发现汉代沉船瓷器》，《江西历史文物》1987 年第 2 期。

向西转移到了基本与其对应的赣江西岸的沿江村、龙凤村、郭桥村、罗湖村一带。

这里交通方便，丘陵起伏，克服了以往阻碍生产发展的不利因素。但是，沿江村麦园至郭桥村罗湖闸一段，山丘比较高，一般均在海拔50米左右，并且面江可修筑窑炉的一面，坡度多比较陡，能利用的地段有限。又不可能到坡上部、山顶或背江一面坡上去修建窑炉，构筑作坊，开辟窑场。如果那样不但会给运输带来困难，同时还会给生产用水等带来极大的不便，费力又费工。这个问题大约在南朝后期就暴露出来了。位于龙凤村西北钞塘村的蛇头山、蛇尾山、交椅山窑址出土的器物主要是南朝后期的遗物，说明南朝后期可能企图向钞塘村药湖一带发展。这里的地势倒比较适于修建龙窑，开辟窑场，但在交通运输上将会遇到与港塘相同甚至更为严峻的问题，它的产品外运得先通过面积很大的药湖进入锦江或瑞河，然后进入赣江，销往各地。可能是这个原因，入隋后这里的窑场就衰落了。钞塘一带不宜拓展，麦园至罗湖闸一线的发展又受到了地理条件的限制，所以，隋至中唐时期窑场基本集中到了罗湖村。

这里也紧靠赣江边，丘陵起伏不高，坡度比较缓，坡面比较长，很适合于修筑龙窑，建设窑场。重心转移到罗湖村之后，象山、狮子山、寺前山、外宋、南坪、管家这些在东晋南朝兴盛的窑场仍继续烧造瓷器，同时沿江或沿江叉又开辟了对门山、上坊、尚山、乌龟山4个新的窑场，将洪州窑的生产推向了高潮。但到中唐以后罗湖一带的窑场急剧衰落。这一方面可能是因为适于修建龙窑和作坊的坡面和较平之地已被使用，并堆满了废品和残破的窑具等物。我们在罗湖窑址调查时发现，这一带凡是当时面江或面江叉的丘陵坡面和山坡中部以下均有较厚的当时的废品堆积，有的已经延伸到山坡的中部以上。1979年在寺前山窑址发掘的一座约为中唐时期的龙窑遗迹位于山上面的起伏处[1]，如果有好的位置，它是不会被建筑在这不方便的地方的。另一方面可能是因为窑场所在地较好的、比较容易获取的原料出现了短缺。现今罗湖一带很少见裸露出来的含铁量较低的瓷土，在村民烧砖取土坑中所见含铁量较低的瓷土一般距现地表2米左右以下。从出土瓷器上也可看出这个问题，在罗湖窑址采集或发掘出的属于中唐时期的部分瓷器，胎、釉含铁量均较高，胎呈铁灰色，釉呈黄褐色，色泽较洪州窑东晋至盛唐时期的产品均深，质量也相对差一些。当地理环境和原料出现了难以克服的闲难时，在当时生产力水平还较低的情况下，转移窑场不能不说是上策。大约就是因为上述二个原因，致使罗湖各窑场衰落，迫使其中心区域转移。

晚唐五代时期窑场重心向南移到曲江村、丰城城区、石上村、罗坊村，显然与这4个地点均具备了烧瓷的条件有关。近年在这4个地点采集或出土的瓷器标本，胎呈灰或深灰色，含铁量明显低于罗湖村中唐时期的瓷器。饶有兴趣的是，这4个地点，1个在唐丰城县治所在地，3个分布在其北、西、南三面，距县治所在地均约6公里左右，有赣江水路或陆路与县治相通。按唐开元制度，州、县治所在地设有市，市置市令、丞等官吏，“掌市廛交易，禁斥非违之事”[2]。至唐大中五年（851年）八月又规定“中县户满三千以上，置市令一人，史二人；其不满三千户以上者，并不得置市官”[3]。丰城县为上县[4]，在规定设市的范围内，还可置管理市内交易和征收商税等事务的官吏。同时还应指出的是，曲江村、石上村窑场遗址所在地，不但距唐丰城县治所在地较近，而且在北宋时已经分别设曲江镇和赤江镇[5]。宋代设镇的标准是：“民聚不成县而有税课者，则为

[1] 江西省历史博物馆等：《江西丰城罗湖窑发掘简报》，《中国古代窑址调查发掘报告集》，文物出版社，1984年。
[2]（唐）李林甫等：《唐六典》卷三〇《三府督护州县官吏》，中华书局，1992年。
[3]（宋）王溥：《唐会要》卷八六《市》，上海古籍出版社，1991年。
[4]《新唐书·地理志（五）》。
[5]（宋）王存：《元丰九域志》卷六《江南路》，中华书局，1984年。

镇”。[1] 由此推知，曲江村、石上村所在地在晚唐五代时期至少是 2 个较大、人口密集的村落了，可能还会有草市。草市则是在交通便利的地点因商业上需要自然形成的交易场所，“江淮草市尽近水际，富室大户多居其间”[2]。上述情况与以往有所不同，像沿江村、龙凤村、郭桥村、罗湖村一线，唐及其以前基本无村落，现在的村庄大约是唐以后逐渐建立和发展起来的，例如，沿江村的麦园自然村是南宋绍兴（1131 ～ 1162 年）时由同田乡老下洲自然村迁来的居民建立的，龙凤村是公元 1969 ～ 1972 年为避洪水由同田乡龙雾洲迁来的居民组成的[3]；罗湖村的里宋自然村是宋氏于元代末年由今同田乡游塘宋家迁来的，外宋自然村是清同治（1862 ～ 1874 年）时宋氏由里宋迁此引而形成的[4]。所以，这一线的许多窑场遗址都在村庄下面。当时的窑场不要说距城镇了，就是距一般的村落可能也较远。晚唐五代时期窑场之所以建在城镇旁或向城镇靠拢建在人口聚集的乡村，这里有便于瓷器交易的市场很可能是一个重要的因素。这也反映了当时商品经济的发展。

寿州窑 寿州窑所在地的地理环境和中心区域转移的方式与洪州窑有许多相似之处，其移动的原因也应大体相近。尤其是晚唐时期有一部分窑场移到了距唐寿春县治所在地（亦是唐寿州治所在地）较近的泉山一带，这与洪州窑晚唐五代时期中心区域向城镇靠拢的情况是一致的。

吉州窑 吉州窑北距宋吉州治所在地仅 10 公里左右。原料采自于对面赣江东岸的青原山鸡冈岭[5]，这里蕴藏丰富；青原山，“皆松衫�敞，草木终冬不凋”[6]，可提供足够的燃料；交通运输顺畅；生产用水方便。自然条件十分优越。唐末五代吉州窑创建时，永和镇还是一个村落，据明《东昌志》卷一载：这里“五代时，民聚其地，耕且陶焉。由是井落圩市、祠庙寺观始创”，“及宋寖盛，景德中为镇市”，“辟坊巷、六街三市”[7]。

唐末五代北宋时期烧瓷中心区域在窑岭堆积以南，即遗址的南部，11 处丘陵状的堆积比较整齐地分布于当时的瓷器街和与瓷器街相衔接的一条街的两侧，北侧 5 处、南侧 6 处。永和镇三市中的上市位置在瓷器街西端、本觉寺前，又瓷器街东通赣江渡口[8]。地理位置相当优越。但南宋元代窑场并没有在这里继续发展，中心区域移到了北部，即窑岭及其以北。这并不奇怪。瓷器街两侧的 11 处堆积排列比较紧密，现堆积之间发现有当时的道路、制瓷作坊遗迹和池塘等，池塘数量众多，有一部分可能是当年挖土建窑、制作砖坯等形成的土坑。显然堆积之间已没有适合于建筑窑场的空间了。其堆积是窑场遗址的重要组成部分，它的形成据现存迹象观察大致是，先有一龙窑，此龙窑的废品、残破的匣钵和炉渣等就近倒堆在其左、右、后三面，随着堆积的不断增高，龙窑也相应进行修整改建，久而久之就形成了“如山如阜如冈如陵”状的堆积。瓷器街两侧 11 处堆积保存基本完好的有 8 处，高 9.40 ～ 14.50 米[9]。当不宜再向高发展或因高度的缘故已给生产带来不便时，还要将窑业继续顺利进行下去，必然要寻一宽敞之地重新开辟窑场。上述二点约是导致南宋元代吉州窑中心区域离开黄金地段向北移动的基本原因。

---

[1]（宋）高承：《事物纪原》卷七，上海古籍出版社，1992 年。
[2]（唐）杜牧：《上李太尉论江贼书》，《樊川文集》卷一一，上海古籍出版社，1978 年。
[3] 江西省丰城县同田乡《同田志》编写组：《同田志》，1986 年（内部发行）。
[4] 丰城县地名委员会办公室：《江西省丰城县地名志》，1985 年（内部发行）。
[5]（清）《青原山志》卷四《永和》记载：吉州窑“宋时开窑，取鸡冈龙度腻土作器”（清代刊本）。
[6]（宋）庄绰：《鸡肋编》卷下，中华书局，1983 年。
[7] 江西省博物馆藏明代手抄本。
[8] 李德金等：《南宋永和镇的考察》，《中国考古学会第七次年会论文集》（1989 年），文物出版社，1992 年。
[9] 江西省文物工作队等：《吉州窑遗址发掘报告》，《景德镇陶瓷》总第 21 期，1983 年。

值得注意的是，被迫转移的中心区域，并没有脱离永和镇，仍然在镇区内。13 处堆积基本分布在莲池街和柴草街两侧，中市和下市大体在窑场的中心地带[1]。其实这个问题不难理解。永和镇“因窑立镇”[2]，北宋景德年间（1004 ～ 1007 年）为“镇市”后，“附而居者至数千家，民物繁庶、舟车辐辏”，成为“西南之一都会”[3]；元丰年间（1078 ～ 1085 年）“锦绣铺有几千户，百尺层楼万余家，连廒峻宇，金凤桥地杰人稠，鸳鸯街弦歌宴舞，读书台士大夫谈今古”[4]。瓷窑业的创建和发展给永和镇带来了繁荣，反过来又给瓷窑业注入了活力。清同治《庐陵县志》卷四九引陈嘉谟《重修永和古佛堂记》云：“永和之盛著于宋，……大发于崇宁、绍兴、宝绑之间。”北宋晚期尤其是南宋时期吉州窑的兴旺已被大量的考古资料所证实，不妨再让我们领略一下当时人的记录。南宋绍兴元年（1131 年）吉州司户单晧《清都观记》曰：永和镇“俗以凿山火土，埏埴为器，贸易于四方，瓦砾尘埃，所在如是”[5]；南宋庆元四年（1198 年）邑人周必正《辅顺庙记》云：永和镇“秀民大家，陶埏者半之，无高城深池，……窑焰竟日夜”[6]。可见，这时期窑场与镇市的关系十分密切，镇市可为窑业的发展提供诸多方便。再则，按宋代制度，镇设监镇，“诸镇监官、掌巡逻、盗窃及火禁之事，兼征税榷酤，则掌其出纳会计”[7]。永和镇早在成为“镇市”之前的五代时期就有“圩市”，周显德（945 ～ 959 年）初设“磁窑团，有团军将主之”，收税。成为“镇市”后，“置监镇司，掌磁窑烟火公事”[8]。后来的文献中还有永和“宋时开窑，……设监理其税”[9]，“宋置大镇陶填于此市，有官司纲纪税务”[10] 等记载。说明吉州窑自创建初期开始，官府就在此设立机构置官征税和管理市交易等事务，窑业与官府之间的联系加强了。此外，永和镇一带原料和燃料丰富，取之方便，自然资源也有保障。

景德镇窑 景德镇所在地唐五代时期属浮梁县，县治在镇北约 10 公里左右、昌江西岸的旧城乡。五代景德镇窑创建时期窑场辟在县治东南一带，北宋景德元年（1004 年）在窑场处设置景德镇[11]，官府设“监镇厅”[12]，置“监镇”[13]，负责治安、征税等方面的事务[14]。窑业随之迅速兴旺发达起来。这些情况与吉州窑初起时颇为相似。

五代时期或稍早在景德镇远、近郊区开辟窑场，显然是看中了这里原料好、燃料丰富、水源充足、交通比较方便和距浮梁县城较近等良好的条件。但到了元代，位于远郊的一些窑场相继废弃，窑场着重在近郊和镇内发展。明清时期近郊窑场又大多停烧，镇内窑场发展迅速，并设置了

[1] 中市位置在莲池街中部，与锡器街、米行街相交的一带；下市在柴草街至金凤桥（桥头村）一带（李德金等：《南宋永和镇的考察》，《中国考古学会第七次年会论文集》（1989 年），文物出版社，1992 年）。

[2]（清）《青原山志》卷六引方以智《游永和记》，清代刊本。

[3]（明）《东昌志》卷一，江西省博物馆藏明代手抄本。

[4]（明）《东昌志》卷一，江西省博物馆藏明代手抄本。

[5]（清）《东昌志》卷二引单晧《清都观记》，江西博物馆藏明代手抄本。

[6]（明）《东昌志》卷二引周必正《辅顺庙记》，江西省博物馆藏明代手抄本。

[7]（元）马端临：《文献通考》卷六三《职宫（一七）》，中华书局，1986 年。

[8]（明）《东昌志》卷一，江西省博物馆藏明代手抄本。

[9]（清）《青原山志》卷四《永和》。

[10]（清）《窑岭曾氏族谱》，清宣统三年本。

[11]《宋会要辑稿·方域（一二）》载：“江东东路饶州浮梁县景德镇，景德元年置”（中华书局，1957 年）。

[12]（清）《浮梁县志》卷一《古迹》载：“监镇厅，宋设景德镇东南，后摧于水，嘉泰二年姚守谦徙镇西，元废”（清康熙十二年本，已残）。又（清）乾隆四十八年《浮梁县志》卷一〇《名迹·古迹》载：“宋设景德镇监务”。（清）吴极育《昌南历记》云：景德镇“宋设司务厅”。可见宋代景德镇监镇机关亦称“监务”或“司务厅”。还需说明的是，宋代在郊区也设置了类似的机构。（清）乾隆四十八年《浮梁县志》卷一〇《名迹·古迹》载：“宋、元又有……湘湖务。”（清）吴极育《昌南历记》亦曰：“宋、元皆置湘湖务。”

[13]（明）王宗沐：《江西省大志》卷七《陶书·建置》载：景德镇“宋景德中始置镇，因名。置监镇一员。”（燕京大学抄本，北京大学图书馆藏）。

[14]（元）马端临：《文献通考》卷六三《职宫（一七）》，中华书局，1986 年。

御窑厂，成为景德镇窑的中心区域。出现这些变化的原因约有三点。

一是与交通运输有关。五代两宋时期的窑场一般均就地取料，有些窑场还是就瓷石矿而置，现今在窑址旁还可见到当年瓷石矿遗址。一般认为这一时期使用瓷石一种原料制胎，五代北宋时期多用瓷石矿床的上层瓷石，性能好；南宋时期上层瓷石枯竭，多用中、下层瓷石，性能较差，焙烧容易变形。元代针对这种情况，制胎时在瓷石中加入高岭土，即所谓的瓷石加高岭土的“二元配方”法，克服了单一以瓷石制胎的缺陷，提高了瓷器的质量和成品率，降低了成本[1]。可是景德镇郊区不产高岭土，高岭土矿均分布在景德镇东北45公里左右的高岭山一带，开采后，需将其“作成方块，小舟运至镇”[2]。如运到景德镇镇内，由东河经昌江即可抵达，还算方便；如运到分布于景德镇郊区的窑场，显然会增加不少麻烦，费工费力。此外，元明时期在距离高岭土主要产地高岭山较近的瑶南、瑶里一带建窑场烧瓷器，无疑是因原料取之方便，不需要长途运输。这从另一个侧面说明，位于景德镇郊区的五代宋元时期窑场的停烧或衰落确与原料及原料的运输有关。景德镇窑烧造的瓷器一般是由昌江水路运出，郊区窑场生产的瓷器外运，需经南河，然后入昌江，有的还要由南河的支流进入南河再入昌江，这显然没有镇内窑场产品外运方便，势必会促使窑场向交通运输更为方便、节省运费的景德镇近郊乃至镇内集中。这一点可从清代人《南窑笔记》（旧抄本）中得到印证：“至景德之上相去二十余里，旧有湘湖、莹田、湖田等窑。……继以三窑处于山僻，挽运维艰，故不久传。惟景德舟车物力通便，为两江都会，而业陶者多于是居焉。”

二是与劳动力资源有关。元代瓷胎引进高岭土后，瓷业再度兴盛，尤其是进入明代，产量剧增，“合并数郡，不敌江西饶郡产”，“若夫中华四裔，驰名猎取者，皆饶郡浮梁景德镇之产也”[3]。烧造量之大，前所未见。大规模的生产需要大量的窑工，据清光绪《江西通志》第四九卷记载：明万历年间，“镇上佣工，……每日不下数万人”。景德镇为如此众多的劳力需求提供了方便。文献记载，明代景德镇“列市受廛，延袤十三里许，烟火逾十万家。陶户与市肆当十之七八，土著居民十之二三。凡食货之所需求无不便”[4]；嘉靖年间“镇乃五方之民廛焉，主客无虑十万余”[5]。可见景德镇入明后烟火兴旺，人口密集，无疑可为景德镇制瓷业提供充足的人力资源。

三是与瓷器的销售有关。元代特别是入明以后，景德镇瓷业蓬勃发展，出现了供销两旺的新局面，镇市繁荣，镇内贸易中心的地位更加突出，正如清代初年陈礦所说：“景德一镇，则又县南大都会也，业陶者在焉，贸陶者在焉。海内受陶之用，殖陶之利，舟车云屯，商贾电鹜，五方杂处，百货俱陈，熙熙乎称盛观矣。”[6]在产品销售方面，镇内窑场具有得天独厚的优越条件。镇郊区虽然设有湘湖、湖田二村市[7]，但无镇市繁华，并随着郊区窑场的停烧或衰落，进入明代已成废墟不复存在了[8]。

---

[1] 刘新园等：《高岭土史考》，《中国陶瓷》1982年第7期（增刊）。

[2]（明）宋应星：《天工开物》卷七《陶埏·白瓷》，巴蜀出版社，1989年。

[3]（明）宋应星：《天工开物》卷七《陶埏·白瓷》，巴蜀出版社，1989年。

[4]（清）蓝浦：《景德镇陶录》卷八《陶说杂编（上）》引黄墨舫《杂志》，《中国陶瓷名著汇编》，中国书店，1991年。

[5]（清）《浮梁县志》卷四《典礼·群祀》引《杨副使绍芳庙记》，清乾隆四十八年本。

[6]（清）《浮梁县志》卷首《旧序（一四）》，清乾隆四十八年本。

[7]（清）蓝浦：《景德镇陶录》卷五《景德镇历代窑考》载：“镇东南二十里外有湘湖市，宋时亦陶。……盖其地村市尚寥落有存窑址，自明已圮。”又载：“镇河南岸口，有湖田市，元初亦陶。……今窑市已墟，湖田村落尚在，其窑器犹有见者。”（《中国陶瓷名著汇编》，中国书店，1991年）。

[8]（清）蓝浦：《景德镇陶录》卷五《景德镇历代窑考》载：“镇东南二十里外有湘湖市，宋时亦陶。……盖其地村市尚寥落有存窑址，自明已圮。”又载：“镇河南岸口，有湖田市，元初亦陶。……今窑市已墟，湖田村落尚在，其窑器犹有见者。”（《中国陶瓷名著汇编》，中国书店，1991年）。

镇内在交通运输、人力资源、产品销售方面的优势，致使镇内窑场迅速崛起，工匠向镇内流动。

以上对洪州窑等4座名窑中心区域移动原因的分析表明，南方古代名窑中心区域移动与交通运输、地理环境、原料、劳力来源、产品销售等有直接的关系。据现有资料，一般说来，东汉晚期三国两晋南北朝时期始烧成熟瓷器或创烧的窑，最初烧瓷区域的交通运输、地理位置相对而言多不太理想，生产一个阶段之后开始向交通方便、地理条件优越、原料丰富且易开采的区域转移。隋至中唐时期创建的窑在建窑时就注意了这些条件；至晚唐五代时期，除考虑上述条件外，还注意了贸易场所，向城镇靠拢，这时期创建的窑多距城镇不远，在窑场所在地往往建有草市，有些人宋后形成了镇市；入元后仍在兴盛期，位于镇郊的窑场或衰落或废弃或逐步向镇内集中；明清时期中心区域一般都在镇区内了。

此外，还应指出的是，东汉晚期至南北朝时期始烧成熟瓷器或创烧、晚唐五代北宋时期衰落或终烧的窑，移动幅度较大，占地面积较广；晚唐五代时期创烧、元明时期衰落或终烧的窑，移动范围较小，占地面积一般亦较小，堆积往往呈硕大的山丘状。前者移动幅度大，可能是因为这时期生产力水平还不高，建设窑场时考虑更多的是自然条件的缘故。后者移动范围小，可能是因为：第一，这个时期生产力水平有了提高，人类征服自然的能力增强了，可不必因窑场附近原料的难于开采甚至枯竭而大幅度转移窑场；第二，这时期名窑往往在镇内或镇侧，有些镇就是由于这里烧瓷而形成的，镇内劳动力密集，商品市场活跃，可为瓷窑业生产、产品销售提供诸多方便；第三，镇均设有监镇官负责收税。所以，这时期不需要也不可能像以前那样大幅度移动了，而是以镇为中心安排窑场。

附记：文内插图由冯九升描绘。图二～四分别描自《考古》1988年第8期、《中国考古学会第七次年会论文集》（1989年）、《南方文物》1991年第3期。

（原载《考古学集刊》第11集，中国大百科全书出版社，1997年）

陆羽《茶经》与洪州窑瓷器

唐代陆羽以嗜茶著名，所著《茶经》一书阐述了茶的起源、品种和产地、焙制工艺、煮茶方法、生产工具和饮茶器皿等，在论述饮茶器皿时，对当时主要瓷窑所烧制的碗有如下评论："盌，越州上，鼎州次，婺州次，岳州次，寿州、洪州次。……越州瓷、岳州瓷皆青，青则宜茶，茶作白红之色。邢州瓷白，茶色红；寿州瓷黄，茶色紫；洪州瓷褐，茶色黑，悉不宜茶。"[1] 这段记载对洪州窑瓷器的评论主要有两点：一是在述及的唐代6座青瓷名窑中，洪州窑的碗排名最后；二是洪州窑烧制的是褐釉瓷器。这是对洪州窑和洪州窑瓷器最早的记载。

由于《茶经》中的这段记录，多年来在不少研究者的心目中，洪州窑瓷器不如越窑、鼎州窑、婺州窑、岳州窑、寿州窑，并且烧制褐釉瓷器。如中国硅酸盐学会编著的《中国陶瓷史》（文物出版社1982年）说："洪州窑器在陆羽《茶经》中名列第六，并说'洪州瓷褐'"；叶喆民著《中国陶瓷史纲要》（轻工业出版社1989年）也说："洪州窑，陆羽《茶经》中把它排在第六位，评论说'洪州瓷褐'"；陈显求等认为，陆羽"作为历史上第一个著名的品茶家，从对茶色的不良影响考虑，陆羽把洪州窑排在末位是合乎逻辑的。但这未必就能贬低了当时作为名瓷的洪州窑瓷的价值。"[2] 但有些研究者的看法则不同，如范文澜曾指出，"陆羽因洪（州）瓷褐盛茶呈黑色，定洪（州）瓷为最次品。瓷器应凭质量定优劣，陆羽以瓷色为主要标准，只能算是饮茶人的一种偏见"[3]。余家栋认为：洪州窑瓷碗，在唐代饮茶中广为使用，"与陆羽所说洪州瓷次，'悉不宜茶'似不甚符合。""洪州窑当时已驰名全国，并非最'次'品位"[4]。

陆羽以当时人的审美意识和标准，从饮茶的角度，据釉色与茶色是否相配，将当时青瓷名窑烧制的茶碗排了名次，但应特别指出的是，陆羽仅仅说的是饮茶用的碗，而且还只讲釉色，并未涉及碗的造型、胎、装饰和其他，因此有很大的局限性。再者陆羽的主要社会活动时间是在中唐，他所记录的茶碗和瓷器的釉色一般情况下也只能反映他所生活的那个时期及其前后的情况，不能说明各窑不同时期的情况。

洪州窑的考古研究工作起步较晚。70年代末，文物考古工作者在江西丰城市曲江镇罗湖村一带发现了规模较大的唐代瓷窑遗址，并进行了考古发掘[5]，通过对所获资料的研究，确定罗湖村一带就是唐洪州窑所在地[6]。之后，对这一地区又进行了多次调查，在罗湖村以外的一些村庄又陆续发现了一批窑场遗址[7]，尤其是1992年下半年进行的调查和重点发掘，获得了大批实物资料[8]。

[1]（唐）陆羽：《茶经》卷中《器》，《百川学海》本。

[2] 陈显求等：《唐代洪州窑青瓷的探讨》，《中国古陶瓷研究》，科学出版社，1987年。

[3] 范文澜：《中国通史简编》（修订本）第三编第一册，人民出版社，1965年。

[4] 余家栋：《试析洪州窑》，《中国古代窑址调查发掘报告集》，文物出版社，1984年。

[5] 江西省历史博物馆等：《江西丰城罗湖窑发掘简报》，《中国古代窑址调查发掘报告集》，文物出版社，1984年。

[6] 陈柏泉：《洪州窑驳议》，《江西历史文物》1981年第1期。

[7] 万良田：《从丰城东汉青瓷窑址谈洪州窑的创烧时代和承启关系》，《江西历史文物》1986年第1期；万良田等：《江西丰城东晋、南朝窑址及匣钵装烧工艺》，《江西文物》1989年第3期；万良田：《丰城县考古简讯·调查晚唐古窑址》，《江西历史文物》1980年第1期。

[8]《洪州窑址调查发掘获重大成果》，《中国文物报》1993年5月2日。

通过历年来的考古调查和发掘可知，洪州窑遗址分布在江西省丰城市所属的曲江镇等5个镇（乡）的18个自然村，位于赣江或与赣江相通的清丰山溪、药湖岸畔的山坡和丘陵岗阜地带。从最南的河洲乡罗坊窑址到最北的同田乡麦园窑址的距离约20公里，最宽处的曲江镇罗湖窑址群宽约1公里。资料还表明，洪州窑最迟在东汉晚期就烧制出比较成熟的瓷器，东晋南朝时逐渐进入兴盛时期，盛烧期大约一直延续到中唐时期，晚唐五代时期衰落，在江西制瓷业中的地位逐渐被其南面的吉州窑、北面的景德镇窑所取代[1]。前后生产期长达800余年。

综合看来，东汉晚期是洪州窑成熟瓷器烧制的初期，产品在许多方面还保留着原始瓷器的特征。器形有双唇罐、罐、盘口壶、盆、钵等，其中罐数量多，式样复杂。胎质较粗，质地坚硬，呈黑灰色或灰色。釉色有黑、青黑、黄黑、青深黄色等多种，色调较深。施釉较薄者釉面显得粗糙；施釉较厚者釉面显得细腻。纹饰简单，常见的有麻布纹和水波纹[2]。

东吴西晋时期洪州窑瓷器逐渐摆脱了原始瓷器的影子，器形增加了鸡首壶、唾盂、虎子、灯、砚台等，造型规整。胎质较细，以浅灰色为主，另有少量的为黑灰色。釉呈青、黑褐、青深黄色，以青色最常见，釉层多均匀，釉面较光洁。装饰花纹除了麻布纹和水波纹外，西晋时期流行在盘口壶等器物的肩部、盆和钵的上腹部饰一周斜方格纹带，同时常见的还有铺首纹。大约在西晋晚期出现了在器物口沿、肩部等部位点绘褐色彩的装饰技法[3]。

经过东吴西晋的发展，洪州窑到东晋南朝时逐步进入了兴盛时期，瓷器具有了自身的特色。器形急剧增多，碗、耳杯、托杯、分格盒、盏盘、博山炉和明器灶等大约都是这时期出现并流行起来的，造型不但规整，而且美观、实用。胎质较细腻，呈浅灰色。施青或青泛黄色釉，青釉色泽较淡，微微泛白灰色。由于这时期使用了匣钵装烧，器物釉面光洁、晶莹。装饰以褐色点彩和刻划的莲花纹、莲瓣纹为主。点彩主要用于盘口壶、钵等器物的口沿部，莲花纹主要饰于盘、碟和杯托的内侧，莲花瓣纹则饰于碗、杯的外侧[4]（图一、二）。

隋代洪州窑烧瓷业继续发展。高足盘、高足杯、粉盒等是这一时期流行的器物。器物造型简洁，注重实用。胎质有浅灰和深灰色两种，较多的器物在施釉前先涂一层浅灰色的化妆土。青或青泛黄色釉，釉面较光润、柔和。有的化妆土和釉结合不牢，多见剥釉现象。装饰技法有刻划和模印等，花纹内容主要有莲瓣纹和各种植物枝叶纹、小花纹等。莲瓣纹主要刻划于碗、杯的外侧，其余模印于钵、高足盘的内侧（图三～五）[5]。

[1]《洪州窑址调查发掘获重大成果》，《中国文物报》1993年5月2日。

[2] 万良田：《从丰城东汉青瓷窑址谈洪州窑的创烧时代和承启关系》，《江西历史文物》1986年第1期；万德强：《江西丰城发现汉代沉船瓷器》，《江西历史文物》1987年第2期；江西省博物馆：《江西南昌东汉、东吴墓》，《考古》1978年第3期。

[3] 江西省历史博物馆：《江西南昌市东吴高荣墓的发掘》，《考古》1980年第3期；唐昌朴：《江西南昌东吴墓清理简记》，《考古》1983年第10期；陈定荣等：《靖安虎山西晋、南朝墓》，《江西历史文物》1985年第2期；江西省博物馆考古队：《江西清江晋墓》，《考古》1962年第4期；江西省博物馆：《江西南昌市郊的两座晋墓》，《考古》1981年第6期。

[4] 江西省历史博物馆等:《江西丰城罗湖窑发掘简报》，《中国古代窑址调查发掘报告集》，文物出版社，1984年；万良田等：《江西丰城东晋、南朝窑址及匣钵装烧工艺》，《江西文物》1989年第3期；范凤妹：《江西出土的六朝青瓷》，《江西文物》1991年第4期；南昌市博物馆：《江西南昌张家山南朝墓清理简报》，《南方文物》1992年第2期；平江等:《江西吉安县南朝齐墓》，《文物》1980年第2期；杨后礼:《江西永修南朝梁墓》，《考古》1984年第1期；清江县博物馆：《江西清江经楼南朝纪年墓》，《文物》1987年第4期。

[5] 江西省历史博物馆等：《江西丰城罗湖窑发掘简报》，《中国古代窑址调查发掘报告集》，文物出版社，1984年；范凤妹等：《江西出土的隋代青瓷》，《江西历史文物》1984年第1期；江西省文管会：《江西清江隋墓发掘简报》，《考古》1960年第1期；清江博物馆：《江西清江隋墓》，《考古》1977年第2期。

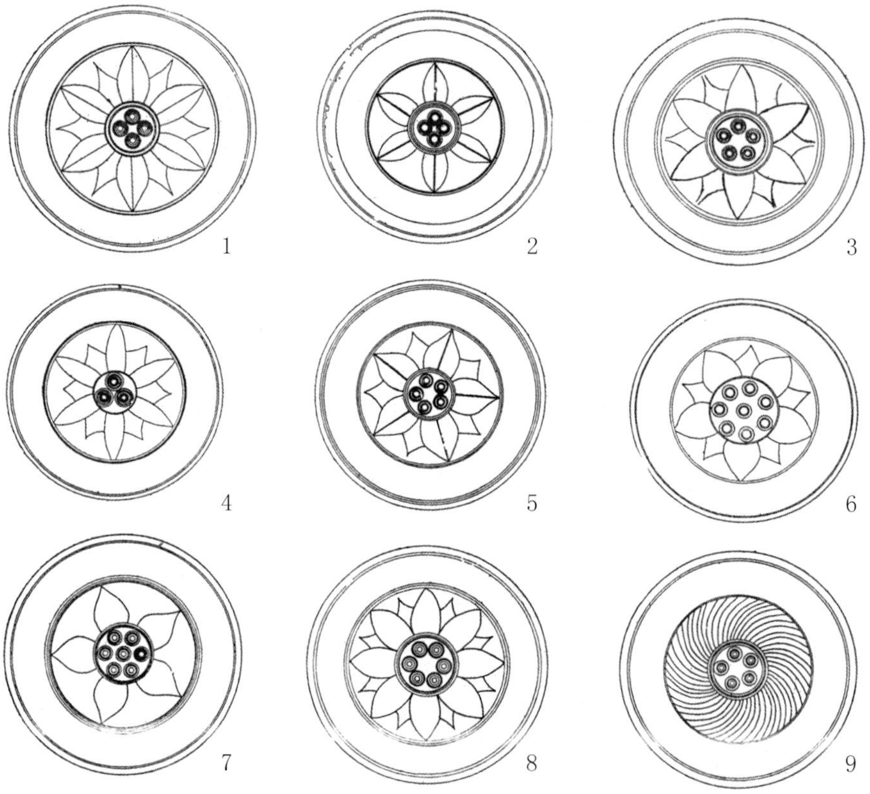

图一　南朝瓷盘纹饰

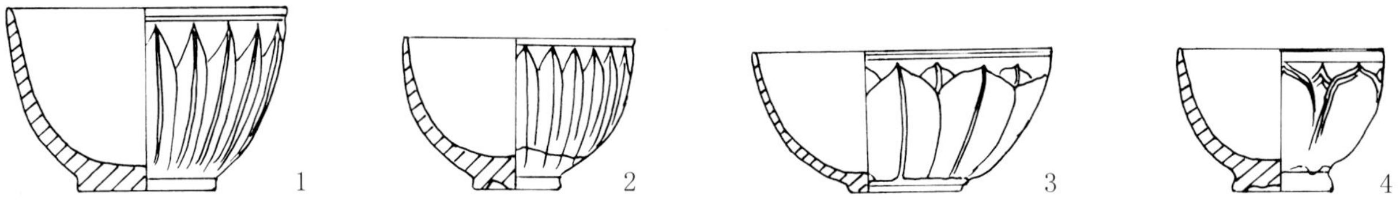

图二　南朝瓷碗、杯纹饰

初唐时期洪州窑瓷器制作益加精细，器形中出现了深腹假圈足大盂，盘口壶、双唇罐等较普遍地增置了假圈足，形制较以前的同类器物缩小，杯子流行。胎呈深灰色，使用化妆土的作法更加盛行。釉多呈青泛深黄色和青泛褐色，釉层饱满、滋润。胎釉结合好，很少有剥釉现象。装饰简化，以重环纹和小花纹最为常见，多饰于侈口杯的外侧（图六）。在个别钵的内侧和深腹假圈足大盂的外侧还能见到模印的小花纹和莲瓣纹[1]。

盛、中唐时期为洪州窑烧瓷业的高峰期。杯子数量多、质量好，还出现了仿金银器造型的高足杯和“6”字形把手的杯子。这时期瓷器的胎色更深，多呈铁灰色，皆施化妆土。釉多为褐色和褐泛青色，釉面细腻、柔和，与陆羽《茶经》描述的洪州窑碗的釉色吻合。这时期主要追求釉色

[1] 江西省历史博物馆等:《江西丰城罗湖窑发掘简报》,《中国古代窑址调查发掘报告集》，文物出版社，1984 年；薛尧：《江西南昌、赣州、黎川的唐墓》,《考古》1964 年第 5 期；李德阳：《于都县马岭（崃）隋墓》,《江西历史文物》1984 年第 2 期。

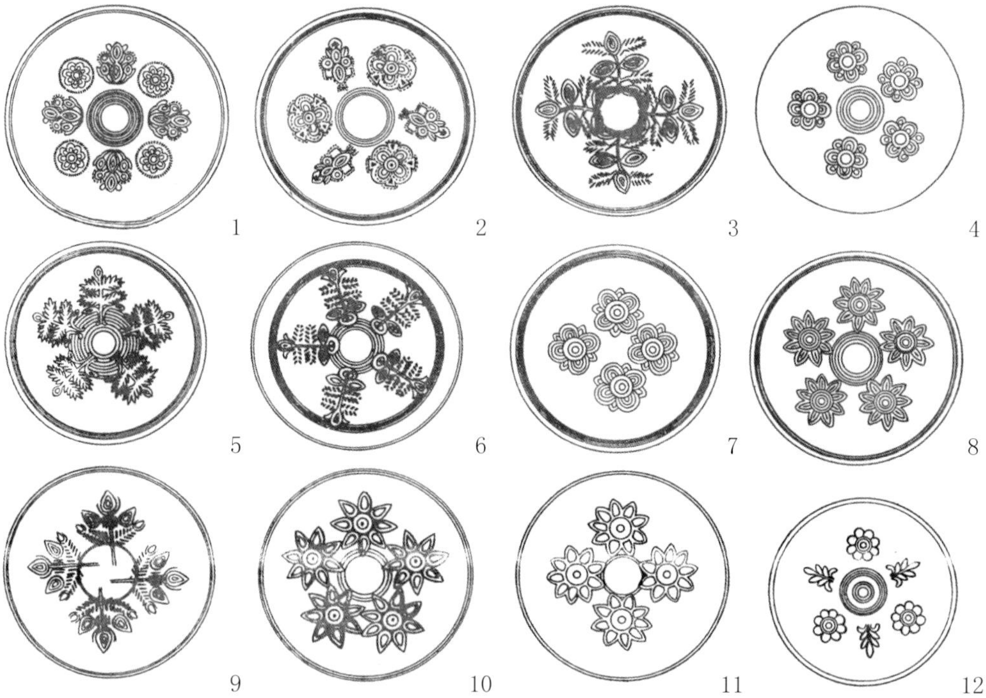

图三　隋代瓷钵纹饰

图四　隋代瓷碗纹饰

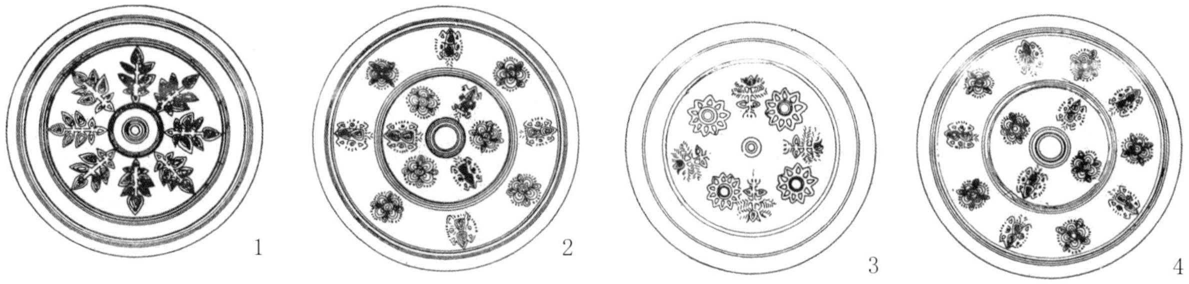

图五　隋代瓷高足盘纹饰

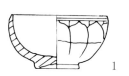

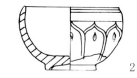

本身的装饰效果，所以一般无纹饰[1]。

到晚唐五代洪州窑的烧瓷业逐渐衰落，器物的种类减少，器形以注壶、罐、碗、盏等日常用器为主。注壶式样繁多，腹部多作出瓜棱形。胎多呈灰色。釉一般为褐色和黑褐色，少量的为黑色。这时期的瓷器一般不施化妆土，也不见使用匣钵装烧，釉面多缺乏光泽，不甚滋润。同时也

[1] 江西省历史博物馆等:《江西丰城罗湖窑发掘简报》，《中国古代窑址调查发掘报告集》，文物出版社，1984 年；张嗣介：《赣州市郊发现一座唐墓》，《江西历史文物》1984 年第 2 期。

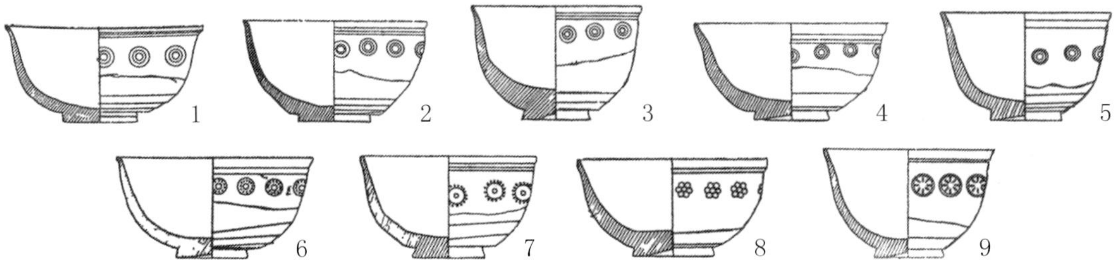

图六　初唐瓷杯纹饰

少见花纹装饰[1]。

综上可知洪州窑烧制的瓷器并非全是褐釉。自东汉晚期至五代，只在盛、中唐时期烧制纯褐釉的瓷器，与《茶经》记载吻合。另外，洪州窑占地广、规模大，烧制瓷器的时间早，产品自成系统，各个时期的器形、胎质、釉色、装饰均有特点，富于变化，东晋南朝至中唐时期的产品尤其好。那么，洪州窑瓷器在唐代6大青瓷名窑中是否排名最后，让我们看看其余5座青瓷名窑瓷器的情况。

越窑瓷器形丰富，造型端庄，颇有气魄，尤其是三国西晋时期将尊、盘口壶、水盂等器物的外形制作成猛兽、鹰、羊、伏兔、蛙等动物形象和晚唐五代时期将碗、盘制作成荷叶形、海棠形、葵花形，别具风韵。胎质坚硬细腻，呈浅灰或灰色。釉以青、青泛黄或青黄色为主，釉层均匀，釉面光润。到晚唐五代时期，其釉层匀净，釉面滋润，如冰似玉。越窑器在以釉取胜的同时，还采用了刻花、划花、贴花、堆塑和彩绘等技法装饰器物。如三国西晋时期有水波纹、铺首纹、斜方格纹带饰、联珠纹、忍冬纹、飞禽走兽纹等，约西晋后期出现了褐色点彩；东晋南朝时期花纹减少，仅以褐色点彩和莲瓣纹为主；隋至中唐时期偶见莲瓣纹和忍冬纹等；晚唐五代时期花纹逐渐增多，有莲花纹、云气纹、龙纹等[2]。显然，从总体上看洪州窑瓷器不如越窑瓷器，尤其是三国西晋、晚唐五代时期器物的造型和晚唐五代时期如冰似玉的“秘色瓷”，是洪州窑不能及的。但洪州窑南朝时期的莲花纹盘、莲瓣纹碗和盛、中唐时期的仿金银器的“6”字形把手杯等，均可与越窑同时期的产品媲美。

岳州窑瓷器形较多，造型规整、秀气。初唐时期烧制的青瓷俑和青瓷动物，制作精细，形像生动，是岳州窑瓷器中的精品[3]。胎质较细腻，以浅灰色和灰色为主。釉以青和青色泛黄为大宗，另有少量青黄和酱褐色。釉层较薄而均匀，釉面晶莹光亮。装饰技法有刻划、模印、点彩等多种。花纹题材，晋、南朝时期常见的是褐色点彩和莲瓣纹；隋代花纹最多，有莲瓣纹、忍冬纹、小花纹、竖道纹、几何形纹等；唐代一般无花纹[4]。洪州窑瓷与岳州窑瓷相比，洪州窑瓷器的胎质没有岳州窑的细腻，但岳州窑瓷器的釉色略显单调，不象洪州窑瓷器那样有变化。两窑瓷器各有千秋。

[1] 万良田：《丰城县考古简讯·调查晚唐古窑址》，《江西历史文物》1980年第1期；薛尧：《江西南昌、赣州、黎川的唐墓》，《考古》1964年第5期；唐昌朴：《南昌地区唐墓器物简介》，《考古与文物》1982年第6期。

[2] 中国硅酸盐学会：《中国陶瓷史》，文物出版社，1982年；朱伯谦：《越窑》，《朱伯谦论文集》，紫禁城出版社，1990年。

[3] 湖南省博物馆：《湖南长沙咸嘉湖唐墓发掘简报》，《考古》1980年第6期；四川省博物馆：《四川万县唐墓》，《考古学报》1980年第4期。

[4] 周世荣：《从湘阴古窑址的发掘看岳州窑的发展变化》，《文物》1978年第1期；全锦云：《武昌隋唐墓葬出土陶瓷器初析》，《景德镇陶瓷》研究专辑第二辑，1984年。

婺州窑瓷器形也较多，器物造型方面受越窑影响比较明显。胎质一般较粗，多呈深灰色和紫色，西晋晚期开始在胎的外表施一层质地细腻的灰白色化妆土。釉呈青灰、青黄或青黄泛紫色，颜色较深，釉面多较光润。有些胎釉结合较差，釉容易剥落。装饰技法有刻花、划花、贴花、堆塑等。花纹题材，六朝时期常见的有水波纹、网纹带饰、菱形纹带饰、联珠纹等，还有少量的铺首纹和褐色点彩，东吴西晋时期谷仓罐上也贴饰人物、动物和堆塑门楼、阙门、人物等；隋代纹饰简化，常见的仅有刻划在碗外侧的莲瓣纹；唐代多素面，一般无纹饰；五代北宋时期花纹渐多，有缠枝纹、花卉纹、莲瓣纹等[1]。婺州窑瓷器一般说较粗糙，青釉色调深，缺少明显的变化，装饰花纹内容虽不少，但大多同越窑，较少创新。

寿州窑瓷器的器形比越窑、婺州窑少。造型较浑厚，具有明显的北方青瓷器的特点。器物的胎坯厚重，质地一般较粗，呈青灰和淡黄红色。唐代胎坯外普遍施化妆土。釉有青、青黄、黄、黑色等多种，唐代以黄色为主，有较好的光泽，釉层有些厚薄不均，釉面有的也不甚平滑。胎釉结合不够好，有剥釉现象。装饰技法有刻花、划花、印花、贴花等。常见的花纹，南北朝晚期和隋代有莲瓣纹、忍冬纹、几何形纹等；唐代花纹很少，仅在唐后期发现有以漏印的方法制作的四瓣花朵纹[2]。寿州窑瓷器具有鲜明特色，但原料加工不够精细，器物略显粗糙。

鼎州窑窑址尚未确定，瓷器情况不甚清楚。

为进一步说明问题，再考察一下6座青瓷名窑瓷器的出土情况。

洪州窑瓷器在江西地区发现较普遍，在赣州、赣县[3]、于都、吉安、清江、黎州、南昌、高安[4]、永修、修水[5]、九江[6]等地发现的东汉晚期至五代时期的墓葬中，均出土有洪州窑烧造的瓷器。在江西以外地区也有发现，如广西钦州隋墓出土的印花纹青瓷钵[7]，广东韶关隋大业六年墓[8]和英德浛光镇隋墓[9]出土的印花纹青瓷钵，湖北武昌隋唐墓出土的隋代印花纹青瓷高足盘、钵和唐代重环纹青褐釉杯、多足砚等，浙江江山隋开皇十八年墓出土的莲花纹青瓷碗、隋大业三年墓出土的青瓷印花钵、唐高宗上元三年墓出土的多足砚[10]，南京赵土岗南朝墓出土的莲瓣纹青瓷碗，南京通济门外南朝墓出土的莲花纹盘[11]，河南郑州上街唐墓出土的重环纹青褐釉碗（杯）[12]等，其形制、胎、釉、花纹特征均与洪州窑遗址出土的同类器物相同，因此均应为洪州窑烧制。此外，在江苏扬州唐城遗址出土的青瓷残器中，也有少量的洪州窑产品[13]。在隋唐都城长安（今西安）是否有洪州窑瓷器目前尚无确切的考古资料证明。但据《旧唐书·韦坚传》记载：唐玄宗天宝二年（743年），水陆转运使、江淮南租庸等使韦坚引浐水抵苑东望春楼下为潭，玄宗到望春楼诏群

[1] 贡昌：《谈婺州窑》，《中国古代窑址调查发掘报告集》，文物出版社，1984年；贡昌：《婺州古瓷》，紫禁城出版社，1988年。
[2] 胡悦谦：《谈寿州窑》，《考古》1988年第8期。
[3] 赣州博物馆：《江西赣县南齐墓》，《考古》1984年第4期；赖斯清：《江西赣县白鹭南朝墓》，《南方文物》1992年第3期。
[4] 高安县博物馆：《江西高安清理一座南朝墓》，《考古》1985年第9期。
[5] 陈小林等：《修水出土南朝青瓷器》，《江西文物》1989年第2期。
[6] 吴水存：《东晋纪年墓出土的几件青瓷器》，《江西历史文物》1982年第2期；九江县文保所：《江西九江县清理一座东晋墓》，《江西文物》1990年第1期。
[7] 广西壮族自治区文物工作队：《广西壮族自治区钦州隋唐墓》，《考古》1984年第3期。
[8] 广东省文管会：《广东韶关六朝隋唐墓葬清理简报》，《考古》1965年第5期。
[9] 徐恒彬：《广东英德浛光镇南朝隋唐墓发掘》，《考古》1963年第9期。
[10] 江山县文管会：《浙江江山隋唐墓清理简报》，《考古学集刊》第3集，1983年。
[11] 南京博物院：《江苏六朝青瓷》，文物出版社，1980年。
[12] 河南省文化局文物工作队：《郑州上街区唐墓发掘简报》，《考古》1960年第1期。
[13] 王勤金等：《扬州出土的唐宋青瓷》，《江西文物》1991年第4期。

臣一起观新潭，韦坚以新船数百艘置于潭侧，扁榜郡名，各陈郡中珍货于船背，其中“豫章郡船，即名瓷、酒器、茶釜、茶铛、茶椀”，玄宗随后将其“赐贵戚朝官”[1]。从以上列举可知洪州窑瓷器的流传或销售东至江浙、西到长安、南到两广、北到河南，流传区域之广，在唐代青瓷名窑中仅次于越窑器。值得注意的是，洪州窑瓷器发现于越窑附近的南京、岳州窑附近的武昌、婺州窑附近的江山、距寿州窑不远的扬州和唐代首都长安，说明它深受当时人们的喜爱，在市场上具有较强的竞争能力。

以上分析表明陆羽《茶经》中有关洪州窑瓷器的记录，是站在特殊的角度（饮茶），记的是某个时期（主要是盛、中唐）的一类器物（碗），自然不能全面反映洪州窑瓷器的面貌，以此为据来评论洪州窑瓷器的质量显然欠公允。

（原载《文物》1995 年第 2 期）

[1]《新唐书·韦坚传》记载与之基本同。

洪州窑的兴衰

洪州窑是唐代青瓷名窑之一，首见著录于唐代陆羽《茶经》[1]。其地在江西省丰城市的曲江镇罗湖村、郭桥村、曲江村，同田乡的龙凤村（龙雾洲）、沿江村、钞塘村，尚庄镇的石上村，河洲乡的罗坊村，石滩乡的港塘村等[2]。每个村发现的窑址数量不等，多者达10处，少者仅1处，总计31处。皆坐落于赣江或与赣江相通的清丰山溪、药湖岸畔的山坡和丘陵岗阜地带，南北绵延约20公里。

历年来的考古调查和发掘资料表明，洪州窑最迟在东汉晚期就能烧制出比较成熟的瓷器，东晋南朝时逐渐进入兴盛时期，盛烧期大约一直延续到中唐时期，晚唐五代时期衰落[3]，前后长达800余年。

东汉晚期、东吴时期是洪州窑创建时期，也是其烧制成熟瓷器的初期。其产品从制作工艺技术上观察，已达到或基本达到了成熟瓷器的标准。但是器物的种类较少，以壶、罐为主，另有少量的钵等。原料加工不够细，质地多较粗，器物成形后修坯较为草率。施釉较薄者，釉面显得粗糙。釉色有黑、青黑、黄黑、青深黄色等多种，色调较深且不稳定。装饰花纹简单，常见的有麻布纹和刻划的水波纹等。在许多方面还保留着原始瓷器的特征，与越窑同时期的产品相比，还有一定的差距。

大约从西晋时期开始，洪州窑瓷器逐渐摆脱了原始瓷器的状态，东晋南朝时进入了兴盛时期，并逐步形成了自身的特色。两晋南朝时期是瓷器手工业普及和初步发展时期，瓷器越来越受到人们的喜爱，逐渐取代了陶器、铜器和漆器，成为人们日常生活中的主要用具之一，需求量日益增多。在这种形势下，洪州窑的经营者们不失时机，不断扩大生产规模，在水路交通便利的赣江畔增设窑场，增加产品的种类。不但仍大量烧制壶、罐等贮藏器，而且还生产鸡首壶、碗、钵、托杯（彩色插页一，1）、杯、盏盘、唾盂、虎子、博山炉、灯、砚台等。对瓷器的制作工艺也做了大胆改进。原料尽可能选用含杂质较少的，加工也较为精细了。烧制出来的瓷器，胎多呈灰色或浅灰色，质地多较细腻。施釉工艺也大有改观，釉层均匀，釉色一般呈青色或淡青色，色调较为稳定。在花纹装饰方面也一改东汉晚期、东吴时期的作法，而流行褐色点彩和刻划的莲瓣纹、莲花纹、菊瓣纹。点彩主要用于盘口壶、罐、钵（图一）等器物的口沿和器盖上，莲瓣纹、菊瓣纹主要饰于碗（彩色插页一，2）、杯（图二）的外侧，莲花纹则饰于盘、碟、杯托的内侧。烧成技术也有了明显进步。引人注目者有二：一是在瓷器烧成过程中，为更好地掌握、了解窑炉内的温度和气氛，东晋时开始使用了试火具，即是南宋蒋祈《陶记》中所记录的"火照"[4]。这是迄今

[1]（唐）陆羽：《茶经》卷中《器》："盌，越州上，鼎州次，婺州次，岳州次，寿州、洪州次。……越州瓷、岳州瓷皆青，青则宜茶，茶作白红之色。邢州瓷白，茶色红；寿州瓷黄，茶色紫；洪州瓷褐，茶色黑，悉不宜茶。"

[2] 江西省文物考古研究所等：《江西丰城洪州窑遗址调查报告》，《南方文物》1995年第2期。

[3] 江西省文物考古研究所等：《江西丰城洪州窑遗址调查报告》，《南方文物》1995年第2期；《洪州窑址调查发掘获重大成果》，《中国文物报》1993年5月2日。

[4] 白焜校注本，见《景德镇陶瓷》总第10期，《<陶记>研究专刊》，1981年。

1　托杯（南朝）

2　莲瓣纹碗（南朝）

3　重圈纹杯（唐早期）

4　多足砚台（唐早期）

彩色插页一

考古发现的最早使用试火具的窑。试火具用瓷土做成，有些则是用碗等器物的坯体加工而成。其形制有碗形、条形、三角形和不规则四边形等。瓷器焙烧时，把它放在窑炉内，需要验火时，用铁钩拉出来，以此测验烧成情况。这时试火具形制为碗形，即将拉坯成形并施上釉的小碗腹部挖一大圆孔（图三）。二是东晋时发明了匣钵，匣钵是装烧瓷器的窑具，用耐火土制成。基本形制有桶形、M 形、漏斗形等。匣钵的作用，唐英说：“瓷坯入窑最宜洁净，一沾泥渣便成斑驳，因窑风火气冲突，易于伤坯，此坯胎之所以必用匣钵套装也。”[1] 瓷器放在匣钵内装烧，可避免窑顶落沙对釉面的污染和烟火直接接触坯体，使釉面光洁，可保证和提高产品的质量。再有，匣钵耐高温，胎体厚实，承重能力强，叠摞不易倒塌，可充分利用窑内空间或适当增加窑室高度，能增加装烧量，提高产量。洪州窑是最早使用匣钵装烧瓷器的瓷窑之一，它这时的匣钵均为桶形，一般一个匣钵内叠置 4 ～ 6 件器物（图四）。总之，两晋南朝时期，洪州窑经过工匠们的努力，产品的

[1]（清）唐英：《唐英集》，辽沈书社，1991 年。

产量和质量有了大幅度提高。其质量从总体上观察，虽还比不上越窑，但它烧制的莲花纹盘、托杯和莲瓣纹碗、杯等，均可与越窑同时期的产品媲美。所以，它的产品不但占领了赣江流域的市场，而且也远销到现在的江苏[1]、福建[2]等地。

两晋南朝时期洪州窑的逐渐兴盛，为其在隋代的发展打开了局面，创造了良好的条件。然而，当时长江上游的四川邛崃窑、成都青羊宫窑，长江中游的湖南湘阴岳州窑，长江下游的浙江

图一　褐色点彩钵（东晋）

图二　菊瓣纹杯（南朝）

图三　试火具（东晋）

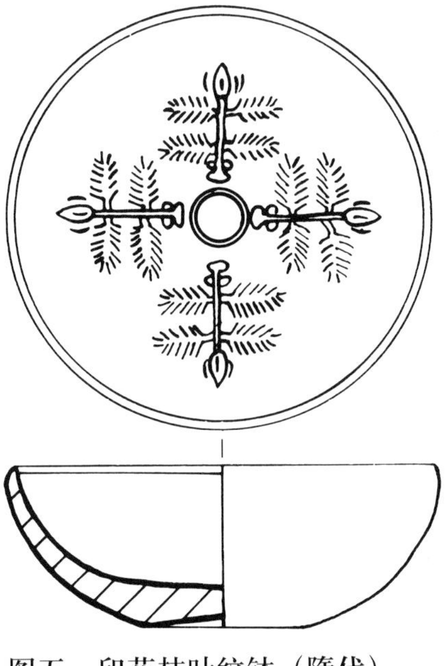

图五　印花枝叶纹钵（隋代）

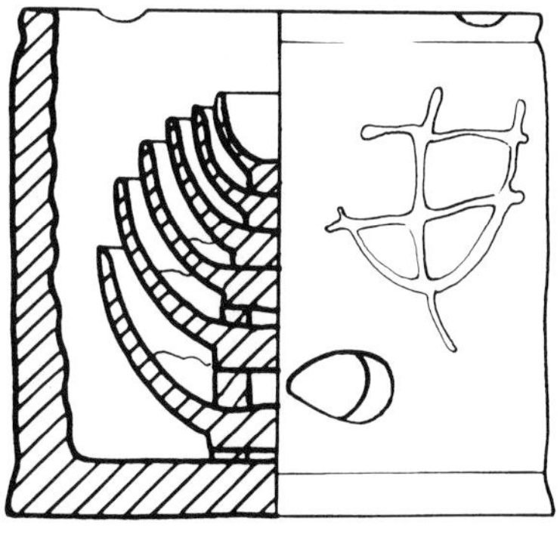

图四　匣钵及匣钵装烧法（南朝）

[1] 南京博物院：《江苏六朝青瓷》，文物出版社，1980年。
[2] 福建省博物馆等：《福建政和松源、新口南朝墓》，《文物》1986年第5期。

金华婺州窑，淮河流域的淮南寿州窑以及北方地区的河南安阳窑、河北内丘邢窑等，都有了长足的进步，产品各具特色，深受人们的欢迎，基本上占领了本地区的市场。在这样的瓷器生产格局下，洪州窑面临着如何发展的问题。资料表明，洪州窑没有停留在以往的水平上，而是在其基础上进行了较大幅度的改革。首先是调整了产品的种类，大量烧制大多数窑都在生产的人们普遍使用的高足盘、平底钵等器物，并且这时期器物的造型简洁，注重实用。其二是为了提高产品的质量，采用了施化妆土工艺。化妆土工艺出现于西晋时期的浙江金华婺州窑。它是将质量较好的瓷土经过淘洗加工后，以水调和成泥浆，施于器物胎体表面，然后再施釉。它可以使比较粗糙的器物坯体表面变得光滑、整洁，增强釉的效果，使釉层显得饱满、光莹、柔和；还可以将器物坯体较深的颜色覆盖，为利用质量较低的原料创造了条件，扩大了原料的使用范围。洪州窑所用的原料含铁量较高。据测试，其瓷胎的 Fe_2O_3 含量为5.93%[1]。铁在胎料中起呈色作用，含量越高，颜色就越深，可直接影响釉的呈色效果。所以，洪州窑从隋代开始，坯体在施釉前先施一层浅灰色的化妆土。隋代由于采用了化妆土工艺，不但釉面光润，而且釉色也较为淡雅，呈青、淡青或淡青泛黄色。其三是在花纹装饰上流行了戳式模印技法。印模形制类似手戳，戳上的印纹纹样有各样的植物枝叶、小团花纹等，多戳印于高足盘、平底钵的内侧（图五），一般一件器物上印4～8个，在一件器物上戳印的纹样绝大多数是相同的，即用同一印模印的；少数为二种纹样。布局颇有规律，具有良好的装饰效果。隋代有不少瓷窑采用戳式模印装饰技法，如岳州窑、成都青羊宫窑、寿州窑等，但应用范围广、纹样内容丰富乃为洪州窑。其四是对装烧工艺作了改进。这时除了盘口壶、鸡首壶等形体较大的器物外，其余各种器物一般都放在匣钵里装烧，保证了质量。放置在匣钵里的碗等器物（最上面的1件除外）往往内外侧均施半釉，器物之间不用间隔具，不但装取方便，还可以提高成品率。通过上述改革措施，洪州窑在隋代仍然保持了较高的发展势头，产量增加，质量提高。其产品在江西地区隋代墓葬中发现极为普遍。不但如此，而且在广西钦州[2]、广东韶关[3]、广东英德[4]、湖北武昌[5]、浙江江山[6]等地的隋墓均有出土。值得注意的是，武昌、江山分别距岳州窑、婺州窑较近，是岳州窑、婺州窑产品的主要销售区域之一，隋代洪州窑产品能够打入这两个区域，更进一步说明它在市场上具有较强的竞争能力。

隋代洪州窑在烧制的瓷器釉色上还是追求传统的青、青绿色的效果。到了唐代早期（唐高祖至武则天时期）则发生了急剧变化。前面已经讲过，洪州窑的原料含铁量高，瓷器的胎色深，如要烧出较好的青釉，不但要施化妆土，而且还得选择含铁量少、质量较好的釉料。这样增加了工序不说，可能还会提高成本，烧制出来的瓷器也不一定都比别的瓷窑的产品好。唐代早期洪州窑针对原料的特点，因地制宜，从实际出发，对产品进行了改造。其主要作法是加深釉的色调，呈青泛深黄色或青泛褐黄色。据测试，釉的 Fe_2O_3 含量为4.49%[7]。为了保证釉色稳定和釉面光润，

[1] 轻工业部景德镇陶瓷工业研究所测试，余家栋《试析洪州窑》引，见《中国古代窑址调查发掘报告集》，文物出版社，1984年。
[2] 广西壮族自治区文物工作队：《广西壮族自治区钦州隋唐墓》，《考古》1984年第3期。
[3] 广东省文管会：《广东韶关六朝隋唐墓葬清理简报》，《考古》1965年第5期。
[4] 徐恒彬：《广东英德浛光镇南朝隋唐墓发掘》，《考古》1963年第9期。
[5]《武昌郊区隋唐墓》，待刊。
[6] 江山县文管会：《浙江江山隋唐墓清理简报》，《考古学集刊》第3集，1983年。
[7] 轻工业部景德镇陶瓷工业研究所测试，余家栋《试析洪州窑》引，见《中国古代窑址调查发掘报告集》，文物出版社，1984年。

化妆土仍继续使用，不过颜色为灰色，较隋代深了。经过一番改造，其产品的总体风格与隋代就大不相同了。不仅如此，在花纹装饰方面也有明显的变化，虽然戳式模印的装饰技法还在使用，但是花纹内容变了，装饰的器物变了。这时期纹样以重圈纹为主，且多饰于侈口杯（彩色插页一，3）和敛口深腹大盂的外侧。器类仍较多，其中多足砚台（彩色插页一，4）是这时期颇有特点的器物之一。值得一提的还有装烧工艺，这时期几乎所有的器物都放在匣钵内装烧。有趣的是，为了将盘口壶、双唇罐、罐等体形较大的器物放在匣钵内装烧，它不去改变匣钵，增大匣钵尺寸，而是缩小器物的尺寸，使之适于现有的匣钵，颇有些“削足适履”的味道，反映了当时窑工们思想的局限性。唐代早期洪州窑产品的特色日趋显著，颇受人们的喜爱，在江西以外的湖北武昌[1]、河南郑州[2]等地的唐代早期墓葬中均有发现。尤其是武昌出土的杯、钵等饮食器基本都是洪州窑的产品，看来这里是江西以外地区洪州窑瓷器的主要销售地。

唐代早期洪州窑的改革，给洪州窑的发展开辟了一个新天地。到唐代中期得以完善。其釉的色调加重，多为黄褐色和褐略泛青色。皆施化妆土，以匣钵装烧，釉面莹润、光洁。与陆羽《茶经》中“洪州瓷褐”的描述相吻合。这时期由于主要追求釉色本身的装饰效果，所以一般无花纹。茶杯式样较多，其中侈口、曲壁、深腹、假圈足杯（彩色插页一,3）制作精细。也就在这个时期，洪州窑与越窑、婺州窑、岳州窑、寿州窑、鼎州窑一并被列为青瓷名窑[3]，进入了鼎盛时期。它的产品不但较广泛用于民众，而且还曾作为地方珍品奉献给皇帝。据《旧唐书·韦坚传》记载：唐玄宗天宝二年（743年），水陆转运使、江淮南租庸等使韦坚引浐水抵苑东望春楼下为潭，玄宗到望春楼诏群臣一起观新潭，韦坚以新船数百艘置于潭侧，遍榜郡名，各陈郡中珍货于船背，其中“豫章郡（洪州）船，即名瓷、酒器、茶釜、茶铛、茶碗”，玄宗随后将其“赐贵戚朝官”[4]。产品进入了社会上层，成为洪州窑发展史上最为光辉的一页。

唐代中期洪州窑的辉煌似乎没有给其后来的发展带来好运，到了唐代晚期至五代反而逐渐走向衰落。这时期器物的种类减少，釉一般为褐色和黑褐色，少量为黑色，釉缺乏光泽，也不甚滋润，器物没有原来精美了。更突出的是，使用了二百多年的施化妆土工艺不用了，对保证、提高瓷器质量至关重要的匣钵装烧工艺被废弃了，制作工艺倒退了。这时期洪州窑尽管处于衰落的境地，但从已发掘的遗址看，当时的窑场并不少，每个窑场的规模仍较大。值得一提的是，对其周围的瓷窑还曾产生过影响，在其南面的吉安吉州窑[5]、赣州七里镇窑[6]在唐末五代时期都烧制过具有洪州窑风格的瓷器。可见当时洪州窑仍有一定的市场和影响力，不愧为一代名窑。

（原载《文物天地》2000年第4期）

[1]《武昌郊区隋唐墓》，待刊。

[2] 河南省文物局文物工作队：《郑州上街区唐墓发掘简报》，《考古》1960年第1期。

[3]（唐）陆羽：《茶经》卷中《器》：“盌，越州上，鼎州次，婺州次，岳州次，寿州、洪州次。……越州瓷、岳州瓷皆青，青则宜茶，茶作白红之色。邢州瓷白，茶色红；寿州瓷黄，茶色紫；洪州瓷褐，茶色黑，悉不宜茶。”

[4] 中华书局标点本，1975年。

[5] 江西省文物工作队等：《吉州窑遗址发掘报告》，《景德镇陶瓷》总第21期，《中国古陶瓷研究专辑》第1辑，1983年。

[6] 江西省文物考古研究所等：《江西赣州七里镇窑址发掘简报》，《江西文物》1990年第4期。

从洪州窑遗址出土资料看匣钵的起源

匣钵是装烧瓷器的窑具，以耐火土制成。其基本形制有桶形、漏斗形、M 形等。

匣钵在瓷器生产中的作用，清代唐英《陶冶图编次》(《陶冶图说》) 中记载："瓷坯入窑最宜洁净，一沾泥渣便成斑驳，因窑风火气冲，易于伤坯，此坯胎之所以用匣钵套装也。"[1] 瓷器放在匣钵内装烧，可避免窑顶落砂对釉面的污染和烟、火直接接触坯件，使坯件受热均匀，釉面光莹，可保证和提高产品的质量。再有，匣钵耐高温，胎体结实，承重能力强，层层叠摞不易倒塌，可充分利用窑内空间或适当增加窑室高度，提高产量。匣钵对于古代瓷器手工业的发展具有十分重要的作用。

匣钵的发明是古代瓷器烧成技术进步的突出表现之一。对匣钵起源的讨论，有助于深入研究古代制瓷工艺特别是烧成技术。本文以江西丰城洪州窑遗址出土资料为依据，拟对匣钵起源问题进行初步深讨。

一

匣钵出现的时间，一直是古陶瓷研究者关注的问题之一。它在文献中最早见于南宋蒋祈《陶记》[2]。《陶记》是一篇记录江西景德镇陶瓷生产的专文，尽管篇幅很短，但有三处涉及到匣钵[3]，并明确记载了景德镇烧瓷所用匣钵原料的产地，尤其是指出了当时匣钵的制作已有专门工匠，成为陶瓷生产中一个独立的工种。可见，匣钵的出现应大大早于蒋祈生活的那个时代。

那么匣钵究竟创制于何时？让我们来看看考古资料。二十世纪七十年代中期及其以前，据古代窑址出土资料，一般认为出现于唐代。七十年代晚期有了新的进展。湖南考古工作者对湖南湘阴岳州窑遗址进行了发掘，与晋、南朝、隋、唐时期的瓷器、瓷片一起，伴出了一大批匣钵[4]。其最早的年代，发掘者认为大约在"南朝与隋初之际"[5]。此后，又对其做了进一步研究，认为可提前至南朝晚期，即"相当南朝梁陈之际"[6]。1992 年江西省文物考古研究所和北京大学考古学系等单位，联合对江西丰城洪州窑遗址进行了全面、细致地调查和重点发掘，在调查中采集到多件南朝时期的莲瓣纹碗等青釉瓷器粘连在匣钵上的标本[7]，并在发掘的东晋至南朝早期地层中出土了大量的废弃的匣钵[8]。这些材料以不争事实证明，洪州窑在东晋至南朝早期就使用匣钵装

[1]（清）唐英：《唐英集》，辽沈书社，1991 年。

[2] 白焜校注本，见《景德镇陶瓷》总第 10 期，《< 陶记 > 研究专利》，1981 年。

[3]（南宋）蒋祈：《陶记》载："土坯既匣，垛而别之，审厥窑位，以布置，谓之'障窑'。……比壬坑、高砂、马鞍山、磁石堂厥土、赤石，仅可为匣、模，工而杂之以成器，则皆败恶不良，无取焉。……陶工、匣工、土工之有其局；利坯、车坯、釉坯之有其法；印花、画花、雕花之有其技，秩然规制，名不相紊"（白焜校注本，见《景德镇陶瓷》总第 10 期，《< 陶记 > 研究专利》，1981 年）。

[4] 周世荣：《从湘阴古窑址的发掘看岳州窑的发展变化》，《文物》1978 年第 1 期。

[5] 周世荣：《岳州窑源流初探》，《江汉考古》1986 年第 1 期。

[6] 周世荣：《湖南陶瓷》，紫禁城出版社，1990 年。

[7] 江西省文物考古研究所等：《江西丰城洪州窑遗址调查报告》，《南方文物》1995 年第 2 期。

[8]《洪州窑址调查发掘获重大成果》，《中国文物报》1993 年 5 月 2 日。

烧瓷器了，将匣钵出现的时间又向前提了一大截。

1992年洪州窑遗址东晋至南朝早期地层出土的匣钵形制原始，是洪州窑使用匣钵装烧瓷器的最早资料，也是全国迄今发现的使用匣钵装烧瓷器的最早资料之一。与此同时，还出土了一大批东晋至南朝早期的支具、间隔具等其他窑具和有关装烧方法的资料，为探讨匣钵的起因和早期匣钵的形制及其来源等问题提供了可靠的依据。

二

匣钵的出现，无疑是窑工们不断总结经验和努力探索、改进烧成技术的结果，是瓷器手工业发展的必然产物。那么是什么事物或什么现象使窑工们眼界大开，产生了如此灵感，发明了瓷器坯件在烧成过程中的保护体——匣钵呢？据对洪州窑遗址出土资料观察，我们认为可能是从"罐套烧"中得到了启示。

洪州窑东晋至南朝早期，在青瓷四系或六系大口罐内套装碗、钵、盘、杯、盏、灯等小件青瓷器的装烧方法非常普遍[1]。"罐套烧"的本意或目的，是为了利用罐内空间，增加装烧量。其套装的数量不等，装烧灯等造型较高、形制较复杂的器物，一般放1件，器物与罐底之间置一锯齿状间隔具（图一，1）；装烧碗、杯类器物，一般叠置3或4件，器物之间用锯齿状间隔具隔开

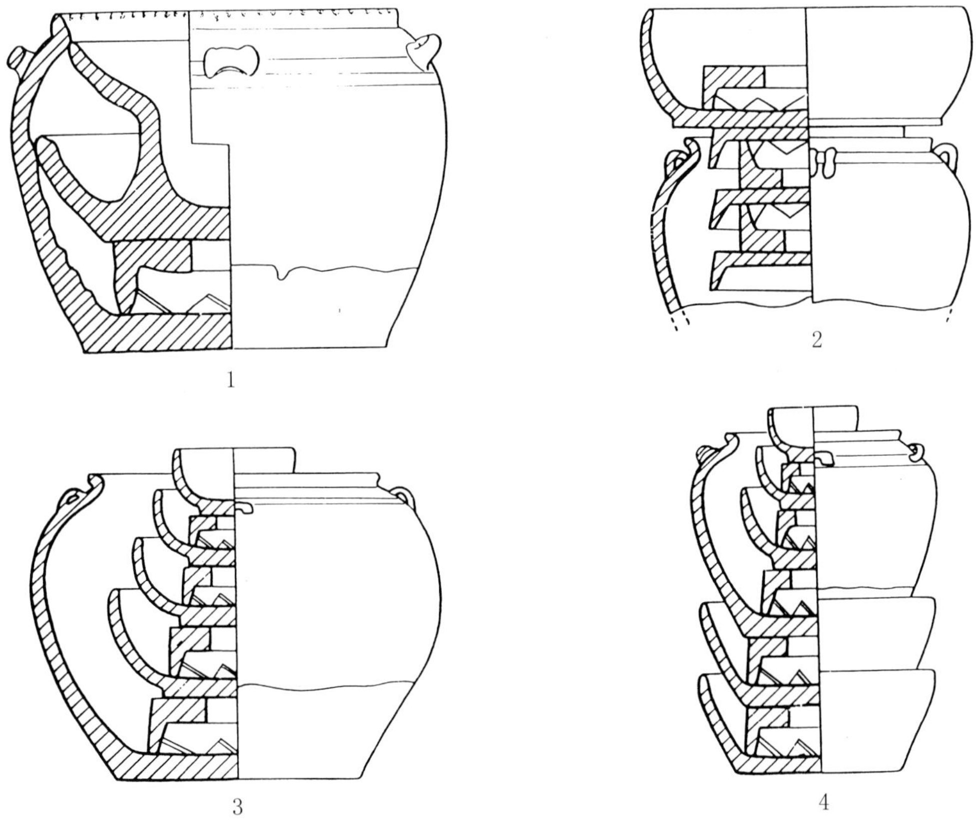

图一　洪州窑东晋至南朝早期"罐套烧"

1．东晋（龙雾洲乌龟山窑址T2③出土）　2～4．东晋至南朝早期（罗湖象山窑址C1②出土）　注：此图均据发掘出土的烧塌的实物绘制

[1]《洪州窑遗址发掘报告》，待刊。本文以下所引用的洪州窑遗址发掘资料均出自此书，不一一出注。

（图一，3、4）；装烧盘类器物，一般叠置 4 件或 4 件以上，器物之间用锯齿状间隔具或 3 个支钉隔开（图一，2）。罐内套装的器物往往高出罐口。对罐内装烧的瓷器质量尤其是釉的质量，我们在整理资料时进行了仔细观察、对比，发现在一般情况下，罐内套烧的瓷器釉面要比裸烧瓷器的釉面光莹得多。这个情况，当时窑工不可能不注意到。其结果必然会使窑工们受到启发，逐渐认识到，将瓷器坯件放置在罐内烧制还可以提高瓷器的质量。“罐套烧”虽然可在瓷器坯件焙烧时起保护坯件和提高质量的作用，但其并非长久之法，也不能完全解决提高产量和质量问题。这是因为：第一，所有的瓷器坯件不可能全都放在罐内装烧；第二，装烧瓷器坯件罐的口沿也施釉，并有的坯件高出罐口，不能加盖，罐口是敞开的，罐内的瓷器坯件，在焙烧过程中，不可避免或多或少还是要受到烟火的直接熏燎和窑内顶部落砂的侵扰，仍然不能也不可能保证产品的成品率不受影响；第三，罐胎较薄，承重能力差，套装瓷器坯件后，重量明显增加，在焙烧过程中常常发生罐塌器废的现象；第四，罐上不能叠摞罐或其他器物坯件，不能充分利用窑内空间。这样窑工们势必要寻找新的办法，即在瓷器坯件焙烧过程中既能起保护作用，又能叠摞器具。有了“罐套烧”的经验，匣钵的发明就是很自然的事了。

三

匣钵最初的形制是独创还是借鉴了某种器物的造型？也就是说它的来源是什么呢？这一问题，只要对洪州窑东晋至南朝早期的匣钵及相关资料做以整理，就会一目了然。

洪州窑东晋至南朝早期的匣钵一般可分为四型。

A 型　口部内倾，壁外弧，近底部又向外撇，平底。口径大于底径。壁下部大致等距离开四个大三角形气孔。胎呈砖红色，夹细砂。口唇和壁外侧满施青灰色釉，口部外侧饰二周弦纹。

标本 1992 年洪州窑罗湖象山窑址 C1 ②出土的 1 件，残，高 14.8、口径约 21、底径约 20 厘米（图二，1）。

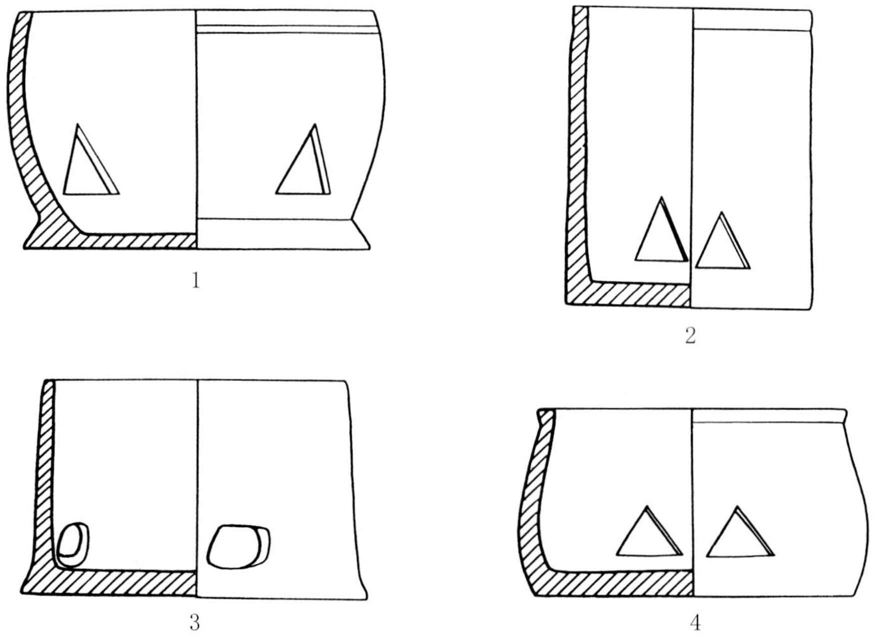

图二　洪州窑东晋至南朝早期匣钵

1. A 型　2. B 型　3. C 型　4. D 型（四型均为罗湖象山窑址 C1 ②出土）

B 型　直口，直壁，平底。造型呈笔筒状。口径略小于底径。壁下部开二个基本对称的大三角形气孔。胎壁较薄，呈深灰或紫灰色。有的外侧局部有青绿或青黑色釉。

标本 1992 年洪州窑罗湖象山窑址 C1 ②出土的 1 件，壁外侧上部有青绿色釉，内侧上部粘连二个青瓷碗类器物的口沿残部。高 17.6、口径 13.8、底径 14.6 厘米（图二，2）。

C 型　口部内倾，壁由下往上逐渐向内稍作倾斜，平底。造型呈桶状。口径略小于底径。壁下部开四至六个三角形、不规则方形或椭圆形大气孔。胎壁一般较薄，呈灰、深灰或紫灰色。有的内、外侧壁面局部有青灰或青黑色釉。

标本 1992 年洪州窑罗湖象山窑址 C1 ②出土的 1 件，壁下部开三个不规则方形气孔，内底粘一层细砂。高 12.9、口径 17.8、底径 20.3 厘米（图二，3）

D 型　口部较直或略内倾，壁中下部向外弧鼓，平底。口径略小于底径。壁下部一般开四至六个大三角形气孔，有的口沿处留三个浅弧形缺口。胎壁较厚，呈深灰色。有的外侧局部有青灰或黑褐色釉。

标本 1992 年洪州窑罗湖象山窑址 C1 ②出土的 1 件，壁下部开四个三角形气孔。高 11、口径 18、底径 18.6 厘米（图二，4）。

从以上四个类型匣钵的特征，可以看出，它们与洪州窑当时的罐和筒形支具关系密切。

A 型匣钵与洪州窑同时期的四系或六系青釉瓷罐的造型有不少相似之处，很像罐肩以下部分（图一，1）。这似可说明，A 型匣钵是借鉴了罐的形制，是对罐的形制加以改造而成的。如前一节所述，匣钵的发明是受到了“罐套烧”方法的启示，那么最初的匣钵形制有的来源于罐，是完全可以理解的。

B 型匣钵与洪州窑同时期一种筒形支具的胎质、形制基本相同。洪州窑东晋至南朝早期流行一种倒置呈笔筒状的支具（图三，1 ～ 3），支面有的中间开一大圆形孔，下口外展或向外平伸，壁上部开二至四个较大的三角形气孔。将其倒置，在外观上与 B 型匣钵很难区分。由此可见，B 型匣钵是借用了这种支具的形制，是对支具的形制稍加修改而成的。

C 型匣钵与洪州窑同时期常见的一种矮筒形支具相似。洪州窑东晋至南朝早期常见一种矮筒形支具，支面、壁均无孔（图三，4），C 型匣钵与其十分相像。将这种支具倒置，除了壁上无气孔外，其余部分 C 型匣钵与其没有什么明显的不同。这似可说明，C 型匣钵是在矮筒形支具的基础上略加改进而成的。

D 型匣钵的形制既有罐的因素，又有筒形支具的因素，说明它不但借鉴了罐，而且也参考了支具。

由上述可见，匣钵最初的形制不但与同时期或稍早的罐和筒形支具关系密切，而且是参考甚至是借用了它们的基本形制，明显打着罐或筒形支具的烙印。

需要指出的是，这四个类型匣钵的形制还不尽合理，主要表现在四个方面：第一，A 型不但外侧施釉，而且口唇也施釉，口径大于底径，上面不能再摞匣钵；第二，B、C 型壁较薄，C 型壁向内倾斜，D 型腹壁向外弧鼓，叠摞时，承重能力差，不能摞至相应的高度；第三，B 型腹深口小，装、取器物很不方便，叠摞时不稳、易倒塌；第四，四个类型匣钵壁上的气孔大而多，不利于保护坯件，极易污染釉面。可见，匣钵的最初形制，存在着严重缺陷。这些缺陷，到南朝晚期有了较大的改进，至隋代已完全克服，匣钵形制进入了成熟时期，匣钵也随之在广大制瓷区逐渐被使用。

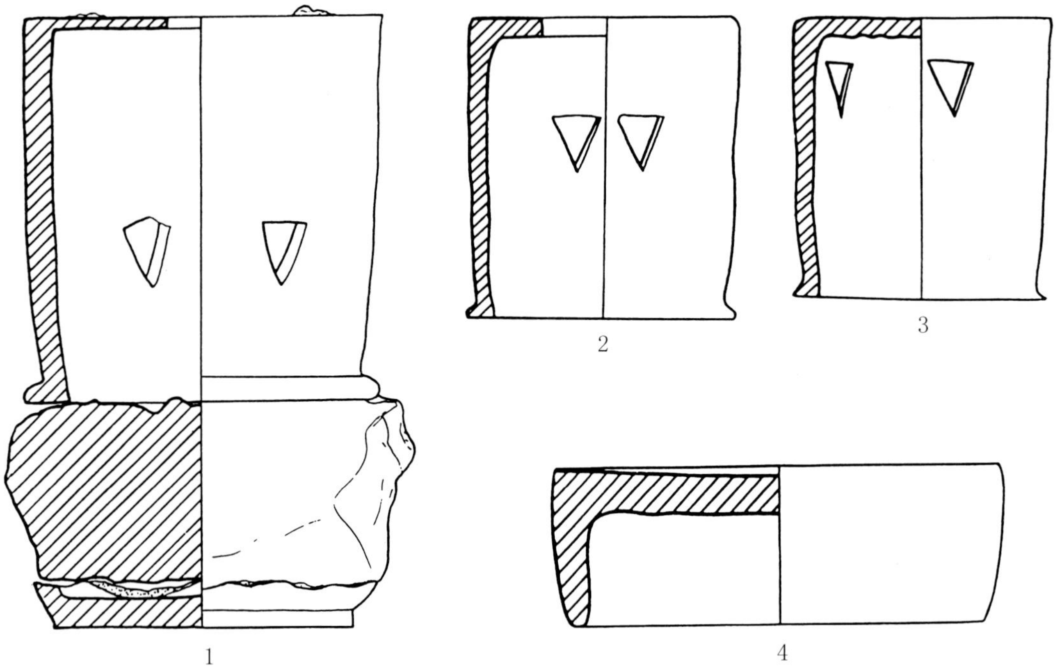

图三 洪州窑东晋至南朝早期桶形支具

1．东晋（罗湖寺前山窑址 T8⑤出土） 2、3．东晋至南朝早期（罗湖象山窑址 C1②出土） 4．东晋（龙雾洲乌龟山窑址 T2④出土）

四

匣钵的发明，并非偶然，它是在瓷器手工业迅速发展和社会对瓷器需求剧增的背景下出现的。

众所周知，早在商代就能生产原始瓷器了，到东汉晚期烧制出了成熟瓷器。成熟瓷器出现后，受到人们的普遍欢迎。进入三国两晋南北朝时期，其逐渐取代了铜器、漆器、陶器，成了人们日常生活的必备用品。随之而来的是，社会对瓷器的需求量增加，对其质量的要求也越来越高。为了使瓷器手工业生产尽快适应新的需求形势，各地各窑的制瓷艺匠们，努力实践、及时总结经验、大胆创新，在东吴末至西晋时期发明了釉下彩绘和釉下点彩的装饰技术，西晋时期发明了坯件在施釉前先在胎体外表施一层化妆土的工艺，两晋时期发明了龙窑分段烧成技术，东晋时期发明了瓷器坯件焙烧时测验生熟的窑具——火照[1]。正是在制瓷新工艺、新技术不断涌现的形势下，匣钵及匣钵装烧方法问世，增添了一项对提高瓷器质量和产量有显著作用的技术。匣钵装烧技术和其他新工艺技术的应用，促进了瓷器手工业的发展，逐渐满足了社会对瓷器的需求。

（原载北京大学中国传统文化中心编《文化的馈赠——汉学研究国际会议论文集·考古学卷》，北京大学出版社，2000 年）

[1] 权奎山：《三国两晋南北朝时期制瓷工艺的突出成就》，《跋涉集》，北京图书馆出版社，1998 年。

论洪州窑的装烧工艺

洪州窑是唐代青瓷名窑之一，首见著录于唐代陆羽《茶经》[1]。其窑址分布在江西省丰城市曲江镇的罗湖村、郭桥村、曲江村，同田乡的龙凤村（龙雾洲）、沿江村、钞塘村，尚庄镇的石上村，河洲乡的罗坊村，石滩乡的港唐村。目前共发现窑场遗址31处，皆坐落于赣江或与赣江相通的清丰山溪、药湖岸畔的山坡和丘陵岗阜地带，南北绵延约20公里，最宽处约1公里左右[2]。对考古资料的研究表明，洪州窑最迟在东汉晚期就能烧制出比较成熟的瓷器；东晋、南朝时逐渐进入兴盛时期，盛烧期大约一直延续到唐代中期；唐晚期、五代时期衰落[3]。生产期长达800余年。

洪州窑不仅分布范围广，而且烧造时间也长。从东汉晚期到五代，随着时代的变更，装烧工艺也在不断地发展、变化。据地层叠压关系、窑具种类的增减和形制的变化，一般来说，可以划分八个发展阶段，即八期。各期年代，依据窑具和年代明确瓷器在考古发掘地层中的共存关系，推断结果如下：第一期，东汉晚期、东吴时期（约公元2世纪后半至265年）；第二期，西晋、东晋前期（265年至约4世纪前半）；第三期，东晋后期、南朝宋时期（约公元4世纪后半至479年）；第四期，南朝齐、梁、陈时期（479～589年）；第五期，隋代（589～618年）；第六期，唐高祖至武则天时期（618～704年）；第七期，唐中宗至宪宗时期（705～820年）；第八期，唐穆宗至五代南唐时期（821～975年）。从考古调查和发掘资料得知，洪州窑从东汉晚期至五代的全部烧造瓷器的过程中，都是使用龙窑。迄今共发现比较完整的龙窑遗迹5座，考古调查发现1座[4]，考古发掘出土4座[5]，分别属于第一、五、六、七期。下面就以1992～1994年洪州窑遗址发掘出土的资料[6]为主，按上述八期来讨论洪州窑的装烧工艺（本文所用装烧方法的线图，均据考古发掘出土的烧塌的窑具与所装瓷器粘连在一起的实物所绘）。

第一期

第一期是洪州窑烧制成熟瓷器的初期，也是洪州窑的初创时期。烧制的瓷器种类很少，仅有盘口壶、罐、钵等，并以罐为主。所以，窑具也十分简单，只有支座。多呈筒形束腰状（图一，1），少数作上细下渐粗的圆筒形（图一，2）。

装烧也很简单，即将支座垂直水平置于窑床，然后把器物的坯体放在支座上面。有的盘口壶、罐也可能不用支座，直接放在窑床上焙烧。

---

[1]（唐）陆羽：《茶经》卷中《器》："盌，越州上，鼎州次，婺州次，岳州次，寿州、洪州次。……越州瓷、岳州瓷皆青，青则宜茶，茶作白红之色。邢州瓷白，茶色红；寿州瓷黄，茶色紫；洪州瓷褐，茶色黑，悉不宜茶"（《百川学海》本）。

[2] 江西省文物考古研究所等：《江西丰城洪州窑遗址调查报告》，《南方文物》1995年第2期。

[3]《洪州窑调查发掘获重大成果》，《中国文物报》1993年5月2日第1版；江西省文物考古研究所等：《江西丰城洪州窑遗址调查报告》，《南方文物》1995年第2期。

[4] 江西省文物考古研究所等：《江西丰城洪州窑遗址调查报告》，《南方文物》1995年第2期。

[5] 江西省历史博物馆等：《江西丰城罗湖窑发掘简报》，《中国古代窑址调查发掘报告集》，文物出版社，1984年；《九三年全国十大考古新发现》，《中国文物报》1994年2月6日第1版。

[6] 1992～1994年江西省文物考古研究所和北京大学考古学系联合对洪州窑遗址进行了考古发掘，出土了一大批瓷器、瓷片和窑具，并清理了2座龙窑窑炉遗迹。这次发掘资料已基本整理完毕，报告待刊。

第二期

这一期洪州窑的装烧工艺有了明显的变化。装烧所使用的窑具除了支座之外，出现并流行了间隔具。支座普遍变矮变小，形制有筒形束腰状（图二，1）、矮筒形（图二，3、4）、盘形（图二，2）等，第一期流行的高大的上小下渐粗的筒形支座不见了。间隔具是为适应叠烧而增设的。这时期钵、碗、盏等饮食器，外侧施釉不及底、足，内侧均满施釉，叠烧时，为防止它们粘连，器物之间必须要放上间隔具。间隔具的形制主要有环形（图三，3）、环形三足（图三，2、4、5）、圆形锯齿状（图二，5、6、7）等。

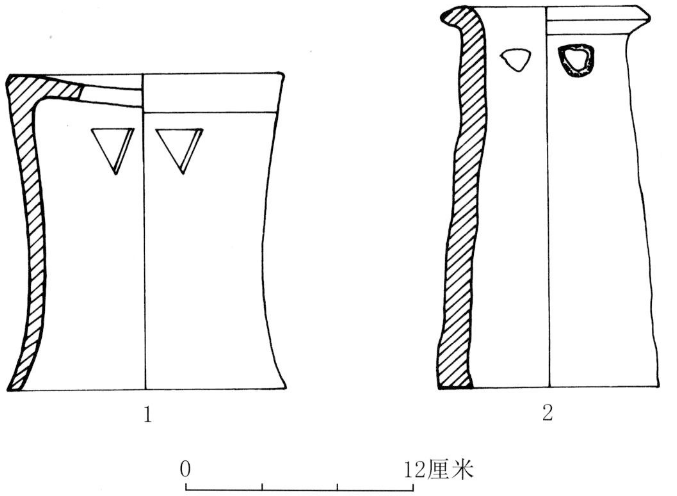

图一　第一期窑具

1．筒形束腰状支座（港塘新村窑址采集）　2．圆筒形支座（港塘清丰河窑址 T1 ②出土）

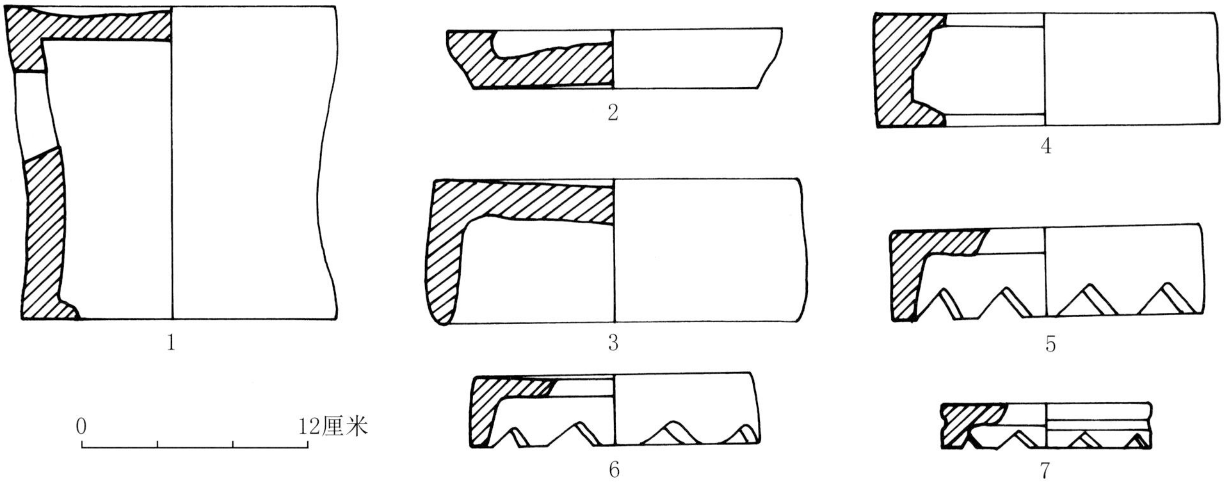

图二　第二期窑具

1．筒形束腰状支座　2．盘形支座　3、4．矮筒形支座　5 ~ 7．圆形锯齿状间隔具（均为龙雾洲乌龟山窑址 T2 ④出土）

这一期的装烧方法较第一期要复杂一些。罐、盘口壶、鸡首壶等体形较大的器物依然是单件置于支座上面或直接放在窑床上焙烧；灯、虎子、砚台等形制较特殊的器物，一般亦是单件放在支座上面；钵、碗、盏等饮食器均叠置，每摞一般为 4 ~ 5 件（图三，1、6），器物之间以间隔具隔开，放置在筒形束腰或矮筒形支座上面。这样钵等饮食器烧成后，往往在内底釉面上留下间隔具的痕迹。

支座变矮小、间隔具的出现、叠烧法的采用，是装烧工艺进步的表现。可以充分利用窑内空间，增加装烧量，提高产量，以适应社会对瓷器的需求日益增长的新形势。

第三期

这一期是洪州窑装烧工艺发展的一个重要时期。装烧所使用的窑具除支座、间隔具之外，还创造发明了匣钵。支座体形仍然较矮小，形制有筒形束腰状（图四，5）、筒形（图四，1、6、7）

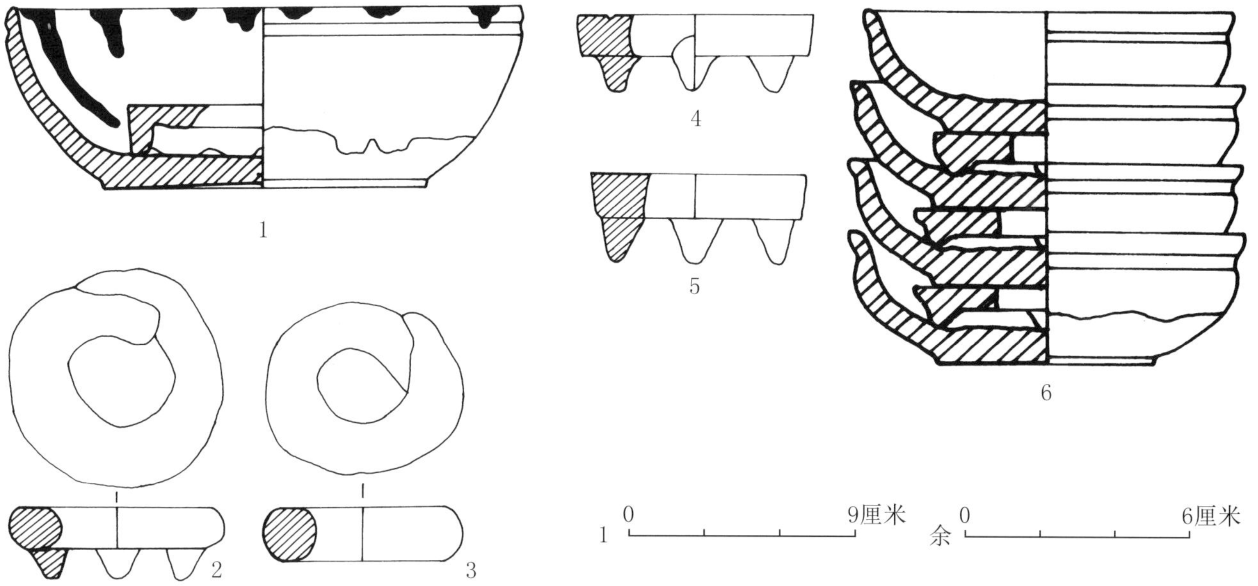

图三 第二期窑具和装烧方法

1、6．叠烧法(据实物绘制，1上面叠置的器物出土时就已与其分离） 2、4、5．环形三足状间隔具 3．环形间隔具(均为龙雾洲乌龟山窑址T2④出土）

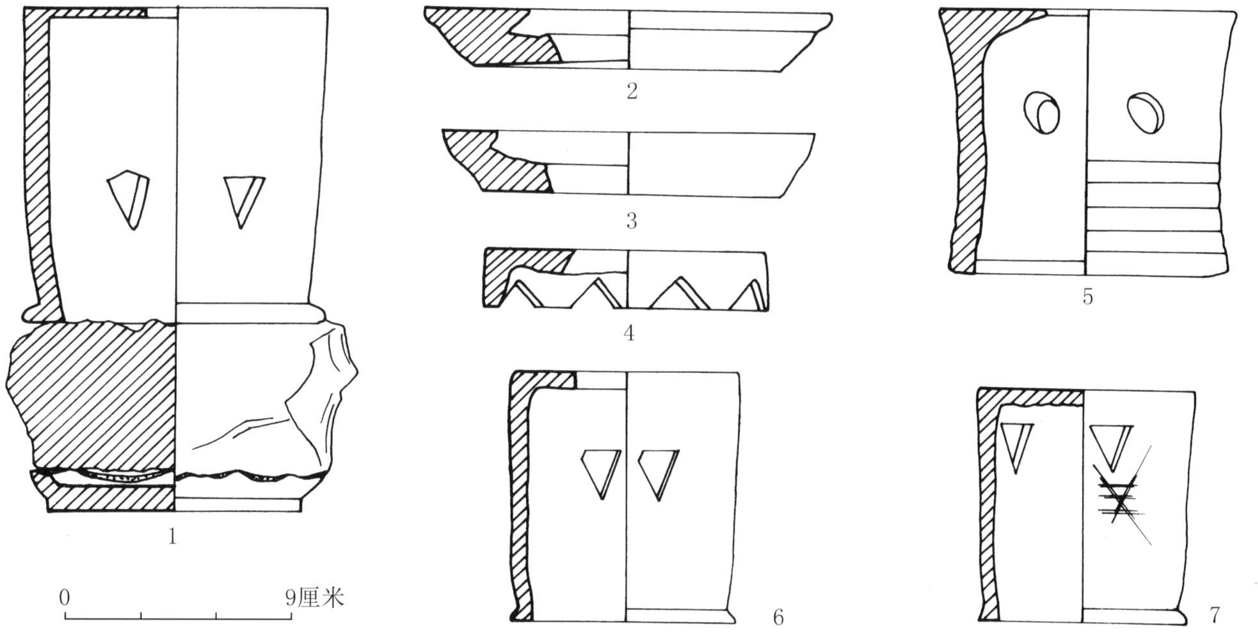

图四 第三期窑具

1、6、7．筒形支座 2、3．盘形支座 4．圆形锯齿状间隔具 5．筒形束腰状支座(1．罗湖寺前山窑址T8⑤出土，2～5．龙雾洲乌龟山窑址T2③出土，6、7．罗湖象山窑址C1②出土）

和盘形（图四，2、3）等。由于这时期出现了匣钵，使用匣钵装烧的瓷器不再用支座，所以支座的数量相对有所减少，特别是这一期的后期（东晋末至南朝宋）尤为明显。间隔具数量颇多，形制主要有厚薄不同、孔大小不等的环形（图五，1）和高矮不同、大小有别的圆形锯齿状（图四，4；图五，4）及环形三足状（图五，5）等。匣钵是装烧瓷器的窑具，以耐火土制成。匣钵在瓷器生产中的作用，清代唐英《陶冶图编次》(《陶冶图说》) 中记载："瓷坯入窑最宜洁净，一沾泥渣便成斑驳，因窑风火气冲，易于伤坯，此坯胎之所以用匣钵套装也"[1]。瓷器放在匣钵内装烧，可避免窑顶落渣对釉面的污染和烟、火直接接触坯件，使坯件受热均匀，釉面光莹，可保证和提高产品的质量。再有，匣钵耐高温，胎体结实，承重能力强，层层叠摞不易倒塌，可以充分利用窑内空间或适当增加窑室高度，提高产量。匣钵对于古代瓷器手工业的发展具有十分重要的作用。洪州窑从第三期开始逐渐进入兴盛时期，匣钵的使用不能不说是重要的原因之一。

这时期洪州窑匣钵的基本形制是桶形，但由于此时是匣钵的初创时期，造型还不尽一致，大体有四种式样：一是口部内倾，壁外弧，平底，口径大于底径，壁较厚，口唇和壁外侧满施青灰色釉（图五，2）；二是直口，直壁，平底，呈笔筒状，口径略小于底径，壁较薄（图五，6）；三是口部内倾，壁由下往上逐渐向内稍作倾斜，平底，口径略小于底径，壁一般较薄（图五，3）；四是口部较直或略内倾，壁中下部向外弧鼓，平底，口径略小于底径，壁较厚（图五，7）。这四种式样匣钵的壁下部大多都开四至六个三角形、不规则方形或椭圆形大气孔。由上述不难看出，这时期匣钵形制还有许多不尽合理之处：有的口唇部施釉，口径大于底径，上面不能再摞匣体；有的壁较薄，并向内倾斜，腹壁向外弧鼓，叠摞时，承重能力差，不能摞至相应的高度；有的腹深口小，装、取器物很不方便，叠摞时不稳，易倒塌；大多壁上气孔大而多，不利于保护坯件，极易污染釉面。尽管如此，它的出现毕竟掀开了洪州窑装烧工艺新的一页。

这一期的装烧工艺正处于承前启后时期，原有的和新创的并存，较为复杂，归纳起来大体有五种。

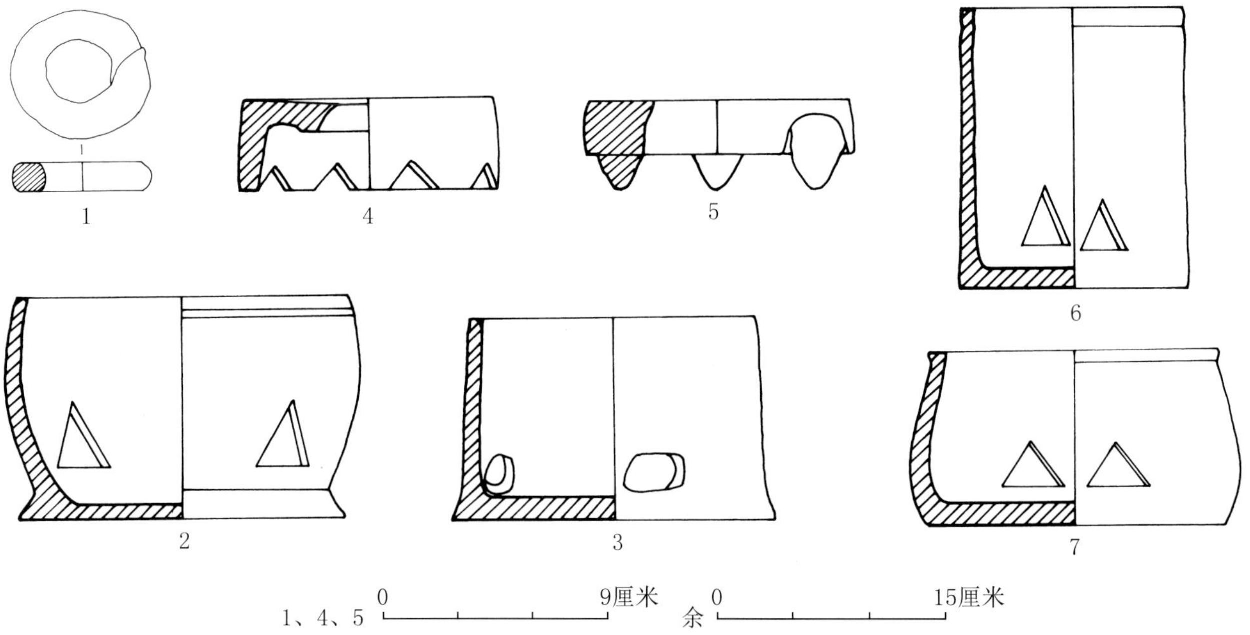

图五　第三期窑具

1．环形间隔具　2、3、6、7．匣钵　4．圆形锯齿状间隔具　5．环形三足状间隔具（1、4、5．龙雾洲乌龟山窑址 T2③出土，2、3、6、7．罗湖象山窑址 C1②出土）

[1]（清）唐英：《唐英集》，辽沈书社，1991 年。

第一种是支座支烧法。将单件或叠置的器物放置在支座上面，裸烧。盘口壶、鸡首壶、部分罐等体形较大的器物均是单件置于筒形束腰状、筒形或矮筒形支座上面支烧，也有的盘口壶或罐单件置于盘形支座上面（图七，1）。部分钵、碗、盘、盏等饮食器往往叠置成一摞，每摞 3 ～ 5 件，中间常以圆形锯齿状间隔具隔开，放在支座上面焙烧。这一种装烧方法实际上是延续了第二期的做法。

第二种是“罐套烧”法。所谓的“罐套烧”法，是在青瓷四系或六系大口罐内套装钵、碗、盘、杯、盏、灯等体形较小的青瓷器。每个罐内套装的数量不等，装烧灯等造型较高、形制较复杂的器物，一般放一件，器物与罐底之间置一圆形锯齿状间隔具（图六，2）；装烧碗、杯类器物，一般叠置 3 或 4 件，器物之间、器物与罐底之间用圆形锯齿状间隔具隔开（图六，1、4）；装烧盘类器物，一般叠置 4 件，器物之间用圆形锯齿状间隔具隔开（图六，3）。罐内套烧的器物往往高出罐口，如图六，1 所示；有的上面再置一摞钵，如图六，3 所示；还有的将套装上器物的罐置于一摞钵上，如图六，4 所示。“罐套烧”的本意或目的，是为了利用罐内空间，增加装烧量。可是，窑工们在长期的“罐套烧”的实践中得到了启示，发明了匣钵[1]，获得了意想不到的成果。

第三种是匣钵装烧法。匣钵装烧的器物均为碗、盘、杯、盏等饮食器。每个匣钵内装烧的器物数量不多，从目前发现的考古资料看，大多数都是装 1 件作工较精良的碗（图七，3）；少数的装 2 件，图五，6 所示的匣钵内侧就粘 2 件碗类器物口沿。器物之间、器物与匣钵之间用圆形锯

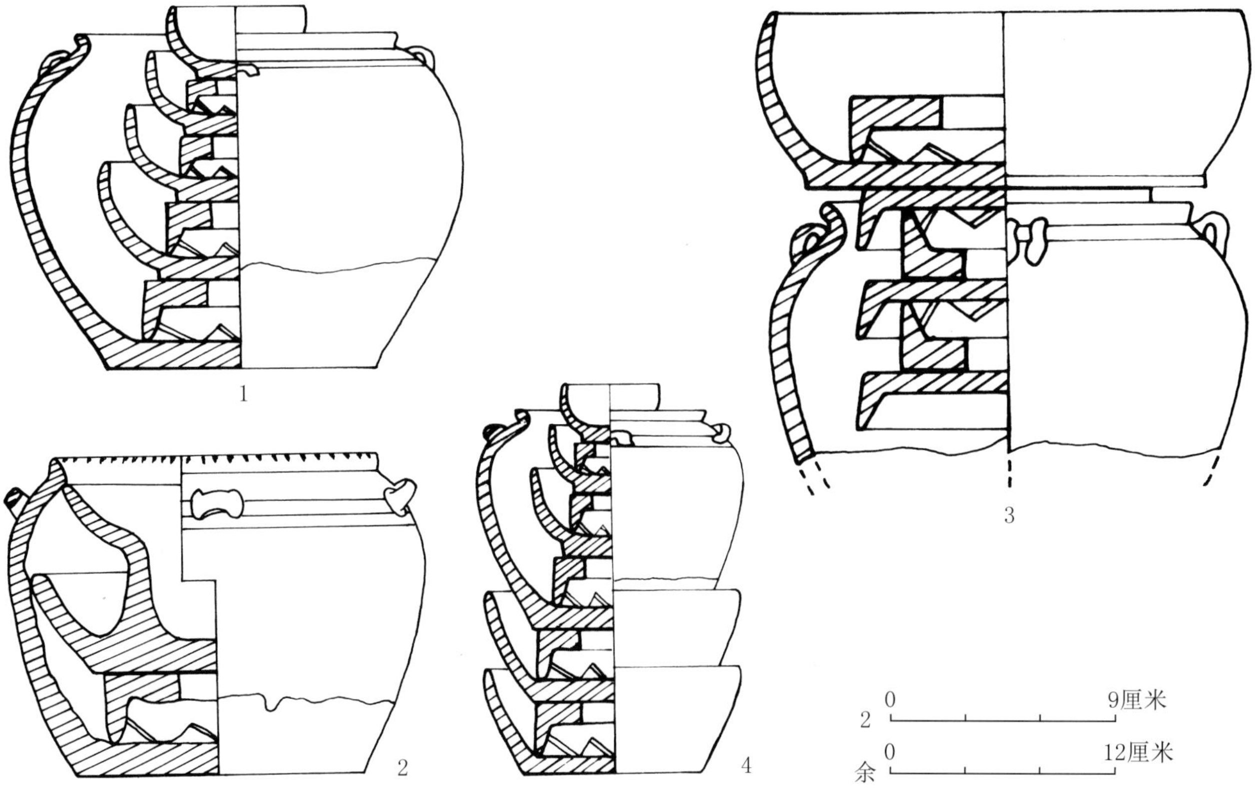

图六　第三期装烧方法（罐套烧法）

1、3、4. 罗湖象山窑址 C1 ②出土　2. 龙雾洲乌龟山窑址 T2 ③出土

[1] 权奎山：《从洪州窑遗址出土资料看匣钵的起源》，《文化的馈赠——汉学研究国际会议论文集·考古学卷》，北京大学出版社，2000 年。

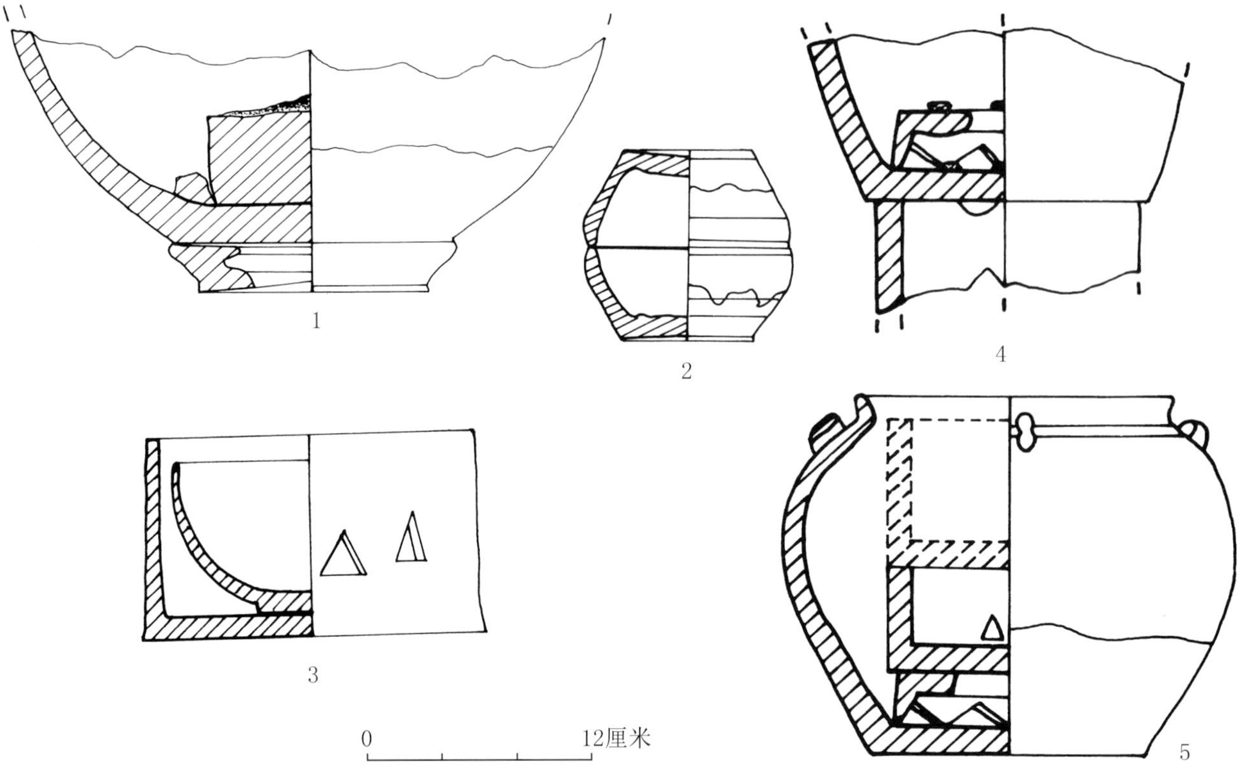

图七　第三期装烧方法

1．盘形支座支烧法　2．对口烧法　3．匣钵装烧法（一钵一器）　4、5．罐套烧和匣钵结合装烧法（1．龙雾洲乌龟山窑址 T2 ③出土，2．龙雾洲乌龟山窑址 T1 ②出土，3、5．罗湖象山窑址 C1 ②出土，4．罗湖寺前山窑址 T8 ⑤出土）

齿状或环形间隔具隔开。

第四种是“罐套烧”和匣钵结合装烧法。即在一个青瓷六系或四系大口罐内叠置二个小桶形匣钵，匣钵内各装一杯或盏，下面的匣钵与罐底之间置一圆形锯齿状间隔具（图七，5）。在其上面的匣钵上，还应放一个与此罐尺寸大体相同的罐，罐内装有叠置的器物或装有内置器物的二个叠摞的桶形匣钵（图七，4）。从而可以看出，将装上器物的匣钵放在罐内套烧，其用意是让匣钵起承重作用。

第五种是“对口烧”法，主要用于烧盏。其具体作法是，将盏口唇部的釉抹去，把二个口径相同的盏对口扣在一起（图七，2）。这种烧法均为裸烧，可能是放在支座或匣钵盖上。

除上述之外，还见钵和鸡首壶叠置的装烧方法。作法是，将 5 或 6 件体形较大的钵叠置在一起，在最上面的一件内置一件鸡首壶，钵之间、钵与壶

图八　第三期钵和鸡首壶叠烧法

（罗湖象山窑址 C1 ②出土）

之间，置以圆形锯齿状间隔具（图八）。这种装烧方法构成的器物柱，不但高，而且重。装窑时，不宜放在支座上，很可能是直接放在窑床上。

由上述可见，第三期是洪州窑装烧工艺的发展和探索时期，对提高瓷器质量和产量有重要作用的匣钵装烧法，使用不普遍，还没有显现出优势。

第四期

这一期是洪州窑装烧工艺平稳发展和趋于成熟时期。装烧所使用的窑具有间隔具、匣钵，支座不见了。间隔具的种类发生了变化，环形三足状的基本消失；圆形锯齿状的急剧减少，一般只用于支承套装在罐内的小匣钵（图九，2）；环形大为流行，并且普遍变薄（图九，4）；出现了以耐火土制作的柱形和钉形间隔具，柱形呈不规则的矮圆柱状，使用时，三个为一组（图九，1），钉形略呈圆锥状，使用时，四个为一组（图九，3）。匣钵趋于成熟，形制较为统一，均为桶形，胎体较厚重，直壁微微向内倾，口部一般留有三个弧形缺口。壁下开二个对称的三角形、圆形或椭圆形气孔，孔较第三期小得多，有的外侧施青灰、灰、酱黑色釉（图一二，3）。克服了第三期匣钵形制上的不合理因素。

这一期的装烧方法逐渐规范化，主要有四种。

第一种是"罐套烧"法。由于匣钵较多使用，"罐套烧"法已用得不多，只有口径较大的盘使用这种方法装烧，并且往往放在用形制、尺寸基本相同的罐套装匣钵的口上（图一二，1）。

第二种是匣钵装烧法。匣钵装烧的器物有碗、盘、杯、盏等，一般说来，除了部分盘外，圆器基本上都是放在匣钵内装烧。每个匣钵内装烧的数量不等，大体上可分为二类：一是一钵一器（图一〇；图一一），器物多为刻划有莲瓣纹、菊瓣纹的碗和杯，内侧施满釉，外侧施釉至足部，

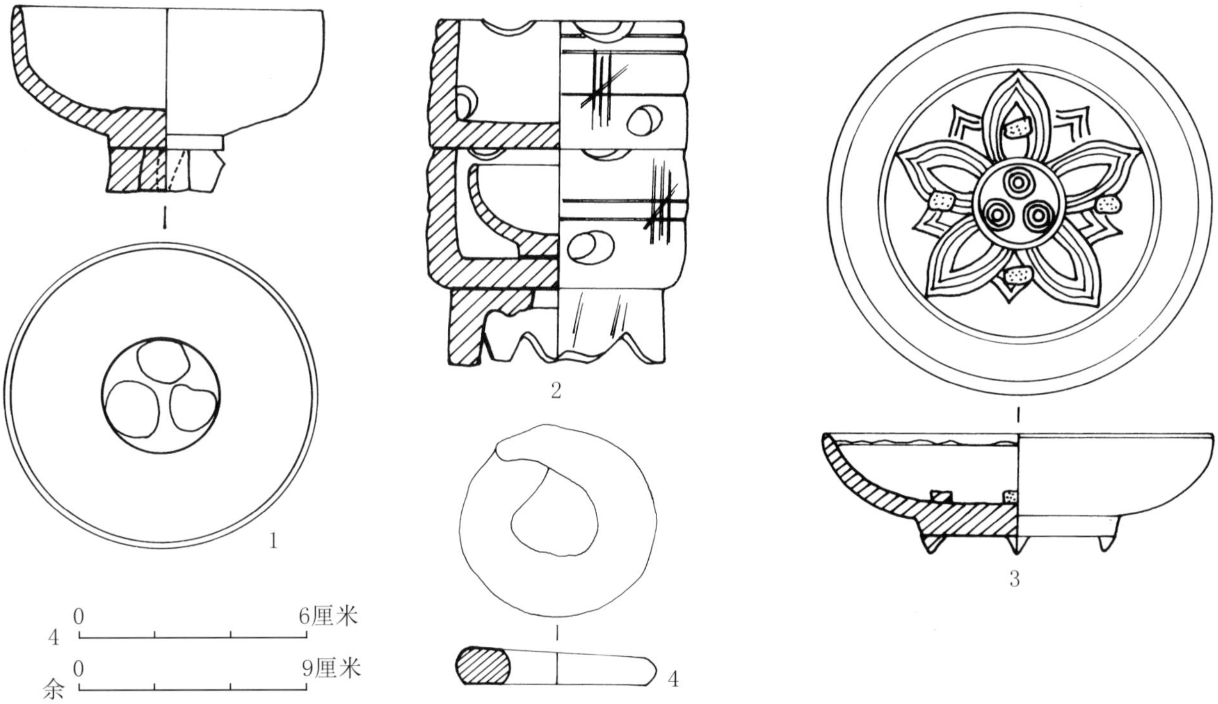

图九　第四期窑具

1．柱形间隔具及使用方法（罗湖象山窑址 Y1 ③出土） 2．圆形锯齿状间隔具及使用方法（罗湖寺前山窑址 T8 ④出土） 3．钉形间隔具及使用方法（龙雾洲乌龟山窑址 T3 ②出土） 4．环形间隔具（龙雾洲乌龟山窑址 T2 ②出土）

图一〇　第四期匣钵装烧法

（一钵一器，龙雾洲李子岗窑址采集）

图一一　第四期匣钵装烧法

（一钵一器，龙雾洲乌龟山窑址 T2 ③出土）

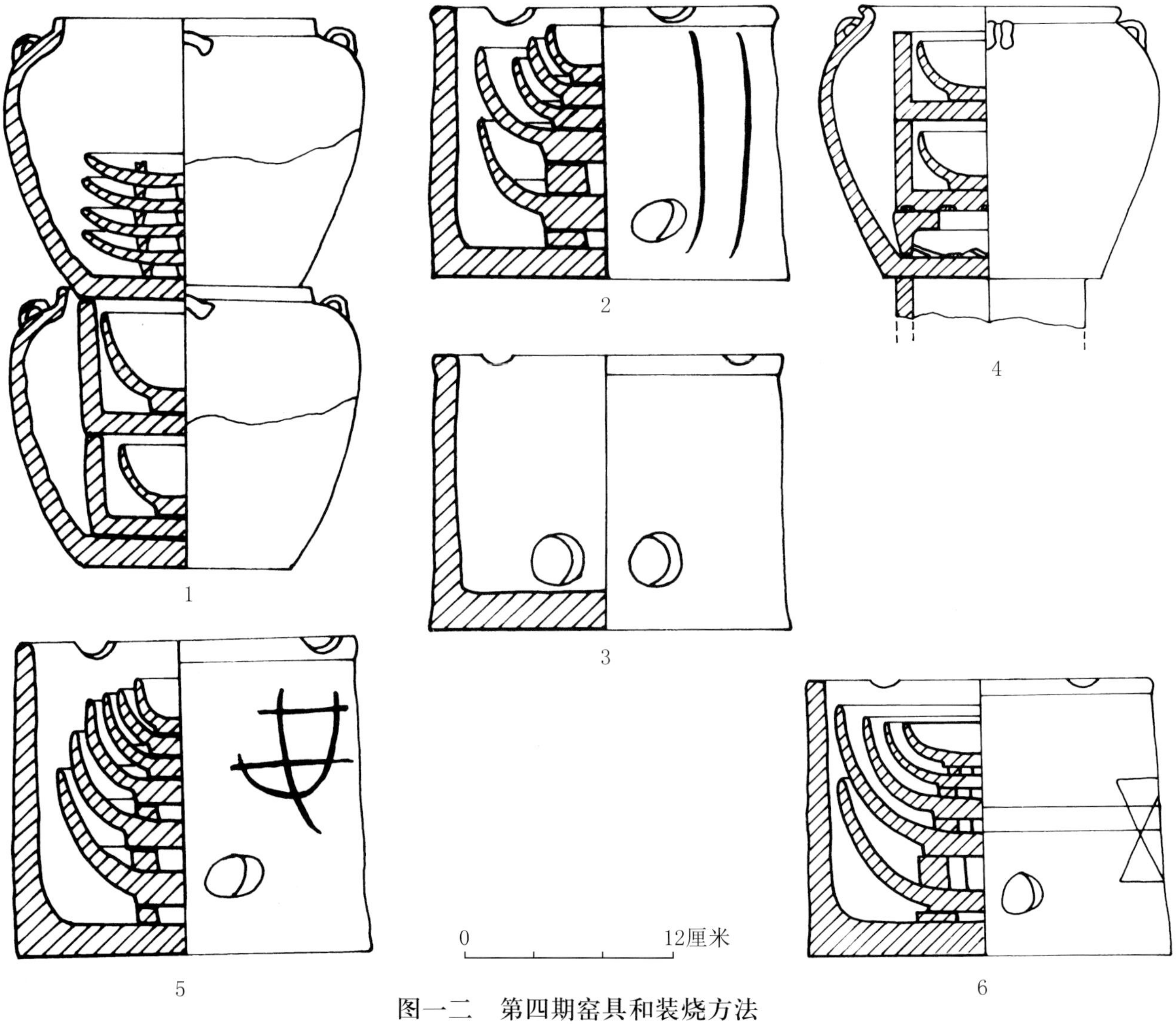

图一二　第四期窑具和装烧方法

1、4. 罐套烧和匣钵结合装烧法　2、5、6. 匣钵装烧法（一钵多器）　3. 匣钵（1、2、4、5. 罗湖寺前山窑址 T8 ④出土，3. 罗湖寺前山窑址 T9 ④出土，6. 罗湖象山窑址 Y1 ③出土）

成品质量很好，是这时期洪州窑瓷器中的精品；二是一钵多器，即在一个匣钵内叠装 5 或 6 件同类器物，但尺寸不尽相同，有的是下面 2 件相同，以上依秩次之（图一二，2、6），有的则是自下往上一个较一个小（图一二，5；图一三）。这时期有些碗类器物内外侧均施半釉，所以叠装半釉器物有的不使用间隔具，图一二，2、5 匣钵内装烧的除最上面的一件外，余均为施半釉的碗类器物，上面 4 件之间均无间隔具，下面 2 或 3 件之间均置有环形间隔具，是因为它们的尺寸相同或接近，不用间隔具，下面一件的口部就会粘连在上一件外侧的腹部，间接起到了防止 2 件器物粘连的作用。至于最上面的一件器物内侧满施釉，这是由于它的上面不再叠置器物，没有粘连的问题了。通过这个现象可以看出，人们还是喜欢内侧满施釉的器物，尽一切可能来烧制，内侧施半釉完全出自于装烧方便上的考虑，实际上是出于无奈。

第三种是“罐套烧”和匣钵结合装烧法。这种装烧方法在这一期还较为多见，其是在青瓷四系或六系大口罐内套装二个叠置的桶形小匣钵，匣钵内各装一外侧施半釉、内侧施满釉的杯或盏，直接放在铺有细砂的匣钵底上，不用间隔具。罐内装的匣钵多数与罐底之间置一圆形锯齿状间隔具，少数则无间隔具，直接放在罐底上（图一二，1、4）。这种装烧方法不但利用了罐内空间，还由于有匣钵承重，可以叠置，又能充分利用窑内空间，可谓一举两得。

第四种是不用支座的单件裸烧法。这时期盘口壶、鸡首壶、罐等体形较大的器物和造型较特殊的器物均采用单件裸烧的方法，可是没有发现支座。由此可推知，它们有可能是直接放在窑床上烧制的，为了放平稳，下面也许垫有残窑砖或匣钵片；也有可能放在叠摞的最上面的一个匣钵盖上。

由上述可见，第四期洪州窑的装烧工艺基本承袭了前一期，但是在生产实践中，较好地发扬了前一期的合理因素，抛弃了不利因素，使洪州窑的装烧工艺上了一个新台阶。在诸种装烧方法中，匣钵装烧受到重视，具有明显的优势。但应特别指出的是，这时期匣钵胎体厚重，虽增强了承重能力，但由于过重，在烧成过程中塌毁的现象也十分严重，尤其一钵多器者更为突出，在发掘出土器物中，器物和匣钵粘连在一起的例子很多。

第五期

这一期是洪州窑装烧工艺的进取时期。装烧所使用的窑具有间隔具和匣钵。间隔具中，圆形锯齿状、柱形、钉形均已消失，仅有环形并且普遍较薄（图一四，6）。由于以碗为主的叠装中的碗，内外侧均施半釉，所以间隔具用得较少。匣钵均作桶形，高 5.5 ～ 12 厘米，较第四期缩小，胎体也较其薄。这大约是吸取了第四期匣钵胎体过重、严重影响烧成的教训。在形制上也发生了变化，基本特征是，壁上部微外弧，下部微内缩，壁下部开 2 个对称的小圆形气孔，口沿部一般留一个半圆形的缺口，外侧划饰弦纹或波浪纹，有的外侧施青灰或青黑色釉（图一四，1、5）。

这一期的装烧方法简化，不见“罐套烧”法和“罐套烧”与匣钵结合装烧法，仅有二种。

第一种是匣钵装烧法。匣钵装烧器物的范围扩大，不但装烧碗、钵、盘、高足盘、杯、盏等圆器，而且也装烧一些形体较小的四系罐，这是以前所没有的新情况。每个匣钵装烧的数量不尽相同，大体上可分为三类，一是一钵一器，器物多为做工精良的印花钵（图一四,2）、高足盘（图一五）等，器内侧满施釉，外侧施釉不及底、足，钵下一般置一环形间隔具，余无；二是一钵二器，匣钵内叠置 2 件器物，下面一件一般是碗，上叠一钵（图一四，8）、一高足盘（图一四，4）或一小四系罐（图一四，7）等，因碗内外均施半釉，2 件器物之间不用间隔具，碗与匣钵之间往往放一较薄的环形间隔具；三是一钵多器，匣钵内叠置 3 或 4 件碗、杯类器物（图一四，3；图

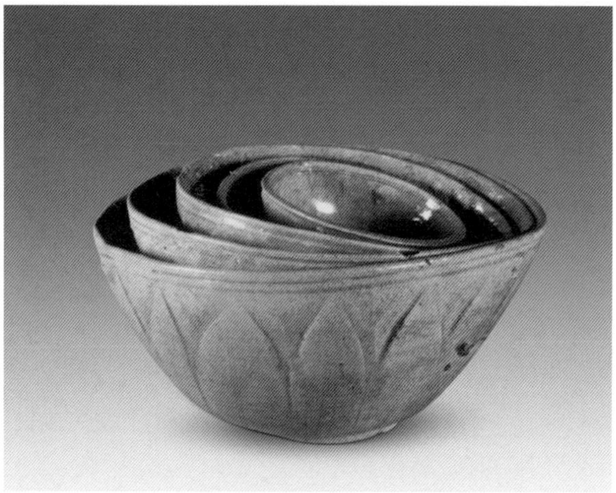

图一三 第四期匣钵装烧法
（一钵多器，罗湖寺前山窑址 T9④出土，出土时匣钵就已与其分离）

一六），尺寸自下而上一个比一个小，最上面的一件均为制作精细的内侧满施釉、外侧施釉不及足的杯子，余均为碗，碗内外均施半釉，器物之间不用间隔具，最下面的碗与匣钵之间置一较薄的环形间隔具。

第二种是单件裸烧法。这时期的鸡首壶、盘口壶等体形较大的器物和造型较特殊的器物仍然是单件裸烧，在窑炉内的放置方法应同第四期的同类装烧法。

由上述可见，第五期洪州窑对装烧工艺作了较大幅度的改革，力求简单、方便、实用，收到了较好的效果。匣钵装烧法充分发挥了作用，成为装烧工艺的主流。但也应看到，这时期虽然匣钵与匣钵之间、匣钵与器物之间粘连的现象大为减少，可是一个匣钵内的器物与器物之间粘连的情况较为普遍。

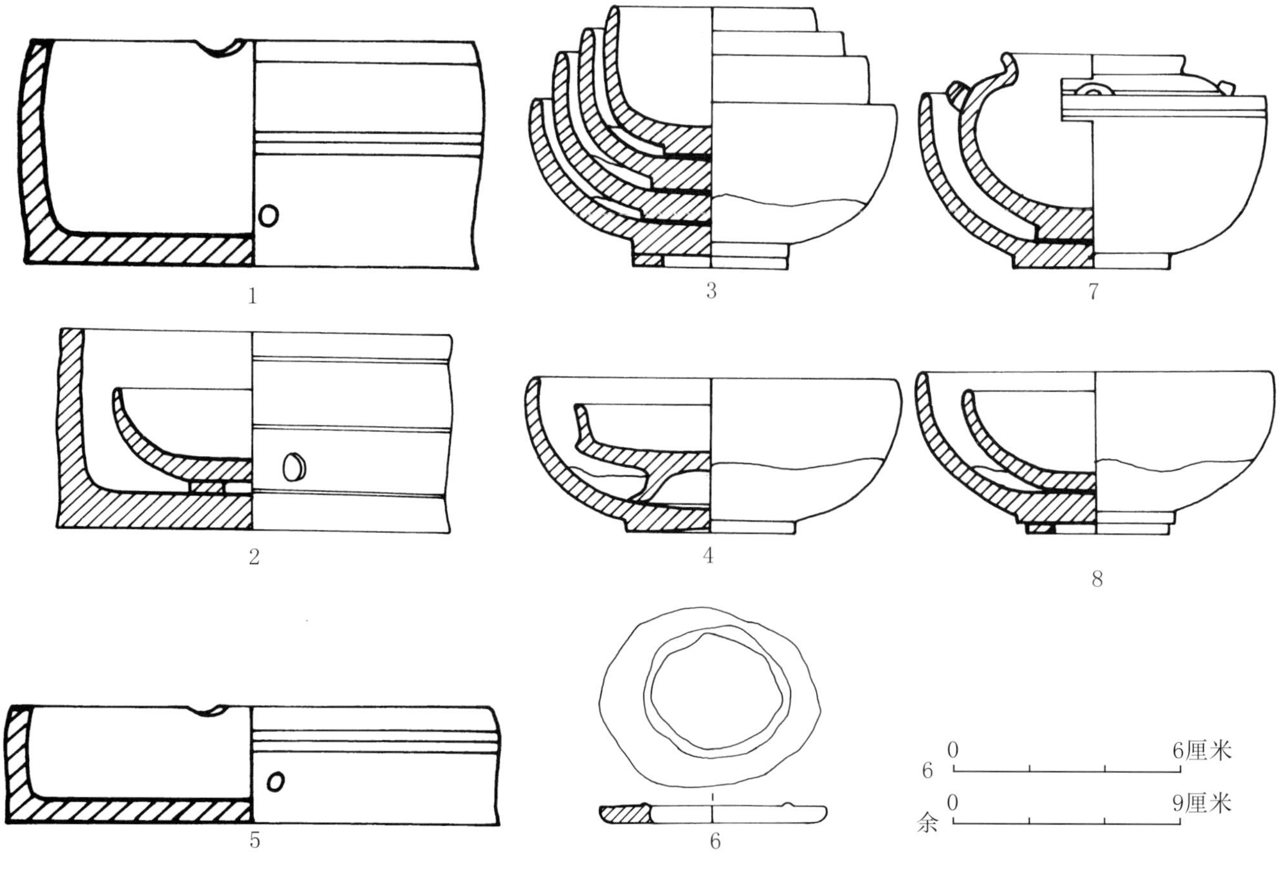

图一四 第五期窑具和装烧方法
1、5. 匣钵 2. 匣钵装烧法（一钵一器） 3. 匣钵装烧法（一钵多器） 4、7、8. 匣钵装烧法（一钵二器） 6. 环形间隔具（1、2. 罗湖象山窑址 Y1②出土，6. 罗湖寺前山窑址 T7④出土，余为罗湖寺前山窑址 T8③出土）

图一五　第五期匣钵装烧法
（一钵一器，罗湖寺前山窑址 T8 ③出土）

图一六　第五期匣钵装烧法
（一钵多器，罗湖寺前山窑址 T9 ②出土，出土时匣钵就已与其分离）

第六期

这一期是洪州窑装烧工艺的调整时期。装烧所使用的窑具有间隔具和匣钵。间隔具也只有环形，较第五期略薄。匣钵均为桶形，高 6 ～ 16 厘米，较前一期略高、深一些，底部厚重，一般壁下部开一个小圆形气孔，与其对应一面的口沿部留一半圆形或三角形缺口。这时期的匣钵尽管都是桶形，但壁的形制略有差异，大体上有三种式样 ：一是上部略外弧，下部略收缩，与第五期类似，但无气孔和缺口（图一七，1）；二是直壁略向内倾斜，外侧口部饰弦纹，腹部饰竖条纹或波线纹（图一七，6），有的气孔作小而窄的长方形（图一七，2）；三是壁微微向内倾斜，上部略弧线内收，胎体厚重，外侧饰弦纹，气孔很小，是用较筷子略粗的竹钎或金属钎从外向内穿成（图一七，7）。匣钵壁是要承重的，它的形制对能否将匣钵叠摞到相应的高度而又不塌至关重要。匣钵出现时期，即第三期，壁的形制多样，第四期较统一，胎体较厚重 ；第五期虽较前一期有了变化，但还是统一的，胎体较薄轻 ；这一期壁的形制又多样化，甚至有的回到了以前，胎体多较薄轻，少数厚重。表明第五期的形制还不能完全适于装烧的需要，还在探索、改进。

这一期的装烧方法更加简化。碗、钵、盘、高足盘、杯、盏、盘口壶、双唇罐、罐、瓶等几乎这一期所有的器物都放在匣钵内装烧。不过盘口壶、双唇罐、罐的尺寸较以前大为缩小。这是这时期在装烧方法上的一个重大调整，改变了盘口壶等器型一直裸烧的状况。这一期每个匣钵装烧的数量也是不相同的，一般可分为二类。第一类是一钵一器，即在一个匣钵内装一件饰有重圈纹的杯子（图一七，3）等，相对而言，这些器物做工都比较精细。第二类是一钵多器，在所见的资料中，一钵内叠装 4、5 件碗、杯等器物的情况最为常见（图一七，4、5、8、9）。器物口径自下往上一个较一个小，最上面一个是内施满釉、外施半釉的深腹杯，余或皆是碗，或碗和钵，或碗、钵和盘。碗、钵、盘内外均施半釉，叠装不用间隔具，只是在内底撒一薄层细砂。最下面一件与匣钵之间放一环形间隔具。这类叠装方法与第五期有相同之处，如自下而上一个较一个口径小等。但也有不同之处，也是这一期改进的地方，那就是所装器物的种类不尽相同，如图一七，9，最下面一件是敛口、曲壁、浅腹碗，第二、三件是侈口、曲壁、深腹碗，第四件是敛口、曲壁、浅腹钵，第五件是敛口、曲壁、深腹杯。再如图一七，5，最下一件是敞口、折浅腹、平底盘，第

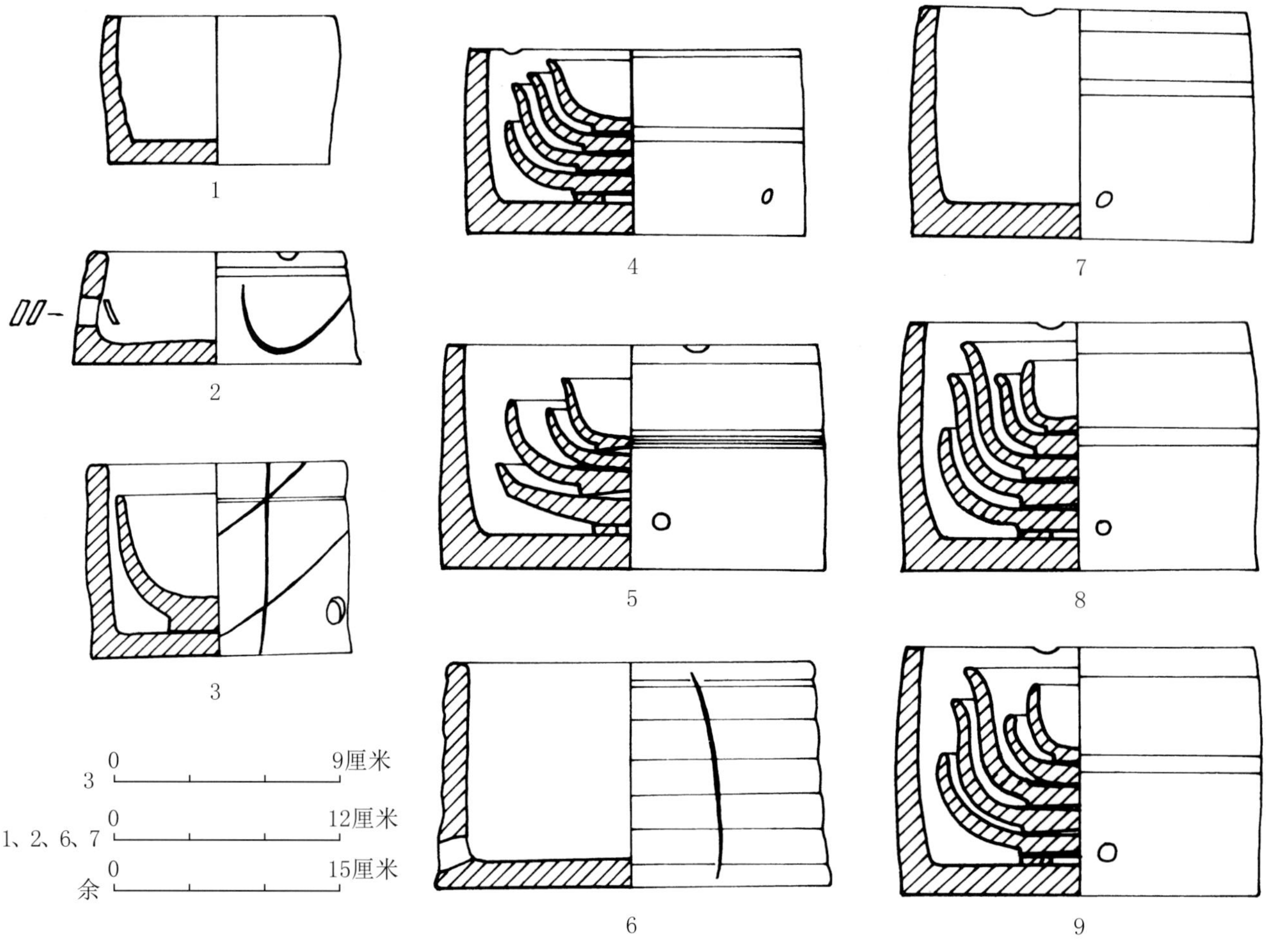

图一七　第六期窑具和装烧方法

1、2、6、7．匣钵　3．匣钵装烧法（一钵一器）　4、5、8、9．匣钵装烧法（一钵多器）（1、2、6．罗湖尚山窑址T1③出土，3、4、5．罗湖寺前山窑址T8②出土，7、8、9．罗湖寺前山窑址Y1③出土）

二件是敛口、曲壁、浅腹碗，第三件是敛口、曲壁、浅腹钵，第四件是侈口、曲壁、深腹杯。这样改动的目的，一是可能想克服第五期在一个匣钵内器物之间易粘连的现象；二可能也是想在固定的空间之内多装一、二件。

由上述可知，第六期洪州窑对装烧工艺进行了调整、改进，着眼点是提高产品的质量尤其是釉的质量和扩大装烧量，获得了可喜的成果。将匣钵装烧器物的范围扩大到盘口壶、双唇罐、罐等器物，对提高这类器物的质量特别是釉的质量具有积极作用，但是它不是去改造匣钵，增大匣钵尺寸，而是用缩小器物的尺寸使之适于现有的匣钵，颇有些“削足适履”的味道。形象地反映了当时窑工们思想的局限性。

第七期

这一期是洪州窑装烧工艺继续调整时期。装烧所使用的窑具有环形间隔具和匣钵。环形间隔具变得更薄，制作较为草率。匣钵的基本形制仍均为桶形，第六期的第一、二种式样的匣钵已被淘汰，第三种不但延续下来了，而且还成了这一期惟一的形制。其与第六期相比，尺寸增大，高者高15.5～21.5厘米，矮者高11.5～12.5、口径23.5～29.6厘米。

这一期的装烧方法同前一期，也是几乎所有的器物都是放在匣钵内装烧。器物的装置形式中，一钵一器的做法不见了，均为一个匣钵内装多件器物，并且数量增多。一钵多器的作法又可分二类。

第一类是多件器物叠装，少则 3 件（图一八）至 6 件（图一九，1），多者竟达 9 件（图一九，2）。值得注意的是，一个匣钵内叠烧器物组合的变化，主要有二点，其一是在碗、杯类器物中普遍增加了盘子。不但最下一个放置盘子，而且中间也装。其目的显然是为了增加器物腹壁之间空隙，克服其粘连。放置在最下面的盘子口径都比较大，装置在中间的往往口径较小而浅。图一九，2 是很典型的实例，最下面的一个是敛口、曲壁、浅腹盘，第二件是敛口、曲壁、浅腹碗，第三件是腹较第二件略深的侈口、曲壁碗，第四件是敛口、曲壁、浅腹盘，下置一环形间隔具，第五件是腹较第三件略深的侈口、曲壁碗，第六件是侈口、曲壁、浅腹盘，第七件是侈口、曲壁、深腹碗，第八件是敛口、曲腹、浅腹钵，第九件，也是最上一件，是内侧满施釉的敛口、曲壁、深腹杯，上下排列有序。碗、钵、盘内外侧均施半釉，不用间隔具，只是在内底撒一薄层细砂。第三、四件之间的间隔具实属特殊，是用来防止腹壁叠碰粘连在一起而设置的。其二是盛贮类器物自相叠装，图一八是一个很难得的实例，最外面是敛口、曲壁、深

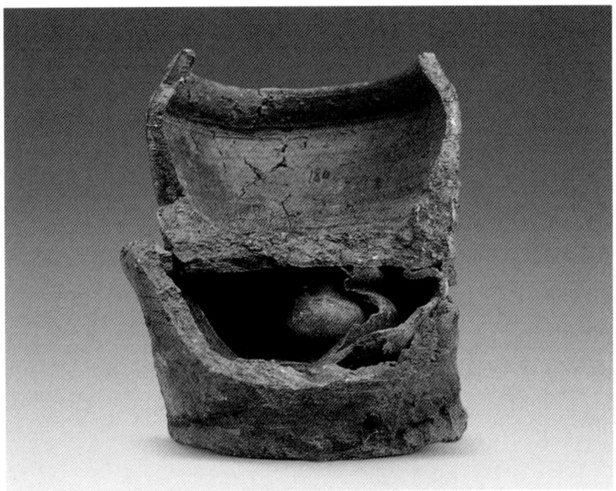

图一八　第七期匣钵装烧法

（一钵三器，罗湖寺前山窑址 T4 ③出土）

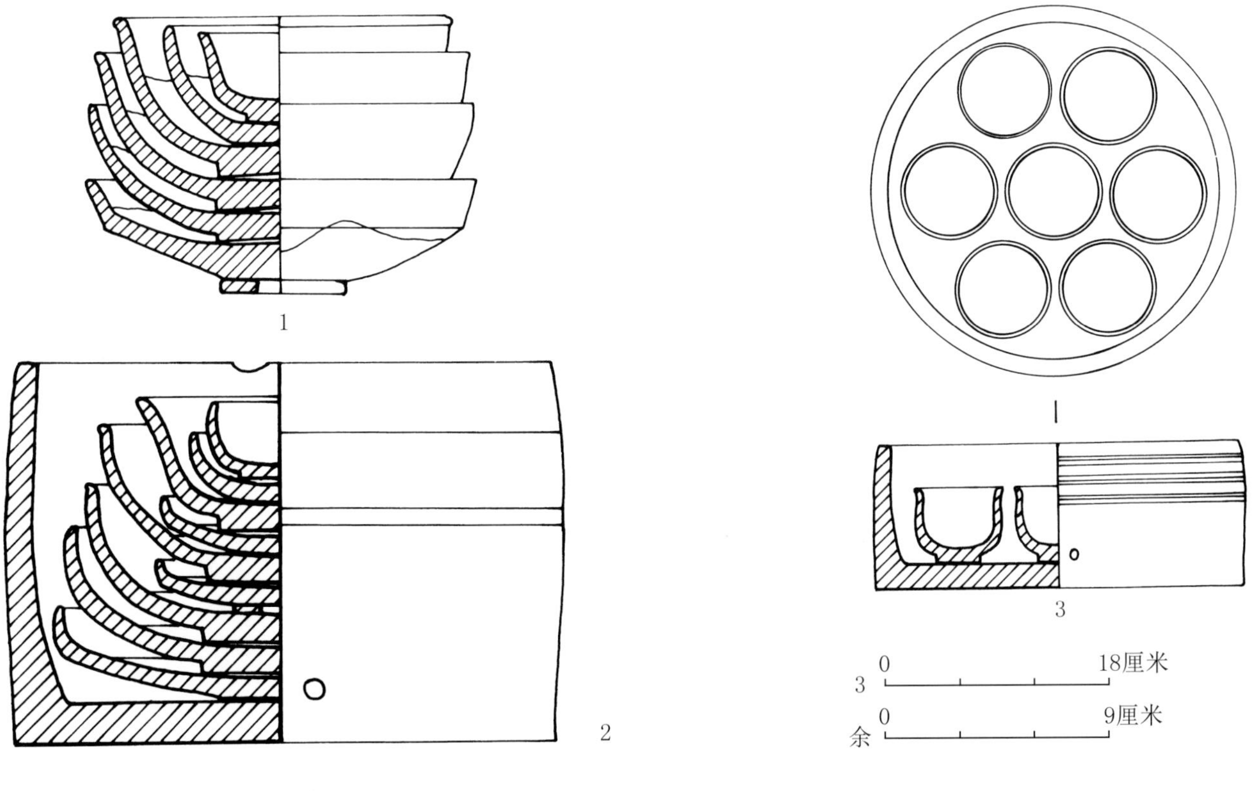

图一九　第七期装烧方法（匣钵装烧法）

1. 一钵六器（叠置；罗湖寺前山窑址 T7 ②出土，出土时匣钵就已与其分离） 2. 一钵九器（叠置；罗湖象山窑址 T5 ②出土） 3. 一钵七器（平置；罗湖寺前山窑址 T5 ②出土）（此图均据发掘出土的烧塌、粘连在一起的实物绘制）

图二〇　第七期匣钵装烧法
（一钵多器；平置；罗湖象山窑址 T5 ②出土）

腹盂，与匣钵底之间置环形间隔具，第二件是双唇、鼓腹罐，第三件是盘口、长颈、球形腹壶，这三件器物一件比一件矮小，装置设计安排合理。

第二类是平装，即在一个匣钵内平放多件器物。目前所见确切资料，所置器物均是做工精良、质量好的杯子，少则 4 或 5 件（图二〇），多则 7 件（图一九，3）。每个匣钵内杯的形制尺寸相同，摆放也颇有规律，如装 7 件者，俯视呈梅花朵形。其与匣钵底之间无间隔具，仅置以细砂而已。

由上述可见，第七期洪州窑装烧工艺调整的重点是，在保证质量的前提下，尽可能扩大装烧量，取得了明显的效果。但是，也应看到，这一期匣钵胎体厚重，装置的器物越多，重量就越大，在窑室内叠摞烧造时就越容易倒塌，在洪州窑遗址这一时期的地层堆积中有大量烧塌的内粘连瓷器的匣钵，大概就是这种作法的直接后果。

第八期

这一期是洪州窑装烧工艺的变革时期。此前装烧所使用的间隔具、匣钵均已消失，出现了一种新的窑具——支柱（亦称垫柱）。支柱的基本形制呈倒置的笔筒形，支面平整，外侧多作瓦棱状，有些壁上部设一圆形气孔，胎体多较厚重。从外形上看，大体有三种式样：一是上部大，下部渐小（图二一，1）；二是上略大于下，中部内弧作束腰状（图二一，4）；三是上小下渐大，上部内弧，呈喇叭状（图二一，5）。

这一期因为窑具变了，所以装烧方法发生了重大的变化。碗、盏、盘等均是分类叠置（图二一，2），或口部向上放在支柱上，或口部向下扣在支柱上（图二一，1）。这些器物外侧施釉近足部，内侧满施釉。叠置时为了防止粘连，在足缘或底内侧置 5 或 6 个含砂量较高的长圆形泥团，即通常所说的“砂堆叠烧”。烧成后往往在器物内底、足缘留下泥团或泥团痕迹（图二一，3、6）。这种装烧法，支柱上的每一摞器物，不但要求是同一种器形，而且尺寸也要相同。为了适应这种装烧方法，碗、盏、盘等都改成了敞口，壁斜直或略曲。其他器物应是单件放在支柱或直接摆在窑床上焙烧。还应说及的是，由于取消了匣钵，罐、注壶等器物的尺寸增大，据生活中的实际需要来制作了。

由上述可见，第八期洪州窑对装烧工艺改动的力度相当大，取消了使用多年的匣钵装烧法，流行了支柱叠烧法。支柱叠烧法虽有装、取简便、可成批生产同一规格的产品等优点，但它毕竟是裸烧，不可能完全保证釉的质量。所以对洪州窑来说，这是装烧工艺的倒退和衰落的表现。

综上所述，不难看出，洪州窑自从烧制成熟瓷器起，它的装烧工艺一直在有序地发展，不断地探索，或创新，或改进，以努力适应瓷器手工业发展的需要，取得了相应的效果，尤其是创造发明了匣钵和匣钵装烧工艺之后，产品的产量和质量明显提高[1]。提高产品的产量和质量，获得更多的利润，是洪州窑装烧工艺不断变化、发展的重要原因。

[1] 权奎山：《陆羽 < 茶经 > 与洪州窑瓷器》，《文物》1995 年第 2 期。

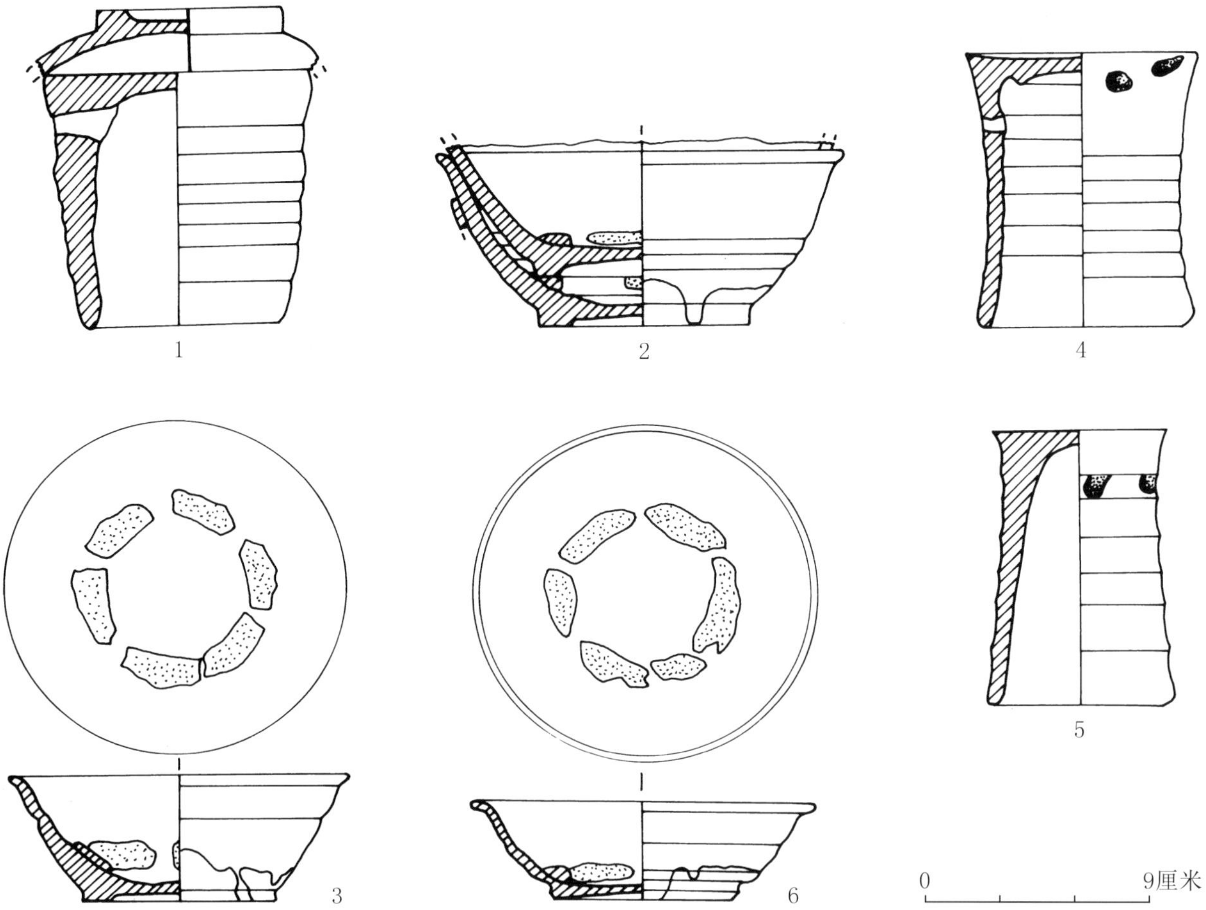

图二一　第八期窑具和装烧方法

1、4、5．支柱　2、3、6．砂堆叠烧法（出土时其他叠置的器物就已与其分离）（均为曲江窑仔岗窑址 T1 ②出土）

最后需要论及的是，洪州窑装烧工艺在东汉晚期至五代时期在全国瓷器装烧工艺中的位置。关于这个问题，据现有的资料观察：有的方面走在了前列；有些方面与其他一些瓷窑同步；有些方面则略落后于个别瓷窑。

洪州窑的装烧工艺走在前列主要表现是，它于东晋后期、南朝早期（第三期）创造发明的匣钵及匣钵装烧工艺。其他瓷窑使用匣钵及匣钵装烧工艺较其略晚或晚得多，湖南湘阴岳州窑约始于“南朝梁陈之际”[1]；浙江越窑以往认为始于晚唐时期[2]，近年有研究者认为可早到中唐时期[3]；安徽淮南寿州窑约始于中唐时期[4]；河北内丘邢窑始于隋代[5]，等等，不一一列举。洪州窑是迄今全国发现的采用匣钵及匣钵装烧工艺最早的瓷窑，至少是最早的瓷窑之一。

洪州窑的支座及支座单件支烧工艺、支柱及支柱叠置覆烧工艺等，与有些瓷窑是同步发展的。

---

［1］周世荣：《湖南陶瓷》，紫禁城出版社，1988 年。
［2］中国硅酸盐学会：《中国陶瓷史》，文物出版社，1982 年。
［3］郑建华：《越窑贡瓷与相关问题》，《纪念浙江省文物考古研究所建所二十周年论文集》，西泠印社，1999 年。
［4］胡悦谦：《谈寿州瓷窑》，《考古》1988 年第 8 期。
［5］王会民等：《邢窑调查试掘主要收获》，《文物春秋》1997 年增刊（《中国古陶瓷研究会 1997 年年会论文集》），总第 38 期。

洪州窑的支座单件支烧工艺出现于东汉晚期（第一期），此时浙江德清窑[1]、越窑[2]均用了这种装烧方法。洪州窑的支柱叠置覆烧工艺出现于晚唐五代时期（第八期），此时山西河津北午芹窑烧制碗就用了这种装烧方法[3]。另外，洪州窑支柱叠置覆烧或仰烧的器物之间以若干砂堆（泥点）间隔的作法，与此时越窑[4]等窑也是一致的。

洪州窑器物之间用间隔具的叠烧方法出现于西晋、东晋前期（第二期）或稍早，较越窑略晚。越窑早在东汉时期就使用了圆饼三足形的窑具为间隔具的叠烧方法[5]。越窑所在地烧造瓷器使用的间隔具的叠烧法可上溯到战国时期，绍兴富盛在战国时期烧制原始青瓷时就出现了以泥珠（三个为一组）为间隔具的叠烧方法[6]。

由上述可见，洪州窑的装烧工艺就总体而言，在当时应处于先进行列，在中国古代瓷器装烧工艺中占有光辉的一页。

（原载北京大学考古学系编《考古学研究（四）》，科学出版社，2000年）

[1] 朱建明：《浙江德清汉代窑址调查》，《福建文博》1996年第2期（《中国古陶瓷研究会1996年年会专辑》）。
[2] 周燕儿：《绍兴越窑装烧工艺初析》，《文物研究》第10期，1995年（《中国古陶瓷研究会'95年年会论文集》）；中国硅酸盐学会：《中国陶瓷史》，文物出版社，1982年。
[3] 水既生：《山西古代窑具及装烧方法的初探》，《中国古陶瓷研究》，科学出版社，1987年。
[4] 在越窑寺龙口窑址、白洋湖窑址等，都出土或采集有晚唐时期的碗内底、圈足缘带16个左右泥点或泥点痕迹的标本。泥点显然是器物叠烧时为防止其粘连而置的。
[5] 周燕儿：《绍兴越窑装烧工艺初析》，《文物研究》第10期，1995年（《中国古陶瓷研究会'95年年会论文集》）；中国硅酸盐学会：《中国陶瓷史》，文物出版社，1982年。
[6] 李毅华：《浙江绍兴富盛窑——兼谈原始青瓷》，《中国古代窑址调查发掘报告集》，文物出版社，1984年。

洪州窑瓷器流布初探

洪州窑是中国古代著名青瓷窑，首见著录于唐代陆羽《茶经》[1]。其窑址分布在江西省丰城市所属的曲江镇等5个镇（乡）的9个行政村。共发现窑场址31处，皆座落于赣江或与赣江相通的清丰山溪、药湖岸畔的山坡和丘陵岗阜地带，沿赣江绵延约20公里[2]。考古资料及研究成果表明，洪州窑创建于东汉晚期；东晋、南朝时，逐渐进入兴盛时期，盛烧期大约一直延续到唐代中期；唐代晚期五代时期衰落，在江西制瓷手工业中的地位逐渐被其南面的吉州窑、东北面的景德镇窑所取代[3]。前后生产长达800余年。

洪州窑是民窑，它的生产属于商品生产。江西地区是洪州窑产品销售的主要区域，迄今在大余[4]、信丰[5]、赣县[6]、赣州[7]、于都[8]、宁都[9]、兴国[10]、吉安[11]、永丰[12]、峡江[13]、黎川[14]、新干[15]、樟树[16]、丰城、宜春[17]、抚州[18]、高安[19]、南昌县、南昌[20]、新建[21]、靖安[22]、永修[23]、修水[24]、波阳[25]、九江[26]、瑞昌[27]等广大范围内的东汉晚期至唐五代时期的墓葬中，均出土有洪州窑烧造的瓷器。而且在江西这个时期的墓葬中极少发现江西以外地区瓷窑的产品，洪州窑瓷器占据了江西的市场。

[1]（唐）陆羽：《茶经》卷中《器》载："盌，越州上，鼎州次，婺州次，岳州次，寿州、洪州次。……越州瓷、岳州瓷皆青，青则宜茶，茶作白红之色。邢州瓷白，茶色红；寿州瓷黄，茶色紫；洪州瓷褐，茶色黑，悉不宜茶。"

[2] 江西省文物考古研究所等：《江西丰城洪州窑遗址调查报告》，《南方文物》1995年第2期。

[3] 江西省文物考古研究所等：《江西丰城洪州窑遗址调查报告》，《南方文物》1995年第2期。

[4] 张小平：《江西大余清理一座南朝纪年墓》，《考古》1987年第4期。

[5] 夏金瑞等：《信丰县小甲背东吴墓清理简报》，《江西历史文物》1984年第2期。

[6] 赖斯清：《江西赣县白鹭南朝墓》，《南方文物》1992年第3期。

[7] 张嗣介：《赣州市郊发现一座唐墓》，《江西历史文物》1984年第2期。

[8] 李德阳：《于都县马岭嵊隋墓》，《江西历史文物》1984年第2期。

[9] 唐昌朴：《江西宁都发现南朝梁墓》，《文物》1973年第11期。

[10] 刘开连等：《兴国县发现东晋墓和南朝纪年墓》，《江西历史文物》1984年第2期。

[11] 平江等：《江西吉安县南朝齐墓》，《文物》1980年第2期。

[12] 彭适凡：《江西永丰出土一批青瓷器》，《文物》1964年第1期。

[13] 赵国祥等：《峡江清理两座古墓》，《江西历史文物》1986年第2期。

[14] a. 杨鑫根等：《黎川县黎溪纪年隋墓》，《江西文物》1990年第3期；b. 薛尧：《江西南昌、赣州、黎川的唐墓》，《考古》1964年第5期。

[15] 江西省文物管理委员会：《江西新干金鸡岭晋墓南朝墓》，《考古》1966年第2期。

[16] a. 江西省博物馆考古队：《江西清江南朝墓》，《考古》1962年第4期；b. 清江博物馆：《江西清江隋墓》，《考古》1977年第2期。

[17] 江西省文物考古研究所等：《江西宜春下浦坝上古墓群发掘报告》，《江西文物》1991年第2期。

[18] 江西省文物管理委员会：《江西抚州镇发现东晋墓》，《考古》1966年第1期。

[19] 高安县博物馆：《江西高安清理一座南朝墓》，《考古》1985年第9期。

[20] a. 江西省历史博物馆：《江西南昌市东吴高荣墓的发掘》，《考古》1980年第3期；b. 南昌市博物馆：《江西南昌张家山南朝墓清理简报》，《南方文物》1992年第2期。

[21] 余家栋：《江西新建清理两座晋墓》，《文物》1975年第3期。

[22] 江西省文物工作队：《靖安虎山西晋、南朝墓》，《考古》1987年第6期。

[23] 杨厚礼：《江西永修南朝墓》，《考古》1984年第1期。

[24] 陈小林等：《修水出土南朝青瓷器》，《江西文物》1989年第2期。

[25] 唐山：《江西波阳西晋纪年墓》，《考古》1983年第9期。

[26] 九江市博物馆：《江西九江黄土岭两座东晋墓》，《考古》1986年第8期。

[27] 刘礼纯：《瑞昌发现隋代墓葬》，《江西历史文物》1986年第1期。

不仅如此，洪州窑瓷器还较多地销往江西以外的地区。从目前所见到的确切资料来看，洪州窑瓷器销往江西以外的地区约始于东晋时期，一直延续到唐代中期。

东晋时期出土的地点见于南京等地，数量不多。主要的发现有：1974 年南京栖霞山甘家港东晋墓出土的青瓷点彩钵[1]（图一），1970 年南京象山东晋墓（M7）[2]和 1958 年南京老虎山东晋颜镇之墓（M4）[3]出土的青瓷点彩香薰（图二、图三），1955 年南京赵士岗东晋墓出土青瓷点彩灯[4]（图四）等。这些瓷器造型端正，胎呈灰白色，施青或青泛黄色釉，口沿部饰有褐色点彩，均是洪州窑具有自身特点的典型作品。

南朝时期出土的地点和数量有所增加，多发现于南京地区，福建、湖北、安徽地区也有少量的发现。重要的实例有：1965 年南京珠山路出土的青瓷盘口壶[5]（图五），1995 年南京孟北村南朝墓[6]、1972 年南京尧化门南朝宋元徽二年（474 年）明昙憘墓[7]、1986 年南京秦淮河出土的青瓷莲瓣纹碗[8]（图六、七、八），1965 年南京通济门外出土的青瓷莲花纹盘[9]（图九）、1973 年南京江宁东善桥祖堂山南朝墓出土的青瓷莲花纹盏托[10]（图一〇）、1957 年南京珠山路大影壁出土的青瓷莲花纹唾盂[11]（图一一），1983 年福建政和县南朝墓出土的青瓷莲瓣纹碗和莲花纹盘[12]，1964 年福建建瓯水西林场南朝墓出土的青瓷莲花纹五盅盘[13]（图一二、一三），1965 年福建建瓯水西放生池

图一　东晋青瓷点彩钵

（南京东晋墓出土）

图二　东晋青瓷点彩香熏

（南京象山东晋墓出土）

[1] 南京博物院：《江苏六朝青瓷》，图版 100，文物出版社，1980 年。
[2] 南京市博物馆：《六朝风采》，图版 75，文物出版社，2004 年。
[3] 南京市博物馆：《六朝风采》，图版 76，文物出版社，2004 年。
[4] 南京博物院：《江苏六朝青瓷》，图版 86，文物出版社，1980 年。
[5] 南京市博物馆：《六朝风采》，图版 28，文物出版社，2004 年。
[6] 南京市博物馆：《六朝风采》，图版 63，文物出版社，2004 年。
[7] 南京市博物馆：《六朝风采》，图版 62，文物出版社，2004 年。
[8] 南京市博物馆：《六朝风采》，图版 61，文物出版社，2004 年。
[9] 南京博物院：《江苏六朝青瓷》，图版 119，文物出版社，1980 年。
[10] 南京博物院：《江苏六朝青瓷》，图版 120，文物出版社，1980 年。
[11] 南京博物院：《江苏六朝青瓷》，图版 114，文物出版社，1980 年。
[12] 福建省博物馆等：《福建政和松源、新口南朝墓》，《文物》1986 年第 5 期。
[13]《中国陶瓷》编辑委员会：《中国陶瓷·福建陶瓷》，图版 33，上海人民美术出版社，1988 年。

图三　东晋青瓷点彩香熏
（南京老虎山东晋墓出土）

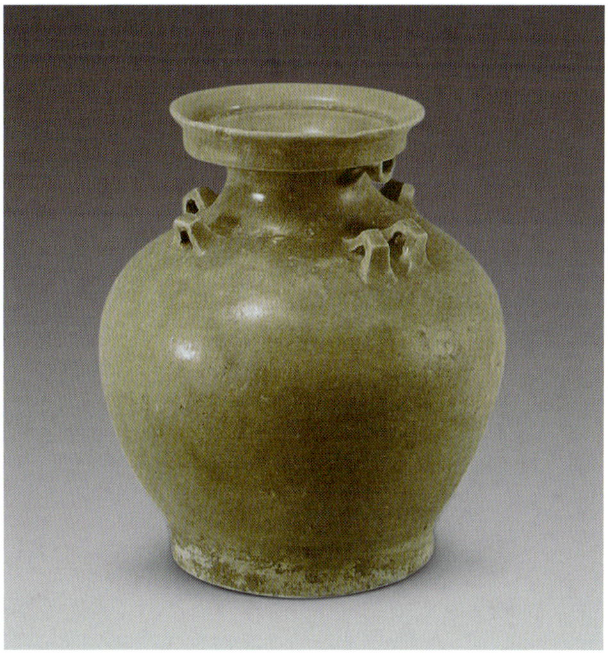

图五　南朝青瓷盘口壶
（江苏南京出土）

图四　东晋青瓷点彩灯
（南京东晋墓出土）

图六　南朝青瓷莲瓣纹碗
（南京南朝墓出土）

图七　南朝青瓷莲瓣纹碗
（南京南朝墓出土）

南朝墓出土的青瓷莲花纹盏托[1]（图一四），2000 年湖北鄂城南朝宋元嘉十六年（439 年）墓出土的青瓷莲瓣纹碗[2]（图一五），1958 年湖北武昌南朝墓（M535）出土的青瓷鸡首壶[3]（图一六），1987 年安徽淮南唐山乡出土的青瓷盘口壶[4]（图一七）等。此外，北方地区也有洪州窑瓷器出土，如河南洛阳出土的青瓷莲花纹碗[5]（图一八）等。莲瓣纹、莲花纹是洪州窑南朝时期流行的装饰纹样，装饰效果颇佳，深爱各地人们的欢迎，所以有莲瓣纹、莲花纹装饰的碗、盘等器物发现较多。

[1] 张柏主编：《中国出土瓷器全集》第 11 卷（福建），图版 25，科学出版社，2008 年。
[2] 张柏主编：《中国出土瓷器全集》第 13 卷（湖北），图版 50，科学出版社，2008 年。
[3] 张柏主编：《中国出土瓷器全集》第 13 卷（湖北），图版 51，科学出版社，2008 年。
[4] 张柏主编：《中国出土瓷器全集》第 8 卷（安徽），图版 43，科学出版社，2008 年。
[5] 洛阳市文物局等：《洛阳出土瓷器》，22 页，河南美术出版社，2005 年。

图八　南朝青瓷莲瓣纹碗
（南京出土）

图九　南朝青瓷莲花纹盘
（南京出土）

图一〇　南朝青瓷莲花纹盏托
（南京南朝墓出土）

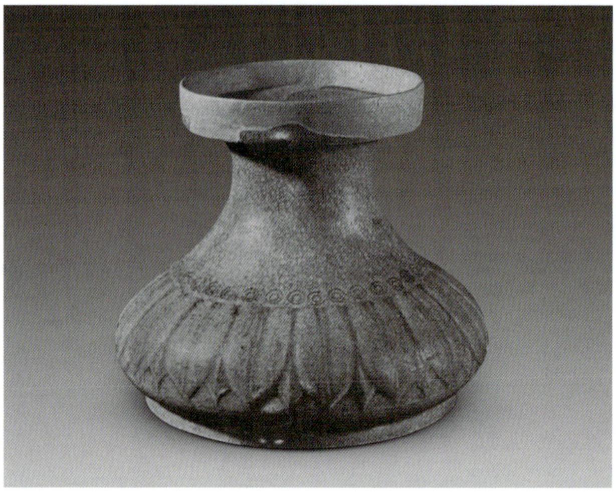

图一一　南朝青瓷莲瓣纹唾盂
（南京出土）

隋代出土的数量较南朝时期增多，分布的范围也比较广，在江苏、浙江、安徽、湖北、广东、广西和陕西等省、自治区的隋代墓葬或城址中均有发现。代表性的资料有：1978 年江苏扬州市汶河南路出土的青瓷戳印花高足盘[1]（图一九），1978 年浙江江山隋开皇十八年（598 年）墓出土的青瓷莲瓣纹碗、大业三年（607 年）墓出土的青瓷戳印花钵[2]，浙江嵊州市城关镇隋大业二年（606 年）墓出土的青瓷盏[3]（图二〇），1982 年安徽合肥隋墓出土的青瓷莲瓣纹碗[4]（图二一），1953 年湖北武昌马坊山隋墓（M23）出土的青瓷莲瓣纹碗（图二二）、高足盘（图二三）、菊瓣纹盂[5]（图二四），20 世纪 50 年代初湖北武昌隋墓出土的青瓷戳印花钵[6]，1961 年广东韶关隋大业

[1] 扬州博物馆等：《扬州古陶瓷》，图版 23，文物出版社，1996 年。
[2] 江山县文物管理委员会：《浙江江山隋唐墓清理简报》，《考古学集刊》第 3 集，1983 年。
[3] 浙江省博物馆：《浙江纪年瓷》，图版 159，文物出版社，2000 年。
[4] 安徽省博物馆：《安徽省博物馆藏瓷》，图版 20，文物出版社，2002 年。
[5] 张柏主编：《中国出土瓷器全集》第 13 卷（湖北），图版 53、54、55，科学出版社，2008 年。
[6] 全锦云：《武昌隋唐墓葬出土瓷器初析》，《景德镇陶瓷》总第 26 期（《中国古陶瓷研究专辑》第二辑），1984 年。

图一二　南朝青瓷莲花纹五盅盘
（福建建瓯南朝墓出土）

图一三　南朝青瓷莲花五盅纹盘
（福建建瓯南朝墓出土）

图一四　南朝青瓷莲花纹盏托
（福建建瓯南朝墓出土）

图一五　南朝青瓷莲瓣纹碗
（湖北鄂城南朝墓出土）

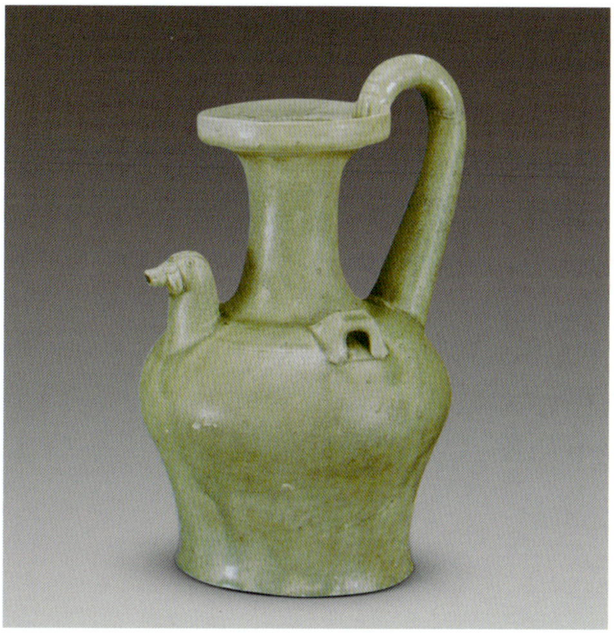

图一六　南朝青瓷鸡首壶
（湖北武昌南朝墓出土）

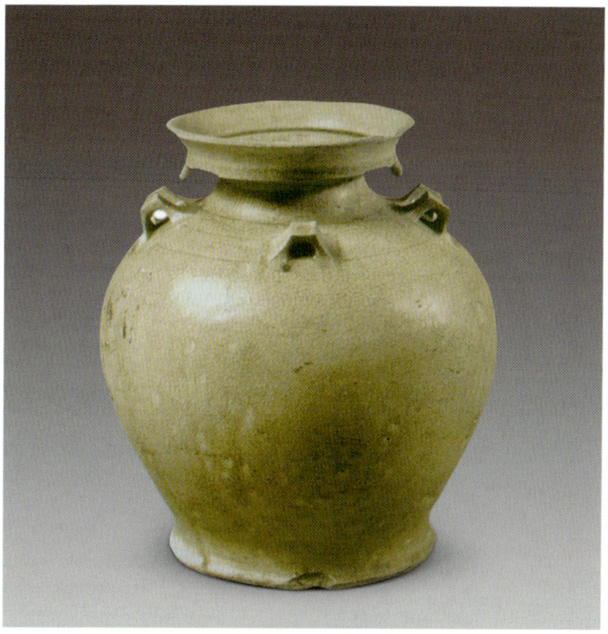

图一七　南朝青瓷盘口壶
（安徽淮南出土）

图一八 南朝青瓷莲瓣纹碗
（河南洛阳出土）

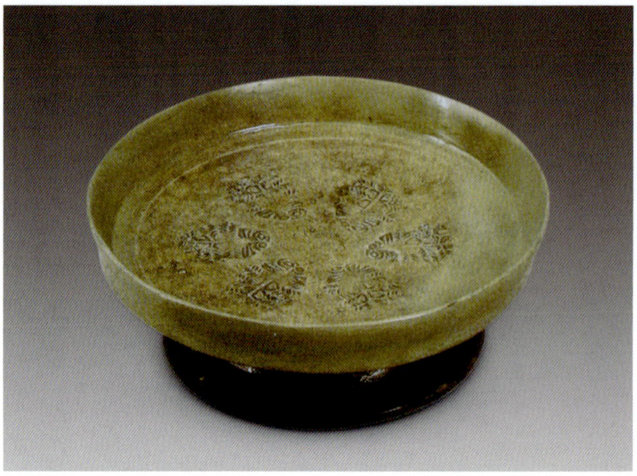

图一九 隋青瓷戳印花高足盘
（江苏扬州出土）

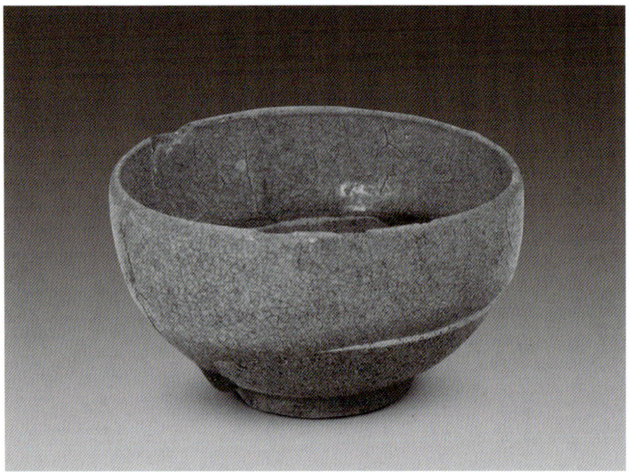

图二〇 隋青瓷盏
（浙江嵊州隋墓出土）

图二一 隋青瓷莲瓣纹碗
（安徽合肥隋墓出土）

六年（610年）墓出土的青瓷戳印花钵[1]（图二五），1961年广东英德浛光镇隋墓出土的青瓷戳印花钵[2]，1977年广西钦州隋墓出土的青瓷戳印花钵[3]（图二六），陕西西安旧机场出土的青瓷戳印花钵、高足盘[4]等。洪州窑隋代瓷器多见装饰花纹，装饰技法主要是刻划花和戳印花，刻划花的纹样多为莲瓣，戳印花的纹样丰富，花纹布局均很有规律，具有良好的艺术效果，所以其莲瓣纹碗、戳印花钵、高足盘流布较广。

唐代早中期出土的数量也较多，主要见于湖北、河南等省的唐墓中，以湖北武昌发现的为多。资料主要有：20世纪50年代初湖北武昌唐墓出土的青瓷重圈纹杯、杯、钵、砚台等[5]，1958年河南郑州上街唐墓出土的青瓷重圈纹杯[6]，河南洛阳出土的青瓷划花钵[7]（图二七）等。此外，在江苏扬

[1] 广东省文物管理委员会：《广东韶关六朝隋唐墓葬清理简报》，《考古》1965年第5期。
[2] 徐恒彬：《广东英德浛光镇隋唐墓发掘》，《考古》1963年第9期。
[3] 广西壮族自治区文物工作队：《广西壮族自治区钦州隋唐墓》，《考古》1984年第3期。
[4] 承蒙周晓陆教授告知。
[5] 全锦云：《武昌隋唐墓葬出土瓷器初析》，《景德镇陶瓷》总第26期（《中国古陶瓷研究专辑》第二辑），1984年。
[6] 河南省文化局文物工作队：《郑州上街区唐墓发据简报》，《考古》1960年第1期。
[7] 洛阳市文物局等：《洛阳出土瓷器》，36页，河南美术出版社，2005年。

图二二　隋青瓷莲瓣纹碗
（湖北武昌隋墓出土）

图二三　隋青瓷高足盘
（湖北武昌隋墓出土）

州唐城遗址出土的瓷器（片）中，也有唐代洪州窑的产品[1]。值得注意的是，在唐玄宗时，洪州窑瓷器还曾作为地方珍货进奉给皇帝。据《旧唐书》卷一〇五《韦坚传》记录：唐玄宗天宝二年（743 年），水陆转运使、江淮南租庸等使韦坚，引浐水抵苑东望春楼下为潭，玄宗到望春楼诏群臣一起观新潭，韦坚以新船数百艘置于潭侧，扁榜郡名，各陈郡中珍货于船背，其中“豫章郡船，即名瓷、酒器、茶釜、茶铛、茶椀”，玄宗随后将其“赐贵戚朝官”[2]。

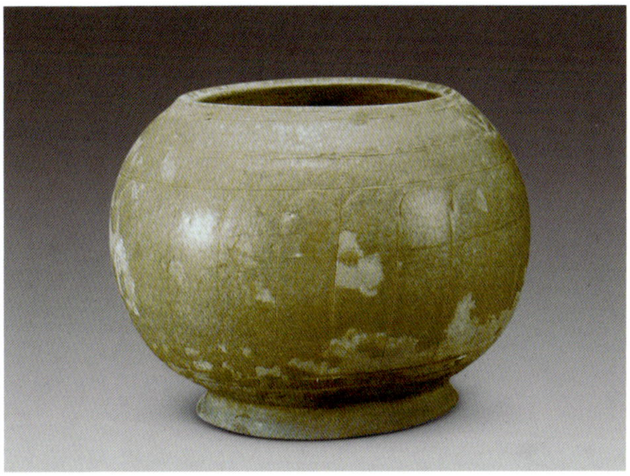

图二四　隋青瓷菊瓣纹盂
（湖北武昌隋墓出土）

以上叙述的国内出土的洪州窑瓷器，仅仅是见于报导、特征明显的器物，实际上可能远远不止这些。至于国外的发现，目前所知韩国出土过洪州窑瓷器。韩国忠清南道天安市龙院里出土 1 件洪州窑南朝时期的青瓷莲瓣纹碗[3]（图二八）。韩国忠清南道公州市百济武宁王陵出土的 6 件南朝时期的青瓷盏[4]（图二九），从形制、胎、釉和装烧工艺上观察，应是洪州窑的产品。武宁王陵为夫妇合葬陵，武宁王的埋葬时间是公元 525 年，王妃的入葬时间为公元 529 年。还要说及的是，这 6 件青瓷盏，釉呈青黄色，色调浅淡，所以有的学者认为其是白瓷[5]。

由上述可见洪州窑瓷器流布的基本情况。江西地区是洪州窑瓷器的主要销售区域，从南至北均有出土，覆盖面大，时间从东汉晚期至唐代晚期五代时期，贯穿洪州窑的全部生产期。向江西以外地区流布的时间主要在东晋至唐代中期，正值洪州窑的兴盛时期；流布的范围比较广，南到

[1] 王勤金：《扬州出土的唐宋青瓷》，《江西文物》1991 年第 4 期。
[2]《旧唐书》卷一〇五《韦坚传》，中华书局，1975 年。
[3]（韩）国立大邱博物馆：《韩国文化中的中国陶器》，25 页，艺脉出版社，2004 年。
[4]（韩）文化财管理局：《武宁王陵发掘调查报告书》，1973 年（本文所用武宁王陵出土的青瓷盏的图来自《韩国文化中的中国陶瓷器》第 29 页）。
[5]（日）冈内三真：《百済武宁王陵と南朝墓の比较研究》，《百济研究》11，忠南大学百济研究所，1980 年。

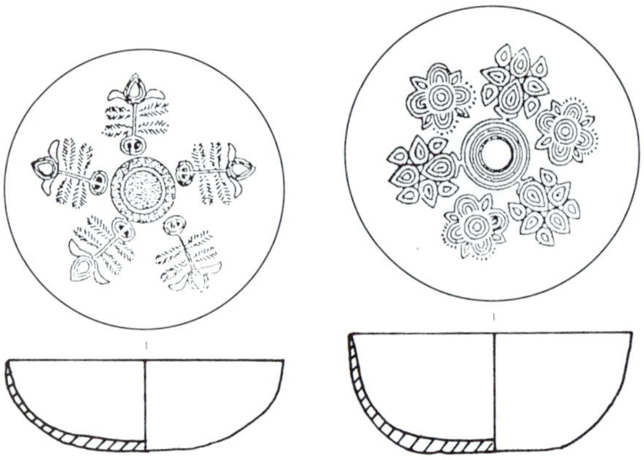

图二五　隋青瓷戳印花钵
（广东韶关隋墓出土）

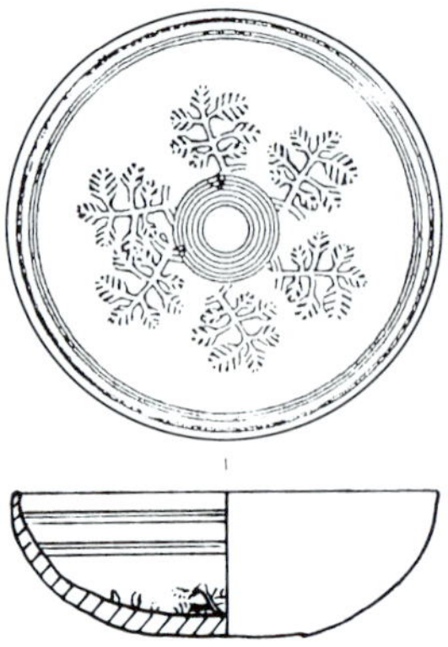

图二六　隋青瓷戳印花钵
（广西钦州隋墓出土）

图二七　唐青瓷划花钵
（河南洛阳出土）

广东、广西，北到郑州、洛阳、西安一线，东到浙江，西到湖北，流及至少9个省、自治区，并还传布到了韩国；流布的具体地点除一般城镇外，还有东晋、南朝时的都城建康（今南京），隋唐时期的都城长安（今西安），甚至还有韩国的公州市、天安市。值得一提的是，在向外流布的地点附近或不远之处有一些还有瓷窑场，有的甚至还是名窑，如南京之南不远处有越窑、合肥之北不远处有寿州窑、武昌之南不远处有岳州窑等，洪州窑瓷器能打进其他瓷窑尤其是名窑的主要销售区域，说明它在市场上具有较强的竞争能力；流布的瓷器质量好，均是洪州窑址的代表作品，目前见到的是以点彩器、莲瓣纹碗、莲花纹盘、戳印花钵和高足盘、重圈纹杯等有花纹装饰的器物为多。

洪州窑瓷器大量销售在江西地区不足为奇，本地瓷窑的产品大批销售在本地区，在当时各窑大体如此。可是本地瓷窑的产品销往本地区以外地区的情况，在当时各瓷窑就不一样了。洪州窑瓷器之所以能较多地销往江西以外地区，是因为它具有自己鲜明的特点和好的质量。以前面介绍的资料为例。东晋时期的点彩香熏、点彩灯，南朝时期的盘口壶、鸡首壶、莲花纹盏托等，与其他瓷窑同时期的同类器物的是不同或不完全相同，其造型端庄、大方、实用，做工也较精细。南朝时期的莲瓣纹碗、莲花纹盘、莲花纹五盅盘等器物的形制与其他瓷窑同时期的同类器物也不尽相同，其自身特点主要体现在纹饰上，其莲瓣纹、莲花纹制作技法多样，有划花、刻花、刻剔花，表现形式富于变化，美观、清新，装饰效果颇佳。隋代莲瓣纹碗上的莲瓣纹虽较南朝时期简化，但线条简洁、明快，也有较好的艺术效果。隋代瓷器上的戳印花技法以洪州窑和湖南湘阴岳州窑最为流行，但是两个窑印花的纹样却有明显的区别，洪州窑以松枝、枝叶和四瓣或多瓣团花纹为主，而岳州窑则以忍冬、竖道、梅花朵纹为多[1]，各有特点，做工均较好。唐代杯等器物上的重

[1] 周世荣：《从湘阴古窑址的发掘看岳州窑的发展变化》，《文物》1978年第1期。

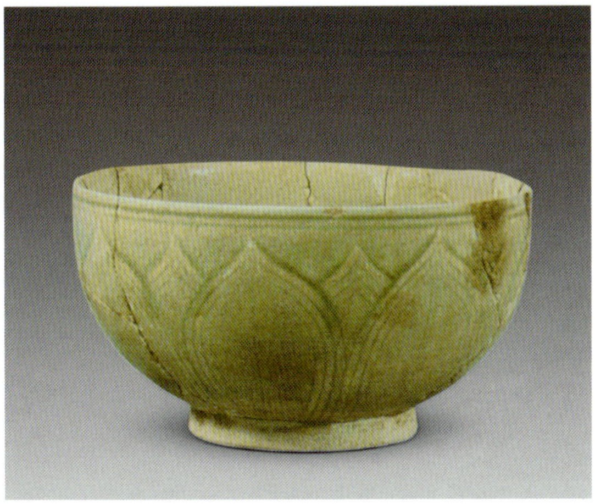

图二八　南朝青瓷莲瓣纹碗
（韩国忠清南道天安市龙院里出土）

图二九　南朝青瓷盏
（韩国忠清南道公州市百济武宁王陵出土）

圈纹，是洪州窑唐代早期最为流行的纹样，其他地区极少见，其制作简便，纹样简练，同样有良好的装饰效果。由上述不难看出，洪州窑瓷器在造型尤其是装饰花纹上颇有独到之处，做工均较精细，质量也好。这正是人们喜欢之所在。

洪州窑地处赣江中游。其产品在江西地区内的销售主要是通过赣江来运输的，瓷器装船进入赣江，到固定的码头后，由赣江的支流或陆路运往各处。洪州窑瓷器销往江西以外地区大多也是通过赣江运出。装有瓷器的船，往北（顺水）进入鄱阳湖，再入长江。进入长江后，或东行，或西行。资料表明，南京和武昌可能分别是东晋南朝、隋至唐中期的比较大的洪州窑瓷器的集散地；往南（逆水）行至赣江上游，然后由陆路进入广东的始兴、韶关等地。当然了，江西各地和江西以外各处发现的洪州窑器不可能都是从窑场装船直接运到的。

洪州窑自成体系，其产品流布之广，在东汉晚期至五代时期的瓷窑中是比较少见的。它为满足人们的物质生活需要做出了应有的贡献，在中国陶瓷史上占有重要的地位，是可以大书一笔的。

（原载《中国历史文物》2008 年第 3 期）

江西丰城洪州窑瓷器的装饰技法与内容

前　言

洪州窑是东汉晚期至五代时期著名青瓷窑，首见着录于唐代陆羽《茶经》[1]。文献中虽然记录洪州窑在唐代洪州（州治在今南昌市）境内，但是未记载具体地点。长期以来，洪州窑的窑址在何处，一直是个迷。1977年文物考古工作者在江西省丰城县曲江镇罗湖村发现了一处面积较大、堆积较厚、延续时间较长（东晋至唐代）的青瓷窑址[2]，立刻引起了学术界的重视和关注。并于1979年对这处瓷窑遗址进行了考古发掘，出土了两座龙窑遗迹和一大批瓷器、窑具[3]。以确凿的证据说明，罗湖村一带就是洪州窑窑址所在地[4]。之后，对这一地区又进行了多次考古调查，在罗湖村以外的乡镇村庄陆续发现了一批窑场遗址[5]。为了深入研究洪州窑，1992～1994年对洪州窑遗址进行了较大规模的考古发掘，出土了一批遗迹和大量的遗物[6]。

迄今洪州窑共发现窑场遗址30余处，其分布在江西省丰城市曲江镇的罗湖村、郭桥村、曲江村，同田乡的龙凤村（龙雾洲）、沿江村、钞塘村，上庄镇的石上村，河洲乡的罗坊村，石滩乡的港塘村（图一）等地。皆座落于赣江或与赣江相通的清丰山溪、药湖岸畔的山坡和丘陵岗阜地带，南北绵延约20公里，最宽处约1公里。考古数据和对数据的研究表明，洪州窑至迟在东汉晚期就能烧制出比较成熟的瓷器；东晋、南朝时逐渐进入兴盛时期，盛烧期大约一直延续到唐代中期，唐晚期、五代时期衰落[7]。前后生产长达800余年。

洪州窑不仅分布范围广，而且烧造时间也长。从东汉晚期到五代，随着时代的变更，瓷器的装饰技法和内容也在不断地发展、变化。据考古发掘的地层叠压关系、装饰技法和内容的发展、变化，一般来说，可以划分八个阶段，即八期。各期年代，依据纪年和年代较为明确的墓葬等出土资料，大体推断如下：第一期，东汉晚期至东吴时期（约公元2世纪后半至265年）；第二期，西晋时期（265～316年）；第三期，东晋时期（317～420年）；第四期，南朝时期（420～589年）；第五期，隋代（589～618年）；第六期，唐代早期（约公元618～704年）；第七期，唐代中期（约公元705～820年）；第八期，唐代晚期至五代南唐时期（约公元820～975年）。下面

[1]（唐）陆羽：《茶经》卷中《器》：“盌，越州上，鼎州次，婺州次，岳州次，寿州、洪州次。……越州瓷、岳州瓷皆青，青则宜茶，茶作白红之色。邢州瓷白，茶色红；寿州瓷黄，茶色紫；洪州瓷褐，茶色黑，悉不宜茶。”（宋）左圭《百川学海》本。

[2] 江西省博物馆：《我省首次发现六朝青瓷窑址》，《江西历史文物》1978年第1期，2～3页。

[3] 江西省历史博物馆等：《江西丰城罗湖窑发掘简报》，《中国古代窑址调查发掘报告集》，73～93页，文物出版社，1984年。

[4] 陈柏泉：《洪州窑驳议》，《江西历史文物》，1981年第1期，18～23页转30页；余家栋：《试析洪州窑》，《中国古代窑址调查发掘报告集》，94～101页，文物出版社，1984年。

[5] 万良田：《从丰城东汉青瓷窑址谈洪州窑的创烧年代和承启关系》，《江西历史文物》1986年第1期，81～85页；万良田、万德强：《江西丰城龙雾洲瓷窑调查简报》，《考古》1993年第10期，909～915页转952页；江西省文物考古研究所等：《江西丰城洪州窑遗址调查报告》，《南方文物》1995年第2期，1～29页。

[6]《洪州窑调查发掘获重大成果》，《中国文物报》1993年5月2日第1版；权奎山：《洪州窑的兴衰》，《文物天地》2000年第4期，28～31页。

[7] 江西省文物考古研究所等：《江西丰城洪州窑遗址调查报告》，《南方文物》1995年第2期，1～29页。

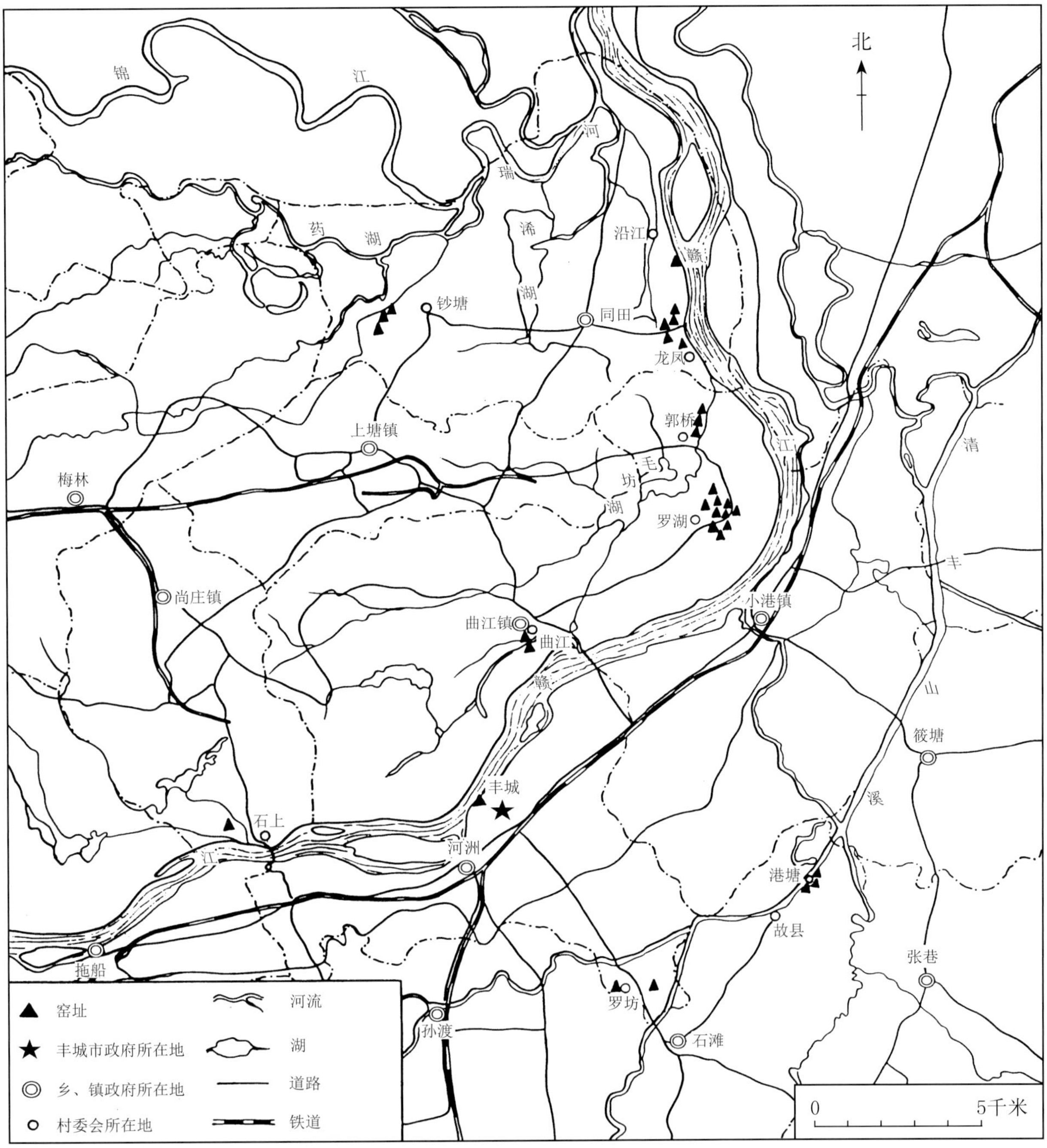

图一　洪州窑遗址分布图

依据发表的洪州窑址和墓葬等考古遗迹出土资料[1]，按上述八期来分析洪州窑瓷器的装饰技法和

[1] 依据的资料主要有：鄢永辉：《赣江河床发现的洪州窑瓷器》，《南方文物》2000年第1期，10～11页；江西省历史博物馆：《江西南昌市东吴高荣墓的发掘》，《考古》1980年第3期，219～228页；李希朗：《江西吉水富滩东吴墓》，《南方文物》1996年第3期，6～10页；江西省博物馆：《江西南昌市郊的两座晋墓》，《考古》1981年第6期，500～503页；江西省博物馆：《江西南昌晋墓》，《考古》1974年第6期，373～378页；刘晓祥：《江西九江县东晋墓》，《南方文物》1992年第2期，23～25页；平江、许智范：《江西吉安县南朝齐墓》，《文物》1980年第2期，31～32页；南昌市博物馆：《江西南昌张家山南朝墓清理简报》，《南方文物》1997年第1期，16～19页；于少先：《江西德安南朝墓》，《南方文物》1993年第4期，14～16页；江西省历史博物馆等：《江西丰城罗湖窑发掘简报》，《中国古代窑址调查发掘报告集》，73～93页，文物出版社，1984年；万良田、万德强：《江西丰城龙雾洲瓷窑调查简报》，《考古》1993年第10期，909～915页转952页；江西省文物考古研究所等：《江西丰城洪州窑遗址调查报告》，《南方文物》1995年第2期，1～29页；丰城县文化站 万良田：《丰城县考古简讯（两则）》，《江西历史文物》1980年第1期，41～42页；张文江：《洪州窑》，文汇出版社，2002年；张文江主编：《洪州窑作品集》，湖北美术出版社，2005年。在以下各期装饰技法内容叙述中，涉及资料源时，不再出注了。

内容。洪州窑是民窑，其生产属于商品生产，产品主要销售于江西地区，同时还较多地销售于江西以外地区，本文还拟对各期销往江西以外地区的洪州窑有装饰花纹的瓷器举出相应的实例。

第一期（东汉晚期至东吴时期）

第一期为东汉晚期至东吴时期，是洪州窑的初创时期，烧制的瓷器种类很少，仅有盘口壶、双唇罐、罐、钵等，并以罐为主。所以，装饰技法也很简单，主要有印花和划花二种。印花技法做出的纹样有斜方格纹和麻布纹，划花技法有弦纹和水波纹。麻布纹用于罐（图二，1）和盘口壶（图二，2）的外侧，往往从肩部饰至下腹部，覆盖面比较大；水波纹多饰于罐的肩部（图三，1）；斜方格纹常饰于罐的肩和上腹部，呈二条宽带状（图三，2）；弦纹使用很普遍，见于各种器物之上。

此时期瓷器的装饰，基本承袭了本地区原始瓷器和印纹硬陶的装饰工艺，纹饰内容比较简单，

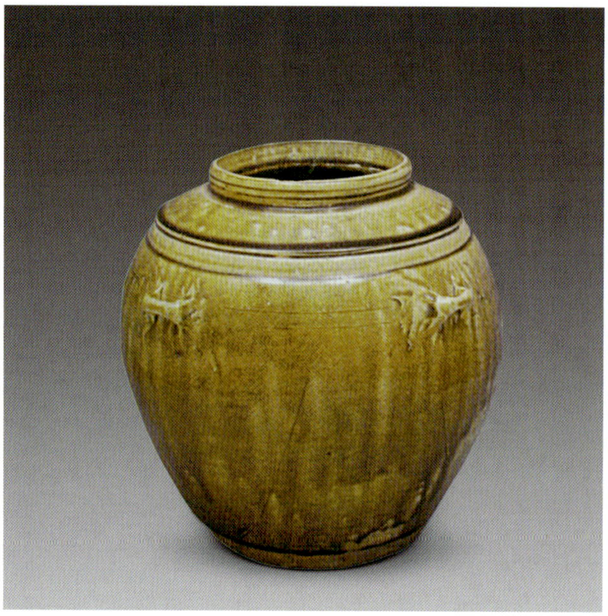

1

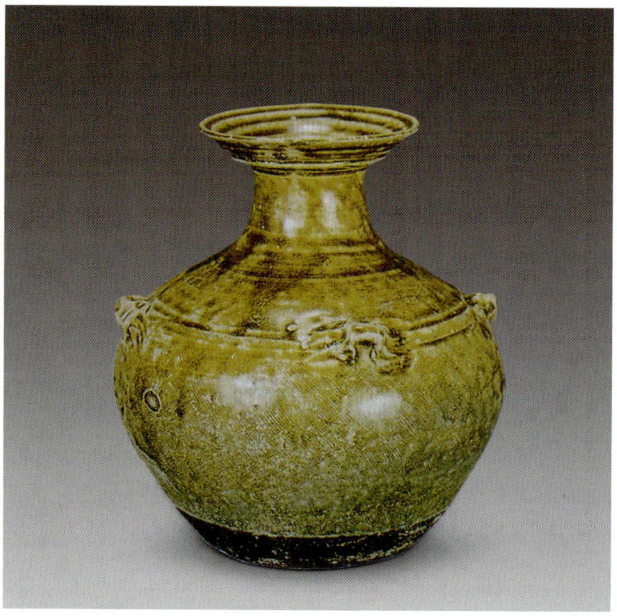

2

图二　第一期瓷器花纹

1. 麻布纹四系罐（江西南昌县小兰乡东吴墓出土；采自《中国出土瓷器全集·江西》）　2. 麻布纹四系盘口壶（江西南昌东吴墓出土；采自《洪州窑》）

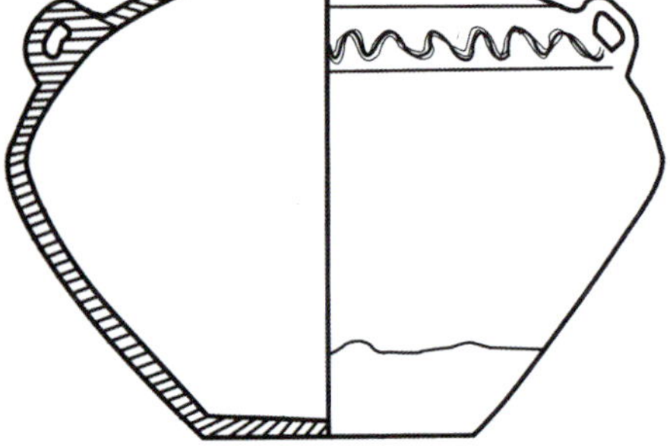

1

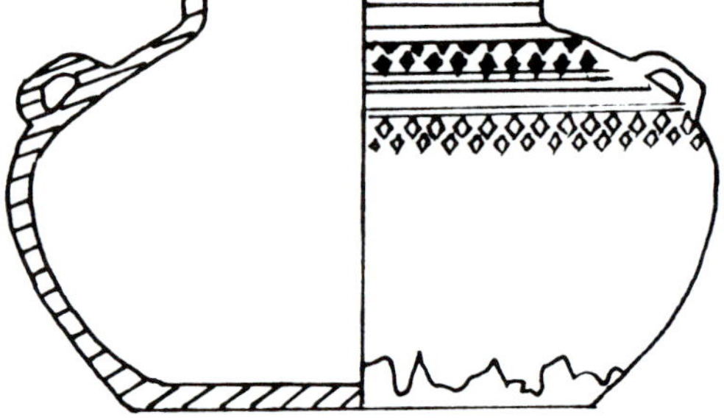

2

图三　第一期瓷器花纹

1. 水波纹罐　2. 斜方格纹罐（均为江西南昌东吴墓出土；采自《考古》1980年第3期）

但是纹样的制作较为规整，特别是较为注重纹饰的布局。其主要体现在弦纹与其他纹样的配合，弦纹在其中起补助纹样的作用。麻布纹饰于盘口壶、罐的肩和腹部，常常是上下各饰一道或二道一组的弦纹，做为麻布纹的上下边线，并且肩腹交界处也饰二或三道一组的弦纹。这样就将上下连成一大片的麻布纹分割成了上下二个单位，增强了可视效果。饰于罐等器物肩和腹部的二条斜方格纹带饰，中间常饰二或三道弦纹，这里的弦纹既填补了二条带饰之间的空白，又使二条带饰连成了一体。水波纹的上下多饰一道或二道一组的弦纹，使水波纹更加突出和逼真。总之，弦纹与主题花纹的配合，更加突出了主题花纹，大大地增强了艺术效果。

第二期（西晋时期）

第二期的西晋时期，洪州窑的瓷器生产有了较大的发展，不仅产品的种类增多，装饰工艺也有了明显的进步。装饰技法除了沿袭第一期的印花、划花外，出现了贴花和褐色点彩新技法。

印花做出的纹样有麻布纹和斜方格纹带饰。麻布纹仅见于罐，且数量很少，也是从肩部饰至下腹部。斜方格纹带饰常见于钵的口沿下部，数量不多。划花的纹样有弦纹和水波纹，水波纹较为常见，多饰于罐、钵、洗等器物的肩部、口沿下部；弦纹仍使用较为普遍，见于盘口壶、罐、钵、盘、洗等器物之上。此外，贴花的纹样发现的数量较少，仅有铺首纹一种，饰于盘口壶的肩部、洗的口沿下部，等距离贴饰二或三个。

1 2 3 4

图四 第二期褐色点彩瓷器

1. 鸡首罐（江西南昌西晋墓出土；采自《洪州窑》） 2. 盏（洪州窑址出土；采自《洪州窑》） 3. 盏（洪州窑址出土） 4. 器盖（洪州窑址出土；采自《洪州窑》）

褐色点彩的装饰技法，在洪州窑大约出现于西晋早期，西晋中晚期流行，南昌市郊区出土有西晋永安元年（304 年）铭铜镜墓出土的一件褐色点彩鸡首壶[1]，应是西晋晚期典型之作。这时期的褐色点彩，颜色呈深褐色，饰于鸡首壶（图四，1）、盘口壶、罐、钵、盏（图四，2、3）等器物的肩部、口沿等部位，也常见饰于器盖的盖面上（图四，4）。

此时期的装饰技法和内容有了较大的改进和发展。基本淘汰了通体饰麻布纹的作法，不见双条斜方格带饰的装饰，而流行单条斜方格纹带饰和水波纹，出现了模贴的铺首纹和褐色彩点纹，装饰花纹较前一期明显增多。

在纹样的结构和布局上也较为合理，单条斜方格纹带饰中的斜方格纹变得小而浅；水波纹一般由四或五条波线组成，较前一期增宽，其仍然与弦纹配合使用，组成以水波纹为主体的带饰；铺首纹见于这一期的前期，与斜方格带饰、凸弦纹带配合使用，有的贴饰于斜方格带饰的中下部，有的则贴饰于凸弦纹带上，在这里斜方格纹带饰、凸弦纹带就成了铺首纹的底纹；点彩点饰较有规律，彩点一般较大而疏，点饰在器盖上的，也基本都是等距离，横向、纵向基本皆成行。

褐色点彩技法的运用，是这时期洪州窑装饰工艺的一大突破，不仅提高了当时洪州窑瓷器的质量，更增强了市场竞争能力。

第三期（东晋时期）

第三期为东晋时期，洪州窑的瓷器生产，逐渐进入兴盛时期，产品的种类增多，装饰工艺也产生了一些变化。在第一、二期流行的印花、贴花技法不见了，划花、褐色点彩技法则继续使用。

褐色点彩，颜色较第二期略浅淡，主要饰于盘口壶、罐（图五，3）、钵、碗（图五，4）、香薰（图五，1、2）、灯等器物的口沿部位，使用的范围扩大，数量增多。划花技法仍较流行，但是纹样却发生重大的变化，不见水波纹，弦纹则继续存在，并出现了菊瓣纹。菊瓣纹常见饰于杯（图五，5、6）的外侧。

由上述可见，这时期瓷器的装饰技法和内容与前一期有了较大的不同。彻底淘汰了传统的印花、模印贴花技法，发展了划花和褐色点彩技法；纹饰内容上，淘汰了使用已久的麻布纹、水波纹，并取消了铺首纹，出现了菊瓣纹。形成了以褐色点彩为主体的装饰风格，将洪州窑瓷器的装饰艺术提升至一个新阶段。

在纹样的设计、制作、结构和布局上也独具匠心。褐色点彩的彩点较前一期略小，排列也较密而规整，点饰在盘口壶和钵等器物的口沿上，给人一种整洁、素雅的感觉。菊瓣纹大方、朴实，制作也很讲究，均为较粗的单线条构成，线条流畅，划痕较深，密而清新，上下各饰一周，分别为覆式、仰式布置。覆式的较短，仅饰于口的下部，仰式有的较短，有的则较长，长者从上腹部一直饰至足部，设计合理，具有良好的艺术效果。

此一时期洪州窑饰有花纹装饰，尤其饰有褐色点彩装饰的瓷器，既实用又美观，深受人们的喜爱，并远销到江苏南京[2]、湖北鄂州[3]、重庆涪陵[4]等地区。

---

[1] 江西省博物馆：《江西南昌市郊的两座晋墓》，《考古》1981 年第 6 期，500 ～ 503 页。

[2] 南京市博物馆：《南京象山 5 号、6 号、7 号墓清理简报》图三〇，《文物》1972 年第 11 期，39 页；南京博物院等：《南京栖霞山甘家巷六朝墓》（M3、M25、M31），《考古》1976 年第 5 期，316 ～ 325 页；南京博物院：《江苏六朝青瓷》图版 86、99、100、101，文物出版社，1980 年；南京市博物馆：《六朝风采》图版 60，90 页，文物出版社，2004 年。

[3] 张柏主编：《中国出土瓷器全集》第 13 册（湖北、湖南）图版 47，47 页，科学出版社，2008 年。

[4] 陈丽琼、董小陈：《三峡与中国瓷器》彩照（东晋）17、（南朝）38、39，13、30、31 页，重庆出版社，2010 年。

图五　第三、四期瓷器花纹

1．褐色点彩香薰（江苏南京老虎山东晋墓出土；采自《六朝风采》）2．褐色点彩香薰（江苏南京象山东晋墓出土；采自《六朝风采》）3．褐色点彩六系罐（采自《洪州窑作品集》）4．褐色点彩碗（采自《洪州窑》）5、6．划花菊瓣纹杯（洪州窑址出土）7、8、9．褐色点彩碗（洪州窑址出土；采自《洪州窑》）（1～6为第三期，7～9为第四期）

第四期（南朝时期）

第四期为南朝时期，此时洪州窑的瓷器生产，已进入了兴盛时期，产品的种类繁多，装饰工艺发生较大的变化。褐色点彩、划花技法继续使用，出现了刻花、刻剔花新技法。

褐色点彩使用范围缩小，主要饰于盘口壶、钵、碗（图五，7、8、9）等器物的口沿部位。划花技法仍比较常见，纹样主要是菊瓣纹、叶脉纹、莲瓣纹、莲花纹，菊瓣纹多饰于碗（图六，1）的外侧；叶脉纹见于这一期的前期，饰于碗的外侧（图六，2）；莲瓣纹则饰于碗（图六，4、11）、杯（图六，3）、盏的外侧；莲花纹多饰于盘（图七，7）、盏托、盏的内侧。刻花、刻剔花是此时期流行的装饰技法。刻花的纹样主要是莲花纹，常饰于盘（图七，1～6）、盏托（图八，1～3）的内侧。刻剔花技法是指以刻花、剔花二种方法相结合来制作花纹，纹样主要是莲瓣纹、莲花纹，莲瓣纹饰于碗（图六，5～10、12）、唾盂（图八，6）的外侧；莲花纹则饰于盏托（图八，4、5）的内侧。

此时期瓷器的装饰技法和内容与前一期有较大的不同。褐色点彩技法逐渐衰落，划花技法比较多见，流行刻花、刻剔花技法。在纹样上，盛行莲瓣纹、莲花纹。从洪州窑遗址出土的资料看，划花莲瓣纹有可能上溯到东晋晚期。

这时期对于纹样的设计、制作、结构和布局很有自身的特点。

褐色点彩彩点很小而密集，且很整齐，虽无第二、三期那样醒目，但却有一种淡雅、清丽的效果。褐色点彩技法主要见于这一期的早期，到这一期的晚期基本不见。

莲瓣纹、莲花纹是在佛教艺术的影响下出现并盛行的，是这一期装饰纹样的主体，也是这时期瓷器装饰艺术的亮点所在。其制作方法、形制、布局如下：

作法——划花者，制作较为精细，一般由二至四条等距离的线划出莲瓣或莲花纹，有的划成后将肩部以上的部分刻剔除一层（即刻剔花），线条流畅，深浅适度，划线在莲瓣尖部相接非常自然。刻花者，一般是以单线划出莲瓣纹或莲花纹，然后沿着划线，以斜向下刀的方法刻出莲瓣纹或莲花纹，刀法利落，刻线较宽，深浅有度。刻剔花者，先以单线或三、四条线划出莲瓣纹或莲花纹，然后将线外、莲瓣肩以外的部分剔掉，刀法娴熟，剔制规整，具有较强的立体感。

形制——莲瓣纹、莲花纹形制富于变化，莲瓣有的呈半圆形，瓣尖细长；有的作长圆形，丰满肥厚；有的则窄长，清瘦。并常常以单线或双线竖向划或刻出花梗。整体形制端庄，美丽、自然。莲瓣纹一般由两层莲瓣组成，外层全显，内层是在外层莲瓣肩以上部分的空白处做出莲瓣的上部。个别的碗外侧饰四层（见图六，11、12），二层表现完整的花瓣，另二层仅做出花瓣的上部。莲花纹由四至八个莲瓣构成，以三至八个重圈或单圈纹为莲蓬（托盘无莲蓬），花瓣多为二层，少数为单层，重点表现花瓣完整的上层，在上层花瓣之间的肩以上部分，做出了下一层花瓣的上部，整体画面像一朵盛开的莲花。莲瓣纹、莲花纹做出内层、下层的形式，填充了花瓣上部之间的空白，使画面更加紧凑，增加了写实感和艺术效果。

布局——莲瓣纹、莲花纹在器物上的使用和布局具有很强的针对性。莲瓣纹，碗、杯一律仰饰于外侧；唾盂覆饰于上腹部。莲花纹每朵单独使用，每器饰一大朵，盘、托盘、盏一律饰于以底为中心的内侧，盏托一律饰于托口周围。无论是莲瓣纹还是莲花纹，在器物上的连续布置，覆盖面均较大。这样的布局安排，显然是从器物形制、用途和人们观察它的视线来考虑的，注意到了器物的个性，更有利于充分表现各自的装饰效果，提高装饰艺术的水平。

总之，莲瓣纹、莲花纹是装饰纹样中的精华，是这时期装饰艺术成就的集中体现。

图六　第四期瓷器花纹

1. 划花菊瓣纹碗（洪州窑址出土；采自《洪州窑》） 2. 划花叶脉纹碗（洪州窑址出土；采自《洪州窑》） 3. 划花莲瓣纹杯（洪州窑址出土；采自《洪州窑》） 4. 划花莲瓣纹碗（采自《洪州窑作品集》） 5. 刻剔花莲瓣纹碗（湖北鄂城南朝墓出土；采自《中国出土瓷器全集・湖北、湖南》） 6. 刻剔花莲瓣纹碗（江苏南京尧化门南朝宋元徽二年（474年）明昙憘墓出土；采自《六朝风采》） 7. 刻剔花莲瓣纹碗（江苏南京孟北村南朝墓出土；采自《六朝风采》） 8. 刻剔花莲瓣纹碗（江苏南京秦淮河出土；采自《六朝风采》） 9. 刻剔花莲瓣纹碗（河南洛阳出土；采自《洛阳出土瓷器》） 10. 刻花莲瓣纹碗（洪州窑址出土） 11. 划花莲瓣纹碗（洪州窑址出土；采自《洪州窑》） 12. 刻剔花莲瓣纹碗（采自《洪州窑作品集》）

此外，这一期还有菊瓣纹和叶脉纹。菊瓣纹出现于东晋晚期，南朝时期继续使用，数量不多。其制作也很讲究，均为很细的单线条构成，线条流畅，划线较浅，纤细清新，上下各饰一周，分别为覆式、仰式布置。覆式的较短，仅饰于口的下部，仰式的皆较长，从上腹部一直饰至足部。设计合理，具有良好的艺术效果。叶脉纹常见于六朝时期砖室墓的墓砖上，将其饰于青瓷碗上，实为洪州窑工匠们的创造。其工序是在碗的外侧等距离划饰五个，每个从口下部直至足部，线条流畅而清晰，是此时期洪州窑特有的装饰纹样。

图七　第四期瓷器花纹

1～3. 刻花莲花纹盘(采自《洪州窑作品集》)　4. 刻花莲花纹盘(洪州窑址出土；采自《洪州窑》)　5. 刻花莲花纹盘(采自《六朝风采》)　6. 刻花莲花纹盏盘（上：盘俯视；下：盏盘侧视。福建建瓯水西林场南朝墓出土；采自《中国陶瓷·福建陶瓷》）　7. 划花莲花纹盘（上：俯视；下：侧视。江西清江黄金坑南朝宋泰始六年（470 年）墓出土；采自《中国出土瓷器全集·江西》）

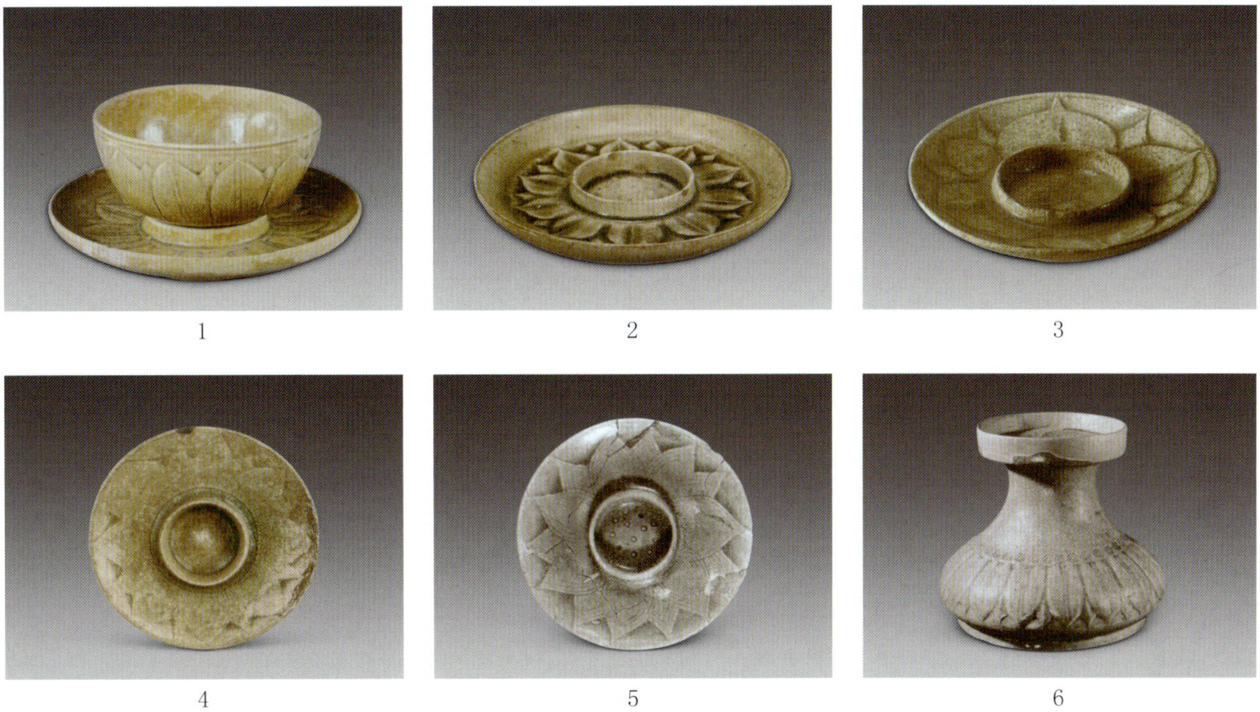

图八　第四期瓷器花纹

1. 刻花莲花、莲瓣纹托碗（江西吉安县南朝齐永明十一年（493年）墓出土；采自《中国美术全集·陶瓷（上)》） 2. 刻花莲花纹盏托（福建建瓯水西放生池南朝墓出土；采自《中国出土瓷器全集·福建》） 3. 刻花莲花纹盏托（采自《六朝风采》） 4. 刻剔花莲花纹盏托（采自《洪州窑作品集》） 5. 刻剔花莲花纹盏托（江苏江宁东善桥南朝墓出土；采自《江苏六朝青瓷》） 6. 刻剔花莲瓣纹唾盂（江苏南京珠江路出土；采自《江苏六朝青瓷》）

此时期洪州窑饰有花纹尤其饰有莲瓣纹、莲花纹的瓷器，既实用又美观，备受人们的欢迎，曾销售到江苏南京[1]、福建建瓯[2]、政和[3]、湖北鄂城[4]、重庆[5]、河南洛阳[6]等地区，同时在韩国忠清南道天安市也有出土[7]。

第五期（隋代）

第五期为隋代，洪州窑的瓷器生产继续发展，产品的种类有所增加，流行高足盘和敛口、平底钵等器物，装饰工艺做了重大的调整。不见褐色点彩及刻剔花技法，划花、刻花技法则继续使用，出现了戳式模印花的新技法。

划花的纹样主要有弦纹、菊瓣纹和莲瓣纹，莲花纹不见了。弦纹使用仍很普遍；菊瓣纹饰于盂（图一○，6）的外侧；莲瓣纹饰于鸡首壶（图九，1）、盘口壶（图九，2、3）等器物的外侧。刻花的纹样仅有莲瓣纹一种，饰于碗的外侧（图一○，1～5）。戳式模印花技法约出现于隋代初年，隋代中、晚期流行。印模为瓷土做成，呈圆柱束腰形，直径一般在3厘米左右，长7厘米左

[1] 南京博物院：《江苏六朝青瓷》图版114、117、119、120，文物出版社，1980年；南京市博物馆：《六朝风采》图版61、62、63，91～93页，文物出版社，2004年。
[2] 张柏主编：《中国出土瓷器全集》第11册（福建）图版25、26，25、26页，科学出版社，2008年。
[3] 福建省博物馆等：《福建政和松源、新口南朝墓》（M831），《文物》1986年第5期，46～60页。
[4] 张柏主编：《中国出土瓷器全集》第13册（湖北、湖南）图版50，50页，科学出版社，2008年。
[5] 陈丽琼、董小陈：《三峡与中国瓷器》彩照（南朝）26、27、36、37，26、27、30页，重庆出版社，2010年。
[6] 洛阳市文物局等：《洛阳出土瓷器》，22页，河南美术出版社，2005年。
[7] 韩国国立大邱市博物馆：《韩国文化中的中国陶瓷器》，25页，艺脉出版社，2004年。

1

2

3

图九　第五期瓷器花纹

1. 划花莲瓣纹鸡首壶（江西南昌洪都大学化工厂出土；采自《中国出土瓷器全集·江西》） 2、3. 划花莲瓣纹盘口壶（采自《洪州窑作品集》）

1

2

3

4

5

6

图一〇　第五期瓷器花纹

1. 刻花莲瓣纹碗（洪州窑址出土；采自《洪州窑》） 2. 刻花莲瓣纹碗（洪州窑址出土） 3. 刻花莲瓣纹碗（安徽合肥隋墓出土；采自《中国出土瓷器全集·安徽》） 4. 刻花莲瓣纹碗（湖北武昌马坊山（M23）隋墓出土；采自《中国出土瓷器全集·湖北、湖南》） 5. 刻花莲瓣纹碗（洪州窑址出土；采自《洪州窑作品集》） 6. 划花菊瓣纹盂（湖北武昌马坊山（M23）隋墓出土；采自《中国出土瓷器全集·湖北、湖南》）

右，两端均有阳纹（图一一，6）。其纹样较为丰富，有枝叶纹、松枝纹、朵花纹、梅花朵纹、叶片纹、莲瓣纹和莲花纹等，主要饰于钵（图一一，1～4）和高足盘（图一一，5）的内侧。

由此可见，此一时期瓷器的装饰技法和内容，与前一期有了明显的差异。彻底废弃了褐色点彩技法，不见刻剔花技法，常见划花、刻花技法，大量采用了戳式模印花技法。纹饰内容上，不见前一期那样划、刻的莲花纹，莲瓣纹继续使用，有了戳印的莲花纹；出现并流行松枝纹、枝叶纹、朵花纹、梅花朵纹、叶片纹等。形成以戳式模印花技法做出的植物、花卉纹为主体的新装饰风格，开创了洪州窑装饰工艺的新局面。

第五期装饰纹样的设计、制作和布局也颇有新意，具有良好的艺术效果。

弦纹是使用极普遍的一种纹样，与以往的弦纹有很大的不同。这时期常常是成组使用，每组二至八条不等。使用时，每件器物饰二或三组，将器物的表面分割成二或三部分，在两组之间饰主题花纹。弦纹在这里起辅助花纹的作用，它不但使装饰面层次分明、规整有序，而且又能更好地突出主题花纹的装饰效果。

菊瓣纹很少见，以细线划成，线条细而清晰，与前一期不同的是，仅是从上腹部饰至足部，只做出仰式的，没有覆式的。

莲瓣纹仍是这时期比较常见的纹样，制作较前一期简化。划花者，莲瓣以单线或双线构成，花瓣宽肥，上下基本同宽，圆肩，瓣尖短锐，有的还在花瓣的上面以双线划出松籽状的纹样，有的还在左、右、上三面还划出放射状的短线。刻花者，制作更加简化，少数为二层，多为单层，皆共边，刻线比较宽浅，立体感不强。其花瓣形制有二种，一是上部略宽于下部，圆肩，瓣尖较

1　2　3　4　5　6

图一一　第五期瓷器花纹和印花模

1．印花枝叶纹钵（洪州窑址出土；采自《洪州窑》）　2．印花莲瓣纹钵（洪州窑址出土；采自《洪州窑作品集》）　3．印花叶片纹钵（洪州窑址出土；采自《洪州窑作品集》）　4．印花松枝纹钵（洪州窑址出土）　5．印花朵花纹高足盘（洪州窑址出土；采自《洪州窑》）　6．印花模（采自《洪州窑作品集》）

长锐；二是上下基本同宽，折肩，瓣尖较短锐。戳印花者，以单线做出莲瓣上部，线外有放射状的短线，在线内以六条线做出一椭圆形、两端略尖、长出莲瓣的纹样（见图一一，2）。而莲瓣在器物上的布局，盘口壶饰于肩部和下腹部，采取覆莲和仰莲的布局方式，覆、仰莲之间以一组弦纹或一凸弦纹隔开，花瓣有的为双层，有的则是单层；碗仍均为仰莲的布局方式，花瓣一般为单层；钵则饰于内侧，一般等距离戳印五瓣。

莲花纹均以戳印花技法制作，每朵八或九瓣，较为呆板，多为单层，中间以重圈纹表示莲蓬。从不单朵使用，而是四或五朵等距离印饰于一件器物的内侧，也有的与其他戳印纹样相间布局。

松枝纹、枝叶纹、朵花纹、梅花朵纹、叶片纹等，均以戳印花技法制作，纹样来源于自然界和日常生活中，但极为抽象，属于写意类，有些根本叫不出具体名称。做工较为精细，端正有余，活泼、生动不足。松枝纹一般由枝、松叶组成；枝叶纹一般是由枝、叶片组成；朵花纹多由四个花瓣组成，花瓣呈半椭圆形，由三或四条线构成，多见双层；梅花朵纹由六个花瓣组成，花瓣略呈半圆形，单线构成；叶片纹由单线做出的七个叶片构成。它们与此时期的莲花纹一样，不单朵使用，而是最少四朵、最多十四朵等距离饰于一件器物的内侧，一件器物多饰一周，少数较大的高足盘则饰二周。在纹样的布置上，一件器物多饰同一种纹样；也有的饰二种纹样，相间布局[1]。这类纹样，均配以成组的弦纹，具有独特的艺术风格。

这时期洪州窑饰有花纹的瓷器流布比较广泛，在江苏扬州[2]、浙江江山[3]、安徽合肥[4]、湖北武昌[5]、广东韶关[6]、广西钦州[7]等地的隋代墓葬中屡有发现，说明它们深受世人欢迎，这从一个侧面反映它们的装饰效果和艺术价值。

第六期（唐代早期）

第六期为唐代早期，洪州窑的瓷器生产进入了新的发展时期，产品中流行各种式样的杯子和敛口深腹盂等器物。大约是因此一时期开始追求釉的装饰效果，所以饰有花纹的器物在产品中的比例逐渐下降。装饰技法大体承袭了前一期，即有划花、刻花、戳式模印花，未见新的技法出现。

划花的纹样有弦纹和放射状波纹，不见莲瓣纹。弦纹则随处可见，运用十分普遍；放射状波纹饰于钵的内侧（图一二，1；图一三，1～3）、杯（图一三，4）的外侧。刻花的纹样仅有莲瓣纹一种，饰于敛口深腹盂的外侧下部。戳式模印花的纹样有莲瓣纹、莲花纹、朵花纹、梅花朵纹和重圈纹等。莲瓣纹饰于盂（图一二，8）等器物的外侧。莲花纹饰于钵的内底（图一三，1）和盂（图一二，7）的外侧。朵花纹饰于钵的内底（图一二，2；图一三，2、3）和杯（图一三，7、8）的外侧；梅花朵纹饰于杯（图一二，6）的外侧；重圈纹饰于杯（图一二，3～5；图一三，4～6、9）、盂和水盂等器物的外侧。

由上述可见，本期瓷器的装饰技法和内容与前一期相比，其变化主要表现在装饰内容上，在划花的纹样中，不见莲瓣纹，出现了放射状波纹；在戳印花的纹样中，不见了松枝纹、枝叶纹、叶片纹等，流行重圈纹。并形成以戳印花技法做出的重圈纹为主要特征的装饰风格。

---

[1] 参见江西省历史博物馆等:《江西丰城罗湖窑发掘简报》,《中国古代窑址调查发掘报告集》图八、十,86、87页,文物出版社,1982年。
[2] 扬州博物馆等：《扬州古陶瓷》图版23，文物出版社，1996年。
[3] 江山县文管会：《浙江江山隋唐墓清理简报》图三－1、图五－5，《考古学集刊》第3集，164页，1983年。
[4] 张柏主编：《中国出土瓷器全集》第8册（安徽）图版43，43页，科学出版社，2008年。
[5] 张柏主编：《中国出土瓷器全集》第13册（湖北、湖南）图版53、55，53、55页，科学出版社，2008年。
[6] 广东省文管会：《广东韶关六朝隋唐墓葬清理简报》图八，《考古》1965年第5期，233页。
[7] 广西壮族自治区文物工作队：《广西壮族自治区钦州隋唐墓》图一二－7，《考古》1984年第3期，257页。

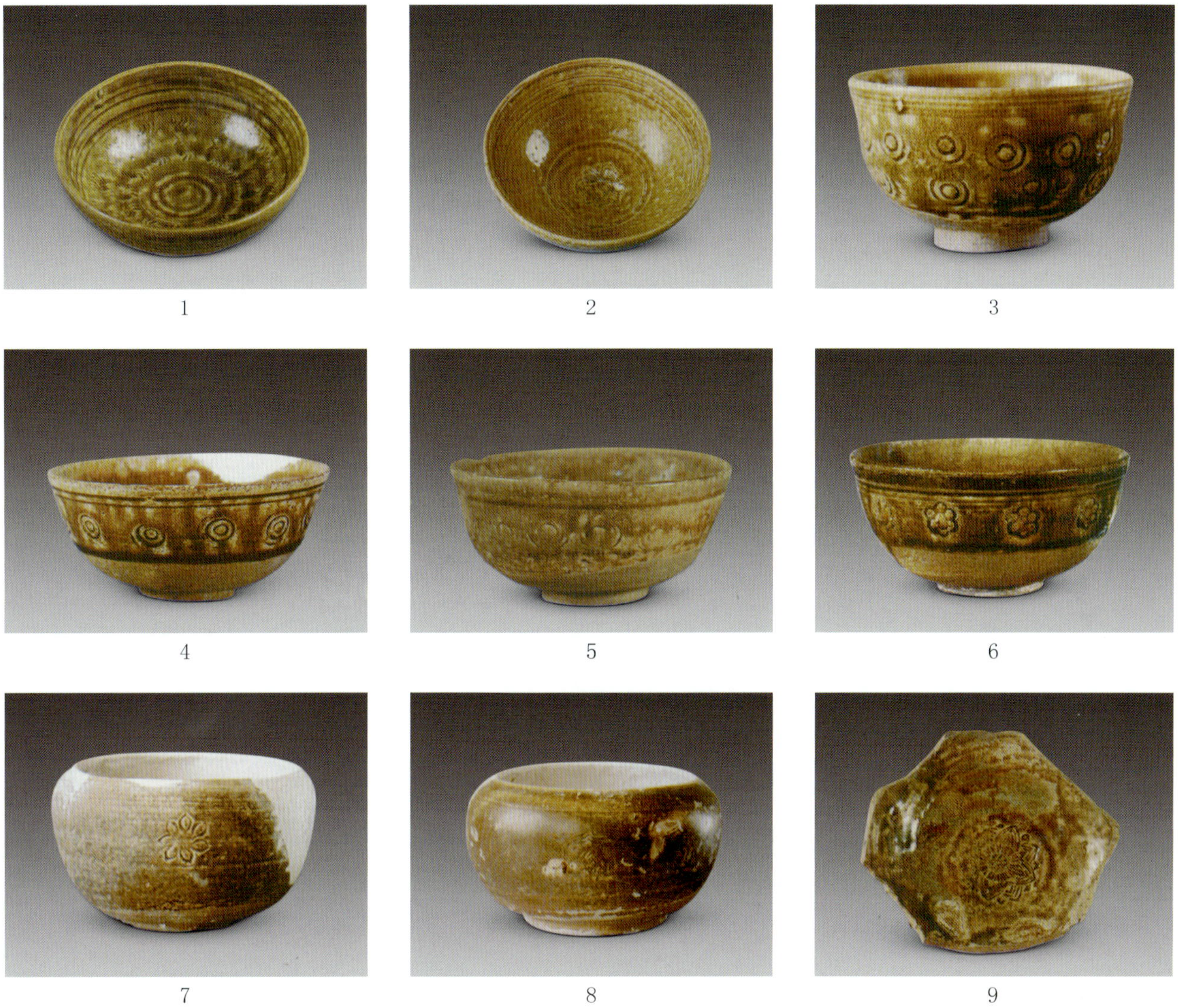

图一二　第六、八期瓷器花纹

1. 划花水波纹钵（河南洛阳出土；采自《洛阳出土瓷器》） 2. 印花朵花纹钵（采自《洪州窑作品集》） 3、4、5. 印花重圈纹杯（洪州窑址出土；采自《洪州窑作品集》） 6. 印花梅花朵纹杯（洪州窑址出土；采自《洪州窑作品集》） 7. 印花莲花纹盂（洪州窑址出土） 8. 印花莲瓣纹盂（洪州窑址出土） 9. 印花莲花纹碗（采自《洪州窑作品集》）（1～8为第六期，9为第八期）

这一时期纹样的设计、制作和在器物上的布局有自己的特色。

弦纹，除较普遍地饰于器物的口部、肩部或腹部外侧之外，仍流行成组饰于钵、高足盘内侧的作法，但二组之间空白处一般不饰其他纹样了。

放射状波纹，制作较为工整，线条粗细、深浅较为一致。多与其他纹样配合使用，常见饰于戳印在钵内底的莲花纹、朵花纹周围的壁上，呈放射状或放射状分组排列，也有的饰于杯子外侧的重圈纹下方。波纹素雅、清新，有较强的烘托主题花纹的作用，也可增强画面的层次感。

莲瓣纹，刻花者，制作较粗放，刻线较宽、浅，花瓣上略宽于下，圆肩，瓣尖较小，具有较强的写实性，排列紧密的仰饰于盂的下腹部。戳印花者，制作较为工整，莲瓣由三或四条线构成，上下基本同宽，圆肩，瓣尖小而锐，在莲瓣内往往有三条线组成的菱形纹样，具有明显的写意性。

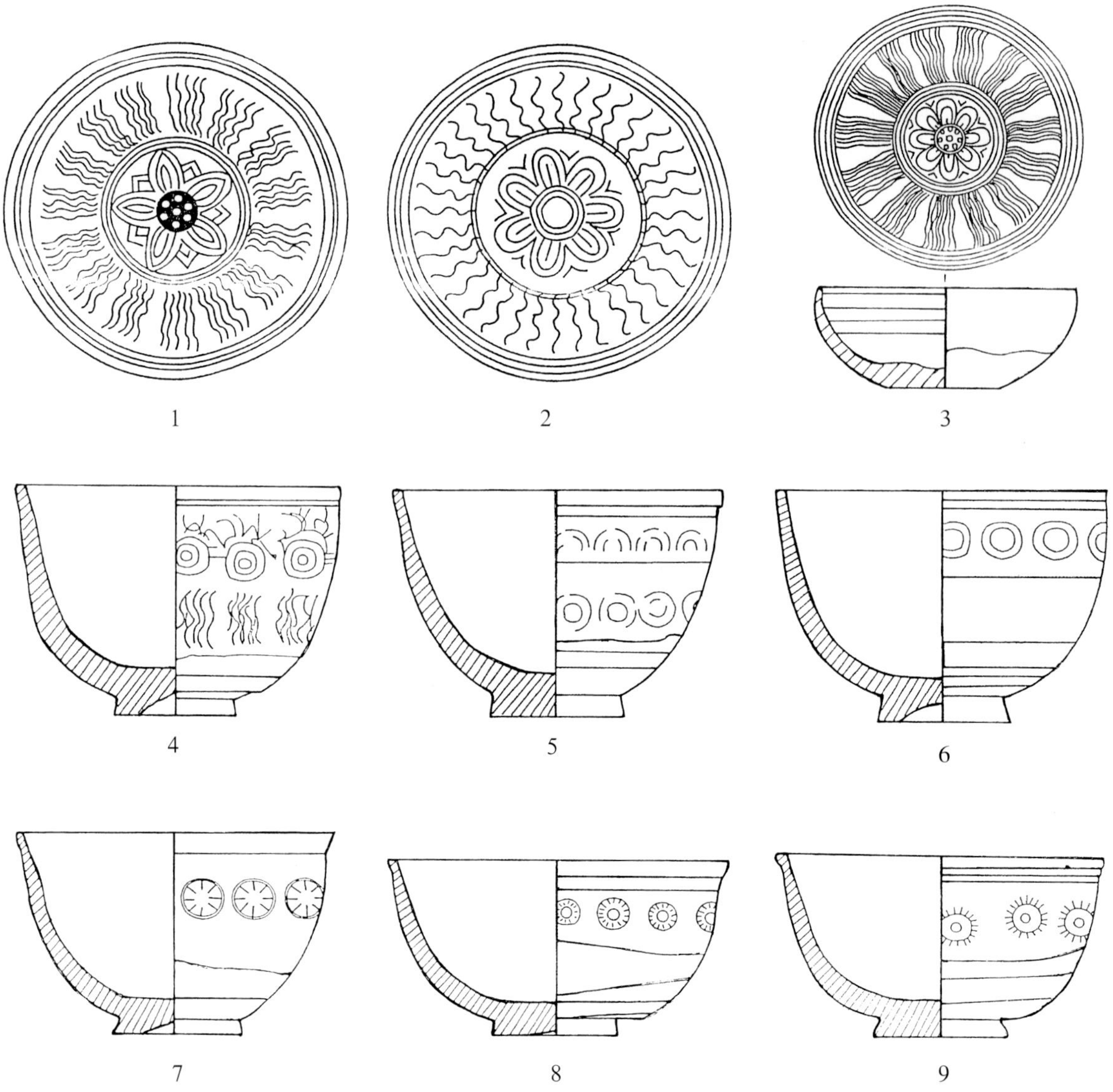

图一三　第六期瓷器花纹

1～3. 印花划花朵花水波纹　4. 印花划花重圈水波纹　5、6. 印花重圈纹　7、8. 印花朵花纹　8、9. 印花重圈放射状短线纹（均为洪州窑址出土；1、2、4～9采自《中国古代窑址调查发掘报告集》）

此莲瓣不组合起来使用，而是以一瓣为单位，等距离饰于盂之外侧，这种情况实属少见。

莲花纹，均以戳印花技法制成，饰于钵内者，制作较精细，由五或八瓣组成，中间有莲蓬，莲瓣由二或三条线构成，长圆尖状，双层，其与波纹相配合，颇具艺术效果。饰于盂外侧者，制作相当简化，由七瓣组成，无莲蓬，莲瓣由单线构成，呈中部宽两头尖状，略呈菱形，单层，等距离饰于器物之外侧，艺术效果大不如前者。

朵花纹、梅花朵纹、重圈纹，均以戳印花技法制成。朵花纹做工较为细致，饰于钵内底者，由七个花瓣组成，瓣呈长圆形，由二条线构成，有花梗，双层，周围常常以波纹衬托，端庄大方。饰于杯外侧者，由九个小花瓣组成，瓣窄长，单层，等距离饰于器物之上，规整有余，生动不足。梅花朵纹做工较为精细，由六个花瓣组成，瓣呈圆形，由单线构成，等距离饰于杯的外侧，有精巧之感。重圈纹发现数量多，使用比较普遍。其制作多较规整，线条粗细适度，有的在圈外做出放射状短线。杯子上多为等距离饰一周，少数的等距离饰二周；大盂有的等距离饰六周，基本布满全身。重圈纹是洪州窑特有的装饰纹样，具有显著的地域（窑口）和时代特征。

此一时期洪州窑饰有花纹尤其重圈纹、放射状波纹的瓷器，在湖北武昌[1]、河南郑州[2]、洛阳[3]等地的唐代早期墓葬中均有发现，可见流传之广，也反映了人们对这类装饰纹样的喜爱。

第七期（唐代中期）

第七期的唐代中期是洪州窑盛烧期的最后阶段，产品的种类仍然较丰富。尤其是杯子，不但式样多，而且质量好。大约是由于此期全面追求釉的装饰效果的缘故，所以装饰技法和内容急剧减少。常见的仅有划花技法，纹样也只有弦纹。此外，有的碗外侧腹部做出较宽的凸弦纹。

同时，此期洪州窑装饰的重点转向了釉，传统的装饰技法大部分被弃之不用。突出或加强釉的装饰效果无可厚非，但废弃行之有效的装饰技法，从洪州窑乃至中国古代瓷器装饰发展史来看，不能不令人感到遗憾。

第八期（唐代晚期至五代南唐时期）

第八期为唐代晚期至五代南唐时期，洪州窑的瓷器生产逐渐衰落，器物的种类减少，器形以注壶、罐、碗、盘、盏等极普通的日常用器为主。釉色有青褐、褐、黑褐和黑色等，釉面不够莹润，前一期釉的装饰效果已不复存在，再加上划花、刻花、彩绘等装饰技法在其周围的越窑[4]、长沙窑[5]等窑的兴盛，洪州窑的工匠们似乎又想起了传统的装饰工艺。因此本期除了继续使用划花之外，并恢复了戳式模印花技法，纹样也有所增加。

划花的纹样主要有弦纹、菊瓣纹、缠枝纹、竖线纹等。弦纹仍然是常见的纹样，饰于注壶、罐等器物的外侧；菊瓣纹饰于盘的外侧下腹部；缠枝纹、竖线纹饰于注壶柄的外侧。戳式模印花的纹样仅见莲花纹，饰于碗的内底中心部位（图一二，9）。

这一时期洪州窑恢复了废弃多年的戳式模印花技法，在花纹内容上，大多延用以前的纹样，并使用了竖线纹和缠枝纹。尽管工匠们做了不少努力，但洪州窑此时正逐渐走向衰败，装饰工艺已不可能再现第四、五、六期的兴盛之景了。

这时期纹样的设计、制作和在器物上的布局，同衰落的窑场一样，缺乏新意和活力。弦纹多为成组单独使用，每组二或三条，很少与其他纹样搭配。菊瓣纹是此时期纹样中的佼佼者，发现的数量极少，制作较为工整，花瓣较短，仰饰于盘下腹部，在施釉区之外，这是以前所不见的情况，只有在衰落期才会出现这种草率的作法。莲花纹由四至六个花瓣组成，花瓣呈长圆形，由二或三条线构成，制作还算规整，孤零零地戳印于深腹碗的内底中部，毫无生气。竖线纹由四条等距离的竖线组成，线条为徒手制成，不是很直，装饰于注壶柄外侧不太明显之处。缠枝纹制作较为简单，即在一条波纹上缀以枝叶。缠枝纹是一种非常流行、有良好装饰效果的纹样，可惜的是，在此处却装饰在注壶柄部的外侧。总之，此一时期的纹样和布局缺乏艺术性，装饰效果不佳。

---

[1] 全锦云:《武昌隋唐墓葬出土瓷器初析》,《景德镇陶瓷》总第 26 期（《中国古陶瓷研究专辑》第二辑）,1984 年，38 ～ 45 页。

[2] 河南省文物局文物工作队：《郑州上街区唐墓发掘简报》图三一 9，《考古》1960 年第 1 期，42 页。

[3] 洛阳市文物局等：《洛阳出土瓷器》，36 页，河南美术出版社，2005 年。

[4] 慈溪市博物馆：《上林湖越窑》，科学出版社，2002 年。

[5] 长沙窑课题组：《长沙窑》，紫禁城出版社，1996 年。

小 结

以上我们分八期叙述、分析了洪州窑瓷器的装饰技法和内容，现总结如下：

第一，洪州窑自东汉晚期烧制成熟瓷器起，它的装饰技法和内容一直在有序地发展、变化：第一期，以印花、划花为主，常见纹样为麻布纹、水波纹、斜方格纹带饰；第二期，以褐色点彩为主，彩点大而疏；第三期，以褐色点彩、划花为主，彩点较小而密，划花常见纹样为菊瓣纹；第四期，以划花、刻花、刻剔花为主，常见纹样为莲瓣纹、莲花纹；第五期，以刻花、戳印花为主，常见纹样为莲瓣纹、松枝纹、枝叶纹、朵花纹；第六期，以戳印花为主，常见纹样为重圈纹；第七期，仅见划花弦纹；第八期，见划花、戳印花，有弦纹、莲花纹等。第一至五期处于上升时期，至第五期达到了顶峰；第六期，即进入唐代，开始简化，第七期到了最低点；第八期时试图恢复，但已无回天之力。其中第四、五期是洪州窑花纹装饰的黄金时代。

第二，洪州窑的装饰技法和内容的发展、变化，第一至五期与洪州窑的发展同步；第六、七期洪州窑仍处于兴盛阶段，但由于其追求釉的装饰效果，而花纹装饰逐渐简化；第八期时虽有所恢复，实际上已进入了衰落阶段。

第三，洪州窑装饰纹样的制作、形制、在器物上的布局和艺术风格，随着时代的变迁，也在不断发生变化，其中褐色点彩、莲瓣纹、莲花纹较为典型。

总之，洪州窑瓷器的装饰技法和内容自成系列，具有鲜明的自身特色和艺术风格。有花纹装饰的瓷器深受江西及江西以外地区人们的喜欢。

最后需要论及的是，洪州窑瓷器的装饰技法和内容与南方同时期的名窑，如与湖南岳州窑、浙江越窑、浙江瓯窑、浙江婺州窑、安徽寿州窑等相比，依据现有资料观察，有以下四个方面的突出特点。

第一，洪州窑褐色点彩技法，出现较早，使用普遍且时间长，彩点的布局发展、演变有序。岳州窑[1]、越窑[2]、瓯窑[3]、婺州窑[4]也采用了褐色点彩技法，出现的时间与洪州窑大体相同，但它们都流行于东晋时期，南朝时期基本不见。其使用方面，以瓯窑较为普遍，岳州窑、越窑、婺州窑发现的资料不多。

第二，洪州窑划花、刻花、刻剔花莲瓣纹、莲花纹出现时间早，使用比较多，延续时间长；南朝时期制作精细，纹样规整、大方。其他窑则有所不同，越窑大约出现于东晋晚期[5]，南朝时期比较多见[6]，大多制作没有洪州窑精细；瓯窑见于南朝时期，发现的数量不多[7]；婺州窑见于南朝时期[8]；岳州窑见于南朝末年至隋代，比较少，制作不太细[9]；寿州窑见于隋代，发现的数

[1] 高至喜：《略论湖南出土的青瓷》，《中国考古学会第三次年会论文集》（1981），155 ～ 164 页，文物出版社，1984 年；周世荣：《江南地区青竹寺窑、湘阴窑的青瓷和褐斑装饰》，《东南文化》1994 年增刊 1 号（《中国古陶瓷研究会 94 年会论文集》），32 ～ 36 页。

[2]《中国陶瓷》编辑委员会：《中国陶瓷·越窑》，上海人民美术出版社，1983 年。

[3] 温州博物馆：《温州古陶瓷》，文物出版社，2001 年。

[4] 贡昌：《谈婺州窑》，《中国古代窑址调查发掘报告集》，22 ～ 31 页，文物出版社，1984 年。

[5]《中国陶瓷》编辑委员会：《中国陶瓷·越窑》图版 106，上海人民美术出版社，1983 年。

[6] 慈溪市博物馆：《上林湖越窑》，科学出版社，2002 年。

[7] 蔡钢铁：《六朝瓯瓷的器形及其演变规律》，《东南文化》1994 年增刊 1 号（《中国古陶瓷研究会 94 年会论文集》），54 ～ 57 页。

[8] 贡昌：《谈婺州窑》，《中国古代窑址调查发掘报告集》，22 ～ 31 页，文物出版社，1984 年。

[9] 湖南省博物馆周世荣：《从湘阴古窑址的发掘看岳州窑的发展变化》，《文物》1978 年第 1 期，69 ～ 81 页。

量比较少[1]。

第三，洪州窑隋代盛行戳式印花技法，唐代早期延用，花纹内容丰富。这种装饰技法见于隋代岳州窑和寿州窑。岳州窑发现的数量比较多，但花纹内容与洪州窑有明显的不同，是以叶片纹、团花纹、竖线方形纹为主，在一件器物上两种纹样常常是相间排列[2]，这一点与洪州窑相同。寿州窑发现的很少，1977 年安徽蚌阜出土的一件青釉戳印花盘口壶，其颈、肩、腹部戳印小团花和叶片纹[3]，纹样制作比较精细。

第四，洪州窑唐代早期盛行以戳式模印技法做出的重圈纹，在其他窑中不见，应是洪州窑特有的一种装饰纹样。

由上述可见，洪州窑瓷器的装饰技法和内容具有鲜明的特点，多为其他名窑所不及。就总体而言，其在当时应处于先进行列，尤其是在东晋至唐代早期，在中国古代瓷器装饰工艺中占有重要的地位。

（原载《陈昌蔚纪念论文集》第五辑，台北财团法人陈昌蔚文教基金会，2011 年）

[1] 安徽省展览、博物馆：《合肥西郊隋墓》，《考古》1976 年第 2 期，134 ～ 140 页；胡悦谦：《谈寿州瓷窑》，《考古》1988 年第 8 期，735 ～ 749 页。

[2] 湖南省博物馆周世荣：《从湘阴古窑址的发掘看岳州窑的发展变化》，《文物》1978 年第 1 期，69 ～ 81 页；湖南省博物馆：《长沙两晋南朝隋墓发掘报告》，《考古学报》1959 年第 3 期，75 ～ 105 页。

[3] 文化部文物局等：《全国出土文物珍品展（1976 ～ 1984）》图版 37，文物出版社，1987 年。

简论钧窑系形成的过程 *

钧窑位于河南省禹县（现为禹州市），集中分布在县西、西南、西北和北部的山区或半山区。迄今已发现瓷窑遗址147处[1]，多分布在颍河及颍河支流的沿岸。考古资料表明，钧窑烧瓷应始于唐代[2]，元代以后衰落。钧窑烧制的瓷器品种比较复杂，计有青釉瓷器、黑釉瓷器、白地黑花瓷器等。深浅不一的天蓝色乳浊釉青瓷器，即人们通常所称的钧釉瓷器是其生产的主流，也是钧窑系富有特色的产品，创烧于北宋时期[3]，金元时期继续烧造。钧窑的钧釉瓷器问世后，深得人们喜爱，需求量日益增多，随后河南的一些瓷窑相继烧制这类品种，并影响到了河北、山西、内蒙古的一些瓷窑，这样到元代在北方逐渐形成了一个以钧窑为中心的瓷窑体系[4]。此窑系在宋元时期瓷器手工业生产中占有重要的地位，对后世的瓷业生产也产生了深刻的影响。

本文以北方宋元时期各窑址出土的钧釉瓷器为基本资料，推断各窑址烧制钧釉瓷器的年代，并在此基础上，论证钧窑系形成的过程。请各位同好不吝指正。

从见诸报道的考古调查和发掘资料得知，烧制钧釉瓷器的窑，除前面提到的河南禹县钧窑外，河南还有郏县窑、鲁山窑、汝窑、新安窑、焦作窑、辉县窑、鹤壁集窑、淇县窑、林县窑、安阳窑等，河北有磁县的磁州窑、曲阳的定窑，山西有浑源窑等（图一）。

上述各窑址，有些进行过考古发掘，如鹤壁集窑址；有的虽未发掘，但做过详细考古调查，如钧窑神垕窑址、新安窑址等；有的仅做了简单的调查，如辉县窑址等。现仅以公布的资料为依据，对各窑烧制钧釉瓷器的年代作以简要的推断。

钧窑神垕窑址 神垕窑址位于禹州市西南约30公里的神垕镇，分布在镇西北、西部的大刘山、凤翅山一带。20世纪50年代以来众多学者对该窑址进行了无数次调查，其中1964年3月冯先铭先生、叶喆民先生等调查比较细致，并于当年下半年发表了调查简报[5]。从发表的资料看，神垕窑址出土的钧釉瓷器的胎釉有两种情况：一是胎质致密，呈深灰或灰黑色，釉质大多细腻滋润，釉色以天青、天蓝色最为常见，也有少量的月白色，部分器物带有紫红斑，色调纯正，均施满釉，釉层均匀；另一种是胎质较粗糙，多呈灰泛黄色，釉质也较粗，常见棕眼，釉色仍以天青、天蓝色为主，色调多泛灰色，外侧施釉不到底足，有的施半釉，釉层不够均匀。前者质量较高，时代应较早，一般应是北宋时期所烧造，下可延及金代；后者质量较差，时代较晚，应是元代的遗物。神垕烧制钧釉瓷器的时间较早，估计可早到北宋中期。

郏县谒主沟（亦称野猪沟）窑址 谒主沟窑址位于郏县县城西北15公里谒主沟村，分布在村北石湾河两侧，距神垕镇约5公里。20世纪50年代以来对该窑址进行过几次调查[6]。资料表明，

---

* 本文原有图片四个，由于质量原因，仅保留了原文中的图四现改为图一。

[1] 曹子元：《禹县古瓷窑址简介》，《河南古瓷窑址资料汇编》，河南省文物研究所编印，1985年。

[2] 赵青云：《钧窑的起源、兴衰与复苏》，《中原文物》1981年特刊。

[3] 赵青云：《河南陶瓷史》，紫禁城出版社，1993年。

[4] a. 冯先铭：《有关钧窑诸问题》，《河南钧瓷汝瓷与三彩》，紫禁城出版社，1987年；b. 李辉柄：《钧窑系的形成与分期》，《河南钧瓷汝瓷与三彩》，紫禁城出版社，1987年。

[5] 叶喆民：《河南省禹县古窑址调查记略》，《文物》1964年第8期。

[6] 孙少中：《谒主沟钧窑遗址》，《河南古瓷窑址资料汇编》，河南省文物研究所编印，1985年。

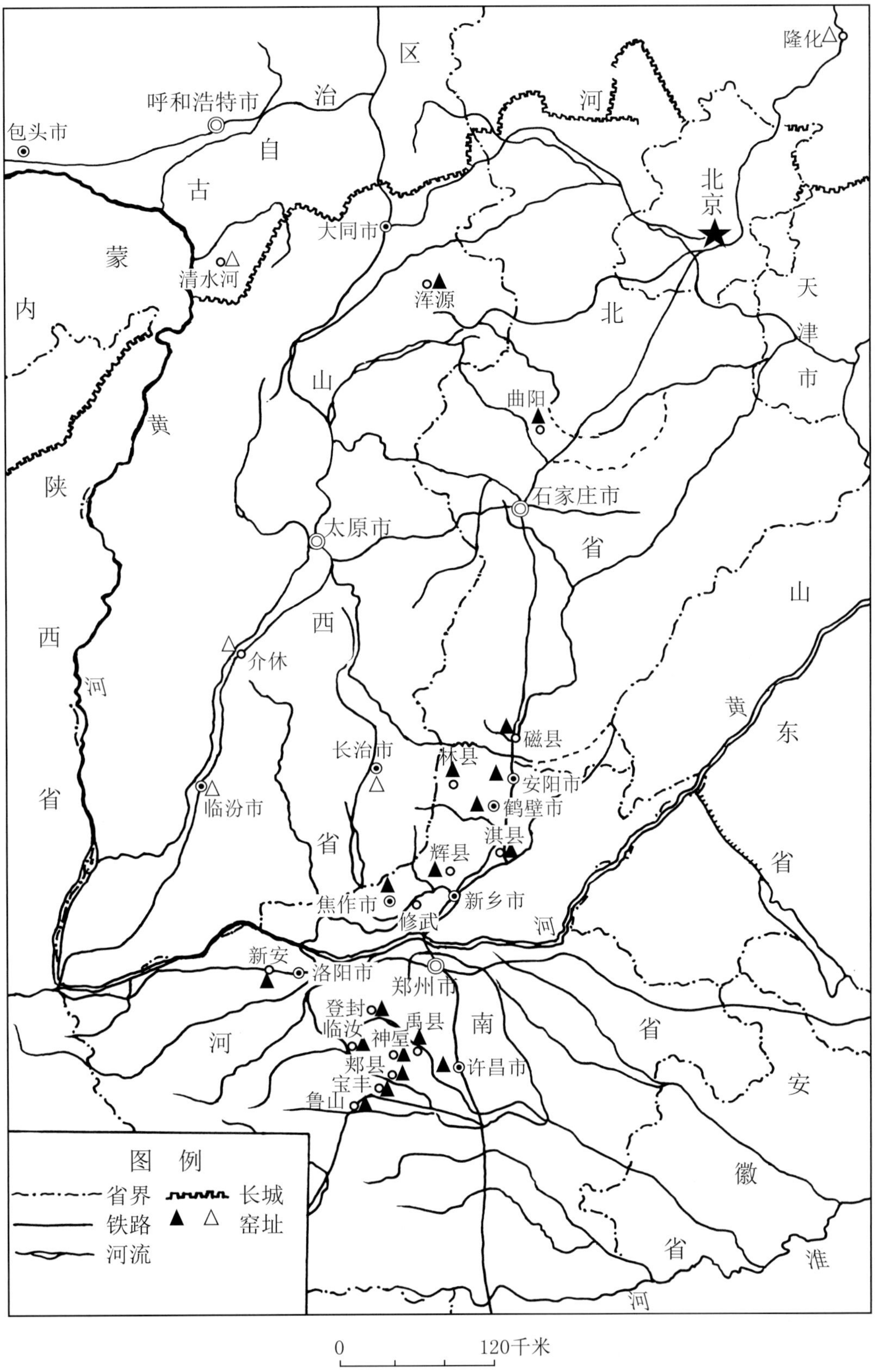

图一　北方宋元时期烧制钧釉瓷器的窑址分布图

此窑烧制钧釉瓷器的年代约在北宋至元代。北宋时期产品质量较好，器形有碗、盘、瓶、罐、盆等。胎呈深灰色，釉质肥厚润泽，釉色有天青、天蓝、月白色等，还有少量的呈玫瑰紫、海棠红色，美丽鲜艳。谒主沟窑址是一民间窑场，与钧窑神垕窑址相邻，北距神垕下白峪窑址2公里左右。两窑址在烧瓷时间、器形、胎、釉等方面有许多相同之处，关系极为密切。

鲁山段店窑址 段店窑址位于鲁山县城北9公里的梁洼乡段店村。亦进行过多次考古调查[1]。采集到的钧釉瓷器多属于金代遗物，器形有碗、盘、瓶等。碗有敞口和敛口两种，敞口碗壁微曲，浅腹；敛口碗个体较小，曲弧壁，深腹。胎质细密坚实，呈灰白、灰或褐红色。釉面光润、细洁，釉呈天青或天蓝色，有的带有云状彩斑，个别的色调较深，在釉面上显出紫红色光彩。底足露胎，余皆施釉。有的盘心内留有支钉痕迹。其工艺水平与钧窑北宋时期的产品相差不远，是仿钧瓷产品中质量较好、时间较早的。此外，在现有的采集品中，有的制作工艺欠佳，可能是元代的产品。

宝丰清凉寺汝窑址 清凉寺窑址位于宝丰县城西25公里大营镇清凉寺村南，分布在沙河支流响浪河东侧，80年代以来曾进行过三次考古发掘，出土的钧釉瓷器有明确的地层关系，1987年第一次发掘时，在金元文化层内出土了一定数量的钧釉瓷器，其中T2②：280碗，制作十分工整，造型庄重大方。圆唇，口微侈，腹壁略曲，圈足。灰色胎，底足露胎，余皆施釉，釉层均匀，呈天蓝色，釉中现有紫红斑。此器为金代遗物。这次发掘出土的其余钧釉瓷器，天蓝釉多较暗淡，釉表层多有气泡，其中有一部分应是元代产品[2]。1988年秋和1989年春进行的两次发掘，在元代文化层中出土了一些钧釉瓷器，胎质坚硬，呈灰紫色。其中一件直口小碗比较典型，曲壁，圈足，施天蓝色釉，带紫红斑，是元代钧釉瓷器中具有代表性的作品[3]。由上述资料可见，清凉寺窑场烧制钧釉瓷器约始于金代，元代产量有所增加。

汝州严和店窑址 严和店窑址位于汝州市西南10公里的蟒川乡严和店村，分布在蟒川河岸，是汝窑中另一个烧制钧釉瓷器的重要窑场。20世纪30年代以来曾做过多次调查[4]，并于1958、1985、1996年进行了三次考古发掘[5]。关于严和店窑场烧制钧釉瓷器的年代，看法不尽相同。值得注意的是，在1996年发掘的北宋时期文化堆积层中，未见钧釉瓷器，可见严和店窑场烧制钧釉瓷器应在北宋以后，以往调查采集和考古发掘出土的钧釉瓷器资料也证实了这一点。1964年3月冯先铭先生在严和店蜈蚣山（大堰头）采集的钧釉瓷器有碗、盘、碟、洗、瓶等。从造型和工艺特点观察，我们认为皆属金元时期。其中调查简报中所说的I式碗，制作规整，尖唇，敛口，弧腹，圈足，胎、釉较薄，釉色浅淡，以月白色为多，有的带紫红斑，其时代较早，有可能是金代产品。1985年发掘出的一件盘，口微敛，壁略曲，圈足，浅腹，器内外均施天蓝色釉，釉层均匀，造型特点与鹤壁集窑址金代晚期文化层中出土的钧釉瓷盘相似[6]。

新安窑址 新安窑址迄今共发现宋元时期窑场遗址21处，除1处在县城西南隅外，其余分布于县城北和西北20～31公里处，坐落在畛河及其支流两岸。20世纪50年代以来对该窑址进行

[1] a．李辉柄、李知宴：《河南鲁山段店窑》，《文物》1980年第5期；b．河南省文物研究所等：《河南鲁山段店窑的新发现》，《华夏考古》1988年第1期。
[2] 河南省文物研究所：《宝丰清凉寺汝窑址的调查与试掘》，《文物》1989年第11期。
[3] 河南省文物研究所：《宝丰清凉寺汝窑址第二、三次发掘简报》，《华夏考古》1992年第3期。
[4] 冯先铭：《河南省临汝县宋代汝窑遗址调查》，《文物》1964年第8期。
[5] a．河南省文化局文物工作队：《汝窑址的调查与严和店的发掘》，《文物参考资料》1958年第10期；b．河南省文物研究所：《河南临汝严和店汝窑遗址的发掘》，《华夏考古》1995年第3期。
[6] 鹤壁市博物馆：《河南省鹤壁瓷窑遗址1978年发掘简报》，《中国古代窑址调查发掘报告集》，文物出版社，1984年。

过多次调查，其中 1973、1975 年两次调查较为细致，并发表了调查报告[1]。资料表明，新安窑的年代为北宋至元代。烧制的瓷器品种较为复杂，计有青釉瓷器、黑釉瓷器、白地黑花瓷器和钧釉瓷器等，北宋和金代以烧前三个品种为主，元代以烧钧釉瓷器为主。至元代，21 处窑场几乎全烧制钧釉瓷器，新安窑址出土的钧釉瓷器的器形有碗、盘、碟、罐、瓶、炉等，造型规整朴实，胎质多较粗松，呈灰色或红褐色，一般底足露胎不施釉。釉以天蓝色为主，另有少量的天青色和月白色，有的带有紫红斑。釉面多较光润，有的则较暗谈。调查报告的作者认为均为元代所烧制。我们经过对器物的排比，认为那些制作较粗放、施釉不到底、紫红斑显得呆板的器物无疑是元代之作；另有一些制作较精细、胎壁较薄、腹壁弧度较大、圈足外撇、施釉至底足的器物，如 1973 年调查所获的钧釉瓷器Ⅰ式钵、Ⅳ式碗等，有可能是金代遗物。由上述可知，新安窑烧钧釉瓷器约开始于金代，元代大量生产。

焦作窑址 焦作窑址位于焦作市周围的店后村、李封村、恩村、西王封村、寺后村、东张庄村、石碑村和高窑河村。烧制年代一般为宋元时期，仅店后村窑址稍早，可上溯到晚唐五代时期。生产的瓷器品种较为复杂，有白釉瓷器、黑釉瓷器、酱黑釉瓷器、白地黑花瓷器、钧釉瓷器、青釉瓷器和纹胎瓷器等[2]。钧釉瓷器的器形以碗、盘为主，胎体多厚重，呈灰色、黄灰色或砖红色，釉有天蓝色、月白色等，有的带紫红斑，施釉一般不到底，制作不够精细，推测其多为元代产品。

鹤壁集窑址 鹤壁集窑址位于鹤壁市北 10 公里的鹤壁集镇，分布在羑河两岸。20 世纪 50 年代以来曾对该窑址做过多次调查[3]，1963、1978 年先后进行了两次考古发掘[4]，获得了一批钧釉瓷器资料，钧釉瓷器多出土于元代地层之中，器形有碗、盘、钵、罐等，以碗最为常见，胎质较细，呈深灰色或黄褐色。釉质一般较细，多呈天青色、天蓝色，有的色调较暗，作灰蓝色，有的带紫红色斑点，其中有一件碗带紫蓝色斑。值得注意的是，1978 年发掘的 T2 探方的金代晚期文化层中出土了钧釉盘等钧釉瓷器，可见鹤壁集窑烧制钧釉瓷器始于金代晚期，至元代普遍生产。

淇县窑址 淇县窑址位于县城北、西北 20 ～ 35 公里的西渔泉村、前嘴村、西掌村、黄洞村。20 世纪 70 年代后陆续发现，并进行调查[5]。调查所获资料皆为钧釉瓷器。器形有碗、盘、钵、罐等，造型有的不太规整。胎体厚重，质地粗松，呈土黄色、灰色或深灰色。釉的主体颜色为天青色和天蓝色，色调不稳定，有的呈灰青色、灰绿色或米黄色。有的带铜红色或紫红色斑块，多显呆板。施釉不到底。从上述特征观察，无疑为元代遗物。

林县窑址 林县窑址位于县城东南 18 ～ 21 公里的东下洹村、李家厂村、西卸甲坪村、东卸甲坪村、丁家沟村，分布在洹河两岸的台地上。1977 年文物普查时发现，1984、1985 年又做了调查，前后共发现窑址 7 处[6]。调查采集的瓷器全是元代的钧釉瓷器。器形有碗、盘、碟、罐等，造型

[1] a．河南省博物馆等：《河南省新安县古瓷窑遗址调查》，《文物》1974 年第 12 期；b．河南省文物研究所等：《河南新安古窑址的新发现》，《中国古代窑址调查发掘报告集》，文物出版社，1984 年。

[2] 路百胜：《焦作店后瓷窑址》、《李封天目瓷窑》、《恩村宋代瓷窑址》、《西王封宋金窑址》、《龙洞乡金元瓷窑址》，《河南古瓷窑址资料汇编》，河南省文物研究所编印，1985 年。

[3] a．杨宝顺：《汤阴县鹤壁古瓷窑遗址》，《文物参考资料》1956 年第 7 期；b．陈万里：《鹤壁集印象》，《文物参考资料》1957 年第 10 期。

[4] a．河南省文化局文物工作队：《河南省鹤壁集瓷窑遗址发掘简报》，《文物》1964 年第 8 期；b．鹤壁市博物馆：《河南省鹤壁瓷窑遗址 1978 年发掘简报》，《中国古代窑址调查发掘报告集》，文物出版社，1984 年。

[5] 耿青岩：《淇县西渔泉南岸地瓷窑址》、《西渔泉小条地瓷窑遗址》、《武公祠瓷窑遗址》、《前咀鳌盖地瓷窑遗址》、《西掌瓷窑址》、《黄洞瓷窑址》，《河南古瓷窑址资料汇编》，河南省文物研究所编印，1985 年。

[6] 张增午等：《林县李家厂、卸甲坪古窑址调查纪略》，《河南古瓷窑址资料汇编》，河南省文物研究所编印，1985年。

朴实、规整。胎质坚硬致密，釉质浑厚，有天青色、天蓝色、月白色等，有的带紫红斑块，釉色泽光亮。一般施釉不到底，质量好于淇县窑。

安阳窑址 安阳窑址位于县城西、西南 25 ～ 35 公里的天喜镇村、北岸村、北齐村、东山村、南善应村、北善应村、西善应村、珍珠村、石板村、三仓村，分布在洹河两岸的台地上。安阳窑是河南省最北的瓷窑址。1952 年以来曾做过多次考古调查[1]，共发现宋元时期的窑址 10 处，其中有 7 处烧制钧釉瓷器。钧釉瓷器的器形有碗、盘、碟、罐等，以碗、盘为主。造型庄重朴实，有的厚重硕大。胎质有粗细之别，烧成温度较高，质地坚硬，一般呈灰色或深灰色。施釉不到底足，圈足裸露，有一些外侧仅施半釉。釉层厚重，不够均匀，有的下垂成堆滞。釉质一般较细腻，呈青蓝、灰蓝、深蓝、浅蓝、天蓝、月白色等，有的蓝釉泛紫、青蓝釉泛黄色等，色调不够稳定，有的带紫红斑块，釉面一般较滋润，显然为元代作品。

磁州窑窑址 磁州窑窑址位于河北省磁县县城西观台镇、彭城镇一带，迄今发现窑址十余处，分布在漳河、滏阳河及其支流两岸的台地上。磁州窑是宋元时期北方地区一处规模较大的民窑。50 年代初以来对该窑址进行了多次调查[2]，1958、1960、1987 年先后进行了三次考古发掘[3]。该窑烧制的瓷器品种复杂，有白釉瓷器、黑釉瓷器、白地黑花瓷器、青釉瓷器、钧釉瓷器等。钧釉瓷器的器形有碗、盘等，胎体厚重，质地多粗松，呈灰色或棕褐色，施釉不到底足，釉为天青泛灰色，色调较为暗淡。这些钧釉瓷器具有明显的元代瓷器特征。同时，发掘所获资料均出土于元代地层之中，北宋、金代地层中不见。由上述可知，磁州窑烧制钧釉瓷器应在元代。

定窑窑址 定窑窑址位于河北省曲阳县城北约 30 公里的涧滋村一带，分布在唐河支流洹河西侧。20 世纪 50 年代初以来进行了多次调查，20 世纪 60 年代初做了一次试掘[4]，20 世纪 80 年代中期进行了大规模的发掘[5]。定窑创烧于唐代，元代衰落，以生产白釉瓷器为主，同时烧制少量的黑釉瓷器、钧釉瓷器等。在考古发掘的北宋、金代地层中未见钧釉瓷器，20 世纪 60 年代初调查时在地表发现一些钧釉瓷片[6]。质地粗松，呈灰色，烧成温度较低，釉层厚且不够均匀，釉为深蓝色。也有的质量较好，胎质细密坚硬，釉呈天蓝色，釉面润泽，这些采集品推测是元代的遗物。

浑源窑址 浑源窑址位于山西省浑源县县城南 10 ～ 15 公里的大磁窑堡、古磁窑、青磁窑村，分布在唐河上游两岸。浑源窑创烧于唐代，金元时期继续生产。烧制的瓷器品种有白釉瓷器、黑釉瓷器和钧釉瓷器等。1977 年调查时采集钧釉瓷片数片[7]，为天蓝色釉，“都属大型碗的残部”，应为元代的作品。

此外，河南登封[8]、许昌五楼村[9]等窑址也出土有钧釉瓷器；据有关论著中说，河北隆化[10]、

[1] a. 陈万里：《调查平原、河北二省古代窑址报告》，《文物参考资料》1952 年第 1 期；b. 卫本峰：《安阳县古代瓷窑遗址考察》，《河南古瓷窑址资料汇编》，河南省文物研究所编印，1985 年。

[2] a. 李辉柄：《磁州窑遗址调查》，《文物》1964 年第 8 期；b. 秦大树：《河北省磁县观兵台古瓷窑遗址调查》，《文物》1990 年第 4 期。

[3] a. 河北省文化局文物工作队：《观台窑址发掘报告》，《文物》1959 年第 6 期；b. 北京大学考古学系等：《观台磁州窑址》，文物出版社，1997 年。

[4] 河北省文化局文物工作队：《河北曲阳县涧滋村定窑遗址调查与试掘》，《考古》1965 年第 8 期。

[5] 刘世枢：《曲阳县唐、宋定窑遗址》、《曲阳县定窑遗址发掘》、《曲阳县定窑遗址》，《中国考古学年鉴》，1986、1987、1988 年，文物出版社。

[6] 河北省文化局文物工作队：《河北曲阳县涧滋村定窑遗址调查与试掘》，《考古》1965 年第 8 期。

[7] 冯先铭：《山西浑源古窑址调查》，《中国古代窑址调查发掘报告集》，文物出版社，1984 年。

[8] 张德卿：《郑庄瓷窑遗址》、《李家闲瓷窑遗址》，《河南古瓷窑址资料汇编》，河南省文物研究所编印，1985 年。

[9] 黄留春：《许昌五楼村窑址调查记》，《河南古瓷窑址资料汇编》，河南省文物研究所编印，1985 年。

[10] 李知宴：《钧瓷的艺术成就》，《河南钧瓷汝瓷与三彩》，紫禁城出版社，1987 年。

山西长治[1]、临汾[2]、介休[3]、内蒙古清水河[4]窑在元代也烧制钧釉瓷器。

以上我们将出土钧釉瓷器的窑址、烧制钧釉瓷器的年代做了简要的论证或说明，把各窑生产钧釉瓷器的年代和图一结合起来考察，就不难发现钧窑系形成的过程。

北宋是钧釉瓷器的创烧和成熟时期，烧制地点较少，除钧釉瓷器的发祥窑——钧窑外，能确定的仅有距钧窑神垕窑场很近的郏县谒主沟窑场。

金代烧制钧釉瓷器的窑增多，除了钧窑、郏县谒主沟窑之外，还有鲁山段店窑、宝丰清凉寺窑、汝州严和店窑、新安窑等，金代晚期鹤壁集窑也开始烧制钧釉瓷器。这时期烧制钧釉瓷器的区域是以钧窑为中心向西南、西、西北和北扩展，但基本上是在黄河以南的豫西地区。

元代是钧釉瓷器生产迅速扩展时期。除原有烧制钧釉瓷器的窑仍继续生产外，河南省的焦作窑、淇县窑、林县窑、安阳窑，河北省的磁县磁州窑、曲阳定窑、隆化窑，山西省的长治窑、临汾窑、介休窑、浑源窑和内蒙古清水河窑等，在元代陆续烧制钧釉瓷器。烧造区域扩展到黄河以北的广大地区，即河南省北部和河北省、山西省、内蒙古的部分地区。

不难看出，钧窑系形成的过程是以河南省禹县钧窑为中心，以宋末、金代开始向其周围呈辐射状扩展，金代晚期、元代逐渐越过黄河，沿太行山东、西两麓主要是东麓向北发展，直至长城以外地区。数量众多的烧制钧釉瓷器的窑基本连成一大片。

还需要指出的是，从采集或出土的器物观察，各窑烧造的钧釉瓷器在制作工艺方面均非常逼真地仿钧窑。所以，同一时期钧窑系诸窑烧制的钧釉瓷器，种类、造型、胎、釉等特征惊人相似，确实到了很难区分的程度，尤其是相邻窑的产品。这与元明清时期南方一些窑仿钧釉瓷器的情况截然不同。

钧窑系的形成同北方宋元时期其他几个窑系相比，显然比较缓慢，也比较晚。当其在元代形成时，著名的定窑系、磁州窑系、耀州窑系业已衰落，北方瓷业逐渐走下坡路，它的出现应该说给不景气的北方瓷业带来了一些生气。

（原载《中原文物》1999年第3期）

[1] 李知宴：《钧瓷的艺术成就》，《河南钧瓷汝瓷与三彩》，紫禁城出版社，1987年。

[2] a. 李知宴：《钧瓷的艺术成就》，《河南钧瓷汝瓷与三彩》，紫禁城出版社，1987年；b. 叶喆民：《中国陶瓷史纲要》，轻工业出版社，1989年。

[3] 中国硅酸盐学会：《中国陶瓷史》，文物出版社，1982年。

[4] a. 冯先铭：《有关钧窑诸问题》，《河南钧瓷汝瓷与三彩》，紫禁城出版社，1987年；b. 李知宴：《钧瓷的艺术成就》，《河南钧瓷汝瓷与三彩》，紫禁城出版社，1987年。

试论越窑的衰落

越窑是中国古代著名的青瓷窑，窑场分布在今浙江上虞、慈溪一带。如果从烧造成熟的瓷器算起，越窑约创建于东汉晚期。历经东吴、两晋、南朝、隋和初唐、盛唐的发展，中晚唐逐渐进入了辉煌时期。但它与同时期的其他瓷窑一样，也未能逃脱衰落乃至停烧的命运。越窑的衰落是备受关注的问题，研究者多有文章讨论或提及，本文在前人研究的基础上，拟对其衰落的时间、过程、原因做初步探讨，望各位同仁不吝指正。

一　衰落的时间

关于越窑衰落的时间，学术界看法、提法不一，有的研究者认为“衰于北宋中后期”[1]；有的则认为“大约是在北宋中期衰落的”[2]；或者认为“越窑青瓷从北宋晚期衰落”[3]；或者以为“北宋中期开始走下坡路，晚期衰落”[4]；还有的认为“衰落于南宋”[5]，各抒己见。笔者根据近年来对越窑遗址的考古调查、发掘所获资料，尤其是对寺龙口窑址发掘出土的资料的分析，认为越窑于北宋中期（约 1023 ～ 1085 年）出现了衰落的迹象，北宋晚期（约 1086 ～ 1127 年）全面衰落。

越窑于北宋中期出现衰落的迹象主要表现在两个方面。第一，产品的质量与北宋早期（约 978 ～ 1022 年）相比明显下降，备受青睐的青绿色釉少见，普遍流行青灰色釉。第二，在装烧方法上，出现了明火叠烧的做法[6]。这种装烧方法即是将碗、盘类器物叠摞起来，每两件之间以含砂量较高的泥条间隔，放在支具上烧造。越窑自从中唐时期出现匣钵装烧工艺[7]之后，其工艺逐渐流行，至晚唐时期成为装烧工艺的主流，尤其是碗、盘类器物都是放在匣钵内装烧。北宋中期出现明火叠烧，无疑是装烧工艺的倒退。

越窑于北宋晚期全面衰落在考古资料上的反映较为清楚。首先是生产规模急剧缩小。当时越窑中心区域慈溪境内的上林湖、古银锭湖、白洋湖、里杜湖四个窑址区中的窑址都有所减少，例如上林湖窑址区，北宋早、中期有窑址 30 处，龙窑遗迹 47 座；北宋晚期窑址锐减到 14 处，龙窑遗迹仅有 27 座[8]。其次是制作工艺退步，产品质量普遍、明显地下降。这时期原料加工较草率，胎质较粗；修坯较潦草，胎体表面较粗糙，欠光净；釉层较薄，釉多呈青灰、青泛黄色，釉面显干涩，光泽较差；装饰技法仍以刻、划花为主，工艺粗放，纹样简单，常见工艺简便、极易制作的篦划纹和呈放射状的直线纹，装饰效果不佳；匣钵装烧法退居次要地位，流行明火叠烧法，在烧成过程中倒

[1] 蒋赞初：《谈关于越窑和秘色瓷的兴衰》，《越窑、秘色瓷》，上海古籍出版社，1996 年。

[2] 李刚：《论越窑衰落与龙泉窑兴起》，《越瓷论集》，浙江人民出版社，1988 年。

[3] 慈溪市博物馆：《上林湖越窑》第六章《结语》，科学出版社，2002 年（以下相同者不另注）。

[4] 沈岳明：《越窑概论》，《浙江省文物考古研究所学刊》（第五辑）（2002 年越窑国际学术讨论会专辑），杭州出版社，2002 年（以下简称“浙省学刊五”）。

[5] 李家治等：《从工艺技术论越窑青釉瓷兴衰》，见“浙省学刊五”。

[6] 浙江省文物考古研究所等：《寺龙口越窑址》，文物出版社，2002 年。

[7] 郑建华：《越窑贡瓷与相关问题》，《纪念浙江省文物考古研究所建所二十周年论文集》，西泠印社，1999 年。

[8] 慈溪市博物馆：《上林湖越窑》第二章《上林湖窑址》。

塌、变形现象较常见，废品率增高[1]。由上述可见，北宋晚期越窑已是一派衰败景象。

关于越窑下限，即停烧的时间，也是学术界关注的问题。研究者的意见也不尽相同，有的认为“结束于宋”[2]；有的认为“至迟在南宋早期就已倒闭”[3]；有的则认为“停烧于南宋早期”[4]；还有的认为古银锭湖窑址区的“下限至南宋中期”，进而推断越窑下限为南宋中期[5]。将越窑下限推定为南宋中期是近年来提出的新观点，很值得重视。

从目前掌握的考古资料看，南宋时期越窑的窑址皆发现于古银锭湖窑址区。古银锭湖窑址区是慈溪越窑四大窑址区之一，慈溪越窑是唐宋时期越窑的中心区域，所以古银锭湖窑址区的下限资料可以代表越窑的下限。古银锭湖窑址区南宋窑址有低岭头、寺龙口、张家地、开刀山四处[6]。其中的南宋早期资料，由于寺龙口窑址的发掘已被确认[7]。值得注意的是，在南宋资料中，有一批明显不同于南宋早期的资料，这批资料的器类有碗、盘、盏、瓶、尊、鸟食罐、罐、鬲式炉、炉、花盆（图一、图二及图版一、二）等。鬲式炉、花盆是南宋早期所不见的器形，瓶的形制与南宋早期也有较大的差别，其胎呈灰或深灰色，釉普遍较厚（有些还是厚釉），呈乳浊状，一般作淡青灰色。这与南宋早期胎色较浅、釉层较薄、透明度较高的特点大不相同。特别是施釉的部位更是不同，南宋早期的碗、盘等一般内外均满施釉，而这批资料中的碗、盘、瓶、花盆等，一般外侧施釉仅至足外侧中部或足中部略上，外底无釉（图二，5；图版二，1、2）；有的内外虽满施釉，但施后即将足缘或足内外侧下部的釉抹去（图一，1、5、10；图版一，1、2、3）。裸胎部位呈紫红色。一般无花纹装饰，与南宋早期流行花纹装饰的做法也不尽相同。总之，这批资料与南宋早期资料有显著差别。显然不是同一时期的遗物。据其基本特征推断，应晚于南宋早期。再从其保留了明火叠烧、以含砂量较高的泥条相间隔（图版二，1、2）的工艺来看，应是南宋早期的继承和发展。下面讨论一下它的具体年代。

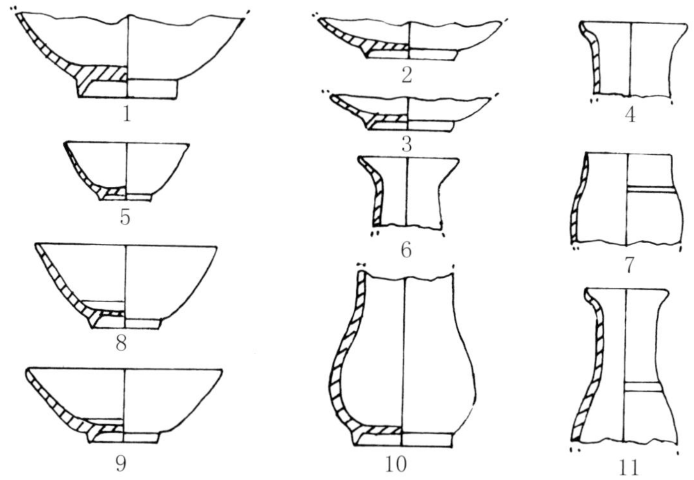

图一　开刀山窑址采集的器物图

1、5. 碗　2、3. 盘　4、6、10、11. 瓶　7. 尊　8、9. 盏（1、3、5、7、9、11 为呈乳浊状的淡青灰色釉，余为厚釉；1、2、3、4、6、8、9、10、11 约为 1/5，余为 1/10；采自慈溪市博物馆《上林湖越窑》）

前面提到这批资料中的碗、盘、瓶、花盆等器物的施釉情况在南宋和北方的金代都比较常见，尤其是与浙江杭州老虎洞窑址南宋层出土的稍晚一些的同类器比较接近，所不同的是没有其规

［1］慈溪市博物馆：《上林湖越窑》；另见浙江省文物考古研究所等：《寺龙口越窑址》，文物出版社，2002 年。
［2］朱伯谦：《越窑》，《朱伯谦论文集》，紫禁城出版社，1990 年。
［3］李刚：《论越窑衰落与龙泉窑兴起》，《越瓷论集》，浙江人民出版社，1988 年。
［4］沈岳明：《越窑概论》，《浙江省文物考古研究所学刊》（第五辑）（2002 年越窑国际学术讨论会专辑），杭州出版社，2002 年。
［5］慈溪市博物馆：《上林湖越窑》第三章《古银锭湖窑址》。
［6］慈溪市博物馆：《上林湖越窑》第三章《古银锭湖窑址》。
［7］浙江省文物考古研究所等：《寺龙口越窑址》，文物出版社，2002 年。

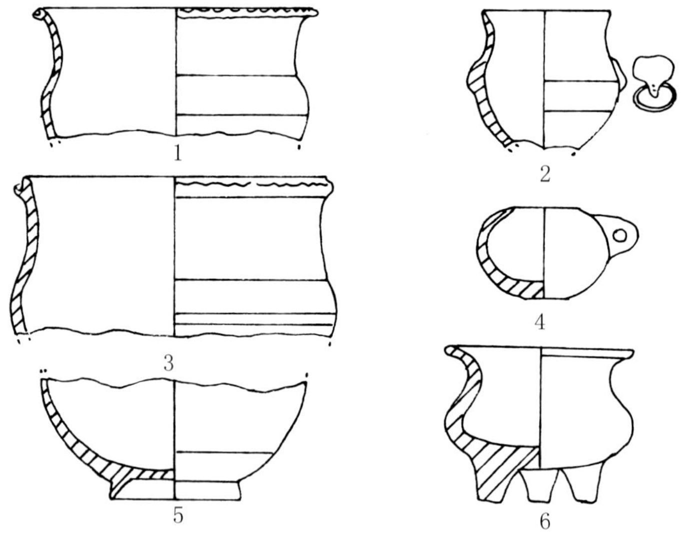

图二　开刀山窑址采集的器物图

1、3、5. 花盆　2. 炉　4. 鸟食罐　6. 鬲式炉（5 为呈乳浊状的淡青灰色釉，余为厚釉；4 约为 1/2，余为 1/4；采自慈溪市博物馆《上林湖越窑》）

范[1]。花盆虽无可复原者，但从残片观察（图二，1、3、5；图版一，2），其形制与老虎洞窑址南宋 H7 出土的花盆相同或相似[2]。研究者一般认为老虎洞窑址南宋层遗存即是南宋修内司官窑遗存，也就是南宋修内司官窑窑址[3]。修内司官窑的年代，杜正贤先生认为，"始烧年代应从成立礼器局的绍兴十四年（1144 年）起"[4]；至于它的停烧废弃年代，李民举先生认为，"郊坛官窑的出现时间也就是修内司官窑的废弃时间"，并推测"嘉泰四年（1204 年）当为修内司官窑与郊坛官窑发生代更的时间上限"[5]。碗的足墙内侧、足缘、底外侧刮釉或不施釉的做法还与浙江新昌南宋绍兴二十九年（1159 年）墓出土的龙泉窑青瓷碗的情况一致[6]。再有，成书于南宋开禧二年（1206 年）的赵彦卫《云麓漫钞》卷十载，青瓷器"今处之龙溪出者色粉者，越乃艾色。……近临安亦烧之，殊胜二处"[7]。从这段记载可知，越窑在开禧二年仍在烧造，所烧青瓷为艾色。"艾色"即绿色，与这批资料中非厚釉和部分厚釉瓷器的釉色基本相符。此外，这批资料中的瓶和鬲式炉的时代特征较为明显。瓶发现的均是残片，无一能复原者，值得注意的是长颈瓶的口部形制均为浅盘口，弧壁或斜直壁（图一、4、6、11）。这种形制的瓶口在南宋修内司官窑窑址出土的资料中少见，而常见于南宋中晚期浙江龙泉窑等窑的产品中，尤其与四川遂宁金鱼村南宋窖藏出土的龙泉窑青瓷长颈竹节状瓶的口相近[8]。鬲式炉（图二，6）的形制与遂宁金鱼村窖藏出土的同类器物基本相同[9]，而与南宋修内司官窑窑址出土的鬲式炉差别明显[10]。金鱼村窖藏的年代，据发掘者推测"似应在南宋遂宁府废弃时期，而理宗端平三年（1236 年）的可能性较大"[11]，其所藏龙泉窑青瓷的年代应略早于窖藏的年代。

由上述可见，这批资料的年代约在南宋绍兴十四年（1144 年）至 13 世纪早期。需要提及的是，这批资料中的花盆等器物和厚釉工艺等绝非越窑传统，可能是受南宋修内司官窑影响的结果，

[1] 杭州市文物考古所：《杭州老虎洞窑址瓷器精选》，文物出版社，2002 年；杭州市文物考古所：《杭州老虎洞南宋官窑址》，《文物》2002 年第 10 期。
[2] 杭州市文物考古所：《杭州老虎洞窑址瓷器精选》，文物出版社，2002 年；杭州市文物考古所：《杭州老虎洞南宋官窑址》，《文物》2002 年第 10 期。
[3] 秦大树：《杭州老虎洞窑址考古发现专家论证会纪要》，《文物》2001 年第 8 期。
[4] 杭州市文物考古所：《杭州老虎洞窑址瓷器精选》，文物出版社，2002 年。
[5] 李民举：《宋官窑论稿》，《文物》1994 年第 8 期。
[6] 浙江省博物馆：《浙江纪年瓷》图版 206，文物出版社，2000 年。
[7] 傅根清点校本，中华书局，1996 年。
[8] 日本朝日新闻社文化企画局文化企画部：《封印された南宋陶磁展》图版 2、3、4、5，朝日新闻社，1998 年（以下同）。
[9] 日本朝日新闻社文化企画局文化企画部：《封印された南宋陶磁展》图版 21、22。
[10] 杭州市文物考古所：《杭州老虎洞窑址瓷器精选》图版 78、79，文物出版社，2002 年。
[11] 遂宁市博物馆等：《四川遂宁金鱼村南宋窖藏》，《文物》1994 年第 4 期。

1

1

2

2

3

3

图版一　开刀山窑址采集的器物残片

1. 瓶　2. 花盆　3. 碗（皆为呈乳浊状的淡青灰色釉，1997 年采集，北京大学考古文博学院教学标本）

图版二　开刀山窑址采集的器物残片

1、2、3. 碗　4. 罐（皆为呈乳浊状的淡青灰色釉，1997 年采集，北京大学考古文博学院教学标本）

所以其上限要比绍兴十四年略晚一些。目前在越窑遗址中尚未发现比这批资料再晚的资料了，因此，越窑的下限约为 13 世纪早期，此后停烧。

二　衰落过程

越窑从出现衰落迹象到停烧至少经历了 150 多年。在 150 多年间，越窑并非简单、缓慢地直线下滑，而是经历了一个较为复杂、又耐人寻味的过程。

众所周知，中晚唐五代时越窑进入了繁荣兴盛的时期，产品的质量大幅度提高，“秘色瓷”是这个时期的代表作，“类玉”“类冰”的青色釉颇受人们喜爱。这时期的越窑青瓷突出釉的效果，以釉取胜，一般无花纹装饰。北宋早期大体沿袭了晚唐五代时期的发展趋势，仍然以釉取胜。但当时南北方各窑，尤其是名窑，如景德镇窑、定窑、耀州窑等，在以釉取胜的同时，较普遍地采用了花纹装饰，产品在市场上很受欢迎。在这种风气的影响下，北宋早期越窑也开始重视花纹装饰，这时期做工精细、釉质莹润的上乘之作往往都配以装饰花纹。装饰技法主要有线雕（划花）和浅浮雕（刻花）两种，均为越窑的传统技法，在晚唐五代时期已见使用，不过到了北宋早期这两种技法更为娴熟，纹饰制作更为精细。产品自然受到社会上层的广泛欢迎，在皇室和贵族的墓葬中屡有发现[1]。于是越窑的经营者们大概以为越窑的花纹装饰青瓷已成了其生产的新的增长点，又一个品牌。殊不知，这时期人们喜欢越窑花纹装饰青瓷，主要还是基于它是秘色瓷，是由于美丽的釉。而可能就在这种经营思想的指导下，经营者们于北宋中期改革了以釉取胜的传统做法，吸收耀州窑系青瓷刻花技法，大量烧造刻花和划花青瓷，试图以一个新的面貌出现在世人面前。主产品调整之后，越窑由于以往的技术积累和秘色瓷的巨大影响，所以北宋中期基本仍在平稳发展，并在神宗熙宁元年（1068 年）十二月还给朝廷贡“秘色瓷五十事”[2]。但划花、刻花，尤其是耀州窑系青瓷刻花装饰毕竟不是它的传统优势，而是在其他瓷窑的影响、带动下发展起来的，与其配套的一些技术还显得薄弱，特别是这种工艺对施釉的薄厚、透明度要求较高，越窑产品的整体水平很难进入先进行列。再者，划花、刻花瓷器制作费工，成本较无花纹者高。问题随之逐渐暴露出来。大约为了保住市场，维持生产，越窑以增加装烧量的办法来降低成本，于是北宋中期的后期部分瓷器甚至包括相当数量的刻花瓷器不用匣钵装烧了，而采用了既简便又能增加装烧量的明火叠烧的方法。这一举动预示着越窑即将进入衰落时期。

北宋晚期越窑的衰落局面一发不可收拾。生产规模大大萎缩，产品制作工艺粗放，质量普遍下降，呈现出一派凋零衰败的情景。尽管如此，划花、刻花瓷器的比例并未见明显下降，经营者似乎仍然相信划花、刻花瓷器会给其带来好运。为了提高这类瓷器的产量，其碗、盘等大量采用明火叠烧的方法烧造，所以，烧成后在内侧的花纹上不可避免地留下了重重的叠烧时所用的泥条的痕迹，严重影响了花纹的装饰效果。这种不合常理的做法，在兴盛时期是不可能出现的。

南宋早期（1127 年～ 12 世纪中期），越窑的生产进一步萎缩。慈溪上林湖、白洋湖、里杜湖三个窑址区不见南宋早期遗存，已基本停止烧造。古银锭湖窑址区虽在坚持生产，但窑址、窑场数量锐减，仅有低岭头、寺龙口、张家地、开刀山四处窑址的八座龙窑在烧造[3]，窑火寥寥，昔

[1] 如北京辽统和十三年（995 年）辽始平军节度管内观察处置等使崇禄大夫韩佚墓（《考古学报》1984 年第 3 期）、河南巩县北宋咸平三年（1000 年）宋太宗元德李皇后陵（《北宋皇陵》，中州古籍出版社，1997 年）、内蒙古哲里木盟辽开泰七年（1018 年）陈国公主墓（《辽陈国公主墓》，文物出版社，1993 年）等。

[2]《宋会要辑稿 · 食货》四一之四〇、四一，中华书局，1957 年。

[3] 慈溪市博物馆：《上林湖越窑》第三章《古银锭湖窑址》。

日的兴旺、喧闹情景已不复见。这时期一般民用瓷器的质量愈加粗糙，尤其是明火叠烧者更为突出。但由于以往越窑的良好声誉和特殊的政治形势，在南宋初年，即高宗绍兴元年（1131 年）、绍兴四年（1134 年），朝廷曾先后两次命越窑烧造明堂祭器 [1]。考古调查、发掘资料表明，当时古银锭湖窑址区仍在生产的四处窑址（场）都承担了这项任务 [2]。有关资料还证明，在这时期还烧造过中央官府和宫廷生活用瓷，寺龙口窑址发掘出土资料 [3] 和金志伟先生在杭州采集的越窑古银锭湖窑址区烧造（金先生推断是寺龙口窑址烧造）的“御厨”和“慈[宁][殿]”款青瓷盘 [4] 乃是确切的实物证据。明堂祭器和官府、宫廷生活用瓷的质量远远高于一般民用瓷器，两者泾渭分明，差别极为明显。南宋早期越窑烧造明堂祭器和官府、宫廷生活用瓷，使濒临停烧的局面得到了缓解。但由于其烧造时间短，需要量小，再加上越窑经营者没能抓住这一有利的发展机遇，最终还是没有改变衰败的状况。

南宋早期越窑给朝廷烧造瓷器虽然没能扭转衰落的局而，但工匠们似乎从中得到了启示，燃起了希望。南宋早期以后，即 12 世纪中期至 13 世纪早期，越窑的工匠们对青釉做了较大的改造。据对开刀山窑址采集的这时期的瓷片样品测试结果表明，釉的配方与传统的越窑釉的配方有明显的不同：①钾的含量增加，钙的含量相对减少；②铁、钛的含量降低 [5]。虽然仍属于石灰釉的范围，但在釉的外观上已与越窑传统的石灰釉大不相同了。其釉层较前要厚一些，饱满温润，透明度降低，呈乳浊状。值得注意的是，在低岭头、张家地、开刀山三处窑址中还发现了一些厚釉产品，器类有瓶、炉等祭器和花盆等陈设器，其中有些花盆的形制与南宋修内司官窑窑址出土的花盆相同。对于这类厚釉青瓷，有研究者称之为“官窑型器物” [6] 或“官窑型产品” [7]。这类厚釉青瓷中尽管有祭器和陈设器，但应不是奉命烧造的朝廷用瓷，而应是在南宋修内司官窑的影响下为摆脱困境主动烧造的一般用瓷。这时期，越窑在釉方面应该说是做了符合青釉发展趋势的革新，并积极仿烧南宋修内司官窑瓷器，试图有所发展，至少是将现有的局面维持下去。结果，奇迹没能出现，它的产品与同时期的南宋修内司官窑、龙泉窑青瓷相差太大，仍无力挽回行将停烧的结局。

三　衰落的原因

关于越窑衰落的原因，学术界的意见或强调的重点也不完全相同。有研究者认为，吴越归宋之后，“不复需要如此巨量越器之贡进，益以赵宋诸帝戒奢侈，禁用金饰，恐怕越器就以这种情况而衰落下去” [8]。有的认为主要有三个原因：一是“两宋官窑颇多”，皇家又从其他民窑中“选瓷器或订货”，“取于越窑者日少”；二是龙泉窑等“夺去了越窑一部分销路”；三是宋代嗜茶成风，斗试盛行，越瓷“稍逊于建窑”的黑瓷 [9]。有的则认为是因为“北宋官窑的创建”、“贡窑的重新

[1]（宋）《中兴礼书》卷五九《明堂祭器》载：绍兴元年“四月三日，太常寺言，条具到明堂合行事件下项：一、祀天并配位用匏爵陶器，乞令太常寺具数下越州制造，仍迄依见今木器祭样制烧造。”绍兴四年四月二十七日，“工部言，据太常寺申，契勘今来明堂大礼，正配四位合用陶器，已降指挥下绍兴府余姚县烧造”（清代徐松辑自《永乐大典》，钞本，北京大学图书馆藏）。

[2] 浙江省文物考古研究所等：《寺龙口越窑址》，文物出版社，2002 年；慈溪市博物馆：《上林湖越窑》第三章《古银锭湖窑址》。

[3] 浙江省文物考古研究所等：《寺龙口越窑址》，文物出版社，2002 年。

[4] 金志伟等：《南宋宫廷所用越瓷的几个问题》，见“浙省学刊五”。

[5] 梁宝鎏等：《慈溪越窑和洪州窑瓷片的 X 荧光分析研究》，《文物保护与考古科学》第 13 卷第 2 期，2001 年。

[6] 慈溪市博物馆：《上林湖越窑》第三章《古银锭湖窑址》。

[7] 沈岳明：《修内司窑的考古学观察——从低岭头谈起》，《中国古陶瓷研究》（第四期），紫禁城出版社，1997 年。

[8] 陈万里：《越器图录·序言》，中华书局，1937 年。

[9] 傅振伦：《继往开来的唐越窑》，《中国考古学会第三次年会论文集》（1981），文物出版社，1984 年。

确定”、“越瓷自身的缺陷”造成的[1]。还有的认为“官窑的出现是越窑停滞、衰弱的根本原因[2]”，还有的认为越窑的衰落有“其自身原因”，也有“外部因素”[3]。上述这些论断，对继续深入地探讨越窑衰落的原因均有所启发。笔者通过对越窑衰落过程的考察、思考，认为越窑衰落的根本原因可以用八个字来概括，那就是：缺乏创新，盲目转产。

在论证这八个字之前，不妨先回顾一下越窑兴盛的原因。东汉晚期越窑成熟瓷器烧制成功之后，发展很快，大约在西晋时期进入了创烧以来的第一个兴盛期，它当时的产品代表了青瓷的最好水平。约在东晋晚期开始，发展势头明显减弱，从南朝至盛唐这个漫长的时期内，发展缓慢，业绩平平，未见有什么建树。其整体水平还不如同时期的江西洪州窑、湖南岳州窑。可是到了中唐时期情况就不同了，据唐代陆羽《茶经》记载，它创烧了一种“类玉”“类冰”的青瓷，一跃成为唐代青瓷名窑之首[4]。这类青瓷深受人们欢迎，陆羽在《茶经》中从饮茶的角度对其备加赞赏。到9世纪早期，越窑青瓷作为地方土贡进奉中央[5]。此后，为了满足土贡的需要，在慈溪上林湖窑址区设立了“贡窑”[6]。同时，人们开始称其为“秘色瓷”[7]。由于这个创新，使越窑很快就兴盛起来了。其后的五代吴越和北宋早期，越窑依托这个产品继续保持兴旺的局面。这个“类玉”“类冰”的青瓷产品使越窑兴盛了2个多世纪，也使越窑受益了2个多世纪。这并非危言耸听，在中国古代制瓷手工业中有很多这样的例子：河北邢窑创烧了光洁莹润和“类银”“类雪”的白瓷，使邢窑兴盛了3个多世纪；陕西耀州窑创烧了精美、别具一格的“刚劲犀利”的刻花青瓷，使耀州窑兴盛了将近2个世纪；江西景德镇窑创烧了莹澈淡雅的青白瓷，使景德镇窑受益3个多世纪；浙江龙泉窑创烧了柔和滋润的粉青、梅子青釉青瓷，使龙泉窑兴盛了2个多世纪，等等。但是，随着社会的发展、进步，任何产品都有落后、过时、被淘汰之时，越窑的“类玉”“类冰”产品也不例外。

大家都知道，进入北宋，瓷器普遍流行花纹装饰，无论白瓷还是青瓷，甚至就连黑瓷也琢磨起花纹装饰了，形成了一种风气、潮流。一时有花纹装饰的青瓷要比传统的无花纹装饰的素面青瓷更受欢迎。在这转折关头，越窑没有再在青釉上改革、创新，而是随着潮流选择了花纹装饰。究其原因，越窑的经营者们有可能认为无花纹装饰的素面青瓷不再受欢迎。其实这是一个误解，从后来的汝官窑、钧窑、宋代官窑和龙泉窑的实践来看，素面青瓷仍备受青睐，不受欢迎的仅是传统的透明釉素面青瓷。今天看来，北宋中期越窑转成以烧造有花纹装饰的青瓷为主的举措，或者说将有花纹装饰的青瓷作为自己的代表产品，多少有些盲目性，尤其是大量仿陕西耀州窑系青

[1] 林士民：《青瓷与越窑》下编第十一章《越窑兴盛与衰落》，上海古籍出版社，1999年。
[2] 周丽丽：《关于越窑盛烧、衰弱及其形成原因的几点认识》，见“浙省学刊五”。
[3] 沈岳明：《越窑概论》，《浙江省文物考古研究所学刊》（第五辑）（2002年越窑国际学术讨论会专辑），杭州出版社，2002年。
[4]（宋）左圭：《百川学海》，武进陶氏景刊，1927年。
[5]《新唐书》卷四一《地理志五》载：越州土贡“瓷器”（中华书局，1975年）。据王永兴先生考证，其贡瓷的具体年代为唐穆宗长庆年间，即821～824年（见《唐代土贡资料系年——唐代土贡研究之一》，《北京大学学报（哲学社会科学报）》1982年第4期）。
[6] 1977年在慈溪上林湖吴家溪出土唐光启三年（887年）凌倜墓志罐1件，其上有“光启三年岁在丁未二月五日殡于当保贡窑之北山”语，可知此时越窑上林湖窑址区已有贡窑（见慈溪市博物馆：《上林湖越窑》附录二《越窑瓷墓志》，科学出版社，2002年）。
[7] 如（唐）陆龟蒙：《秘色越器》诗（《全唐诗》卷六二九，中华书局，1979年）；1987年陕西扶风法门寺塔唐代地宫中出土的越窑青瓷碗、盘等，在地宫中发现的器物入藏时镌刻的供奉藏品之“衣物帐”中称其为“瓷秘色碗”、“瓷秘色盘子”等，此地宫封闭于唐懿宗咸通十五年，即874年（见陕西省法门寺考古队：《扶风法门寺塔唐代地宫发掘简报》，《文物》1988年第10期；韩伟：《法门寺地宫唐代随真身衣物帐考》，《首届国际法门寺历史文化学术研讨会论文选集》，陕西人民教育出版社，1992年）。

瓷的“偏刀”刻花技法乃是一个失误。唐宋元时期特别是宋元时期仿烧风气盛行，但迄今还没有发现一个仿者的水平赶上或超过被仿者的实例，晚唐五代耀州窑仿越窑青瓷，宋代磁州窑等窑仿定窑白瓷，宋金时期河南临汝窑、广州西村窑等窑仿耀州窑刻花青瓷，金元时期河南鹤壁窑、安阳窑等窑仿钧窑天蓝釉瓷器，宋元时期福建、江西地区的一些瓷窑仿龙泉窑青瓷等等，没有一个不是如此，如能仿的像就已很不错了。这时越窑所仿耀州窑系青瓷的刻花也仅仅是略有那么点意思而已。

这样，越窑产生了两个无法回避的现实问题：第一，越窑没有了自己的特色，失去了亮点；第二，越窑的代表、门面产品——刻、划花青瓷，质量平平，未能进入先进行列，尤其是刻花青瓷不但比不上耀州窑，而且连受耀州窑影响而烧造的临汝窑刻花青瓷都不及。其带来的直接后果是在市场上逐渐失去了竞争能力，销售区域越来越小。这一情况在墓葬中反映的较为清楚。以纪年墓为例，迄今发现的北宋早期出土越窑青瓷的纪年墓数量较多，分布地点较广，出土的越窑青瓷数量较多，器类较丰富[1]。可是北宋中、晚期情况就不同了，在迄今（除浙江）发现的北宋中期纪年墓中，确切的只有2座墓出土了越窑青瓷，一座是江西瑞昌北宋天圣三年（1025年）陈僧墓，出土盘口瓶1件[2]；另一座是辽宁朝阳辽太平元年（1026年）耿知新墓，出土碟1件[3]。北宋晚期更少，仅发现1座，即河南密县北宋元祐九年（1094年）冯京夫妇墓，出土碗1件[4]。浙江地区应是越窑青瓷的主要市场，但北宋中、晚期出土越窑青瓷的墓葬不多，每座墓出土的越窑青瓷的数量、器类也较少。值得注意的是，这些墓往往伴出有浙江以外地区烧造的青白瓷，且数量、器类大大多于越窑青瓷，例如，浙江海宁东山北宋中期墓（M3），出土越窑青瓷碗2件，出土青白瓷23件，器类有碗、碟、杯、盏托、温碗、盒、瓶[5]；浙江兰溪北宋元符二年（1099年）范惇夫妇墓，出土越窑青瓷韩瓶1件，出土青白瓷13件，器类有碗、碟、盏托、执壶[6]。个别的墓还伴出白瓷，数量不多，例如，浙江象山北宋元祐元年（1086年）黄浦墓，出土了质量粗糙的越窑青瓷韩瓶7件，出土精美的白瓷执壶1件[7]。由上述可见，在北宋中晚期，外地瓷窑的产品尤其是青白瓷已较多地进入了浙江地区，占领了部分原本属于越窑的市场，越窑在市场上已完全处于被动地位，竞争不过人家了。

越窑是一座著名的民窑，尽管唐、北宋时期曾烧造过贡瓷，南宋早期曾受命烧造过明堂祭器和宫廷生活用瓷，但其民窑性质始终没有改变。所以，它的生产是属于商品性质的，产品面向市场，市场是其赖以生存、发展的基础。北宋中、晚期日益缩小的市场已无法使越窑正常运转，更谈不上发展了，时间一长自然就衰落了。

四　余论

越窑的衰落与它的兴盛一样，都是由自身的因素造成的。创新、进取就兴盛，反之就衰落直至停烧。毋庸置疑，烧造贡瓷、明堂祭器、宫廷生活用瓷，对越窑的持续发展会有促进作用，但

[1] 浙江省文物考古研究所等：《寺龙口越窑址》附表《唐宋越窑纪年瓷器表》，文物出版社，2002年。
[2] 瑞昌博物馆：《江西瑞昌发现两座北宋纪年墓》，《文物》1986年第1期。
[3] 朝阳地区博物馆:《辽宁朝阳姑营子辽耿氏墓发掘报告》,《考古学集刊》(第3集),中国社会科学出版社,1983年。
[4] 河南省文物研究所：《密县五虎庙北宋冯京夫妇合葬墓》，《中原文物》1987年第4期。
[5] 海宁县博物馆：《浙江省海宁县东山宋墓清理简报》，《文物》1983年第8期。
[6] 金华地区文管会：《浙江兰溪县北宋石室墓》，《考古》1985年第2期。
[7] 钱永章：《浙江象山县清理北宋黄浦墓》，《考古》1986年第9期。

不能起决定作用，起决定作用的是越窑出类拔萃的产品。事实也正是这样，晚唐时期当官府对其注意、重视之时，它已有了自己的特色产品，已经通过自己的努力发展兴盛了，兴盛在前，官府命它烧造各类瓷器在后。再有，南宋早期越窑给朝廷烧造明堂祭器等并没有促进其发展，更没有将它从衰败的困境中解脱出来。

宋代官窑的设置对此前给朝廷烧造贡瓷等各类瓷器的瓷窑是有一定的影响，有了官窑一般就不用它们再烧造这些瓷器了。但北宋官窑的设立与越窑的衰落应没有关系，这是因为北宋徽宗政和（1111 ～ 1118 年）间官窑设置时[1]越窑早就不烧造贡瓷了，已经衰落，而且逐渐跌入低谷了。饶有兴趣的是，公元 12 世纪中期至 13 世纪早期，越窑学习南宋修内司官窑的先进技术，仿烧厚釉瓷器和花盆等器形，在某种程度上倒延缓了衰败的速度。

宋代南北方兴起的各具特色的名窑对越窑的影响颇大。北宋中晚期，越窑原在北方的市场逐渐被耀州窑、定窑和地方的一些名窑占领，在南方原越窑最稳定、最大的市场——浙江地区，受到了以景德镇窑为代表的青白瓷的强烈冲击。浙江本地的龙泉窑大约兴起于公元 11 世纪上半叶[2]，至迟 13 世纪初烧造了粉青釉等具有特色的青瓷[3]，进入了兴盛时期。越窑衰落时，龙泉窑刚刚起步，还构不成对越窑的威胁，更不能致使它衰落。至于说龙泉窑兴起不久越窑就衰落了，很可能是一个巧合，它们之间没有必然联系。值得注意的倒是，13 世纪初，龙泉窑的兴盛占领了越窑在浙东的最后一块市场，加速了它的倒闭、停烧是完全可能的。

一代名窑衰落了。从北宋中期出现衰落迹象到 13 世纪早期之后停烧，苦苦支撑了至少 150 多年，延续时间之长实属罕见。这一方面是得益于当地丰富的制瓷原料、燃料等自然资源，另一方面是同这里有良好的制瓷传统有关。衰落的前期，即北宋晚期，突如其来，急转直下，经营者们似显得极度无奈。进入南宋似有所醒悟，南宋早期以后开始改革青釉的配方，调整产品，着重烧造无花纹装饰的素面青瓷，最终因衰落时间太久，行动太晚，奇迹没能出现。缺乏创新、盲目转产、随波逐流的结果是没有了自己的特色，产品质量平平，逐渐失去了竞争能力，丢掉了市场，没有了生存基础。衰落的原因如此普通、如此容易理解、如此无情，可能是经营者们始料未及的。

（原载《故宫博物院院刊》2003 年第 5 期）

[1]（宋）叶寘：《坦斋笔衡》，此书已佚。此内容收在元代陶宗仪《南村辍耕录》卷之二九《窑器》中（中华书局，1959 年）。

[2] 李宝平：《浙江龙泉宋元时期瓷器手工业遗存初步研究》，《东方博物》（第七辑），浙江大学出版社，2002 年。

[3]（宋）赵彦卫：《云麓漫钞》卷十载：“青瓷器……今处之龙溪出者色粉青。”据此书《序》载，该书成书于南宋开禧二年，即 1206 年（傅根清点校本，中华书局，1996 年）；另见李宝平：《浙江龙泉宋元时期瓷器手工业遗存初步研究》，《东方博物》（第七辑），浙江大学出版社，2002 年。

唐代越窑秘色瓷的秘色涵义初探

唐代晚期越窑瓷器有一部分被当时人称之为“秘色瓷”。秘色瓷是唐代瓷器中的精品，引起了现代人们的广泛关注，多有专文讨论[1]，并有研究者对秘色的涵义这个难题曾做过比较细致的诠释[2]。本文也试对秘色瓷的秘色之涵义做初步探讨。敬请方家不吝指正。

将唐代越窑部分瓷器称为“秘色瓷”，文献著录最早见于唐代晚期人陆龟蒙的《秘色越器》诗[3]的诗名中，唐末人徐夤的《贡余秘色茶盏》诗[4]的诗名中也有提及。据这两首诗诗名的内容和行文的顺序看，“秘色”应分别是“越器”、“茶盏”釉的颜色。进而可知，“秘色”确实是表示越窑瓷器釉的颜色。这一结论可从考古发掘出土资料中得到印证。1987年陕西扶风法门寺塔基唐代地宫出土越窑青釉瓷器12件、青黄釉瓷器2件，同时在地宫中还发现了入藏时镌刻的供奉藏品之物品账目，即《应从重真寺随真身供养道具及恩赐金银器物宝函等并新恩赐到金银宝器衣物账》石碑，其中13件瓷器在此《衣物账》上有明确记录：“瓷秘色碗七口，内二口银棱；瓷秘色盘子、碟子六枚。”[5]又据《衣物账》可知，这13件越窑瓷器是唐懿宗（在位时间为860～874年）恩赐的供奉之物品，其原本应是宫廷的御用器皿[6]。由上述可见，这13件越窑瓷器不但是秘色瓷，而且“秘色”无疑是指瓷器釉的颜色。

但检阅中国古今相关典籍，“秘”字本身并没有代表某种颜色的记录，跟颜色没有直接的关系。大概缘于此，有的研究者认为“‘秘色’应为‘碧色’之误”[7]。此说似不能成立，检阅唐代及其以后各代文献中涉及秘色瓷的记录，皆用的是“秘色”，未见一例用“碧色”二字，不可能都是误写而无人纠正，这是其一；其二，以法门寺塔基唐代地宫出土的秘色瓷为例，其有青釉，也有青黄釉，与“碧色”的涵义不完全相符。

那么“秘色”究竟指的是一种什么颜色呢？也就是说“秘”字在这里表示什么意思？我们不

[1] a. 朱伯谦：《古瓷中的瑰宝——秘色瓷》，《首届国际法门寺历史文化学术研讨会论文选集》，陕西人民教育出版社，1992年；b. 孙新民：《越窑秘色瓷的烧造历史与分期》，《文博》1995年第6期；c. 陈克伦：《秘色瓷及其相关问题》，《文博》1995年第6期；d. 禚振西、韩伟、韩金科：《法门寺出土唐代秘色瓷初探》，《越窑·秘色瓷》，上海古籍出版社，1996年；e. 朱伯谦、陈克伦、承焕生：《上林湖窑晚唐时期秘色瓷生产工艺的初步探讨》，《文博》1995年第6期。

[2] a. 方正:《“秘色瓷”刍议》，《越窑论集》，浙江人民出版社，1988年；b. 陆明华:《唐代秘色瓷有关问题探讨》，《文博》1995年第6期；c. 汪庆正：《唐越窑秘色釉和艾色釉》，《越窑·秘色瓷》，上海古籍出版社，1996年；d. 韩金科、卢建国：《扶风法门寺塔基出土秘瓷的意义及其相关问题》，《越窑·秘色瓷》，上海古籍出版社，1996年；e. 李刚:《“秘色瓷”探秘》，《越窑·秘色瓷》，上海古籍出版社，1996年；f. 李刚:《“秘色瓷”之秘再探》，《中国古陶瓷研究》第十二辑，紫禁城出版社，2006年。

[3]（唐）陆龟蒙：《秘色越器》，《全唐诗》卷六二九，中华书局，1979年。

[4]（唐）徐夤：《贡余秘色茶盏》，《全唐诗》卷七一〇，中华书局，1979年。

[5] 陕西省考古研究院等：《法门寺考古发掘报告》，文物出版社，2007年。

[6] 陕西省考古研究院等：《法门寺考古发掘报告》，文物出版社，2007年。

[7] 方正:《“秘色瓷”刍议》，《越窑论集》，浙江人民出版社，1988年；b. 陆明华:《唐代秘色瓷有关问题探讨》，《文博》1995年第6期；c. 汪庆正：《唐越窑秘色釉和艾色釉》，《越窑·秘色瓷》，上海古籍出版社，1996年；d. 韩金科、卢建国:《扶风法门寺塔基出土秘瓷的意义及其相关问题》，《越窑·秘色瓷》，上海古籍出版社，1996年；e. 李刚：《“秘色瓷”探秘》，《越窑·秘色瓷》，上海古籍出版社，1996年；f. 李刚：《“秘色瓷”之秘再探》，《中国古陶瓷研究》第十二辑，紫禁城出版社，2006年。

妨抛开“秘”字是特指某一种具体颜色的思维定式，换一个思路，以探索“秘”字本身的涵义为切入点来试试。

“秘”字本是“祕”字的异体字，古代文献中多作“祕”。关于“秘”字本身的涵义，汉代许慎《说文解字》第一（上）载：“祕，神也。”[1]解释极为简略。唐代现存的字书中，张参撰写的《五经文字》收录了“秘”字，但仅是注读音，对字义没有解释[2]；颜元孙《干禄字书》[3]等字书，未收录“秘”字。唐代字书类典籍对“秘”字的解释尚不清楚。但唐代文献中使用“秘”字的情况屡见不鲜，似可以通过文献中“秘”字的组词和所在的句子来窥见它的涵义和用法。下面举三条文献为例。

例一，《新唐书》卷七六《后妃传（上）· 玄宗贵妃杨氏》载：“妃每从游幸，乘马则力士授辔策。凡充锦绣官及冶瑑金玉者，大抵千人，奉须索，奇服秘玩，变化若神，四方争为怪珍入贡，动骇耳目。”[4]

例二，《新唐书》卷八九《段成式传》载：“成式，字柯古，推荫为校书郎。博学强记，多奇篇秘籍。”[5]

例三，《新唐书》卷一六三《柳公权传》载：“宣宗召至御座前，书纸三番，作真、行、草三体，奇秘。赐以器币，且诏自书谢章，无限真、行。”[6]

这三条文献中皆有“秘”字，所在文献记录的内容基本都与皇帝或宫廷有关。从组词和文献所记录的内容及句子的前后意思来看，其“秘”字含有“珍稀”（例一）、“罕见、珍贵”（例二）、“奇特、神奇”（例三）之义。也就是说，在唐代“秘”字已有了“珍稀”、“罕见”、“奇特”的意思了。饶有兴趣的是，例一《新唐书》上记载的内容，《旧唐书》卷五一《后妃传（上）· 玄宗杨贵妃》[7]和《杨太真外传》卷上[8]均有记录，内容相同，只是行文和字句上略有差异。关于《新唐书》记录的“奇服秘玩”一语，《旧唐书》记录的是“奇器异服”，《杨太真外传》记录的是“珍玩衣服”。可见，在这里“秘”、“珍”、“奇”三字的涵义是相同的，即是说“秘”字可以解释为“珍”或“奇”。由以上分析可知，唐代人在记录珍稀、罕见或奇特的物品尤其与宫廷有关的物品时，在物品名称前面往往不用“珍”、“奇”等字，而有用“秘”字的作法。

那么唐代越窑秘色瓷的情况如何呢？以学术界公认的无争议的法门寺塔基唐代地宫出土的秘色瓷为例。其共14件，12件釉呈青绿色（图一、二、三），2件内侧施青黄釉、外侧为鎏金银棱平脱雀鸟团花纹（图四）。釉质细腻、洁净，釉层薄而均匀，釉面莹润、清亮、美观，工艺精湛[9]。这种釉色的瓷器是唐代晚期越窑的创新产品，生产量不大，是唐代晚期以前和同时期

[1]（汉）许慎：《说文解字》，中华书局，1963年。
[2]（唐）张参：《五经文字》卷中，《四库全书·经部·小学类》，台湾商务印书馆影印本，1983年。
[3]（唐）颜元孙：《干禄字书》，《四库全书·经部·小学类》，台湾商务印书馆影印本，1983年。
[4]《新唐书》卷七六《后妃传（上）·玄宗贵妃杨氏》，中华书局，1975年。
[5]《新唐书》卷八九《段成式传》，中华书局，1975年。
[6]《新唐书》卷一六三《柳公权传》，中华书局，1975年。
[7]《旧唐书》卷五一《后妃传（上）·玄宗杨贵妃》载：“玄宗凡有游幸，贵妃无不随侍，乘马则高力士执辔授鞭。宫中供贵妃院织锦刺绣之工，凡七百人，其雕刻镕造，又数百人。扬、益、岭表刺史，必求良工造作奇器异服，以奉贵妃献贺，因致擢居显位”。中华书局，1975年。
[8]（宋）乐史：《杨太真外传》卷上载：“上起动必与贵妃同行，将乘马，则力士执辔授鞭。宫中掌贵妃刺绣织锦七百人，雕镂器物又数百人，供生日及时节庆。续命杨益往岭南，长吏日求新奇以进奉。岭南节度张九章、广陵长史王翼，以端午进贵妃珍玩衣服，异于他郡，九章加银青光禄大夫，翼擢为户部侍郎”。《顾氏文房小说》，上海商务印书馆影印本，1925年。
[9]陕西省考古研究院等：《法门寺考古发掘报告》，文物出版社，2007年。

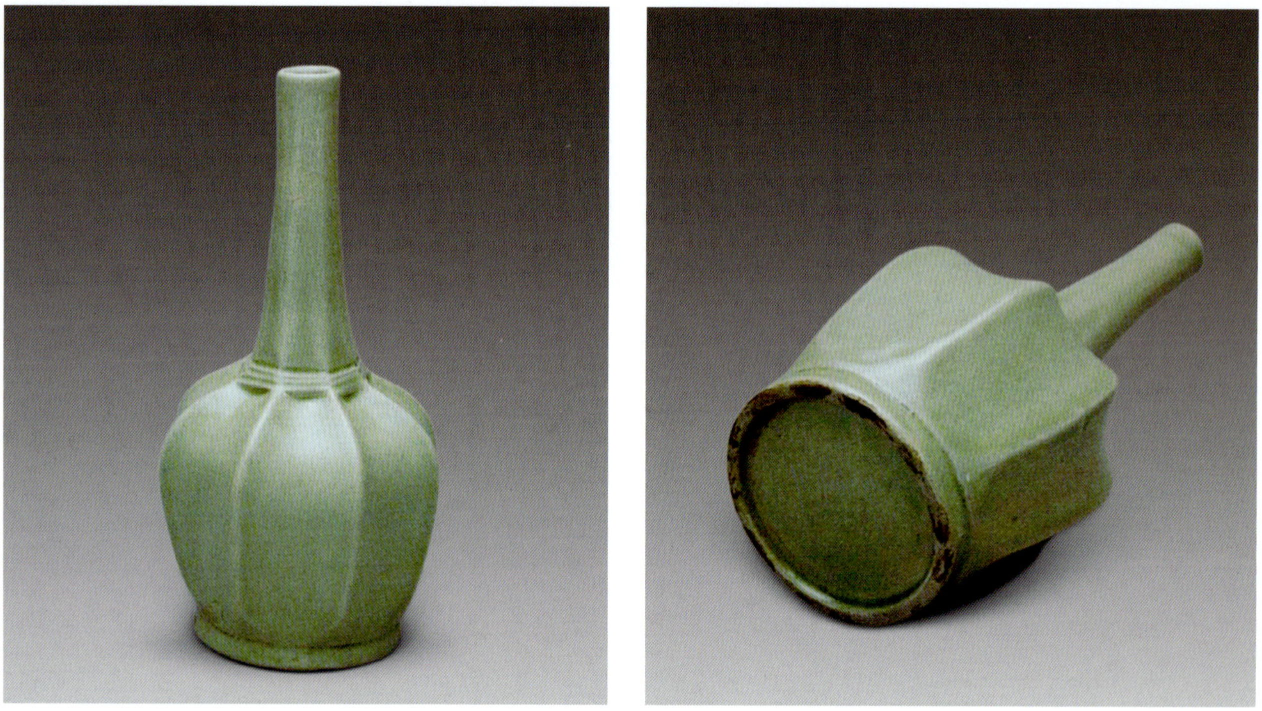

图一　秘色瓷瓶

（高 21.5、口径 2.2、足径 7.5 厘米）

的浙江婺州窑、江西洪州窑、湖南岳州窑、安徽寿州窑、四川邛崃窑、陕西黄堡窑等名窑所不见的。这类釉的瓷器，在当时可称得上是“珍稀”和“奇特”了，再加上其主要是贡品，供皇帝及宫廷使用[1]。所以，当时人们在记录、描述这类珍稀、奇特的釉的时候用“秘色”就不足为奇了。再说，“秘色”的用法与前面引用的文献中的“秘玩”（例一）、“秘籍”（例二）是相同的，在唐代并不是孤例。

综上所述，唐代越窑秘色瓷的秘色是指瓷器釉的颜色，但不是指某一种具体颜色，而是表示这类釉是一种珍稀、罕见、奇特的颜色。这也是“秘”字在唐代的一种用法。

尚需说及的是，秘色瓷在唐五代时期就是专指越窑烧造的那部分釉色珍稀的精致瓷器，可是在北宋早期以后，其所指的范围扩大，将类似越窑秘色瓷或较特别的青釉瓷器也有的称为“秘色瓷”。例如，南宋陆游《老学庵笔记》卷二载：“耀州出青瓷器，谓之越器，似以其类余姚县秘色也。然极粗朴不佳，惟食肆以其耐久，多用之。”[2] 再如，南宋庄绰《鸡肋编》卷上载：“处州龙泉县……又出青瓷器，谓之‘秘色’。”[3] 有意思的是，宋代太平老人在《袖中锦》一书中，还将朝鲜半岛高丽时期受越窑等窑影响而烧造的青釉瓷器称为“高丽秘色”[4]。越窑秘色瓷的延伸和范围的扩展，一方面说明唐代越窑秘色瓷对后世的影响大；另一方面也看出进入北宋中期以后，人们对唐代越窑秘色瓷的有关情况尤其是对秘色的真正涵义已不是很清楚了，看到的多为表面现象了。北宋晚期人赵令畤记录的“世言”应代表了当时人们对秘色瓷的主流看法，其在《侯鲭录》卷六中说：“今之秘色瓷器，世言钱氏有国，越州烧进，为供奉之物，臣庶不得用之，故云秘

[1]（唐）徐夤:《贡余秘色茶盏》载:“捩翠融青瑞色新,陶成先得贡吾君。”《全唐诗》卷七一〇,中华书局,1979 年。
[2]（宋）陆游：《老学庵笔记》卷二，中华书局，1979 年。
[3]（宋）庄绰：《鸡肋编》卷上，中华书局，1983 年。
[4]（宋）太平老人：《袖中锦》，《丛书集成初编 · 文学类》，上海商务印书馆排印本，1937 年。

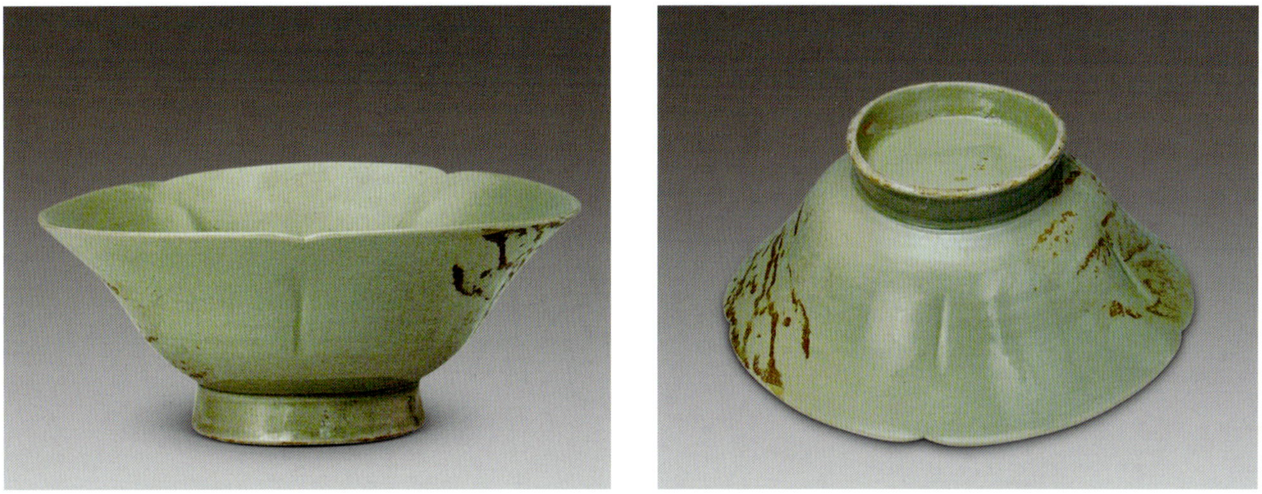

图二　秘色瓷碗
（高 9.4、口径 21.8、足径 9.9 厘米）

图三　秘色瓷盘
（高 7.2、口径 24、底径 8.2 厘米）

图四　鎏金银棱平脱雀鸟团花纹秘色瓷碗
（高 8.2、口径 23.7、足径 9.6 厘米）

色。”[1]这个“世言”不免有些神秘色彩，但部分应是事实，秘色瓷器确实是供奉之物品，正因为它是供品，同皇帝、宫廷有关，才留有文字记录，才被人们所注意。宋代以后，虽说还有人转述赵令畤记录的“世言”，但人们对这个“世言”似乎不大相信了，尤其是到了清代，研究者们对其进行了重新解释。清代朱琰认为“秘色是当时瓷器之名”[2]。清代蓝浦弟子郑廷桂则认为“秘色特指当时瓷色而言耳”[3]。郑廷桂的这一看法对现代研究者影响较大，以至于有不少研究者致力于秘色是什么颜色的研究了。

（原载《2007’中国·越窑高峰论坛论文集》，文物出版社，2008 年）

[1]（宋）赵令畤：《侯鲭录》卷六，中华书局，2002 年。
[2]（清）朱琰：《陶说》卷二《说古·古窑考》，傅振伦译注本，轻工业出版社，1984 年。
[3]（清）蓝浦：《景德镇陶录》卷十《陶录余论》（该卷为蓝浦弟子郑廷桂增补），《中国陶瓷名著汇编》，中国书店，1991 年。

唐五代时期定窑初探

自 20 世纪 30 年代发现并确定定窑窑址在河北省曲阳县涧磁村一带[1]后，国内外古陶瓷研究者多次到窑址进行调查，并于 60 年代初做了考古试掘[2]，80 年代中期则进行了一次较大规模的考古发掘[3]。与此同时，在墓葬[4]、塔基地宫[5]等考古遗迹中陆续出土了一些定窑烧造的瓷器。随之，研究工作逐步展开，并取得了较多的成果[6]。唐五代时期是定窑的创烧和发展时期，多年来积累了一些考古资料，研究工作也有一定的进展。本文试在前人研究的基础上，以公开发表的资料为依据，拟对定窑创烧的年代、唐五代定窑瓷器的特征及发展、唐五代定窑瓷器上的款识等问题做以探讨。敬请方家指正。

一 定窑创烧的年代

关于定窑的创烧年代，多有文章论及，归纳起来主要有四种意见：一是晚唐时期[7]；二是唐代[8]；三是初唐时期[9]；四是唐代早期[10]。看法不甚一致。根据目前已知的出土资料来看，定窑创烧于唐代是毫无疑义的，但具体创烧于唐代的什么时候，是一个值得进一步探讨的问题。下面就以定窑遗址出土的典型资料与纪年墓葬出土资料进行对比的方法来讨论这个问题。

首先，从已发表的定窑遗址出土（含采集）的唐代瓷器中，挑选出年代偏早、时代特征明显的碗、盏托、盒、罐、注子五类计 20 种式样的器物；然后再从唐代纪年墓葬出土的瓷器中，选出同类、相同式样的器物；最后将两者对应起来，列成图表一、二。

从图表一、二中可以看出，定窑遗址出土的唐代瓷器与唐代纪年墓葬出土的瓷器的形制相同或基本相同。这显然不是偶然的巧合，说明它们的年代相同或相近。再从两图表的说明中标出的纪年墓葬的年代来看，除图表一的 15 号和图表二的 22 号出土于唐乾宁三年（896 年）崔凝、唐咸通八年（867 年）李夫人合葬墓之外，其余有纪年者均在唐大和八年至唐咸通五年（834 ～ 864 年）之间。可见，图表一、二所列定窑典型瓷器的年代也应大体在这个期间。进而可以推断，定窑也可能就创烧于这个时期，即 9 世纪中叶，可能会略早一点，但不会早于 9 世纪初叶。

---

[1] 叶麟趾：《古今中外陶瓷汇编》，北平文奎堂书庄，1934 年。

[2] 河北省文化局文物工作队：《河北曲阳县涧磁村定窑遗址调查与试掘》，《考古》1965 年第 8 期。

[3] a. 刘世枢：《曲阳县唐、宋定窑遗址》，《中国考古学年鉴（1986）》，文物出版社，1988 年；b. 刘世枢：《曲阳县定窑遗址发掘》，《中国考古学年鉴（1987）》，文物出版社，1988 年；c. 刘世枢：《曲阳县定窑遗址》，《中国考古学年鉴（1988）》，文物出版社，1989 年。

[4] a. 浙江省博物馆等：《浙江临安晚唐钱宽墓出土天文图及“官”字款白瓷》，《文物》1979 年第 12 期；b. 明堂山考古队：《临安县水邱氏墓发掘报告》，《浙江省文物考古所学刊》，文物出版社，1981 年；c. 河南省文物研究所：《宋太宗元德李后陵发掘报告》，《华夏考古》1988 年第 3 期。

[5] 定县博物馆：《河北定县发现两座宋代塔基》，《文物》1972 年第 8 期。

[6] a. 冯先铭：《定窑》，《中国陶瓷·定窑》，上海人民美术出版社，1983 年；b. 李辉柄：《定窑的历史以及与邢窑的关系》，《故宫博物院院刊》1983 年第 3 期；c. 李国桢等：《历代定窑白瓷的研究》，《硅酸盐学报》第 11 卷第 3 期，1983 年。

[7] 河北省文化局文物工作队：《河北曲阳县涧磁村定窑遗址调查与试掘》，《考古》1965 年第 8 期。

[8] 刘世枢：《曲阳县定窑遗址发掘》，《中国考古学年鉴（1987）》，文物出版社，1988 年。

[9] 李辉柄等：《论定窑烧瓷工艺的发展与历史分期》，《考古》1987 年第 12 期。

[10] 穆青：《早期定瓷初探》，《文物研究》第十期（中国古陶瓷研究会 95 年年会论文集），1995 年。

图表一　唐代定窑遗址出土瓷器与纪年唐墓出土瓷器比较

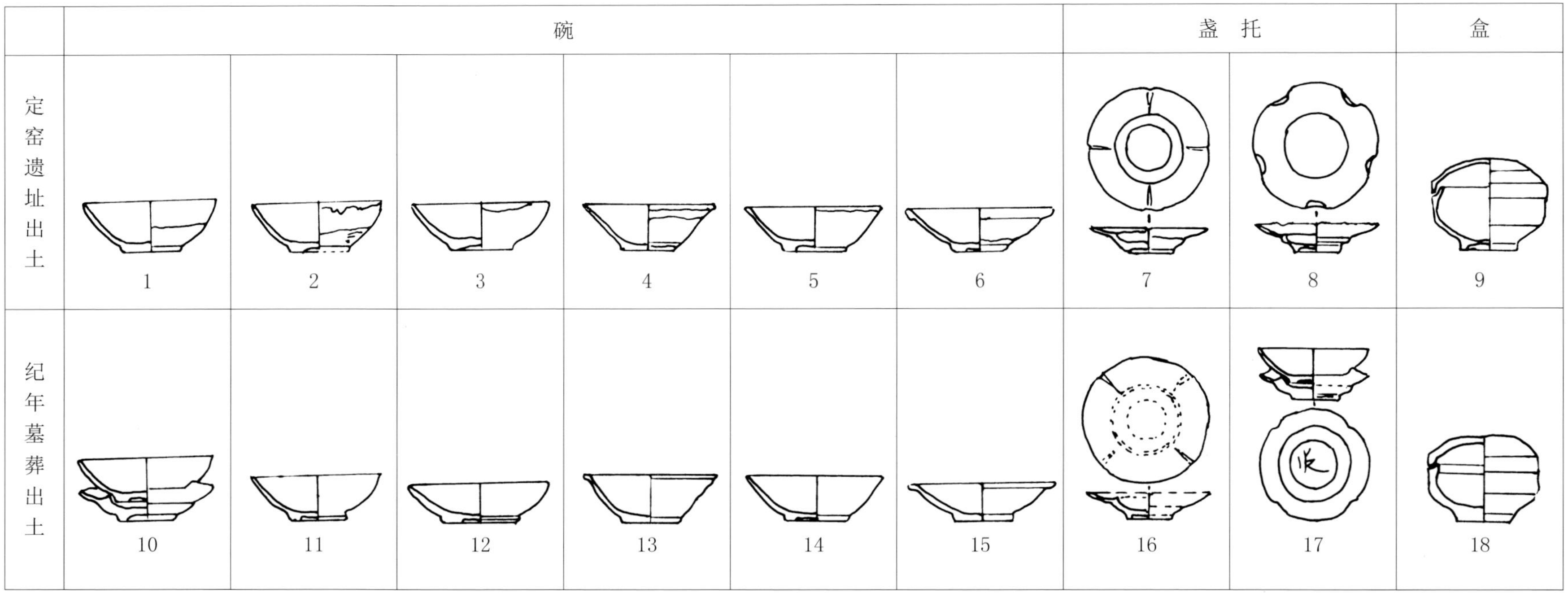

1、6、7、8、9．定窑遗址采集（《考古》1965年第8期），2、3、4、5．定窑遗址发掘出土（《考古》1965年第8期），10、13、17．河北临城唐大中十年（856年）刘府君墓（85LDM1－1；《文物》1990年第5期），11．广州唐大中十二年（858年）姚潭墓（《文物参考资料》1956年第5期），12．河南偃师杏园唐会昌三年（843年）李郃墓（M2443；《偃师杏园唐墓》，文物出版社，2001年），14、18．河南偃师杏园唐大中十二年（585年）李归厚卢夫人墓（M1819；《偃师杏园唐墓》，文物出版社，2001年），15．河南偃师唐乾宁三年（896年）崔凝、唐咸通八年（867年）崔氏李夫人合葬墓（杏园村一号墓；《考古》1992年第11期），16．河南偃师杏园唐开成五年（840年）崔防、唐会昌二年（842年）崔氏郑夫人合葬墓（M5013；《偃师杏园唐墓》，文物出版社，2001年）。

图表二　唐代定窑遗址出土瓷器与纪年唐墓出土瓷器比较

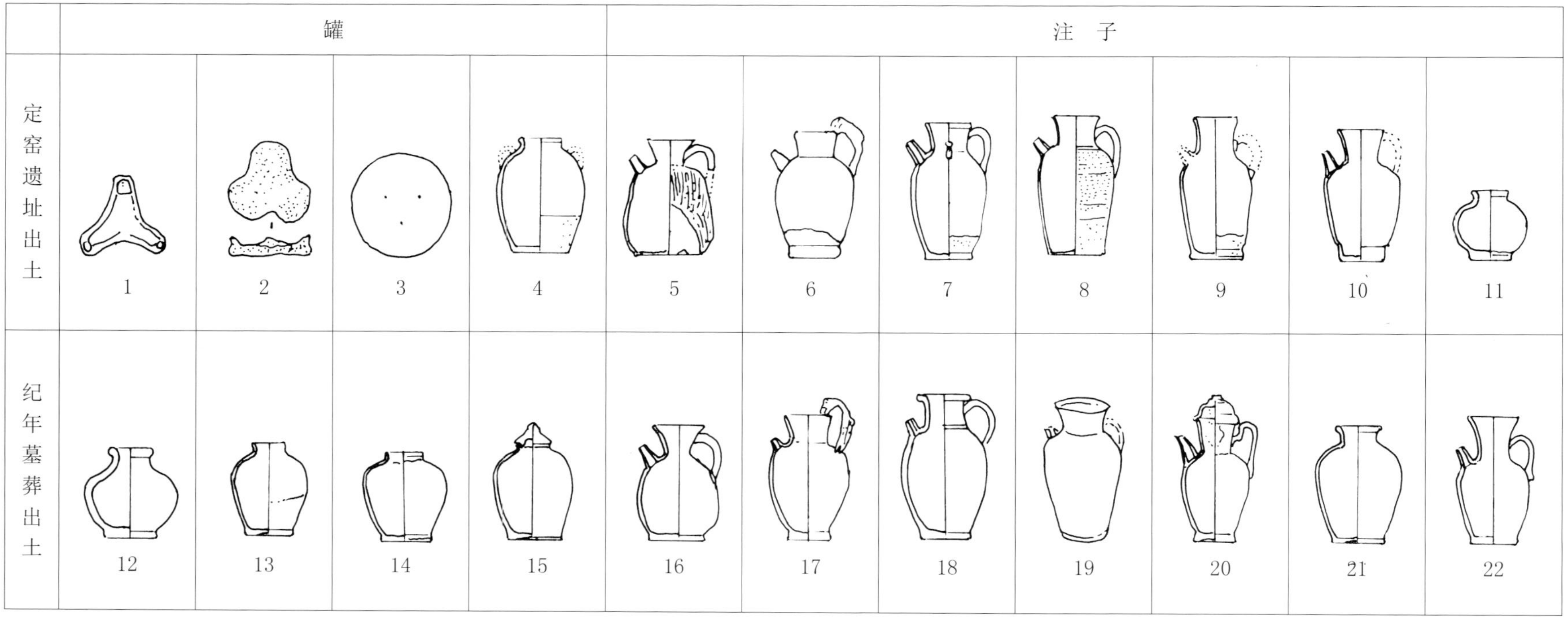

1、3、4、11．定窑遗址发掘出土（《考古》1965年第8期），2、6、9．定窑遗址采集（《考古》1965年第8期），5、7、8、10．定窑遗址发掘出土或采集（《文物研究》第十期，1995年）；12．河北临城唐代晚期墓（M85LDM2；《文物》1990年第5期），13．河南偃师杏园唐大中八年（854年）李端友墓（M2410；《偃师杏园唐墓》，文物出版社，2001年），14、16、17．河南偃师杏园唐大中元年（847年）穆悰墓（M1025；《偃师杏园唐墓》，文物出版社，2001年），15．河南偃师杏园唐大和八年（834年）李归厚墓（M1819；《偃师杏园唐墓》，文物出版社，2001年），18．西安青龙寺遗址出土，此注子外底有唐大中十三年（859年）铭（《考古与文物》1997年第6期），19．安徽淮南市晚唐墓（安徽省博物馆藏《考古》1988年第8期），　20．河北易县唐咸通五年（864年）孙少矩墓（北韩村M1；《文物》1988年第4期），21．河南偃师杏园唐开成五年（840年）崔防、唐会昌二年（842年）崔氏郑夫人合葬墓（M5013；《偃师杏园唐墓》，文物出版社，2001年），22．河南偃师唐乾宁三年（896年）崔凝、唐咸通八年（867年）崔氏李夫人合葬墓（杏园村一号墓；《考古》1992年第11期）。

二　唐五代定窑瓷器的特征及发展

唐五代是定窑的创烧和发展时期，通观现有资料，可以将其分为二期：第一期为 9 世纪中、晚期；第二期为 9 世纪末至 960 年。

第一期是定窑的创烧和初步发展时期。图表一、二所示定窑遗址出土的瓷器基本都属于这一期。此期烧造的瓷器品种以黄釉、黄绿釉、褐绿釉瓷器为最多，白釉瓷器次之，另有少量的黑釉、青釉瓷器等，品种比较复杂，这与陕西铜川黄堡窑同时期的情况比较相似[1]。器物的种类基本都是日常生活用器，器型有碗、盘、钵、盆、盏、盏托、盒、灯、水盂、罐、注子等，以碗、盘为主。造型规整、朴实。碗一般为斜壁或斜壁略孤，多为圈足，足墙较矮宽，少数的为假圈足内凹。盘多为斜直壁，圈足，足墙较高窄一些。注子颈较长，喇叭形口或侈口，这一期的早期较矮胖，晚期较高瘦。造型中值得注意的是，在盏托和盘等器物中出现了仿金银器同类器物的造型（图表一，7、8；图六，1、2）。器物胎体多较厚重。粗白瓷和黄釉瓷器等，胎呈灰、灰黄或灰白色，烧成温度不高，质地较粗松，一般均施化妆土。碗、盘等饮食器内满施釉，外施半釉或施釉不及底足，罐、注子等盛贮器施釉往往至下腹部，黄釉、褐绿釉瓷碗等内壁常常施白釉，釉层较厚且不均匀，

图一　窑具

1. 桶形匣钵　2. 漏斗形匣钵　3. 间隔具（左：圆饼形；右：三岔形支钉）　4. 间隔具（左：圆饼形；右：三叶形支钉）（1、2、3 为第一期，4 为第二期；定窑遗址出土，采自《考古》1965 年第 8 期）

[1] 陕西省考古研究所：《唐代黄堡窑址》，文物出版社，1992 年。

釉面的光泽尚好。细白瓷的胎略薄一些，质地细密，呈白或白中泛黄灰色；施釉大多到底，釉层略厚，釉面素净，釉色呈白或白中泛青色。这一期的瓷器一般无花纹装饰。装烧工艺一般是采用匣钵装烧法。匣钵有桶形和漏斗形两种，20 世纪 60 年代初发掘出土的 T8 ③：7，桶形，高 14、口径 16、底径 16 厘米（图一，1）；T10 ③：15，漏斗形，高 9、口径 17 厘米（图一，2）。桶形者，装烧碗盘类器物时，往往是多件叠置，器物之间以圆饼形和三岔形支钉（图一，3；图二，1）间隔，三岔形支钉烧成后在器物内底留下三个支钉的痕迹（图二，2）；漏斗形者，往往是一钵装一件。烧造瓷器的窑炉是半倒焰式的馒头形窑，20 世纪 60 年代初发掘出土的一座馒头形窑遗迹保存较好（图三），由火膛、窑室、两个烟囱等部分组成，全长 5.8、宽 2.6 米。火膛略呈半圆形，进深约 0.75、宽 2.6 米，低于窑床前沿 1.6 米；窑室平面略呈横长方形，长 2.15、宽 2.6 米，窑床前高后渐低，倾斜 10 度；烟囱较大，平面略呈长方形，长 1.15、宽 0.85、残高 1 米。在火膛内存有少量木炭灰，可知其是以柴为燃料。这座窑炉火膛大且深、窑室窄且直、烟囱较大，有利于发火、升温。但窑室和烟囱之间没有隔墙，直接相通连，这样火焰在窑室内流动太快，不但不能充分利用热量，而且很容易造成窑室内温度不匀，对烧成产生不良影响，说明这时期的窑炉结构还不够完善。

第二期是定窑的发展时期，烧造的瓷器品种以白釉瓷器为主。白釉瓷器除了窑址发掘中出土的之外，在墓葬、窖藏和城址中多有发现，例如浙江临安唐昭宗光化三年（900 年）钱宽墓[1]、约葬于唐昭宗天复元年（901 年）的水邱氏墓[2]、河北曲阳涧磁村一晚唐五代墓[3]、河北定州尧方头村一五代墓[4]、陕西西安北郊火烧壁窖藏[5]、江苏扬州唐城遗址[6]等都出土了数量不等的定窑

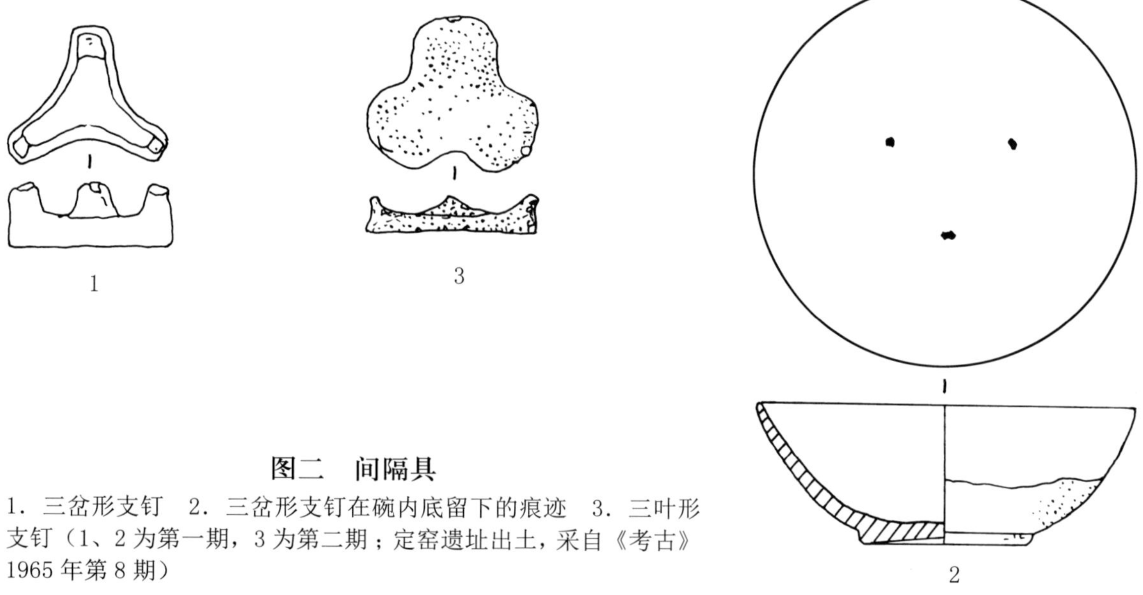

图二　间隔具

1. 三岔形支钉　2. 三岔形支钉在碗内底留下的痕迹　3. 三叶形支钉（1、2 为第一期，3 为第二期；定窑遗址出土，采自《考古》1965 年第 8 期）

[1] 浙江省博物馆等：《浙江临安晚唐钱宽墓出土天文图及“官”字款白瓷》，《文物》1979 年第 12 期。
[2] 明堂山考古队：《临安县水邱氏墓发掘报告》，《浙江省文物考古所学刊》，文物出版社，1981 年。
[3] 申献友等：《谈晚唐五代定窑白瓷》，《中国古代白瓷国际学术研讨会论文集》，上海书画出版社，2005 年。
[4] 刘福珍：《定州出土定窑双“官”字款枕》，《文物春秋》1997 年第 2 期。
[5] 王长启等：《西安火烧壁发现晚唐“官”字款白瓷》，《考古与文物》1986 年第 4 期。
[6] 李久海等：《论扬州出土的一批唐代邢定窑白瓷》，《文物春秋》1997 年增刊（中国古陶瓷研究会 1997 年年会论文集）。

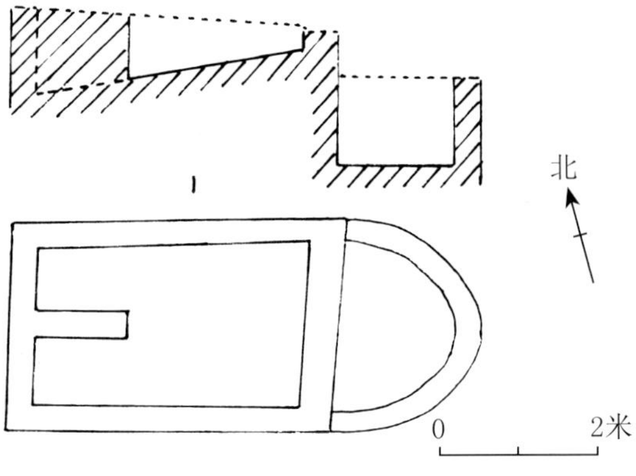

图三 馒头形窑炉遗迹平、剖面图

（第一期，采自《考古》1965年第8期）

白釉瓷器，少者1件，多者竟达50余件。这如实反映了定窑尤其是定窑白釉瓷器在这一期的发展情况。综合窑址和墓葬等考古遗迹出土的定窑白釉瓷器可知，这一期定窑白釉瓷器大多都是日常生活用器，器型有碗（图四，1～4）、盘（图四，5、6）、委角方盘、碟、杯、盏托、托杯、海棠杯、钵、唾盂、盒、灯、枕、罐、瓶（图五，1）、穿带瓶（图五，2）、凤首壶（图五，3）、注子、碾茶用具等，以碗、盘、杯等饮食器为主，造型协调、美观。碗、盘类器物一般为撇口、斜壁，多数斜壁略外弧，圈足，足墙较窄。值得注意的是，在碗、盘等器物中大量出现仿金银器同类器物的造型，特别是盘（碟）数量尤多，钱宽墓出土的10件和水邱氏墓出土的9件盘（碟）全是仿金银器的造型（图六，3～8）。器物的胎体一般较薄，尤其是仿金银器造型的器物。胎、釉有粗细之别。粗者，胎呈黄白、灰白色，质地较细，大多致密，少数的较松一些，往往施有化妆土；施釉，碗、盘类内满施釉，外施至近足或及足，釉层均匀，釉面光泽尚好。细者所占比例较大，胎体洁白细腻，瓷化程度相当好，质地致密，一律不施化妆土，碗、盘类器物内外均满施釉，釉层均匀，釉面光净鉴人，釉色多白中闪青，莹润美观。有的器物的口部、圈足部还有金钔或银钔（图七，1～3），增强了器物的品位。由于这一期的白釉瓷器以优美的造型和洁莹的釉来取胜，所以极少有花纹装饰。重要的带有花纹装饰的如：60年代初定窑窑址出土的双鹿纹白釉瓷枕（图八，1），60年代初河北曲阳涧磁村晚唐五代墓出土的双蝶花草纹白釉瓷枕（图八，2），1997年河北曲阳涧磁村晚唐五代墓葬出土的白瓷海棠杯内底上模印的鱼纹，等等。还值得一提的是，有的白釉瓷器外底部刻写“会稽”（图九，1）、“易定”（图九，2）字款，还有一些刻写或划写“官”、“新官”字款（图九，3；图一〇，1～6）。特别是“官”和“新官”字款，给这些精美的白釉瓷器增添了一些“神秘”感。装烧方面，发表的资料中仅见有三叶形支钉和垫饼（图一，4；图二，2），未见匣钵、窑炉等资料。但发现的这一期的瓷器一般为足或足沿无釉，其他部位又没有支垫痕迹，这些瓷器应是放在匣钵内单件装烧的，说明这时期仍流行匣钵装烧法。

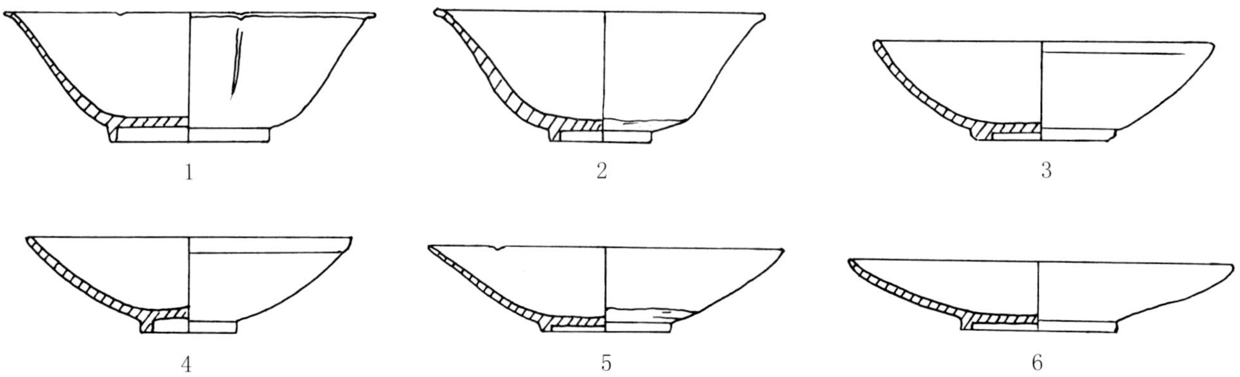

图四 白釉、酱釉瓷碗、盘

1～4. 碗 5、6. 盘（第二期；1、3～6为白釉，2为酱釉；定窑遗址出土，采自《考古》1965年第8期）

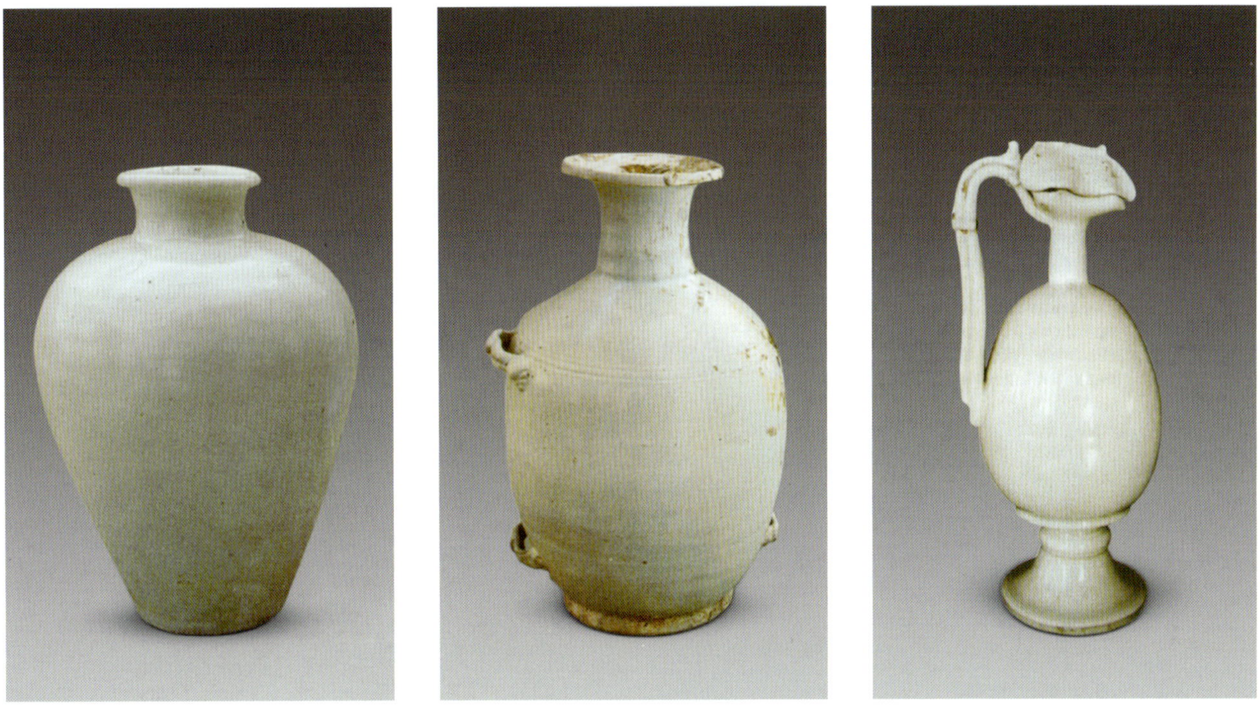

1　　2　　3

图五　白釉瓷瓶、壶

1. 瓶　2. 穿带瓶　3. 凤首壶（第二期；1、2 河北省曲阳县出土，采自《中国陶瓷·定窑》，上海人民美术出版社，1983 年；3 河北省曲阳县涧磁村出土，采自《文物天地》2005 年第 3 期）

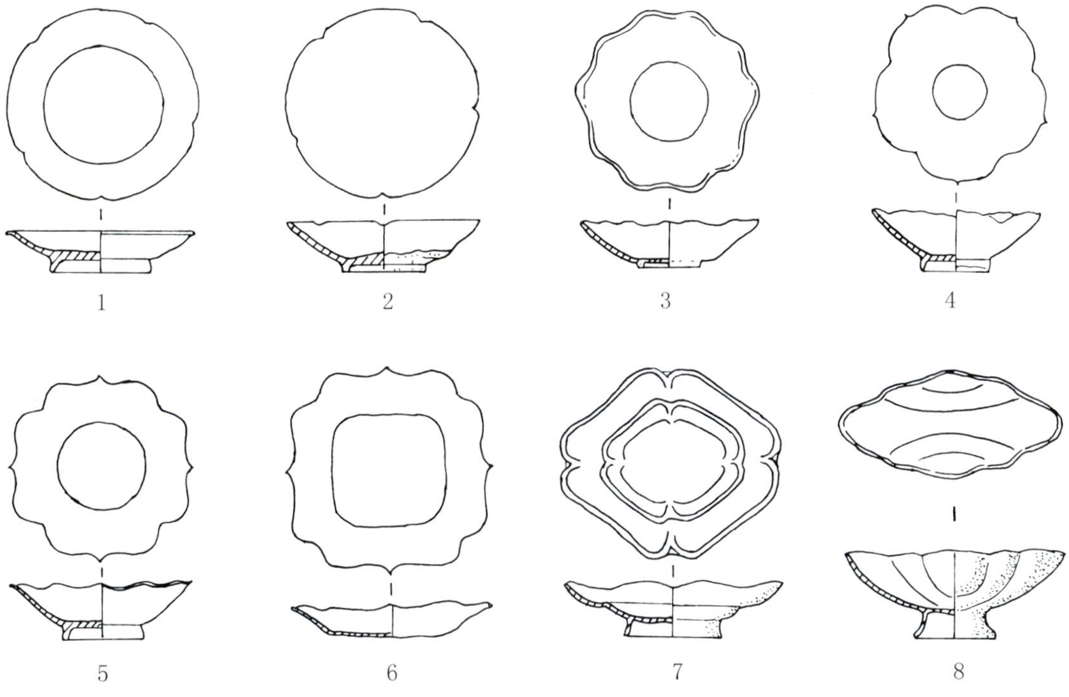

图六　仿金银器造型的白釉瓷盘（碟）、海棠杯

1 ～ 7. 盘　8. 海棠杯（1、2 第一期，3 ～ 8 第二期；1、2、4 ～ 6 定窑遗址出土，采自《考古》1965 年第 8 期；3、7、8 浙江临安唐钱宽墓出土，采自《文物》1979 年第 12 期）

1

3

2

3

图七　白釉金银釦瓷器

1. 托杯　2. 注子　3. 盘（第二期；1、2 浙江临安唐水邱氏墓出土，采自《浙江考古精华》，文物出版社，1999 年；3 内蒙古赤峰辽驸马卫国王墓出土，国家博物馆收藏）

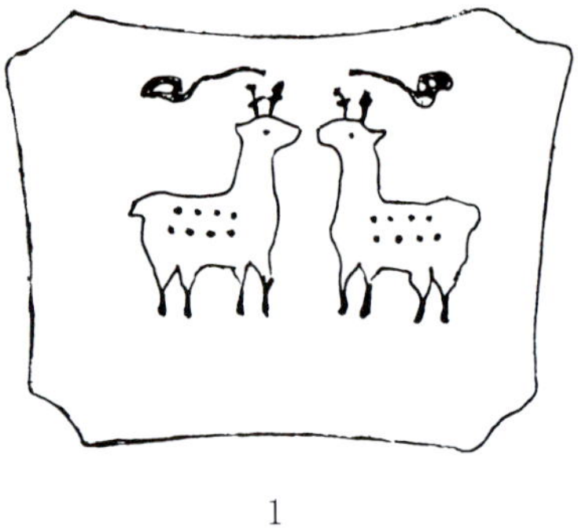

1

2

图八　白釉瓷枕装饰花纹

1. 双鹿纹　2. 双蝶花草纹（第二期；1 定窑遗址出土，采自《考古》1965 年第 8 期；2 河北曲阳涧磁村晚唐五代墓出土，采自《考古》1965 年第 10 期）

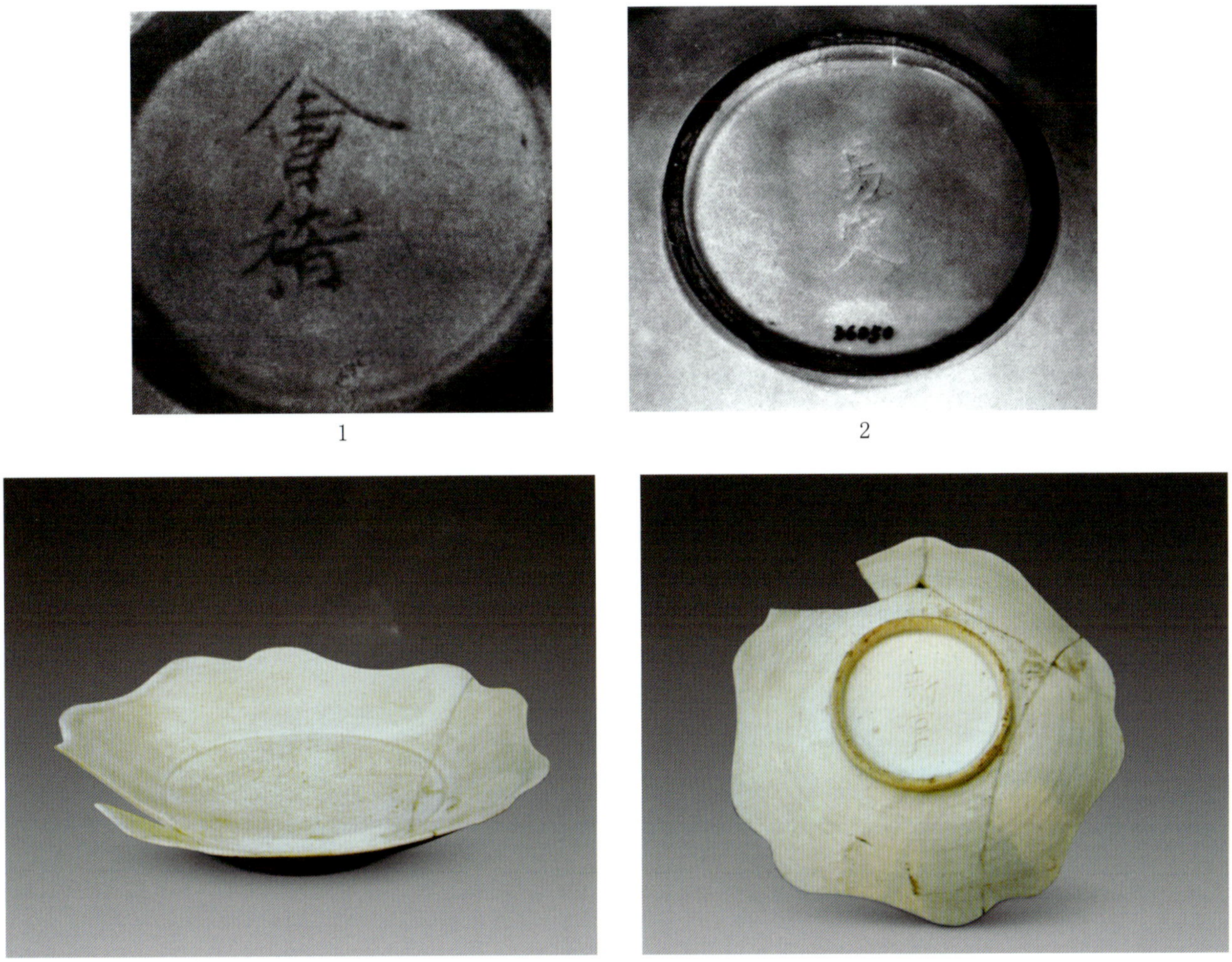

1 2 3 3

图九　白釉瓷器上的款识

1．“会稽”款　2．“易定”款　3．“新官”款（第二期；1 采自《上海博物馆集刊》第四期，上海古籍出版社，1987 年；2、3 采自《中国陶瓷·定窑》，上海人民美术出版社，1983 年）

第一期是定窑创烧和发展的初级阶段，其工艺技术的来源问题，多有文章论及，基本观点认为受到了邢窑的影响[1]，此说极是。本文前面所示的第一期的典型器物、匣钵、窑炉遗迹等在邢窑遗址出土资料中，大多都可以找到相同或相近的资料[2]，说明定窑在发展的初期确实是借鉴、吸取了邢窑的工艺技术。定窑距邢窑不远，定窑创烧较晚，当定窑创建时，邢窑正处在兴旺时期，所以定窑受邢窑的影响甚至照搬邢窑的某些工艺技术是顺理成章的事。可是进入第二期，定窑发展迅速，一跃超过了邢窑，甚至取代了邢窑的地位，这是为什么呢？我们将这时期两窑的资料做了细致的对比、分析，发现虽然原因是多方面的，但是这时期定窑大力发展白釉瓷器、努力提高质量、批量烧造仿金银器器皿造型的瓷器可能是主要原因之一。考古资料表明，定窑进入第二期后，对产品进行了整合，转向以烧造白釉瓷器为主的生产方针，并全方位提高白釉瓷器的质量。批量烧造仿金银造型的瓷器可能是此期重要措施之一。金银器皿是历来备受人们喜爱的生活

[1] a. 李辉柄：《定窑的历史以及与邢窑的关系》，《故宫博物院院刊》1983 年第 3 期；b. 穆青：《早期定瓷初探》，《文物研究》第十期（中国古陶瓷研究会 95 年年会论文集），1995 年。

[2] 河北省文物研究所：《邢窑遗址调查、试掘报告》，《考古学集刊》第 14 集，文物出版社，2004 年。

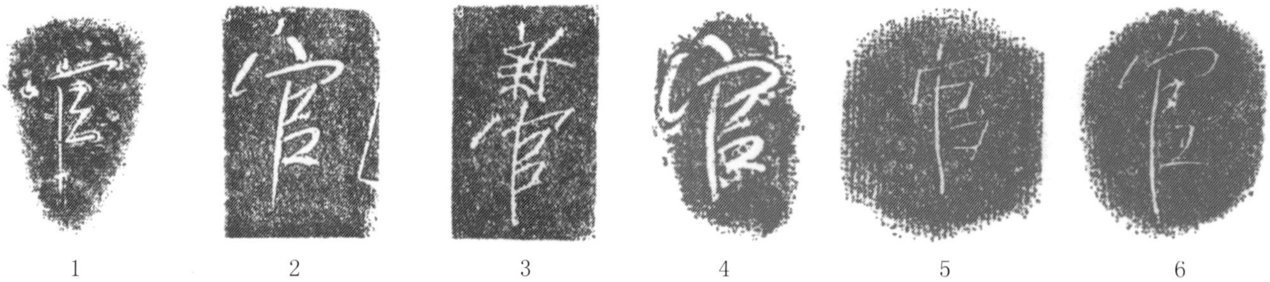

图一〇　白釉瓷器上的“官”和“新官”款

1、2、4～6.“官”款　3.“新官”款（第二期；1 河北定州尧方头村出土，采自《文物春秋》1997 年第 2 期；2～6 浙江临安唐钱宽墓出土，采自《文物》1979 年第 12 期）

用器，但其价格昂贵，不是人人都能用得起的，即使是社会上层人物家里的生活用器也不可能都用金银器，所以仿金银器造型的瓷器就有了市场。定窑正是适应了这种需求，大量生产仿金银器造型的瓷器，方使其得到了快速发展。从现有的资料来看，定窑在第一期就开始了烧造仿金银器造型的瓷器，但数量不多，器型也仅有盘、盏托等少数几种。第二期大量仿造，不但数量剧增，而且器型也增多了，常见的有碗、盘、碟、盏托、海棠杯等，制作精细，有的在形制上仿造得相当像（图一一，1～4）。这一期的定窑仿金银器造型的产品，在墓葬、窖藏、城址等考古遗迹中

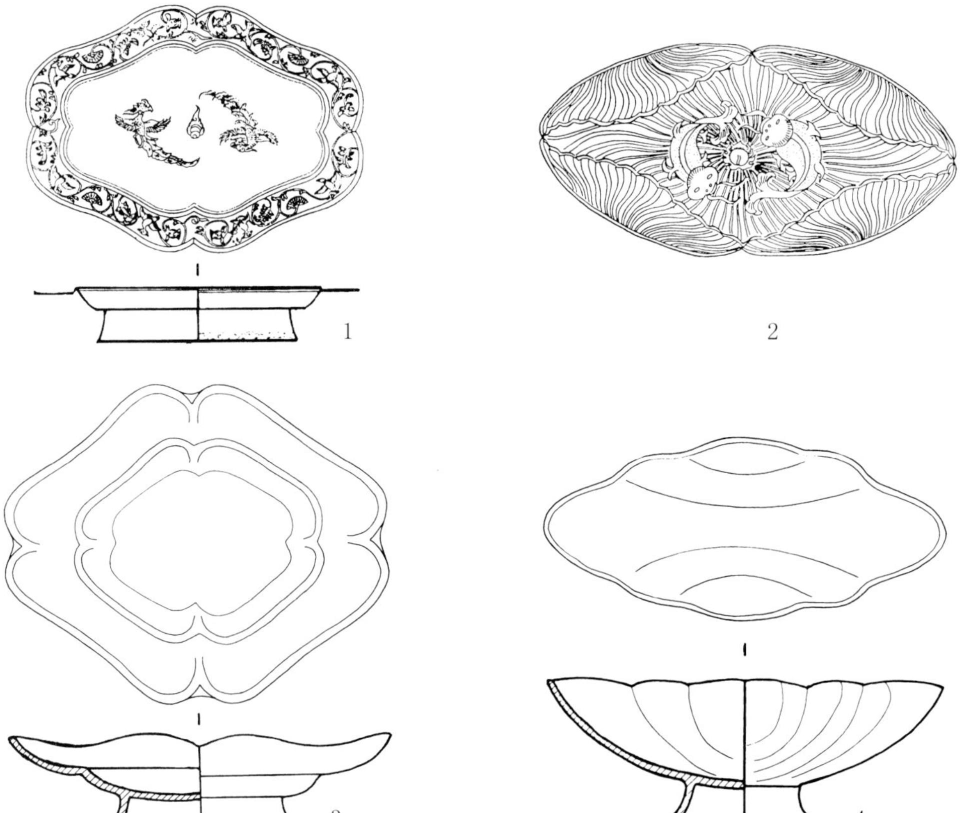

图一一　仿金银器造型的白釉瓷器与唐代金银器比较

1. 双鸾纹菱形银盘　2. 双鱼纹四曲银碟（俯视）　3. 白釉瓷盘　4. 白釉瓷海棠杯（1 江苏省丹徒县丁卯桥出土，2 陕西省耀县柳林背阴村出土，采自镇江市博物馆等《唐代金银器》，文物出版社，1985 年；3、4 浙江临安唐钱宽墓出土，采自《文物》1979 年第 12 期）

多有发现，说明此类产品不但烧造量大，而且很受人们欢迎。可是邢窑的情况却不是这样，相当于定窑第一期的时候，邢窑仿金银器造型的器物有碗、盘、盏托等，数量少，所占比例很小，制作工艺较为简单，多是在器物的口沿部等距离开五个倒三角形的小缺口，口下内壁出筋[1]；相当于定窑第二期的时候，在已发表的邢窑资料中，极少见仿造金银器造型的瓷器，尤其需要指出的是，在1987～1991年邢窑遗址考古发掘出土的发表的唐末五代资料中未见仿金银器造型的器物[2]。由上述可见，第二期定窑着力烧造颇受人们青睐的仿金银器造型的产品，推动了定窑的整体发展，而邢窑仍在烧造传统的品种，缺乏变革。这样，定窑的发展超过邢窑就不足为怪了。

三　唐五代定窑瓷器上的款识

唐五代定窑瓷器上的款识有“会稽”、“易定”和“官”、“新官”，是刻写或划写而成，均发现于白釉瓷器上，年代皆属于本文所划分的第二期（参见本文图九、一〇）。

“会稽”、“易定”款，学术界都曾做过细致的考证和研究，冯先铭先生认为，“会稽”款瓷器“应是吴越钱氏订烧的瓷器，钱氏统地旧属会稽郡，故底刻‘会稽’二字”[3]；陆明华先生认为“易定”款“为曲阳定器或定瓷之意，……这种款器可能也是当时入贡后周朝廷的贡瓷”[4]。本文不再赘述。在这里打算重点谈谈“官”和“新官”字款。

关于“官”和“新官”字款问题，笔者1999年曾以《关于唐宋瓷器上的“官”和“新官”字款问题》为题写过一篇文章[5]，认为“‘官’字不是‘官窑’之义”；“‘官’字可能是当时官府机构光禄寺下属的太官署的简称”；“‘新官’是对‘官’而言，‘官’在前、‘新官’在后，可能是用以区别太官署前后两次或前后两位官员在同一个瓷窑订烧的瓷器而刻划的”。在这三个结论中，关键是“‘官’字是太官署的简称”的结论，本文拟对此结论再做些补充论述。

大家都知道，“官”字款不仅仅见于瓷器上，也见于其他质地的器物上。1977年在湖北鄂城发掘的一口古井中出土的一件东吴时期的铜釜上腹部刻有“武昌”、“官”三字款[6]，1984年在安徽马鞍山市发掘的东吴朱然墓出土的一件漆案背面正中篆书一“官”字款[7]，1984～1985年在河南巩县发掘的宋咸平三年（1000年）宋太宗元德李后陵的陵砖上模印“官”字款[8]，内蒙古赤峰缸瓦窑遗址发现的一件辽代匣钵上刻有“官”字款[9]，1998～1999年在浙江慈溪寺龙口越窑遗址南宋早期地层里出土的一件匣钵上刻有“官”字款[10]等。不同时代、不同质地器物上的“官”字的涵义，不一定完全相同。“官”字在汉语中的涵义比较广泛，可以与很多字组词。所以，它们的涵义要具体情况具体分析。例如，有“官”字款的匣钵与“官”字款的瓷器一般没有共存关系，前面提到的慈溪寺龙口越窑遗址出土了南宋早期“官”字款匣钵，可是迄今未见越窑南宋早期瓷

[1] a. 河北临城邢瓷研制小组：《唐代邢窑遗址调查报告》，《文物》1981年第9期；b. 内丘县文物保管所：《河北省内丘县邢窑调查简报》，《文物》1987年第9期；c. 尚民杰等：《西安南郊新发现的唐长安新昌坊“盈”字款瓷器及相关问题》，《文物》2003年第12期。
[2] 河北省文物研究所：《邢窑遗址调查、试掘报告》，《考古学集刊》第14集，文物出版社，2004年。
[3] 冯先铭：《定窑》，《中国陶瓷·定窑》，上海人民美术出版社，1983年。
[4] 陆明华：《邢窑“盈”字及定窑“易定”考》，《上海博物馆集刊》第四期，上海古籍出版社，1987年。
[5] 权奎山：《关于唐宋瓷器上的“官”和“新官”字款问题》，《中国古陶瓷研究》第五辑，紫禁城出版社，1999年。
[6] 鄂钢基建指挥部文物小组等：《湖北鄂城发现古井》，《考古》1978年第5期。
[7] 安徽省文物考古研究所等：《安徽马鞍山东吴朱然墓发掘简报》，《文物》1986年第3期。
[8] 河南省文物研究所：《宋太宗元德李后陵发掘报告》，《华夏考古》1988年第3期。
[9] 冯永谦：《“官”和“新官”字款瓷器之研究》，《中国古代窑址调查发掘报告集》，文物出版社，1984年。
[10] 浙江省文物考古研究所等：《寺龙口越窑址》，文物出版社，2002年。

器上有“官”字款的实例；唐宋定窑[1]、五代耀州窑[2]遗址均出土有“官”字款瓷器，但未见有“官”字款匣钵出土，等等。问题比较复杂，容另文详述。

在瓷器款识上将“太官署”简称为“官”，不是在9世纪末突然出现的。作为全称的“太官”款，早在汉代就见之于器物上了，河北满城一号汉墓出土的乳钉纹铜壶、蟠龙纹铜壶上均有刻划的“太官”铭文[3]。乳钉纹铜壶铭文全文是：器盖子口处为“甄氏”；器底为“甄氏，大官，五斗五升，今长乐食官”；圈足内壁为“右□重四十斤一两八朱六□”。蟠龙纹铜壶仅器底上有铭文，全文是：“楚大官，槽，容一石□，并重二钧八斤十两，第一”。每件器物上所刻划的字数较多，但核心是“大官”（在古代“大”、“太”二字多通用，“大官”即“太官”）。更有意味的是，1997年在湖南湘阴岳州窑遗址出土的一件青瓷碗的内底处发现有戳印的“太官”字款[4]（图一二），这里的“太官”，显然是指太官署。到9世纪末，再需要在瓷器上标示太官署的名称时，将其简写成“官”字是完全可能的。

在唐代，瓷器款识中的官府机构名称写成简称的，太官署并不是孤例。众所周知，唐代邢窑烧造的白釉瓷器上，有一些底外侧刻写或划写“盈”字款[5]（图一三），研究者认为，这里的“盈”字代表“大盈库”[6]，是大盈库的简称。有意思的是，近年来还发现刻写或划写有“大盈”款的白釉瓷片，迄今在西安市沣镐路工地采集1片[7]（图一四，1），在河北省邢台市旧城区清风楼东的长街一带出土10余片[8]（图一四，2、3、4）。其均是邢窑烧造。可见，“大盈库”有简称“大盈”的，也有简称“盈”的。那么“太官署”已有简称“太官”的，也就有可能有简称“官”字的。更值得注意的是，这十几件“大盈”款白釉瓷器，胎质细白、坚硬，器形均为薄饼状足碗，据张

图一二　湖南岳州窑遗址出土的“太官”款瓷器
（采自《湖南考古漫步》84页，湖南美术出版社，1999年）

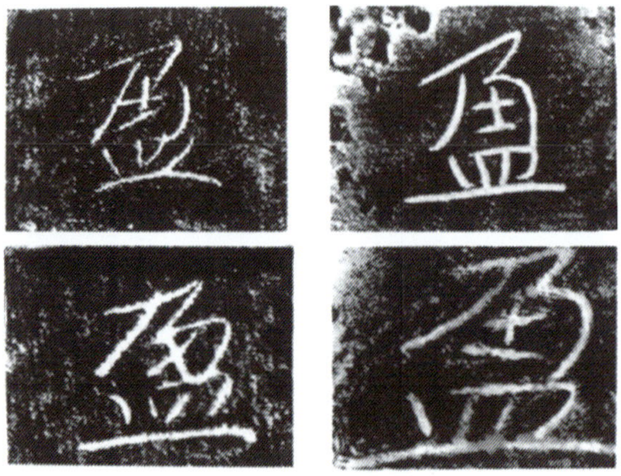

图一三　河北邢窑白釉瓷器上的“盈”字款
（采自《千年邢窑》254页，文物出版社，2007年）

[1] 刘世枢：《曲阳县定窑遗址发掘》，《中国考古学年鉴（1987）》，文物出版社，1988年。
[2] 陕西省考古研究所：《五代黄堡窑址》，文物出版社，1997年。
[3] 中国社会科学院考古研究所等：《满城汉墓发掘报告》，文物出版社，1980年。
[4] 潘岳新：《湘阴岳州窑世纪之交考古大发现》，《文汇报》1997年11月2日。
[5] a. 内丘县文物保管所：《河北省内丘县邢窑调查简报》，《文物》1987年第9期；b. 尚民杰等：《西安南郊新发现的唐长安新昌坊“盈”字款瓷器及相关问题》，《文物》2003年第12期。
[6] a. 李知宴：《论邢窑瓷器的发展和分期》，《香港中文大学中国文化研究所学报》第17卷，1986年；b. 陆明华：《邢窑“盈”字及定窑“易定”考》，《上海博物馆集刊》第四期，上海古籍出版社，1987年。
[7] 卢均茂、张国柱：《西安古瓷片》，32页，陕西人民出版社，2003年。
[8] 张志忠：《邢窑综述》，《千年邢窑》，文物出版社，2007年。

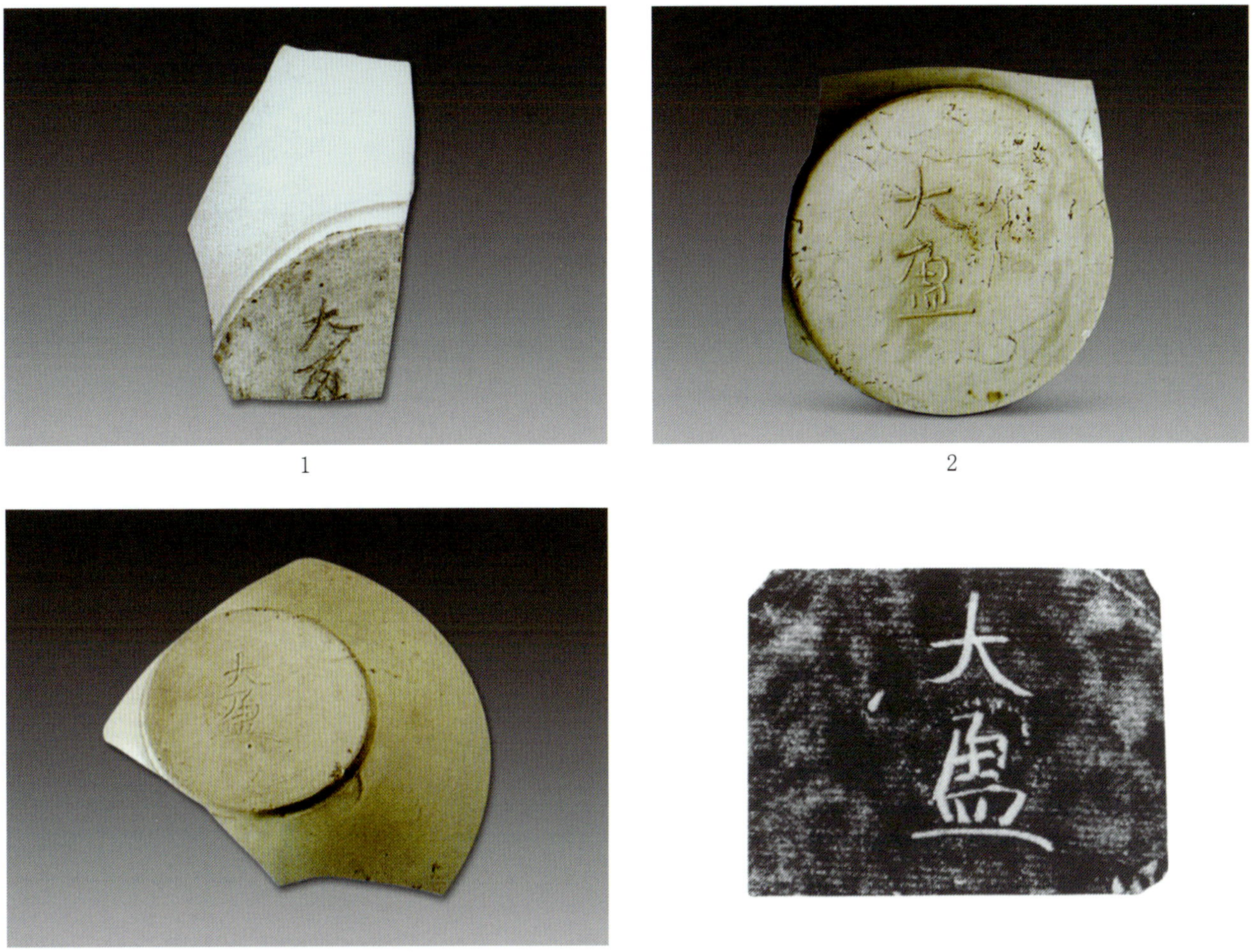

图一四　河北邢窑白釉瓷器上的“大盈”字款

1. 西安市沣镐路工地采集，采自（《西安古瓷片》32 页，文物出版社，2003 年）；2 ～ 4. 河北省邢台市旧城区清风楼东的长街出土（采自《千年邢窑》21、249、254 页，文物出版社，2007 年）

志忠先生研究，“其时代应早于‘盈’字款瓷器”[1]。由此看来，“盈”字款是由“大盈”字款简化而来的。既然“大盈库”可以简称为“大盈”，再简称为“盈”，那么“太官署”可简称为“太官”，“太官”再简称为“官”就不足为奇了。

此外，从迄今发现的其他考古资料来看，唐、宋、元时期，官府机构在各地瓷窑场订烧瓷器上刻写或划写标识的，或写订烧单位的全称，或写订烧单位的简称。例如，唐代大盈库简写成“大盈”或“盈”；翰林院简写成“翰林”[2]；宋代尚食局[3]、尚药局[4]、御厨[5]均写全称；元代枢

[1] 张志忠：《邢窑综述》，《千年邢窑》，文物出版社，2007 年。
[2] 贾永禄：《河北内丘出土“翰林”款白瓷》，《考古》1991 年第 5 期。
[3] a. 刘世枢：《曲阳县定窑遗址发掘》，《中国考古学年鉴（1987）》，文物出版社，1988 年；b. 冯先铭：《定窑》，《中国陶瓷・定窑》，上海人民美术出版社，1983 年。
[4] a. 刘世枢：《曲阳县定窑遗址发掘》，《中国考古学年鉴（1987）》，文物出版社，1988 年；b. 冯先铭：《定窑》，《中国陶瓷・定窑》，上海人民美术出版社，1983 年。
[5] 金志伟：《“御厨”字款越瓷再探》，《故宫博物院院刊》2001 年第 1 期。

密院简写成“枢府”[1]；太禧宗禋院简写成“太禧”[2]等，却从来不见以“官”字代替订烧单位的名称。根据上述事实来推断，瓷器上的“官”字不应是泛指官府，它也应该是代表订烧该瓷器的官府机构中的一个单位。检阅相关历史文献，唐宋时期只有太官署与之相符[3]。

定窑与北方的邢窑、巩县窑和南方的越窑、岳州窑、洪州窑等相比，创烧较晚。在其烧造的早期，即本文所划分的第一期，生产的瓷器品种比较复杂，制作技术不高、不精，产品主要为民用，多销于窑址周围地区。但是，由于它充分借鉴了邢窑的技术和创新，因而发展较快。到了唐末五代时期，即本文所划分的第二期，定窑制瓷技术水平显著提高，并形成了以烧造白釉瓷器为主的新的生产态势，销售范围扩大，并且进入了社会上层。太官署开始在定窑订烧瓷器，这在某种意义上说，拉动了定窑制瓷技术的提高和发展。总之，唐五代定窑的发展为北宋定窑的繁荣奠定了良好的基础。

（原载《故宫博物院院刊》2008 年第 4 期）

[1] 中国硅酸盐学会：《中国陶瓷史》第八章《元代的陶瓷》，文物出版社，1982 年。
[2] 中国硅酸盐学会：《中国陶瓷史》第八章《元代的陶瓷》，文物出版社，1982 年。
[3] 参见权奎山：《关于唐宋瓷器上的“官”和“新官”字款问题》，《中国古陶瓷研究》第五辑，紫禁城出版社，1999 年。

关于唐宋瓷器上的“官”和“新官”字款问题

唐宋时期的一些瓷器上刻划有“官”或“新官”字款（图一～四）。其早已引起研究者的注意[1]。近些年来，随着考古发掘出土的“官”、“新官”字款瓷器资料的日益增多，研究者对其年代、产地和“官”字的涵义等问题展开了较全面研究[2]，取得了令人瞩目的成果。本文在前人研究的基础上，拟对与“官”、“新官”字款相关的一些问题进行初步探讨。望各位同仁不吝指正。

一 “官”和“新官”字款瓷器的种类、年代、产地

迄今发现的“官”、“新官”字款瓷器的数量，据初步统计，已逾200件。有白釉瓷器和青釉瓷器二种，以白釉瓷器的数量为多。器形有净瓶、瓶、注壶、壶、盖罐、罐、洗、碗、盘、碟、把杯、杯、盏托、盒、枕等，以碗、盘为主。

它们的年代，最早者为晚唐时期，以浙江临安唐昭宗光化三年（900年）钱宽墓[3]（图一、彩图1、2）和约葬于唐昭宗天复元年（901年）的水邱氏墓[4]（彩图3）出土的为代表；最晚者，学术界意见不一，有的认为“约在赵宋建国前的辽代初年”[5]，有的则认为可到北宋后期[6]。目前

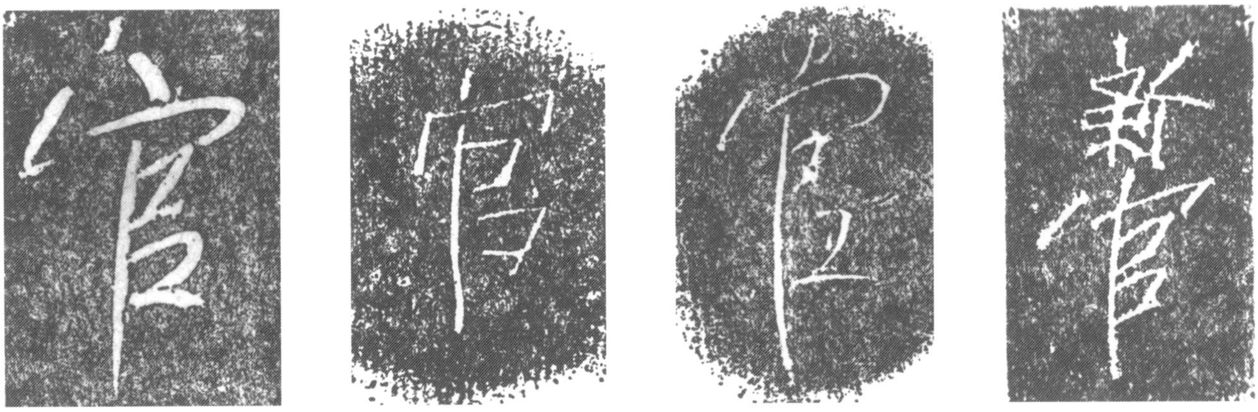

1　　2　　3　　4

图一　晚唐钱宽墓出土“新官”、“官”字款瓷器

[1] a. 金毓黻：《略论近期出土的辽国历史文物》，《考古通讯》1956年第4期；b. 陈万里：《我对于辽墓出土几件瓷器的意见》，《文物参考资料》1956年第11期。
[2] a. 冯永谦：《“官”和“新官”字款瓷器之研究》，《中国古代窑址调查发掘报告集》，文物出版社，1984年；b. 李辉柄：《关于“官”“新官”款白瓷产地问题的探讨》，《文物》1984年第12期；c. 谢明良：《有关“官”和“新官”款白瓷官字涵义的几个问题》，《故宫学术季刊》，（台湾）第5卷第2期，1987年。
[3] 浙江省博物馆等：《浙江临安晚唐钱宽墓出土天文图及“官”字款白瓷》，《文物》1979年第12期。
[4] 明堂山考古队：《临安县水邱氏墓发掘报告》，《浙江省文物考古所学刊》，文物出版社，1981年。
[5] 冯永谦：《“官”和“新官”字款瓷器之研究》，《中国古代窑址调查发掘报告集》，文物出版社，1984年。
[6] 李辉柄：《关于“官”“新官”款白瓷产地问题的探讨》，《文物》1984年第12期。

彩图 1　晚唐钱宽墓出土“官”字款花口碟
（采自《晚唐钱宽夫妇墓》）

彩图 2　晚唐钱宽墓出土“官”字款花口碟
（采自《晚唐钱宽夫妇墓》）

彩图 3　临安水邱氏墓出土“官”字款花口碟
（采自《定窑雅集》）

彩图 4　定窑遗址出土“官”字款莲花纹碗
（采自《中国古瓷窑大系·中国定窑》）

彩图 5　定州静志寺塔基出土“官”字款莲花纹碗
（采自《中国古瓷窑大系·中国定窑》）

彩图 6　西安火烧壁村窖藏出土“官”字款花口盘
（采自《定窑雅集》）

所见其出土单位有明确纪年的，以辽宁朝阳辽圣宗开泰九年（1020年）耿延毅夫妇合葬墓出土的为最晚（图二，1）[1]。窑址发掘出土的，以1985～1987年河北曲阳定窑遗址发现的为最晚，均出土于该遗址的早期文化层中，其“年代不晚于北宋初年”[2]。对于已知的非纪年单位、窑址地层出土和传世的资料，我们参照纪年单位出土的资料和其他相关资料进行了粗略的排比，发现最晚者为北宋早期，即太祖至真宗时期（960～1022年）。由上述可见，“官”、“新官”字款瓷器的具体年代为唐代晚期至北宋早期。

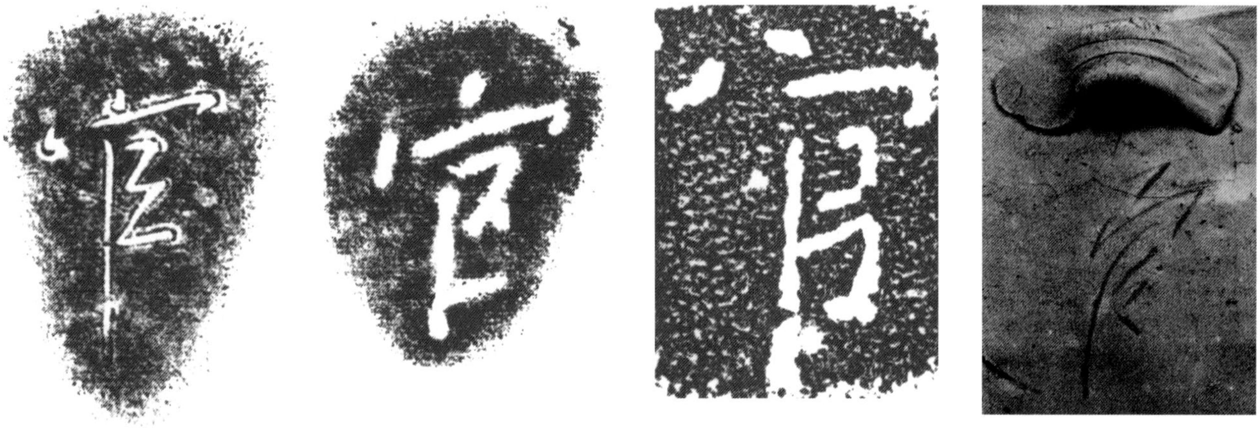

1 2 3 4

图二 墓葬出土的“官”字款瓷器

1. 莲花纹白瓷罐（辽宁朝阳耿延毅夫妇合葬墓出土） 2. 白瓷碗（河南巩县宋太宗元德李后陵出土） 3. 莲花纹白瓷盖罐 4. 缠菊纹花口青瓷盘（3、4内蒙古辽陈国公主墓出土）

目前发现或可确定烧制“官”、“新官”字款瓷器的窑有河北定窑、陕西耀州窑、浙江越窑。

定窑遗址共发现“官”、“新官”字款瓷器17件，均为白釉瓷器。其历年来调查采集2件，皆为“官”字款[3]（图三）；1985～1987年发掘出土15件，其中“官”字款14件（彩图4）、“新官”字款1件[4]。窑址以外出土或发现的“官”、“新官”字款白釉瓷器的数量较多，据谢明良先生1987年统计，至少有149件[5]，加上1985年河南巩县宋太宗元德李后陵出土（1988年发表）的16件（图二，2）[6]、1986年内蒙古奈曼旗辽陈国公主墓出土（1993年发表）的1件（图二，3）[7]，1994年河北曲阳五代墓出土的1件[8]、1995年河北定州尧方头村出土的2件[9]等，至少有169件了。这些瓷器虽不能肯定全部是定窑所烧造，但绝大部分为定窑所生产应是没有问题的。

[1] 朝阳地区博物馆：《辽宁朝阳姑营子辽耿氏墓发掘报告》，《考古学集刊》第3集，中国社会科学出版社，1983年。
[2] 刘世枢：《定窑考古札记》，中国古陶瓷研究会1997年河北年会暨学术讨论会论文。
[3] a. 冯先铭：《瓷器浅说》，《文物》1959年第7期；b.《中国陶瓷》编辑委员会：《中国陶瓷·定窑》图版136，上海人民美术出版社，1983年。
[4] 刘世枢：《定窑考古札记》，中国古陶瓷研究会1997年河北年会暨学术讨论会论文。
[5] 1987年谢明良先生统计“官”、“新官”字款白釉瓷器至少有151件（见谢明良：《有关“官”和“新官”款白瓷官字涵义的几个问题》，《故宫学术季刊》，（台湾）第5卷第2期，1987年）。2件是在定窑遗址采集（谢明良先生统计数字为3件），149件是在窑址以外出土或发现的。
[6] 河南省文物研究所等：《宋太宗元德李后陵发掘报告》，《华夏考古》1988年第3期。
[7] 内蒙古自治区文物考古研究所等：《辽陈国公主墓》，文物出版社，1993年。
[8] 河北省文物研究所等：《河北曲阳五代壁画墓发掘简报》，《文物》1996年第9期。
[9] 刘福珍：《定州出土定窑双“官”字款枕》，《文物春秋》1997年第2期。

耀州窑遗址发现“官”字款瓷器14件，1984～1992年发掘出土12件[1]，采集2件[2]，均为青釉瓷器，是五代时期所烧造（图四）。

越窑遗址发现“官”字款青釉瓷器2件，均为考古调查时采集，一件器形是盘，年代为五代时期；另一件是盏，年代约为北宋早期偏晚[3]。此外，1970年浙江临安板桥五代墓出土的1件越窑青瓷双系瓶[4]、1986年内蒙古奈曼旗辽开泰七年（1018年）陈国公主墓出土的1件越窑青瓷花口盘[5]，分别在肩部、底外侧刻划“官”字款（图二，4）。

图三 定窑遗址采集“官”字款残片

1 2 3 4

图四 耀州窑遗址发掘与采集“官”字款瓷器

[1] 陕西省考古研究所：《五代黄堡窑址》，文物出版社，1997年。
[2] 薛东星：《耀州窑史话》，紫禁城出版社，1992年。
[3] 越窑遗址发现的“官”字款瓷器资料，尚未发表。童兆良先生告知。
[4]《中国陶瓷》编辑委员会：《中国陶瓷·越窑》图版166，上海人民美术出版社，1983年。
[5] 内蒙古自治区文物考古研究所等：《辽陈国公主墓》，文物出版社，1993年。

二 “官”字不是“官窑”之义

“官”、“新官”字款中的“官”字，不是“官窑”之义。关于什么是官窑？目前学术界尚未有统一的认识。我觉得，还是用当时人的说法来理解为妥。南宋叶寘《坦斋笔衡》记载：“本朝以定州白瓷有芒，不堪用，遂命汝州造青窑器。故河北、唐、邓、耀州悉有之，汝窑为魁。江南则处州龙泉县窑，质颇粗厚。政和间，京师自置窑烧造，名曰‘官窑’。”[1] 从这段记载可以窥见，宋代官窑是朝廷直接管理，产品专供宫廷使用。很显然，“官”、“新官”字款瓷器和烧造它们的瓷窑不具备这样的特点。“官”字也不可能是“官窑”的意思。其理由如下。

首先，烧造“官”、“新官”字款瓷器的定窑、耀州窑、越窑，古代文献中或多或少都有记载，但未见朝廷派官直接管理主持烧造事宜的内容。仅见，定窑五代后周时曾派冯翱“充龙泉镇使钤辖瓷窑商税务使”[2]；越窑北宋初年曾有赵仁济充“殿前承旨监越州瓷窑务[3]之事。前者显然是只负责征收定窑的商税，后者也不过是官府派往越州督办宫廷所需越窑瓷器的官[4]。也非直接管理越窑的生产。再有，在当时和稍后的文献中也没有说它们是“官窑”，而且从记载的内容和相关资料中也看不出来是官窑的意思，反而在有的文献记载中倒可以推断出有的窑不是官窑。前文所引南宋叶寘《坦斋笔衡》中的那段记载，是将定州白瓷器（定窑）、汝州青窑器（汝窑）和京师自置的官窑并列，从这种行文方式中可以明显看出，定窑、汝窑都不是官窑。如它们是官窑，行文的方式将是另外的一种样子了。那么北宋时期宫廷所用的定窑瓷器和汝窑瓷器是怎么来的呢？北宋乐史《太平寰宇记）卷六二《河北道》记载，定州贡瓷器[5]，由此可知，定窑瓷器是通过地方土贡的方式获得的。从《坦斋笔衡》中的“命汝州造青窑器”一语观之，汝窑瓷器是通过上面派烧的方式获取的。这正反映了在官窑之前宫廷用瓷来源的二个渠道。

其二，官窑的产品专供宫廷使用，所以宋代官窑瓷器至今在发掘的一般居住遗址、墓葬、塔基、窖藏中还未见到。“官”、“新官”字款瓷器则不然，考古发现较为普遍，上至皇太后陵[6]、下到一般庶人墓[7]都有出土，塔基[8]（彩图5）、窖藏[9]（彩图6）内时有发现，甚至连遥远的埃及开罗南郊福斯塔特遗址也有发现[10]。使用的范围和对象与宋代官窑瓷器有明显的区别。

其三，古代文献中没有记录是官窑的瓷窑，考古发掘出土器物上的“官窑”铭，是全称，甚至还加上所在州的州名，如在安徽芜湖东门渡窑址采集的印在罐壁下部近底处的“宣州官窑”铭[11]，

[1]（南宋）叶寘《坦斋笔衡》已佚，此段文字收录在元代陶宗仪《辍耕录》卷二九。见《津逮秘书》第九集，明崇祯中虞山毛氏汲古阁刊本。

[2] 清光绪三十年《曲阳县志》卷十一《金石录》著录《大周五子山禅院长老和尚（敬晖）舍利塔之记》碑文，文前所列职官中有署“口口使押衙银青光禄大夫检校太子宾客兼殿中侍御史充龙泉镇使钤辖瓷窑商税务使冯翱”。此碑为定州开元寺僧守諲所书，立于大周显德四年（957年）二月。

[3]（宋）周密：《志雅堂杂钞》卷上《诸玩》记载：“李公略所藏雷咸百纳琴，……腹内两旁题云‘大宋兴国七年岁次壬午六月望日殿前承旨监越州瓷窑务赵仁济再补修’”。见《粤雅堂丛书》初编第一集，清道光、光绪间南海伍氏刊本。

[4] a. 阮平尔：《论全盛时期的越窑》，《越瓷论集》，浙江人民出版社，1988年；b. 周丽丽：《关于烧造“秘色瓷”窑场性质的讨论》，《越窑、秘色瓷》，上海古籍出版社，1996年。

[5] 清光绪八年（1882年）金陵书局刻本。

[6] 河南省文物研究所等：《宋太宗元德李后陵发掘报告》，《华夏考古》1988年第3期。

[7] 长沙市文物工作队：《长沙唐墓出土“官”字款白瓷器》，《湖南考古辑刊》第2集，岳麓书社，1984年。

[8] a. 定县博物馆：《河北定县发现两座宋代塔墓》，《文物》1972年第8期；b. 北京市文物工作队：《顺义县辽净光舍利塔基清理简报》，《文物》1964年第8期。

[9] 王长启等：《西安火烧壁发现晚唐“官”字款白瓷》，《考古与文物》1986年第4期。

[10] 马文宽等：《中国瓷器在非洲的发现》，紫禁城出版社，1987年。

[11] 谢小成：《“宣州官窑”探微》，《文物研究》第十期（《中国古陶瓷研究会’95年会论文集》），黄山书社，1995年。

不简写成“官”字。再有，古代文献中记录、学术界公认的官窑，如杭州乌龟山南宋官窑、景德镇明清官窑等，在发现的众多资料中，未见刻划、戳印、笔书“官”或“新官”字款的实例[1]。

上述三点足可以说明，“官”、“新官”字款瓷器上的“官”字不是表示“官窑”之义。这也就是说，迄今发现的烧造“官”、“新官”字款瓷器的定窑、耀州窑、越窑不是官窑。

三 “官”字是太官署的简称

“官”、“新官”字款瓷器上的“官”字虽然不是“官窑”的意思，但从“官”、“新官”字款瓷器的质量等方面考察，可以肯定与官府有关。那么其究竟与官府的何部门有关？“官”字表示什么？我们针对此问题查阅了有关文献资料，并对相关的考古资料做了初步整理，认为可能是当时官府机构光禄寺下属的太官署的简称。关于这个问题，可以从以下三个方面加以探讨。

首先让我们来看看太官署的设置及其职责。

太官之名，在秦汉时期就有了。在汉代，太官令为少府的属官。《后汉书·百官志（三）》少府条载：“太官令一人，六百石”，“掌御饮食”，下设“左丞、甘丞、汤官丞、果丞各一人”，“左丞主饮食，甘丞主膳具，汤官丞主酒，果丞主果”[2]。

三国两晋南北朝时期的早、中期，太官令除隶属关系在有的朝代有所变动外，其余基本承袭了汉代的制度[3]。到三国两晋南北朝晚期，情况有了较大的变化。北齐时期不但隶属光禄寺，而且成了光禄寺的一个下属机构。《隋书》卷二七《百官志（中）》载：北齐“光禄寺，掌诸膳食、帐幕、器物、宫殿门户等事。统守官［掌凡张设等事］、太官［掌食膳事］、宫门［主诸门籥事］、供府［掌供御衣服玩弄之事］、肴藏［掌器物鲑味等事］、清漳［主酒，岁二万石，春秋中半］、华林［掌禁籞林木等事］等署。宫门署，置仆射六人，以司其事，余各有令、丞”。

隋代光禄寺的权限缩小，仅掌管与饮食有关的部门了。《隋书》卷二八《百官志（下）》载：隋“光禄寺统太官、肴藏、良酝、掌醢等署，各置令、丞”。其中太官令“三人”、丞“八人”，“太官又有监膳十二人”。

唐代这种制度更加完善，并明确规定了供膳对象。《唐六典》卷第十五《光禄寺》载：“光禄寺，卿一人”，“少卿二人”。“光禄卿之职，掌邦国酒礼、膳羞之事，总太官、珍羞、良酝、掌醢四署之官属。修其储备，谨其出纳。少卿为之贰。凡国有大祭祀，则省牲、镬，视濯、溉。若三公摄祭，则为之终献。朝会、燕飨，则节其等差，量其丰约以供焉”。“太官署，令二人”，“丞四人”，“监膳十人”，“监膳史十五人，供膳二千四百人。太官令掌供膳之事。丞为之贰。凡祭之日，则白卿诣诸厨省牲、镬，取明水于阴鉴，取明火于阳燧。帅宰人以銮刀割牲，取其毛、血，实之于豆，遂烹牲焉。又帅进馔者实簠、簋，设于馔幕之内。……凡朝会、燕飨，九品已上并供其膳食。凡供奉祭祀、致斋之官，则衣其品秩，为之差降。若国子监春、秋二分释奠，百官之观礼，亦如之。凡行幸从官应供膳食，亦有名数。凡宿卫当上及命妇朝参、燕会者，亦如之”[4]。《旧唐书》卷四十四《职官志（三）》、《新唐书》卷四十八《百官志（三）》记载与《唐六典》相同，但

[1] a. 中国社会科学院考古研究所等：《南宋官窑》，中国大百科全书出版社，1996年；b. 台湾鸿禧美术馆：《景德镇出土明初官窑瓷器》，台湾鸿禧艺术文教基金会出版，1996年；c. 江西省文物工作队等：《景德镇龙珠阁遗址发掘报告》，《考古学报》1989年第4期。

[2] 中华书局标点本。本文以下所引“二十四史”均为此本，不一一出注。

[3] 参见《晋书》卷二四《职官志》、《南齐书》卷十六《百官志》。

[4] 陈仲夫点校本，中华书局，1992年。

极为简略。《新唐书》在讲到太官令职责时，将其概括为“掌供祠宴朝会膳食”。

五代时期大体沿袭了唐代的制度。光禄寺不但继续设置，而且职掌也没有太大的变化[1]。

北宋早期的官制基本因袭了唐末、五代之制。宋太祖赵匡胤即位之后，对五代后周的官僚机构基本没有去触动。据《续资治通鉴长编》卷十二太祖开宝四年（971年）条载：当时是“伪署官并仍旧”[2]，只是在旧机构旁增设新机构或逐步差遣临时职官。到神宗元丰年间（1078～1085年），对此前的北宋官制进行了大幅度改革。光禄寺的下属机构也做了重大调整，撤消了太官署，保留了太官令[3]。这时的太官令据《宋会要辑稿·职官（二一之一）》引《神宗正史职官志》载，仍“掌供膳”。这种情况在北宋晚期发生了变化，《宋史》卷一六四《职官志（四）》载：徽宗“崇宁三年，置尚食局，太官令惟掌祠事”。

从以上文献资料和对资料的分析可知，太官署（令）在汉代至北宋中期一直掌膳食之事，尤其是唐至北宋早期主掌祭祀、朝会、宴飨供膳之政。负责供膳，必然要涉及到盛装食品、用膳的器具。从前面所引文献可知，汉代是太官令下属的“甘丞主膳具”；北齐是肴藏署“掌器物”。后来虽然不见类似的明确记载，但供膳需要膳具这一点不会有变化。至于唐宋时期太官署所用膳具的质地，即用什么质料的膳具？毫无疑问，有相当部分或主要是瓷器。众所周知，东汉晚期出现了成熟瓷器，三国两晋南北朝时期使用逐渐普及，成为了人们日常生活的主要用器。唐宋时期是中国瓷器手工业大发展和繁荣时期，瓷器的种类增多，质量大幅度提高，已成为人们最喜爱的生活用具之一，使用已十分普遍，尤其是宫廷也大量采用瓷器做为日常生活用具。因此，太官署以瓷器做为膳具是完全可能的，不足为奇。进而说明太官署与瓷器有密切的关系，具备了太官署的名称刻划或戳印在瓷器上的基本条件。

第二，太官之名，早在汉代就见之于器物上了。河北满城一号汉墓出土的乳钉纹铜壶、蟠龙纹铜壶上均有刻划的“大官”铭文[4]。瓷器上有“太官”字款的资料见于隋代。1997年在湖南湘阴岳州窑遗址出土的1件青瓷碗上戳印“太官”字款[5]（图五）。承蒙湘阴县博物馆刘冰池馆长惠示，对这件青瓷碗的特征有了较详细的了解。此碗深腹，曲壁，假圈足，制作规整；胎呈浅灰色，质地较细腻、坚硬，釉为青泛黄色，内满施釉，外施釉不及足，釉面晶莹光润，釉层均匀，开细纹片；内底中心部位釉下胎上戳印“太官”字款。该碗制作工艺精良，质量好，是当时岳州窑乃至南方诸窑瓷器中的上乘之作。其年代，据其形制、胎、釉特点和与有关墓葬出土的岳州窑青釉瓷器资料对比推知，约为隋代早期。这件碗上的“太官”字款，无疑是指太官署。说明太官署的名称是可以出现在瓷器上的。

第三，唐宋时期官府机构名称出现在瓷器上的实例屡见不鲜，如唐代邢窑瓷器上有“翰林”[6]、北宋定窑瓷器上有“尚食局”、“尚药局”[7]等。不仅如此，而且在瓷器上刻划官府机构简

[1]（宋）王溥：《五代会要》卷十六《光禄寺》，上海古籍出版社，1978年。

[2] 中华书局标点本，1979年。

[3]《宋会要辑稿•职官（二一之一）》，中华书局影印本，1957年。本文所引《宋会要辑稿》均为此本，不一一出注。

[4] 乳钉纹铜壶铭文：器盖口为“甄氏”；器底为“甄氏，大官，五斗五升，今长乐（飤）官”；圈足内壁为“右口重四十斤一两八朱六口”。蟠龙纹铜壶仅器底上有铭文，内容为“楚大官，槽，容一石口，并重二钧八斤十两，第一”等字。见中国社会科学院考古研究所等：《满城汉墓发掘报告》，文物出版社，1980年。

[5] a. 潘岳新：《湘阴岳州窑世纪之交考古大发现》，《文汇报》1997年11月2日；b.《湘阴发现两晋至隋代官窑》，《中国文物报》1999年5月9日。

[6] 贾永禄：《河北内丘出土“翰林”款白瓷》，《考古》1991年第5期。

[7] a. 刘世枢：《定窑考古札记》，中国古陶瓷研究会1997年河北年会暨学术讨论会论文；b. 冯先铭：《定窑》，《中国陶瓷•定窑》，上海人民美术出版社，1983年。

称者也大有物在。

唐代邢窑烧制的白釉瓷器上，有一些底外侧刻划“盈”字款[1]。“盈”字款白釉瓷器是唐代邢窑白瓷中的精品，“是专门为皇宫生产的，……进入皇宫后由御库大盈库收藏”[2]。可见，“盈”字款应是大盈库的简称。唐玄宗开元时期（713～741年）将皇室财政库内库组织分为大盈、琼林两库[3]。大盈库实质上是皇帝的私库，由宦官掌管。《新唐书》卷五一《食货志（一）》记载：玄宗时“王珙为户口色役使，岁进钱百亿万缗，非租庸正额者，积百宝大盈库，以供天子燕私”。其又载：“故事，天下财赋归左藏，而太府以时上其数，尚书比部覆其出入。”肃宗时“京师豪将假取不能禁，第五琦为度支盐铁使，请皆归大盈库，供天子给赐，主以中官。自是天下之财为人君私藏，有司不得程其多少”。大盈库一直延至唐代末年。从考古资料看，“盈”字款白瓷器出现于盛唐时期，晚唐时期仍有发现[4]，与大盈库设置的时间吻合。

图五　岳州窑“大官”款青瓷碗
（1997年湖南湘阴岳州窑遗址出土）

在瓷器的款识中，有官府机构简称者，不仅发现于唐宋时期，其他时代也有，如元代景德镇窑烧制的卵白釉瓷器上时见与花纹一起模印的“枢府”、“太禧”字款。带有“枢府”字款的卵白釉瓷器，也称之为“枢府瓷器”，是元代官府机构枢密院在江西景德镇窑订烧的瓷器[5]。字款中的“枢”字无疑是枢密院的简称。“太禧”则是元代太禧宗禋院的简称[6]。太禧宗禋院据《元史》卷八七《百官志（三）》载，是“天历元年，罢会福、殊祥二院，改置太禧院以总制之”，“掌神御殿朔望岁时讳忌日辰禋享礼典”。“太禧”字款卵白釉瓷器显然也应是太禧宗禋院在景德镇窑订烧之物。

以上所举“盈”、“枢府”、“太禧”字款的例子，说明在唐宋元时期瓷器以官府机构简称为款识的作法是存在的。前有先例，后有延续，太官署在瓷器上只刻划其简称“官”字就不奇怪了，实属正常。

综合以上三个方面的分析结果，不难得出唐宋瓷器上的“官”、“新官”字款中的“官”字是其官府机构光禄寺下属的太官署简称的结论。由此可以推断，唐宋时期的“官”、“新官”字款瓷器是有关瓷窑为太官署烧制的，也就是说，是太官署在有关瓷窑订烧的，做为祭祀、朝会、宴飨供应膳食的膳具，性质非御用瓷器。

四　“官”与“新官”字款的关系

“官”与“新官”字款的关系，也不难理解。1987年陕西扶风法门寺地宫出土了一通入藏时镌刻的供奉藏品之物品帐目石碑，碑文开头说“监送真身使应从重真寺随真身供养道具及恩赐金

[1] a. 内丘县文物保管所：《河北省内丘县邢窑调查简报》，《文物》1987年第9期；b. 翟春玲等：《青龙寺遗址出土“盈”字款珍贵白瓷器》，《考古与文物》1997年第6期。

[2] 李知宴：《论邢窑瓷器的发展和分期》，《香港中文大学中国文化研究所学报》第17卷，1986年。

[3]（唐）陆贽：《奉天请罢琼林、大盈二库状》，《唐陆宣公集》卷十四，《四部备要》集部，1936年上海中华书局排印本。

[4] 李知宴：《论邢窑瓷器的发展和分期》，《香港中文大学中国文化研究所学报》第17卷，1986年。

[5] 中国硅酸盐学会：《中国陶瓷史》第八章《元代瓷器》，文物出版社，1982年。

[6] 中国硅酸盐学会：《中国陶瓷史》第八章《元代瓷器》，文物出版社，1982年。

银器物宝函并新恩赐到金银宝器衣物如后”[1]。这句话中值得注意的是“恩赐”和“新恩赐”两词。从碑文中得知，“恩赐”物系唐懿宗（860 ~ 874 年）李漼所赐，“新恩赐”物系其继承人唐僖宗（874 ~ 888 年）李儇所赐。“官”、“新官”与“恩赐”、“新恩赐”形式相同。“官”、“新官”字款瓷器目前所知最早的纪年资料为浙江临安唐昭宗光化三年（900 年）钱宽墓和约葬于唐昭宗天复元年（901 年）的水邱氏墓出土的，与“恩赐”、“新恩赐”镌刻的时间都属于晚唐时期。看来可能是当时行文的一种惯例。据此我们认为，“新官”是对“官”而言，“官”在前、“新官”在后，可能是以示区别太官署前后两次或前后两位官员在同一个瓷窑订烧的瓷器而刻划的。

五 “官”和“新官”字款消失的原因

本文前面已经讲到，“官”、“新官”字款瓷器见于唐代晚期至北宋早期。为什么北宋早期以后不见了“官”、“新官”字款瓷器？这不排除没有发现或发现了未被辨认出来的可能。但我们认为更多的是与北宋官府机构的变动有关。在前面已经谈到，北宋早期特别是太祖、太宗时期的官僚机构基本承袭了唐末、五代之制，光禄寺及其下属的太官署继续负责原来的事务，这是北宋早期仍有“官”、“新官”字款瓷器的根本原因。此后，事情逐渐发生了变化。《宋会要辑稿 · 职官(二一之一)》光禄寺条引《两朝国史志》载：“古者其属有大官、珍羞、良酝、掌醢四局，今分隶御厨、法酒库”。《两朝国史志》即为《两朝国史》中的“志”。《两朝国史》系北宋仁宗、英宗两朝的国史，北宋王珪等撰，神宗元丰五年（1082 年）成书奏御[2]。由此可见，在仁宗、英宗时期太官署的职事已隶御厨。之后，神宗元丰年间，官制改革，撤消了太官署。这样自仁宗、英宗时期起，不能再以太官署的名义到瓷窑订烧瓷器了，瓷器上也就自然不见了“官”、“新官”字款。

（原载《中国古陶瓷研究》第五辑，紫禁城出版社，1999 年）

[1] 韩伟：《法门寺地宫唐代随真身衣物帐考》，《首届国际法门寺历史文化学术研讨会论文选集》，陕西人民教育出版社，1992 年。
[2]（宋）晁公武：《郡斋读书志》卷第五《正史类》，孙猛校证本，上海古籍出版社，1990 年。

中国古代制瓷官窑的考古发现与研究

中国古代制瓷手工业从性质划分，可分为民窑（民营）和官窑（官营）两种。民窑是中国古代制瓷手工业的主体，官窑则出现于北宋晚期，数量很少。关于什么是官窑？南宋叶寘《坦斋笔衡》中说：北宋“政和间，京师自置窑烧造，名曰‘官窑’”[1]。这虽不能说是官窑的定义，但据这段记录和其他相关文献记载及考古出土数据，可知官窑一般要具备四个条件：一是有独立的作坊（窑场）；二是中央政府派官或委托地方官管理；三是经费由中央政府负责解决；四是产品供宫廷和中央政府有关部门使用，不做为商品出售。这就是说，符合这四个条件的瓷窑才能称之为官窑，不是给宫廷烧造过瓷器的窑就是官窑。

中国古代文献中记载明确的官窑有北宋官窑[2]、南宋修内司官窑[3]、南宋郊坛下官窑[4]、明清景德镇官窑[5]。北宋官窑的窑址目前尚未确定。其他三座官窑的窑址已经确定或基本确定，并均做过正式的考古发掘工作，出土了一批作坊、窑炉等遗迹和一大批落选御用瓷器碎片、窑具等遗物。现以官窑的烧造年代为序简述如下。

一　南宋修内司官窑址

修内司官窑，也称之为老虎洞窑，窑址位于浙江省杭州市上城区凤凰山与九华山之间的一个被称之为“老虎洞”的地方，分布在一山岙中，面积约2000余平方米。1998～2001年对该窑址进行了考古发掘，出土了龙窑、素烧窑炉、作坊基址、澄泥池、釉料缸、陶车基座等遗迹和瓷器碎片、窑具等遗物[6]。尤其值得一提的是，出土了面积大小不等的24个落选御用瓷器碎片堆积，堆积不厚，边缘清楚。从这些碎片堆积中复原、修复起来了一批瓷器，器型有兽首环耳壶、鹅颈瓶、梅瓶、镂孔套瓶、穿带瓶、折肩瓶、瓶、觚、尊、供碗、樽式炉、鼎式炉、鬲式炉、碗、盘、杯、盏、盏托、洗、盆、花盆、套盒、器盖等，器型十分丰富。其胎呈灰、深灰或黑色，质地致密；釉色以粉青为主，米黄色次之，釉面莹澈、滋润。这些瓷器都是当年给南宋宫廷烧造的，由于变形或釉色没烧好等缺陷而成为次品，打碎掩埋在窑场内。修内司官窑烧造的具体时间，一般认为在南宋前期。有研究者认为“始烧年代应从成立礼器局的绍兴十四年（1144年）起”[7]；停烧废弃年代约在13世纪初[8]。还要说及的是，该窑址，大多数古陶瓷研究专家认为是南宋修内司

[1]（宋）叶寘：《坦斋笔衡》，（元）陶宗仪《南村辍耕录》卷二十九“窑器”条引，中华书局，1997年。
[2]（宋）叶寘：《坦斋笔衡》，（元）陶宗仪《南村辍耕录》卷二十九“窑器”条引，中华书局，1997年。
[3]（宋）叶寘：《坦斋笔衡》，（元）陶宗仪《南村辍耕录》卷二十九“窑器”条引，中华书局，1997年。
[4] a.（宋）叶寘：《坦斋笔衡》，（元）陶宗仪《南村辍耕录》卷二十九“窑器”条引，中华书局，1997年；b.（宋）顾文荐：《负暄杂录》，《说郛》卷十八，商务印书馆，1927年。
[5] a.（明）王宗沐：《江西省大志》卷七《陶书》，明万历二十五年刻本；b. 清乾隆七年《浮梁县志》卷七《建置》；c.（清）蓝浦：《景德镇陶录》卷一《图说》，《中国陶瓷名著汇编》，中国书店，1991年。
[6] a. 杭州市文物考古所：《杭州老虎洞南宋官窑址》，《文物》2002年第10期；b. 杭州市文物考古所：《杭州老虎洞窑址瓷器精选》，文物出版社，2002年。
[7] 杭州市文物考古所：《杭州老虎洞窑址瓷器精选·前言（杜正贤）》，文物出版社，2002年。
[8] 可参见李民举：《宋官窑论稿》，《文物》1994年第8期。

官窑窑址[1]，也有少数研究者持否定态度。

二　南宋郊坛下官窑址

郊坛下官窑，也称乌龟山官窑，窑址位于浙江省杭州市江干区乌龟山西麓，在修内司官窑南，相距约2.5公里。1956年和1985年先后两次对该窑址进行了考古发掘。其中1985年的发掘工作延续到1988年，出土数据颇丰，计有龙窑、作坊基址、练泥池、陶车基座、釉料缸、堆料坑、素烧窑炉、排水沟等遗迹和一批瓷器碎片、窑具等遗物[2]。作坊遗迹比较齐全，较好地展现了制瓷工艺的流程。瓷器碎片均出土于地层中，共30000余片，能复原、修复起来的器物不多，器型有壶、瓶、罐、觚、尊、樽式炉、鼎式炉、鬲式炉、簋式炉、碗、盘、三足盘、碟、杯、盏、钵、盒、洗、盆、花盆、器盖、器座等20余种。这些瓷器制作精细，胎以灰、深灰色为主，质地坚致。有厚胎薄釉和薄胎厚釉两类。釉色正烧品一般为粉青、米黄或青灰色，釉面光莹滋润，玉质感较强。郊坛下官窑是继修内司官窑之后建立的，它的烧造时间应在南宋后期。它的停烧时间应在“南宋被元灭亡之时”[3]。

三　明清景德镇官窑址

景德镇官窑址位于江西省景德镇市中心的珠山地区，以景德镇市的标志性建筑——龙珠阁为中心，呈南宽向北渐窄的长梯形分布，面积约为54300平方米[4]。文献记载和研究成果表明，明代官窑创建于洪武二年（1369年）[5]，称“御器厂”，明王朝覆亡，其随被清王朝接管，并改称为“御窑厂”，直至清王朝灭亡。前后延续了542年。清王朝灭亡，官窑也就不复存在了。废弃后，随着时间的推移和人类在遗址上的频繁活动及不断开发，官窑设施和地面建筑除位于南门内的一口水井外，其余的均早已荡然无存。

1982～1994年，配合景德镇市政建设工程，对官窑遗址进行了多次抢救性的考古发掘，出土明代洪武至嘉靖时期的落选御用瓷器碎片“竟有十数吨，若干亿片”[6]，修复起来了一大批洪武、永乐、宣德、正统、成化时期的落选御用瓷器[7]。为了深入研究明清官窑，全面、真实复原其生产面貌，2002～2004年对其进行了较大规模的主动考古发掘，出土了明代官窑的围墙、院墙、窑炉和掩埋落选御用瓷器碎片的小坑、小堆、片状堆积等一大批遗迹，同时出土了瓷器碎片、窑具等大量的遗物[8]。在这两次发掘中，出土的明代落选御用瓷器碎片，数量颇大，品种多、器类丰富。其大部分都可复原，有很多都能修复起来。年代基本都属于明代洪武至万历时期。值得注意的是，在这批瓷器中，有不少品种、器型不见于传世品或同时期的传世品中。例如，洪武青花

[1] 秦大树：《杭州老虎洞窑址考古发现专家论证会纪要》，《文物》2001年第8期。

[2] 中国社会科学院考古研究所等：《南宋官窑》，中国大百科全书出版社，1996年。

[3] 中国社会科学院考古研究所等：《南宋官窑》，中国大百科全书出版社，1996年。

[4] 刘新园：《景德镇珠山出土的明初与永乐官窑瓷器之研究》，《鸿禧文物》创刊号，1996年。

[5] a. 清乾隆七年《浮梁县志》卷七《建置》；b.（清）蓝浦：《景德镇陶录》卷一《图说》，《中国陶瓷名著汇编》，中国书店，1991年；c. 刘新园：《景德镇珠山出土的明初与永乐官窑瓷器之研究》，《鸿禧文物》创刊号，1996年。

[6] 炎黄艺术馆：《景德镇出土元明官窑瓷器·序（刘新园）》，文物出版社，1999年。

[7] 炎黄艺术馆：《景德镇出土元明官窑瓷器》，文物出版社，1999年。

[8] a. 刘新园、权奎山、樊昌生：《江西省景德镇珠山明、清御窑遗址考古发掘获重大成果》，《中国古陶瓷研究》第十辑，2004年；b. 北京大学考古文博学院等：《江西景德镇市明清御窑遗址2004年的发掘》，《考古》2005年第7期；c. 北京大学考古文博学院等：《江西景德镇明清御窑遗址发掘简报》，《文物》2007年第5期。

缠枝花卉纹碗、釉里红缠枝莲纹大碗，永乐刻海浪青花龙纹罐、白釉三壶连通器、青花釉里红云龙纹梅瓶、釉里红赶珠龙纹大碗，宣德青花七棱折沿花口盆、青花花卉纹果盘、斗彩鸳鸯莲池纹盘、洒蓝釉刻花云龙纹大罐、孔雀绿釉鱼藻纹梅瓶，正统青花云龙纹大缸，成化青花穿花龙纹鹤颈瓶、青花穿花凤凰纹鹤颈瓶、三彩鸭形香薰，正德青花阿拉伯文方盆、青花阿拉伯文栏板，等等。这些瓷器，有的可能产量极少，有的可能从来就没有烧造成功过，弥足珍贵。

制瓷官窑的考古发现，填补了文献记载的不足，增强了人们对官窑的了解和认识，为深入研究官窑的规模、生产面貌、产品种类、制作工艺和管理制度等提供了珍贵的实物数据，具有重要的学术价值和意义。

古代制瓷官窑是为了满足宫廷用瓷的需要而设置的，它集中了当时一批优秀的工匠，产品基本不计成本，以质好、达到宫廷满意为目标，所以官窑的产品都非常精致，代表了当时制瓷手工业产品的最好水平，为以民窑为主体的中国古代制瓷手工业增添了光彩。

（未刊稿，撰于 2007 年 4 月）

唐至清代宫廷用瓷的来源——从土贡到自置窑烧造

中国早在商代就发明了瓷器[1]。瓷器作为一种器具，很早就进入了王室、宫廷。唐至清代宫廷用瓷，据古代文献记载和考古资料，应主要是通过土贡、派烧、自置窑烧造三种管道获得的。本文试分唐至北宋中期、北宋晚期至南宋、元代、明清时代四个时期，简要讨论唐至清代宫廷用瓷的来源及烧造地点（瓷窑）、品种问题。不妥之处，敬请方家不吝指正。

一　唐至北宋中期

唐至北宋中期宫廷用瓷基本来源于州府土贡。

唐代有关土贡瓷器的古代文献记载主要有以下三条：

唐·李吉甫：《元和郡县图志》卷第五《河南道（一）》记载：河南府唐玄宗开元时期贡“瓷器”[2]。

《新唐书》卷三十九《地理志（三）》“河北道”条记载：邢州土贡“瓷器”[3]。

《新唐书》卷四十一《地理志（五）》“江南道”条记载：越州土贡“磁器”[4]。

《元和郡县图志》明确记录了贡瓷器的年代，即唐玄宗开元年间（713 ～ 741 年）。《新唐书》记载的土贡的具体年代，据王永兴先生考证，为唐穆宗长庆年间（821 ～ 824 年）[5]。由此可见，唐代前期贡瓷器有河南府，所贡为白瓷器。这时期河南烧造白瓷品质较高的窑，从考古发掘资料看，是巩县窑[6]。巩县正是这时期河南府所管的二十六个县之一[7]。进而说明，河南府所贡的白瓷器应是巩县窑烧造的。唐代后期土贡瓷器的有邢州和越州，迄今在这两个州内均发现了瓷窑遗址，即位于河北内丘一带的邢窑址[8]和位于浙江慈溪一带的越窑址[9]。邢州、越州土贡的瓷器无疑是邢窑、越窑烧造的。邢窑虽然烧造的瓷器品种较多，但以白釉瓷器为主，白釉瓷器代表了邢窑瓷器的最好水平，其中器物外底刻划“大盈”[10]、“盈”[11]字款的，是这时期邢窑白釉瓷器中的精品。所以，邢窑贡的应是白釉瓷器。越窑只烧造青釉瓷器，其贡也应都是青釉瓷器（图一），唐末人徐夤《贡余秘色茶盏》诗中的“捩翠融青瑞色青，陶成先得贡吾君。”[12]句，便是这种情况的反映。

五代十国时期与唐代有所不同，未见州府给本国宫廷土贡瓷器的记录，但有国与国之间贡瓷器

[1] 中国硅酸盐学会：《中国陶瓷史》第二章《夏商周春秋時期的陶瓷》，76 ～ 78 页，文物出版社，1982 年。
[2]（唐）李吉甫：《元和郡县图志》卷第五《河南道（一）》，130 页，中华书局，1983 年。
[3]《新唐书》卷三十九《地理志（三）》“河北道”条，1013 页，中华书局，1975 年。
[4]《新唐书》卷四十一《地理志（五）》“江南道”条，1060 页，中华书局，1975 年。
[5] 王永兴：《唐代土贡资料系年——唐代土贡研究之一》，《北京大学学报》（哲学社会科学版）1982 年第 4 期，60 ～ 65 页。
[6] 河南省文物考古研究所等：《黄冶窑考古新发现》，大象出版社，2005 年。
[7]（唐）李吉甫：《元和郡县图志》卷第五《河南道（一）》，130 页，中华书局，1983 年。
[8] 内丘县文物保管所：《河北省内丘县邢窑调查简报》，《文物》1987 年第 9 期，1 ～ 10 页。
[9] 慈溪市博物馆：《上林湖越窑》，科学出版社，2002 年。
[10] 张志忠：《邢窑综述》，《千年邢窑》，20、21 页，文物出版社，2007 年。
[11] 千年邢窑编辑委员会：《千年邢窑》，151 页，文物出版社，2007 年。
[12]（唐）徐夤：《贡余秘色茶盏》，《全唐诗》卷 710，中华书局，1979 年。

图一　越窑青釉碗（唐代后期）

（采自《法门寺考古发掘报告》，文物出版社，2007年）

的记载。据古代文献记载，位于今江浙一带的吴越国曾给位于中原的王朝进贡瓷器[1]，尤其是960年北宋建立后（吴越国于978年归宋），曾多次给北宋进贡瓷器[2]。其进贡的瓷器均为越窑烧造的青釉瓷器，其中有很多是秘色瓷，秘色瓷是越窑青瓷中的精品。

北宋早中期土贡瓷器的州增多，在都城还设立了瓷器库。《宋会要辑稿·食货（五二之三七）》载："瓷器库在建隆坊，掌受明、越、饶州、定州、青州白瓷器及漆器以给用。……宋太宗淳化元年七月诏：'瓷器库纳诸州瓷器'。"[3]这时期除了邢州[4]、越州[5]继续贡瓷器之外，定州、饶州、耀州等州也在贡瓷器。

宋·乐史：《太平寰宇记》卷之六十二《河北道（十一）》记载：定州土产"瓷器"[6]。

宋·乐史：《太平寰宇记》卷之二百七《江南西道（五）》记载：饶州土产"瓷器"[7]。

宋·王存：《元丰九域志》卷第三《陕西路》记载：耀州土贡"瓷器五十事"[8]。

《太平寰宇记》撰成于北宋太宗雍熙末至端拱初之间[9]，记录的应是北宋初年之事。《元丰九域志》成书于北宋神宗元丰三年（1080年），刊行于哲宗元祐元年（1086年）[10]，记录的应是北宋中期及其以前的事。两书中记载的贡或土产瓷器的定州、饶州、耀州的烧造瓷器的地点（瓷窑）均已发现并确认。定州的窑场遗址位于河北省曲阳县涧磁村一带，即定窑[11]，以烧造的白釉瓷器最佳。饶州的窑场遗址位于江西省景德镇市市区及郊区，即景德镇窑[12]，以生产青白釉瓷器而闻名于世。耀州的窑场遗址位于陕西省铜川市黄堡镇，即耀州窑[13]，以烧造的青釉瓷器最具代表性。由此可知，这三个州贡的瓷器依上次为白釉瓷器、青白釉瓷器、青釉瓷器。

---

[1]（清）吴任臣：《十国春秋》卷七十八《吴越（二）·世家》记载：宝大元年（924年）九月"王遣使钱询贡唐方物：……秘色瓷器"；同书卷七十九《吴越（三）·世家》记载：清泰二年（935年）九月"王贡唐……金稜秘色瓷器二百事"；同书卷八十《吴越（四）·世家》记载：天福七年（942年）十一月"王遣使贡晋……秘色瓷器"，1097、1122、1135页，中华书局，1983年。

[2]《宋会要辑稿·藩夷（七之一）》记载："宋开宝六年（973年）二月十二日"两浙节度使钱惟浚进……金稜秘色瓷器百五十事"；同书《藩夷（七之五）》记载：宋开宝九年（976年）六月四日"明州节度使惟治进……瓷器万一千事，内千事银稜"；同书《藩夷（七之五）》又载："宋太平兴国二年（977年）三月三日"俶进……金扣越器二百事"；同书《藩夷（七之九）》记载：宋太平兴国三年（978年）四月二日"俶进……瓷器五万事，……金扣瓷器百五十事"，7841～7844页，中华书局，1997年。

[3]《宋会要辑稿·食货（五二之三七）》，5717页，中华书局，1997年版。

[4] a.（宋）乐史：《太平寰宇记》卷之五十八《河北道（八）》记载：邢州土产"白瓷器"，1214页，中华书局，2007年；b.（宋）王存：《元丰九域志》卷第二《河北路》"西路"条记载：邢州土贡"瓷器一十事"，80页，中华书局，1984年。

[5] a.（宋）乐史：《太平寰宇记》卷之九十六《江南东道（八）》记载：越州土产"瓷器"，1924页，中华书局，2007年；b.（宋）王存：《元丰九域志》卷第五《两浙路》记载："越州土贡瓷器五十事"，209页，中华书局，1984年。

[6]（宋）乐史：《太平寰宇记》卷之六十二《河北道（十一）》，1270页，中华书局，2007年。

[7]（宋）乐史：《太平寰宇记》卷之二百七《江南西道（五）》，2135页，中华书局，2007年。

[8]（宋）王存：《元丰九域志》卷第三《陕西路》，111页，中华书局，1984年。

[9]（宋）乐史：《太平寰宇记·前言》，中华书局，2007年。

[10]（宋）王存：《元丰九域志·前言》，中华书局，1984年。

[11] 河北省文化局文物工作队：《河北曲阳县涧磁村定窑遗址调查与试掘》，《考古》1965年第8期，394～412页。

[12] 江西省文物考古研究所等：《景德镇湖田窑址——1988～1999年考古发掘报告》，文物出版社，2007年。

[13] 陕西省考古研究所等：《宋代耀州窑址》，文物出版社，1998年。

二 北宋晚期至南宋时期

北宋晚期至南宋时期与前一时期有了明显的不同。北宋晚期先是派烧，徽宗政和年间（1111 ～ 1118 年）开始自置窑烧造，这种方式被南宋沿用。

进入北宋晚期，土贡的瓷器已不适应宫廷的需要了，出现了派（命）烧的情况。宋代叶寘《坦斋笔衡》记载："本朝以定州白瓷器有芒，不堪用，遂命汝州造青窑器。"[1] 汝州给宫廷烧造青釉瓷器（图二）的时间不长，据陈万里先生考证，是在北宋哲宗元祐元年至徽宗崇宁五年（1086 ～ 1106 年）[2] 的二十年间。汝州给宫廷烧造青釉瓷器的窑场遗址已经找到，位于河南省宝丰县清凉寺村内，即通常所说的汝官窑 [3]。

图二 汝窑青釉盘（北宋晚期）

（采自《汝窑与张公巷窑出土瓷器》，科学出版社，2009 年）

随着北宋宫廷用瓷数量的增加和对品质要求越来越高，派烧的瓷器已经达不到宫廷的要求了，于是开始自己设窑烧造，出现了官窑。宋代叶寘《坦斋笔衡》记载："政和间京师自置窑烧造，名曰官窑。中兴渡江，有邵成章提举后苑，名曰邵局。袭故京遗制，置窑于修内司，造青器，名内窑。澄泥为范，极其精致，油色莹澈，为世所珍。后郊坛下别立新窑，比旧窑大不侔矣。"[4] 宋代顾文荐《负暄杂录》的记载内容与其相同，仅是个别字句有所差别 [5]。从两书记载中可知，宋代官窑有三座：北宋官窑、南宋修内司官窑、南宋郊坛下官窑。北宋官窑窑址至今尚未确定，一说在北宋都城开封 [6]，一说汝窑即是北宋官窑 [7]。台北故宫博物院 [8] 收藏的宋代官窑瓷器中，有一部分被认定为北宋官窑的产品。南宋修内司官窑、郊坛下官窑的窑址均已发现，并都做过考古发掘工作。前者位于杭州市上城区凤凰山与九华山之间的"老虎洞"[9]，约创建于南宋高宗绍兴十四年（1144 年）[10]，一直烧造到 13 世纪初 [11]。后者位于杭州市江干区乌龟山西麓 [12]，约始烧于 13 世纪初 [13]，

[1]（宋）叶寘：《坦斋笔衡》，此书已佚。此内容为元代陶宗仪《南村辍耕录》卷之二九《窑器》所引，363 页，中华书局，1997 年。

[2] 陈万里：《汝窑的我见》，《陈万里陶瓷考古文集》，150 页，紫禁城出版社，1997 年。

[3] 河南省文物考古研究所：《宝丰清凉寺汝窑》，大象出版社，2008 年。

[4]（宋）叶寘：《坦斋笔衡》，此书已佚。此内容为元代陶宗仪《南村辍耕录》卷之二九《窑器》所引，363 页，中华书局，1997 年。

[5]（宋）顾文荐：《负暄杂录》载："宣政间，京师自置（窑）烧造，名曰官窑。中兴渡江，有邵成章提举后苑，号邵局。袭徽宗遗制，置窑于修内司，造青器，名内窑。澄泥为范，极其精致，油色莹澈，为世所珍。后郊（坛）下别立新窑，亦曰官窑，比旧窑大不侔矣。"元代陶宗仪《说郛》卷十八，商务印书馆，1927 年。

[6] 中国硅酸盐学会：《中国陶瓷史》第六章《宋、辽、金的陶瓷》，290、291 页，文物出版社，1982 年。

[7] 李刚：《论宋代官窑的形成》，《古瓷新探》，99 页，浙江人民出版社，1990 年。

[8] 台北故宫博物馆编委员会：《宋官窑特展》（图录），台北故宫博物院出版，1996 年初版三刷。

[9] 杭州市文物考古所：《杭州老虎洞南宋官窑址》，《文物》2002 年第 10 期，4 ～ 31 页。

[10] 杭州市文物考古所：《杭州老虎洞窑址瓷器精选·前言（杜正贤）》，文物出版社，2002 年。

[11] 李民举：《宋官窑论稿》，《文物》1994 年第 8 期，47 ～ 54 页。

[12] 中国社会科学院考古研究所等：《南宋官窑》，中国大百科全书出版社，1996 年。

[13] 李民举：《宋官窑论稿》，《文物》1994 年第 8 期，47 ～ 54 页。

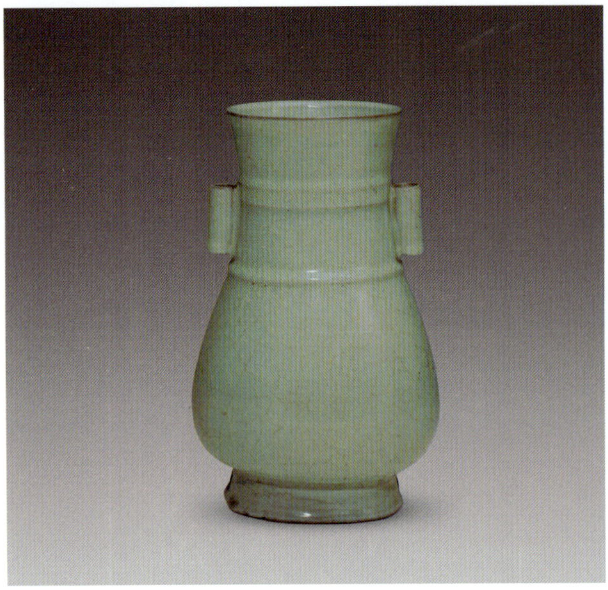

图三　南宋修内司官窑粉青釉贯耳瓶

（采自《官窑名瓷》，山东美术出版社，2005 年）

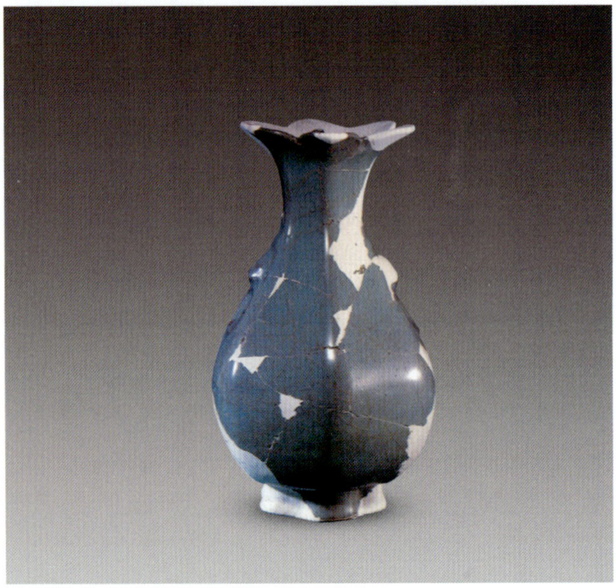

图四　南宋郊坛下官窑粉青釉花口瓶

（采自《南宋官窑》，中国大百科全书出版社，1996 年）

一直生产到南宋末年[1]。南宋两官窑均烧造青袖瓷器（图三、图四），传世品青釉的色泽以粉青、月白为主；窑址出土器物青釉的色调比较复杂，有青、青灰、青黄、米黄色等多种。

还需说及的是，北宋末年“靖康之变”，宋室南迁，在南宋高宗绍兴八年（1138 年）定都临安（今杭州）之前，朝廷曾于绍兴元年（1131 年）、绍兴四年（1134 年）两次命越州烧造明堂祭器[2]。烧造的瓷窑仍是越窑，越窑古银锭湖窑区的寺龙口窑场当时就承担了这项任务[3]。

三　元代

元代宫廷用瓷的来源情况没有宋代清楚。相关的文献记载主要有以下三条：

《元史》卷八十八《百官志（四）》“将作院”条载：“浮梁瓷局，秩正九品，至元十五年立。掌烧造瓷器，并漆造、马尾、棕藤、笠帽等事。”[4]

元·孔齐：《至正直记》卷二《饶州御土》记载：“饶州御土，其色白如粉垩，每岁差官监造器皿以贡，谓之御土窑。烧罢即封，土不敢私也。”[5]

明·王宗沐：《江西省大志》卷七《陶书》“建置”条（明万历时陆万垓续补）记载：“元泰定本路总管监陶，皆有命则供，否则止。”[6]

浮梁瓷局设立于元至元十五年（1278 年），“掌烧造瓷器”等事务。其可能是一个管理机构，负责宫廷用瓷和中央政府有关部门用瓷等瓷器的烧造事宜。从《至正直记》和《江西省大志》的记载

[1] 中国社会科学院考古研究所等：《南宋官窑》伍《结语》，64 ～ 66 页，中国大百科全书出版社，1996 年。

[2]（宋）《中兴礼书》卷五九《明堂祭器》载：绍兴元年“四月三日，太常寺言，条具到明堂合行事件下项：一、祀天并配位用匏爵陶器，乞令太常寺具数下越州制造，仍乞依见今木器祭样制烧造。”绍兴四年四月二十七日，“工部言，据太常寺申，契勘今来明堂大礼，正配四位合用陶器，已降指挥下绍兴府余姚县烧造。”该书为清代徐松辑自《永乐大典》，钞本，北京大学图书馆藏。

[3] 浙江省文物考古研究所等：《寺龙口越窑址》，文物出版社，2002 年。

[4]《元史》卷八十八《百官志（四）》“将作院”条，2227 页，中华书局，1976 年。

[5]（元）孔齐:《至正直记》卷二《饶州物土》，《粤雅堂丛书》三编第二十三集，清道光、光绪间南海伍氏刊本。

[6]（明）王宗沐：《江西省大志》卷七《陶书》“建置”条，明万历二十五年刻本。

来看，元代在景德镇确有为宫廷烧造瓷器的窑，但其是否是官窑，还有待于考古发掘资料来证实。

由上述可见，元代宫廷用瓷主要来自于景德镇，瓷器品种主要有卵白釉瓷和青花瓷器等。北京大学赛克勒考古与艺术博物馆收藏的卵白釉“太禧”字款盘[1]和景德镇珠山北麓风景路出土的青花双角五爪龙纹盖罐[2]，应是其中的代表作品。

四 明清时期

明清时期宫廷用瓷基本都产自于设在景德镇的御窑。景德镇明清御窑创建于明代洪武二年(1369年)。清乾隆七年《浮梁县志·建置》“景德镇厂署”条记载：“御器厂建于里仁都珠山之南，明洪武二年设厂制陶，以供尚方之用。规制既弘，迨后基益扩，辟垣五里许。”刊行于清代嘉庆二十年（1815年）的清代蓝浦《景德镇陶录》卷一《图说》“景德镇图”条也载：“明洪武二年(《江西省大志》作三十五年）就镇之珠山设御窑厂，置官监督烧造解京。国朝因之，沿旧名。”[3]御窑于明洪武二年设立之后，一直烧造到明代晚期，明王朝灭亡，其遂为清王朝接管，生产直至清王朝结束，前后延续了542年。其遗址位于现景德镇市中心的珠山地区，以珠山上的龙珠阁为中心，呈南宽向北渐窄的长梯形分布，周长约为1145米，总面积约为54300平方米[4]。

据北京故宫博物院[5]等博物馆（院）的收藏品和御窑遗址出土的瓷器[6]来看，御窑烧造的瓷器品种非常丰富，归纳起来主要有青花瓷（图五、图六)、彩绘瓷、单色釉瓷三大类。其中彩绘瓷主要有斗彩（图七)、五彩、珐琅彩（图八)、粉彩、素三彩等；单色釉瓷主要有青釉、白釉、红

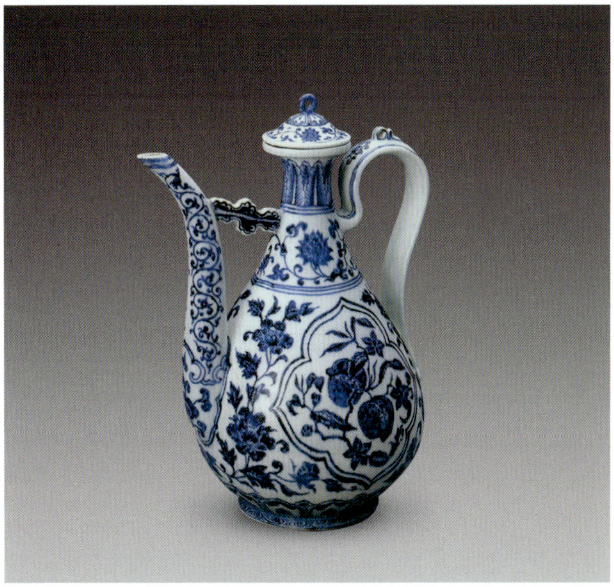

图五 景德镇御窑青花折枝花果纹执壶(明永乐)
（采自《故宫博物院藏明初青花瓷》，紫禁城出版社，2002年）

图六 景德镇御窑青花桃福纹橄榄瓶（清雍正)
（采自《故宫博物院藏清盛世瓷选粹》，紫禁城出版社，1994年）

[1] 北京大学考古学系：《北京大学赛克勒考古与艺术博物馆藏品选（1998年)》，80～82页，科学出版社，1998年。
[2] 炎黄艺术馆：《景德镇出土元明官窑瓷器》，图版1、2，文物出版社，1999年。
[3]（清）蓝浦：《景德镇陶录》卷一《图说》“景德镇图”条，《中国陶瓷名著汇编》，中国书店，1991年。
[4] 刘新园：《景德镇珠山出土的明初与永乐官窑瓷器之研究》，《鸿禧文物》创刊号，1～40页，1996年。
[5]《故宫博物院藏文物珍品全集）第34～39册，商务印书馆（香港）有限公司，1999、2000年。
[6] a. 炎黄艺术馆：《景德镇出土元明官窑瓷器》，文物出版社，1999年；b. 北京大学考古文博学院等：《景德镇出土明代御窑瓷器》，文物出版社，2009年。

釉（图九）、蓝釉、黄釉等。基本满足了宫廷用瓷的需要。

值得一提的是，在明代为满足宫廷对特殊瓷器品种的需要，还命相关州府给其烧造。据明代申时行《大明会典》卷一百九十四《工部（十四）》“陶器”条记载：“洪武二十六年定，凡烧造供用器皿等物，须要定夺样制，计算人工物料。如果数多，起取人匠赴京置窑兴工，或数少，行移饶、处等府烧造。”[1] 考古资料证实，处州龙泉窑在明代洪武、永乐时期确曾给宫廷烧造青袖瓷器[2]。

图七　景德镇御窑斗彩鸡缸杯（明成化）
（采自《官窑名瓷》，山东美术出版社，2005 年）

图八　景德镇御窑珐琅彩紫地莲纹瓶（清康熙）
（采自《故宫博物院藏清盛世瓷选粹》，紫禁城出版社，1994 年）

图九　景德镇御窑郎窑红釉瓶（清康熙）
（采自《官窑名瓷》，山东美术出版社，2005 年）

综上所述，可清楚看出唐至清代宫廷用瓷来源及其变化情况。一般说来，唐至北宋中期主要来自于州府的土贡；北宋晚期的前段来自于派烧或命烧；北宋晚期的后段至南宋来自于朝廷自设的官窑；元代设立了管理机构——浮梁瓷局，在景德镇有烧造宫廷用瓷的窑；明清时期基本来自于景德镇御窑，辅以派烧。宫廷用瓷来源的这一变化，说明宫廷对所用瓷器的要求越来越高，同时也表明瓷器在宫廷所用器具中的地位也越来越重要。

（原载《嘉模讲谈录——鹤鸣濠江考古文博名家系列讲座二〇〇八至二〇〇九》，澳门特别行政区民政总署文化康体部，2009 年 12 月）

[1]（明）申时行：《大明会典》卷一百九十四《工部（十四）》“陶器”条，明万历内府刻本。
[2] 沈岳明：《枫洞岩窑址发掘的主要收获和初步认识》，《龙泉大窑枫洞岩窑址出土瓷器》，1 ～ 10 页，文物出版社，2009 年。

汝窑和老虎洞窑瓷器的比较研究

汝窑址1986年发现于河南省宝丰县大营镇清凉寺村[1]，1999年经考古发掘确认其具体位置在清凉寺村内，2000～2002年先后又做了三次发掘[2]。出土了一批窑炉、作坊等遗迹和数量众多的瓷器、窑具等遗物。瓷器均为青釉瓷器。该窑址发掘者根据地层和遗址的相互叠压关系将其划分为两个发展阶段：第一阶段是汝窑瓷器的初期阶段，上限（创烧）不晚于北宋神宗元丰年间（1078～1085年）；第二阶段是汝窑瓷器的成熟阶段，年代为北宋哲宗和徽宗时期（1086～1125年）[3]。其瓷器的使用对象，南宋叶寘《坦斋笔衡》记载："本朝以定州白瓷器有芒不堪用，遂命汝州造青窑器"[4]。可见，其是给宫廷烧造的，是御用瓷器。又据南宋周辉《清波杂志》记载，其"唯供御拣退"之后"方许出卖"[5]。

老虎洞窑址位于杭州市上城区凤凰山与九华山之间一条溪沟西端的一山岙中。1996年因雨水冲刷被发现，1998～2001年进行了考古发掘[6]，发现了北宋、南宋、元代三个时期的地层堆积。其中南宋时期地层堆积中出土遗迹、遗物最为丰富，遗迹主要有烧造瓷器的龙窑、素烧坯件的馒头形窑和作坊等；遗物主要有瓷器和窑具等，瓷器均为青釉瓷器。南宋时期地层堆积中出土的遗迹、遗物与同时期的民窑显著不同。关于其性质，2001年6月在杭州召开的"杭州老虎洞窑址考古发现专家论证会"上，与会专家20余人，绝大多数专家认为老虎洞窑址南宋层"就是文献记载的修内司官窑"[7]。关于南宋修内司官窑的烧造年代，有研究者认为，"始烧年代应从成立礼器局的绍兴十四年（1144年）起"[8]；有研究者则认为，"修内司官窑的创设应不早于绍兴十九年，不晚于绍兴二十六年"[9]；至于它的停烧废弃年代，有研究者认为，"郊坛官窑的出现时间也就是修内司官窑的废弃时间"，并推测"嘉泰四年（1204年）当为修内司官窑与郊坛官窑发生代更的时间上限"[10]。修内司官窑是中央政府设置的窑场，产品为御用，不作为商品出售。

由上述可见，汝窑和老虎洞窑均烧造御用瓷器，产品皆为青釉瓷器，两窑年代虽有先后之别，但相去不远，有连续性。两窑有较强的可比性。2004年孙新民发表了《汝窑与老虎洞的对比研究》[11]一文，比较全面地概况、总结了两窑的共同点和不同点，并进行了对比分析、研究。本文不打算对汝窑和老虎洞窑进行全面比较，仅对两窑的瓷器做以比较，拟从瓷器的器类、器型、胎釉、装

[1] 汪庆正、范冬青、周丽丽：《汝窑的发现》，上海人民美术出版社，1987年。
[2] 河南省文物考古研究所：《宝丰清凉寺汝窑》，大象出版社，2008年。
[3] 河南省文物考古研究所：《宝丰清凉寺汝窑》，139～140页，大象出版社，2008年。
[4]（南宋）叶寘：《坦斋笔衡》，元代陶宗仪《南村辍耕录》卷二十九《窑器》引，363页，中华书局，1959年。
[5]（宋）周辉：《清波杂志》卷第五《定器》，刘永翔校注本，213页，中华书局，1994年。
[6] 杭州市文物考古所：《杭州老虎洞南宋官窑址》，《文物》2002年第10期，4～31页。
[7] 秦大树：《杭州老虎洞窑址考古发现专家论证会纪要》，《文物》2001年第8期，93～96页。
[8] 杜正贤：《杭州老虎洞窑址的考古学研究》，《南宋官窑与哥窑——杭州南宋官窑老虎洞窑址国际学术研讨会论文集》，84～91页，浙江大学出版社，2004年。
[9] 郑建华：《关于修内司官窑问题的思考》，《南宋官窑文集》，48～67页，文物出版社，2004年。
[10] 李民举：《宋官窑论稿》，《文物》1994年第8期，50～51页。
[11] 孙新民：《汝窑与老虎洞的对比研究》，《南宋官窑与哥窑——杭州南宋官窑老虎洞窑址国际学术研讨会论文集》，92～95页，浙江大学出版社，2004年。

饰、装烧工艺五个方面进行比较研究。首先需要说明的是汝窑分两个阶段，即初期阶段、成熟阶段，本文只以成熟阶段的瓷器与老虎洞窑进行比较；其次，老虎洞窑址考古报告尚未出版，在资料可能有局限性。不当之处，敬请方家不吝指正。

一 器类

为了对比方便，现将汝窑和老虎洞窑瓷器分瓶壶类（包括瓶、壶、罐、尊等）、碗盘类（包括碗、盘、钵、洗、盆、盏、盏托、盒、杯等）、觚炉类（觚、炉、供碗）、花器类（包括水仙盆、花盆）及其他类五类列成表一。

表一 汝窑和老虎洞窑器类统计表

器类 窑别	瓶壶类	碗盘类	觚炉类	花器类	其他
汝窑	梅瓶、小口双系瓶、盘口瓶、圆折肩瓶、方折肩瓶、鹅颈瓶、八棱瓶、长细颈瓶、弦纹瓶、壶、方壶、兽首环耳壶、执壶、罐、尊	直口碗、侈口碗、敞口碗、莲口碗、葵口碗、敛口盘、直口盘、侈口盘、敞口盘、折沿盘、莲口盘、花口盘、敛口碟、敞口碟、敛口钵、敞口钵、敛口洗、直口洗、侈口洗、敞口洗、花口洗、三足洗、敞口盆、折沿盆、花口盆、敛口盏、直口盏、侈口盏、盘形盏托、折沿盘形盏托、花口盘形盏托、盒、圆形套盒、四方委角套盒、六方委角套盒、杯	高座熏炉、高圈足熏炉、三足熏炉、樽式炉	水仙盆	器盖、器座
老虎洞窑	梅瓶、圆折肩瓶、方折肩瓶、鹅颈瓶、长细颈瓶、弦纹瓶、镂孔套瓶、直口粗颈瓶、兽首环耳壶、罐、尊	敛口碗、直口碗、侈口碗、敞口碗、敛口盘、侈口盘、敞口盘、直口洗、花口洗、三足洗、盘形盏托、花口盘形盏托、盏、杯、碟、盒、圆形套盒、折沿盒	樽式炉、鼎式炉、鬲式炉、觚、供碗	花盆	鸟食罐、器盖

汝窑据《宝丰清凉寺汝窑》（大象出版社，2008年）统计；老虎洞窑是据《杭州老虎洞南宋官窑址》（《文物》2002年第10期）和《杭州老虎洞窑址瓷器精选》（文物出版社，2002年）统计。

从表一中可以看出，两窑瓷器的器类不多，远没有同时期民用瓷器的器类丰富，像民窑瓷器中常见的灯、枕等，它都没有；瓶、壶器物的类型不如民窑瓷器复杂。而民窑瓷器中非常流行的罐、执壶、盒等，发现很少。

再从两窑瓷器来看，汝窑的盘口瓶（图一）、八棱瓶、方壶（图二）、执壶、莲口碗（图三）、葵口碗、莲口碗、花口盘、敞口钵（图四）、敛口钵、花口盆、折沿盏托、四方委角套盒、六方委角套盒、高座薰炉（图五）、高圈足薰炉、三足薰炉、水仙盆（图六）等，在发表的老虎洞窑瓷器中均不见；老虎洞窑的镂孔套瓶（图七）、觚（图八）、供碗（图九）、鬲式炉（图一〇）、鼎式炉（图一一）、花盆（图一二）等为汝窑瓷器中所不见。总体看来，两窑瓶壶类的器类相近，汝窑碗盘类的器型比较丰富，老虎洞窑觚炉类的器型比较多。此外，汝窑碗盘类器物中流行花口器，老虎洞窑花口器很少。

二 器型

汝窑和老虎洞窑瓷器的器类尽管有一部分不同，但大部分还是相同的。现选择共有的器类梅瓶、折肩瓶、鹅颈瓶、兽首环耳壶、直口碗、侈口碗、敞口碗、侈口盘、敞口洗、直口洗、折沿盆、花口盏托、圆形套盒、樽式炉共14类器物列图表如下（图表一、图表二、图表三）。

图一　宋汝窑青瓷盘口瓶

图二　宋汝窑青瓷方壶

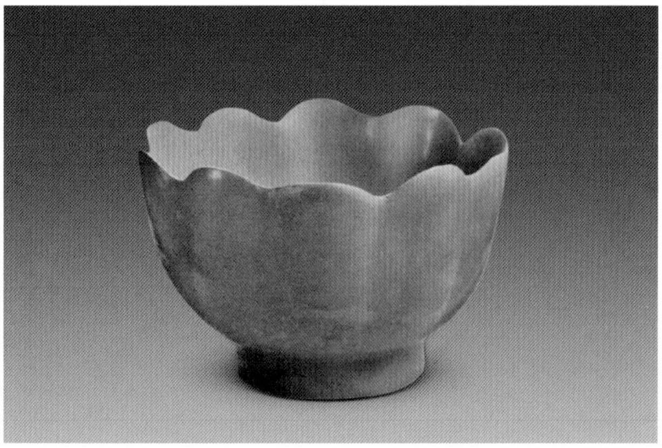

图三　宋汝窑青瓷莲口碗

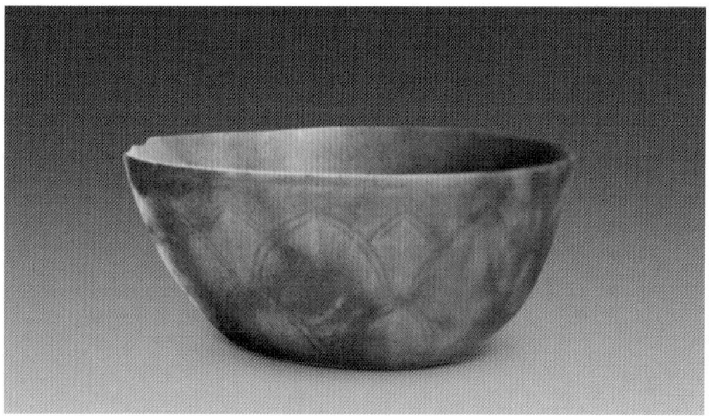

图四　宋汝窑青瓷敞口钵

图五　宋汝窑青瓷高座熏炉

图六　宋汝窑青瓷水仙盆

注：图一～六分别采自《汝窑与张公巷窑出土瓷器》第70、64、2、35、95、43页（科学出版社，2009年）

图七 宋老虎洞窑青瓷镂孔套瓶

图八 宋老虎洞窑青瓷觚

图九 宋老虎洞窑青瓷供碗

图一〇 宋老虎洞窑青瓷鬲式炉

图一一 宋老虎洞窑青瓷鼎式炉

图一二 宋老虎洞窑青瓷花盆

注：图七～一二分别采自《杭州老虎洞窑址瓷器精选》图版 24、35、46、79、76、41（文物出版社，2002 年）

图表一　汝窑和老虎洞窑瓶壶类器型比较表

器类 / 窑别	梅　瓶	折肩瓶		鹅颈瓶		兽首环耳壶
汝窑	 1	 2	 3	 4	 5	 6
老虎洞窑	 7	 8	 9	 10	 11	 12

1、3、4、5、6. 采自《汝窑与张公巷出土瓷器》第69、72、74、71、65页（科学出版社，2009年）；2. 采自《宝丰清凉寺汝窑》彩版111（大象出版社，2008年）；7. 采自《文物》2002年第10期图三五；8～12. 采自《杭州老虎洞窑址瓷器精选》图29、33、13、6、15（文物出版社，2002年）。

图表二　汝窑和老虎洞窑炉盒碗类器型比较表

器类 窑别	樽式炉	圆形套盒	直口碗	侈口碗	敞口碗
汝窑	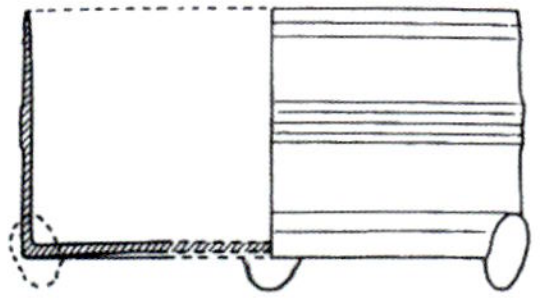 1	 2	 3	 4	 5
老虎洞窑	 6	 7	 8	 9	 10

1、3、4．采自《汝窑与张公巷出土瓷器》第65、8、9页（科学出版社，2009年）；2、5．采自《宝丰清凉寺汝窑》彩版106、彩版75（大象出版社，2008年）；6、7．采自《杭州老虎洞窑址瓷器精选》图69、49（文物出版社，2002年）；8、10．采自《杭州老虎洞窑址瓷器精选》图82、118（文物出版社，2002年）；9．采自《文物》2002年第10期图三九。

图表三　汝窑和老虎洞窑盘洗盆类器型比较表

器类 窑别	侈口盘	敞口洗	直口洗	折沿盆	花口盏托
汝窑	 1	 2	 3	 4	 5
老虎洞窑	 6	 7	 8	 9	 10

1、4、5．采自《汝窑与张公巷出土瓷器》第13、49、31页（科学出版社，2009年）；2、3．采自《宝丰清凉寺汝窑》彩版94、97（大象出版社，2008年）；6、7、8、9．采自《杭州老虎洞窑址瓷器精选》图114、108、102、62（文物出版社，2002年）；10．采自《文物》2002年第10期图二六。

从图表一、图表二、图表三例举的器物可以看出，汝窑和老虎洞窑同器类器物的基本形制均十分相似，但仔细观察发现其局部也有许多不同之处和变化。不同之处和变化最明显的是瓶壶类器物。梅瓶，汝窑最大腹径在中部，腹部浑圆，瓶身较胖；老虎洞窑最大腹径在上部，腹部较圆鼓，瓶身较瘦长。圆折肩瓶，汝窑浅盘口，颈较粗，瓶身较高，腹较直；老虎洞窑敞盘口，颈较细，腹微鼓，瓶身较前矮。方折肩瓶，汝窑浅盘口，颈较细，瓶身较高；老虎洞窑敞盘口，颈略粗，瓶身较矮。鹅颈瓶（左），汝窑侈口，颈略细，垂鼓腹；老虎洞窑侈口，颈较粗，鼓腹，瓶身显瘦。鹅颈瓶（右），汝窑侈口，颈较细，圆鼓腹，瓶身显胖；老虎洞窑侈口，颈较粗，鼓腹，瓶身显瘦。兽首环耳壶，两窑的形制相差甚远，汝窑直口，粗颈，丰肩，圆鼓腹；老虎洞窑直口，粗颈，溜肩，垂鼓腹。碗盘类器物和樽式炉的形制，两窑都非常接近。此外，两窑同类器物的尺寸有一些相差比较大，例如鹅颈瓶，汝窑高一般在 20 厘米左右，老虎洞窑多在 32 ～ 35 厘米。总体而言，两窑器物的造型皆端庄、大方，具有御用瓷器的气派，其中老虎洞窑瓷器更显挺拔、庄重、规范。

三　胎、釉

汝窑和老虎洞窑瓷器的胎、釉也很有特点，现列表如下（表二）。

表二　汝窑和老虎洞窑瓷器胎釉统计表

胎、釉 / 窑别	胎		釉		
	质地	颜色	釉层	颜色	开片
汝窑	疏松	浅灰、灰白、深灰	薄釉、较厚釉	天青、粉青、卵青、月白	冰裂状、网格状、鱼鳞状
老虎洞窑	部分致密、部分疏松	浅灰、灰、深灰、黑灰	薄釉、厚釉	粉青、青灰、青黄、米黄	冰裂状、鱼鳞状、长条状

汝窑据《宝丰清凉寺汝窑》（大象出版社，2008年）统计；老虎洞窑据《杭州老虎洞窑址瓷器精选》（文物出版社，2002年）和《杭州老虎洞南宋官窑址》（《文物》2002年第10期）统计。

胎质地，汝窑疏松，老虎洞窑部分疏松，这是据窑址出土资料统计的，窑址出土瓷器都是当时的废品，成品的情况我想不会全部如此。胎颜色，汝窑基本为香灰色，足缘露胎处呈灰、灰褐色；老虎洞窑相对较深，特别是还有数量较多的黑灰色，黑灰色胎显然是在胎料（瓷石）中加入了紫金土[1]，足缘露胎处呈灰褐、灰紫、紫红、紫色。釉层，汝窑基本上为薄釉，部分釉层较厚一些，但不是实际意义上的厚釉，仍属于薄釉的范围；老虎洞窑有薄釉、厚釉两种，与胎的关系往往是薄釉厚胎、厚釉薄胎。釉颜色，汝窑实际上是以天青、粉青色为主；老虎洞窑则是以粉青、青灰色为基本色调，青黄、米黄色等都是在烧成中还原气氛不到位而产生的色调。开片，汝窑和老虎洞窑厚胎薄釉者密度、纹片基本相似；老虎洞窑薄胎厚釉者，有的开片较疏，有的竟无开片或开片较少。

以上我们从外观上叙述、分析了汝窑和老虎洞窑瓷器胎、釉的特征，即相同之处、不同之处。其实两窑瓷器胎、釉的化学组成也颇有特点（表三）。

[1] 周少华、梁宝鎏、杜正贤、唐俊杰：《杭州老虎洞窑青瓷原料的研究》，《南宋官窑与哥窑——杭州南宋官窑老虎洞窑址国际学术研讨会论文集》，196 ～ 203 页，浙江大学出版社，2004 年。

表三　汝窑和老虎洞窑瓷器胎、釉的主量化学组成统计表　　(wt%)

类别	窑别	样品数	Al_2O_3	SiO_2	P_2O_5	SO_2	K_2O	CaO	TiO_2	Fe_2O_3	MnO
胎	汝窑	34个	26.21～31.75	61.54～66.31	未测	未测	1.44～2.18	0.38～1.8	1.05～1.33	1.73～2.39	0～0.04
	老虎洞窑	6个	23.75～28.99	61.33～67.29	0.118～0.419	0.052～0.182	1.96～3.49	0.079～0.223	1.03～1.23	2.09～2.89	0～0.1
釉	汝窑	35个	13.04～16.72	61.57～66.98	未测	未测	3.43～5.80	9.22～15.80	0.14～0.23	1.52～2.23	0.08～0.20
	老虎洞窑	6个	11.8～14.11	64.92～70.01	0.145～0.687	0.018～0.159	3.58～4.83	8.27～13.53	0.057～0.188	0.664～1.42	0.066～0.39

汝窑胎的数据采自于赵维娟、李国霞、承焕生、孙新民等：《用PIXE方法分析汝州张公巷窑与清凉寺窑青瓷胎的原料来源》（《科学通报》第49卷第19期，第2020～2023页）；汝窑釉的数据采自于赵维娟、李国霞、承焕生、孙新民等：《清凉寺窑与张公巷窑青瓷釉料的主量化组成》（《中国科学》G辑《物理学力学天文学》第35卷第2期，第167～175页），该研究也是用PIXE方法；老虎洞窑胎、釉数据均采自于承焕生、张正权、杜正贤、唐俊杰：《老虎洞窑瓷片的PIXE研究》（《南宋官窑与哥窑——杭州南宋官窑老虎洞窑址国际学术研讨会论文集》，第183～189页）。

从表三中可以看出，胎的化学组成，Al_2O_3、CaO 汝窑比老虎洞窑同类元素的含量高，TiO_2 两窑接近，SiO_2、K_2O、Fe_2O_3 老虎洞比汝窑略高；釉的化学组成，Al_2O_3、CaO、TiO、Fe_2O_3 汝窑比老虎洞窑同类元素的含量高或略高，K_2O 两窑接近，SiO_2 老虎洞窑比汝窑高。可见，两窑瓷器胎、釉同类元素的含量差别比较明显。汝窑址位于河南宝丰，老虎洞窑址位于浙江杭州，两窑址相距甚远，并且原料均采自各自的窑址附近，其瓷器胎、釉元素含量存在差别实属正常。但需特别说及的是，两窑瓷器主量元素数据相差不是很大。

以上我们从考古学和科学技术两个方面分析了两窑瓷器胎、釉的特征，表明两个方面分析的结果特别是胎、釉颜色与起主要呈色作用的 Fe_2O_3 的含量基本吻合。

四　装饰技法与花纹

装饰花纹是瓷器特征的重要组成部分。汝窑、老虎洞窑瓷器大约主要是突出釉的装饰效果，有装饰花纹的器物及花纹内容均不多。现将两窑瓷器的装饰技法及花纹列表如下（表四）。

表四　汝窑和老虎洞窑瓷器装饰技法及花纹统计表

窑　别	装饰技法	花纹内容
汝　窑	模印花（外侧）	龙纹、莲瓣纹、莲花纹、四瓣花卉纹、波浪纹、卷云纹、叶瓣纹
	模印花（内底）	龙纹、双鱼纹、菊瓣纹
	刻　花（外侧）	云龙纹、折枝莲纹、莲瓣纹
	刻　花（内底）	五爪龙纹、枝叶纹
	划　花（内底）	菊瓣纹
老虎洞窑	刻　花（外侧）	莲瓣纹
	镂　花	缠枝花卉纹、莲瓣纹

汝窑据《宝丰清凉寺汝窑》（大象出版社，2008年）统计；老虎洞窑据《杭州老虎洞南宋官窑址》（《文物》2002年第10期）统计。

从表四中可以看出，汝窑瓷器的装饰技法与花纹内容要比老虎洞窑多而丰富。汝窑的装饰技法主要是模印花和刻花，在器物的外侧尤其是在碗、盘、钵、香薰的外侧模印花纹，是北宋时期比较少见的。汝窑的花纹内容虽有十余种，但常见的仅有龙纹、莲瓣纹、莲花纹三种。龙纹见于模印在盒盖、器（盒）盖（图一三，9）外侧和钵的内底（图一三，3），刻在盘口瓶（图一三，1）外侧和盆的内底；莲瓣纹见于模印在碗（图一三，4、11）、盘（图一三，5）、钵（图一三，3）、高座香薰（图一三，12）、高圈足香薰外侧和刻在盘外侧；莲花纹见于模印在折沿盘式盏托的托台上、器（盒）盖外侧（图一三，10）。其他，如模印在钵上的波浪纹（图一三，8）、高圈足香薰外侧的卷云纹（图一三，7）和叶瓣纹（图一三，6）及刻在鹅颈瓶外侧的折枝莲纹（图一三，2）也很有特点。老虎洞窑装饰技法仅有刻花和镂花，花纹内容很少，仅见刻在碗（图一四，1）、盘（图一四，2）外侧的莲瓣纹和镂雕在套瓶外瓶身上的缠枝花卉纹、莲瓣纹（图一四，3）。这恐怕是同老虎洞窑追求釉的装饰效果特别是着力发展厚釉有一定的关系。

图一三　汝窑瓷器装饰花纹

1～12. 采自《宝丰清凉寺汝窑》（大象出版社，2008 年）图五七，2；图五九，4；图六七，1；图五〇，6；图七〇，2、3；图六七，2；图六〇，2、1；图五〇，1；图六七，2。

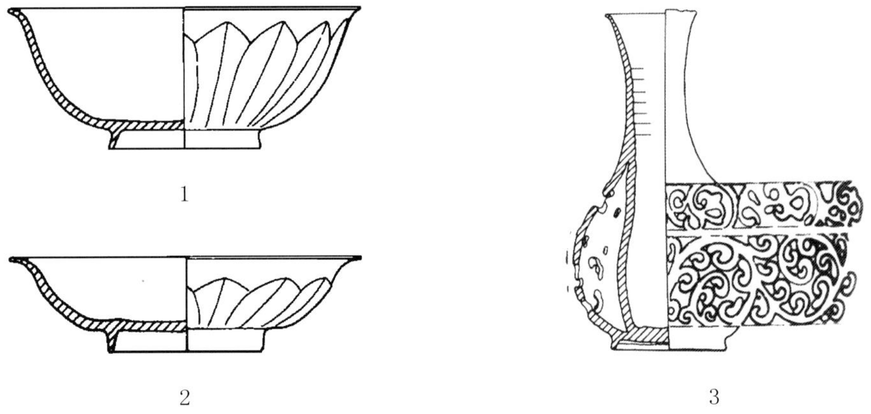

图一四　老虎洞窑瓷器装饰花纹

1～3．采自《杭州老虎洞南宋官窑址》图一三，1；图一四，2；图一四，1（《文物》2002 年第 10 期）。

五　装烧工艺

装烧工艺涉及窑炉和窑具。

窑炉，汝窑使用的是半倒焰式的馒头窑，老虎洞窑则用的是龙窑，窑炉形制截然不同。但老虎洞窑用于烧造素胎坯件的素烧炉，则是半倒焰式的馒头窑，并且平面形状呈椭圆形，与汝窑址出土的椭圆形窑炉相似，说明老虎洞窑的素烧炉与汝窑的椭圆形窑炉有一定的关系。

窑具，汝窑有匣钵、支烧具、垫烧具、支顶钵、火照、火照插饼等。其类型比较复杂。匣钵有漏斗形（图一五，1；图表四，1）、桶形、筒形（图一五，2）等。支烧具有两种，一种是圆饼上面有三个（图表四，2）、五个或六个支钉，以五个支钉为主；一种是圆环上，一般为在环面上手工捏出五个支钉（图表四，3）。垫烧具也有两种，一种是圆饼形（图表四，4），也有个别的为椭圆饼形；一种是圆环形（图表四，5）。支顶钵主要是和筒形匣钵配合使用，形制有两种，一种是壁斜直，支面有一大圆孔（图一五，3）；一种是壁略斜直，支面无孔。火照呈不规则四边形或不规则三角形（图一五，4）。火照插座是汝窑独有的窑具，形制有长方形（图一五，5）、椭圆形、圆形（图一五，6）等，各在一面做出插槽。老虎洞窑有匣钵、支烧具、垫烧具、火照等。匣钵有桶形、M 形、漏斗形（图表四，6）等，M 形匣钵是唐晚期至宋代越窑大量使用的匣钵[1]，漏斗形匣钵则与汝窑漏斗形匣钵十分相似。支烧具主要有两种，一种是圆饼上面粘贴支钉，以五个支钉为主（图表四，7）；一种是圆环面上以手工捏出支钉，以六个和七个支钉最为常见（图表四，8）。垫烧具也有两种，一种是圆饼形（图表四，9）；一种是圆环形（图表四，10）。

从以上对窑具的分析中可以看出，汝窑和老虎洞窑的窑具多有共同之处：一是均使用漏斗形匣钵，并形制基本相同；二是均有支烧具和垫烧具，其中支烧具的形制及制法也基本相同，所不同的是老虎洞窑的制作比汝窑的精细。体现在瓷器上两窑均盛行裹足支钉支烧和刮足（釉）垫饼垫烧。

[1] 浙江省文物考古研究所等：《寺龙口越窑址》，文物出版社，2002 年。

图一五　汝窑窑具

1．漏斗形匣钵　2．筒形匣钵　3．支顶钵　4．不规则四边形火照　5．长方形火照插座　6．圆形火照插座；采自《宝丰清凉寺汝窑》彩版三五，4；图四一，9；彩版四九，2；彩版四八，2；彩版四六，2、1（大象出版社，2008 年）。

图表四　汝窑和老虎洞窑窑具比较图表

种类 / 窑别	匣　钵	支　烧　具		垫　烧　具	
		圆饼形支钉	圆环形支钉	圆饼形	圆环形
汝 窑	 1	 2	 3	 4	 5
老 虎 洞 窑	 6	 7	 8	 9	 10

1～5．采自《宝丰清凉寺汝窑》彩版三八，1；彩版四一，1；彩版四三，3；彩版四二，3；彩版四四，2（大象出版社，2008年）。6、7、9、10．采自《杭州老虎洞南宋官窑址》图五五、三六、三七、五四（《文物》2002年第10期）；8．采自唐俊杰《南宋郊坛下官窑与老虎洞窑的比较研究》图六右（《南宋官窑文集》，文物出版社，2004年）。

六　结语

以上从器类、器型、胎釉、装饰、装烧工艺五个方面对汝窑和老虎洞窑瓷器做了比较分析，可以看出：

器类方面，老虎洞窑与汝窑相比，有减有增，特别是仿金银器造型的莲口、花口大量减少，祭祀用器明显增多。

器型方面，两窑同类器器型，有一部分相同或相近，有一部分则有明显的演变关系。

胎、釉方面，既有相同之处，又有一定的差异。两窑的胎均以灰色为主，汝窑的胎色较老虎洞窑为浅，特别是没有老虎洞窑常见的黑灰色胎。汝窑的釉色以天青、粉青色为主，均属于薄釉范围；老虎洞窑的釉色以青灰、粉青色为多，有薄釉、厚釉两种。胎、釉主量元素的化学组成，大多元素存在差异，但数据相差不大。

装饰方面，汝窑有花纹装饰的器物较多，花纹内容比较丰富；老虎洞窑有花纹装饰的器物较少，花纹内容很少。但两窑均有莲瓣纹。

装烧工艺方面，明显的差别是，汝窑使用半倒焰式的馒头窑，常见筒形（内侧下部出一周台）匣钵；老虎洞窑烧瓷使用龙窑，多见 M 形匣钵。相同之处是，两窑均用漏斗形匣钵，圆饼、圆环形支烧具，圆饼、圆环形垫具，器物在窑内的装置方法基本相同。

由上述可见，相同和相似点是两窑的主流。说明两窑关系密切，老虎洞窑的瓷器和制作工艺受到了汝窑的强烈影响。如此多的相同点和相似之处，这好像不是一般的技术传播所能达到的，这可能是：其一，南宋早期宫廷用瓷延袭了北宋晚期的制度；其二，老虎洞窑设计产品时参考甚至模仿了汝窑瓷器；其三，也不能排除汝窑当年的工匠来到了老虎洞窑的可能。而不同点，即差异性也是客观存在的，这些差异基本是由于两窑地理环境、制瓷工艺传统、年代不同而造成的。

通过以上对汝窑和老虎洞窑瓷器的比较研究，结果表明，老虎洞窑和汝窑瓷器风格相同或相似，两窑具有传承关系，老虎洞窑在继承的同时多有创新。汝窑是一座“官府瓷器作坊”[1]，这样完全可以确认老虎洞窑的官窑性质，即老虎洞窑址南宋层是文献中记载的南宋修内司官窑址。这与河南汝州张公巷窑完全不同[2]。

（原载《故宫博物院八十五华诞宋代官窑及官窑制度国际学术研讨会论文集》，故宫出版社，2012 年）

[1] 王光尧：《从官手工业制度看汝窑——兼论宋代的官府窑业制度》，《中国古代官窑制度》，73 页，紫禁城出版社，2004 年。

[2] 笔者在对汝窑和老虎洞窑瓷器进行比较研究的同时，也对汝窑和张公巷窑瓷器做了初步的比较，结果是，两窑瓷器风格相同，张公巷窑瓷器基本上是模仿或延续汝窑瓷器，没有创新，并多有民窑痕迹。因此，笔者认为，张公巷窑是金代民窑，并推断其是在金代初年原北宋汝官窑工匠或以原汝官窑工匠为主的一些工匠建立的，烧造具有汝官窑瓷器特点的瓷器的一座民间窑场。关于汝窑和张公巷窑瓷器比较的详细情况，容专文叙述。

明代洪武时期龙泉、景德镇烧造官用瓷器窑厂性质的探索

一　问题的缘起

2006年9月至2007年1月，文物考古工作者对浙江龙泉大窑枫洞岩窑址进行了考古发掘，出土了一批遗迹、遗物，其中出土的瓷器不仅有民用瓷器，而且还有官用瓷器[1]。这样便出现了关于枫洞岩窑厂性质的热议。2007年1月18～19日在龙泉召开了“龙泉窑考古发掘专家论证会暨新闻发布会”，与会的大多数专家认为枫洞岩窑厂的性质为民窑，并“确定这处窑场的生产性质为承接官府订货、生产官用瓷器的著名窑场”[2]。由于中央政府有关烧造宫廷用瓷和官府用瓷窑厂的选定（见下文引），往往是处州（龙泉窑）和饶州（景德镇窑）并提；再有景德镇，在明代洪武时期大量烧造官用瓷器，一般认为洪武时期已设立官窑（御窑）[3]。因此，在学术界有研究者坚持认为明初在龙泉也设立了官窑，同时出现了明初龙泉窑和景德镇窑性质一样的看法。这样就产生了明代洪武时期龙泉、景德镇烧造官用瓷器的窑厂性质问题。本文试对这个学术问题做以初步探讨。有疏漏和不妥之处，请方家不吝指正。

二　窑厂性质分析

明代洪武时期龙泉、景德镇烧造官用瓷器的窑厂性质，拟从明代文献记载入手，结合窑址考古资料进行分析。

1．龙泉

明代洪武时期有关龙泉烧造官用瓷器的文献，明代万历申时行《大明会典》卷一百九十四《工部（十四）》“陶器”条记载：“洪武二十六年定，凡烧造供用器皿等物，须要定夺样制，计算人工物料。如果数多，起取人匠赴京置窑兴工；或数少，行移饶、处等府烧造。”[4]这条文献记载表明，明代洪武时期定“烧造供用器皿”的地点有处州府（龙泉窑）。2006年9月至2007年1月的考古发掘资料证明，龙泉大窑枫洞岩窑厂是当年“烧造供用器皿”，即烧造官用瓷器的窑厂。

从这条文献记载中还不能确定烧造官用瓷器窑厂——枫洞岩窑厂的性质。既然如此，让我们来看看枫洞岩窑址考古发掘资料。当年发掘面积1600余平方米，揭露出陶洗池、储泥池、辘轳坑、龙窑等遗迹和顾家祠堂遗址；出土了丰富的民用瓷器和洪武、永乐时期官用瓷器，以民用瓷器为主。从地貌和揭露出的遗迹、窑业废弃物堆积的布局观察，其是一个整体，即是一个窑厂。不言而喻，一个既烧造民用瓷器，又烧造官用瓷器，并以烧造民用瓷器为主的窑厂，在中国古代其性质不可能是官窑。由此可见，枫洞岩窑厂是一座民营窑厂。这就是说，龙泉洪武时期的官用

[1] 沈岳明：《枫洞岩窑址发掘的主要收获和初步认识》，《龙泉大窑枫洞岩窑址出土瓷器》，1～10页，文物出版社，2009年。

[2] 沈岳明、秦大树、施文博：《龙泉窑枫洞岩窑址考古发掘学术座谈会纪要》，《文物》2007年第5期，93～96页。

[3] 刘新园：《景德镇珠山出土的明初与永乐官窑瓷器之研究》，《鸿禧文物》创刊号，1996年，1～40页。

[4]（明）申时行：《大明会典》卷一百九十四《工部（十四）》“陶器”条，明代万历内府刻本。

瓷器是宫廷或工部下样在民窑烧造的[1]。

2．景德镇

明代洪武时期有关景德镇烧造官用瓷器的文献记载，没能超出龙泉，仍是上面所引的明代万历申时行《大明会典》上的这一条。

这条文献记载表明，景德镇洪武时期也是锁定的官用瓷器的生产地点。考古发掘出土资料[2]和传世品[3]都证明了这一事实。那么其官用瓷器是哪座窑厂烧造的呢？1982年以来，在景德镇明清御窑遗址发掘中，出土了多块以铁料书“赵万初”铭的瓦，其中1990年出土的一块保存较好（图一），铭文全文是：“寿字三号，人匠王士名，浇油凡道名，风火方南，作头潘成，甲首吴昌秀，监工浮梁县丞赵万初，监造提举周成，下连都。”[4]瓦铭记载的是官府烧瓦的工匠和监制官员。据《浮梁县志》记载，赵万初洪武二年始任浮梁县丞[5]。他的任期在“洪武早中期”[6]。再有，2002年发掘时，出土的1件洪武时期白釉瓷碗的内底刻写“局用”二字[7]（图二）。“局”，应是对当时与官府有关的某个制瓷单位的称呼。这有文献记载为据，明代正德《饶州府志》卷一《乡镇》“浮梁县”条记载：“景德镇，即陶器之所，肇于唐，而备于宋，国朝设局以施之。”[8]上述两条考古资料可以证明，洪武时期在景德镇有一座专给官府烧造瓷器（官用瓷器）的机构（窑厂）。

这座烧造官用瓷器的机构叫什么名称？在景德镇发现的明代崇祯十年《关中王老公祖鼎建贻休堂记》石碑载：“我太祖高皇帝三十五

图一　洪武铁料书“赵万初”铭板瓦（1990年出土）

图二　洪武“局用”款白釉瓷碗（02JY I T0501 ⑤出土）

[1] a. 沈岳明：《枫洞岩窑址发掘的主要收获和初步认识》，《龙泉大窑枫洞岩窑址出土瓷器》，1～10页，文物出版社，2009年；b. 秦大树、施文博：《龙泉窑记载与明初生产状况的若干问题》，《龙泉大窑枫洞岩窑址出土瓷器》，28～35页，文物出版社，2009年。

[2] 炎黄艺术馆：《景德镇出土元明官窑瓷器》图版10～39，72～97页，文物出版社，1999年。

[3] 杨新主编：《故宫博物院藏文物珍品全集》第34册《青花釉里红（上）》图版13～26，15～28页，（香港）商务印书馆，2000年。

[4] 炎黄艺术馆：《景德镇出土元明官窑瓷器》图版38，97、345页，文物出版社，1999年。

[5] 清康熙二十一年《浮梁县志》卷之五《官制·县丞》“明洪武”条。

[6] 刘新园：《景德镇珠山出土的明初与永乐官窑瓷器之研究》，《鸿禧文物》创刊号，1996年，9页。

[7] 北京大学考古文博学院等：《江西景德镇明清御窑遗址发掘简报》，《文物》2007年第5期，4～47页。

[8] 明代正德《饶州府志》卷一《乡镇》“浮梁县”条，明代正德刻本。

年，改陶厂为御器厂，钦命中官一员，特董烧造。”可知，在设御器厂之前的洪武时期有一座陶厂。陶厂于洪武三十五年时被御器厂所取代；据上引“赵万初”铭瓦上的铭文和白釉瓷碗上的“局用”款，陶厂可能在洪武早期就存在了。能直接被改为御器厂的陶厂，那么陶厂的所有权性质应和御器厂相同，即属于官府。从陶厂改为御器厂之后派中官督陶一事来看，陶厂应由地方官管理。由此看来，陶厂的性质不是民窑，进而推断洪武时期景德镇窑官用瓷器很有可能是这座陶厂烧造的。

明代洪武时期景德镇的窑厂比较多，分布也比较广。那么哪座窑厂是陶厂，陶厂位于何处？1994年在对御窑遗址的抢救性发掘中，发现了打碎掩埋的洪武晚期官用瓷器和永乐时期御用瓷器堆积[1]（图三）。该堆积在御窑遗址内，那么烧造这些瓷器的作坊、窑炉址应距堆积不远，或许就在现御窑遗址内。2002～2004年对御窑遗址发掘中，在珠山北麓（遗址的东北部）发现了明代初年院墙和葫芦形窑炉等遗迹[2]。葫芦形窑炉遗迹共7座（图四），皆座东朝西，南北向整齐排成一排，非常壮观，年代为洪武至永乐时期。但这7座葫芦形窑炉窑床前沿挡土墙所用材料中有较多的洪武早期烧造的板瓦，不见晚于洪武早期的遗物，可知这7座葫芦形窑的年代不早于洪武中期。葫芦形窑炉遗迹的年代和瓷器（片）堆积的年代基本一致，说明打碎掩埋的洪武晚期官用瓷器和永乐时期御用瓷器是这批葫芦形窑炉烧造的。进而推测，以葫芦形窑炉遗迹为中心的这座窑厂应是洪武中晚期的陶厂。其位于现御窑遗址内，中心区域在珠山北麓。

那么洪武早期的陶厂又位于何处？这还有待于考古资料的发现。但我们可做一个推测，大家都知道，元代有一座官办的“御土窑”（详见本文下节），元朝灭亡之后，按常规明朝很可能接收了这座元朝官产“御土窑”，继续由官府组织烧造官用瓷器。其厂名也许不叫“陶厂”，但其与位

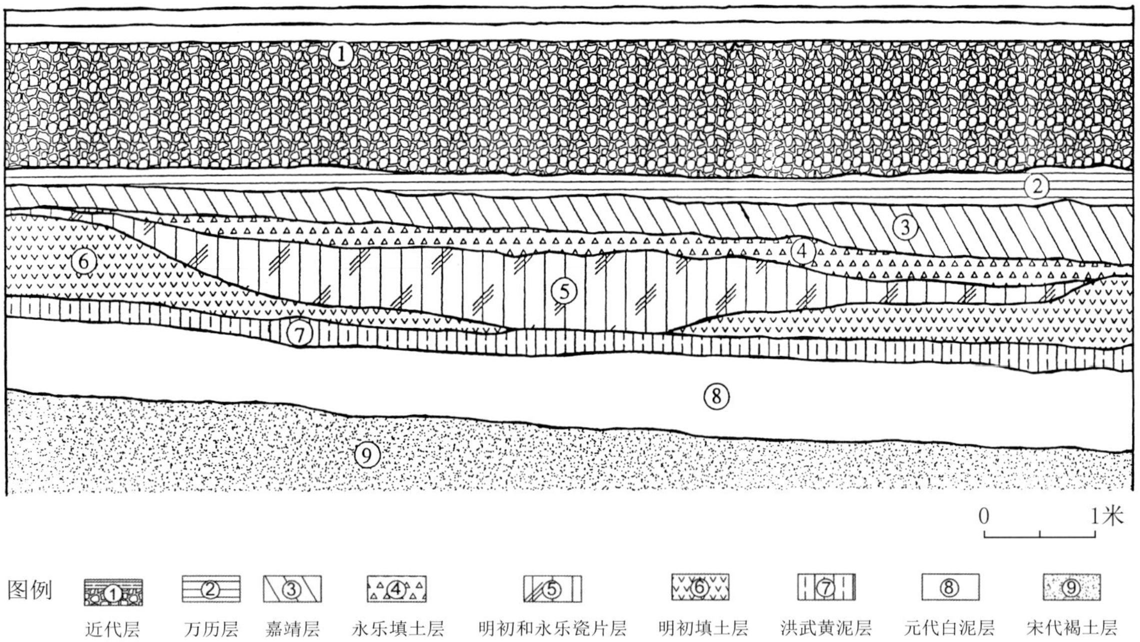

图三　洪武至永乐打碎的落选御用瓷器堆积（第⑤层）

（采自《鸿禧文物》创刊号，1996年）

[1] 刘新园：《景德镇珠山出土的明初与永乐官窑瓷器之研究》，《鸿禧文物》创刊号，1996年，10～22页。

[2] 北京大学考古文博学院等：《江西景德镇明清御窑遗址发掘简报》，《文物》2007年第5期，4～47页。

图四 洪武至永乐葫芦形窑遗迹（共 7 座，2002 ～ 2004 年出土）

于珠山北麓的以 7 座葫芦形窑为中心的洪武中晚期陶厂的性质、任务是相同的。如这一推断无误的话，元代御土窑的位置就是洪武早期陶厂的厂址所在地。遗憾的是，御土窑的窑址目前还没有发现。

通过以上分析，不难看出，洪武时期的陶厂应是由地方（州、县）官管理的一座官办窑厂，与后来的御器厂关系密切，也可以说是御器厂的前身。洪武时期的“供用器皿等物”应是由陶厂完成的。

三 结语

以上我们分别分析了明代洪武时期龙泉、景德镇烧造官用瓷器的窑厂及其性质。结果是，两地烧造官用瓷器的窑厂性质完全不同，龙泉的官用瓷器是在生产水平较高的民窑烧造的；景德镇是在官办的窑厂（陶厂）烧造的，这座官办的窑厂后来发展成了御器厂。

其实，景德镇洪武时期有官办的窑厂并不奇怪。景德镇制瓷手工业早在宋代就达到了较高的水平；元代在工艺技术等方面又有许多创新。元代烧造的瓷器品种丰富，其在继续烧造青白釉瓷器的同时，批量烧造青花瓷器，发展了高温铜红釉瓷器，创烧了卵白釉瓷器、釉里红瓷器等[1]。能给社会各阶层尤其是给宫廷提供所需的瓷器。景德镇宋元时期发达的制瓷手工业，早已引起官府的重视。南宋初年浮梁县丞张昂曾在景德镇监陶[2]。元世祖忽必烈至元十五年（1278 年）设“浮梁瓷局”，“掌烧造瓷器，并漆造马尾棕藤笠帽等事”[3]。浮梁瓷局在烧造瓷器方面做的工作，

[1] 权奎山：《试析宋元时期的制瓷手工业》，《跋涉续集》，311 ～ 321 页，文物出版社，2006 年。
[2] 李放：《张昂监陶小考》，《文物》2001 年第 11 期，43 ～ 45 页转 84 页。
[3]（明）宋濂等：《元史》卷八十八《百官志（四）》，2227 页，中华书局，1976 年。

不见文献记载。但据其职责来推测，元代景德镇给枢密院、太禧宗禋院等中央官府机构烧造的瓷器（有的瓷器上有“枢府”、“太禧”款），有可能是浮梁瓷局组织烧造的。

再有，元代孔齐《至正直记》卷二《饶州御土》记载：“饶州御土，其色白如粉垩。每岁差官监造器皿以供，谓之御土窑。烧罢即封，土不敢私也。或有贡余土，作盘、盂、碗、碟、壶、注、杯、盏之类。”[1]《至正直记》成书于元代末年，记载的应是元代末年及其以前的事情。那么这条文献记载的事情开始于何时？明代《江西省大志》卷七《陶书》“建置”条记载：“元泰定本路总管监陶，皆有命则供，否则止。”[2]这条文献记载的“皆有命则供，否则止”，与《至正直记》的“每岁差官监造器皿以供，谓之御土窑。烧罢即封，土不敢私也”的意思相同，说的应是同一件事。可见《至正直记》记载的这件事应始于元代泰定年间（1324～1327年），其中说的“御土窑”也应开始于此时。有意思的是，这个时间恰巧与高岭土引进瓷胎的年代（至迟元泰定间[14世纪20年代]）[3]相同。由上述可见，元代泰定年间至元代末年官府仍派官在景德镇监陶；烧造供用瓷器的窑应是御土窑；“烧罢即封，土不敢私也”的御土窑，显然不是民营窑厂，应是官办的专门烧造供用器皿的窑厂。

如上所述，明代洪武时期官府在景德镇设立窑厂（陶厂）专门烧造官用瓷器就是顺理成章的事了。

龙泉和景德镇就不同了。龙泉宋元时期尤其是南宋后期至元代制瓷手工业也很发达，产品质量好。但不可否认的是，产品的品种单一，只烧造青釉瓷器。文献中虽然有其在北宋宣和（1119～1125年）中宫廷曾“制样须索”[4]的记载，但未见南宋元时期官府派官监窑的记录。龙泉在宋元时期也确有一些知名的窑厂，如明代郎瑛《七修类稿·七修续稿》卷六《事物类》“二窑”条记载的南宋时章生一主持的哥窑、章生二主持的龙泉窑[5]；考古调查、发掘确认的金村窑、溪口窑、大窑窑等[6]。宋元时期龙泉窑青釉瓷器已进入宫廷，故宫博物院收藏的清宫旧藏品有南宋、元代龙泉窑瓷器[7]；元代也曾给官府烧造过瓷器，韩国新安沉船中曾出水刻有“使司帅府公用”铭青釉瓷盘[8]。这些资料表明宋元时期皇室贵族和相关官府对龙泉烧造的瓷器已有所了解。当明代初期再有需要时，制样派人到龙泉选择一座或几座民窑烧造是非常正常的。

由上述可知，明代洪武时期龙泉、景德镇烧造官用瓷器的窑厂性质不同并非偶然，其是有历史原因的。

（原载《文物天地》2011年第4期）

[1]（元）孔齐：《至正直记》卷二《饶州御土》，《粤雅堂丛书》三编第三十三集，清道光、光绪间南海伍氏刊本。
[2]（明）王宗沐撰、陆万垓增补：《江西省大志》卷七《陶书》“建置”条，明代万历二十五年刻本。
[3] 刘新园、白焜：《高岭土史考——兼论瓷石、高岭与景德镇十至十九世纪的制瓷业》，《中国陶瓷》1982年第7期增刊（古陶瓷研究专辑），141～170页。
[4]（宋）庄绰：《鸡肋编》卷上“龙泉佳树与秘色瓷”条，5页，中华书局，1983年。
[5]（明）郎瑛：《七修类稿·七修续稿》卷六《事物类》“二窑”条，833页，中华书局，1959年。
[6] 朱伯谦：《龙泉青瓷简史》，《龙泉青瓷研究》，1～37页，文物出版社，1989年。
[7] 王光尧：《关于清宫旧藏龙泉窑瓷器的思考——官府视野下的龙泉窑》，《龙泉大窑枫洞岩窑址出土瓷器》，19～27页，文物出版社，2009年。
[8] 韩国文化财厅、国立海洋遗物展示馆：《新安船》II，102页，2006年12月。

江西景德镇古代制瓷手工业概说

前　言

景德镇地处江西省的东北部。春秋战国时，先后为楚、吴、越国的辖区；秦始皇统一全国，这里归属九江郡番县辖地；汉代属豫章郡鄱阳县；三国时，属吴扬州管辖；西晋属江州管辖。东晋时开始在这里设镇，名“新平镇”。唐代改称“昌南镇”。北宋真宗景德元年（1004 年）改名为“景德镇”[1]，属浮梁县。景德镇这个名称一直延续到现在。景德镇因烧造瓷器而出名，因烧造瓷器而繁荣。据考古调查，“目前景德镇域内保存尚好的窑业遗存有 150 余处”[2]。分布在现景德镇市区、近郊和远郊区的近 30 个行政村或相当于行政村的地域。景德镇古代制瓷手工业大体可以分为五代、宋代、元代、明清四个阶段。

一　五代制瓷手工业的兴起

据清乾隆四十八年《浮梁县志》卷十二《杂记（下）》记载，“新平冶陶，始于汉世”[3]。可知景德镇早在汉代就开始烧造陶器了。又清代蓝浦《景德镇陶录》卷一《图说》记载，景德镇“水土宜陶，陈以来土人多业此”[4]。这里所说的“陶”，有可能包括制瓷业，但迄今没有在景德镇发现陈时期的陶瓷窑遗址，也就是说还没有考古资料证明陈时期烧造瓷器了。又据《景德镇陶录》卷五《景德镇历代窑考》记载，在唐高祖武德年间（618 ～ 626 年），景德镇有二位陶瓷名家，即陶玉、霍仲初。陶玉是镇钟秀里人，武德年间载运自己烧造的瓷器进入关中，称为假玉器，向朝廷进贡，于是使昌南镇的瓷器名扬天下。霍仲初是镇东山里人，他烧造的瓷器质量出众，“佳者莹缜如玉”，武德四年（621 年）唐高祖诏令“霍仲初等制器进御”[5]。但目前还没有在景德镇发现唐代初年的瓷窑遗址，陶玉、霍仲初烧造瓷器的情况还没有考古资料证实。

目前景德镇发现的最早的瓷窑遗址是五代时期的。在湖田、杨梅亭、外小里、黄泥头、塘下、白虎湾、盈田、湘湖、凉伞树下、灵珠、柳家湾、南市街、丽阳港南（行政村，下同）窑址等，皆发现了五代时期窑业堆积和瓷器等遗物[6]。考古发掘和调查资料表明，五代时期烧造的瓷器品种为青釉瓷器、白釉瓷器，器型主要有碗、盘、执壶（图一）等。胎质较细密，青瓷胎呈灰或深灰色，白瓷一般呈白色。釉层均匀，釉面光莹，白釉的白度较高。均为素面，无花纹装饰。皆为裸烧，无匣钵。碗、盘类器物均为叠置，其间以 6 ～ 16 个松籽形泥点间隔（图二），仰置于支具之上（图三）。其制瓷技术主要是受到了浙江越窑的影响，两者在器物造型、装烧工艺（泥点间隔法）等方

[1]《宋会要辑稿·方域（一二之一七）》载：“江东东路饶州浮梁县景德镇景德元年置。”中华书局 1957 年影印本，第八册，7528 页。

[2] 江建新：《景德镇窑业遗存考察述要》，《江西文物》1993 年第 3 期，48 页。

[3] 清乾隆四十八年《浮梁县志》卷十二《杂记（下）》。

[4]（清）蓝浦：《景德镇陶录》卷一《图说》，《中国陶瓷名著汇编》，6 页，中国书店，1991 年。

[5]（清）蓝浦：《景德镇陶录》卷五《景德镇历代窑考》，《中国陶瓷名著汇编》，41 页，中国书店，1991 年。

[6] a. 江建新：《景德镇窑业遗存考察述要》，《江西文物》1991 年第 3 期，44 ～ 50 页转 79 页；b. 故宫博物院等：《江西景德镇丽阳蛇山五代窑址清理简报》，《文物》2007 年第 3 期，4 ～ 8 页转 47 页。

图一　五代青釉瓷执壶
（高 16.1 厘米）

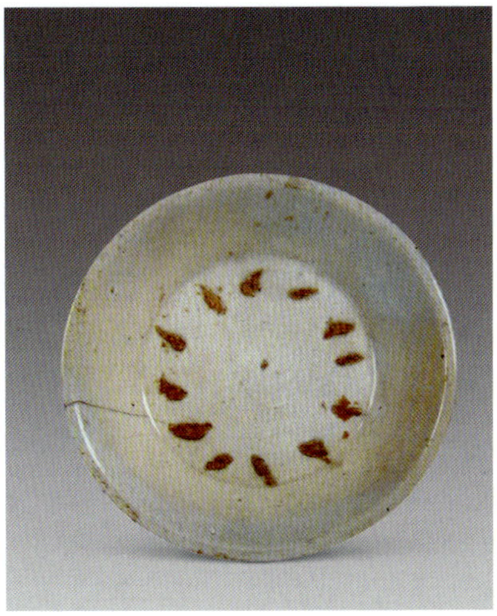

图二　五代白釉瓷碗及装烧痕迹

图三　五代支具及使用方法
（残高 20.9 厘米）

面有明显的一致性。白釉有可能是受到了北方地区白瓷工艺的影响。五代是景德镇制瓷手工业的兴起时期，还没有形成自己的特色。

二　宋代制瓷手工业的发展

宋代是景德镇制瓷手工业的大发展时期，五代时期的窑场均延续到了宋代，并逐渐进入了兴盛期，同时又开辟了一些新的窑场，宋代窑址遍布景德镇市区、近郊、远郊。品种推陈出新，产量、质量大幅度提高。

进入北宋、青瓷已基本不再生产，白瓷也很少见了，创烧了一个别具特色的新品种——青白釉瓷器，并很快就大批量地生产，景德镇制瓷手工业依托这个品种逐渐发展乃至走向兴盛。所谓青白釉瓷器，就是它的釉色介于青釉和白釉之间，即青中有白、白中闪青，故曰“青白釉瓷器”。青白釉瓷器的器类相当丰富，主要有碗、盘、碟、杯、盏、托盏、钵、水盂、盒、唾盂、香熏、灯、炉、枕、葫芦形执壶、执壶（图四）长颈瓶、梅瓶（图五）、瓶、罐等，碗盘类器物胎体均较轻薄。胎一般呈白、白灰或浅灰色，质地细腻、坚硬。釉层均匀，釉面晶莹。多以划花、刻花、印花等技法做出花纹装饰，纹样以植物、花卉为主。烧成技术有了较大的改进，使用的是依山坡而建筑的龙窑，盈田窑址出土的一座龙窑遗迹由窑前工作室、窑门、火膛、窑室、排烟孔等部分组成，整体水平长 21 米，窑室宽 2.25 ～ 2.5 米[1]（图六）。在装烧方面，流行了匣钵装烧法，一般是一个匣钵内装置一件（图七）。值得注意的是，南宋早期采用钵式、盘式覆烧窑具，早期以后流行支圈覆烧窑具（图八）[2]。使用覆烧法，可以增加装烧密度，充分利用窑内空间，提高产量，降低成本。同时，可减少变形，提高成品率。但它也有无法克服的缺点，一是使用覆烧法烧造出来的瓷器口沿无釉，即“芒口”，影响美观，用起来很不方便；二是覆烧窑具对原料要求高，并都是一次性使用，对原料消耗量大。所以，到元代覆烧法就很少用了，元代以后就不见了。

宋代景德镇的青白釉瓷器独树一帜，胎质细密，釉面莹润，美观漂亮，深受当时人们的喜爱，

[1] 江西省文物考古研究所等：《江西浮梁凤凰山宋代窑址发掘简报》，《文物》2009 年第 12 期，25 ～ 38 页。
[2] 刘新园：《景德镇宋、元芒口瓷器与覆烧工艺初步研究》，《考古》1974 年第 6 期，386 ～ 393 页转 405 页。

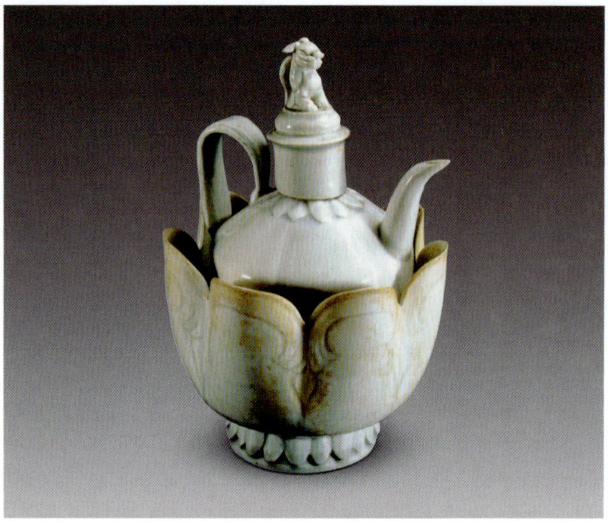

图四　北宋青白釉刻花瓷执壶、温碗

（高 25.2 厘米）

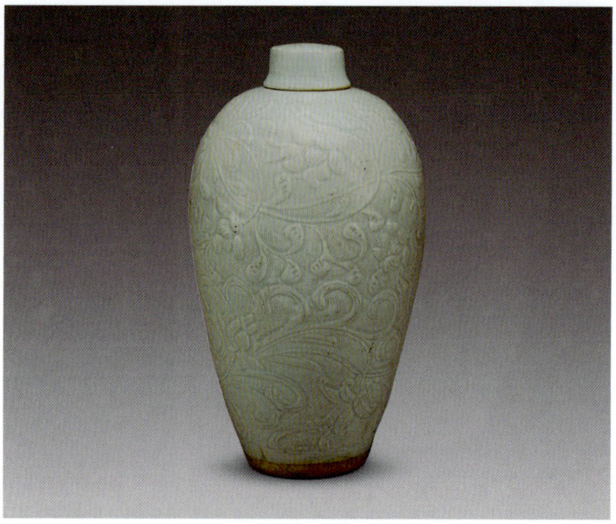

图五　南宋青白釉刻花缠枝花卉纹瓷梅瓶

（高 41 厘米）

大量销往长江流域及其以南地区[1]，并也销往北方少数地区[2]和当时的辽境[3]，同时还销往国外一些地区[4]。不仅如此，景德镇的青白瓷还受到了北宋宫廷的青睐，据《宋会要辑稿·食货（五二之三七）》记载，北宋初年设在都城建隆坊的瓷器库就曾贮存有饶州景德镇的青白釉瓷器[5]。还值得一提的是，在南方地区很多瓷窑仿烧青白釉瓷器，于是很快（大约在北宋中晚期）在南方形成了以景德镇青白瓷为主体的青白瓷窑系[6]。

图六　北宋龙窑遗迹

（水平长 21 米）

宋代景德镇制瓷手工业发展比较快，并很快形成了自己的特色。以生产青白瓷这个品种，使景德镇的制瓷手工业兴盛了三百余年，这在中国古代陶瓷史上是极为罕见的。

三　元代制瓷手工业的创新

元代世祖至元十五年（1278 年）设置“浮梁磁局”，“掌烧造磁器”[7]等事。至元十五年是元朝灭南宋的前一年，可见元朝政府很早就注意到浮梁景德镇的制瓷成就了。浮梁磁局的设立，对景德镇制瓷手工业的发展无疑会有积极作用。

[1] a.（南宋）蒋祈：《陶记》，载《景德镇陶瓷》1981 年总第十期（《陶记》研究专刊），39 页；b. 冯先铭：《综论我国宋元时期“青白瓷”》，载《中国古陶瓷论文集》，201 ～ 209 页，文物出版社，1982 年。

[2] 张培德：《山东淄博出土宋代影青瓷器》，《文物》1982 年第 12 期，90 页。

[3] 彭善国：《辽代陶瓷的考古学研究》第五章《辽代输入瓷器研究》，208 ～ 260 页，吉林大学出版社，2003 年。

[4] a.（宋）赵汝适：《诸蕃志》，杨博文校释，中华书局，1996 年；b. 林士民：《从明州古港（今宁波）出土文物看景德镇宋元时的陶瓷贸易》，《景德镇陶瓷》1993 年第三卷第 4 期，40 ～ 43 页。

[5]《宋会要辑稿·食货（五二之三七）》，中华书局 1957 年影印本，第六册，5717 页。

[6] 中国硅酸盐学会：《中国陶瓷史》第六章《宋、辽、金的陶瓷》，264 ～ 273 页，文物出版社，1982 年。

[7]《元史》卷八十八《百官志（四）》“浮梁磁局”条，2227 页，中华书局标点本，1976 年。

图七　北宋桶形匣钵及使用方法
（高 18 厘米）

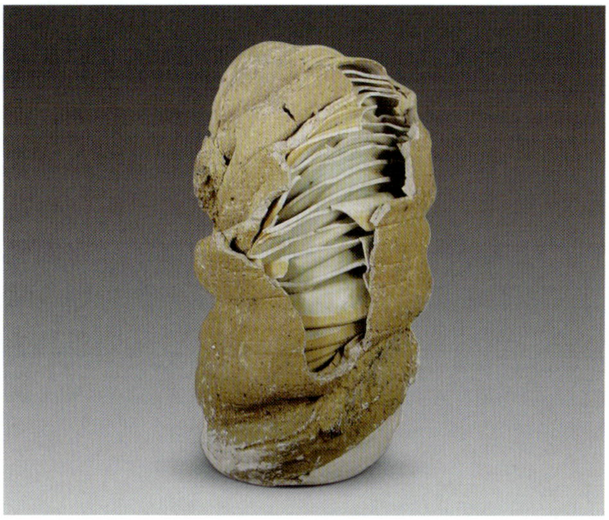

图八　南宋支圈覆烧窑具及使用方法
（残高 24.5 厘米）

景德镇元代窑址主要分布在城区和近郊。元代继续烧造青白釉瓷器，同时也烧造数量较多的黑釉瓷器。青白釉瓷器的器类有所减少，主要有碗、盘、高足碗、炉、玉壶春瓶、梅瓶、瓶、执壶、僧帽壶、壶、罐等，胎体一般比较厚重，釉层较宋代略厚，釉面莹润。也以划花、刻花、印花等技法做出装饰花纹，纹样仍以花卉为多。从总体上看，到元代后期青白瓷逐渐走向衰落。

在青白瓷逐渐衰落之时，景德镇的制瓷手工业出现了新的情况：批量生产成熟的青花瓷器；发展了高温铜红釉瓷器；创烧了洁净润泽的卵白釉瓷器、高温钴蓝釉瓷器、釉里红瓷器等。将景德镇制瓷手工业推向了一个新阶段。

（一）青花瓷器

青花瓷器是以钴料在未经素烧的坯体表面绘画花纹，之后施一层透明釉，放入窑炉中以高温一次烧成，釉下便呈现出蓝色花纹的瓷器。青花瓷器出现于唐代巩县窑[1]，元代后期景德镇批量烧造，制作工艺成熟。景德镇是元代青花瓷器的重要产地，目前发现的元代烧造青花瓷器的窑址主要有：市郊湖田窑址、市内落马桥窑址、市内珠山北（风景路）窑址等[2]。器类颇丰，主要有碗、大盘、盘、高足碗、葫芦形瓶、扁瓶、玉壶春瓶、梅瓶（图九）、长颈瓶、象耳瓶、瓶、扁执壶、执壶、大罐、罐、托盏、炉、觚等，造型一般较大，胎体较厚重，呈白色，质地细密。釉白中泛青，光莹透明。青花所用钴料有进口料和国产料两种，进口料的特点是含锰量较低，含铁量较高，青花色泽浓艳，且有铁黑色斑点；国产料则相反，含锰量较高，含铁量低，青花色泽较淡，也未有铁黑色斑点[3]。青花瓷器的青花是用毛笔蘸钴料直接在器物胎体表面绘画，不受象刻花、划花、印花那样制约，可以尽情充分发挥，所以题材更加广泛，花纹内容更多，主要有缠枝花卉、植物花卉、禽鸟游鱼、瑞兽龙凤、人物故事等，用笔自如，线条流畅，布局设计合理，主次分明，幽雅脱俗，具有鲜明的时代特征。

[1] a. 河南省文物考古研究所等：《黄冶窑考古新发现》，大象出版社，2005 年；b. 河南省文物考古研究所等：《巩义白河窑考古新发现》，大象出版社，2009 年。
[2] 李一平：《景德镇元代瓷窑遗址概述》，载《元青花研究——景德镇元青花国际学术研讨会论文集》，1 ～ 3 页，上海辞书出版社，2006 年。
[3] 中国硅酸盐学会：《中国陶瓷史》第八章《元代的陶瓷》，342 ～ 343 页，文物出版社，1982 年。

（二）高温铜红釉瓷器

高温铜红釉瓷器是元代景德镇初步发展起来的一个瓷器品种。它是将铜料掺入釉中作呈色剂，在高温还原气氛下烧成的瓷器。高温铜红釉瓷器早在唐代晚期长沙窑就有极少量的烧造[1]，大约是由于铜在高温下容易挥发，烧成技术难度大等原因，唐以后，在宋代、金代皆不见这种瓷器。元代景德镇的工匠们较好地掌握了铜红釉的呈色机理和烧成技术，将铜红釉瓷器的生产提高到一个新水平。元代景德镇的烧造量还不大，发现的数量和器类很少，所见有高足碗（图一〇）、碗、盘等。釉多呈暗红色。装饰也很简单，常以刻花或印花的技法做出云龙纹等。

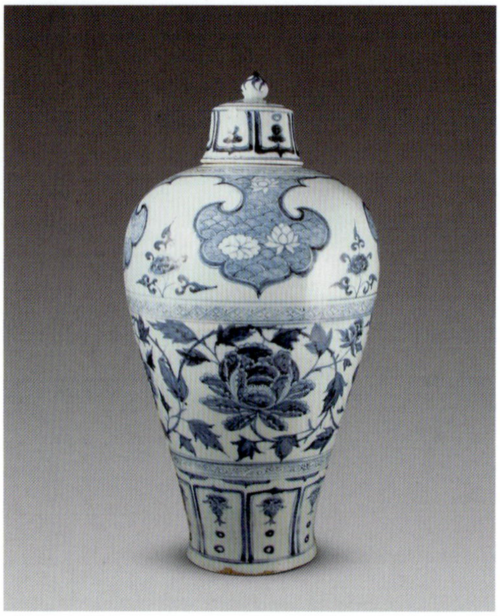

图九　元代青花缠枝牡丹纹瓷梅瓶
（高 47.5 厘米）

（三）卵白釉瓷器

卵白釉瓷器因其釉色颇似鹅蛋皮的颜色而得名。器类以高足碗、碗、盘为多，胎白质细，釉面莹润不透明。装饰技法以印花为主，花纹内容有缠枝花卉、双龙纹等，在花纹间往往印有对称的“枢府”两字，故也将这类瓷器称之为“枢府瓷器”。有的还印有“太禧”等字款。卵白釉瓷器胎釉俱佳，制作工艺精良，是元代瓷器中的佼佼者之一。

图一〇　元代红釉印花龙纹高足碗
（口径 14.6 厘米）

（四）高温钴蓝釉瓷器

高温钴蓝釉瓷器是将钴料掺入釉中作呈色剂，在高温还原气氛下烧成的瓷器。以钴料入釉作呈色剂，在唐三彩器上就已出现，但那是低温釉。高温钴蓝釉乃是元代景德镇的首创。其烧成技术比较容易掌握，发现的数量和器类也较多一些。器类有梅瓶（图一一）、高足碗、碗、盘等，胎白质细，釉光润。装饰技法有金彩、白花两种，花纹内容有龙纹、梅花纹等，装饰效果颇佳。

（五）釉里红瓷器

釉里红瓷器是继白地黑花、青花瓷器之后出现的又一种颇有影响的釉下彩瓷器。它是以铜料在未经素烧的坯体表面绘画花纹，然后施上透明釉，入窑经高温一次烧成，釉下便呈现出红色花纹，故称“釉里红瓷器”。其烧成时花纹对窑内温度、气氛要求严格，烧成技术难度大，产量不高，传世品和出土的数量、器类都不多，见到的器类有罐（图一二）、玉壶春瓶、高足杯等。胎呈白色，质地细密。釉层均匀，釉面莹润，呈白泛青或青白色。花纹题材、内容不及青花瓷器丰富多彩，主要有植物花卉、山石灵芝、松竹仙鹤、芦雁双凤等。色调普遍偏暗，花纹边缘多模糊，表明元代尚未完全掌握它的烧成技术和呈色规律。

[1] 长沙窑课题组：《长沙窑》，紫禁城出版社，1996 年。

图一一　元代蓝釉白龙纹瓷梅瓶
（高 43.8 厘米）

图一二　元代釉里红花鸟纹罐
（高 24 厘米）

元代景德镇制瓷技术有了明显的提高和改进。约在元代后期在胎原料配制方面发明了瓷石加高岭土的所谓“二元配方”法[1]。此法增高了胎料内三氧化二铝的含量，提高了烧成温度，减少了器物在烧成时的变形率，对提高产品的质量和成品率有显著的效果。在烧成技术方面，在继续使用龙窑的同时，于元代晚期发明了葫芦形窑[2]。葫芦形窑是在龙窑的基础上改进、发展而来的，吸收了馒头窑的一些优点，比普通龙窑要进步，适合于烧造胎、釉尤其是釉中氧化钾含量较高的瓷器。装烧方面，流行了一个匣钵装置一件器物的作法。

元代景德镇瓷器在国内出土比较多[3]，在国外也多有发现[4]，尤其青花瓷器在西亚一带发现的数量较多[5]。

元代是景德镇制瓷手工业产品更新换代时期，旧的产品逐渐退居次要地位，新品种迅速占居主导地位。为明清时期景德镇制瓷手工业的发展奠定了基础。

四　明清时代制瓷手工业的辉煌

明清时代景德镇的民窑窑址主要分布在城区，规模不断扩大，产量剧增。为了满足宫廷用瓷的需要，中央政府于明洪武二年（1369 年）在景德镇城区珠山设立御器厂[6]（清代改称“御窑厂”）。景德镇制瓷手工业进入了辉煌时期，成为了全国制瓷手工业的中心，被誉为“瓷都”。御窑产品代表了景德镇明清时期瓷器的最高水平，在这里瓷器部分重点讲御窑瓷器。

明代御窑，元代着力发展和创新的青花瓷器、高温铜红釉瓷器、高温钴蓝釉瓷器、釉里红瓷器，制作工艺日益提高、完善，逐渐成了明清时期御窑的重要产品。其中青花瓷器成为了瓷器生产的主流产品，并于明永乐、宣德时期达到了创烧以来的最好水平（图一三），

[1] 刘新园等:《高岭土史考——兼论瓷石、高岭与景德镇十至十九世纪的制瓷业》,《中国陶瓷》1982 年第 7 期（增刊），141 ～ 170 页。
[2] 景德镇陶瓷历史博物馆刘新园、白焜：《景德镇湖田窑考察纪要》，《文物》1980 年第 11 期，39 ～ 49 页。
[3] 江西省高安县博物馆刘裕黑、熊琳：《江西高安县发现元青花、釉里红等瓷器窖藏》，《文物》1982 年第 4 期，58 ～ 69 页。
[4] 韩国文化公报部文化财管理局：《新安海底遗物》（综合篇），高丽书籍株式会社，1988 年。
[5] Pope, John A. Fourteenth-century blue-and-white: a group of Chinese porcelains in the Topkapu Sarayi Müzesi Istanbul. Washington, 1952. (Freer Gallery of Art Occasional Papers, vol. 2, No. 1.) ; Pope, John A. Chinese Porcelains from the Ardebil Shrine, Washington, 1956.
[6] a. 清乾隆七年《浮梁县志》卷七《建置》“景德镇厂署”条；b.（清）蓝浦：《景德镇陶录》卷一《图说》“景德镇图”条，《中国陶瓷名著汇编》，中国书店，1991 年，6 页；c. 刘新园：《景德镇珠山出土的明初与永乐官窑瓷器之研究》，《鸿禧文物》创刊号，1996 年，19 ～ 20 页。

被誉为青花瓷器的“黄金时代”。

不仅如此，进入明代后，御窑还创烧了许多新品种。这其中最具时代特征、影响最大的是彩瓷。彩瓷中最具代表性、最受人们青睐的是斗彩瓷器、五彩瓷器、珐琅彩瓷器、粉彩瓷器[1]。

图一三　明永乐青花花果纹执壶
（高 29.3 厘米）

（一）斗彩瓷器

斗彩瓷器是釉下青花和釉上彩色相拼合的一种彩色瓷器。它的制作方法是，先在瓷器的胎上用青料勾画出花纹的轮廓线，之后施上透明釉，入窑以高温焙烧。然后在烧成的瓷器上填上各种所需要的彩色，再次入窑以低温烘烧。烧成之后，釉下青花与釉上彩色相互辉映，十分美丽。考古资料表明，斗彩瓷器出现于明代宣德时期[2]，成熟于明代成化时期，清代康熙、雍正时期有所发展，清代乾隆及其以后就没有什么值得称道的创新了。斗彩瓷器的器类有罐、瓶、碗、盘、高足杯、鸡缸杯（图一四）等，花纹题材有花卉、禽鸟、云龙、人物等，画面幽雅、清新。

图一四　明成化斗彩鸡缸杯
（口径 8.3 厘米）

（二）五彩瓷器

五彩瓷器是釉上彩，也有的釉下配青花。其制作方法是，先在做好的器物胎体上施釉，有青花者画好青花后施釉，入窑进行高温焙烧。烧成后再以各种彩料画出花纹，再入窑以低温烘烧一次。五彩瓷器约始创于明代永乐或宣德时期。从现有的实物看，明代嘉靖、万历时期进入了成熟阶段，清代康熙时期达到了高峰。清代雍正以后，虽然也还有一些精致的作品，但由于粉彩的流行，五彩就不显得那么突出了。五彩瓷器的器类主要有罐（图一五）、执壶、瓶、尊、碗、盘、觚等，花纹题材十分丰富，主要有花卉、禽鸟、龙凤、人物等，特别是到清康熙时期大量采用了戏曲、小说等人物故事题材。画面生动、有趣。

（三）珐琅彩瓷器

珐琅彩瓷器，又称“瓷胎画珐琅瓷器”。其制作方法是，先将瓷器坯件内壁施釉，入窑以高温烧造，然后外壁以黄、蓝、红、绿或绛紫色釉作地，上绘画彩色花纹，再入窑烘烧。也有些是在烧成的精细的白釉瓷器上彩绘，然后入窑烘烧。珐琅彩瓷器创始于清代康熙时期，雍正、乾隆时期制作趋于精致。它是康熙、雍正、乾隆三朝备受珍爱的宫廷用瓷。器类主要有瓶（图一六）、碗、盒等，造型一般都较小。装饰花纹丰富多彩，有花卉、山水、禽鸟、人物等，在画法上有的则仿西洋画意。珐琅彩瓷器在宫廷中专门用来玩赏和用作宗教、祭祀的供器。

（四）粉彩瓷器

粉彩瓷器是在清代康熙五彩瓷器的基础上，吸收了珐琅彩瓷器的相关工艺，而创制出的一种

[1] 中国硅酸盐学会：《中国陶瓷史》第九章《明代的陶瓷》、第十章《清代的陶瓷》，380 ～ 386、422 ～ 430 页，文物出版社，1982 年。

[2] 炎黄艺术馆：《景德镇出土元明官窑瓷器》图版 212，227 页，文物出版社，1999 年。

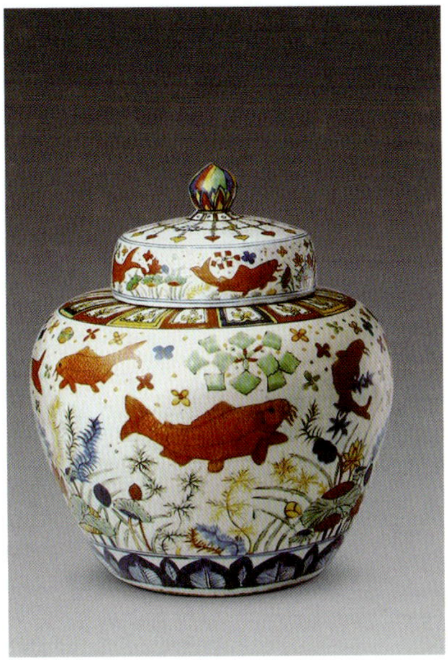

图一五　明嘉靖五彩鱼藻纹罐（高 33.9 厘米）

图一六　清康熙珐琅彩紫地花卉纹瓶（高 13.2 厘米）

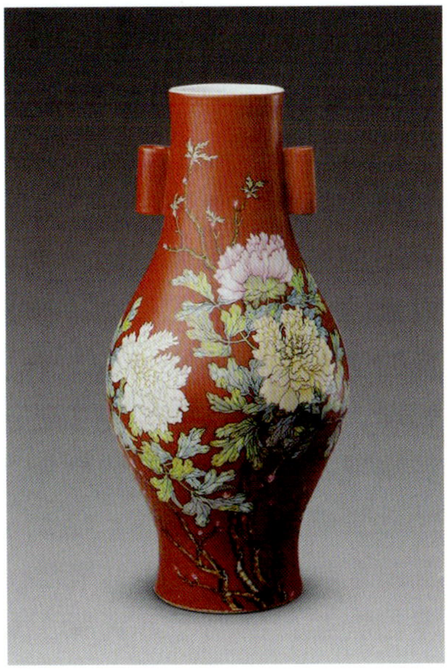

图一七　清雍正粉彩珊瑚红地花卉纹贯耳瓶（高 31.4 厘米）

釉上彩瓷器。它的制作方法也是在烧好的瓷器上绘画彩色花纹。与其他釉上彩不同的是，它在彩画的某些部分以玻璃白粉（氧化铅、硅、砷的化合物）打底。其彩色有浓淡凹凸之感，并色调柔和，不象五彩那样光彩夺目。粉彩瓷器出现在清代康熙晚期，雍正时期达到了高峰，乾隆时期虽然工艺仍很精湛，但是明显不如雍正时期了。乾隆以后虽仍继续生产，也不乏有一些精品，可看不出有什么新成就了。粉彩瓷器的器类有壶、天球瓶、贯耳瓶（图一七）、瓶、尊、碗、盘、盒、笔筒等，花纹题材有花鸟、花卉、山水、人物故事等，绘制精良。另外，还有多釉彩的大瓶等。

明清时代景德镇瓷器烧成工艺有了明显的改进。明代，御窑在洪武、永乐时期使用葫芦形窑（图一八），永乐以后使用馒头形窑（图一九）[1]；民窑普遍使用葫芦形窑[2]，也发现个别窑场使用馒头形窑[3]。清代无论御窑还是民窑均使用蛋形窑[4]。装烧方面，仍普遍采用匣钵装烧法，多为一个匣钵装置一件，民窑中个别的也有一匣叠装多件的作法[5]。值得注意的是，明代御窑装烧时，在匣钵内还套一瓷土制作的“套钵”（图二〇），保证、提高了瓷器的烧成质量。

明清时代景德镇御窑瓷器供宫廷使用。民窑瓷器在国内销售非常广泛，使用非常普通。外销的地区除了亚洲、非洲外，开始大量的销往欧洲；与此同时，中国制瓷技术尤其是青花瓷器的烧造技术也相继传到了一些国家和地区[6]。

明清时代景德镇制瓷手工业在元代的基础上又有诸多发展和创新，尤其是釉上彩瓷的创烧和流行为景德镇制瓷手工业增添了极大的光彩。

[1] 北京大学考古文博学院等：《江西景德镇明清御窑遗址发掘简报》，《文物》2007 年第 5 期，4 ～ 47 页。
[2] 王上海：《从景德镇制瓷工艺的发展谈葫芦形窑的演变》，《文物》2007 年第 3 期，62 ～ 67 页。
[3] 景德镇陶瓷历史博物馆刘新园、白焜：《景德镇湖田窑考察纪要》，《文物》1980 年第 11 期，39 ～ 49 页。
[4] 李国桢、郭演仪：《中国名瓷工艺基础》第四章《烧成技术和窑炉》，62 ～ 64 页，上海科学技术出版社，1988 年。
[5] 北京大学考古文博学院等：《江西景德镇观音阁明代窑址发掘简报》，《文物》2009 年第 12 期，39 ～ 58 页。
[6] 中国硅酸盐学会：《中国陶瓷史》第九章《明代的陶瓷》、第十章《清代的陶瓷》，408 ～ 413、450 ～ 453 页，文物出版社，1982 年。

结　语

景德镇制瓷手工业从五代至清代没有间断，从创建之日起，就一步步向前发展，直到辉煌，乃至独领风骚五百余年，这在中国制瓷手工业史是独一无二的。究其原因，可能是多方面的，有自然、人文、社会的原因等等。但我们认为主要的原因有二条：一是创新，二是管理。创新主要是制瓷工艺技术的创新，其主要体现在产品上，宋代创制了青白釉瓷器；元代批量烧造青花瓷器，创制了卵白釉瓷器、高温钴蓝釉瓷器、釉里红瓷器；明清时代发展了青花瓷器，创制了多种釉上彩瓷器等。有创新产品，才有市场；有市场，才有效益；有效益，才能发展。管理主要是对制瓷手工业自身的管理，景德镇在管理方面是卓有成效的。据南宋蒋祈《陶记》记载，当时制瓷手工业是按窑炉的容量（尺寸）纳税[1]。至于明清时代的御窑，管理就更严了[2]。所以，工艺技术的不断创新和严格的管理是景德镇制瓷手工业发展乃至辉煌的二个重要的原因。

景德镇是五代至清代瓷器的重要产区。从北宋开始，它的制瓷工艺技术一直位居全国的前列，对其他地区的制瓷手工业曾有过重要的影响。在中国陶瓷史上占有极重要的地位。

（本文原为韩国“文化遗产中场开挖100年——回顾与展望”国际学术研讨会论文，发表于2010年11月2日）

图一八　明御窑葫芦形窑炉遗迹
（洪武至永乐时期，斜长10.66米）

图一九　明御窑馒头形窑炉遗迹
（宣德至万历时期，长4米）

图二〇　明御窑瓷器装烧方法
（宣德时期）

[1]（南宋）蒋祈：《陶记》，白焜校注本，载《景德镇陶瓷》总第10期，1981年（《陶记》研究专刊），39页。
[2] a.（明）王宗沐:《江西省大志》卷七《陶书》，明万历二十五年刻本;b.（清）唐英:《榷务督陶奏折》，见《唐英集·古柏堂杂著》，913～947页，辽沈书社，1991年。

景德镇元代青花瓷器兴起原因初探

青花瓷器即是釉下以钴料绘画花纹的瓷器。出土、出水资料一再证明，青花瓷器出现于唐代晚期，河南巩县窑所烧造。青花瓷器在唐代晚期出现以后，到五代，北宋、南宋时期似乎没有延续下来，迄今尚未发现学术界公认的确切的宋代青花瓷器。然而，至元代在景德镇重新兴起，并批量生产。青花瓷器烧造中断这么多年以后为什么在元代景德镇再度兴起？这是一个值得认真思考的问题。本文试对这个问题做以初步的分析、探讨。敬请方家不吝指正。

从考古资料和相关文献记载来看，青花瓷器在景德镇约出现于元代中期后半，元代晚期尤其是至正前期批量生产。

青花瓷器在景德镇元代中期后半出现并很快发展起来，这与景德镇优良的制瓷技术和中亚、西亚地区市场的需要有直接的关系。

景德镇至迟在五代时期就建立了瓷窑，烧造瓷器，这时期烧造的瓷器品种有青瓷和白瓷两种；进入北宋景德镇制瓷手工业发展较快，在烧造青瓷、白瓷的实践中，不断探索、改进，创烧了青白釉瓷器。青白瓷成为景德镇有宋（北宋、南宋）一代瓷器生产的主流产品。至少在元代早中期青白瓷仍是景德镇的主要产品。元代青白瓷胎质细腻，致密，多为白色；釉质细润，尤其是透明度好。其胎、釉情况比同时期其他烧造青白瓷、白瓷窑的胎、釉皆好，甚至比烧造白地黑花瓷器的北方磁州窑、南方吉州窑的胎、釉也佳。所以，青花瓷器的生产便在景德镇逐渐兴起。

这是景德镇烧造青花瓷器的技术条件，也就是景德镇具备了良好的生产青花瓷器的条件，唐代生产青花瓷器的河南巩县窑此时早已停烧。应该说是历史选择了景德镇。

那么为什么景德镇在元代中期后段开始烧造青花瓷器？也就是什么原因刺激了景德镇烧造青花瓷器呢？我认为是因与东南亚地区和中、西亚地区贸易的需要。

迄今在东南亚、中亚、西亚不少属于公元 14 世纪的遗址中出土了元代的青花瓷片，这部分资料由于资料发表的局限，目前还无法统计出较为准确的数量，也不能辨别出哪些是元代中期的，哪些是元代晚期的。在这三个地区一些国家的博物馆中也收藏了一定数量的元代青花瓷器，准确的数据也很难统计出来；其具体年代，据发表的器物资料来看，我认为基本上是元代晚期的。中国出土和公立博物馆收藏的元代青花瓷器，据有的先生统计，总计在 300 ～ 400 件左右，其具体年代大部分属于元代晚期的产品。据出土资料和相关博物馆收藏品，还不能确定元代青花瓷器用于东南亚、中亚、西亚贸易的多，还是用于国内销售的多。再说，出土资料也是在变动的。如认为景德镇元代青花瓷器的兴起是因为对东南亚、中亚、西亚地区贸易的需要，那么用于这三个地区贸易的元代青花瓷器一定要有一定的数量，甚至要高于用于国内的数量。基于这种想法，既然全面统计无法确定，那么例举景德镇元代青花瓷器在元代中期的资料来阐述这个问题。

东南亚、中亚、西亚地区是以元代汪大渊《岛夷志略》的记录为基本资料。《岛夷志略》在讲到元代贸易之货时，多次提到有“青白花碗”、“青白花器”。这里的“青白花”，有先生认为是“青花”，也有先生认为不是“青花”，而是“青白瓷中带花纹装饰者”。我赞成是“青花”的观点。这是因为成书于明代正统元年（1436年）的费信《星槎胜览》在讲到明代永乐、宣德时的贸易之货，曾多说到用“青白花瓷器”。《星槎胜览》的内容虽有多条采自《岛夷志略》，但经过核对，确认有“青白花瓷器”的条，基本上都是费信自己写的。所以，可以认为《岛夷志略》记录的“青白花碗”、“青白花器”即是“青花碗”、“青花器”。资料证明，进入明代青白瓷的生产已彻底衰落，用于对外贸易的主要是青花瓷、青瓷和白瓷。《星槎胜览》中说到的“青白瓷器”，我认为应为“青、白瓷器”，即青瓷、白瓷，而不是传统的青白釉瓷器。

如上述推断无误的话，可以从《岛夷志略》记录看出当时青花瓷器销售的地域和估算出量的大小。《岛夷志略》记载八个地点贸易之货用“青白花碗”，即三岛（吕宋群岛中）、丹白令（泰国南部马来半岛六坤附近）、戎（泰国南部马来半岛东岸之春蓬）、东冲古剌（泰国南部马来半岛东岸之宋卡）、爪哇（苏门答腊岛）、龙牙犀角（泰国南部马来半岛北大年一带）、喃（哑）哩（苏门答腊岛西北角亚奇河下游哥打拉夜一带）、加里那（波斯湾东北岸布什尔东南之哈里勒角）；六个地点用“青白花器”，即苏洛鬲（马来半岛西岸梅尔博河下游北岸之旧吉打）、小唄喃（印度南端西海岸至奎隆）、天堂（阿拉伯西北部沿红海）、天竺（印度）、甘埋里（伊朗大陆上米纳布河口东面之一港口）、乌爹（缅甸南部勃固河东岸之勃固）。可见，元代青花瓷器贸易的范围还是比较广的，行销的国家和地区是比较多的。至于贸易的数量书中没有记录，但书中讲到的十四个贸易地点，在说到贸易用瓷器时，有十一处只讲用“青白花碗”或“青白花器”，其他三处虽讲了两种或三种瓷器，但“青白花碗”或“青白花器”都是排在前面。由此可见，青花瓷器在贸易瓷器中的地位。由此推测，其也是有一定数量的。据《岛夷志略》张翥《序》记载：汪大渊“尝两附船东西洋，所过辄采其山川、风土、物产之诡异，居室、饮食、衣服之好尚，与夫贸易赍用之所宜，非其亲见不书，则信乎其可征也”。可知，《岛夷志略》是汪大渊据自己两次浮海的所见写成的。两次浮海的时间，据苏继庼先生考证：第一次浮海的时间为元顺帝至顺元年至顺帝元统二年夏（1330～1334年夏）；第二次为元顺帝至元三年冬至顺帝至元五年夏（1337年冬～1339年夏）。这就是说，汪大渊所记录的贸易用瓷器，是元顺帝至顺元年至顺帝至元五年（1330～1339年）的情况。

国内相当于元顺帝至顺元年至顺帝至元五年，即1330～1339年左右青花瓷器的情况如何？据目前所知，出土于纪年墓或器上有纪年的资料主要有6件：青花牡丹纹塔式盖瓶，湖北黄梅元延祐六年（1319年）墓出土，肩部绘如意云纹，腹部绘缠枝牡丹纹，下绘仰莲瓣纹，青花色调灰暗；青花观音童子像，3件，浙江杭州元后至元二年（1336年）墓出土，部分衣纹以青料描绘，观音前的如意用青料绘成；青花釉里红塔式盖罐，江西景德镇元墓出土，器物的颈上有元后至元四年（1338年）题记，本器装饰以釉里红为主，仅题记和下部的仰莲瓣纹以青料书写、描绘；青花釉里红楼阁式谷仓，江西景德镇元后至元四年（1338年）墓出土，装饰均为釉里红，仅谷仓下层一面仓门两侧对联和横批和后面两柱之间的墓铭以青料楷体书写，青料呈色灰暗。其他有纪年的青花瓷器，发现的最早的是14世纪40年代晚期的，实例有，以青料书写“至正七年置”铭的青白釉瓷罐，至正七年即1347年；“戊子年□□”铭青花缠枝灵芝纹罐，“戊子年”即元至正八年（1348年）。出土和公立博物馆收藏的元纪年者，其特征、风格一般与英国大维德基金会收藏的有元至正十一年（1351年）青料题记的青花云龙纹象耳瓶和湖北武穴元至正十一年（1351年）墓出土的青花缠枝菊花纹带座香炉相同或相近，其年代也应与这两件纪年器物的年代相近，即约元至正十一年左右及其以后。这样看来，国内出土和公立博物馆收藏的元代青花瓷器只有上面讲到的青花牡丹纹塔式盖瓶等 4 种 6 件器物能与《岛夷志略》记录的贸易用青花瓷器的年代相吻合或基本吻合。

（未刊稿）

江西景德镇明代晚期至清代初期的制瓷手工业

景德镇地处江西省的东北部，风景佳幽，山水环抱，草木繁茂，以烧造瓷器而闻名于世。考古资料表明，景德镇早在五代时期就开始烧造瓷器，明清时期进入了最辉煌时期，成为了全国制瓷手工业中心，被誉为“瓷都”。明代晚期至清代初期（明万历三十年至康熙十九年）是景德镇制瓷手工业发展的一个较为特殊的时期。明万历二十七年（1599年）矿税史兼理景德镇窑务的太监潘相，因烧造龙缸，逼迫陶工童宾“以身赴火，罹其凶毒”，引起了大规模的民变。万历三十年（1602年）反抗太监潘相的斗争达到了最高潮，景德镇陶工奋勇斗争，一举烧毁了御器厂。事过十八年后的万历四十八年（1620年），万历皇帝死后遗诏：“昭告天下，烧造等项，悉皆停止”。可见，景德镇明代御器厂自万历三十年起基本停烧了。进入清代情况逐渐好转，清初朝廷曾多次命景德镇御窑厂烧造瓷器，如现在北京雍和宫佛座前之青花云龙纹香炉上以青花料楷书“顺治八年江西监察奉敕敬造”；顺治十一年景德镇曾奉旨造龙缸（未成）；顺治十六年又奉旨造栏板（又未成）；康熙十年又奉命造祭器等。康熙十九年（1680年）派内务府工部司员各一人往江西烧造瓷器，标志着明代以来御窑厂制度正式恢复，八月始奉烧造御器，此后经年烧造，每年分限解京。由上述可见，明代晚期至清代初期御器厂处于停烧和基本停烧状态。这时期景德镇制瓷手工业的主体应是民窑。

景德镇明代晚期至清代初期民窑生产十分兴旺、发达，窑场集中分布在现景德镇的市区内，窑场遗址被房屋、道路覆盖。近年来建房和修路时常发现这个时期的窑业堆积，文物考古工作者见到的有落马桥、观音阁、曾家弄、十八桥、晒宝滩、花园里、刘家弄下弄、莲花山等十余处。当时的产量相当大，据成书于明崇祯九年（1636年）宋应星《天工开物》第十一《陶埏》载：“合并数郡，不敌江西饶郡产”。烧造的瓷器品种主要有青花瓷器、白釉瓷器、五彩瓷器、红绿彩瓷器、素三彩瓷器、青釉瓷器、红釉瓷器、蓝釉瓷器、白釉酱彩瓷器、青花酱彩瓷器等，其中以青花瓷器为大宗，在景德镇发现的这个时期的窑业堆积中所见的瓷器95%以上是青花瓷器，近年在明清御窑遗址出土的这个时期的瓷器几乎全是青花瓷器，青花瓷器是这个时期的主流产品。瓷器的种类也十分丰富，既有日常生活用器，又有佛前供器、陈设器、文房用器，还有专用于外销的器皿。器型繁多，计有碗、盘、碟、杯、莲子罐、八方罐、直口罐、将军罐、罐、长颈瓶、筒瓶、蒜头瓶、橄榄瓶、瓶、壶、盒、笔筒、砚台、鱼缸、花觚、炉等，以碗、盘、杯、罐最为常见，造型规整、协调。一般说来，碗、盘类，明代晚期比较轻薄，清代初期较为厚重一些。胎质有的较细密，有的则较粗，细密者多呈白色；粗者多呈灰白色，白度不高。碗、盘类的底外侧普遍有跳刀痕，明代晚期常见塌底现象，碗、杯等器类流行玉璧形足。釉色一般是白中泛青，清顺治时期大部分器物的口沿刷一层酱黄色釉，即通常所说的“酱口”。这时期瓷器的装饰基本是采用彩绘的技法，以釉下青花为主，其次是釉上五彩。青花所用青料，明代晚期“以衢、信两郡山中者为上料，名曰‘浙料’；上高诸邑者中；丰城诸处者为下”。清代初期用的一般都是浙料。青花的呈色多样，有的浅淡，有的青翠艳丽，有的则蓝中泛灰。从总体上看，色泽比较稳定、自然，多清新明快。在绘画技法上，大约从明天启朝开始使用了“分水法”，画面具有明显的层次感，艺术效果颇佳。装饰题材多种多样，主要有山水人物、人物故事、动物花鸟、植物花卉等，画面构图多较简明，绘技潇洒自如，与官窑瓷器以龙、凤纹、缠枝花为主的格式化的图案形成了鲜明的对比，具有极强的艺术感染力。花纹内容丰富多彩，计有八仙、罗汉、卧人、仕女、婴戏、太白醉酒、状元及第、赤壁赋、携琴访友、文王访贤、山林隐士、梦幻人物、吹箫图、云龙、团龙、海水龙、螭龙、松鹿、麒麟、八骏、牧牛、松鹤、芦雁、凤穿花、梅花雀鸟、桂树白兔、鱼纹、螃蟹、蝴蝶、蜘蛛、石榴、柿子、白菜、松竹梅、梧桐叶落、折枝花、牡丹、灵芝、缠枝花、缠枝葡萄、荷莲、莲瓣、团花、云纹、海水、杂宝等数十种，还出现了诗、书、画结合的题材，如梧桐叶旁题诗“梧桐一叶落，天下尽皆秋”；兰草旁双框内书“吴画”等，反映出晚明文人的文化艺术气息，也体现了生产者的艺术修养。釉上五彩装饰基本上承袭了嘉靖、万历五彩的特点，题材主要有人物、动物、花卉等，花纹内容有仕女、婴戏、云龙、凤、狮子穿牡丹、鱼藻、牡丹、折枝花、莲瓣、山石等，彩色有红、黄、绿、蓝、褐等，画面中仍突出红色，构图一般比较简单，笔法流畅。这时期不少瓷器上都以青花料书写款识。款识大体可分为四类：一是年号纪年款，有“万历四十六年置造、大明天启元年孟夏月造、大明天启年制、天启年制、天启元年、天启五年承造、大明崇祯年制、崇祯年造、大明崇祯二年置造、皇明崇祯八年孟夏、顺治拾伍年五月拾叁吉日、康熙年制”等，在这类款中还有仿写前朝款的，如“永乐年制、大明宣德年制、宣德年造、成化年制、大明成化年制、大明正德年制、大明嘉靖年制”等；二是干支纪年款，有“应天甲子科置、辛酉年双客□（1621 年）、顺治丁酉年（1657 年）、庚子年制（1660 年）、乙未年制（1655 年）、大清丙午年制（1666 年）、大清丁未年制（1667 年）、大清己酉年制（1669 年）”等；三是堂名款，有“玉堂佳器、玉堂佳玩、景德堂制、青玉堂制、博古斋、白玉斋、百花斋、竹石居”等；四是吉祥字，有“福、寿、贵、喜、万年福禄、状元、连科、金榜题名”等；其他有“高灯远照、白玉池、美玉、美器、上品佳器、莲亿、青雅、雅、佛”和一些花押等。这些款识对研究瓷器的年代、用场和风俗习惯提供了可靠的依据。

景德镇明代晚期至清代初期民窑从事的是商品生产，产品销售市场颇大，成书于明崇祯九年（1636 年）的宋应星《天工开物》第十一《陶埏》载：“若夫中华四裔驰名猎取者，皆饶郡浮梁景德之产也”。这段记录充分反映了明代晚期景德镇民窑瓷器在国内的销售盛况。这时期除了广泛行销于国内市场之外，还大量销往欧洲、亚洲、非洲各国，现今欧洲有关国家、美国、日本等国家均收藏不少这一时期的中国外销瓷器。外销瓷的品种主要是青花，常见器型有碗、盘、杯、高足杯、啤酒杯、盒、蟾蜍形、鸭形笔洗、瓶、象腿瓶、军持、花觚、香炉、茶托、罐、芥末罐等，其中一些器型仿自外来品，如大啤酒杯是德国式样，方瓶仿制荷兰玻璃器或金银器造型，特别是一些象生器型如鱼形盘、桃形盘以及各式扇形、方形盘等是专门为供应日本市场而生产的。外销青花瓷的常见纹样有西厢记、垂钓图、童子拜师、佛教故事、老子骑牛别潼关、梦幻人物、高士、湖边景致、喷火麒麟、赶珠龙、回首兔、鹅塘、昆虫、蝎子、蜈蚣、牡丹花鸟、四季花、莲花、菊花、山茶、梅花、桃枝、栗梗等，其中有一些山水、花鸟纹样以及梦幻人物等是专门为销往日本而制作的。

（未刊稿，撰于 2004 年 11 月 22 日）

景德镇明清御窑遗址的考古发现和研究

景德镇是中国古代瓷器的重要产区之一。明、清两代的御窑产品代表了当时瓷器生产的最高水平。文献记载及研究成果表明，御窑创建于明代洪武二年（1369 年），明王朝灭亡后，御窑为清王朝所有，直到清王朝灭亡。该窑前后延续了 542 年。废弃后，随着时间的推移和人类在遗址上的频繁活动及不断开发，御窑设施和地面建筑早已荡然无存。其上建满了办公大楼、民宅和商店等。

遗址位于现景德镇市中心的珠山地区，三面被道路环绕，呈南宽北渐窄的长梯形分布。该遗址周长约为 1100 余米，总面积约为 54000 平方米（图一）。

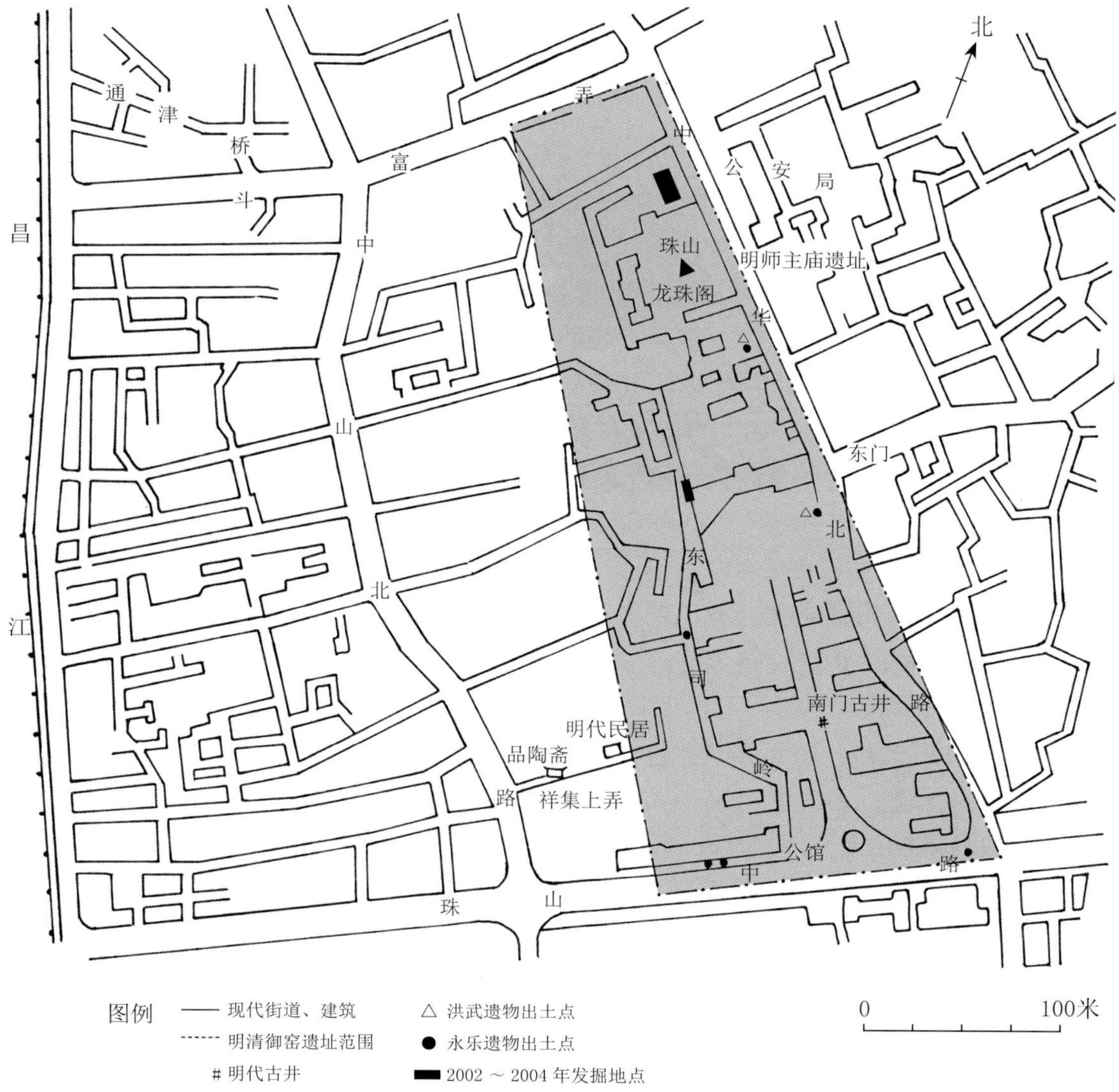

图一　景德镇明清御窑遗址实测图

为了深化对明清御窑的研究，全面复原御窑的生产面貌，经国家文物局批准，北京大学考古文博学院、江西省文物考古研究所、景德镇市陶瓷考古研究所组成联合考古队，于 2002 ～ 2004 年对景德镇明清御窑遗址进行了一次较大规模的考古发掘[1]。发掘的具体地点在珠山北麓（御窑遗址的东北部）和珠山南麓（御窑遗址南部的西边）。发掘面积共计 1578 平方米，最深的探方达 5 米余。出土了一批明代遗迹和一大批明代遗物，获重大成果，解决或初步解决了明代御窑研究中的一些学术问题。

一 围墙遗迹与御窑范围

围墙遗迹主要有两道，即第 1 号墙和第 15 号墙。均以匣钵片和残窑砖等材料砌制而成。第 1 号墙（图二），基本为东西走向，被揭露出的长度为 26 米，宽 0.8 米左右，残高 0.25 ～ 0.50 米左右。其外侧齐直，内侧坍塌不甚规整。从地层叠压关系和墙夹杂的瓦片等推断，应为明代初期建筑。从墙的建材、砌法、厚度、形制及所在位置分析，遗迹很有可能是明代初期建筑的御器厂北围墙的一部分。第 15 号墙，基本为南北走向，被揭露出的长度为 4.94 米，宽 0.8 米，残高 0.6 ～ 0.88 米。在该墙的外侧（西侧）还砌有 2 个垛墙。该墙砌建在元代明初地层之上，叠压在明代宣德早期地层之下，可知其年代应为明代初年，下限不超过宣德时期。据其宽度和砌设有垛墙推测，它可能是明初御器厂西围墙的一部分。

图二　第 1 号墙遗迹（02JY Ⅰ Q1，局部）

御窑的大致范围可以说还是比较清楚，但具体范围，即它的围墙在何处，还不是很清楚。这两道围墙的发现，基本可以确定珠山北麓（御窑北部）明代初期御窑的北界和西界。这一发现还证实明代初年的御窑范围要比清代大得多。考古资料证实，清代御窑的范围缩小，北围墙南移到珠山下。

二 院墙遗迹等与御窑的布局

这次发掘在珠山北麓北、西围墙里还发现了多道院墙遗迹和一组窑炉等遗迹。

院墙遗迹较为重要的是第 2 号墙和第 13 号墙。墙体均以匣钵片等材料砌制而成。第 2 号墙被揭露出的长度为 9.6 米，宽 0.8 ～ 0.85 米，残高 0.40 ～ 1 米。内外侧齐整。西部有一砖砌的

[1] 北京大学考古文博学院、江西省文物考古研究所、景德镇市陶瓷考古研究所：《江西景德镇市明清御窑遗址 2004 年的发掘》，《考古》2005 年第 7 期，35 ～ 41 页；北京大学考古文博学院、江西省文物考古研究所、景德镇市陶瓷考古研究所：《江西景德镇明清御窑遗址发掘简报》，《文物》2007 年第 5 期，4 ～ 47 页；刘新园、权奎山、樊昌生：《江西省景德镇珠山明、清御窑遗址考古发掘获重大成果》，《中国古陶瓷研究》第十辑，紫禁城出版社，2004 年。

门道。从地层叠压关系和墙内夹杂的瓷片推断，其年代为明代初年。从建材、砌法、宽度、形制及所在位置分析，它有可能是北围墙内的院墙。第13号墙被揭露出来的部分为矩尺形，夹角为82度，基本为东西、南北走向，被揭露出的总长度为27.6米，宽0.6米，残高0.5～1.66米。转角处用砖砌，每隔约6.5米左右便在墙体中砌一砖垛，以加固墙体。在东西向墙下部、距转角8.4米处留一高0.35米、宽0.2～0.3米的孔洞，洞左右壁为砖砌。该墙建于明代初年地层之上，叠压在明代宣德早期地层之下，在墙体砌制材料中还发现明代洪武初烧造的板瓦。由此可推断其年代为明代初年，下限不超过宣德时期。据其规模、形制和墙下部留有的孔洞来看，该墙很有可能是院墙。

此外，在这里还发现了一组明代洪武至永乐时期的窑炉遗迹；宣德时期掩埋落选御用瓷器的小坑；宣德时期的原生窑业堆积；成化、弘治时期落选御用瓷器的小型片状堆积和二次窑业堆积等。

明代王宗沐《江西省大志·陶书》（明万历二十五本刻本）等文献记载，明代御器厂的建筑、设施等均在珠山以南，而涉及珠山以北，文献记载基本为一片空白，长期以来人们一直认为珠山以北没有御器厂的建筑、设施，最多是堆放一些窑业垃圾。可通过这次发掘，在珠山以前发现了院落、窑炉等遗迹，说明明代初年（洪武至永乐时期）珠山以北也是御器厂烧造和活动的主要区域。考古资料表明，永乐以后这里的设施（窑炉）、建筑（院落）被废弃，成为堆放窑业堆积和掩埋落选御用瓷器的场所。但仍然是属于御器厂的范围。

三　窑炉遗迹与烧成技术

这次发掘，在珠山北麓（御窑遗址的东北部）和珠山南麓（御窑遗址的南部西边）各发现了一组窑炉遗迹。

在珠山北麓发现的一组是七座，均为葫芦形窑。形制结构一致，由窑前工作面、窑门、火膛、前室、后室、护窑墙等部分组成，以楔形砖砌成，窑床前低向后渐高，倾斜度为8～10度，整体斜长（不含窑前工作面）10米余，前室宽3.2～3.28、后室宽2.14～2.28米。这七座窑炉遗迹排列整齐，左右相连，是一个整体。其中第六号窑遗迹保存比较完整（图三）。其窑前工作面长4.8米、6.2米，由窑渣、瓷泥、红烧土、木炭灰混合垫成；窑门宽0.7米、残高0.6米，呈“八”字形向外弧撇，窑门处作缓坡状；火膛呈半圆形，进深1米，最宽处为3.2米，在火膛后有一道砖砌的墙，高与窑床前沿平，厚0.4米，仅残存两端；墙后即是窑床，系在平地上以窑业废弃物和土等垫成，其前沿用残瓦、匣钵片、废窑砖砌成，起挡土作用；前窑与火膛合成一个圆形空间，进深1.46米、宽3.2米；后室左右两壁略外斜，后部弧形内收，长6.9米、宽1.96～2.28米；窑门、火膛、前室、后室皆以楔形红砖横向错缝平砌而成，砖长0.27～0.3米，厚0.06～0.07米，大头宽0.14～0.15米、小头宽0.1～0.12米，窑壁厚0.3米，残高0～0.5米；窑床倾斜度为8度，由窑门至后室斜长10.66米。该窑壁外侧有一道宽约0.14～0.44米的护窑墙，以残砖、碎片和匣钵片砌制而成，砖大多采用“人”字形斜砌法，而匣钵片则采用平式叠砌，中间杂有碎瓷片、碎砖块和红土等，南侧护窑墙中还夹砌一块永乐时期的长方形白瓷砖。护窑墙残高0～0.4米。这七座窑炉遗迹均叠压在明代宣德时期的地层之下，窑床前沿挡土墙的砌制材料中有较多的明代洪武早期烧造的板瓦。由此可见，这七座窑炉遗迹的年代为明代洪武至永乐时期。

在珠山南麓发现的一组是十四座；均为馒头形窑。形制结构一致，由窑前工作面、窑门、火膛、窑室、烟道、排烟孔、烟囱、护窑墙等部分组成，皆以小砖砌制而成。规模较小，通长（不含窑前工作面）3.8 ～ 4.1 米，窑室宽 2 ～ 2.3 米。其形制结构，窑门呈“八”字形向外弧撇；火膛呈半圆形，左右两角封住；火膛低于窑床，窑床平整，窑室左右两壁较直，窑床后有一低于床面的横向烟道，与排烟孔相连；后壁下设有六个排烟孔，与烟囱相通；烟囱下部平面呈横长方形，与窑室同宽；砖长 0.22 米、宽 0.08 米、厚 0.04 米；壁厚一般为 0.22 米。窑壁外侧有以砖等材料砌制的护窑墙。其中第 14 号窑遗迹保存基本完整（图四）。其通长 4 米；窑门宽 0.54 米、残高 0.48 米；火膛进深 0.46 米、最宽处 2.02 米、低于窑床面 0.42 ～ 0.52 米；窑室平面呈横长方形，长 1.38 米、宽 2.02 米；烟道长 2.02 米、宽 0.22 米、深 0.18 米；后壁厚 0.4 米，壁下有六个烟火孔，两侧的略大，宽 0.16 米、高 0.12 米，中部四个略小，宽、高均 0.12 米；烟囱长 0.35 米、宽 2.02 米，后两角为弧形；窑壁残高 0.1 ～ 0.68 米。这十四座馒头窑是一个整体，其中有上下三座窑炉遗迹叠压打破的情况，说明其延续的时间较长。这十四座窑炉遗迹均叠压有明代万历至清代初年地层之下，明代宣德时期的窑业废弃物又堆放在最下层窑炉遗迹的护窑墙外。由此可推断，这批窑炉遗迹的年代为明代宣德至万历前期，最上层的八座有可能是明代嘉靖至万历前期的。

这两组窑炉遗迹都发现于明代御器厂内，文献中曾对御器厂的窑炉有过记载，但没有记载其在御器厂内的具体位置，那么这两组窑炉遗迹的发现就很重要了，为探讨和研究御器厂的布局提供了新资料，这是第一点。第二，这两组窑炉的时代是衔接的，说明明代洪武至永乐时期御器厂的窑炉区在珠山北麓，即御器厂的东北部，使用的是葫芦形窑；宣德至万历时期御器厂的窑炉区转移到了珠山南麓西侧，即御器厂的南部西边，主要使用馒头形窑。由此揭示了明代御器厂布局的变化和烧成技术的演变。第三，葫芦形窑早在元代景德镇湖田窑时（民窑）就开始使用了，说明御器厂初创时期烧成技术源自于本地的民窑。但它不是照搬，而是进行了改造。元代葫芦形窑窑体较窄长，前室与后室的大小比例悬殊，而明代御器厂的葫芦形窑整体长度缩短，前室与后室大小比例缩小。这样的改进更有利于瓷器的烧成。第四，馒头窑是明代以前北方地区烧造瓷器普遍使用的窑炉形制，在长江中下游地区基本不使用这种窑炉。明代宣德及其以后御器厂采用馒头窑，可能同它烧造品种的多样化和对产品的质量要求越来越高有一定的

图三　第 6 号窑炉遗迹（04JY Ⅰ Y6）

图四　第 14 号窑炉遗迹（04JY Ⅱ Y14）

关系。明代御器厂使用馒头窑，也不是原封不动地拿来，而是对其形制、结构进行了大幅度的改动。普通馒头窑窑体较大，窑床前高向后渐低，一般为三个烟囱。而明代御器厂的馒头窑窑体较小，通长在 4 米左右，宽 2 米左右；窑床平整无坡度，设一个横长方形的大烟囱，并且在窑床与后壁之间增设了凹下的烟道，这是以往馒头窑所不见的新情况。明代王宗沐《江西省大志》卷七《陶书》“解字”条引陈学乾《陶政录》载：御器厂“为窑六，曰风火窑，曰色窑，曰大小爁熿窑（连色窑共二十座），曰大龙缸窑（十六座），曰匣窑，曰青窑（四十四座）。”（明万历二十五年刻本）“色窑造颜色”，爁熿窑可能是烧低温颜色釉的，大龙缸窑是烧龙纹大缸的，匣窑烧匣钵，“青窑系烧小器”。这六种窑应都是在御器厂遗址发掘出土的那种馒头窑。在发现的十四座馒头窑遗迹中，据窑壁烧结的程度可分辨出青窑和色窑（含爁熿窑）：有的燃烧痕迹很严重，壁内侧挂满了厚厚的“窑汗”，这类窑可能就是专门烧高温小件器物的“青窑”；有的燃烧痕迹很轻，壁内侧没有“窑汗”生成，这类窑可能就是专烧低温颜色釉或烘彩的爁熿窑或色窑。值得注意的是，这二类窑炉的形制、结构是一样的。那么这样的馒头窑每次能装烧多少件瓷器呢？根据目前出土的窑炉遗迹还无法测算出来。文献上却有一些记载。明代王宗沐《江西省大志》卷七《陶书》“窑制”条载：青窑、色窑“制员而狭，每座止容烧小器三百件。”这显然是一个平均数。在“窑制”条下陆万垓的续补内容中提到：青窑“每座烧盘碟中样器，止烧二百多件，稍大者一百五十六件；大碗二十四件；尺碗二十件；大坛止烧十六七件；小酒杯五六百件。”同时陆万垓又对装烧大龙纹缸的龙缸窑的装烧数量作了记录：“鱼缸大样、二样者，止烧一口；瓷缸三样者，一窑结砌二台，则烧二口。”文献中除了记载装烧数量之外，还记载了每烧一窑用柴的数量、烧成时间、坯件装烧方法等。但陆氏没有记录窑炉的具体形制，这次考古发掘出土的馒头窑遗迹刚好填补了文献记载的缺憾。

所以，这批窑炉遗迹的发现，对研究明代御器厂烧成技术的渊源、演进及其成就均具有重要的学术意义。

四　小坑、小堆、片状堆积与落选御用瓷器的处理方式

明代对御器厂烧造的御用瓷器的要求、拣选十分严格，有一点点缺陷、毛病的都不准解运进京给皇帝使用。于是在烧成的御用瓷器中出现了数量众多的落选器。这些落选的御用瓷器也不得民间使用，不能出售，大多都是将其打碎掩埋在御器厂内。这些小坑、小堆、片状堆积就是因为掩埋落选御用瓷器而留下的遗迹。

小坑，共清理 29 个，大多是特意挖成，平面呈圆形或不规则圆形，直径 0.4 ～ 0.81 米，深 0.08 ～ 0.3 米。根据地层的叠压关系推断，小坑的年代均为明代宣德时期。但小坑里掩埋的落选御用瓷器不全是宣德时期的。据初步整理的结果，29 个小坑里出土的落选御用瓷器，其中 6 个坑是宣德时期的，22 个坑是永乐时期的，1 个坑是洪武时期的。永乐、洪武时期的，原存放在库房中，当时没有处理，是宣德初年清库时清理出来打碎掩埋的。下面举几个例子：

第 12 号小坑，直径 0.56 米，深 0.23 米，出土永乐时期的碗、盘、靶盏、梅瓶等 40 余件，梅瓶竟多达 5 件。

第 8 号小坑（图五），直径 0.65 米，深 0.12 米。

第 14 号小坑（图六），直径 0.53 米，深 0.21 米。

第 22 号小坑，直径 0.59 米，深 0.12 米，出土永乐时期的红釉碗、盘、靶盏共计 48 件。

第 21 号小坑（图七），直径 0.8 米，深 0.1 ～ 0.26 米，出土宣德时期的红釉、白釉、仿哥釉

瓷器 52 件，器类有碗、盘、靶盏、梨形壶等。

小堆，共清理了 2 个，均是将落选御用瓷器打碎后堆在一起后掩埋的。平面呈圆形或椭圆形，直径 0.4 ～ 0.5 米，高 0.2 米左右。小堆和堆内的瓷器均是宣德时期的。第 1 号小堆（图八），平面基本呈圆形，底径 0.5 米，高 0.2 米，出土的瓷器品种有孔雀绿釉、洒蓝釉、红釉瓷器，器类有梅瓶、梨形壶、大罐、碗、盘等 10 余件。

片状堆积，共清理了 10 个，均是将落选御用瓷器打碎后顺窑业堆积形成的山坡倾倒而形成的，有的面积比较大，有的则比较小，堆积层均较薄，形状很不规则。在 10 个片状堆积中，宣德时期的 2 个，成化时期的 5 个，弘治时期的 3 个，堆积的时间和堆积内瓷器的时间基本一致。下面举几个例子：

第 9 片状堆积，平面呈不规则四边形，南北宽 0.7 米，东西长 1.28 米，厚 0.02 ～ 0.12 米，出土的瓷器品种有白釉、青花、红釉、仿哥釉、仿龙泉青釉瓷器，器类有碗、盘、爵、炉等，共计 38 件，其中 4 件白釉瓷爵极为珍贵。年代属于宣德早期。

第 10 片状堆积（图九），平面略呈椭圆形，直径 1.2 ～ 1.8 米，厚 0.08 ～ 0.29 米，出土的瓷器品种有青花、蓝釉、白釉瓷器，器类有缸、碗、盘、梨形壶等，共计 10 余件，其中宣德青花龙纹大缸十分罕见。年代为宣德时期。

第 4 片状堆积（图一〇），平面呈长方形，东西宽 10 米余、南北长 6 米余，由南至北（由坡上至坡下）逐渐增厚，最厚处达 0.2 米多，出土的瓷器品种主要有青花、斗彩、仿宋官青釉瓷器

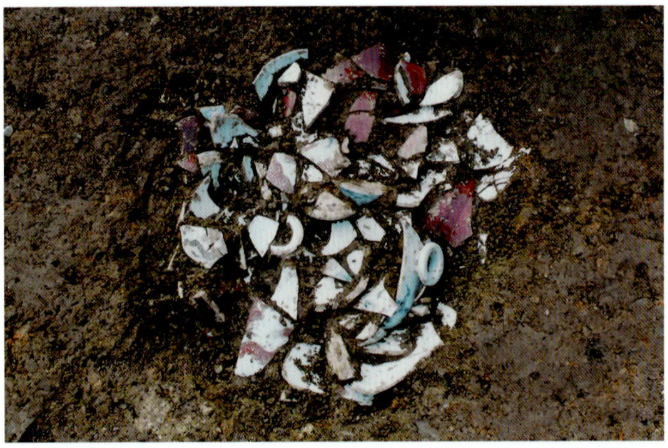

图五　第 8 号小坑（02JY Ⅰ K8）

图六　第 14 号小坑（03JY Ⅰ K14）

图七　第 21 号小坑（04JY Ⅳ K21）

图八　第 1 号小堆（04JY Ⅱ D1）

等，器类十分丰富，有碗、盘、罐、瓶、鹤颈瓶、觚、炉等。年代为成化时期。

第5片状堆积，平面略呈横长方形，东西宽9米，南北长2.6米，厚0.05～0.25米，出土的瓷器品种主要有青花，白釉、黄釉瓷器等，器类有碗、盘、罐等。年代为弘治时期。

这种小坑、小堆、片状堆积是中国古代御窑（官窑）遗址所独有的遗迹和堆积形式。通过它们可了解御窑对落选御用瓷器的处理方式及其演变，进而探讨御窑的管理制度。

从这次考古发掘出土的资料看，明代宣德至弘治时期御器厂对落选御用瓷器处理的方式是这样的：宣德早期处理库存的洪武、永乐时期的落选御用瓷器，均是在较平的地方挖小坑掩埋，小坑比较规整。宣德中晚期处理宣德时期落选御用瓷器的方式多样化，有小坑、小堆、小面积的片状堆积，均倾倒在宣德时期的窑业堆积层上，上面覆盖的也是宣德时期的窑业堆积层；小坑不甚规整，有的可能就是倒窑业废弃物时自然形成的窝窝；片状堆积面积比较小。成化、弘治时期是采用大面积倾倒的处理方式，片状堆积的面积颇大。由上述可见，宣德早期处理永乐、洪武时期落选瓷器是集中处理，比较严格、认真；宣德时期处理宣德时期的，是随时、分散处理，仍比较严格；成化、弘治时期是集中处理，较此前要草率一些[1]。这一处理方式的变化，正反映了御器厂对落选御用瓷器管理、重视程度的改变。所以，小坑、小堆、片状堆积在御窑遗址是一种很重要的遗迹或堆积形式，其学术研究价值不言而喻。

图九　第10片状堆积（04JY Ⅳ P10）

图一〇　第4片状堆积（03JY Ⅰ P4）

五　瓷器与以往的发掘品、传世品

这次发掘出土的明代御窑瓷器相当丰富，绝大部分是落选的御用瓷器，出土于小坑、小堆、片状堆积中；少量的是在烧成过程中就烧坏了，随残匣钵、窑渣等一起清理出来的，出土于窑业堆积的地层中。年代基本都是明代早中期的，以永乐、宣德、成化、弘治时期的数量最多，另有少量的为洪武、正德时期。小坑、小堆、片状堆积中出土的大多都可复原，有很多都能修复起来。其种类较多，有青花釉里红、釉里红、红釉、黑釉、紫金釉、蓝釉、洒蓝釉、白釉、黄釉、孔雀绿釉、青花、斗彩、仿哥釉、仿宋官青釉、仿龙泉青釉瓷器等。永乐时期的绝大多数为红釉和釉里红，少数为青花釉里红、黑釉、紫金釉等；宣德时期的主要为白釉、红釉、仿哥釉，另有少量

[1] 权奎山：《江西景德镇明清御器（窑）厂落选御用瓷器处理的考察》，《文物》2005年第5期，54～63页。

图一一 永乐青花釉里红云龙纹梅瓶

的青花、蓝釉、洒蓝釉、孔雀绿釉等；成化时期主要为青花、斗彩、仿宋官青釉；弘治时期主要为黄釉、白釉，另有少量的青花等；正德时期主要是青花。器类也较丰富，有梅瓶、瓶、玉壶春瓶、梨形壶、僧帽壶、大罐、罐、缸、碗、盘、杯、靶盏、盒、果碟、炉、觚、爵、花盆、盆托、栏板和瓷砖、板瓦、滴水等。胎细腻，釉莹润，装饰技法有刻花、印花、笔绘等，纹样以龙纹最为常见。部分器物上印制、刻写或书写年款。永乐时期少数瓷器上印制或刻写“永乐年制”四字篆文款；宣德时期部分瓷器上印制、刻写或用青料书写“大明宣德年制”或“宣德年制”楷书或篆书款；成化、弘治、正德时期的瓷器上多用青料书写“大明成化年制”、“大明弘治年制”、“大明正德年制”六字楷书款，也有无“大明”二字的四字楷书款[1]。

可以说在这批瓷器中有相当部分见于以往的考古发掘品和传世品中，但也有一部分未见于以往的考古发掘品、传世品中，属于首次发现，是极为珍贵的佳作。现择其主要的介绍如下，并将以往考古发掘品或传世品中存在，但数量极少的罕见之作也一并介绍如下：

永乐青花釉里红云龙纹梅瓶（图一一），高 34.1 厘米。小口，丰肩，腹逐渐内收，近底又微外撇。外施白釉，釉下饰云龙纹，上部为青花和釉里红祥云纹；中部为釉里红云龙纹；下部为青花海水纹。永乐梅瓶在以往的考古资料和传世品中见有白釉、青花者，而以钴料（青花）和铜红料（釉里红）同时绘画云龙海水纹者不见，本次发掘也仅出土这一件，是孤品。

永乐釉里红云龙纹梅瓶，高 34.2 厘米，形制和纹样与青花釉里红云龙纹梅瓶相同，所不同的是，纹样全是以铜料绘画（釉里红）。这也是以往所不见的，本次发掘出土四件。

永乐里红釉外釉里红赶珠龙纹大碗（图一二），高 9.2 厘米，口径 25.5 厘米。碗敞口，斜曲壁，深腹，圈足。里施红釉，外施白釉，釉下以铜红料绘画双龙赶珠纹。内底心刻“永乐年制”四字篆文款，不甚清晰。这种釉里红赶珠龙纹大碗，也是以往所不见的，属首次发现，本次发掘仅出土两件。

永乐里白釉外釉里红大碗，高 7 厘米，口径 20 厘米。敞口，斜曲壁，深腹，圈足。里施白釉，外施白釉，以铜釉下红料绘画双龙赶珠纹。仅此一件，也是首次发现。

永乐里白釉外釉里红小碗，侈口，曲壁，深腹，圈足。里施白釉，外以铜红料绘画双龙赶珠纹。本次发掘出土两件，也是首次发现。

[1] 北京大学考古文博学院、江西省文物考古研究所、景德镇市陶瓷考古研究所编著：《景德镇出土明代御窑瓷器》，文物出版社，2009 年。

永乐里红釉外点釉里红大碗，高6.6厘米，口径20厘米。敞口，斜曲壁，腹较深，圈足。里施红釉，外施白釉，釉下用铜红料点绘彩点。这类碗不见于以往的考古资料和传世品中，本次发掘仅出土一件。

永乐釉里红云龙纹靶盏（图一三），高10.6厘米，口径16.4厘米。侈口，曲壁，深腹，高把。内外均施白釉，外釉下用铜红料绘画双云龙纹，内壁印制双云龙纹。内底心印“永乐年制”四字篆文款。这类靶盏时有发现，但外为釉里红云纹，内印双龙纹，又有年款者十分罕见。

永乐红釉刻花云龙纹梅瓶，高33.8厘米。其形制和纹样与青花釉里红云龙纹梅瓶相同。所不同的是，施红釉，花纹全是刻制的。它也是以往所不见的，本次发掘出土两件。

永乐红釉梅瓶，高33.9厘米。形制同青花釉里红云龙纹梅瓶。其外通体施红釉，无纹饰。为以往的资料中不见，本次发掘仅出土一件。

永乐红釉僧帽壶（图一四），高19厘米。有盖，流较长，扁形柄，粗颈，圆形腹，圈足。僧帽壶以往永乐时期见有白釉、青花的，红釉者还是第一次发现，也十分珍贵。

永乐红釉梨形壶，高12厘米。壶有盖，直口，垂腹，高圈足，长曲流，扁圆柄。壶外通体施红釉。梨形壶比较常见，以往永乐时期发现有甜白釉、黄釉锥绿的，红釉的还是首次发现。

永乐红釉靶盏，高10.1厘米，口径15.9厘米。侈口，曲壁，深腹，把形足。内外通体施红釉。内侧底心处印有清晰的“永乐年制”四字篆文款，这是迄今发现的考古资料和传世品中“永乐年制”款中最清楚的一件，十分难得。

永乐红釉印花盖盒（图一五），高10厘米，直径19.8厘米。盒为子母口，壁略曲，圈足。外施红釉，内挂白釉。外侧釉下隐约可见印花折荔枝和卷草等纹样。此种盒也未见诸传世品和以往的发掘资料中，本次发掘出土两件，纹饰不尽相同，均为永乐时期之珍品。

永乐黑釉划花鼎式香炉（图一六），高21.2厘米。直口，双立耳，鼓腹，圜底，三柱形足。内外通体施黑釉。口部划饰回纹，肩部饰菊瓣纹。黑釉瓷器在明代御窑中极为少见，这种香炉乃是永乐时期之孤品。

宣德红釉樽式炉（图一七），高12.8厘米。直口，筒形，下置三兽足。内施白釉，外施红釉。这种形制的炉，见有白釉的，红釉的十分罕见。

宣德洒蓝釉刻花海水云龙纹大罐（图一八），高30.5厘米，口径22厘米。直口，圆唇，矮领，丰肩，鼓腹，平底。内施高温白釉，外施低温洒蓝釉，外侧刻饰海水云龙纹。底外侧用青花料书写“大明宣德年制”六字楷书双圈款。这种大罐在以往的考古发掘资料和传世品中所不见，是首次发现，是孤品。

宣德孔雀绿釉鱼藻纹梅瓶（图一九），高32.4厘米。小口，圆唇，短颈，丰肩，鼓腹，平底。灰白胎，内施高温白釉，外施低温孔雀绿釉，以青花料绘鱼藻纹。外底用青花料书写“大明宣德年制”六字楷书款。这种形制的梅瓶在宣德时品种比较多，有青花、红釉、青釉、白釉、瓜皮绿釉等，孔雀绿釉乃是新发现，仅此一件。

宣德孔雀绿釉鱼藻纹梨形壶（图二〇），高10.8厘米。盖已佚。直口，溜肩，垂鼓腹，高圈足，长曲流，柄残。灰白胎，内施高温白釉，外施低温孔雀绿釉，用青花料绘鱼藻纹。底外侧用青花料书写“大明宣德年制”六字楷书款。这种形制的梨形壶在宣德时期有青花、红釉、黄釉等品种，孔雀绿釉还是首次发现，也仅此一件。

宣德青花花卉纹果碟（图二一），高3.5厘米，口径22.7厘米。敞口，曲壁，矮圈足。内侧

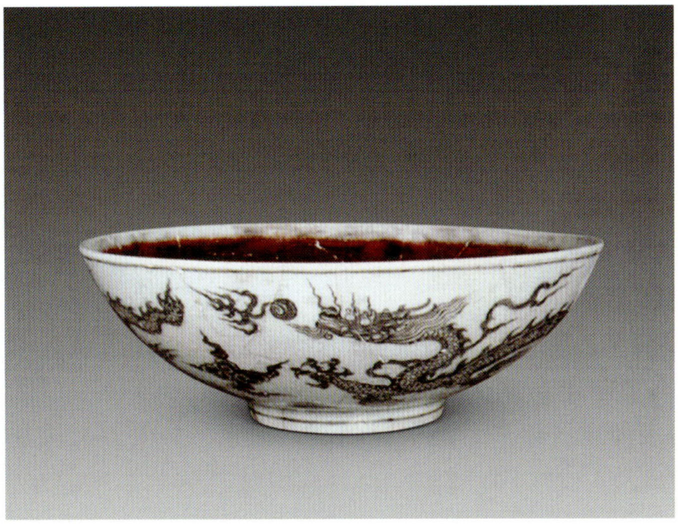

图一二　永乐里红釉外釉里红赶珠龙纹大碗

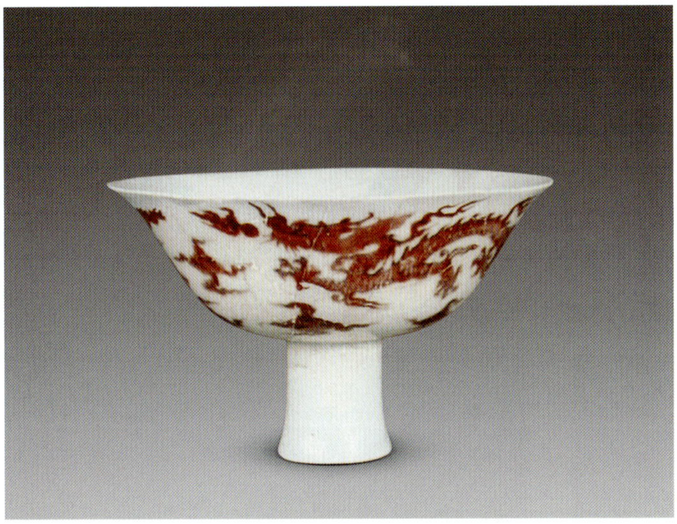

图一三　永乐釉里红云龙纹靶盏

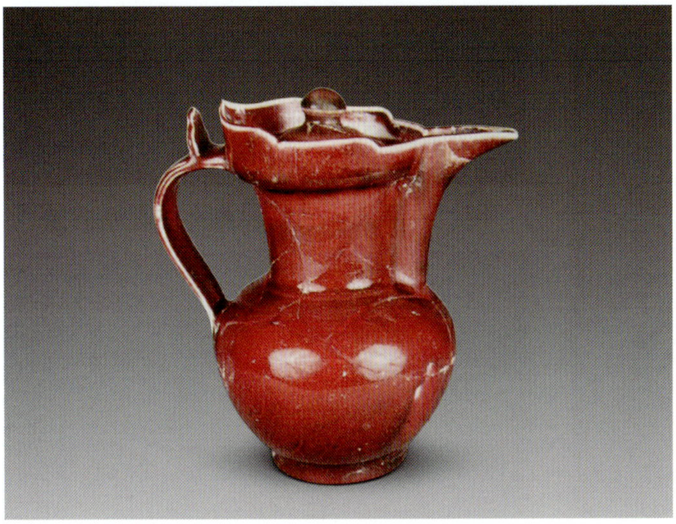

图一四　永乐红釉僧帽壶

图一五　永乐红釉印花盖盒

图一六　永乐黑釉刻花鼎式香炉

图一七　宣德红釉樽式炉

图一八　宣德洒蓝釉刻花海水云龙纹大罐

中部呈圈足状，周围分六个部分，隔墙作曲线形。内外通体施白釉，内外侧均用青花料绘画出花卉纹。青花果碟为以往的考古发掘资料和传世品中所不见，本次发掘出土多件。

宣德仿哥釉小罐，直口，矮领，鼓腹，平底。灰色胎，灰白色釉，釉面开满细碎纹片。底外侧刻“大明宣德年制”六字楷书款。罐造型有多棱、六棱、四棱和无棱四种，高 9.5 ～ 11 厘米。宣德仿哥釉瓷以往已有之，但这种小罐却是首次发现。

成化青花凤纹鹤颈瓶（图二二），颈上部残，残高 38 厘米。长细颈，丰肩，球形腹，卧足。以青花料绘画凤纹和花草纹等。鹤颈瓶在以前御窑遗址的发掘中已有出土，有的还可以复原，但不见于传世品中。此种造型的瓶，在 12 世纪朝鲜半岛的高丽青瓷中就已经有了，成化鹤颈瓶有可能是仿高丽青瓷的同类器。它是研究古代中国与朝鲜半岛文化交流的珍贵实物资料。

成化斗彩灵芝云纹碗（图二三），口径 14.8 厘米。侈口，曲壁，深腹，圈足。外侧绘画灵芝云纹，该纹饰是先以青花料在胎上绘出花纹的轮廓，然后施透明釉，入窑以高温烧造；出窑后，在釉上填上黄、绿、红三种彩色，再入窑以低温烘烧而成。底外侧以青花料书写“大明成化年制”六字款。这次发掘出土成化斗彩瓷器较多，器形有罐、碗、鸡缸杯、杯等，此件碗基本完整，具有一定的代表性。

成化斗彩鸡缸杯（图二四）。残，侈口，曲壁，深腹，卧足。花纹还残存一鸡和部分山等。鸡缸杯非常珍贵，有传世品，但实物难得一见；以前在御窑遗址发掘中出土过没有斗彩的半成品。此杯是斗彩落选御用品，很珍贵。

此外，遗址还出土了其他一些少见或罕见的精美瓷器。如永乐白釉印花碗，宣德青花应龙纹方盒、白釉爵杯、白釉樽式炉、青花云龙纹大缸、蓝釉大缸，成化仿宋官青釉觚、簋式炉、贯耳瓶、弘治白釉绿彩龙纹盘；正德青花阿拉文方盒、大盘、栏板，等等。

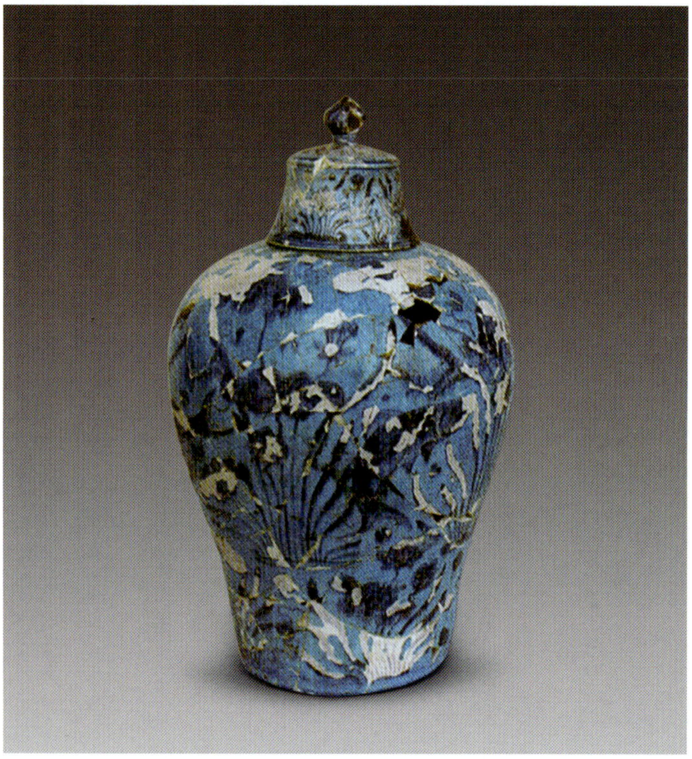

图一九　宣德孔雀绿釉鱼藻纹梅瓶

图二〇　宣德孔雀绿釉鱼藻纹梨形壶

图二一　宣德青花花卉纹果碟

图二二 成化青花凤纹鹤颈瓶

图二三 成化斗彩灵芝云纹碗

图二四 成化斗彩鸡缸杯残片

从以上的叙述中可以看到，这次发掘出土的瓷器不见于传世品和以往发掘资料中的还是有一定数量的。传世品的数量已经不少了，但还有这么多品种不见或罕见于传世品中，原因应是多方面的，而当时生产量小、成品率低可能是一个重要的原因。像永乐青花釉里红云龙纹梅瓶、釉里红云龙纹梅瓶、里红釉外釉里红赶珠龙纹大碗等，可能从来都没有达到入选御用瓷器的标准。

六 出土瓷器的缺陷与制作工艺

景德镇明清御窑遗址发现的小坑、小堆、片状堆积中出土的明代瓷器均是落选的御用瓷器。既然落选了，或大或小都有些缺陷，那么都是些什么样的缺陷呢？我们对这批瓷器做了细致观察，发现除极个别胎体很薄的器物在烧成过程中烧变形了，一般造型都很规整、端庄、大方，无变形现象，所以变形不是落选的普遍缺陷，缺陷主要是在彩釉上面。

永乐釉里红瓷器的缺陷表现在釉里红花纹上，主要有二点。一是红色的色调不纯正，非浅即深，有些色调很浅淡且泛白，如釉里红云龙纹梅瓶；有的色调很浓，呈深红泛黑色，如釉里红云龙纹梅瓶；还有些呈青黑色或黑泛红色，如里红釉外釉里红赶珠龙纹大碗等。二是花纹的边缘模糊不清，色调往往呈深红泛黑色，如釉里红云龙纹靶盏等。此外，个别器物也有变形的。

永乐、宣德红釉瓷器的缺陷主要表现在釉上。有三种情况：一是同一件器物色调深浅不一，有的部位尤其腹以下色调过深，呈深红色，如永乐红釉梅瓶；二是有些器物色调过浅，局部釉面已泛白色，如永乐红釉云龙纹梅瓶、红釉僧帽壶、红釉靶盏等；三是有的器物中下部色调较深，呈深红色，上部泛白或呈白色，如永乐红釉梨形壶等。总之，达不到鲜红或宝石红的釉色标准。

永乐紫金釉瓷器的缺陷也主要表现在釉上。所追求的紫色釉色调应该泛金黄色，实物中大都呈酱红色，色调较深，如紫金釉靶盏。

永乐黑釉鼎式炉是因三足粘在了垫烧的窑具上而被废弃。

永乐、宣德白釉瓷器大多是因为釉色白度不够，釉面发暗而落选，如宣德白釉卧足碗。

宣德洒蓝釉瓷器的缺陷也是表现在釉上。洒蓝釉，又称雪花蓝釉。成功的洒蓝是指在蓝釉中自然分布着白色的斑点，如同雪花洒落。而这次发掘出土的洒蓝，釉色较深，斑点不明显，分布不自然，如宣德洒蓝釉刻云龙纹大罐、洒蓝釉碗等，都没有成功的洒蓝釉的效果。

宣德孔雀绿釉瓷器的缺陷主要是剥釉，如孔雀绿釉青花鱼藻纹梅瓶、梨形壶、盘等。瓷器的釉剥落露出胎，显然有失美观，自然就落选了。

宣德仿哥釉瓷器的缺陷主要表现在釉面开片上。哥窑瓷器釉面开片有粗有细，被称之为“金丝铁线”，十分醒目。这次发掘出土的仿哥釉瓷器的开片线条很细且浅，如仿哥釉四棱小罐等，只有在近处才能看到，仿哥的效果很差。

成化仿宋官青釉瓷器的缺陷主要是釉色达不到宋官窑青瓷的效果。宋代官窑青花的釉色一般呈粉青、天青、青灰色，成化仿品的釉色呈淡青或深青色，不是浅就是深，如仿宋官青釉觚、簋等，此外，釉面的感观效果也不如宋官青釉。

成化斗彩瓷器的缺陷主要表现在彩的颜色或填彩的效果上。

宣德至正德青花瓷器的缺陷主要表现在青花发色和色调上。

通过以上对明代御窑落选用瓷器缺陷的分析，可知其多是因为彩、釉的呈色效果不佳而落选的；仿品是因为与被仿瓷器的釉面效果相去甚远而被废弃的。细致分析，这些缺陷基本上是在烧成这道工序中产生的，说明明代御器厂的烧成技术不像以往人们所说的精湛得不得了，尤其是在烧成温度、烧成气氛的控制上还存在着严重的不足，在这釉里红瓷器和铜红釉瓷器的烧成上显得尤为突出。

七 瓷器的字款与御窑设置时间

在这次考古发掘出土的瓷器上除了有年款之外，还发现有“局用”、(图二五)、“局”(图二六)、“厂内公用”(图二七)、“官用供器”(图二八)等字款。此外，还发现了一块“赵万初”铭残瓷瓦(图二九)。据所在的器物和地层叠压关系推断，其年代均为明代初年，下限不超过宣德时期。

关于“局用”、“局”字款，“局用”字款刻写于白瓷碗的内底，为洪武时期；“局”字款刻写于白瓷碗的外底，为宣德时期。两者的“局”字意义应相同，即均代表某一个机构。查与御窑有关

图二五 “局用”款白瓷碗（洪武时期）

图二六 “局”字款白瓷碗（宣德时期）

图二七 “厂内公用”款白瓷碗（宣德时期）

系的"局"的机构，只有元代的浮梁瓷器。浮梁瓷器是元代中央政府在浮梁负责宫廷用瓷的机构。元朝灭亡，该机构自然就不存在了。进入明代，宫廷用瓷一事就归新设置的御器厂（最初称陶厂）来负责了。推测开始工匠们把负责宫廷用瓷机构叫御器厂可能还不习惯，继续称为"局"，这与明代正德《饶州府志》卷一《建置沿革 · 浮梁县》"景德镇"条"国朝设局以司之"的记载相吻合。

图二八 "官用供器"款白瓷盘（洪武时期）

"厂内公用"字款以青料书写于白瓷碗的外底，楷书，外有双圈。其年代为宣德时期。"厂"字的意义应是"御器厂"。据明万历二十五年王宗沐《江西大志》卷七《陶书》陆万垓的续补条载，明洪武三十五年（建文四年，1369 年）在景德镇之珠山设御器厂，"解京供用"。

"官用供器"字款是以铁料书写于白瓷盘的内底部，年代为洪武时期。顾名思义，"官用供器"即是官府所用的供器。但供器一般没有这样的字款。由此推测，这样的白瓷盘有可能是样品，供器白瓷盘的照其形制尺寸制作。

图二九 "赵万初"铭残瓷瓦

"赵万初"铭残瓷瓦。"赵万初"人名，为洪武初浮梁县丞。铭文以铁料书写于瓦凹面的左上角，铭文为："风火匠方南、万字三号张孟祥、甲首吴昌秀、浇黑凡（樊）道名、监工浮梁县丞赵万初，作头潘成，监造提举周成，长宁都。"由此可知赵万初是以浮梁县丞的身份监工。

从这五件器物上的字款来看，明代洪武初就在景德镇设立了官办的窑场，烧造建筑急需的瓦，也生产生活用瓷。这时的窑场可能就是明崇祯《关中王老公祖鼎建贻休堂记》石碑上所记的"陶厂"。本地人沿袭元代浮梁瓷局的旧称，将"厂"也称"局"。其实这时的"陶厂"已承担了类似后来御器厂的职能。清代蓝浦《景德镇陶录》中说明代御器厂设于"明洪武二年"，可能就是基于此。据明崇祯《关中王老公祖鼎建贻休堂记》石碑载："我太祖高皇帝三十五年改陶厂为御器厂，钦命中官一员，特董烧造。"可知洪武三十五年（建文四年，1402 年）始有"御器厂"这个厂名。"陶厂"改名"御器厂"后，需要开展修整甚至扩建等活动，所以就有了洪武三十五"始建御器厂"、"始开窑烧造"等说法。又因为御器厂建立后不是一年接一年的不间断烧造，中间有可能间歇几年，间歇的时间的有可能在某个皇帝在位的晚期，新皇帝即位后重新颁布诏令开始烧造，所以文献中就有了"宣德初置御器厂"、"正德初置御器厂"的记载。

从以上五件字款资料和对资料的分析表明，将景德镇明代御器厂设置的时间定在洪武二年（1369 年）是合理的。

综上所述，这批考古了掘出土资料，内容丰富，填补了以往考古发掘资料、传世品和文献记载的不足，解决和初步解决了明代御器厂研究中的一些问题，必将对全面、深入研究明代御窑有推动作用。

（原载《故宫博物院院刊》2013 年第 3 期）

2002～2004年景德镇出土明代御窑瓷器概说

中国早在商代就发明了瓷器[1]。瓷器作为一种器具，很早就进入了宫廷。北宋晚期以前宫廷用瓷器主要是通过土贡[2]和命地方烧造[3]两个渠道获得的。随着宫廷用瓷器数量的不断增长和对品种、质量要求的日益严格，土贡和命地方烧造的瓷器已不能适应和满足宫廷的需要了，于是在北宋晚期“政和间，京师自置窑烧造”[4]。这个窑“名曰官窑”[5]。南宋“袭故京遗制，置窑于修内司，造青器，名内窑”[6]。“后郊坛下别立新窑”[7]，“亦曰官窑”[8]。元代于世祖至元十五年（1278年）设置“浮梁磁局”，“掌烧造磁器”[9]等事。明清两代沿袭宋元时代的做法，在江西景德镇设置御窑。文献记载和研究成果表明，明代御窑创建于洪武二年（1369年）[10]，称“御器厂”；明王朝覆亡，其遂为清王朝接管，并改称为“御窑厂”，直至清王朝灭亡。前后延续了542年。

一

清王朝灭亡，御窑也就不复存在了。废弃后，在御窑范围内，珠山以南，先是江西省陶瓷局[11]，1949年以后则为景德镇市人民政府所在地；珠山以北，先是江西瓷业公司[12]，后来是景德镇建国瓷厂。随着时间的推移和人类在遗址上的频繁活动及不断开发，御窑设施和地面建筑除位于南门内的一口井外，其余均早已荡然无存。其上建满了办公楼房、民宅、商店和厂房等。

当年御窑建筑有围墙，其范围，清乾隆七年和乾隆四十八年《浮梁县志》均记载周“五里许”[13]；出版于清嘉庆二十年的蓝浦《景德镇陶录》载“周围约三里许”[14]。从引文的上下文来看，前者

[1] 中国硅酸盐学会：《中国陶瓷史》，文物出版社，1982年。

[2] 古代文献中有关土贡瓷器的记载较多，举例如下：a.（唐）李吉甫：《元和郡县图志》卷第五《河南道（一）》载：河南府“开元贡：白瓷器，绫”，中华书局，1983年；b.《新唐书》卷三十九《地理志（三）》“河北道”条载：邢州巨鹿郡土贡“磁器”；同书卷四十一《地理志（五）》“江南道”条载：越州会稽郡土贡“瓷器”，中华书局，1975年；c.《宋史》卷八十七《地理志（三）》“陕西路”条载：耀州贡“瓷器”，中华书局，1985年。

[3]（宋）叶寘：《坦斋笔衡》载：“本朝以定州白磁器有芒，不堪用，遂命汝州造青窑器。”元代陶宗仪《南村辍耕录》卷二十九“窑器”条引，中华书局，1997年。

[4]（宋）叶寘：《坦斋笔衡》，元代陶宗仪《南村辍耕录》卷二十九“窑器”条引，中华书局，1997年。

[5]（宋）叶寘：《坦斋笔衡》，元代陶宗仪《南村辍耕录》卷二十九“窑器”条引，中华书局，1997年。

[6]（宋）叶寘：《坦斋笔衡》，元代陶宗仪《南村辍耕录》卷二十九“窑器”条引，中华书局，1997年。

[7]（宋）叶寘：《坦斋笔衡》，元代陶宗仪《南村辍耕录》卷二十九“窑器”条引，中华书局，1997年。

[8]（宋）顾文荐：《负暄杂录》，《说郛》卷十八，民国十六年（1927年）上海商务印书馆排印本。

[9]《元史》卷八十八《百官志（四）》“浮梁磁局”条，中华书局，1976年。

[10] a.清乾隆七年《浮梁县志》卷七《建置》“景德镇厂署”条载：“御器厂建于里仁都珠山之南，明洪武二年设厂制陶，以供尚方之用。规制既弘，迨后基益扩，辟垣五里许。”b.清嘉庆二十年蓝浦《景德镇陶录》卷一《图说》“景德镇图”条载：“明洪武二年（《江西大志》作三十五年）就镇之珠山设御窑厂，置官监督烧造解京。国朝因之，沿旧名。”《中国陶瓷名著汇编》，中国书店，1991年；c.刘新园先生经过深入、细致研究，认为“《浮梁县志》中的洪武二年建厂说是可靠的”。见刘新园：《景德镇珠山出土的明初与永乐官窑瓷器之研究》，《鸿禧文物》创刊号，1996年。

[11] 刘新园：《景德镇明御厂故址出土永乐、宣德官窑瓷器之研究》，《景德镇珠山出土永乐宣德官窑瓷器展览》，香港市政局出版，1989年。

[12] 刘新园、权奎山、樊昌生：《江西省景德镇珠山明、清御窑遗址考古发掘获重大成果》，《中国古陶瓷研究》第十辑，紫禁城出版社，2004年。

[13] 清乾隆七年《浮梁县志》卷七《建置》“景德镇厂署”条；清乾隆四十八年《浮梁县志》卷之二《建置》“衙署”条。

[14]（清）蓝浦：《景德镇陶录》卷一《图说》“御窑厂图”条，《中国陶瓷名著汇编》，中国书店，1991年。

应是明代的范围，后者应是清代的范围。明代御窑的范围比清代的大。2002 ～ 2004 年的考古发掘出土资料也证实了这一点[1]。

御窑遗址位于现景德镇市中心的珠山地区，以珠山上的龙珠阁为重要标志。其范围，景德镇市陶瓷考古研究工作者，以明清时期的街巷、建筑和出土御窑遗物的地点等为依据，结合文献记录，进行了划定和测量。其结果是，以龙珠阁为中心，呈南宽向北渐窄的长梯形分布（图一）；周长约为 1145 米，总面积约为 54300 平方米[2]。

长期以来，没有人对御窑遗址进行过调查和记录，更没有人对它作过考古工作。到 20 世纪 80 年代初，情况发生了重大变化。1982 ～ 1994 年，景德镇市陶瓷考古研究所配合市政建设工程，对御窑遗址进行了多次抢救性的发掘，出土明代洪武至嘉靖时期的落选御用瓷器碎片“竟有十数

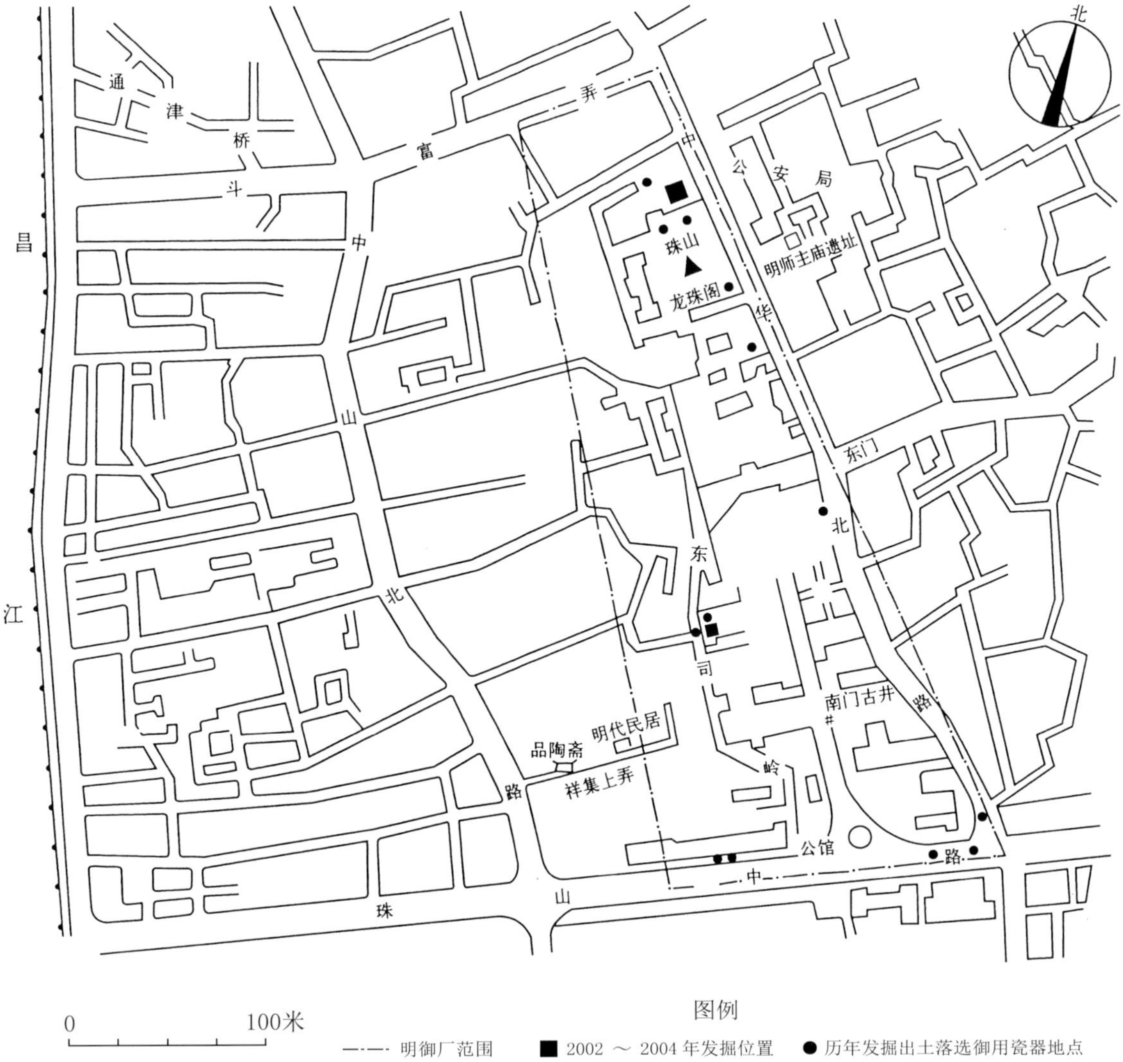

图例

—·—· 明御厂范围　■ 2002 ～ 2004 年发掘位置　● 历年发掘出土落选御用瓷器地点

图一　景德镇明清御窑遗址位置及平面图

（采自《鸿禧文物》创刊号，1996 年）

[1] 刘新园、权奎山、樊昌生：《江西省景德镇珠山明、清御窑遗址考古发掘获重大成果》，《中国古陶瓷研究》第十辑，紫禁城出版社，2004 年。

[2] 刘新园：《景德镇珠山出土的明初与永乐官窑瓷器之研究》，《鸿禧文物》创刊号，1996 年。

吨，若干亿片”[1]，修复起了一大批洪武、永乐、宣德、正统、成化时期的落选御用瓷器[2]。不但为研究明代御窑提供了珍贵的实物资料，而且更重要的是，使人们了解了御窑遗址丰富的文化内涵和认识了它的重要性及学术价值。

为了深入研究明清御窑，全面、客观复原御窑的生产面貌，2002 ～ 2004 年，经国家文物局批准，北京大学考古文博学院、江西省文物考古研究所、景德镇市陶瓷考古研究所联合组成考古队，对景德镇明清御窑遗址进行了较大规模的主动考古发掘，揭露了明代御窑的围墙、院墙、窑炉和掩埋落选御用瓷器的小坑、小堆、片状堆积等一大批遗迹，同时出土了瓷器、窑具等大量遗物，获重大成果[3]。这批遗迹、遗物，为研究明清御窑的范围、布局、产品特征、制作工艺、管理制度等，提供了宝贵的第一手资料，具有重要的学术价值。

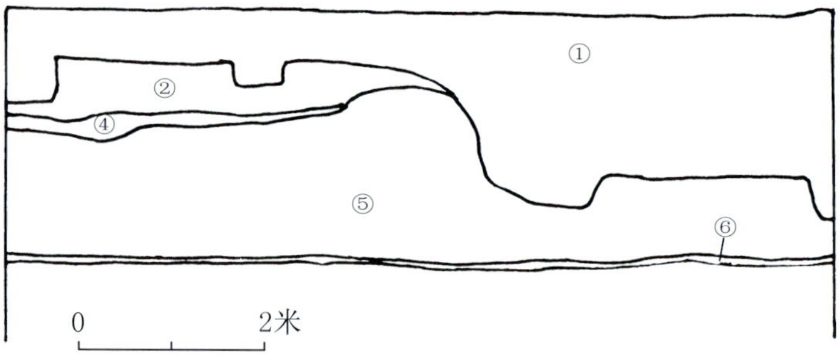

图二　02JY I T0501 西壁剖面图

二

通过 1982 ～ 1994 年的抢救性发掘和 2002 ～ 2004 年的主动发掘，使我们初步了解了御窑遗址的文化堆积及其保存情况。

图三　02JY I T0501 ⑤（西壁局部）

清代的文化堆积层基本上被御窑废弃后的近、现、当代建筑等所扰乱，目前尚未发现没有被扰动过的成片的清代御窑的文化堆积层。明代万历、嘉靖时期的文化堆积层部分被清初扰动，部分被近、现、当代所扰动，有的似被清初扰动后又遭近现代扰动，很难见到保存尚好的明代万历、嘉靖时期的地层了。明代正德时期的文化堆积层看来大部分也被后世扰乱，有的地方局部保存还比较好。明代弘治、成化、正统、宣德、永乐、洪武时期都有完好、未被扰动过文化堆积层保存下来，其是明清御窑遗址的精华所在。

御窑由于占地面积不大，烧造时间长，窑业废弃物多，那么就会对堆放在御窑内的窑业废弃物进行适当的清理和挪动。所以，在御窑遗址内，除有原生堆积外，还比较常见被搬动过的二次堆积。02JY I T0501 ⑤是明代宣德时期的原生堆积层（图二、三），原生的堆积层一般含有少量的

[1] 炎黄艺术馆：《景德镇出土元明官窑瓷器·序（刘新园）》，文物出版社，1999 年。

[2] a．鸿禧美术馆：《景德镇出土明初官窑瓷器》，鸿禧艺术文教基金会，1996 年；b．鸿禧美术馆：《景德镇出土明宣德官窑瓷器》，鸿禧艺术文教基金会，1998 年；c．景德镇市陶瓷考古研究所等：《成窑遗珍—景德镇珠山出土成化官窑瓷器》，香港徐氏艺术馆，1993 年；d．炎黄艺术馆：《景德镇出土元明官窑瓷器》，文物出版社，1999 年。

[3] a．刘新园、权奎山、樊昌生：《江西省景德镇珠山明、清御窑遗址考古发掘获重大成果》，《中国古陶瓷研究》第十辑，紫禁城出版社，2004 年；b．北京大学考古文博学院等：《江西景德镇市明清御窑遗址 2004 年的发掘》，《考古》2005 年第 7 期；c．北京大学考古文博学院等：《江西景德镇明清御窑遗址发掘简报》，《文物》2007 年第 5 期。

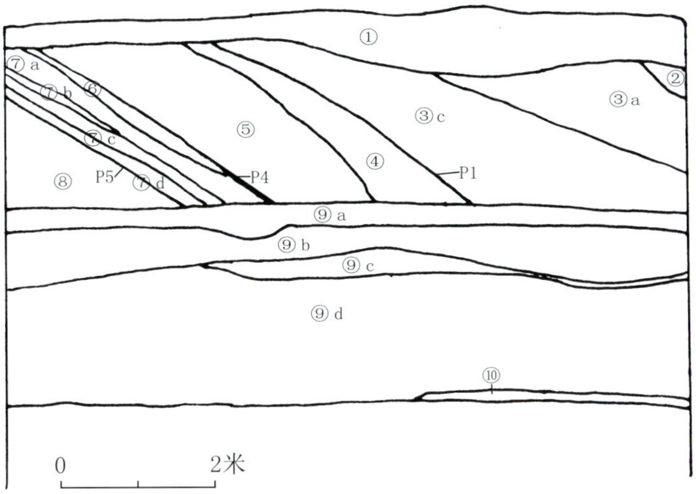

图四 03JY Ⅰ T0403 西壁剖面图

图五 03JY Ⅰ T0403 ②～⑧（西壁局部）

图六 03JY Ⅰ T0403 ⑨（西壁局部）

瓷片；03JY Ⅰ T0403 ②、③、⑦、⑧是明代正德或成化时期从御窑内其他地方搬运来的二次堆积层（图四、五），二次堆积层一般不见瓷片或有零星瓷片。

从文献记载和出土资料观察，御窑不止一次进行过修整或改建。修整或改建时，有的地方需要垫平或垫高地面，其所需要的垫土往往是从御窑外运进来的民窑的窑业堆积。例如，03JY Ⅰ T0403 ⑨就是明代宣德至成化初期从御窑外运来的宋元时期（主要是元代）的窑业堆积垫成的（图六）；04JY Ⅱ T2305 ⑤是清代早期从御窑外运进来的明代晚期至清代康熙早期的窑业堆积铺垫成的，等等。这样在御窑遗址内往往会发现较多的民窑瓷片、窑具等遗物。

明清两代对御窑烧造的御用瓷器的要求、拣选十分严格，有一点点缺陷、毛病者都不准解运进京给皇帝使用。于是在烧成的御用瓷器中，出现了数量众多的落选品。对这些落选御用瓷器，明代洪武至嘉靖时期，为了防止流入民间，均是打碎掩埋在御窑内。掩埋的形式、方法，由于处理的年代不同，也有明显的差异。一般说来，洪武、永乐时期，打碎后倾倒在平地或低凹处（图七、八），堆积比较厚，所占面积比较大，一次处理的数量比较多，是隔时集中处理的；宣德时期是采取挖小坑（图九～一二）、堆小堆（图一三）和撒成小片状（图一四）的掩埋形式，操作细致、认真、严格，但分布比较分散，每个遗迹内出土瓷器的数量也不多，可见其大多是随时处理的；正统时期不再单独挖小坑或堆小堆，而是打碎后倾倒在已有的沟槽里；成化至嘉靖时期是打碎后倾倒在由窑业堆积构成的小山的坡面上（图一五），堆积层普遍较薄，面积较大，是隔时集中处理的，比宣德时期草率[1]。掩

[1] 权奎山：《江西景德镇明清御器（窑）厂落选御用瓷器处理的考察》，《文物》2005 年第 5 期。

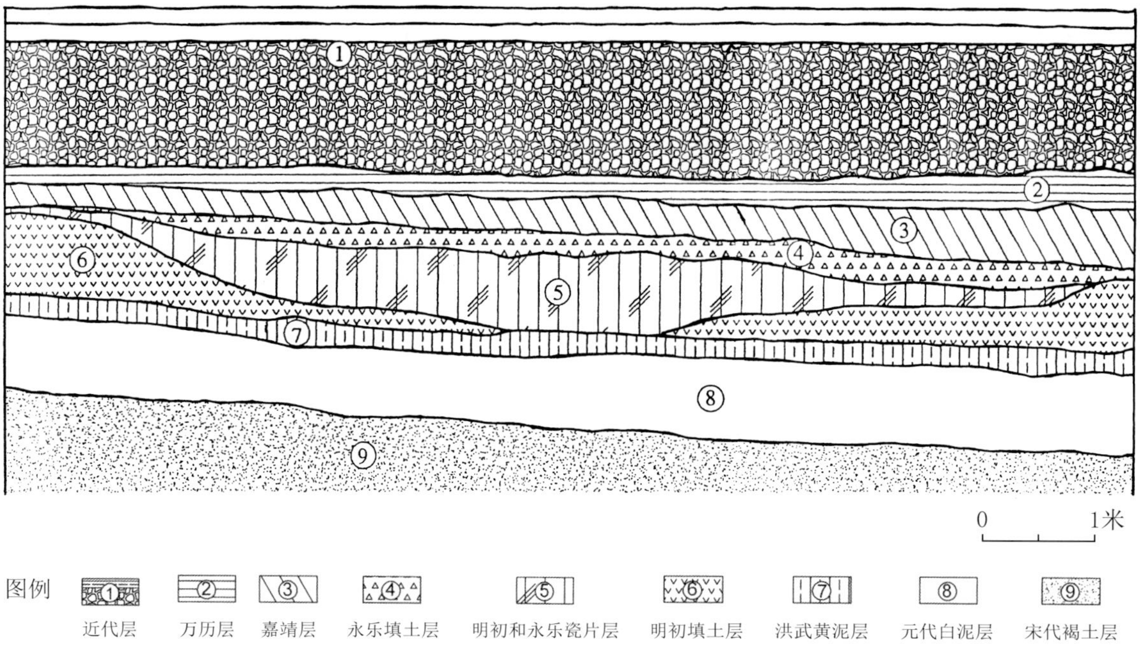

图七　明初和永乐瓷片堆积层（第⑤层）

景德镇明清御窑遗址 1994 年清理发掘的地层剖面图（采自《鸿禧文物》创刊号，1996 年）

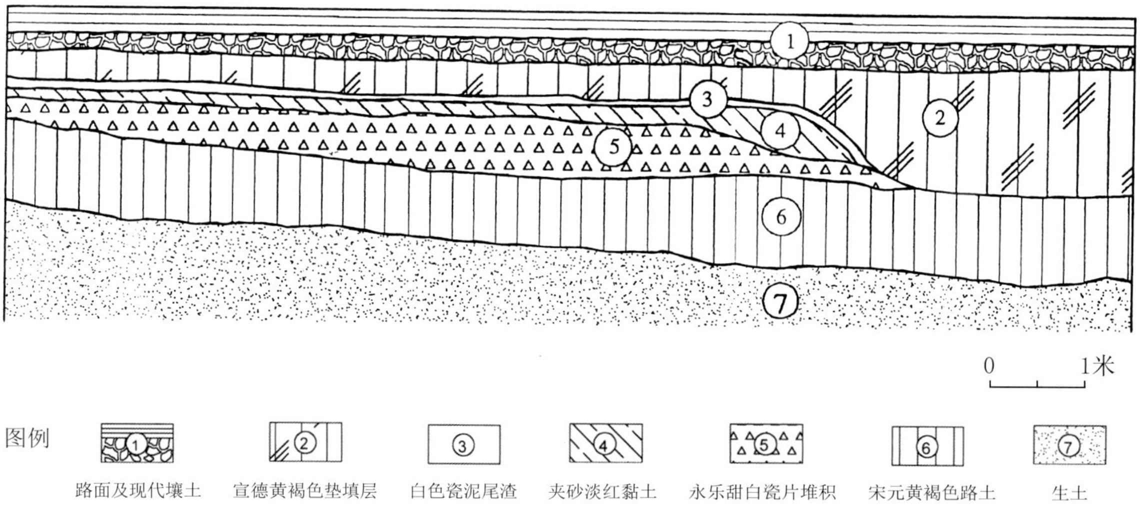

图八　永乐瓷片堆积层（第⑤层）

景德镇明清御窑遗址 1983 ～ 1984 年清理发掘的地层剖面图（采自《鸿禧文物》创刊号，1996 年）

埋地点，一般都是选在御窑内僻静处的空地上，发现的资料均分布在珠山北麓和珠山南麓御窑遗址的边缘，应在当年御窑的围墙内附近（参见图一）。御窑遗址内掩埋落选御用瓷器的堆积，是中国古代御窑所特有的一种文化堆积形式，不见于民窑。

了解、掌握了上述景德镇明清御窑遗址的保存状况和文化堆积的特点，是 1982 年以来御窑遗址考古的重要成果之一。该成果对以后的御窑遗址考古发掘、研究和保护有一定的指导意义。

图九　02JY I K8
（小坑为宣德时期，瓷器为永乐时期）

图九　K8 细部

图一○　03JY I K14
（小坑为宣德时期，瓷器为永乐时期）

图一○　K14 细部

图一一　04JY Ⅳ K18（宣德时期）

图一一　K18 细部

图一二　04JY Ⅳ K21（宣德时期）

图一二　K21 细部

图一三　04JY Ⅱ D1（宣德时期）

图一三　D1 细部

图一四　04JY Ⅳ P10（宣德时期）

图一四　P10 细部

图一五　03JYⅠP4（成化时期）

图一五　P4细部

三

本次发掘出土的明代御窑瓷器数量颇多，种类丰富。均发现于明代未经扰动的原生堆积层或小坑、小堆、小型片状堆积、片状堆积内，有明确的出土层位或遗迹单位。其具体年代，基本都属于明代早、中期，以永乐、宣德、成化、弘治、正德时期的为多，另有少量的洪武、正统、嘉靖、万历时期的碎片[1]。以下重点概述永乐、宣德、成化、弘治、正德时期的瓷器（其特征可参看《景德镇出土明代御窑瓷器》一书图版中的相关瓷器，文物出版社，2009年）。

永乐时期

永乐时期瓷器的品种有青花釉里红、釉里红、红釉、紫金釉、黑釉瓷器等，以釉里红、红釉瓷器数量为多。器类主要有梅瓶、僧帽壶、梨形壶、碗、小碗、盘、靶盏、盒、鼎式香炉等，造型一般都很规整、端庄，个别的在烧成过程中变形。胎一般呈白色或灰白色，质地细密。青花釉里红、釉里红瓷器的白釉呈色均较好，红釉、紫金釉、黑釉瓷器釉的呈色多不佳。红釉往往是呈色不匀、深浅不均，有的局部被烧挥发，呈白色了；紫金釉有的釉色调深暗；黑釉有的呈色不匀，有的色调浅淡。有一些瓷器上饰有花纹。装饰技法有细线划花、刻花、印花和绘花。细线划花见于黑釉鼎式香炉的花纹有卷草纹、回纹、菊瓣纹。刻花见于红釉梅瓶、梨形壶的纹样均为龙纹，配饰海水仙山纹和朵云纹。印花见于红釉盒等，花纹内容有折枝瑞果纹、折枝花卉瑞果纹、小团花纹和卷草纹。绘花主要是以铜红料在釉下胎上绘制花纹，即釉里红。其见于梅瓶、碗、小碗、靶盏等器物上，梅瓶上为一条龙纹，配饰海水仙山纹、朵云纹；碗、靶盏上为两条赶珠龙纹，配饰朵云纹，有的靶盏内侧还印云龙纹；小碗上均为花卉纹，纹样有折枝花卉纹、折枝牡丹纹、灵芝纹、宝相花纹等。花纹呈色均不佳，非深即浅，有的还烧成了黑蓝色。此外，个别的小碗还以铁料绘折枝花纹和宝相花纹，纹样模糊不清。这批永乐御窑瓷器中，有的靶盏、碗的内底心部印有“永乐年制”四字篆书款，红釉靶盏（02JYⅠK6：4）上的年款，是迄今所见“永乐年制”款中字迹最清晰的一件。

[1] a. 刘新园、权奎山、樊昌生：《江西省景德镇珠山明、清御窑遗址考古发掘获重大成果》，《中国古陶瓷研究》第十辑，紫禁城出版社，2004年；b. 北京大学考古文博学院等：《江西景德镇市明清御窑遗址2004年的发掘》，《考古》2005年第7期；c. 北京大学考古文博学院等：《江西景德镇明清御窑遗址发掘简报》，《文物》2007年第5期。

值得一提的是，这批永乐御窑瓷器中有一些不见于传世品和以往的考古资料中。例如，青花釉里红云龙纹梅瓶，釉里红云龙纹梅瓶，里白釉外釉里红赶珠龙纹碗，里红釉外釉里红赶珠龙纹碗，红釉梅瓶、刻花云龙纹梅瓶、僧帽壶、印花花卉瑞果纹盖盒，黑釉划花鼎式香炉等，极为珍贵。

宣德时期

宣德时期瓷器的品种主要有红釉、白釉、洒蓝釉、孔雀绿釉、仿龙泉青釉、仿哥釉瓷器，另有少量的青花、蓝釉瓷器等。器类主要有梅瓶、梨形壶、大罐、小罐、碗、小碗、盘、果盘、靶盏、方盆、爵、樽式香炉等，造型端庄、大方。胎的情况较复杂一些，红釉、白釉、洒蓝釉、青花、蓝釉瓷器胎均为白色，质地细且密；孔雀绿釉瓷器胎呈灰白或灰色，质地较疏松；仿龙泉青釉瓷器胎呈灰白或灰色，质地较细密；仿哥釉瓷器胎呈灰色，质地较粗一些，不够紧密。白釉、青花、孔雀绿釉瓷器釉的呈色较好，其他釉色的瓷器釉的色泽不佳。红釉一部分色调较深，呈暗红或黑红色，一部分色调浅淡，有的局部红色已挥发殆尽；洒蓝釉色调多偏暗，呈深蓝或黑蓝色，釉面上的白点（雪花）不明显或无规律；孔雀绿釉虽呈色还好，但剥釉现象比较普遍；仿龙泉青釉釉层较厚，呈色青绿，有的泛黄色；仿哥釉瓷器釉色灰白，釉面布满细碎纹片，哥釉的效果较差；蓝釉呈色多不匀，有的因过烧呈黑蓝色。装饰技法有刻花、剔刻花、印花和绘花。值得注意的是，不同的瓷器品种，花纹内容也有所不同。白釉瓷器有花纹装饰的不多，见到的纹样有刻划的莲瓣纹、蕉叶纹、朵云纹和印制的云龙纹。2002 年出土的一件白瓷碗（02JYⅠT0501⑤：1）很有特点，外壁口部细线划饰回纹，腹部细线划缠枝宝相花纹；内壁口部饰梵文一周，腹部印双凤穿花纹，底心印十字宝杵纹。洒蓝釉瓷器刻饰龙纹，大罐饰一条赶珠龙纹，配饰海水仙山纹和朵云纹；碗、盘等饰两条赶珠龙纹，隙间饰朵云纹，有的下部饰一仰莲瓣纹为边饰。蓝釉瓷器多素面无花纹装饰，2004 年出土的一件碗（04JYⅡD3：1）是在釉面上剔刻出鱼藻纹，使其漏出白色胎，然后在纹样上填施白釉，艺术效果颇好。孔雀绿釉瓷器多以青料在釉下绘鱼藻纹。仿龙泉青釉瓷器刻饰花卉纹，纹样有缠枝牡丹纹、缠枝莲花纹、折枝莲花纹、折枝灵芝纹、宝相花纹、莲瓣纹、卷草纹、云气纹等。青花瓷器绘饰花卉纹和云龙纹等。这批宣德御窑瓷器很多都在外底部刻写或以青料书写“大明宣德年制”六字或“宣德年制”四字双行双圈楷书款。有的鼎式香炉的外口部印制阳文“大明宣德年制”单行楷书款。此外，还发现有的白釉瓷器的外底施釉后，未干之前，刻写“局”字款。

这批宣德御窑瓷器也有一些不见于传世品和以往的考古资料中。例如，洒蓝釉刻花云龙纹大罐、赶珠龙纹碗、赶珠龙纹盘，孔雀绿釉鱼藻纹梅瓶、梨形壶、盘，青花花卉纹果盘、应龙纹方盆，仿哥釉多棱小罐等，弥足珍贵。

成化时期

成化时期瓷器的品种主要有青花、斗彩、斗彩半成品、仿宋官青釉瓷器等，另有一些白釉瓷器等。器类主要有鹤颈瓶、罐、“天”字罐、碗、盘、鸡缸杯、高足杯、杯、觚、簋、瓶等。青花、斗彩、斗彩半成品瓷器，胎体一般比较轻薄，造型秀气；胎呈白色，质地致密、细腻；白釉呈色尚好；以绘花的技法做出花纹，花纹的内容比较丰富，主要有云龙、凤凰、鸡、山石、兰草、缠枝莲、花果、花卉、灵芝云、仰莲瓣、海水波涛纹等。仿宋官青釉瓷器，胎体较为厚重，造型端庄显笨重；釉层较厚，色调一般较深，有一些泛灰色，开较大的纹片；无花纹装饰。此外，在白釉瓷器中还发现有脱胎、半脱胎瓷器。2003 年出的一件杯（03JYⅠP5：1），质地极为细薄，壁厚仅 0.8 毫米，壁内侧印有龙纹（图一六），是难得之作。这批成化御窑瓷器大部分都以青料书写

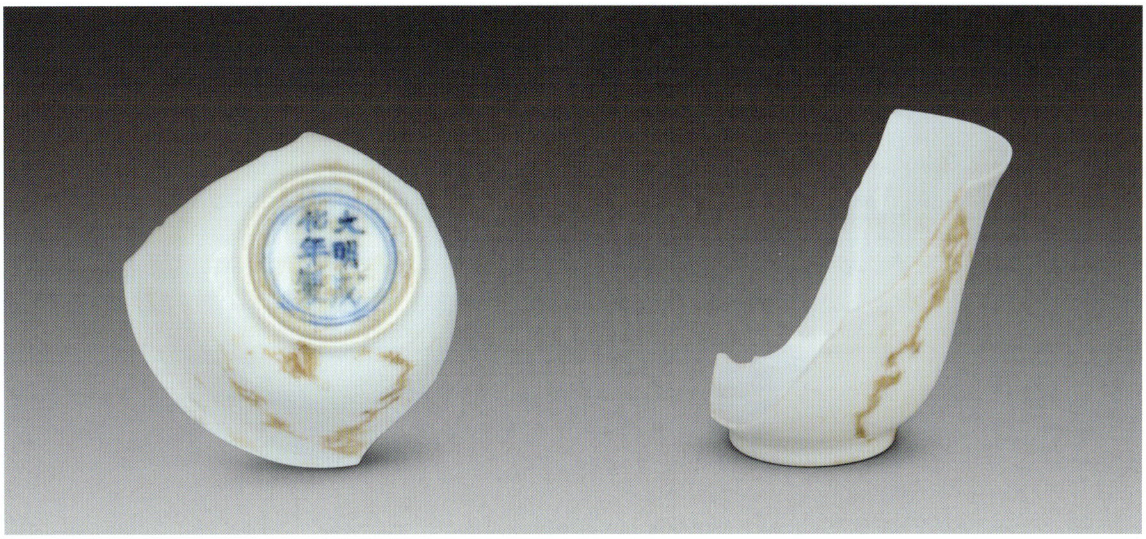

图一六　脱胎白瓷杯（成化时期）

“大明成化年制”双方框双行楷书款，有的罐外底以青料书写“天”字款。

青花穿花凤凰纹鹤颈瓶为传世品中所不见，同类器物仅1987年御窑遗址曾出土几件，绘穿花凤凰纹或穿纹龙纹，有的在颈部以青料书写“大明成化年制”横向单行楷书款。

弘治时期

弘治时期瓷器的品种主要有青花、白釉绿彩、白釉绿彩半成品、黄釉瓷器等。器类多为碗、盘，胎体较为轻薄，造型秀丽。胎均为白色，质地细密。釉面光洁、莹润。青花瓷器的纹样，常见的是云龙纹。白釉绿彩瓷器的装饰是，施釉后在釉面上剔出纹样，露出胎，之后放入窑炉中高温烧造；取出后在纹样部分填涂绿彩，再入窑以低温烘烧。纹样多是龙纹。也出土了一些纹样上没有填涂绿彩的半成品。黄釉瓷器皆无花纹装饰。这批弘治御窑瓷器均以青料在外底书写“大明弘治年制”双行双圈楷书款。此外，还发现了一件白釉瓷碗的外底以青料书写“厂内公用”双行双圈楷书铭。

正德时期

这次发掘出土的正德时期的瓷器主要是青花瓷器，器类有碗、盘、大盘、方盆、方盒、栏板等。胎体较弘治略厚，造型规整大方。胎色白度不高，略泛灰，大型器物的质地较粗一些。釉面光净，多泛灰蓝色。青花内容以花草为主，纹样有缠枝花卉、缠枝、宝相花、卷草、卷云纹等。值得注意的是，大多在显著的位置以青料书写阿拉伯文。有的器物上以青料书写“大明正德年制”楷书款。

青花大盘、方盆、栏板不见于传世品和以往的考古资料中，尽管它们或残或破，但仍不失为珍稀之作。

以上概述了2002～2004年景德镇出土的明代御窑瓷器。这次出土的与1982～1994年（以下简称“以前”）出土的明代各时期（各朝）御窑瓷器的出土情况和品种相比，有相同之处，也有不同的地方。洪武、正统时期，两次发掘，瓷器的出土情况和品种差别较大，以前发掘发现了面积较大、较厚的打碎的落选御用瓷器堆积层，品种、器类比较多；这次发掘仅在相关的窑业堆积层中零星出土了少许碎片，基本上不能复原，品种、器类均很少。永乐、宣德时期，两次发掘皆发现了打碎的落选御用瓷器堆积层或掩埋打碎的落选御用瓷器的小坑；品种、器类均很丰富。所不同的是，以前发掘出土的品种，永乐时期以白釉、青花瓷器为主，宣德时期以青花瓷器为主；这次发掘，永乐时期以釉里红、红釉瓷器为主，宣德时期以红釉、白釉、仿哥釉为主。成化时期，两次发掘出土资料情况基本相同，皆发现了较大面积的落选御用瓷器碎片的片状堆积，品种、器类也比较接近。弘治时期有明显差别，以前发掘未发现落选御用瓷器的碎片堆积层，仅发现了一些不能复原的瓷片；可这次发掘发现了较大面积的落选御用瓷器碎片的片状堆积，品种，器类也较多。正德时期，两次发掘，瓷器的出土情况比较接近，均发现了小面积的落选御用瓷器碎片的片状堆积，品种均以青花瓷器为主，但器类有所差别，以前发掘出土的似以碗为多。嘉靖、万历时期，两次发掘，瓷器的出土情况基本相同，大多均出土于清代初年的扰动层，以青花瓷器碎片为多，一般不能复原。这两次考古发掘出土的明代御窑瓷器资料可以互补，但两次发掘资料加在一起也仅仅是明代御窑遗址地下资料的一部分，还不能代表地下资料的全部。按前述，明代御窑遗址埋藏的瓷器基本都是打碎的落选御用瓷器，落选御用瓷器往往是分批分类打碎掩埋，掩埋的地点比较分散。所以，一次小面积或局部发掘不可能获取一份没有缺环的有明一代御窑瓷器的系统资料。

四

谈到瓷器，必然要说它的烧成技术。瓷器的烧成技术主要涉及窑炉结构和装烧方法两个方面。

图一七　葫芦形窑遗迹（04JYⅠY6，洪武至永乐时期）

景德镇明代洪武、永乐时期御窑的窑炉为葫芦形窑[1]。所谓葫芦形窑，即“窑形似卧地葫芦，前大后小”[2]。其由窑前工作面、窑门、火膛、前室、后室、烟囱、护窑墙等部分组成，以楔形大砖砌成（图一七）。窑床前低向后渐高，倾斜度为 8 ～ 10°。整体斜长（不含窑前工作面）10 米余，前室宽 3.2 ～ 3.78、后室宽 1.8 ～ 2.5 米。葫芦形窑是由龙窑发展、演变而来的，2005 年在景德镇丽阳碓臼山元代民窑窑址发现了龙窑向葫芦窑过度型的窑炉遗迹[3]，在改进中吸

[1] a. 刘新园、权奎山、樊昌生:《江西省景德镇珠山明、清御窑遗址考古发掘获重大成果》,《中国古陶瓷研究》第十辑,紫禁城出版社,2004 年;b. 北京大学考古文博学院等:《江西景德镇市明清御窑遗址 2004 年的发掘》,《考古》2005 年第 7 期；c. 北京大学考古文博学院等：《江西景德镇明清御窑遗址发掘简报》,《文物》2007 年第 5 期。

[2]（清）佚名：《南窑笔记》,《古瓷鉴定指南（三编）》本，北京燕山出版社，1993 年。

[3] 故宫博物院等：《江西景德镇丽阳碓臼山元代窑址发掘简报》,《文物》2007 年第 3 期。

取了馒头形窑的优点。葫芦形窑早在元代景德镇湖田窑（民窑）就开始使用了[1]，说明明代御窑初创时期窑炉形制源自于本地的民窑。但它不是照搬，而是进行了一番改造。湖田窑址发现的元代葫芦形窑遗迹，全长19.8、前室宽4.56、后室宽2.74米，倾斜度12°（图一八），窑体窄而长，前室与后室的大小比例悬殊。明代御窑的葫芦形窑与元代相比，整体长度缩短，前、后室的大小比例和倾斜度缩小。葫芦形窑吸取了龙窑和馒头形窑的优点，前、后两室相连，前室高、后室低，火焰的流动属于半倒焰式，适合于烧器型较大、胎较厚、釉层较厚、釉料中含氧化钾较高的器物。经过明初御窑的改造之后，这些优势就更加突出了。这时期瓷器的装烧方法仍然是以匣钵装烧，多一钵一器。匣钵多作桶形，用耐火土制作，质地粗糙、坚硬。

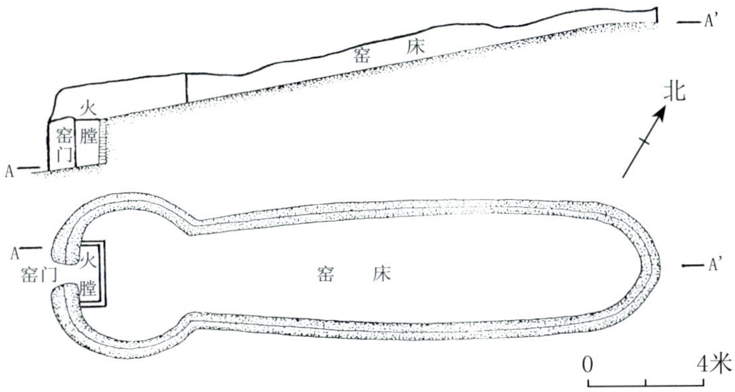

图一八 湖田窑址出土的葫芦形窑遗迹（元代晚期）

图一九 馒头形窑遗迹（04JYⅡY14，宣德至万历时期）

明代宣德至万历时期御窑使用馒头形窑[2]。其由窑前工作面、窑门、火膛、窑室、烟道、排烟孔、烟囱、护窑墙等部分组成，以长方形小砖砌成，窑床平整（图一九）。全长（不含窑前工作面）4米左右，窑室宽2～2.2米，窑体较小。这类馒头形窑应该就是明代王宗沐《江西省大志》卷七《陶书·窑制》所载的“陶窑官五十八座”[3]中的“陶窑”。馒头形窑是北方流行和普遍使用的窑炉形制，以往长江中下游地区一般均使用龙窑，仅在元代晚期景德镇出现了葫芦形窑。馒头形窑与龙窑相比，有升温慢、降温也慢、保温时间长的特点，适合于烧造大型器和胎或釉较厚的器物。宣德御窑断然采用馒头形窑，显然是看中了它的优点。宣德御窑烧造品种多样化，特别是彩瓷、低温颜色釉瓷器的发展和大型瓷器烧造量、

[1] 景德镇陶瓷历史博物馆刘新园、白焜：《景德镇湖田窑考察纪要》，《文物》1980年第11期。

[2] a. 刘新园、权奎山、樊昌生：《江西省景德镇珠山明、清御窑遗址考古发掘获重大成果》，《中国古陶瓷研究》第十辑，紫禁城出版社，2004年；b. 北京大学考古文博学院等：《江西景德镇市明清御窑遗址2004年的发掘》，《考古》2005年第7期；c. 北京大学考古文博学院等：《江西景德镇明清御窑遗址发掘简报》，《文物》2007年第5期。

[3]《江西省大志》为明代王宗沐于明嘉靖三十八年（1559年）编撰完成，后付梓。明万历（1573～1620年）前期陆万垓据明隆庆间（1567～1572年）管理御器厂的南康通判陈学乾所撰的《陶政录》和其他资料，对该书做了续补，于明万历二十五年（1597年）重刻。本文所用《江西省大志》均为明万历二十五年刻本，以下不一一出注。

器类的迅速增长，原有的葫芦形窑已不适应御窑生产的需要了，那么选择适合御窑生产的馒头形窑顺理成章。葫芦形窑虽然也具备馒头形窑的有优点，但它毕竟还保留许多龙窑的特点，所以两者还不能等同。宣德至万历御窑使用馒头形窑，也不是原封不动地搬来，而是对其形制、结构做了较大的改动。北方元明时期馒头形窑，窑体普遍较大，1987 年河北观台磁州窑址出土的第八号窑（元代），全长（不含窑前工作面）竟达 8.35 米，窑室宽 5.64 米[1]；窑床一般前高向后渐低，有一定的坡度；一般设两个平面呈方形或半圆形或圆形的烟囱[2]。而明代御窑的馒头形窑，窑体较小；窑床平整无坡度；窑床与后壁之间增设了低于窑床面的烟道；后壁外为一个与窑室等宽的横向窄长方形的烟囱。窑体改小，更有利于掌握、控制窑内烧成温度和气氛；结构的改动，更有利于装烧。改进后的馒头形窑，应是更加符合御窑烧造多品种、高质量瓷器的要求了。

明代王宗沐《江西省大志》卷七《陶书》陆万垓增补“廨宇”条引陈学乾《陶政录》载：御器厂“为窑（六），曰风火窑，曰色窑，曰大小爁熿窑（连色窑共二十座），曰大龙缸窑（十六座），曰匣窑，曰青窑（四十四座）”。“青窑系烧小器，……色窑造颜色”[3]，大龙缸窑烧鱼缸或瓷缸，匣窑烧匣钵，爁熿窑可能烧低温颜色釉，风火窑可能也是烧瓷器的高温窑。这六窑的形制、结构应都是前面讲的御窑遗址出土的馒头形窑。饶有兴趣的是，出土的窑炉遗迹，还可以同《陶政录》中记载的六窑中有的窑对应起来：有的窑壁烧得很严重（如 04JYⅡY14），壁内侧挂满了厚厚的“窑汗”（图二〇），这类窑炉可能是专烧高温小件器物的“青窑”；有的窑壁烧得很轻（如 04JYⅡY23），壁内侧没有“窑汗”生成（图二一），这类窑炉可能是烘彩或烧低温颜色釉的“色窑”、“爁熿窑”。

宣德至万历时期御窑瓷器均装在匣钵内烧造，一般一钵一器，杯子等小件器物一钵内平置多件。御窑遗址出土的匣钵主要有两种：一是漏斗形（图二二），腹较深者，应是装烧靶盏的；二是桶形，有深、浅腹之别（图二三）。值得注意的是，在宣德时期流行了在深腹桶形匣钵内再放一个匣钵的作法。这个后放的匣钵一般称作为“套钵”。套钵为瓷土制作，质地细密，作钵形（图二四），有盖面隆起的盖（图二五）。使用时，将其放在深腹桶形匣钵内，内底铺一层细砂，细砂上置一瓷土制作的垫饼（图二六），垫饼上放器物，然后盖上盖（图二七～二九）。这种做法在宣

图二〇 窑汗（04JYⅡY14 内壁局部）

图二一 无窑汗（04JYⅡY23 内壁局部）

[1] 北京大学考古学系等：《观台磁州窑址》，文物出版社，1997 年。
[2] a. 北京大学考古学系等：《观台磁州窑址》，文物出版社，1997 年；b. 陕西省考古研究所：《陕西铜川耀州窑》，科学出版社，1965 年。
[3]（明）王宗沐：《江西省大志》卷七《陶书·窑制》。

图二二　漏斗形匣钵

（左 04JY Ⅳ T0501 ⑤ c，宣德时期；右 04JY Ⅰ T0401 ③ e，正德时期）

图二三　筒形匣钵

（左 04JY Ⅰ T0401 ③ e，正德时期；右 04JY Ⅳ T0501 ⑤ c，宣德时期）

图二四　套钵

（04JY Ⅳ T0501 ⑤ c，宣德时期）

图二五　套钵盖

（04JY Ⅳ T0501 ⑤ c，宣德时期）

图二七　套钵使用方法

（04JY Ⅳ T0501 ⑤ c，宣德时期）

图二六　垫饼

（04JY Ⅳ T0501 ⑤ c，宣德时期）

图二八　套钵使用方法

（04JY Ⅳ T0501 ⑤ c，宣德时期）

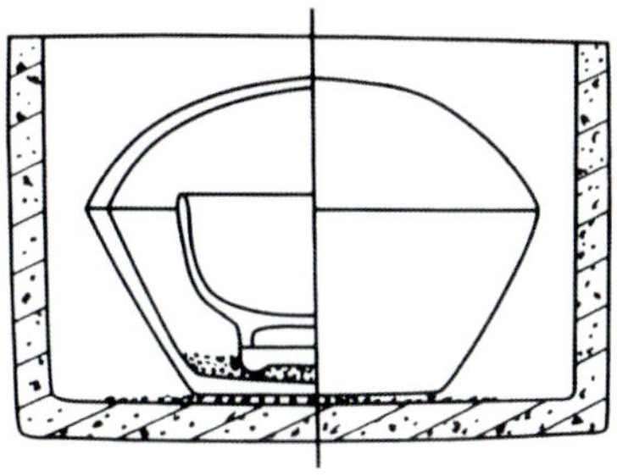

图二九　套钵使用方法示意图

（采自景德镇官窑博物馆展览）

德时期已经流行，再据遗址内明初地层出土的套钵碎片看，大约出现于永乐时期。这种装烧方法为景德镇明代御窑所独有，对提高烧成质量和成品率应有重要的作用。

关于装上瓷器坯件的匣钵在窑炉内的摆放情况和每座窑每次装置瓷器坯件的数量，没有考古出土资料。但古代文献中却有一些记录。明代王宗沐《江西省大志》卷七《陶书·窑制》记载：御窑装窑时“前以空匣障火”。其在谈到装烧数量时说：青窑、色窑“制员而狭，每座止容烧小器三百余件”。万历时陆万垓在对该书《窑制》一节所做的“续”中记录较为详细。他说：缸窑每座装烧“鱼缸大样、二样者，止烧一口；瓷缸三样者，一窑结砌二台，则烧二口”。又说：青窑“每座烧盘、碟中样器，止烧二百多件，稍大者一百五十六件，大碗二十四件，尺碗三十件，大坛止烧十六七件，小酒杯五六百件”。可见，御窑的装窑是很讲究的，每座窑装烧的数量是因所装烧的坯件尺寸不同而有所差别。这是计算装烧量应注意的情况。

上述明代洪武至万历时期御窑的烧成技术，毫无疑问可以烧造出精美的瓷器，北京故宫博物院等收藏的明代御窑瓷器已向人们昭示了这一点。那么，御窑遗址出土的大量有缺陷的落选御用瓷器又告诉了人们什么呢？它告诉人们，御窑的制瓷技术在当时的制瓷手工业中虽然是最好的，但不是尽善尽美的。落选御用瓷器中很大一部分瓷器的缺陷是色彩不佳（如釉里红瓷器等）和釉的呈色不好（如红釉、蓝釉瓷器等）。查其原因，主要是瓷器在窑炉内烧造过程中，匠人对温度和气氛掌握、控制还不到位，说明其烧成技术还有许多需要改进、提高之处。其实，这一点对古代各民窑遗址的考古发掘和研究也很重要。以往对民窑遗址出土的瓷器，一般看到的只是它的精良之处，对它的缺陷已习以为常，很少有人注意，更很少有人深入思考。民窑遗址出土的瓷器基本都是有缺陷的废弃品，整理时也应对缺陷进行分类统计，计算比例，分析造成缺陷的技术原因，进而研究其制瓷技术的成就和差距。这样才能真实、客观、全面复原各民窑制瓷技术的面貌，才能更好地揭示古代民窑制瓷技术的发展历程。

2002～2004年景德镇出土的明代御窑瓷器丰富了御窑瓷器资料的内容，填补了某些瓷器品种、器型在时段上的空白。这批出土瓷器，对进一步建立明代御窑瓷器尤其是其无年款瓷器的断代标准，探讨御窑产品的管理制度，研究御窑瓷器的制作工艺特别是烧成技术等，均有重要价值和意义。

（原载《景德镇出土明代御窑瓷器》，文物出版社，2009年）

江西景德镇明清御器（窑）厂落选御用瓷器处理的考察

明清两代沿袭宋元时期设立官窑的做法，在江西景德镇设置御器（窑）厂，以满足宫廷对瓷器的需要。文献记载及研究成果表明，明代御器厂创建于洪武二年（1369 年）[1]，明王朝覆亡，其随为清王朝所有，并改称为“御窑厂”，直至清王朝灭亡，前后延续了 542 年。其遗址位于现景德镇市中心的珠山地区，以珠山上的景德镇的标志性建筑——龙珠阁为中心，呈南宽北渐窄的长梯形分布（图一），周长约为 1145 米，总面积约为 54300 平方米[2]。

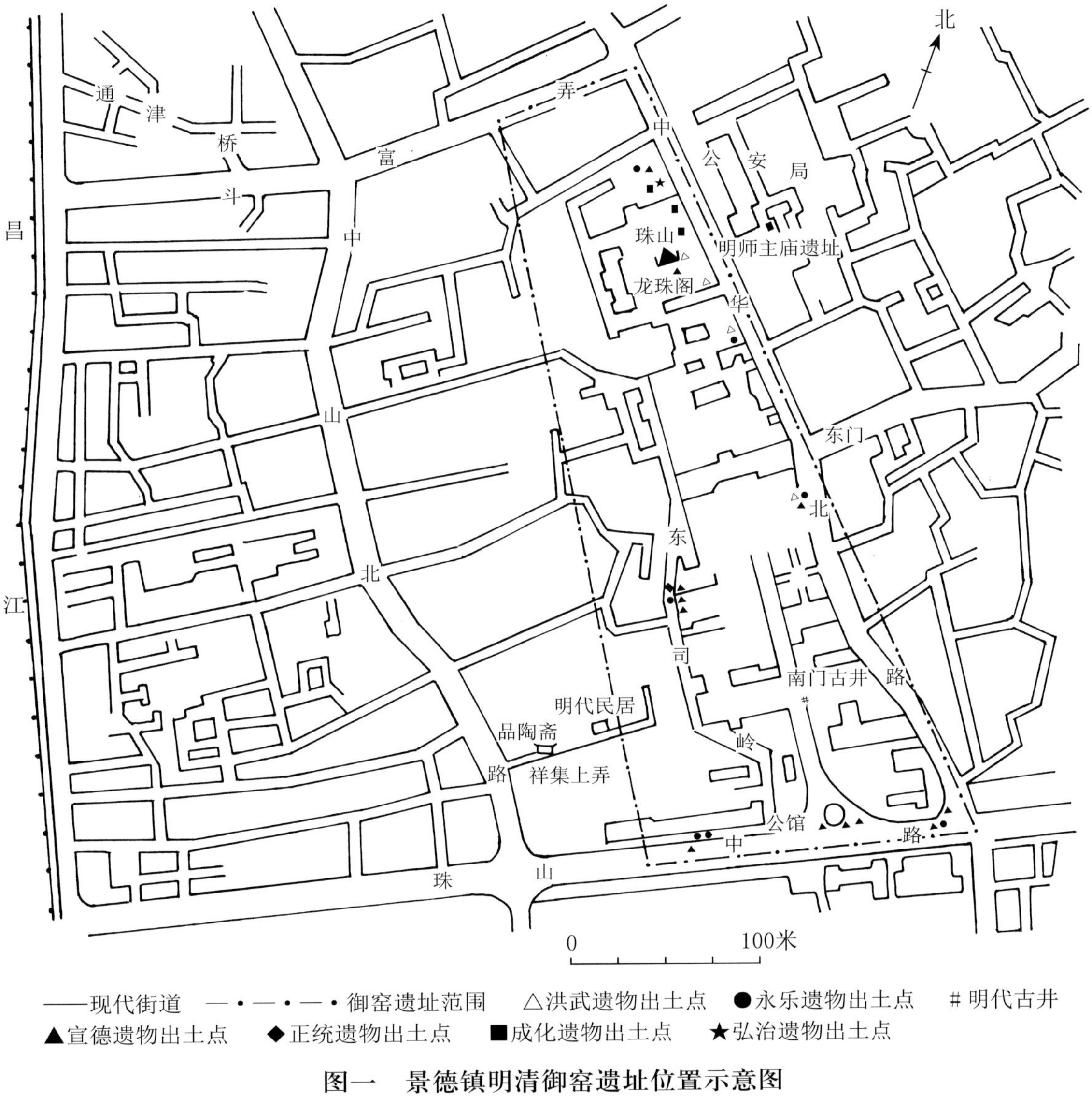

图一　景德镇明清御窑遗址位置示意图

（采自《鸿禧文物》创刊号，1996 年）

[1] 刘新园：《景德镇珠山出土的明初与永乐官窑瓷器之研究》，《鸿禧文物》创刊号，鸿禧美术馆，1996 年。

[2] 刘新园：《景德镇珠山出土的明初与永乐官窑瓷器之研究》，《鸿禧文物》创刊号，鸿禧美术馆，1996 年。

明清两代对御器（窑）厂烧造的御用瓷器的要求、拣选十分严格，有一点点缺陷、毛病者都不准解运进京给皇帝使用。于是在烧成的御用瓷器中出现了数量众多的落选品。明代落选御用瓷器的具体数量当时没有留下文字记录，无从查考。但可从考古发掘出土资料和文献记载中了解其中的一些情况。1982 ～ 1994 年景德镇市陶瓷考古研究所配合市政建设工程，在遗址范围内清理、发掘出土明代洪武至嘉靖朝的落选御用瓷器碎片“竟有十数吨，若干亿片”[1]。当时圆形器的供御率还高一些，方形器的供御率极低。据明代王世懋《二委酉谭》载：“方物即至小，亦须手捻而成，最难完整，供御大率十不能一二，余皆置之无用，殊可惜也。”[2] 清代所烧造的御用瓷器也“不能保其件件全美，每岁每窑均有选落之件，计次色脚货及破损等数，几与全美之件数相等，此项瓷器必须落选，不敢上供御用”[3]。选落之件“几与全美之件数相等”，这仅仅可能是个平均数，有的年份还达不到这个比例，例如，据清宫档案记载，乾隆八年（1743 年）烧成大运及传办圆琢瓷器共 28652 件，其中次色圆琢瓷器 16865 件，占烧成瓷器的 58.9%；道光四年（1824 年）烧成圆琢瓷器 13776 件，次色圆琢瓷器 8758 件，占烧成瓷器的 63.6%；咸丰元年（1851 年）烧成圆琢瓷器 6090 件，次色圆琢瓷器 4128 件，占烧成瓷器的 67.8%；光绪十年（1884 年）烧成圆琢瓷器 8782 件，次色圆琢瓷器 6238 件，占烧成瓷器的 71%[4] 等等；不一一列举。由上述可见，明清御器（窑）厂落选御用瓷器的数量是巨大的。那么它们对这些落选御用瓷器是如何处理的呢？本文试以出土资料和相关文献记载为基本依据，来考察、探讨这个问题。不妥之处，敬请方家指正。

一

明代御器厂对落选御用瓷器的处理方式，从御器厂遗址考古发掘出土资料观之，大多都是将其打碎掩埋在御器厂内。迄今已在御器厂遗址内出土了明代洪武、永乐、宣德、正统、成化、弘治、正德、嘉靖朝的落选御用瓷器碎片（出土的具体地点见图一）。发现的明代各朝落选御用瓷器虽然都是被打碎掩埋在御器厂内，但由于埋藏的年代不同，那么其掩埋形式和处理方法也有明显的差异。

明代洪武和永乐朝的掩埋形式和处理方法比较一致，即打碎后倾倒在平地或低凹之处，其上覆盖红褐色土或夹杂有少量瓷片的黑色土等。1994 年配合基本建设工程，在现中华路中段、御器厂遗址内东侧，清理出两个洪武至永乐前期的落选御用瓷器碎片堆[5]。此处地层共分为 9 层（图二），发掘者将碎片堆编为第⑤层，位于第⑥层之上、第④层之下。第⑥层是明代初年的垫土层，黑褐色土，内含有残砖、碎瓦和废匣钵片等，两边厚（高）、中部渐薄（低），呈马鞍形，碎瓷片即出土于“马鞍”上；第④层是覆盖碎瓷片堆的盖土层，黑色土，内杂含宋元和明永乐朝的瓷片。两个碎瓷片堆相距约 6 米，平面皆呈长条形。一堆面积为 12.27 平方米，厚度为 0.2 ～ 0.4 米；另一堆面积为 22.79 平方米，厚度为 0.1 ～ 0.4 米。1982 ～ 1984 年在现珠山中路东段北侧、御器厂遗址内南侧，配合铺设地下电缆工程和翻修道路，清理出明永乐前期的落选御用瓷器碎片一堆[6]。此处地层共分为 6 层（图三），发掘者将碎片堆编为第⑤层，位于第⑥层上、第④层下。第

[1] 炎黄艺术馆：《景德镇出元明官窑瓷器・序（刘新园）》，文物出版社，1999 年。
[2]《纪录汇编》本，明万历四十五年阳羡陈于廷刊本。
[3]（清）唐英：《请定次色瓷器变价之例以杜民窑冒滥折》（乾隆八年二月二十日），《唐英集・榷务督陶奏折》，辽沈书社，1991 年。
[4] 铁源、溪明：《陶瓷的故乡——江西》引，《江西藏瓷全集・清代（上）》，朝华出版社，2005 年。
[5] 刘新园：《景德镇珠山出土的明初与永乐官窑瓷器之研究》，《鸿禧文物》创刊号，鸿禧美术馆，1996 年。
[6] 刘新园：《景德镇珠山出土的明初与永乐官窑瓷器之研究》，《鸿禧文物》创刊号，鸿禧美术馆，1996 年。

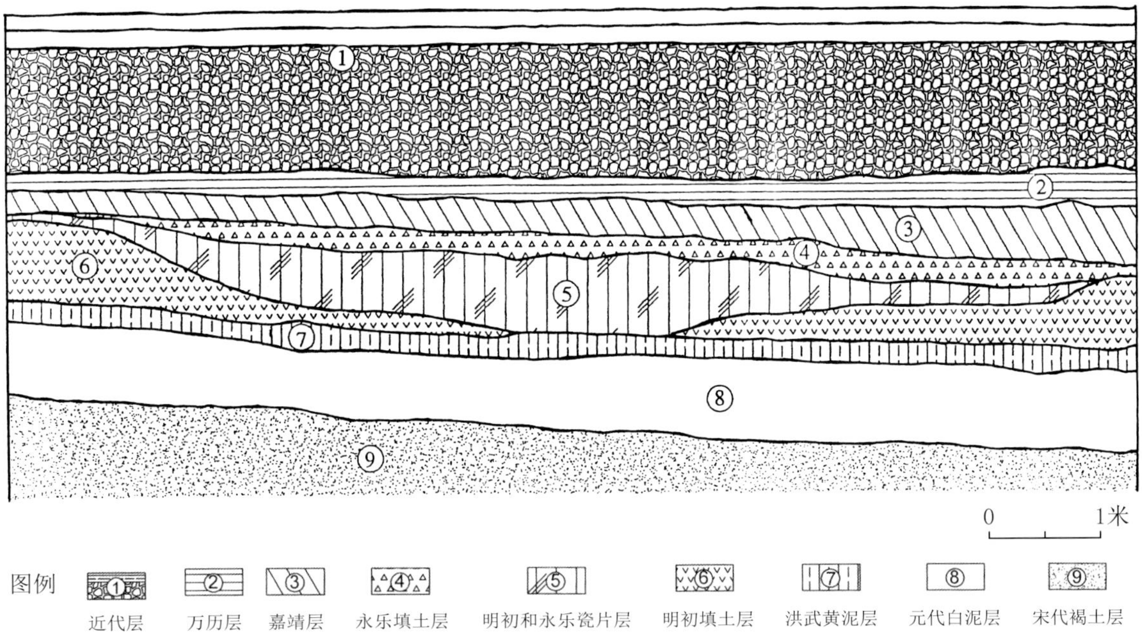

图二　景德镇明清御窑遗址 1994 年清理发掘的地层剖面图

（采自《鸿禧文物》创刊号，1996 年）

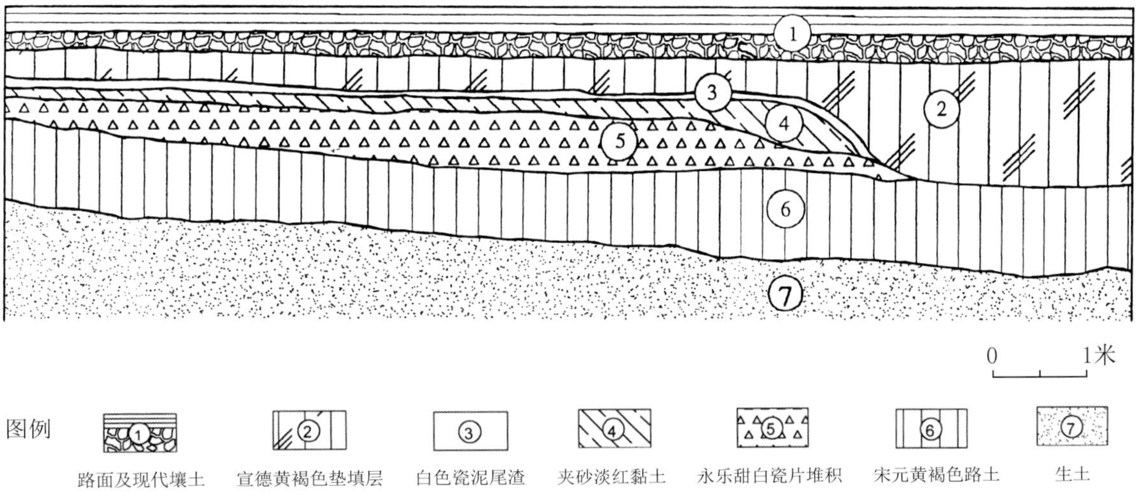

图三　景德镇明清御窑遗址 1983 ～ 1984 年清理发掘的地层剖面图

（采自《鸿禧文物》创刊号，1996 年）

⑥层是从别处搬运来的垫土层，土质致密，呈黄褐色，内夹杂着少量的宋代青白瓷芒口碗残片，层面较为平整，应是当时人的活动面，瓷器碎片就倾倒在它的上面，碎片堆的厚度为 0.05 ～ 0.55 米；第④层即是专门用来覆盖这堆瓷片的盖土层，土为红褐色，夹少量细砂，内含有少许永乐白瓷、青花瓷残片。上述这三堆落选御用瓷器碎片，根据地层叠压关系及地层的年代推断，应处理、掩埋于明永乐时期。

明代宣德朝的掩埋形式和处理方法与永乐朝有明显的不同。一般可分为三种情况。第一种情况，是在御器厂内先挖出或做出小坑，将落选御用瓷器放在坑内打碎，然后在其上面覆盖上一层黄褐色土或白色尾砂等。2002 ～ 2004 年的考古发掘中，在珠山北麓、御器厂遗址内的东北部、宣德地层下清理出 24 个小坑落选御用瓷器碎片（图四～七）[1]。小坑基本呈锅状，口部呈圆形、椭圆形或不规则圆形，排列较为密集，口径一般为 0.3 ～ 0.6 米，深 0.12 ～ 0.3 米。小坑内的瓷器碎片，除一坑为洪武朝的外，其余 23 坑均为永乐朝的。这批小坑均打破元代至明代初期地层，坑上覆以厚 5 厘米左右的黄褐色土，其上是宣德早期的原生窑业堆积层。可见，这 24 个小坑瓷器碎片的掩埋时间应在永乐至宣德早期。具体时间，据刘新园先生推断，有可能是宣德皇帝继位改元后，御器厂将存置在库房中的少许洪武朝和一批永乐朝的落选御用瓷器一起拿出来销毁、埋藏的。这也就是说，这批洪武、永乐朝的落选御用瓷器被打碎、掩埋的时间是在宣德初年。1982 ～ 1988 年配合市政建设工程，在御器厂遗址内发现、清理宣德朝落选御用瓷器碎片堆积多处，其“堆积点较为分散且成窝状”[2]（窝状即小坑状）。1988 年 11 月在现东司岭地段、御器厂遗址内南部的西侧，发现了一条长 17、宽 1.5、深 2 米左右的“巷道”（可能是西护窑墙和御器厂西围墙之间部分，原称“巷道”，本文沿用此称谓），“巷道”内的堆积可分为 3 层，在第②层下发现了宣德朝落选御用瓷器碎片，“成窝状堆积”，掩埋瓷器碎片的“窝”做在第③层（打破第

图四　第 8 号小坑（永乐时期）

图五　第 8 号小坑细部

图六　第 14 号小坑（永乐时期）

图七　第 14 号小坑细部

[1] a．刘新园、权奎山、樊昌生：《江西省景德镇市珠山明、清御窑遗址考古发掘获重大成果》，《中国古陶瓷研究》第十辑，紫禁城出版社，2004 年；b．景德镇明清御窑遗址考古队：《江西景德镇明清御窑遗址考古发掘又有新收获》，《中国文物报》2005 年 3 月 16 日第 1 版。

[2] 刘新园：《景德镇明御厂故址出土永乐、宣德官窑瓷器之研究》，《景德镇珠山出土永乐宣德官窑瓷器展览》，香港市政局出版，1989 年。

③层)[1]。它的第②层为正统时期，基本是由落选御用瓷器碎片构成，以青花云龙纹大缸的碎片为主，另有青花碗、盘、瓶和斗彩碗等[2]。1992～1993年在现中华路西侧，御器厂遗址内南部的东侧，清理出“大量的宣德官窑瓷器，而且都成窝状堆积”，其上覆盖一层白色尾砂[3]。在2004年的考古发掘中，在珠山北麓、御器厂遗址内的东北部清理了5小坑宣德朝的落选御用瓷器碎片[4]。小坑的形状不甚规则，口部呈圆形或不规则圆形，排列较为稀疏，口径0.4～0.8、深0.08～0.2米。上述掩埋宣德朝落选御用瓷器的“窝”和小坑，大多都打破宣德窑业堆积层，其上又往往覆盖宣德窑业废弃物。由此可见，其一般都应是在宣德时期打碎掩埋的。第二种情况，是将落选御用瓷器打碎后堆在一起构成一个小堆。小堆的平面基本呈圆形或椭圆形，直径一般为0.4～0.5米，高在0.2米左右，其上覆盖窑业废弃物。2004年的考古发掘中，在珠山南麓、御器厂遗址内南部的西侧，清理了两小堆宣德朝落选御用瓷器碎片[5]。这两个小堆均堆在宣德时期的地层之上，其上覆盖的也是宣德时期的窑业废弃物，可见其也应是宣德时期打碎掩埋的。第三种情况，是将落选御用瓷器打碎后倾倒在窑业堆积层之上，构成一个面积不大又不厚的小型片状堆积，其上覆盖窑业废弃物。2004年的考古发掘中，在珠山北麓、御器厂遗址内的东北部，清理了两个宣德朝落选御用瓷器碎片的小型片状堆积[6]，其平面形状不甚规则，面积一般为1～2平方米，厚0.05～0.2米。这两个小型片状堆积均在宣德时期的地层之上，其上覆盖的也是宣德时期的窑业废弃物，其也应是宣德时期打碎掩埋的。

明代成化、弘治、正德三朝的掩埋形式和处理方法与宣德朝相比，发生了明显的变化。其是将落选御用瓷器打碎后倾倒在由窑业堆积构成的小山的坡面上，然后在其上面覆盖瓷泥尾砂、杂色土或窑业废弃物，过一段时间在同一位置再往上倾倒打碎的落选御用瓷器碎片，再覆盖与前相同的覆盖物。现最多发现有三层落选御用瓷器碎片层隔层（瓷泥尾砂层或窑业堆积层）上下叠压的情况。落选御用瓷器碎片的这种大面积或较大面积的堆积，我们称之为“片状堆积”。1987～1988年在珠山东北侧清理出来的片状堆积很有代表性[7]。此处文化堆积的断面可分为10层（图八），在其间发现了三个成化朝的落选御用瓷器碎片的片状堆积，清理者将其分别编号为87H1、87H2、88H3。87H1发现于第⑧层（成化窑业堆积层）和第⑦层（成化白色尾砂层）之间，平面呈梭形，长12.9、宽0.1～1.2、厚0.08～0.3米，瓷器碎片的年代为成化早期；87H2位于第⑦层（成化白色尾砂层）和第⑥层（成化垫土层）之间，平面呈三角形，一边长5.7、厚0.05～0.3米，仅清理了3平方米，瓷器碎片的年代为成化中期；88H3位于第⑥层（成化垫土层）和第⑤层（弘治尾砂层）之间，平面呈直角三角形，底边长2.3、斜边长7.1米，面积约为8平方米，厚0.12～0.3米，瓷器碎片的年代为成化晚期。87H1、87H2无疑掩埋于成化时期，

[1] 刘新园：《景德镇明御厂故址出土永乐、宣德官窑瓷器之研究》，《景德镇珠山出土永乐宣德官窑瓷器展览》，香港市政局出版，1989年。

[2] a. 刘新园：《明宣宗与宣德官窑》，《景德镇出土明宣德官窑瓷器》，鸿禧美术馆，1998年；b. 梁穗：《景德镇珠山出土的元明官窑瓷器》，《景德镇出土元明官窑瓷器》，文物出版社，1999年。

[3] 刘新园：《明宣宗与宣德官窑》，《景德镇出土明宣德官窑瓷器》，鸿禧美术馆，1998年。

[4] 景德镇明清御窑遗址考古队：《江西景德镇明清御窑遗址考古发掘又有新收获》，《中国文物报》2005年3月16日第1版。

[5] 景德镇明清御窑遗址考古队：《江西景德镇明清御窑遗址考古发掘又有新收获》，《中国文物报》2005年3月16日第1版。

[6] 景德镇明清御窑遗址考古队：《江西景德镇明清御窑遗址考古发掘又有新收获》，《中国文物报》2005年3月16日第1版。

[7] 刘新园：《景德镇出土明成化官窑遗迹与遗物之研究》，《成窑遗珍—景德镇珠山出土成化官窑瓷器》，香港徐氏艺术馆，1993年。

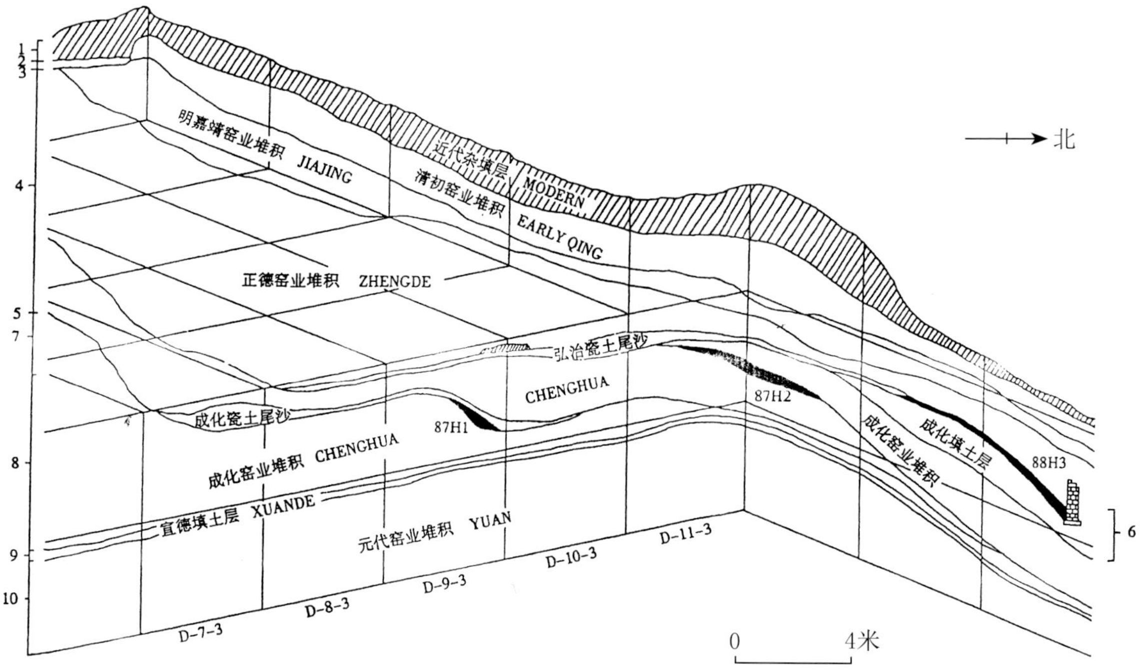

图八　景德镇明清御窑遗址 1987 ～ 1988 年清理发掘的地层剖面示意图

（采自《成窑遗珍》，香港徐氏艺术馆，1993 年）

88H3 约掩埋于成化末或弘治初期。2003 年在珠山北侧的考古发掘中，获得了成化、弘治二朝的片状堆积的落选御用瓷器碎片隔层上下叠压的资料[1]。以 03JY I T0403 为例，此探方的堆积共划分为 10 层，在其间发现了三个落选御用瓷器碎片的片状堆积，编号分别为 P1、P4、P5。P1 位于第③ d 层和第④层之间，平面呈扇形，南北长 4.9、东西宽 4.5、厚 0.05 ～ 0.12 米，瓷器碎片的年代为弘治时期；P4 位于第⑤层和第⑥层之间，平面呈横长方形，南北长 6 ～ 6.85、东西宽 10 余米，厚 0.05 ～ 0.25 米（图九、一〇），瓷器碎片的年代为成化晚期：P5 位于第⑦ d 层和第⑧层之间，平面亦呈横长方形，面积较 P4 小，南北长 1.5 ～ 2.65、东西宽 8、厚 0.05 ～ 0.25 米，瓷器碎片的年代亦为成化晚期。P1 应掩埋于弘治时期，P4、P5 约掩埋于成化末或弘治初年。此外，1987 年在珠山东侧发现了正德朝落选御用瓷器碎片的片状堆积，它是在弘治尾砂层之上，上覆以正德时期的窑业废弃物，出土瓷器碎片的数量不多，但基本都能修复起来[2]。

明代嘉靖朝基本承袭了前朝，对落选御用瓷器仍然是采取打碎掩埋的处理方式，但地层堆积均被清代初年扰乱[3]。从迹象分析，其也是属于片状堆积。

明代隆庆朝的落选御用瓷器碎片在御器厂遗址内迄今还没有发现，万历朝的发现的数量极少，这一情况绝非偶然。明代王宗沐撰的《江西省大志》卷七《陶书》陆万垓为其所作续补条中载：“按逐年存贮器皿，堆积日多，库役皂快乘机盗窃，董事者且拣择馈送，是以公家之物，徒济贪鄙之私。隆庆五年春，蒙抚院议行将存留器皿，委官查解折俸。因验得东、西库房存贮各器，体质

[1] 刘新园、权奎山、樊昌生：《江西省景德镇市珠山明、清御窑遗址考古发掘获重大成果》，《中国古陶瓷研究》第十辑，紫禁城出版社，2004 年。

[2] 梁穗：《景德镇珠山出土的元明官窑瓷器》，《景德镇出土元明官窑瓷器》，文物出版社，1999 年。

[3] 梁穗：《景德镇珠山出土的元明官窑瓷器》，《景德镇出土元明官窑瓷器》，文物出版社，1999 年。

图九　第 4 片状堆积（成化时期）

图一〇　第 4 片状堆积细部

粗粝，花色暗黑，类多不堪。近年如此，远可类推。节经建议发卖或兑民窑，迄无成兑者，非此之故欤。□然官去，吏更册籍，漫无可考。今议将烧造附余次堪不堪器皿，攒造文册，一样三本，二本新旧厂官交执，一本给库子收查。庶数目明而稽考严，少杜窃取移那之弊云。”[1] 从这段记载中可以看出，明代隆庆、万历朝御器厂对落选御用瓷器是存贮于库房，登记造册，不采取打碎掩埋的处理方法了。那么在御器厂遗址内未发现隆庆朝的落选御用瓷器碎片堆积就是很正常的了。

[1] 明万历二十五年刻本。

这样看来，发现的极少量的万历朝的，也不一定是有意打碎掩埋的了。值得注意的是，从这段记载中可知，对库存的落选御用瓷器，当时还有了“折俸”、“发卖”、“兑民窑”的建议，这是对落选御用瓷器处理方法改革的一个大胆的设想。

明代天启、崇祯朝御器厂停烧或基本停烧[1]，也就没有了处理落选御用瓷器的问题了。

综合上述，明代御器厂对落选御用瓷器的处理，至迟在永乐时期就确立了打碎掩埋的制度。洪武、永乐时期的掩埋地点主要在珠山以南靠近御器厂的围墙处，打碎后倾倒在平地或低凹处，堆积比较厚，所占面积比较大，一次处理的数量比较多，说明其是隔时集中处理的。宣德时期的掩埋地点分布比较广泛，在珠山南北都有发现，采取的是小坑、小堆和小型片状堆积的掩埋方式，操作细致、认真、严格，除宣德初期集中处理了一批库存的永乐朝的落选御用瓷器外，处理宣德朝的小坑、小堆、小型片状堆积分布比较分散，每个遗迹内出土的瓷器数量也不多，并且大多都打破或叠压宣德窑业堆积层，其上又覆以宣德时期的窑业废弃物，这说明宣德朝的落选御用瓷器可能是随时处理的。正统时期不再单独挖坑或堆堆等，而是利用已有的沟槽等，即将落选御用瓷器打碎倾倒在沟槽里。成化至嘉靖时期的掩埋地点集中于珠山东侧和北侧，是顺着由窑业堆积构成的小山的坡面倾倒，堆积层普遍较薄，面积较大，发现的面积最大者竟达 70 余平方米，也是隔时集中处理，但处理得比较草率，远没有宣德时期认真、严格。隆庆、万历时期打碎掩埋制度基本被废止不用，而是将落选御用瓷器存贮于库房，至于如何处理，似乎还没有一个明确的制度规定。

二

进入清代，御窑厂的生产情况逐渐好转。清代初年时有烧造活动，顺治八年曾奉敕烧造香炉[2]等器；“顺治十一年奉旨烧造龙缸”[3]（未成）；“顺治十六年奉旨烧造栏板”[4]（亦未成）；“康熙十年烧造祭器等项”[5]。康熙“十九年九月，始奉烧造御器，差广储司郎中徐廷弼、主事李廷禧来镇驻厂监督”[6]，明代以来的御窑厂制度正式恢复。此后经年烧造，每年分限解京，以供御用。这样又有了落选御用瓷器及其处理的问题。

清代御窑厂对落选御用瓷器的处理方式，是在明代隆庆、万历时期做法的基础上加以改进，逐渐形成了一个新的制度。清代雍正、乾隆时期御窑厂督陶官唐英在乾隆八年二月二十日《请定次色瓷器变价之例以杜民窑冒滥折》中说：“窃奴才于雍正六年奉差江西，监造瓷器，自十月内到厂，即查得有次色脚货一项，系落选之件。从前监造之员，以此项瓷器向无解交之例，随散贮厂署，听人匠使用，破损遗失，致烧成之器皿与原造之坯胎，所有数目俱无从查核。……奴才辗转思维，实不便遗存在外，以蹈亵慢不敬之咎。随呈商总管年希尧，将此次色脚货，按年酌估价值，造成黄册，于每年大运之时一并呈进，交贮内府。有可以变价者，即在京变价；有可供赏赐者，即留备赏用。自奴才到厂之后，于雍正七年为始迄今，总属如此办理。今于乾隆七年十二月十二日接到养心殿造办处来文，内有传奉本年六月二十三日谕旨：‘嗣后脚货，不必来京，即在本处变价。’……奴

[1] 刘新园：《景德镇瓷窑遗址的调查与中国陶瓷史上的几个相关问题》，《景德镇出土陶瓷》，香港冯平山博物馆，1992 年。

[2] 这件香炉现在北京雍和宫，系青花云龙纹，炉上以青花料楷书“顺治八年江西监察奉敕敬造”12 字。

[3] 康熙十二年《浮梁县志》卷之四《陶政》。

[4] 康熙十二年《浮梁县志》卷之四《陶政》。

[5] 康熙十二年《浮梁县志》卷之四《陶政》。

[6]（清）蓝浦：《景德镇陶录》卷二《国朝御窑厂恭纪》，《中国陶瓷名著汇编》，中国书店，1991 年。

才愚昧之见，请将此选落之黄器、五爪龙等件照旧酌估价值，以备查核，仍附运进京，或备内廷添补副余，或供赏赐之用，似可以尊体制而防亵越。至如余外选落之款釉花样等件，凡属官造，向亦在查禁之列，不许民窑书款仿造。然于国家之制度等威，尚无关涉，似不妨在外变价。奴才请将此项次色脚货，仍按年估计造册，呈明内务府。俟核复到日，听商民人等之便，有愿领销者，许其随处变价，仍不许窑户影射伪造，以杜滥觞壅滞，则此选落之无关定制者既易销售，而黄器、五爪龙之选落者亦得所用，不致流布民间，以滋亵越矣。”[1] 唐英的这份奏折呈进之后，在奏折上的朱批是：“黄器如所请行。五爪龙者，外边常有，仍照原议行。”引文中的“次色脚货”即是本文所说的“落选御用瓷器”。从这段记载可知，清代御窑厂对落选御用瓷器的处理情况。

雍正六年及其以前，即唐英到御窑厂监理窑务之前，落选御用瓷器散存在御窑厂内，厂内人员和工匠们可以任意使用，有的破损了，有的遗失了。这种状况与明代隆庆、万历时期非常相似。

唐英到任后，自雍正七年始，至乾隆七年，是将落选御用瓷器按年酌情估价，登记造册，每年与入选御用瓷器一起解运呈进，交内府贮存，或在京变价出售，或以备赏赐时用。

乾隆七年以后，根据谕旨，落选御用瓷器不再送京，在当地变价出售。在唐英的请求下，落选御用瓷器中只有黄器一类可以解运进京，供内廷备用或作为赏赐之用品。

综合上述，清代御窑厂对落选御用瓷器的处理与明代相比，发生了较大的变化，彻底废除了明代洪武至嘉靖时期御器厂打碎掩埋的制度。雍正六年及其以前，基本沿袭了明代隆庆、万历时期的做法，存贮于御窑厂内，尚没有一个明确、具体的处理规定。雍正七年至乾隆七年，在唐英的努力下，落选御用瓷器可以解运送京，交内府存贮，可在京变价出售，有了明确、具体的处理办法。乾隆七年以后，除黄器外，其余落选御用瓷器一律在当地变价出售，并成为了制度。这项制度应该说得到了较好的贯彻、执行。唐英在乾隆二十一年四月二十四日《次色瓷器变价销售不能年清年款折》中说：“窃照江西窑厂烧造瓷器，每年选落次色器皿，于乾隆七年按照烧造成本估计，即在本处变价。”[2]

三

通观景德镇明清御器（窑）厂对落选御用瓷器的处理方式，大体可以分为三个阶段。第一是打碎掩埋阶段，年代是明洪武至嘉靖时期；第二是存贮于库房阶段，年代是明隆庆至清雍正六年；第三是变价销售阶段，年代是雍正七年及其以后。

御用瓷器是皇权的象征，在一定意义上代表了国家之制度等威，臣庶不能珍藏、擅用，民窑更不能仿造。明王朝对御用瓷器的“至尊”地位一直是极力保护的，对擅自将其赠送给他人者和仿造出售及馈送官员者的处理是十分严厉的。《明实录·宣宗实录》卷三四记载：宣德二年十二月癸亥，将派往饶州监造瓷器的太监张善在京城斩首，其两条罪状中的一条就是将“所造御用瓷器多以分馈其同列”[3]。又《明实录·英宗实录》卷四九记载：正统三年十二月丙寅，“命都察院出榜，禁江西瓷器窑场烧造官样青花白地瓷器于各处货卖及馈送官员之家。违者正犯处死，全家谪戍口外”[4]。同时也严禁民窑私造，违者严惩不贷。《明实录·英宗实录》卷一六一记载：正统

[1]（清）唐英：《唐英集·榷务督陶奏折》，辽沈书社，1991 年。

[2]（清）唐英：《唐英集·榷务督陶奏折》，辽沈书社，1991 年。

[3] 台北中央研究院历史语言研究所校印本。

[4] 台北中央研究院历史语言研究所校印本。

十二年十二月甲戌，“禁江西饶州府私造黄、紫、红、绿、青、蓝、白地青花等瓷器。命都察院榜喻其处，有敢仍冒前禁者，首犯凌迟处死，籍其家赀，丁男充军边卫，知而不以告者连坐”[1]。可见对御用瓷器的管理是非常严格的。落选御用瓷器虽然再也不能进入宫廷供皇帝享用，但它毕竟是御用瓷器，其他人也不能使用，更不能流入民间。那么打碎掩埋起来，让它永远消失，在当时无疑是最佳的处理方式了。

明嘉靖以后情况发生了变化。流行了“官搭民烧”的制度，凡属宫廷需要而临时加派的“钦限”瓷器都是由民窑来烧造的[2]。这样原来的禁民窑私仿御窑瓷器的问题就不存在了。民窑烧造御用瓷器，不但其落选御用瓷器会流入民间，甚至完美之品也会流入民间。那么再将御器厂的落选御用瓷器打碎掩埋就没有任何意义了。所以，明代隆庆、万历时期开始，就不采取打碎掩埋的处理方式，而是临时存贮于库房内，以待处理。

御器（窑）厂落选御用瓷器的数量很多，长期存贮于御器（窑）厂内，不但会破损、遗失，而且库房也是个问题。显然不能长期这样下去。所以，唐英在清雍正六年到御窑厂监理窑务后提出了在京变价销售的问题，乾隆七年后改为在当地变价销售。这是落选御用瓷器处理方式上的一个重大变革。按当时的制度规定，有些款式“非民间所敢使用者”，有些器皿“非奉赏赐，凡在臣下不敢珍藏、擅用，以滋违制之戾”[3]。制度规定还是比较明确的，但执行起来就没有那么严格了。对落选御用瓷器变价销售并不是偶然、孤立的，据清宫档案记载：“乾隆二年变价（库贮）康熙年款圆琢瓷器十一万一千七百六十三件；乾隆二十三年变价（库贮）康熙无款圆琢瓷器五千五百二十三件。”[4] 对库贮的全美之器都可以变价出售，那么对落选御用瓷器的变价销售就是顺理成章的事了。

综合上述，明清御器（窑）厂对落选御用瓷器的态度和处理方式的变化，与当时的制度规定的改变或调整是密切相关的。对御用瓷器或入选御用瓷器严格管理时，对其处理也就严格；反之，对其处理也就松一些，甚至可以变价销售。

（原载《文物》2005年第5期）

[1] 台北中央研究院历史语言研究所校印本。
[2] 中国硅酸盐学会：《中国陶瓷史》第九章《明代的陶瓷》，文物出版社，1982年。
[3]（清）唐英：《请定次色瓷器变价之例以杜民窑冒滥折》（乾隆八年二月二十日），《唐英集·榷务督陶奏折》，辽沈书社，1991年。
[4] 铁源、溪明：《清代御窑厂烧造瓷器的数量》引，《江西藏瓷全集·清代（下）》，朝华出版社，2005年。

从考古资料看景德镇明永乐、宣德时期御窑的烧成工艺

瓷器制作工序多，做成一件瓷杯要“过手七十二，方克成器”[1]。瓷坯入窑烧造，是瓷器制作的最后一道工艺，也是关键的一道工序。如烧坏了，那就前工尽弃了。所以，历代的各窑厂都非常重视烧成工艺的改进和创新。考古资料中直接反映烧成工艺的资料比较丰富，景德镇明代御窑遗址出土的与烧成工艺相关的资料有窑炉遗迹和窑具、火照等。本文拟据这些资料，从考古学的角度对景德镇明代永乐、宣德时期御窑的烧成工艺做以探讨。

一　窑炉形制、结构与特点

明代御窑遗址出土的窑炉遗迹有葫芦形窑、馒头形窑两种。皆以柴为燃料。

1．葫芦形窑

所谓葫芦形窑，清代《南窑笔记》描述：“窑形似卧地葫芦，前大后小”。[2] 2002～2004年对御窑遗址发掘中，在珠山北麓（遗址的东北部）发现了明代洪武至永乐时期的葫芦形窑炉遗迹7座，皆坐东朝西，南北向整齐排成一排，窑前设6.2米宽的统一的工作面，规模宏大，具皇家气派[3]。考古资料表明，明代御窑从洪武时期就使用了葫芦形窑，永乐时期沿用之。永乐与洪武时期的葫芦形窑形制、结构相同。其由窑前工作面、窑门、火膛、前室、后室、烟囱、护窑墙等部分组成，以楔形大砖砌成。窑床前低向后渐高，倾斜度为8°～10°。整体斜长（不含窑前工作面）10米余，前室宽3.2～3.78、后室宽1.8～2.5米。例如，04JYⅠY6（图一），该窑炉遗

图一　葫芦形窑遗迹（04JYⅠY6，明洪武至永乐时期）

[1]（明）宋应星：《天工开物》卷中《陶埏》“白瓷”条，潘吉星译注本，284页，上海古籍出版社，1992年。
[2]（清）佚名：《南窑笔记·窑》，《古瓷鉴定指南》三编，85页，北京燕山出版社，1993年。
[3] 北京大学考古文博学院等：《江西景德镇明清御窑遗址发掘简报》，《文物》2007年第5期，4～47页。

迹保存比较完整，窑前工作面长 4.8、宽 6.2 米，窑门宽 0.7、残高 0.6 米；火膛呈半圆形，进深 1.00 米，最宽处为 3.20 米；前室与火膛合成一个圆形空间，进深 1.46、宽 3.20 米；后室左右两壁略外撇，前中部斜直，后部弧形内收，长 6.90 米，宽 1.96 ～ 2.28 米。窑砖长 0.27 ～ 0.3、厚 0.06 ～ 0.07、大头宽 0.14 ～ 0.15、小头宽 0.1 ～ 0.12 米，窑壁厚 0.3 米，残高 0 ～ 0.5 米，窑床倾斜度为 8°，由窑门至后室后壁斜长 10.66 米。该窑壁外侧有一道宽约 0.14 ～ 0.44、残高 0 ～ 0.4 米的护窑墙，以残砖、碎瓦和匣钵片砌制而成，中间间有碎瓷片、碎砖块和红土，南侧护窑墙中还夹砌一块永乐时期的长方形白瓷砖。

葫芦形窑是由龙窑发展、演变而来的，2005 年在对景德镇丽阳元代民窑窑址发掘中，发现了龙窑向葫芦窑过度型的窑炉遗迹[1]。该窑炉斜长 24.2、宽约 3.4 ～ 4 米，坡度 15°；窑室前部两壁内弧，后壁呈弧形，没有排烟孔，尾部应有烟囱（图二，1）。该窑炉既保持了龙窑的某些特点，又具备了葫芦形窑的一些特征。大约到元代晚期葫芦形窑形制趋于成熟。1979 年在景德镇湖田窑址（民窑）清理的一座元代晚期的葫芦形窑遗迹[2]，完全具备了葫芦形窑的条件（图二，2）。说明明代御窑初创时期窑炉形制源自于本地。但它不是照搬，而是进行了一番改造。前面说到的湖田窑址发现的元代葫芦形窑遗迹，全长 19.8、前室宽 4.56、后室宽 2.74 米，倾斜度 12°，窑体窄而长，前室与后室的大小比例悬殊。明初御窑的葫芦形窑（图二，3）与元代相比，整体长度缩短，前、后室的大小比例和倾斜度缩小。葫芦形窑吸取了馒头形窑的优点，前、后两室相连，前室高、后室低，火焰的流动属于半倒焰式，适合于烧器型较大、胎较厚、釉层较厚、釉料中含氧化钾较高的器物。葫芦形窑经过明代洪武、永乐御窑的改造之后，这些优势就更加突出了。

需要说及的是，从发掘出土的迹象观察，宣德时期御窑有可能继续使用葫芦形窑，但已不是主要的窑炉形制了，主要的是馒头形窑。

2．馒头形窑

2004 年对御窑遗址发掘中，在珠山南麓（御窑遗址的东南部）发现了 15 座馒头形窑遗迹，皆坐西朝东，南北向整齐排成一排，窑前设有宽敞的统一的工作面，规模宏大，气势非凡[3]。这又是明代御窑的一处窑炉区。该窑炉区延续时间比较长，发现有三座窑炉遗迹上下叠压的情况（图三），年代初步推断为宣德至万历时期。图三所示最下层的第 12 号窑（04JYⅡY12）应属于宣德时期。从发现的资料看，宣德至万历时期窑炉的形制、结构、尺寸基本相同。均用长方形小砖砌成，由窑前工作面、窑门、火膛、窑室、烟道、排烟孔、烟囱、护窑墙等部分组成，通长（不含窑前工作面）3.80 ～ 4.10、窑室宽 2.00 ～ 2.30 米。

馒头形窑是北方流行和普遍使用的窑炉形制，以往长江中下游地区一般均使用龙窑，仅在元代晚期景德镇出现了葫芦形窑。馒头形窑火焰的流动属于半倒焰式，与龙窑相比，有升温慢、降温也慢、保温时间长的特点，适合于烧造大型器和胎或釉较厚的器物。宣德御窑断然采用馒头形窑，显然是看中了它的优点。宣德御窑烧造品种多样化，特别是彩瓷、低温颜色釉瓷器的发展和大型瓷器烧造量、器类的迅速增长，原有的葫芦形窑已不适应御窑生产的需要了，那么选择适合御窑生产的馒头形窑顺理成章。葫芦形窑虽然也具备馒头形窑的优点，但它毕竟还保留许多龙窑的特点，所以两者还有所不同。

[1] 故宫博物院等：《江西景德镇丽阳碓臼山元代窑址发掘简报》，《文物》2007 年第 3 期，9 ～ 16 页。
[2] 景德镇陶瓷历史博物馆刘新园、白焜：《景德镇湖田窑考察纪要》，《文物》1980 年第 11 期，39 ～ 49 页。
[3] 北京大学考古文博学院等：《江西景德镇明清御窑遗址发掘简报》，《文物》2007 年第 5 期，4 ～ 47 页。

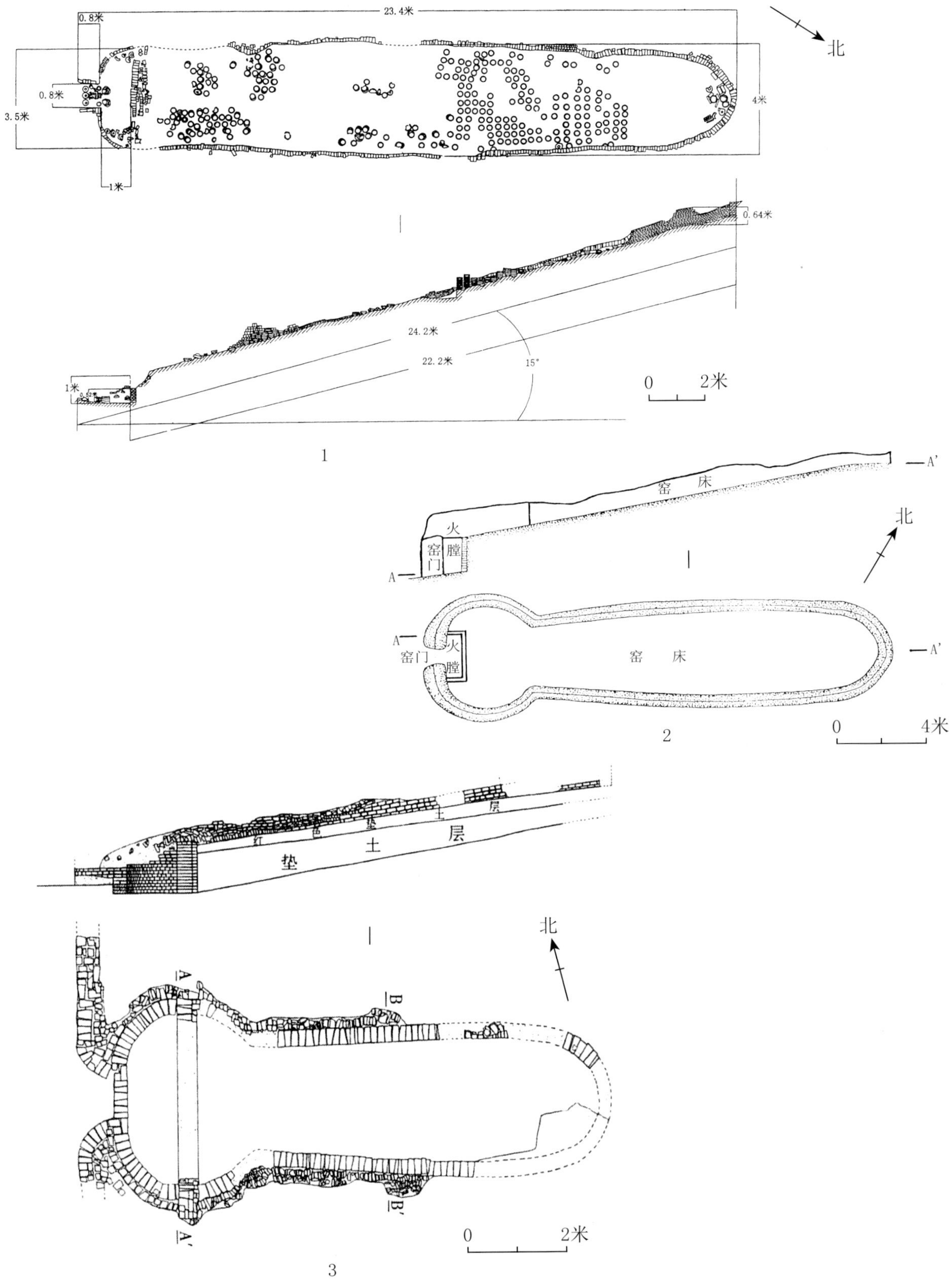

图二 元代、明初葫芦形窑形制

1. 丽阳窑址出土龙窑遗迹（Y2，元代） 2. 湖田窑址出土葫芦形窑遗迹（元代晚期） 3. 御窑址出土葫芦形窑遗迹（04JYⅠY6，明洪武至永乐时期）

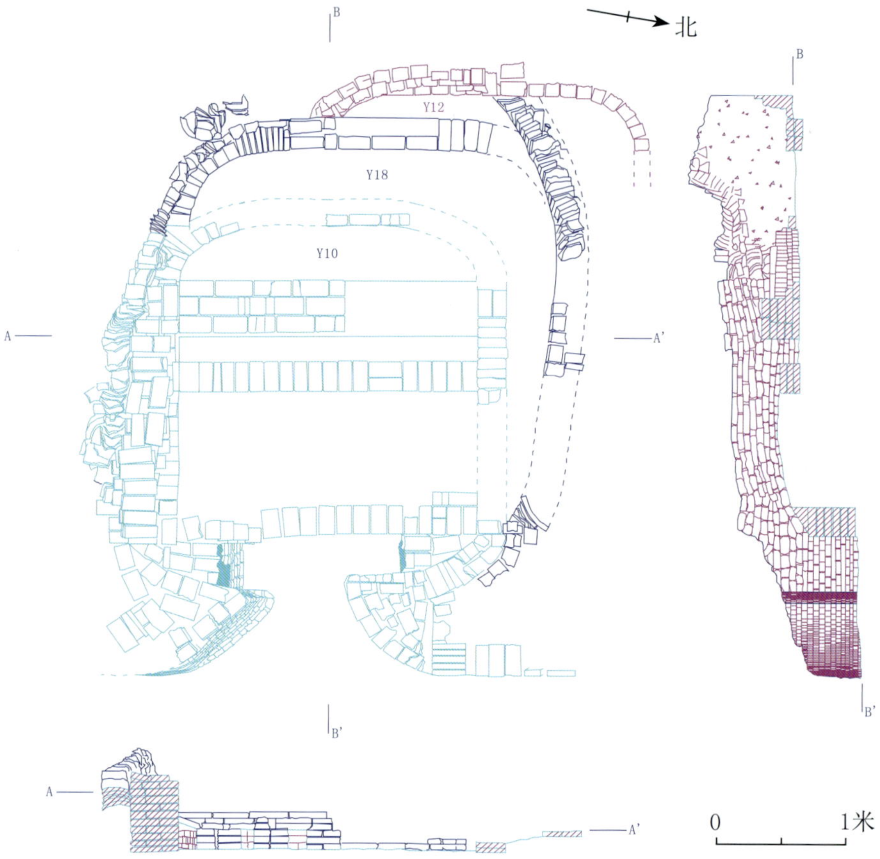

图三　馒头形窑遗迹（04JYⅡY10、18、12，明宣德至万历时期）

宣德时期御窑使用馒头形窑，也不是原封不动地搬来，而是对其形制、结构做了较大的改动。北方元明时期馒头形窑，窑体普遍较大，1987年河北观台磁州窑址出土的第八号窑（元代），全长（不含窑前工作面）竟达8.35米，窑室宽5.64米[1]；窑床一般前高向后渐低，有一定的坡度；一般设两个平面呈方形或半圆形或圆形的烟囱[2]。而明代御窑的馒头形窑，窑体较小；窑床平整无坡度；窑床与后壁之间增设了低于窑床面的烟道；后壁外为一个与窑室等宽的横向窄长方形的烟囱（图四）。窑体改小，更有利于掌握、控制窑内烧成温度和气氛；结构的改动，更有利于烧成。改进后的馒头形窑，应是更加符合御窑烧造多品种、高质量瓷器的要求了。

还应说及的是，馒头形窑的优点也同样被景德镇民窑所看重，1977年在湖田窑址清理了一座明代中期的馒头形窑[3]，通长4、窑室宽2.5～2.7米。其形制与御窑馒头窑大体相同。但结构有所不同，其窑床前高向后渐低，坡度12.5°，窑床后部不设烟道，与北方宋元馒头形窑窑床结构基本相同。可是，由于馒头形窑装烧量小，民窑又是属于商品生产，所以馒头形窑在景德镇民窑中未能流行。

[1] 北京大学考古学系等：《观台磁州窑址》，文物出版社，1997年。

[2] 北京大学考古学系等：《观台磁州窑址》，文物出版社，1997年；陕西省考古研究所：《陕西铜川耀州窑》，科学出版社，1965年。

[3] 景德镇陶瓷历史博物馆刘新园、白焜：《景德镇湖田窑考察纪要》，《文物》1980年第11期，39～49页。

图四 馒头形窑遗迹（04JYⅡY14，明宣德至万历时期）

二 窑具与装烧方法

御窑遗址出土的窑具主要有匣钵、套钵、垫饼等。匣钵是装烧瓷器的器具，用耐火土制作，质地粗糙、坚硬。使用历史悠久，从迄今发现的考古资料看，早在东晋后期至南朝早期江西丰城洪州窑就使用了匣钵[1]。匣钵在烧造瓷器中的作用，清代唐英《陶冶图编次》（《陶冶图说》）中说："瓷坯入窑最宜洁净，一沾泥渣便成斑驳；因窑风火气冲，易于伤坯。此坯胎之所以用匣钵套烧也。"[2] 御窑匣钵形制主要有两种：一是桶形（图五），有深、浅腹之别；一是漏斗形（图六），也有深、浅腹之别，深腹者，应是装烧高足碗的。套钵是明代御窑独有的装烧瓷器的器具，以瓷土制作，呈白色，质地细密。作钵形，方唇，敞口，斜直壁，平底。有盖，盖面隆起，略呈半圆形（图七）。套钵在宣德时期已经流行，据遗址内明初地层出土的套钵碎片看，大约出现于永乐时期。垫饼是瓷器装烧时支垫瓷器的器具，用瓷土作成。作圆形（图八），垫面平整，有的中部呈圆形垂直浅凹，有的做出呈放射状、等距离的三条窄浅的槽；背面往往是中部平整，周围呈缓坡状。大小相差悬殊，小者不足 5 厘米，大者可达 23 厘米。

装烧方法主要有两种。一种是，匣钵、垫饼组合使用，即在桶形和漏斗形匣钵内底中部铺一层细砂，在砂上置一垫饼，在垫饼上正放一器物，一个匣钵内装一件器物，这是传统的装烧方法。另一种是，匣钵、套钵、垫饼组合使用（图九，1、2、3），即装烧时，先在深腹桶形匣钵内放一套钵，然后在套钵内底铺一层细砂，细砂上置一垫饼，垫饼上放器物，最后盖上盖。这种装烧方法为景德镇明代御窑所发明，不见于以往和同时期的其他瓷窑，对提高瓷器烧成质量和成品率应有重要的作用。

装窑时，将装上瓷器坯件的同型号匣钵在窑室内叠摞起来，组成一个个匣钵柱。叠摞的高度，

[1] 权奎山：《论洪州窑的装烧工艺》，《考古学研究（四）》，300 ～ 320 页，科学出版社，2000 年。

[2]（清）唐英：《陶冶图编次》（《陶冶图说》），《唐英集》，955 页，辽沈书社，1991 年。

1．浅腹（04JY Ⅳ T0501 ⑤ C，明宣德）

2．深腹（04JY Ⅳ T0501 ⑤ C，明宣德）

图五　桶形匣钵

1．浅腹（04JY Ⅳ T0501 ⑤ C，明宣德）

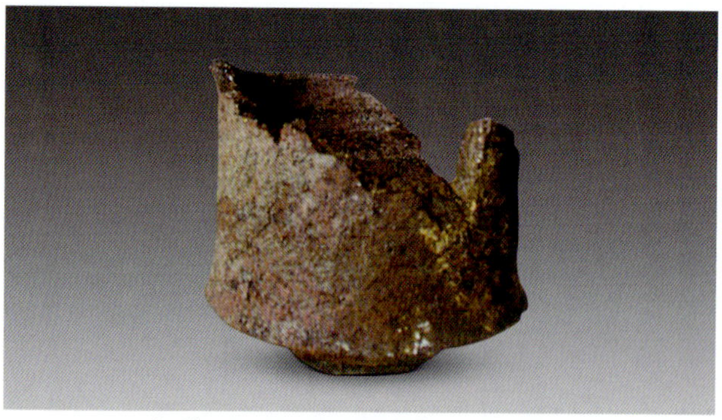

2．深腹（04JY Ⅳ T0501 ⑤ C，明宣德）

图六　漏斗形匣钵

1．盖（04JY Ⅳ T0501 ⑤ C，明宣德）

2．钵（04JY Ⅳ T0501 ⑤ C，明宣德）

图七　套钵

1．垫面（04JY Ⅳ T0501 ⑤ C，明宣德）

2．背面（04JY Ⅳ T0501 ⑤ C，明宣德）

图八　垫饼

即匣钵柱的高度，视窑室的高度而定。匣钵柱在窑室内一般是分行排列，两行之间有一定的距离，以使火焰流通。因为窑床前部挨着火膛，火焰大而冲，所以御窑装窑时“前以空匣障火”[1]。关于永乐、宣德时期每座窑每次装置瓷器坯件的数量，没有考古出土资料，当时也没有文献记载。但如前述，宣德时期的馒头形窑与其后的明代中晚期的馒头形窑的形制、结构和尺寸大体相同，所以明代晚期文献的相关记录，却可以参考。明嘉靖王宗沐《江西省大志》卷七《陶书 · 窑制》记载：“陶官窑五十八座，除缸窑三十余座烧鱼缸外，内有青窑系烧小器，有色窑造颜色，制员而狭，每座止容烧小器三百余件”。陆万垓续中说：缸窑每座装烧“鱼缸大样、二样者，止烧一口；瓷缸三样者，一窑结砌二台，则烧二口”。还说：青窑“每座烧盘、碟中样器，止烧二百多件，稍大者一百五十六件，大碗二十四件，尺碗三十件，大坛止烧十六七件，小酒杯五六百件”。[2] 可见，御窑的装窑是很讲究的，每座窑装烧的数量是因所装烧的坯件尺寸不同而有所差别。这是计算装烧量应注意的情况。民窑则有所不同，明嘉靖王宗沐《江西省大志》卷七《陶书 · 窑制》记载：“民间青窑约二十余座，制长阔大，每座容烧小器千余件。”[3] 每窑比御窑的装烧量大得多，但与龙窑、葫芦形窑的装烧量相比，这个数量应不算大。

三　火照与验火技术

火照是检验窑内烧成情况的器具。南宋蒋祈《陶记》中说：“火事将闭，器不可度，探坯窑眼，以验生熟，则有火照。”[4] 火照的制作、作用和使用方法，清代蓝浦《景德镇陶录》卷四《陶务方略》中有比较具体的记载：“本烧户，亦有自试火照之法。盖坯器入窑，火候、生熟，究不可定。因取破坯一大片，中挖一圆孔，置窑眼内，用钩探验生熟。若坯片孔内皆熟，则窑渐陶成，然后可歇火。”[5] 可见，火照在掌握火候、判断生熟方面的重要作用。从迄今发现的考古资料得知，东晋时期江西丰城洪州窑就发明了火照[6]。东晋时期的火照不是“取破坯一大片，中挖一圆孔”而成的，而是由普通的小碗做成的，即将施了釉的小碗坯体挖一较大的圆孔，整个小碗便成了火照[7]。大约到唐代有了以破损的瓷器坯件切割成的火照[8]。

明代永乐、宣德御窑址出土的火照，基本是宣德时期的。其一般是从不同器型、施上釉的器物坯件的残件上切割而成的，形状多样，有长方形、方形、不规则方形、三角形、圆形（图一〇）等。

这时期火照有三点值得注意，一是釉色不同，有白釉、蓝釉、仿哥釉（图一一）等，可知一种釉色的器物，一般应是用相同釉色的火照来验火的；二是有釉里红（图一一，下左）、青花火照，应分别用来检验釉里红、青花瓷器的；三是薄、厚不同，薄者不足 0.1 ～ 0.2 厘米，厚者可达 1.9 ～ 2.6 厘米，可见器壁厚度不同的器物，是用相应厚度的火照来验火的。这些事实说明，不同釉色、不同彩、不同厚度的瓷器，都有了相应的火照，反映了工匠对火照作用认识的深化，进而表明验火技术的提高。

[1]（明）王宗沐撰、陆万垓续补：《江西省大志》卷七《陶书 • 窑制》，明万历二十五年刻本。

[2]（明）王宗沐撰、陆万垓续补：《江西省大志》卷七《陶书 • 窑制》，明万历二十五年刻本。引文中提到的“青窑”、“色窑”、“缸窑”应是馒头形窑。

[3]（明）王宗沐撰、陆万垓续补：《江西省大志》卷七《陶书 • 窑制》，明万历二十五年刻本。引文中提到的“青窑”也应是馒头形窑。

[4]（南宋）蒋祈《陶记》，白焜校注本，《景德镇陶瓷》总第十期（《陶记研究专刊》），1981 年。

[5]（清）蓝浦：《景德镇陶录》卷四《陶务方略》，《中国陶瓷名著汇编》，39 页，中国书店，1991 年。

[6] 权奎山：《三国两晋南北朝时期制瓷工艺的突出成就》，《跋涉集》，228 ～ 233 页，北京图书馆出版社，1998 年。

[7] 权奎山：《三国两晋南北朝时期制瓷工艺的突出成就》插图一，《跋涉集》，230 页，北京图书馆出版社，1998 年。

[8] 南京博物院：《江苏宜兴涧潈窑》，《中国古代窑址调查发掘报告集》，51 ～ 58 页，文物出版社，1984 年。

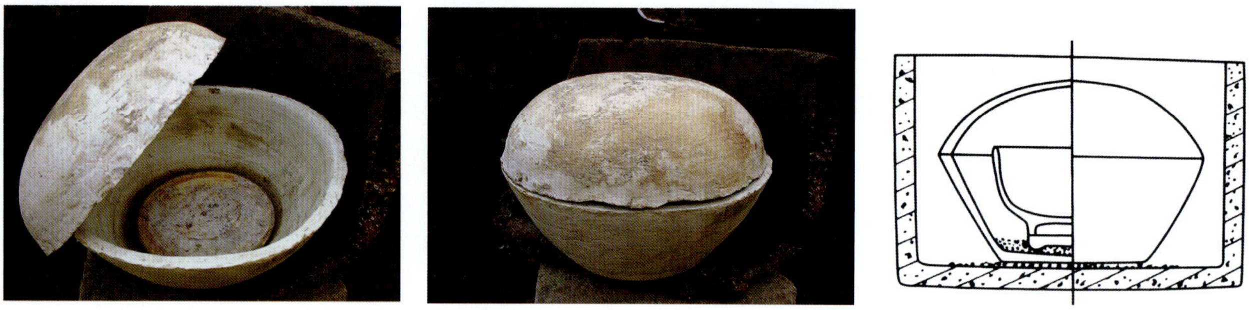

1　2　3

图九　套钵使用方法复原

1、2. 使用方法复原（04JY Ⅳ T0501 ⑤ C，明宣德）　3. 复原示意图（采自刘新园先生论文）

图一〇　火照形制（02JY Ⅰ T0501 ⑤，明宣德）

图一一　火照釉色（02JY Ⅰ T0501 ⑤，明宣德）

四　结语

景德镇出土的明代永乐、宣德时期御窑的窑炉遗迹和窑具、火照，使我们真实、客观地了解了当时御窑的烧成工艺。一般说来，永乐时期烧成工艺来自前朝洪武时期，洪武的烧成工艺又来自于本地元代晚期；宣德时期在延续永乐工艺的同时，吸取了北方的馒头窑工艺。所以可以说，永乐、宣德时期御窑的烧成工艺是融汇了南北方烧成工艺的精华。其在吸收、利用的同时，根据御窑自身特点和需要又有许多改进和创新，宣德时期尤为突出。也由此带来了永乐、宣德时期御窑的兴盛。值得一提的是，永乐、宣德时期御窑的烧成工艺大多被其后的明代御窑所继承，对后来明代御窑的烧成工艺产生了积极的影响。

明代永乐、宣德时期御窑的烧成工艺，毫无疑问可以烧造出精美的瓷器，大量传世瓷器已向人们昭示了这一点。御窑遗址出土的大量永乐、宣德时期有缺陷的落选御用瓷器又告诉告诉人们，永乐、宣德时期御窑的烧成技术在当时的制瓷手工业中虽然是最好的，但不是尽善尽美的。落选御用瓷器中很大一部分瓷器的缺陷是彩色不佳和釉的呈色不好。究其原因，主要是瓷器在窑炉内烧造过程中，匠人对温度和气氛掌握、控制还不完全到位，说明其烧成工艺还有局限性，还有需要改进、提高之处。

（原载《永宣时代及其影响——两岸故宫第二届学术研讨会论文集》，故宫出版社，2012 年）

明代宣德御窑址的考古发现与探索

中国早在商代就发明了瓷器[1]。瓷器作为一种器具，很早就进入了宫廷。北宋晚期以前宫廷用瓷器主要是通过土贡[2]和命地方烧造[3]两个渠道获得的。随着宫廷用瓷器数量的不断增长和对品种、质量要求的日益严格，土贡和命地方烧造的瓷器已不能适应和满足宫廷的需要了，于是在北宋晚期“政和间，京师自置窑烧造”，这个窑“名曰官窑”[4]。南宋“袭故京遗制，置窑于修内司，造青器，名内窑”[5]。“后郊坛下别立新窑”[6]，“亦曰官窑”[7]。元代于世祖至元十五年（1278年）设置“浮梁磁局”，“掌烧造磁器”[8]等事。明清两代沿袭宋元时代的做法，在江西景德镇设置御窑。文献记载和研究成果表明，明代御窑创建于洪武二年（1369年）[9]，初期称“陶厂”，后来改称“御器厂”；明王朝覆亡，其遂被清王朝接管，并改称为“御窑厂”，直至清王朝灭亡。前后延续了542年。

一　景德镇明清御窑遗址和考古工作简述

清王朝灭亡，御窑也就不复存在了。废弃后，在御窑范围内，珠山以南，先是江西省陶瓷局[10]，1949年以后则为景德镇市人民政府所在地；珠山以北，先是江西瓷业公司[11]，后来是景德镇建国瓷厂所在地。随着时间的推移和人类在遗址上的频繁活动及不断开发，御窑设施和地面建筑除位于南门内的一口井外，其余均早已荡然无存。其上建满了办公楼房、民宅、商店和厂房等。

当年御窑建筑有围墙，其范围，清乾隆七年和乾隆四十八年《浮梁县志》均记载周“五里许”[12]；

[1] 中国硅酸盐学会：《中国陶瓷史》第二章《夏商周春秋时期的陶瓷》，76～80页，文物出版社，1982年。

[2] 古代文献中有关土贡瓷器的记载较多，例如：a．（唐）李吉甫：《元和郡县图志》卷第五《河南道（一）》载：河南府“开元贡：白瓷器，绫”，130页，中华书局，1983年；b．（宋）欧阳修、宋祁：《新唐书》卷三十九《地理志（三）》“河北道”条载：邢州巨鹿郡土贡“磁器”；同书卷四十一《地理志（五）》“江南道”条载：越州会稽郡土贡“瓷器”，1013、1060页，均中华书局，1975年；c．（元）脱脱等：《宋史》卷八十七《地理志（三）》“陕西路”条载：耀州贡“瓷器”，2146页，中华书局，1985年。

[3]（宋）叶寘：《坦斋笔衡》载：“本朝以定州白磁器有芒，不堪用，遂命汝州造青窑器”。元代陶宗仪《南村辍耕录》卷二十九“窑器”条引，363页，中华书局，1959年。

[4]（宋）叶寘：《坦斋笔衡》，元代陶宗仪《南村辍耕录》卷二十九“窑器”条引，363页，中华书局，1959年。

[5]（宋）叶寘：《坦斋笔衡》，元代陶宗仪《南村辍耕录》卷二十九“窑器”条引，363页，中华书局，1959年。

[6]（宋）叶寘：《坦斋笔衡》，元代陶宗仪《南村辍耕录》卷二十九“窑器”条引，363页，中华书局，1959年。

[7]（宋）顾文荐：《负暄杂录》，《说郛》卷十八，上海商务印书馆排印本，1927年。

[8]（明）宋濂等：《元史》卷八十八《百官志（四）》“浮梁磁局”条，2227页，中华书局，1976年。

[9] 清乾隆七年《浮梁县志》卷七《建置》“景德镇厂署”条载：“御器厂建于里仁都珠山之南，明洪武二年设厂制陶，以供尚方之用。规制既弘，迨后基益扩，辟垣五里许。”清嘉庆二十年蓝浦：《景德镇陶录》卷一《图说》“景德镇图”条载：“明洪武二年（《江西大志》作三十五年）就镇之珠山设御窑厂，置官监督烧造解京。国朝因之，沿旧名”。《中国陶瓷名著汇编》，6页，中国书店，1991年。刘新园先生经过深入、细致研究，认为“《浮梁县志》中的洪武二年建厂说是可靠的”。见刘新园：《景德镇珠山出土的明初与永乐官窑瓷器之研究》，《鸿禧文物》创刊号，1996年，19页。

[10] 刘新园：《景德镇明御厂故址出土永乐、宣德官窑瓷器之研究》，《景德镇珠山出土永乐宣德官窑瓷器展览》，香港市政局出版，1989年，15页。

[11] 刘新园、权奎山、樊昌生：《江西省景德镇珠山明、清御窑遗址考古发掘获重大成果》，《中国古陶瓷研究》第十辑，240～242页，紫禁城出版社，2004年。

[12] 清乾隆七年《浮梁县志》卷七《建置》“景德镇厂署”条；清乾隆四十八年《浮梁县志》卷之二《建置》“衙署”条。

出版于清嘉庆二十年的蓝浦《景德镇陶录》载“周围约三里许”[1]。从引文的上下文来看，前者应是明代的范围，后者应是清代的范围。明代御窑的范围比清代的大。2002 ～ 2004 年的考古发掘出土资料也证实了这一点[2]。

御窑遗址位于现景德镇市中心的珠山地区，以珠山上的龙珠阁为重要标志。其范围，景德镇市陶瓷考古工作者，以明清时期的街巷、建筑和出土御窑遗物的地点等为依据，结合文献记录，进行了划定和测量。其结果是，以龙珠阁为中心，呈南宽向北渐窄的长梯形分布；周长约为 1145 米，总面积约为 54300 平方米[3]。考古发掘证实，明代宣德御窑，生产区域在御窑遗址内的珠山南麓，珠山北麓是其堆放窑业废弃物等之处。

御窑遗址长期以来没有人对它进行过调查和记录，更没有人对它作过考古工作。到 20 世纪 80 年代初，情况发生了重大变化。从 1982 年起，到 1994 年，景德镇市陶瓷考古研究所配合市政建设工程，对御窑遗址进行了多次抢救性的发掘，出土明代洪武至嘉靖时期的落选御用瓷器碎片“竟有十数吨之多，若干亿片”[4]，修复起了一大批洪武、永乐、宣德、正统、成化时期的落选御用瓷器[5]。不但为研究明代御窑提供了珍贵的实物资料，而且更重要的是，使人们了解了御窑遗址丰富的文化内涵和认识了它的重要性及学术价值。

为了深入研究明清御窑，全面、客观复原御窑的生产面貌，2002 ～ 2004 年，经国家文物局批准，北京大学考古文博学院、江西省文物考古研究所、景德镇市陶瓷考古研究所联合组成考古队，对景德镇明清御窑遗址进行了较大规模的主动考古发掘，发现了明代御窑的围墙、院墙、窑炉和掩埋落选御用瓷器的小坑、小堆、片状堆积等一大批遗迹，同时出土了瓷器、窑具等大量遗物，获重大成果[6]。这批遗迹、遗物，为研究明清御窑的范围、布局、产品特征、制作工艺、管理制度等，提供了宝贵的第一手资料，具有重要的学术价值。

现将 1982 年以来考古发掘发现的宣德时期的遗迹、遗物及相关问题做以介绍和分析。

二　出土的宣德时期瓷器与特征

（一）出土情况

宣德瓷器在御窑遗址主要出土于原生地层堆积和小坑、小堆、小型片状堆积等遗迹中。这里所说的原生地层堆积是指宣德时期倾倒的窑业废弃物形成的未经后人扰动过的堆积，在其里面出土了一定数量的瓷器残件。其大多数可以复原，但极少有一片不缺或基本不缺修复起来的器物。

明清两代对御窑烧造的御用瓷器的要求、拣选十分严格，有一点点缺陷、毛病者都不准解运进京给皇帝使用。于是在烧成的御用瓷器中，出现了数量众多的落选瓷器。对这些落选御用瓷器，明代洪武至嘉靖时期，为了防止流入民间，均是打碎掩埋在御窑内。掩埋的形式、方法，由于处理的年代不同，也有明显的差异。宣德时期是采取挖小坑、堆小堆和撒成小型片状的掩埋形式，

[1]（清）蓝浦：《景德镇陶录》卷一《图说》“御窑厂图”条，《中国陶瓷名著汇编》，7 页，中国书店，1991 年。

[2] 刘新园、权奎山、樊昌生：《江西省景德镇珠山明、清御窑遗址考古发掘获重大成果》，《中国古陶瓷研究》第十辑，240 ～ 248 页，紫禁城出版社，2004 年。

[3] 刘新园：《景德镇珠山出土的明初与永乐官窑瓷器之研究》，《鸿禧文物》创刊号，1996 年，3 ～ 7 页。

[4] 炎黄艺术馆：《景德镇出土元明官窑瓷器·序（刘新园）》，7 页，文物出版社，1999 年。

[5] 鸿禧美术馆：《景德镇出土明初官窑瓷器》，鸿禧艺术文教基金会，1996 年；鸿禧美术馆：《景德镇出土明宣德官窑瓷器》，鸿禧艺术文教基金会，1998 年；景德镇市陶瓷考古研究所等：《成窑遗珍——景德镇珠山出土成化官窑瓷器》，香港徐氏艺术馆，1993 年；炎黄艺术馆：《景德镇出土元明官窑瓷器》，文物出版社，1999 年。

[6] 北京大学考古文博学院等：《江西景德镇明清御窑遗址发掘简报》，《文物》2007 年第 5 期；北京大学考古文博学院等：《景德镇出土明代御窑瓷器》，文物出版社，2008 年。

操作细致、认真、严格，但分布比较分散，每个遗迹内出土瓷器的数量也不多，可见其大多是随时处理的。宣德时期的处理方式，与其之前、之后均有所不同。其前的洪武、永乐时期，打碎后倾倒在平地或低凹处，堆积比较厚，所占面积比较大，一次处理的数量比较多，是隔时集中处理的；其后，正统时期不再单独挖小坑或堆小堆，而是打碎后倾倒在已有的沟槽里，成化至嘉靖时期是打碎后倾倒在由窑业堆积构成的小山的坡面上，堆积层普遍较薄，面积较大，是隔时集中处理的，比宣德时期草率[1]。掩埋地点，一般都是选在御窑内僻静处的空地上，发现的资料均分布在珠山北麓和珠山南麓御窑遗址的边缘，应在当年御窑的围墙内附近。御窑遗址内掩埋落选御用瓷器的堆积，是中国古代御窑所特有的一种文化堆积形式，不见于民窑。

（二）品种及器型

出土的明代宣德御窑瓷器数量巨大，品种丰富，器型颇多。由于其均发现于未经扰动的原生堆积层或小坑、小堆、小型片状堆积内，所以大多数可以复原，有一部分可以修复起来。通观这批瓷器，大体可划分为单色釉、釉下彩、釉上彩、仿宋元名窑瓷器四大部分[2]。

1．单色釉瓷器

单色釉瓷器主要有白釉、红釉、蓝釉、洒蓝釉、孔雀绿釉、紫金釉、黑釉、黄釉等，以白釉、红釉瓷器为多，黑釉、黄釉瓷器很少。器型有盘、碟、小碗、碗、高足碗、卧足碗、钵、水仙盆、僧帽壶、梨形壶、带座梅瓶、梅瓶、盖罐、罐、大罐、爵杯、樽式炉、鼎式炉、花盆等。胎质细密或较细密，除孔雀绿釉瓷器胎呈灰白色之外，其余胎均呈白色。这些瓷器落选基本上都是因为釉的原因，孔雀绿釉瓷器胎釉结合不好，剥釉现象比较普遍；其余基本上是呈色不佳，有这样或那样的缺陷。花纹装饰情况也不尽相同，蓝釉瓷器往往是在胎表刻划出花纹，把花纹以外的部分施上蓝釉，然后将白釉填施于花纹上，纹样有鱼藻纹、萱草纹、石榴纹等，以鱼藻纹最为常见；洒蓝釉瓷器有些是以刻花技法做出两条赶珠龙纹或一条云龙纹；孔雀绿釉瓷器有的是以钴料绘画花纹，再施孔雀绿釉，纹样一般为鱼藻纹；其余瓷器一般无花纹装饰。这些瓷器的外底（有的内底）多刻写或以钴料书写“大明宣德年制”双圈六字楷书款，有的白釉樽式炉的外口部印制阳文“大明宣德年制”横排楷书款。此外，还发现有的白釉瓷器的外底施釉后，在未干之前，刻写“局”字款。

值得一提的是，这批瓷器中有一些不见于传世品中，例如，蓝釉刻花云龙纹大缸，洒蓝釉刻花云龙纹大罐、赶珠龙纹碗、赶珠龙纹盘、赶珠龙纹钵，孔雀绿釉鱼藻纹梅瓶、梨形壶、盘等，弥足珍贵。

2．釉下彩瓷器

釉下彩瓷器主要有青花、釉里红瓷器，以青花瓷器为主。青花瓷器也是这两次发掘出土数量最多的品种，器型比较多，有梅瓶、大盖罐、罐、扁腹罐、小罐、军持、执壶、梨形壶、僧帽壶、方流直颈壶、大碗、碗、高足碗、高足杯、大盘、盘、高足钵、钵、方盆、盆、大缸、果盘、砚滴、鸟食罐、蟋蟀罐、烛台、方形炉、花盆等。釉里红瓷器数量较少，主要有碗、高足碗、杯、鼎式炉等。胎作白色，质地细密。青花、釉里红瓷器均施白釉，釉的呈色一般都比较好。青花题

---

[1] 权奎山：《江西景德镇明清御器（窑）厂落选御用瓷器处理的考察》，《文物》2005 年第 5 期，54 ～ 63 页。

[2] 主要根据以下资料：香港艺术馆：《景德镇珠山出土永乐宣德官窑瓷器展览》，香港市政局出版，1989 年；炎黄艺术馆：《景德镇出土元明官窑瓷器》，文物出版社，1999 年；北京大学考古文博学院等：《江西景德镇明清御窑遗址发掘简报》，《文物》2007 年第 5 期；北京大学考古文博学院等编著：《景德镇出土明代御窑瓷器》，文物出版社，2008 年。

材多样，花纹内容丰富，纹样主要有云龙纹、螭龙纹、夔龙纹、应龙纹、穿花龙纹、凤纹、穿花凤纹、菊花纹、茶花纹、桃花纹、灵芝纹、葡萄纹、枇杷纹、柿子纹、樱桃纹、卷草纹、萱草纹、折枝牡丹纹、缠枝牡丹纹、缠枝花卉纹、折枝花卉纹、花卉纹、松竹梅纹、莲托八宝纹、鱼藻纹、鸟纹、白鹭纹、黄鹂纹、芦雁纹、鸳鸯纹、鹦鹉寿桃纹、海兽纹、瑞兽纹、人物纹等。釉里红的纹样比较少，有赶珠龙纹、海兽纹、三鱼纹、三果纹、缠枝花卉纹等。这些瓷器，一般以钴料书写年款，多为“大明宣德年制”六字双圈楷书款，有的为“宣德年制”四字双圈楷书或篆书款。年款书写的位置不固定，书于外底、内底、口部或肩部等处。

在这些瓷器中也有一些不见于传世品中，例如，青花折枝花卉纹果盘、应龙纹大缸、应龙纹方盆、芦雁纹蟋蟀罐，釉里红缠枝花卉纹鼎式炉等。

3．釉上彩瓷器

釉上彩瓷器主要有斗彩、矾红彩、青花红彩瓷器等，出土的数量均不多。1988 年出土了一件斗彩鸳鸯莲池纹盘，该盘胎呈白色，质地细密，白釉光净，内底和外壁均绘斗彩鸳鸯莲池纹，内口沿以钴料书藏文吉祥经一周，外底以钴料书“大明宣德年制”六字双圈楷书款。西藏萨迦寺收藏的一件斗彩碗和一件斗彩高足碗的纹饰内容、绘画风格与这件盘相同，并也以钴料书“大明宣德年制”六字双圈楷书款[1]。这三件斗彩瓷器是迄今所知最早的斗彩瓷器。矾红彩瓷器见到的器型为高足碗，胎、釉呈白色，胎质地细密，纹样为赶珠龙纹或三鱼纹，外底以矾红料书“大明宣德年制”六字双圈楷书款。1988 年出土的青花红彩花口大钵、八边形花盆，以矾红料绘画或填涂花纹，花纹以外部分以钴料平涂，纹样有宝相花纹、折枝花卉纹等，外壁口沿处以钴料书“大明宣德年制”六字横排楷书款。这种青花红彩的装饰技法为宣德时期首创。

4．仿宋元名窑瓷器

仿宋元名窑瓷器有仿汝窑天青釉、仿龙泉青釉、仿哥釉瓷器。仿汝窑天青釉瓷器出土的数量不多，见到的器型只有碗、高足碗和盘。胎呈灰色，质地较细密，釉呈深天青色，釉料中掺入了少量的钴料，釉面莹润，无花纹装饰，外底以钴料书写“大明宣德年制”六字双圈楷书款。仿龙泉青釉瓷器出土的数量比较多，器型有带座梅瓶、梅瓶、僧帽壶、高足碗、碗、盘、碟、钵、洗、渣斗、花盆等，胎呈灰或浅灰色，质地较细密，釉面光润，色调偏深绿。有的刻划花纹装饰，纹样有缠枝牡丹纹、缠枝莲纹、折枝莲花纹、折枝灵芝纹、宝相花纹、莲瓣纹、卷草纹、云气纹、回形纹等。有的外底刻写或以钴料书写“大明宣德年制”六字双圈楷书款，也有的在外口沿下以钴料横排书写“大明宣德年制”款。仿哥釉瓷器出土的数量也比较多，器型有玉壶春瓶、执壶、罐、四棱罐、六棱罐、瓜棱罐、碗、大碗、卧足碗、盘、大盘、折沿盘、果盘、方形菱口盆、钵、爵杯等，胎呈灰色，质地比较粗，釉多呈灰白色，釉面开片小，纹线多浅而细。有一些外底刻写“大明宣德年制”六字双圈楷书款，有的内底刻写“宣德年制”四字双圈篆书款。

这批仿宋元名窑瓷器也有一些不见于传世品中。例如，罐、四棱罐、六棱罐、瓜棱罐、方形菱口盆等。

以上概述了景德镇明清御窑遗址出土的宣德时期的瓷器，内容非常丰富，但这也仅仅是明代宣德御窑遗址地下资料的一部分，还不能代表地下资料的全部。按前述，明代御窑遗址埋藏的明代瓷器基本都是打碎的落选御用瓷器，落选御用瓷器往往是分批打碎掩埋，掩埋的地点比较分散。

[1] 胡昭静：《萨迦寺藏明宣德御窑青花五彩碗》，《文物》1985 年第 11 期，72 ～ 73 页；国家文物局等：《奇迹天工——中国古代发明创造文物展》，296 ～ 297 页，文物出版社，2008 年。

所以，一次小面积或局部发掘不可能获取一份十分完整的明代宣德御窑瓷器的资料。

三　出土的宣德时期窑炉遗迹、窑具与烧成技术

瓷器的烧成技术主要涉及窑炉、窑具和装烧方法。

明代洪武、永乐时期御窑使用葫芦形窑，宣德时期御窑有可能继续使用葫芦形窑，同时也开始使用馒头形窑[1]。馒头形窑由窑前工作面、窑门、火膛、窑室、烟道、排烟孔、烟囱、护窑墙等部分组成，以长方形小砖砌成，窑床平整。全长（不含窑前工作面）4米左右，窑室宽2～2.2米，窑体较小。这类馒头形窑应该就是明代王宗沐《江西省大志》卷七《陶书·窑制》所载的“陶窑官五十八座”[2]中的“陶窑”。馒头形窑是北方流行和普遍使用的窑炉形制，以往长江中下游地区一般均使用龙窑，仅在元代晚期景德镇出现了葫芦形窑。馒头形窑与龙窑相比，有升温慢、降温也慢、保温时间长的特点，适合于烧造大型器和胎或釉较厚的器物。宣德御窑断然采用馒头形窑，显然是看中了它的优点。宣德御窑烧造品种多样化，特别是彩瓷、低温颜色釉瓷器的发展和大型瓷器烧造量、器类的迅速增长，原有的葫芦形窑已不适应御窑生产的需要了，那么选择适合御窑生产的馒头形窑顺理成章。葫芦形窑虽然也具备馒头形窑的优点，但它毕竟还保留许多龙窑的特点，所以两者还不能等同。宣德时期御窑使用馒头形窑，也不是原封不动地搬来，而是对其形制、结构做了较大的改动。北方元明时期馒头形窑，窑体普遍较大，1987年河北观台磁州窑址出土的第八号窑（元代），全长（不含窑前工作面）竟达8.35米，窑室宽5.64米[3]；窑床一般前高向后渐低，有一定的坡度；一般设两个平面呈方形或半圆形或圆形的烟囱[4]。而明代御窑的馒头形窑，窑体较小；窑床平整无坡度；窑床与后壁之间增设了低于窑床面的烟道；后壁外为一个与窑室等宽的横向窄长方形的烟囱。窑体改小，更有利于掌握、控制窑内烧成温度和气氛；结构的改动，更有利于烧成。改进后的馒头形窑，应是更加符合御窑烧造多品种、高质量瓷器的要求了。

宣德时期御窑瓷器均装在匣钵内烧造，一般是一钵装一器，杯子等小件器物一钵内平置多件。御窑遗址出土的匣钵主要有两种：一是漏斗形，有深、浅腹之别，深腹者，应是装烧高足碗的；二是桶形，也有深、浅腹之别。值得注意的是，在宣德时期流行了在深腹桶形匣钵内再放一个匣钵的作法。这个后放的匣钵一般称作为“套钵”。套钵为瓷土制作，质地细密，作钵形，有盖面隆起的盖。使用时，将其放在深腹桶形匣钵内，内底铺一层细砂，细砂上置一瓷土制作的垫饼，垫饼上放器物，然后盖上盖。这种装烧法在宣德时期已经流行，据遗址内明初地层出土的套钵碎片看，大约出现于永乐时期。这种装烧方法为景德镇明代御窑所独有，对提高烧成质量和成品率应有重要的作用。

关于宣德时期装上瓷器坯件的匣钵在馒头窑内的摆放情况和每座窑每次装置瓷器坯件的数量，没有考古出土资料，当时也没有文献记载。但明代晚期文献的相关记录，却可以参考。明嘉靖王宗沐《江西省大志》卷七《陶书·窑制》记载：御窑装窑时“前以空匣障火”。其在谈到装烧数量时说：青窑、色窑“制员而狭，每座止容烧小器三百余件”。又说：缸窑每座装烧“鱼缸大样、二样者，止烧一口；瓷缸三样者，一窑结砌二台，则烧二口”。还说：青窑“每座烧盘、碟中样器，

[1] 北京大学考古文博学院等：《江西景德镇明清御窑遗址发掘简报》，《文物》2007年第5期，4～47页；权奎山：《2002～2004年景德镇出土明代御窑瓷器概说》，《景德镇出土明代御窑瓷器》，10～25页，文物出版社，2008年。

[2]（明）王宗沐：《江西省大志》卷七《陶书·窑制》，明万历二十五年刻本。

[3] 北京大学考古学系等：《观台磁州窑址》，文物出版社，1997年。

[4] 北京大学考古学系等：《观台磁州窑址》，文物出版社，1997年；陕西省考古研究所：《陕西铜川耀州窑》，科学出版社，1965年。

止烧二百多件，稍大者一百五十六件，大碗二十四件，尺碗三十件，大坛止烧十六七件，小酒杯五六百件”。[1] 可见，御窑的装窑是很讲究的，每座窑装烧的数量是因所装烧的坯件尺寸不同而有所差别。这是计算装烧量应注意的情况。

上述明代宣德时期御窑的烧成技术，毫无疑问可以烧造出精美的瓷器，北京故宫博物院等收藏的明代御窑瓷器已向人们昭示了这一点。那么，御窑遗址出土的大量有缺陷的落选御用瓷器又告诉了人们什么呢？它告诉人们，御窑的制瓷技术在当时的制瓷手工业中虽然是最好的，但不是尽善尽美的。落选御用瓷器中很大一部分瓷器的缺陷是彩色不佳（如釉里红瓷器等）和釉的呈色不好（如红釉、蓝釉瓷器等）。查其原因，主要是瓷器在窑炉内烧造过程中，匠人对温度和气氛掌握、控制还不到位，说明其烧成技术还有许多需要改进、提高之处。

四　结语

景德镇明代宣德御窑址出土的遗迹、遗物资料丰富，提供了许多新信息，填补了文献记载的不足，具有重要的学术价值。

同时，从上述宣德御窑址的考古发现及分析，可以看出，宣德时期不但是明代御窑发展的重要阶段，也是明代御窑的变革时期，其主要体现在以下五点。

第一，明洪武、永乐时期御窑的中心区域大体在珠山北麓，宣德时期转移到了珠山南麓，北麓变成了堆放窑业废弃物之场所。由此可见，明代隆庆年间陈学乾所纂《陶政录》中记载的御窑的规制 [2] 大约是宣德时期开创的，后来逐渐完善。

第二，产品也发生一些变化，创烧了新产品，如洒蓝釉瓷器、斗彩瓷器等；同时开发了新器型，如青花应龙纹大缸、青花填红花卉纹花口大钵等。特别是还注重仿烧汝窑天青釉、龙泉窑青釉、哥釉瓷器，开了明清御窑仿宋元名窑瓷器的先河。

第三，有的器类的型式多样化，如花盆、砚滴等；有些器物的造型发展、演变明显，如梅瓶、高足碗等。尤其是宣德御窑瓷器大多都有年款，或刻写，或印制，或以钴料书写，以钴料书写为多，印制的很少。御窑瓷器普遍写年款的作法，始于宣德时期。

第四，烧成技术的改进，明洪武、永乐时期使用葫芦形窑，宣德开始使用馒头形窑，此后馒头形窑便成为了明代御窑一直使用的窑炉；发展了套钵，流行套钵装烧法。

第五，管理制度也有了改变，如对落选御用瓷器的处理由洪武、永乐时期的打碎后大面积堆积变成了挖小坑、堆小堆、小面积堆积的掩埋形式。值得注意的是，据《明史》卷八十二《食货志（六)》记载："宣宗始遣中官张善之饶州" 监造瓷器 [3]。表明皇帝对御窑的高度重视。

宣德御窑的这些发展、变革成果，大多被其后的明代御窑所继承，对后来明代御窑的发展产生了积极的影响。

（原载《御窑遗彩——景德镇出土宣德官窑珍品文集》，澳门特别行政区民政总署文化康体部，2011 年）

[1]（明）王宗沐:《江西省大志》卷七《陶书•窑制》，明万历二十五年刻本。引文中提到的“青窑”、“色窑”、“缸窑”应是馒头形窑。

[2]（明）陈学乾：《陶政录》，见（明）王宗沐《江西省大志》卷七《陶书 • 廨宇》引，明万历二十五年刻本。

[3]（清）张廷玉等：《明史》卷八十二《食货志（六)》，1998 页，中华书局，1974 年。

景德镇清代康熙时期瓷器概述

景德镇清代康熙时期无论御窑，还是民窑均取得了新的成就。明王朝灭亡后，清王朝接收了明代御窑。清初朝廷曾多次命御窑厂烧造瓷器，如现在在北京雍和宫佛座前之青花云龙纹香炉上以青料楷书“顺治八年江西监察奉敕敬造”。再如，顺治十一年景德镇奉旨造龙缸（未成），顺治十六年又奉旨造栏板（亦未成），康熙十年又奉命造祭器等[1]。至康熙“十九年九月奉旨烧造御器，差广储司郎中徐廷弼、主事李延禧、工部虞衡司郎中臧应选、笔帖式车尔德于二十年二月驻厂督造”[2]，标志着御窑厂制度正式恢复，御窑进入了新的发展时期。民窑延续了明代晚期以来的发展势头，产量、质量均有了明显的提高，特别是康熙中晚期。

景德镇清代康熙时期瓷器资料比较丰富，一是传世品数量比较多，收藏在北京故宫博物院、台北故宫博物院、上海博物馆等博物院、馆；二是水域沉船遗址出水了一批，如福建省福州市平潭县碗礁一号沉船遗址等；三是城址、墓葬出土了一些，如明清都城遗址等；四是个人收藏了一些。这四方面的资料合起来，数量是很可观的。现将康熙时期御窑、民窑瓷器分别概述如下[3]。

一 御窑瓷器

御窑瓷器做工精细，质量高，代表了康熙时期瓷器的最好水平。御窑瓷器品种很多，大体可以分为釉下彩、釉上彩、单色釉瓷器三大类。

1．釉下彩瓷器

釉下彩瓷器主要有青花、釉里红、青花釉里红瓷器三种，以青花瓷器为多。

青花瓷器是以钴料在未经素烧的坯体表面绘画花纹，之后施一层透明釉，放入窑炉中以高温一次烧成，釉下便呈现出蓝色花纹的瓷器。青花瓷器出现于唐代巩县窑[4]。元代尤其元代晚期批量生产，制作工艺成熟；明清时期成为了瓷器生产的主流产品[5]。青花瓷器也是所见康熙时期数量最多的产品，器型有大碗、小碗、盖碗、高足碗、碗、杯、托杯、盘、洗、大瓶、棒槌瓶、葫芦形瓶、瓶、盖罐、执壶、贲八壶、壶、双陆尊、尊、印盒、笔筒、圆花盆、方花盆等。花纹装饰规范，纹样丰富，计有山水纹、缠枝莲纹、勾莲八宝纹、缠枝牡丹纹、缠枝花卉纹、月季花纹、

[1]（清）康熙二十一年《浮梁县志》卷之四《陶政》。

[2]（清）道光三年《浮梁县志》卷八《陶政》。

[3] 本文主要依据以下图录上发表的资料：故宫博物院：《故宫博物院藏清代瓷器类选·清顺治康熙朝青花瓷》，紫禁城出版社，2005年；故宫博物院古陶瓷研究中心：《故宫博物院藏清代御窑瓷器》卷一，上册，紫禁城出版社，2005年；杨新主编：《故宫博物院藏文物珍品全集》第36册《青花釉里红》（下）、第37册《颜色釉》、第38册《五彩·斗彩》、第39册《珐琅彩·粉彩》，商务印书馆（香港），1999年；碗礁一号水下考古队：《东海平潭碗礁一号出水瓷器》，科学出版社，2006年；上海博物馆：《上海博藏瓷选集》，文物出版社，1979年；上海博物馆：《上海博物馆与英国巴特勒家族所藏十七世纪景德镇瓷器》，上海书画出版社，2005年；铁源主编：《江西藏瓷全集·清代（上）》，朝华出版社，2005年；（日本）相賀徹夫編集：《世界陶磁全集》第十五卷《清》，株式会社 小学館，1983年。

[4] 河南省文物考古研究所等：《黄冶窑考古新发现》，大象出版社，2005年；河南省文物考古研究所等：《巩义白河窑考古新发现》，大象出版社，2009年。

[5] 中国硅酸盐学会：《中国陶瓷史》第九、十章《明代的陶瓷》、《清代的陶瓷》，文物出版社，1982年。

山石雀鸟纹、松鼠葡萄纹、双鹤衔花纹、花鸟纹、云龙纹、夔龙纹、夔凤纹、龙戏珠纹、竹纹、松竹梅纹、双龙纹、龙凤纹、寿山福海纹、海水鱼龙纹、寿字纹、如意纹、八卦纹、云鹤纹、瑞兽纹、仕女游园纹、十二月花卉纹、云鹤纹、仕女游园图、高士赏古图等。纹饰布局疏朗，纹样用料浓淡有序、层次分明，色调一般呈蓝或鲜蓝色。绝大多数以钴料书写“大清康熙年制”楷书款，书写格式多为竖排二或三行双圈、竖排三行无圈，也有的（花盆）单行横书于口沿下。

釉里红瓷器是继白地黑花、青花瓷器之后出现的又一种颇有影响的釉下彩瓷器。它是以铜料在未经素烧的坯体表面绘画花纹，然后施上透明釉，入窑经高温一次烧成，釉下便呈现出红色花纹，故称“釉里红瓷器”。其烧成时花纹对窑内温度、气氛要求严格，烧成技术难度大，产量不高，传世品和出土的数量、器类都不多。康熙时期见到的器型有玉壶春瓶、水丞、笔筒、碗等。纹样有双龙戏珠纹、云龙纹、折枝菊花纹、缠枝牡丹纹、“寿”字纹等。有的以钴料书写“大清康熙年制”竖排二行双圈或竖排三行无圈楷书款。

青花釉里红瓷器是青花和釉里红相结合的釉下彩瓷器。现存数量不多，器型有碗、花口盘、盘、笔筒等，以盘为多。纹样有鱼藻纹、福寿纹、山水纹、楼阁纹、西厢记图[1]、山水人物图、楼阁人物图等，有的还题有诗句，如北京故宫博物院收藏的一件山水人物纹盘题“欲为万里赠，杳杳山水隔”，落款是“漱玉亭”，有“瞻公”篆书方印。外底釉下多以钴料书写“中和堂”款，计有“康熙辛亥中和堂制”、“康熙壬子中和堂制”、“康熙癸丑中和堂制”款。

2．釉上彩瓷器

釉上彩瓷器，顾名思义，即是在釉上以彩料绘画的瓷器。在明清时期有釉下青花釉上以多彩或单彩绘画的瓷器，在这里将其归入釉上彩瓷器。康熙时期釉上彩瓷器常用的彩料有红、黄、绿、蓝、紫、黑、金彩等多种。釉上彩瓷器主要有青花红彩、斗彩、五彩、珐琅彩、粉彩、素三彩、单彩瓷器等，以斗彩、五彩瓷器为多。

青花红彩瓷器是釉下青花和釉上红彩相结合的彩绘瓷器，见到的数量不多。器型有碗等，纹样有海天浴日纹、海水龙纹等。外底釉下以钴料书写“大清康熙年制”六字双圈楷书款。

斗彩瓷器是釉下青花和釉上多彩相结合的彩绘瓷器，数量比较多。器型有瓶、盖罐、碗、盘、鸡缸杯、杯、方盒、六方花盆等，以碗的数量为多。纹样有团花纹、团花牡丹纹、竹纹、串枝桃纹、鱼藻纹、雉鸡牡丹纹、花草鸡纹、梅鹊纹、团龙纹、团螭龙纹、云龙纹、龙凤纹、龙鹤纹、八仙人物图、人物图等。外底釉下以钴料书写“大清康熙年制”六字双圈楷书款。

五彩瓷器约出现于明代宣德时期，嘉靖、万历时期兴盛，清代康熙时期进入了高峰。五彩瓷器是康熙时期釉上彩瓷器的亮点。器型有碗、盖碗、盘、杯、八方花盆、椭圆形花盆、花盆等。纹样有云龙纹、龙凤纹、鱼藻纹、十二月花卉、花鸟纹、花果纹、折枝桃纹、瑞兽纹、仕女图等。圆器外底釉下以钴料书写“大清康熙年制”六字双圈楷书款，花盆口沿下以钴料横排书写“大清康熙年制”六字楷书款。

珐琅彩瓷器创烧于康熙时期。其是在景德镇御窑厂烧好白釉瓷器或内施白釉外不施釉的瓷器，运到清宫造办处珐琅作绘彩，外侧无釉者涂上颜色地，常见紫地、红地、黄地、蓝地，然后放在窑里烘烧而成。器型有瓶、碗、杯等。纹样有莲纹、牡丹纹、花卉纹、花卉团寿纹等。一般以蓝料或

[1] 上海博物馆：《上海博物馆与英国巴特勒家族所藏十七世纪景德镇瓷器》图版 73、74，220 ～ 223 页，上海书画出版社，2005 年。

胭脂红料书写“康熙御制”双方栏四字楷书款，个别的外底无釉在方框内刻写“康熙御制”款。

粉彩瓷器是康熙晚期创烧的又一个彩瓷新品种。所见数量很少。器型有盘、水丞、锺馗醉酒像等。纹样有花蝶纹等。圆器外底釉下以钴料书写“大清康熙年制”六字双圈楷书款，锺馗像所依山石一侧刻“康熙年制”款。

素三彩瓷器也是康熙晚期所创。见到的数量也不多。器型有碗、盘等。纹样有云龙纹、花果纹、花蝶纹等。外底釉下以钴料书写“大清康熙年制”六字双圈楷书款。

单彩瓷器即是在一件瓷器的釉上以一种彩料绘画花纹，有红彩、绿彩、黄彩等，大多为白地（白釉），也有黄地（黄釉）、蓝地（蓝釉）者。器型有盖罐、碗、盘、盅等。纹样有二龙戏珠纹、云龙纹、勾莲团龙纹、团寿字纹、婴戏图等。外底釉下以钴料书写“大清康熙年制”六字双圈款，大多为楷书，个别为篆书。

3．单色釉瓷器

康熙时期单色釉瓷器烧造量也很大，品种比较多，计有黄釉、郎窑红釉、豇豆红釉、祭蓝釉、茄皮紫釉、淡绿釉、冬青釉、天蓝釉、白釉、黑釉瓷器等。器型有提梁壶、盖罐、太白尊、螭耳尊、尊、梅瓶、蒜头瓶、瓶、花觚、印盒、碗、盘、双耳杯、托杯、洗、水丞等。一般在外底釉下以钴料书写“大清康熙年制”六字双圈楷书款。花纹装饰情况不尽相同。黄釉瓷器一般采用细线划花技法，纹样有云龙纹、海水纹、奔鹿纹、飞鸟纹等；豇豆红釉瓷器一般没有花纹装饰，个别器物上见有菊瓣纹和划花团螭纹；祭蓝釉瓷器有的饰白鱼藻纹；茄皮紫釉瓷器见有划花回纹、饕餮纹、卷枝纹等；淡绿釉瓷器有刻花螭龙纹；冬青釉瓷器多有花纹装饰，见到的有印花菊瓣纹、海水龙纹等；白釉瓷器见有印花团螭龙纹等；郎窑红釉、天蓝釉不见花纹装饰。

康熙时期单色釉瓷器中值得一提的是郎窑红釉、豇豆红釉瓷器。高温铜红釉瓷器是将铜料掺入釉中作呈色剂，在高温还原气氛下烧成的瓷器。高温铜红釉瓷器早在唐代晚期长沙窑就有极少量的烧造[1]，大约是由于铜在高温下容易挥发，烧成技术难度大等原因，唐以后，在宋代、金代皆不见这种瓷器。元代景德镇的工匠们较好地掌握了铜红釉的呈色机理和烧成技术，将铜红釉瓷器的生产提高到一个新水平。元代景德镇的烧造量仍不大，发现的数量和器类很少，所见有高足碗、碗、盘、梨形壶等；釉多呈暗红色；大多有花纹装饰，常见以印花或刻花的技法做出云龙纹等[2]。铜红釉瓷器到明代永乐时期进入了新阶段，釉呈鲜红或宝石红色，少数有印花云龙纹，有的还有“永乐年制”四字篆书款。宣德时期釉色浓艳，并在器物的口沿等棱角处呈现出白色，有的以刻花或印花技法做出折带云纹、云龙纹等暗花装饰，有一些刻写或以钴料书写“大明宣德年制”六字双圈楷书款。宣德以后因种种原因，铜红釉瓷器逐渐少了，到清代康熙时期再度兴盛，并创烧了郎窑红釉、豇豆红釉等名贵的红釉新品种。郎窑红釉釉色鲜红浓艳，似牛血一样，由上往下渐深，口沿呈白色，釉面莹润光亮，器型有观音尊、穿带直口瓶、胆式瓶、印盒等，一般无纹饰、无年款。豇豆红釉色一般呈深浅不同的粉红色，其间或局部有绿色苔点，有的可见深红点，色泽滋润淡雅、清新明丽，器型有菊瓣纹瓶、柳叶瓶、莱菔瓶、太白尊、印盒、小盂、洗、印盒等，外底釉下以钴料书写“大清康熙年制”六字三行楷书款，太白尊上有细线划花团螭纹。郎窑红釉、豇豆红釉瓷器的烧制成功，将铜红釉瓷器的工艺推向了新高度。

---

[1] 长沙窑课题组：《长沙窑》，紫禁城出版社，1996 年。

[2] 中国硅酸盐学会：《中国陶瓷史》第八章《元代的陶瓷》，文物出版社，1982 年。

二 民窑瓷器

康熙时期民窑非常兴旺，产品质量普遍好，有一些可与御窑产品篦美。同时，在器类、器型、装饰花纹内容上与御窑有明显的差别，具有鲜明的自身特色。民窑瓷器也大体可以分为釉下彩、釉上彩、单色釉瓷器三大类。

1．釉下彩瓷器

釉下彩瓷器大多为青花瓷器，也有少量的釉里红、青花釉里红瓷器等。

青花瓷器是民窑的大宗产品，数量相当多。器型很多，计有梅瓶、长颈瓶、棒槌瓶、葫芦瓶、玉壶春瓶、筒瓶、方瓶、观音尊、凤尾尊、尊、筒形花觚、花觚、将军罐、盖罐、罐、执壶、茶壶、盖碗、高足碗、碗、盘、碟、高足杯、杯、盏、盖盒、盒、缸、笔筒、鼻烟壶、三足炉、鼎式炉、簋式炉、挂钟等等。装饰题材广泛，花纹内容非常丰富而富有浓郁的民间气息，特别是当时盛行的版画艺术对民窑瓷器装饰题材产生了强烈的影响，流行了戏曲、小说、神话传说等人物故事题材。纹样有缠枝莲纹、缠枝牡丹纹、缠枝山茶花纹、折枝牡丹纹、折枝花卉纹、折枝花果纹、菊纹、灵芝纹、团花纹、松竹梅纹、冰梅纹、双龙戏珠纹、穿花龙凤纹、凤纹、团狮纹、瑞兽纹、奔马纹、斗鸡纹、花鸟纹、湖石牡丹纹、牡丹蟠螭纹、蟠螭纹、八卦纹、杂宝纹、山水纹、山水四时盆花纹、山石麒麟纹、松鼠葡萄纹、锦鸡山石花卉纹、山石青松鹿鹤纹、蕉叶兽面纹、博古图、人物异兽图、八骏图、童子牧牛图、山水人物图、携琴访友图、仕女图、龙辇图、十八学士图（登瀛洲图）、红拂图、邴吉问牛图、祝寿图、渔家乐图、行乐图、四雅图、锦地开光八仙图、四皓图、抚婴图、赤壁赋图、空城计图、刘备娶亲图、西游记故事图、西厢记图、虎溪相送图、竹林七贤图、戏彩娱亲图、高士赏古图、十八罗汉图、仕女婴戏图、琴棋书画图、西湖景色图、人物故事图等。画面清新，层次感强，有一些还在画面的空白处书写诗句，发展了明代末年以来兴起的诗、书、画相结合的画风。款识种类也比较多，有纪年款，如"康熙三十四年置"、"康熙三十六年丁丑岁仲夏月置用记"等；干支纪年款，如"大清丙午年制"、"大清丁未年制"、"戊申年制"等；寄托款，如"大明宣德年制"六字楷书款、"大明成化年制"六字楷书款、"成化年制"四字楷书款、"大明嘉靖年制"六字楷书款等；图记款，如灵芝形、叶形、海螺等；花押款，有方形单框、双框窗格式和双框回纹式等多种；堂名款数量很多，如"安素草堂"、"稽古堂制"、"清玩雅制"、"淡宁堂制"等；吉言款，如"奇石宝鼎之珍"、"如意珍玩"、"清玩"、"在川知乐"等款。

釉里红瓷器，见到的数量不多。器型有梅瓶、玉壶春瓶、瓶、缸等。纹样有龙纹、桃树果实纹、缠枝牡丹纹、鱼藻纹等。

青花釉里红瓷器，见到的较釉里红瓷器为多。器型有蒜头瓶、瓶、盘、盆、水丞、笔筒等。纹样有折枝莲纹、折枝菊纹、竹纹、梅花纹、梅竹纹、山水纹、鹭鸶荷花纹、松鼠葡萄纹、喜鹊登梅纹、云凤纹、龙虎纹、小舟水榭图、题诗博古图、携琴访友图、人物故事图等。有的有杂宝图记款，有的有"球琳珍玩"吉言款和方框式花押款等。

2．釉上彩瓷器

釉上彩瓷器大多为五彩瓷器，另见少量的斗彩、素三彩、单彩瓷器等。所用彩料有红、黄、绿、蓝、紫、黑、金彩等多种。

五彩瓷器是康熙民窑彩瓷中数量最多、影响最大的彩瓷。器型有梅瓶、棒槌瓶、葫芦瓶、长颈瓶、方瓶、瓶、凤尾尊、茶壶、将军罐、盖罐、花觚、盖碗、碗、盘、杯、套盒、印盒、笔筒、蟋蟀罐、枕、缸、三足炉、炉等。装饰题材、花纹内容大体同民窑青花瓷器，戏曲、小说、神话传说等人物故事题材非常盛行。纹样有缠枝牡丹纹、缠枝莲寿纹、寿字缨络纹、花果纹、折枝花果纹、折枝桃鹤纹、桃纹、锦地莲花纹、锦地蝴蝶纹、雉鸡牡丹纹、花鸟纹、山水花鸟纹、团寿花鸟纹、狮纹、鹭荷纹、竹雀纹、蝴蝶纹、花蝶纹、螭龙穿花纹、戏珠龙纹、蛟龙出海纹、鱼藻纹、花篮纹、人物鹿纹、山水人物图、仕女图、仕女童子图、婴戏图、博古图、耕织图、兰亭会图、渔家乐图、渔舟唱晚图、西厢记图、临潼斗宝图、仙女献寿图、寿星祝寿图、人物福寿图、八仙图、人物故事图等。此外，在花纹的空白处多见有题诗句的情况。款识也比较多，纪年款，如“康熙丙子年汪以仁置”等；寄托款，如“大明成化年制”六字楷书款、“大明嘉靖年制”六字楷书款等；图记款，如灵芝、叶形等；花押款，如双方框式等；堂名款，如“世锦堂制”、“聚玉堂制”、“朗润堂”、“绍闻堂”等。

斗彩、素三彩、单彩瓷器所见数量很少。斗彩瓷器见瓶、笔筒等，纹样有松竹梅纹、魁星点斗图等。素三彩见虎皮纹碗等。单彩瓷器见白釉红彩蒜头瓶、瓶、盘、笔筒等，纹样有龙纹、鸟兽纹、八宝纹、诗文等。

3．单色釉瓷器

单色釉瓷器数量多，品种比较齐全，计有黄釉、红釉、祭蓝釉、洒蓝釉、绿釉、酱釉、黑釉、白釉瓷器等。器型有棒槌瓶、瓶、提梁壶、壶、花觚、碗、盘、盒、笔筒等。有花纹装饰的不多，洒蓝釉瓷器见描金斑点、团凤纹、如意纹、海水鱼纹等，黑釉瓷器见描金兰草纹、山水纹。个别的有字款。

此外，康熙时期还仿宋元名窑瓷器，见到的有，仿龙泉青釉梅瓶，哥釉长颈瓶、筒瓶、盘，仿定窑白釉刻花蟠螭纹瓶、白釉刻花双鱼纹洗、白釉刻花双鱼纹盖盒（外底有“宣德年制”款）等。丰富了康熙时期单色釉瓷器的品种。

综上所述，可以看出，康熙时期是景德镇清代制瓷手工业发展的重要阶段，上承顺治乃至明代晚期，并多有创新，下被雍正时期所继承、发展，在清代制瓷手工业中占有重要的地位。

（原载《延薰秀色——康熙瓷器与宫廷艺术珍品特展》，保利艺术博物馆，2011 年）

唐英督陶奏折在御窑研究中的意义

唐英于雍正六年（1728年）八月带着内务府员外郎头衔驻景德镇御窑厂经理陶务，乾隆二十一年（1756年）七月因病“解任调理”，中间除乾隆十四年（1749年）冬至十六年（1751年）十二月在粤海关任职外，其余时间都在主持景德镇御窑厂陶务，长达近26年之久[1]。在这期间共向皇帝呈递有关陶务的奏折四十余份（包括少许榷务奏折中涉及陶务的奏折），最早的一份是乾隆二年六月初九日《奏为动用火耗银烧造瓷器折》，最晚的一份是乾隆二十一年七月二十七日《因病仰祈解任折》[2]。唐英督陶奏折真实记录了其督陶期间御窑厂的一些情况，提供了许多资料和信息。现举例如下（下面所举每份奏折仅是该奏折的摘录，并非全文）。

《遵旨赴窑厂专司陶务折》（乾隆四年正月二十三日）说：

现将江西解淮上色瓷器九千三百七十五件，业于正月十二日由陆路运送进呈。尚有次色瓷器二万一千余件，奴才儹造册籍，收拾装桶，由水路运送进京。[3]（有朱批）

这份奏折的时间是乾隆四年正月二十三日，其所说的“江西解淮”瓷器，显然是乾隆三年或其前运到淮关的。可知那时景德镇御窑厂烧造的瓷器，先由景德镇通过昌江、鄱阳湖、长江运到淮安关。淮安关位于今江苏省淮安市楚河区，京杭大运河畔[4]。然后在淮安关，通过陆路、水路（运河）运送进呈，特别是提到次色瓷器（落选瓷器）在淮关“儹造册籍，收拾装桶”，也一同运送进京。

《奏请赴窑厂经理陶务由九江知府照管关务折》（乾隆四年六月二十五日）说：

窃照窑厂诸务，奴才承办有年，久所熟悉。其最关紧要之时，在春则于二、三两月，秋则于八、九等月。盖二、三月间，当开工之始，所有器皿，各样俱须定准；至调停釉水、配搭颜料，皆于此时料理。其八、九月之候，风日高燥，于坯胎、火候均为合宜；正当陶成各器之时，拣选讲究，尤在熟谙之人亲身经理。……惟是关、厂往返，兼之拣选讲究，须在厂数天，计以半月为率。[5]（朱批：告之岳濬，照汝所请行）

这段奏折记录了御窑厂一年特别是春、秋季节的生产活动。春季是新一年“开工之始”，制定生产计划，准备材料。秋季“风日高燥”，开窑烧造，唐代晚期人陆龟蒙的《秘色越器》[6]诗中也有“九秋风露越窑开”之佳句，可见在古代秋季是南方开窑烧瓷的最好季节。至每年冬季，“泥土凝冻”，窑厂停工，工匠全部回家，窑火停歇[7]。该奏折中还提到，瓷器“拣选讲究”，届时唐英

[1] 傅振伦：《唐英瓷务年谱长编》，《中国古陶瓷论丛》，187～243页，中国广播电视出版社，1994年。

[2] 据张发颖主编：《唐英全集》，学苑出版社，2008年；中国第一历史档案馆、北京铁源陶瓷研究院：《清宫瓷器档案全集》，中国画报出版社，2008年。

[3] 唐英：《遵旨赴窑厂专司陶务折》（乾隆四年正月二十三日），《唐英全集》第四册《榷务与督陶奏折》，1173页，学苑出版社，2008年。

[4] 霍华等：《江苏淮安楚州区河下遗址龙泉窑堆积瓷片研究》，《东南文化》2010年第2期，38～45页。

[5] 唐英：《奏请赴窑厂经理陶务由九江知府照管关务折》（乾隆四年六月二十五日），《唐英全集》第四册《榷务与督陶奏折》，1174～1175页，学苑出版社，2008年。

[6]（唐）陆龟蒙：《秘色越器》，《全唐诗》卷六百二十九，7216页，中华书局，1960年。

[7] 唐英：《恭进上传及偶得窑变瓷器折》（乾隆九年二月初八日），《唐英全集》第四册《榷务与督陶奏折》，1187页，学苑出版社，2008年。

需在厂亲自经理。

《遵旨敬谨办理陶务折》（乾隆六年五月二十四日）说：

窃奴才于乾隆六年五月二十日接到怡亲王谕字内开，乾隆六年四月十二日奉旨：唐英烧造上色瓷器甚糙，釉水不好，瓷器内亦有破的，着怡亲王寄字与唐英。……伏查上年秋间，正值监造催总默尔森额抱病之时，奴才又距厂三百余里，不能逐件指点，以致所得瓷器不无粗糙。至解运到京，一路换船前进，几经扛抬搬运，未免动摇磕触，致有破损之件。此皆奴才料理未周，疏忽之咎，实难自逭。[1]

这段记载是说，皇上说唐英上年进呈的瓷器质量不好，还有破损的。唐英对此做了解释和检讨。唐英在解释时，有一条原因是监造官（窑务助理）默尔森额抱病不能视事，说明监造官在御窑生产中的重要作用。奏折呈上之后，朱批中有这么一段话："不但去年，数年以来所烧者，远逊雍正年间所烧者，且汝从未奏销。"可见，乾隆元年至五年期间，御窑厂瓷器的质量不如雍正年间的是事实。

《遵旨呈报历年动支钱粮及陶务清册折》（乾隆六年十一月初七日）（图一）说：

伏查得奴才自雍正六年出差江西烧造瓷器，至雍正十三年，每年烧造钱粮，皆系淮安关监督年希尧自淮关陆续运解来厂。计烧造所费，岁不过八千余两，例于一年工竣，将窑工款项用银细数各清册，汇送年希尧处查收。每年所得瓷器，分别上、次各色，亦陆续运送淮安关，听年希尧装配匣座，解运进京。……至乾隆元年……维时瓷器之数既属无多，所用钱粮亦甚有限。自乾隆二年……其烧造钱粮并解瓷各费，悉于淮关火耗项下动支。嗣因火耗银两不敷各项支用，经奴才奏准，于淮安关赢余项下，每年存留二万两，为窑工、南匠及传办公事等用。……（乾隆）四年六月内接到户部来文，行令嗣后每年于九江关赢余银内动支一万两，为办理窑工之用。……（乾隆元年）至五年以来所得瓷器，分岁计算，不能画一定数。盖缘瓷器之多寡，由于火候之旺衰；火候之衰旺，视乎岁时之阴晴。且自坯胎以及入窑，破损又非一例，不能按数成器，所有拣选齐全上色，十中难得四五。除破损废弃外，其落选瓷器，俱入次色，估计送京。数年以来，悉照例办理，兹当汇册奏销。[2]（有朱批）

这段记载的前半部分是说，雍正六年至乾隆五年御窑厂的经费来源及监管单位，雍正六年至乾隆四年来自于淮安关，乾隆五年来自于九江关。并说雍正六年至十三年"每年所得瓷器"上色和次色瓷器皆运到淮安关，"听年希尧装配匣座，解运进京"。其实这两件事情唐英在乾隆四年正月二十三日《奏请改由九江关动支银两经办陶务折》中就已提到：

窃以从前动用淮关银两，缘江西所造瓷器，先运至淮关署内配成匣座，转运至京，所以动用淮关银两，庶觉便易。但配座、解运诸事，年希尧经办数年，得以熟谙。……今奴才荷蒙天恩，畀令专司窑务，凡烧造之器，配座、装桶、解运，奴才俱在江西一手办理，直送京师，以免由淮绕道耽延时日。既不在淮配座、解运，似不必专需淮关银两。……奴才思江西有九江一关，附近窑厂二百四十里，移取甚便，或于九江关赢余内每年动支一万两，如不敷用，再行奏请添支，年满报销。[3]

[1] 唐英：《遵旨敬谨办理陶务折》（乾隆六年五月二十四日），《唐英全集》第四册《榷务与督陶奏折》，1176页，学苑出版社，2008年。

[2] 唐英：《遵旨呈报历年动支钱粮及陶务清册折》（乾隆六年十一月初七日），《唐英全集》第四册《榷务与督陶奏折》，1178～1179页，学苑出版社，2008年。

[3] 唐英：《奏请改由九江关动支银两经办陶务折》（乾隆四年正月二十三日），《唐英全集》第四册《榷务与督陶奏折》，1173～1174页，学苑出版社，2008年。

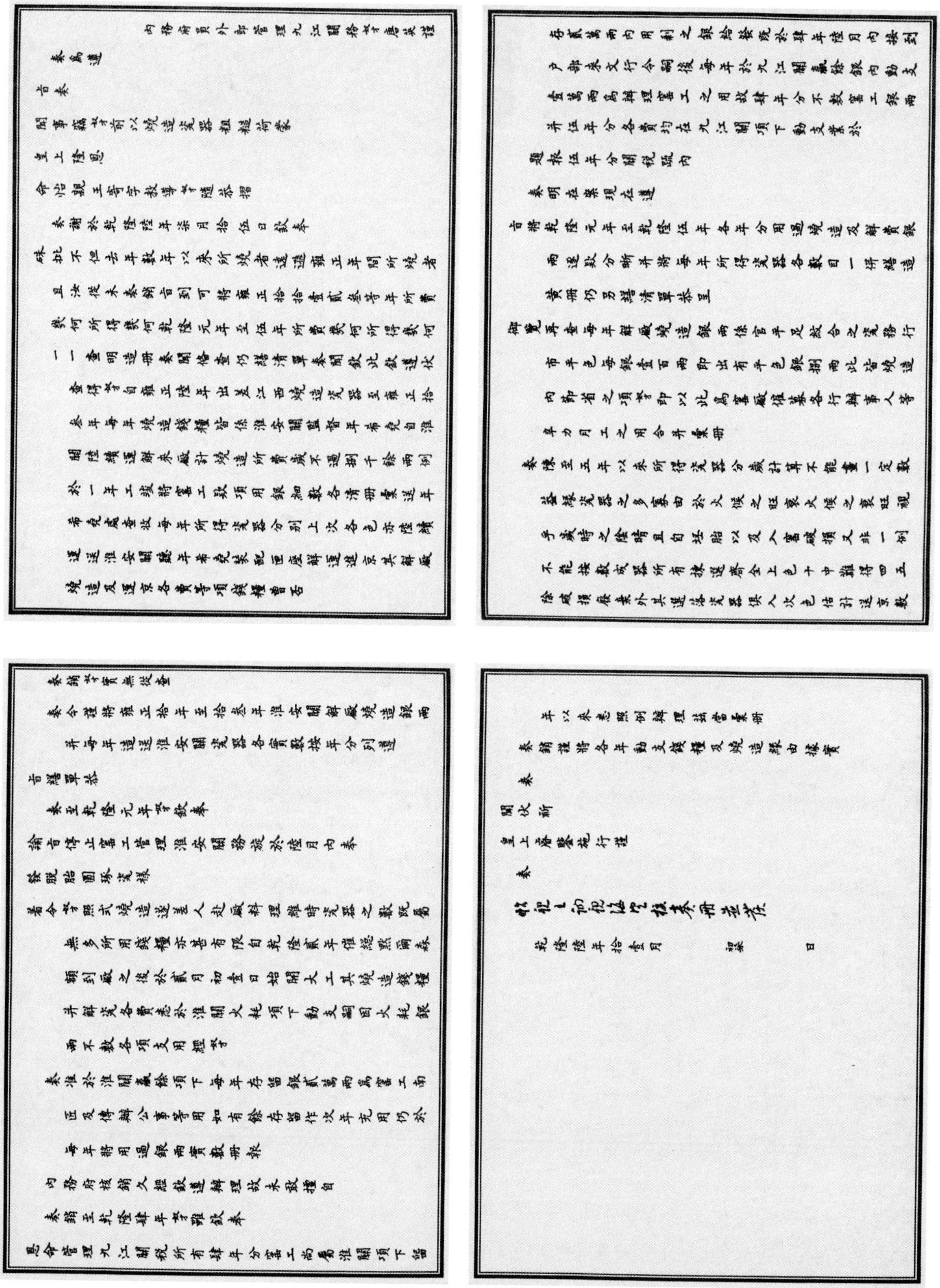

图一 《遵旨呈报历年动支钱粮及陶务清册折》（乾隆六年十一月初七日）（采自《清宫瓷器档案全集》）

这份奏折中说到一个在前一份奏折没有提到的事情，即从乾隆四年开始，御窑厂烧造的瓷器在景德镇“配座、装桶、解运”，“直送京师”。

后半部分是说，乾隆元年至五年以来，每年烧造的数量虽有计划，但所得瓷器“不能画一定数”，这与“岁时之阴晴”、坯胎入窑“不能按数成器”有关系。上色瓷器在烧成瓷器中所占的比例“十中难得四五”。唐英在乾隆八年二月二十日《请定次色瓷器变价之例以杜民窑冒滥折》中也提到：

所造之器出自窑火之中，不能保其件件全美，每岁每窑均有选落之件，计次色脚货及破损等数，几与全美之件数相等，此项瓷器必须落选，不敢上供御用。[1]

可见，落选瓷器数量是很大的。此外，从奏折中可知，烧造所得瓷器，分上色、次色和破损之件，次色瓷器当时亦“估计送京”，破损瓷器则“废弃”。御窑遗址原始堆积层中出土的瓷器残片，应是每窑烧后清窑时就废弃的。

《请定次色瓷器变价之例以杜民窑冒滥折》（乾隆八年二月二十日）（图二）说：

窃奴才于雍正六年奉差江西，监造瓷器，自十月内到厂，即查得有次色脚货一项，系选落之件。从前监造之员，以此项瓷器向无解交之例，随散贮厂署，听人匠使用，破损遗失，致烧成之器皿与原造之坯胎，所有数目俱无从查核。……奴才辗转思维，实不便遗存在外，以蹈亵慢不敬之咎。随呈商总管年希尧，将此次色脚货，按件酌估价值，造成黄册，于每年大运之时一并呈进，交贮内府。有可以变价者，即在京变价；有可供赏赐者，即留备赏用。自奴才到厂之后，于雍正七年为始迄今，总属如此办理。今于乾隆七年十二月十二日接到养心殿造办处来文，内有传奉本年六月二十三日谕旨：“嗣后脚货，不必来京，即在本处变价。”……奴才愚昧之见，请将此选落之黄器、五爪龙等件照旧酌估价值，以备查核，仍附运进京，或备内廷添补副余，或供赏赐之用，似可以尊体制而防亵越。至如余外选落之款釉花样等件，凡属官造，向亦在查禁之列，不许民窑书款仿造。然于国家之制度等威，尚无关涉，似不妨在外变价。奴才请将此项次色脚货，仍按年估计造册，呈明内务府。俟核复到日，听商民人等之便，有愿领销者，许其随处变价，仍不许窑户影射伪造，以杜滥觞壅滞，则此选落之无关定制者既易销售，而黄器、五爪龙之选落者亦得所用，不致流布民间，以滋亵越矣。[2]

唐英的这份奏折呈进之后，朱批：“黄器如所请行。五爪龙者，外边常有，仍照原议行。”这段记载讲的是御窑厂落选瓷器的处理办法。唐英于雍正六年到厂时，看到以往的落选瓷器“随散贮厂署”，基本处于无人管理的状态。唐英主持陶务后改变了这种状况，从雍正七年开始，“按年酌估价值，造成黄册”，与选上的瓷器一起解运进京，“有可以变价者，即在京变价”。这个制度一直实施到乾隆七年。唐英于乾隆七年十二月十二日看到本年六月二十三日皇上“嗣后脚货，不必来京，即在本处变价”的谕旨，从乾隆七年开始，落选瓷器除黄器外，其余均在景德镇按时价出售。

《恭进奉发及新拟瓷器折》（乾隆八年闰四月二十一日）说：

今自三月初二日开工之后，奴才在厂僭造得奉发各色锦地四团山水膳盘、盃盘并六方青龙花瓶等件外，奴才又新拟得夹层玲珑交泰等瓶共九种，谨恭折送京呈进。其新拟各种，系奴才愚昧之见，自行创造，恐未合适，且工料不无过费，故未敢多造。伏祈皇上教导改正，以便钦遵，再

[1] 唐英：《请定次色瓷器变价之例以杜民窑冒滥折》（乾隆八年二月二十日），《唐英全集》第四册《榷务与督陶奏折》，1182 ～ 1183 页，学苑出版社，2008 年。

[2] 唐英：《请定次色瓷器变价之例以杜民窑冒滥折》（乾隆八年二月二十日），《唐英全集》第四册《榷务与督陶奏折》，1182 ～ 1183 页，学苑出版社，2008 年。

行成对烧造。余外尚有新拟瓷器数种，亦系奴才自行拟造，已与催总老格详细讲究，嘱其如式办理，俟得时随后陆续呈进。[1]（有朱批）

在清代，御窑厂瓷器的生产基本上都是遵照内廷所颁布样式进行生产的，但也有特殊情况。这段记载就讲了唐英在御窑厂完成了内廷所颁样式瓷器的烧造，同时又“自行创造”了夹层玲珑交泰等瓶共九种，一并“送京呈进”。此外，还有“新拟瓷器数种”，正在准备烧造，将“陆续呈进”。

《奏请老格留厂协造折》（乾隆十年二月二十五日）说：

今查协造之催总老格，于乾隆六年十二月内到厂，初管瓷务，未谙烧造。奴才每岁于春、秋二季自九江关赴厂两次，除查看釉水、颜色、出样、定款之外，与彼细加讲究。老格亦留心学习，颇能领会，迄今三年，渐就熟谙。故奴才虽不能常在窑厂，而近年瓷务亦得稍免歧误。今老格已满三年，若引从前笔帖式三年更换之例，再换生手，则火候、物性、工作细事，茫无知觉，又须从头学习，于瓷务难免贻误。奴才伏念瓷器上供御用，理宜敬慎办理。老格在厂三年，为人安静，办事谨饬，不但烧造钱粮经手无误，而于造作事宜亦渐致娴熟，在窑厂实有裨益，况与止司置买钱粮之笔帖式不同。奴才为瓷务起见，仰恳圣恩，可否免其更调，仍留

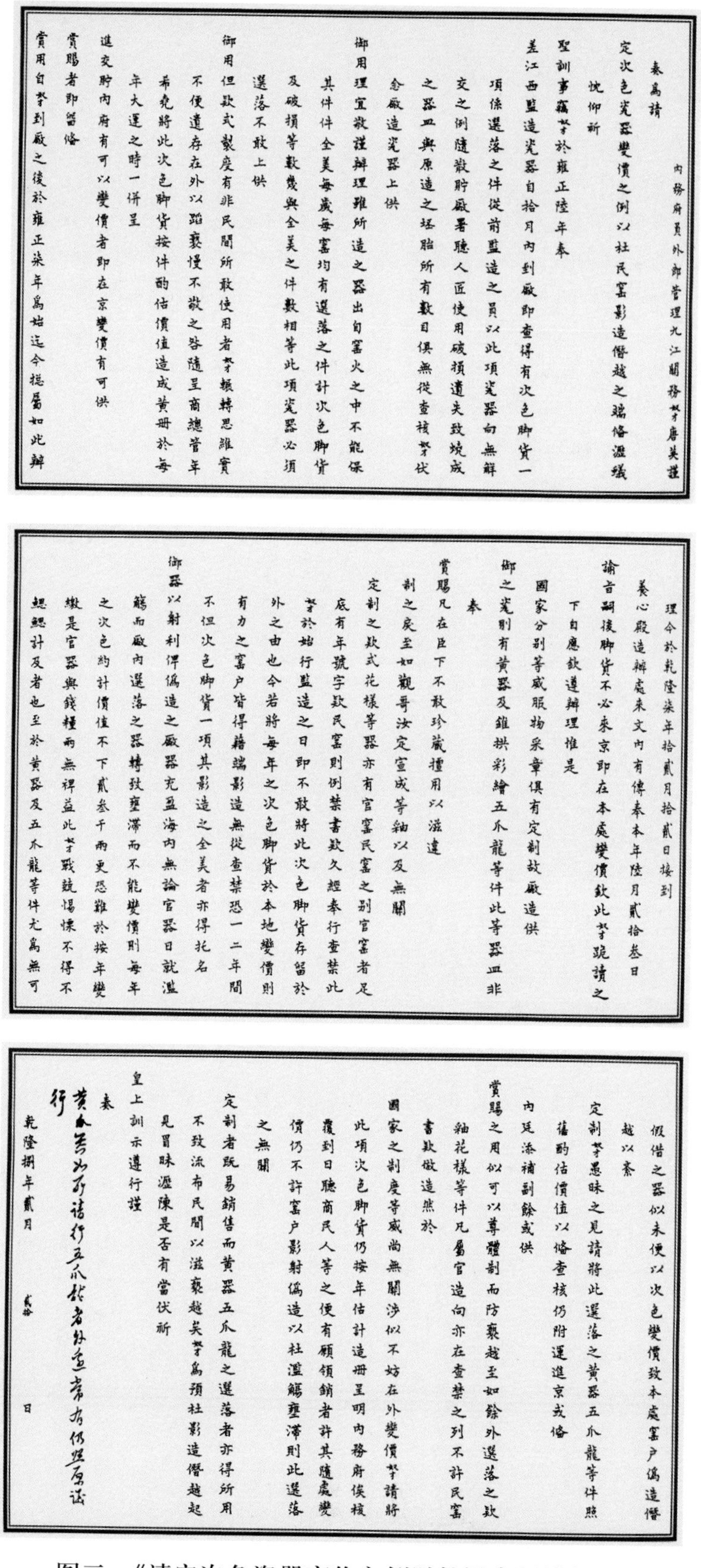
内務府員外郎管理九江關務奴才唐英謹
奏爲請
定次色瓷器變價之例以杜民窰影造僭越之端恪澀蠘
伏仰祈
聖訓事竊奴才於雍正陸年奉
差江西監造瓷器自拾月內到廠即查得有次色腳貨一
項係選落之件從前監造之員以此項瓷器向無解
交之例隨散貯廠署聽人匠使用破損遺失致燒成
之器皿與原造之坯胎所有數目俱無從查核奴才伏
念廠造瓷器上供
御用理宜敬謹辦理雖所造之器出自窰火之中不能保
其件件全美每歲每窰均有選落之件計次色腳貨
及破損等數幾與全美之件數相等此項瓷器必須
選落不敢上供
御用但款式製度有非民間所敢使用者奴才輾轉思維實
不便遺存在外以蹈褻慢不敬之咎隨呈商總管年
希堯將此次色腳貨按件酌估價值造成黃冊於每
年大運之時一併呈
進交貯內府有可以變價者即在京變價有可供
賞賜者即留備
賞用自奴才到廠之後於雍正柒年爲始迄今揔屬如此辦
理今於乾隆柒年拾貳月拾貳日接到
養心殿造辦處來文內有傳奉本年陸月貳拾叁日
諭旨嗣後腳貨不必來京即在本處變價欽此奴才跪讀之
下自應欽遵辦理惟是
國家分別等威服物采章俱有定制故廠造供
御之瓷則有黃器及雞拱彩繪五爪龍等件此等器皿非
奉
賞賜凡在臣下不敢珍藏擅用以滋違
制之處至如觀哥汝定宣成等釉以及無關
定制之款式花樣等器亦有官窰民窰之別官窰者足
底有年號字款民窰則例禁書款久經奉行查禁此
奴才於始行監造之日即不敢將此次色腳貨存留於
外之由也今若將每年之次色腳貨於本地變價則
有力之窰戶皆得藉端影造無從查禁恐一二年間
不但次色腳貨一項其影造之全美者亦得托名
御器以射利俾僞造之廠器充盈海內無論官器日就濫
觴而廠內選落之器轉致壅滯而不能變價則每年
之次色約計價值不下貳叁千兩更恐難於按年變
繳是官器與錢糧兩無裨益此奴才戰兢惕慄不得不
諰諰計及者也至於黃器及五爪龍等件尤爲無可
假借之器似未便以次色變價致本處窰戶僞造僭
越以紊
定制奴才愚昧之見請將此選落之黃器五爪龍等件照
舊酌估價值以備查核仍附運進京或備
內廷添補副餘或供
賞賜之用似可以尊體制而防褻越至如餘外選落之款
釉花樣等件凡屬官造向亦在查禁之列不許民窰
書款倣造然於
國家之制度等威尚無關涉似不妨在外變價奴才請將
此項次色腳貨仍按年估計造冊呈明內務府俟核
覆到日聽商民人等之便有願領銷者許其隨處變
價仍不許窰戶影射僞造以杜濫觴壅滯則此選落
之無關
定制者既易銷售而黃器五爪龍之選落者亦得所用
不致流布民間以滋褻越矣奴才爲預杜影造僭越起
見冒昧瀝陳是否有當伏祈
皇上訓示遵行謹
奏
黃器著照所請行五爪龍者外邊當有仍照原議行
乾隆捌年貳月 貳拾 日

图二 《请定次色瓷器变价之例以杜民窑冒滥折》（乾隆八年二月二十日）（采自《清宫瓷器档案全集》）

[1] 唐英:《恭进奉发及新拟瓷器折》（乾隆八年闰四月二十五日），《唐英全集》第四册《榷务与督陶奏折》，1184页，学苑出版社，2008年。

窑厂协造，容奴才再为逐一指点，则于现在之瓷器，不致以生手贻误，而于日后之造作，亦可得一熟谙之员矣。[1]

唐英这份奏折呈进之后，朱批："老格着再留三年，该衙门知道。"同意了唐英的请求。清代御窑厂在督陶官下设窑务助理（后称"协造"），担任监造、分发钱粮、置办物料等日常工作。唐英督陶期间先后任窑务助理的是六十三（人名）、默尔森额、老格，其中老格最为得力[2]，所以老格三年任期满后，唐英极力挽留，在给皇上的奏折中历数老格的业绩和为人。

《次色瓷器变价销售不能年清年款折》（乾隆二十一年四月二十四日）说：

窃照江西窑厂烧造瓷器，每年选落次色器皿，于乾隆七年按照烧造成本估计，即在本处变价。所得变价银两，例应按年解送内务府，年清年款。惟是选落变价器皿，名虽次色，究系官窑瓷件，釉料既高，工价亦倍，非比民间常用器皿易于销售。奴才前一任管理窑务，承办变价次色，自乾隆七年起至十四年调任粤海关止，此八年内变价次色器皿，不能按年销售，以致变价银两不能年清年款。迟至乾隆二十一年，始将奴才前一任内次色变价银两完缴清款讫。所有奴才由粤海关复调九江关，自乾隆十七年至今，应行变价次色器皿，又已积下四五年。伏查次色器皿，悉系动支钱粮烧造，则变价银两，即与正项钱粮无异。今因各器不能按年销售，以致变价银两不能年清年款。[3]（有朱批）

这段记载是讲乾隆七年至十四年、乾隆十七年至二十一年御窑厂落选瓷器"在本处变价"销售不能"年清年款"的事。唐英对此做了解释，其理由是落选瓷器"非比民间常用器皿易于销售"，不易销售的原因是成本高，变价贵，"则变价银两，即与正项钱粮无异"。同时，这段记载也进一步证实了落选瓷器"在本处变价"销售制度得到了很好的落实。由此在景德镇有了"官民竞市"之情景。

从以上列举的唐英督陶奏折，可以看出其有明显的特点：首先是其属于原始史料，是唐英亲身经历的事，是写给皇上看的，每一份上都有朱批，真实可靠；其二是内容广泛，涉及御窑厂每年每季节生产活动安排、行政管理、经费来源、人事变动、按样烧造的瓷器、自行创烧的瓷器、上色瓷器的拣选、解运呈进、落选瓷器的处理及变价销售等诸多方面，客观记录了御窑厂生产、管理方面的较多事实；其三是奏折上所写的都是唐英所思所做，有一些还是看似很平常的事情，所以记事多较具体、细致；其四是有的记录不见于其他文献。

唐英督陶奏折的学术意义也显而易见，其使我们了解了雍正六年至乾隆二十一年御窑厂的诸多史实，是难得之珍贵史料，对深入研究雍正、乾隆时期御窑厂，揭示雍正、乾隆时期乃至清代御窑厂的面貌具有重要的价值。

（原载《督陶官文化与景德镇学术研讨会论文集》，江西美术出版社，2011 年）

[1] 唐英：《奏请老格留厂协造折》（乾隆十年二月二十五日），《唐英全集》第四册《榷务与督陶奏折》，1189 页，学苑出版社，2008 年。

[2] 蔡和璧：《监督官、协造与乾隆御窑兴衰的关系》，《故宫学术季刊》第 21 卷第 2 期（2003 年），39 ～ 57 页。

[3] 唐英：《次色瓷器变价销售不能年款折》（乾隆二十一年四月二十四日），《唐英全集》第四册《榷务与督陶奏折》，1199 ～ 1200 页，学苑出版社，2008 年。

后　记

今年的六月六日，是我先生权奎山六十六周岁的生日，然而，我却永远无法与他一起共度这个特殊的日子了！

2012 年 4 月 3 日凌晨，先生带着无限遗憾遽然辞世。一切那么突然，巨大的悲伤和无尽的思念伴着我，熬过了一个又一个难眠的日夜。几十年共同生活的点点滴滴，象山泉汇成小溪，涓涓不息，一遍又一遍涌入我的脑海……

先生一生热爱文物考古事业，热爱教育工作。自留北京大学任教以来，他兢兢业业，任劳任怨，既要教书育人，又要从事科研实践。他曾多次带领学生实习，经常奔波在田野工地上。先生在工地的时间比家里长，和同行、学生相处的时间比家人要多。考古工作的环境比较艰苦，在带队考古发掘时，他曾两度因患重病晕倒在工地上，不得不送回北京医治。先生是北方人，对南方潮湿的冬季很不适应，记得早年在南方发掘时，手脚曾患冻疮，非常疼痛难忍。特别是在他逝世前几年，先生每年都要去江西景德镇发掘工地三、四次，由于长期劳累，身体健康受到了极大的伤害。去世前，先生已感觉身体不适，但是仍在景德镇整理《明清御窑发掘报告》。到景德镇陶瓷学院讲学，去广州番禺考察。我永远忘不了 2012 年寒冬的那个元旦，家人期盼着先生能赶回家来团聚，可是，先生没能赶回来，在景德镇度过了新年后，就又匆匆赶往广州，而回京后就病倒了，先生真是太劳累啦。他是个一诺千金的人，即便在这种情况下，仍抱病接待来访的客人。将手里的工作，承诺的事完成之后，他才肯去医院就诊。但是，那时已经太晚了。

先生秉性忠厚善良，对人真诚、信任并极富包容之心。参加校内外研究生答辩，帮人修改稿件、写推荐信函，解答同行考古难题等，从不推辞，他都无私地给予帮助。与先生合作的同行都愿意和他长期合作，有的还成为了忘年之交。先生的敬业精神和为人风格，得到了北京大学考古文博学院领导和广大同仁们的信任，因此多次被委以重任。在陕西周原、山西天马—曲村、湖北武昌、新疆、河南汝州严和店、浙江慈溪上林湖，江西丰城、景德镇等地方都曾留下先生工作过的足迹。

先生对教学认真负责，他毫无保留地把自己的知识传授给学生，他讲授的课程受到学生们的广泛欢迎。先生对学生一向严格要求，学生的毕业论文逐字逐句一一认真审阅，提出修改意见，即使一个标点符号都不放过，由此，他赢得了学生们的信任和深切爱戴。北大考古文博学院每年报考先生的研究生是最多的，就在他逝世后还有 8 名在读研究生没有完成学业，这也是先生放心不下的一个事，临终前他在已讲不了话的情况下，写了唯一的一句遗言是："没能完成任务，很遗憾"。但是，令先生欣慰的是，如今他的不少学生已经逐渐成为文博考古单位的业务骨干。

在完成繁重的教学和科研工作的同时，先生还要著书写文章，整理考古发掘报告。先生去世之后，我在整理先生遗稿中，发现了大量手稿、发掘笔记和图纸。早些年没有电脑的时代全靠手写，他的手稿字迹清晰工整，有的文章一遍遍地修改重抄，这些厚重的手稿花费了先生大量的时间和精力。对于先生来说，几乎所有的节假日都不是休息时间，反而是他工作的大好时机，他每每都用来读书、写文章，且常常工作到凌晨。这本论文集每篇文章的字字句句，就是在这样情况下写出来的，它凝结了先生毕生的心血，展示了他对中国文物考古、陶瓷考古事业的孜孜追求与无私奉献。

先生扎实的考古知识和厚重的文献功底来源于他长年不倦地勤奋阅读。生活中先生一向很节俭，对物质方面没有太高的要求，唯独喜爱读书。原先我们住在前门附近，距离琉璃厂和中国古旧书店很近，这两个地方就成了先生经常光顾的地方。那时的工资收入很微薄，可是，先生每逛一次都会拎回来几本旧书刊，花去不菲的收入，但是，这些书刊成了先生的最爱。几十年日积月累淘回来的这些书刊，如今看来非常难得，有些可能是较为稀少的版本了。为了使先生毕生收藏的这些图书和期刊更好的发挥作用，我与北京艺术博物馆方面商议，决定全部捐赠给该馆。该馆张树伟馆长非常重视，立即派博物馆工作人员到家里登记造册，并决定在馆里专门辟出一个地方长久收藏这些宝贵的书刊，提供给广大读者阅读使用，让这些书刊更好地为社会服务。在此，非常感谢张树伟馆长和博物馆的工作人员。

本书收录了先生生前曾经发表的学术论文三十多篇，主要是陶瓷考古方面的研究性文章。其中几篇是未刊稿，有的先生已经定稿，可能还想再斟酌，也有的文稿初定，还有待认真修改，这次选录一起出版。文集编辑过程中遇到的最大困难是线图与图片问题，由于文章发表在各类期刊上，体例、格式五花八门，特别是较早时间发表的文章，由于种种原因，线图和照片质量比较差，为了保证文集的质量，做到图文并茂，责编秦彧特别让我寻找先生早期文章原稿中的硫酸纸线图与照片，我翻遍了几乎所有的信封与纸袋，还真的找到了几篇文章的硫酸纸线图与照片，秦彧用这些原来的硫酸纸线图与照片，参照已发表的文章格式，重新设计制作。不过，还有一小部分线图找不到原图，他就将这些线图放大之后，自己重新描绘硫酸纸线图，然后缩小制图。有些文章中的照片发表时质量较差，孟原召等就不辞辛苦，查找这些图片的出处，重新扫描。

本书编辑过程中进行了体例统一，特别是将注释统一改为页下注。线图、照片也尽可能更加准确、完美。为了充分展示先生的一生，文章前面编排了几十张生活与工作照片，以便读者能够更多地了解先生。本书的封面、版式均由责编秦彧设计。

文集的文章收集主要是由中国国家博物馆孟原召、北京大学考古文博学院陈冲和施文博等完成的。他们都是先生的研究生，从书稿的收集、整理、录入、编排，他们对每个环节都一丝不苟，认真负责。特别是孟原召怀着对先生无比尊敬和爱戴，为先生撰写了《传略》，记录下了先生为文物考古工作辛勤耕耘的一生。为此深表感谢！

文集的出版得到了很多人的支持和帮助，尤其是得到了北京大学考古文博学院的领导、老师和学生们的关心。在我先生生前，李伯谦老师就提议为权奎山出版学术文集，现在又亲为本书作序。我是流着泪水读完了这篇感人的序文，谢谢老师！刘绪教授是我和先生的同学，他为文集出版做了大量的前期工作，对文章的收录和编排提出了很好建议，并多方联系出版。有的文章出版较早，缺少电子版，寻找收集过程中，先生的很多同学、学生、同行千方百计的帮助查找，提供了许多的帮助和支持。特别是故宫博物院王光尧与文物出版社王霞对文章收集及前期出版提供了很多帮助。在此深表谢意！

另外，还要感谢北京大学考古文博学院领导、中国考古学研究中心主任徐天进教授和江西省景德镇市陶瓷考古研究所江建新所长对本书出版经费给予了很大的支持。文物出版社的领导和责编对文集的编辑出版也付出了很大的努力。在此一并致谢！

还有，先生住院期间及去世后，很多同行、同学、老师和学生们纷纷捐款表达对先生的敬意。我会永远记住这些好心人，谢谢你们，愿好人一生平安！

本书的出版承载着先生的遗愿以及众人的期盼，愿此书能为中国文物考古事业和中国陶瓷考古学界留下一份宝贵的文化遗产。

古瓷璀璨，华章永存！

先生，您的遗憾也许还很多，请别挂念了，一切自有学生和后人来完成。

先生，这一切，您在天堂里看到了吧?

您，可以安息了……

傅文森

2014 年清明前夕